유형별 문제 배치를 통한 효과적인 풀이법 습득!

김용재의
재무회계연습

개정 3판

김 용 재 편저

회계사/세무사 시험의 메인 게임은 2차 시험!
CPA 2차 수석의 합격 노하우 대방출!

https://hmstory.kr

김용재의 재무회계연습 특징

1. 수강대상 및 관련 강의

재무회계연습은 회계사, 세무사 2차 시험을 대비하는 수험생을 위한 교재입니다. 재무회계연습은 다음 강의에서 사용됩니다.

(1) 심화강의 (1년차 7/8월): 1차생을 위한 2차 강의

우선 심화강의를 통해 1차 수험생분들께서는 처음으로 2차 문제를 접할 수 있을 것입니다. 심화강의의 목표는 다음과 같습니다.

첫째, 동차 합격을 노려볼 수 있습니다. 회계사, 세무사 모두 1차 시험이 끝난 후 2차 시험까지 주어진 시간이 3~4달 정도로 길지 않습니다. 따라서 1차 시험을 준비하는 기간에 2차 시험까지 준비하지 않는다면 2차 시험에서 좋은 결과를 얻는 것은 사실상 불가능에 가깝습니다. 심화강의를 통해 1차생 시절에 2차 주관식 문제를 풀어본다면 1차 시험 합격 후 2차 시험을 준비할 때 훨씬 수월할 것입니다.

둘째, 1차 시험을 안정적으로 붙을 수 있는 실력을 키울 수 있습니다. 물론 1차생 관점에서는 당장 눈앞에 있는 1차 시험 합격이 중요하기 때문에 2차 문제를 푸는 것이 부담스럽게 느껴질 수 있을 것입니다. 하지만 심화강의를 통해 2차 문제를 풀고 나면 1차 객관식 문제는 굉장히 쉬워 보이기 때문에 1차 시험의 합격 가능성도 높아집니다.

제가 수험생 시절에도 가장 실력이 많이 늘고, 합격에 실질적인 도움을 많이 받은 과정이 이 심화강의입니다. 저는 모든 1차생이 필수로 심화강의를 수강하셨으면 좋겠습니다. 정말 강력 추천합니다.

(2) 동차강의 (2년차 3/4월): 2차생을 위한 강의

연습서는 본래 2차 교재입니다. 1차 시험 합격 후 2차 시험을 대비하는 과정에서 다시 한번 본서를 사용할 것입니다. 심화강의에서는 다루지 않았던 지엽적인 주제까지 보완하여 강의를 진행할 것입니다. 물론 심화강의에서 다룬 내용만 잘 숙지하더라도 합격에 필요한 점수를 획득할 수 있긴 합니다. 좁은 범위를 확실하게 마스터하겠다는 전략을 세우신다면 이 또한 괜찮습니다. 다만 이렇게 되면 못 푸는 기출문제가 꽤 있는데, 이를 풀고 싶은 수험생을 위해 동차강의에서는 가끔 출제된 주제들도 다룰 것입니다.

참고로, **저는 유예강의를 별도로 진행하지 않습니다.** 시중에는 '유예생을 위한 강의'라며 어려운 주제, 시험에 아직 출제되지 않은 지엽적인 주제들을 가르치는 강의가 있습니다. 하지만 저는 이 시험이 1차뿐 아니라 **2차도 반복적으로 출제되는 중요주제를 맞히면 합격하는 시험**이라고 생각합니다. 유예생이라고 지엽적인 주제 위주로 공부하는 학생치고 중요주제를 제대로 알고 있는 학생을 본 적이 없습니다. 유예생이라고 해서 지엽적인 주제만 공부하다가 막상 중요주제가 출제되었을 때 능숙하게 풀지 못하는 우를 범하지 않길 바랍니다. (김수석은 중요주제만 공부해도 수많은 유예생을 제끼고 수석으로 합격했습니다)

2. 간단한 문제 풀이법 요약

본서에서는 각 유형별로 문제를 풀기 전에 간단하게 풀이법을 요약해드릴 것입니다. 단, 본서는 기본서가 아니므로 풀이법에 대한 자세한 설명 없이 풀이법만 다시 한번 짚어드리는 선에서 넘어갈 것입니다. 이로 인해 기존에 김용재의 강의를 듣지 않았는데도 재무회계연습 강의를 수강할 수 있는지 의문을 가질 수 있을 것이라 생각합니다. 물론 이분들도 수강할 수 있습니다. 제가 문제를 풀기 전에 각 유형별 풀이법을 간단하게 요약하고 풀 것이므로 제 풀이법을 기존에 배우지 않은 분도 충분히 따라올 수 있습니다.

다만, 풀이법을 만든 원리에 대한 자세한 설명이 없기 때문에, 이해가 되고, 납득이 되어야 기억할 수 있는 성향을 갖고 있는 수험생은 왜 풀이법이 그렇게 되는지 의아하게 느낄 수 있습니다. 이런 수험생에게는 **연습서 강의를 수강하기 전에 패턴 회계학을 수강할 것을 추천합니다.** 짧은 강의 시간동안 재무회계 전반에 걸쳐 중요한 내용을 빠르게 복습할 수 있으므로 여러분의 실력 향상에 큰 도움이 될 것입니다. 이미 많은 수험생들이 수강 후 후배 수험생들에게 강력히 추천하는 강의이므로, 후회하지 않을 것입니다.

3. 기출문제만 수록

본서에는 회계사 및 세무사 2차 기출문제만 수록되어 있습니다. '2차 시험 준비할 때 기출문제만 풀어도 충분해요?'라고 묻는 수험생이 있는데 기출문제도 잘 못 푸는 수험생이 대부분입니다. 그 말은 **기출문제만 잘 풀어도 합격할 수 있다**는 얘기입니다. 저는 수험생 시절 2차 시험을 준비할 때 응용문제는 거의 풀지 않고 기출문제와 강사진들이 필수문제로 표시한 문제 위주로 풀었습니다. 그래도 수석으로 합격할 수 있었습니다. 다시 한 번 강조하지만 2차 시험도 반복적으로 출제되는 중요주제가 있고, 그 문제만 맞히면 합격할 수 있습니다. **기출문제도 못 풀면서 응용문제, 심화문제를 풀다가 시간 낭비하지 않기를 바랍니다.**

4. 유형별로 문제 분류

2차 시험은 [문제] 하나에 (물음 1), (물음 2)와 같은 소물음이 여러 개 달려있습니다. 이때 각 물음별로 완전히 출제 유형이 다른 경우가 있습니다. 예를 들어 하나의 문제인데 (물음 1)은 저가법을 다루고, (물음 2)는 소매재고법을 다룰 수 있습니다. 그렇다면 저는 하나의 문제이니 두 물음을 같이 수록하는 것이 아니라, (물음 1)은 다른 해에 출제된 저가법 물음과 같이 묶고, (물음 2)는 다른 해에 출제된 소매재고법 물음과 같이 묶었습니다. 이렇게 비슷한 유형의 문제를 반복적으로 풀어봄으로써 해당 유형의 출제 경향을 파악하고 풀이법을 잘 숙지할 수 있을 것입니다.

머리말
P R O L O G U E

5. 문제 옆에 있는 점수

교재를 보시면 문제 옆에 있는 점수를 보실 수 있을텐데, 이는 실제 문제가 출제된 해에 해당 문제의 배점을 의미합니다. 문제 전체를 그대로 갖고 온 경우 배점을 표기하였으며, 한 문제 안에 있는 여러 물음이 유형별로 쪼개진 경우 배점을 표기하지 않았습니다. 배점을 표기한 문제의 경우 배점을 보시면서 실전에서 어느 정도의 점수 비중을 갖는지 감을 가지시면 좋을 듯합니다.

6. 2차, 심화 표시

이론 설명 부분이나 문제 옆에 '2차'나 '심화' 표시가 되어 있는 것을 확인할 수 있을 텐데, 우선 두 표시 모두 1차생을 상대로 진행하는 심화강의에서는 다루지 않을 주제입니다. 즉, 심화강의에서는 아무런 표시도 되어있지 않는 내용만 다룰 것입니다.

어떤 표시가 있는 내용은 2차생을 상대로 진행하는 동차강의에서 다룰 것인데요, 그 중에서도 지엽적인 내용은 '심화' 표시해두었습니다. 저는 별도로 유예강의를 별도로 진행하지 않으므로 심화 표시된 내용도 동차강의에서 소화를 할텐데, 여유가 없는 동차생은 해당 내용이나 문제를 풀지 않아도 됩니다. 정말 어려운 내용입니다.

2차 문제 풀이법 및 주의사항

1. 요구사항 먼저 읽기

2차 시험에서도 문제를 풀 때 가장 먼저 봐야하는 건 요구사항입니다. 이건 2차에서 더더욱 중요합니다. 2차 문제는 사이즈가 무지하게 크기 때문에 아무 생각 없이 자료만 읽으면 시간을 많이 날리게 됩니다. 반드시 요구사항을 먼저 보고 필요한 자료만 취하시길 바랍니다.

문제 하나에 여러 물음이 달려있는데, 모든 물음을 풀 때마다 모든 자료를 다 봐야 하는 것은 아닙니다. 각 물음에 해당하는 자료가 있습니다. 예를 들어 〈자료 1〉, 〈자료 2〉는 (물음 1)을 풀 때 필요하고, 〈자료 3〉은 (물음 2)를 풀 때 필요한 식입니다. 이때 자료별로 대응되는 물음을 표시해두면 문제를 풀 때 편합니다.

2. 각 물음은 독립적이다.

2차 문제를 풀다 보면 수도 없이 보게 될 문장입니다. 하나의 [문제] 안에 여러 (물음)이 있습니다. 물음별로 다른 가정을 할 수 있습니다. 예를 들어 (물음 1)에서는 계산을 해봤더니 실질적인 조건변경이었는데, (물음 2)에서는 실질적인 조건변경이 아니라고 가정할 수 있습니다. 그러면 (물음 2)는 실질적인 조건변경이 아니라고 보고 풀어야 합니다.

또한, 자료별로도 충돌이 있을 수 있는데, 〈공통자료〉는 모든 물음에 적용되는 자료이지만, 각 물음에 해당하는 설명을 하면 그 설명은 해당 물음에만 적용되는 것이므로 다른 물음을 풀 때에는 무시해야 합니다.

3. 출제자는 신이다.

출제자는 문제라는 세상 안에서 신입니다. 우리는 무조건 그가 시키는 대로 풀어야 합니다. 출제자가 우리가 알고 있는 것과 다른 가정을 하거나, 심지어는 IFRS에 부합하지 않는 가정을 하더라도 그대로 풀어야 합니다. 예를 들어, 자기자본이익률은 일반적으로 'NI/평균 자기자본'으로 구합니다. 하지만 출제자가 자기자본이익률은 'NI/기말 자본'으로 구한다고 가정하면 우리는 그렇게 풀어야 합니다. 출제자랑 싸우지 마세요. 출제자랑 싸우면 백전백패입니다.

4. 서술형 문제 대비

2차 시험 서술형 문제는 어떻게 대비해야 하는지 궁금해하는 학생들이 많은데, 서술형 문제 때문에 너무 스트레스받지 마세요. 어차피 대부분의 수험생이 잘 못 씁니다. 계산문제를 잘 풀어주시면 되고, 1, 2차 수

머리말
PROLOGUE

업을 통틀어 지나가면서 흘려들은 내용을 바탕으로 대충 써주시면 됩니다. 계산문제에서 배운 내용을 말문제로 출제하는 경우도 많습니다.

어느 주제에서 어떤 문제가 출제될지도 모르는데, 기준서 문장을 외우고, 서술형 문제를 연습한다고 문장을 써보는 것은 투입 시간 대비 너무 비효율적이라고 생각합니다. 회계감사는 대부분의 문제가 기준서 문장을 서술하라고 요구하므로 기준서 문장을 외우고, 반복적으로 써보는 것이 필요하지만 재무회계는 그렇지 않습니다. 본서에도 서술형 기출문제들이 수록되어 있는데 여러 번 쓰면서 암기하기보다는 가볍게 읽고 넘어가시는 것을 추천합니다.

5. 같은 해의 CPA, CTA 1차 기출 참고

1차 시험이 끝나고 나서 많은 수험생들이 1차 시험지를 버릴 텐데요, 버리지 말고 동차 준비할 때 보셔야 합니다. 1, 2차 시험에 공통으로 출제되는 회세잼원 모두 1차에 출제된 주제가 같은 해 2차 시험에 출제된 적이 많습니다. 특히, 기존에 자주 출제되지 않았지만 1차에 등장한 주제의 경우 동차 준비할 때 주의하셔야 합니다. 출제진이 유의해서 보는 주제라는 뜻입니다.

또한, 회계사-세무사 시험이 연계되는 경향도 있습니다. 회계사 1차 시험에 등장한 주제가 같은 해 세무사 2차 시험에 출제된 적도 있습니다. 동차 준비할 때에는 그해의 회계사, 세무사 1차 해설 강의를 꼭 수강해주시길 바랍니다.

6. 네이버카페 안내

공부를 하시다가 혹시라도 이해가 되지 않는 부분이 생기면 네이버카페로 들어오셔서 질문해주시면 되겠습니다. 네이버에 '김용재 회계학 카페'를 검색하시면 들어올 수 있습니다. '회계사, 세무사 수험생 질문' 메뉴의 '재무회계연습' 탭에 질문글 올려주시면 됩니다. 교재를 찍어서 사진을 올리면서 질문해주시면 제가 밖에서도 답변해드릴 수 있기 때문에 더 빠르게 답변 가능합니다.

7. 2차 시험 접수일 놓치지 말 것!

수험생 시절, 동료 수험생 중 2명이 동차 공부를 너무 열심히 한 나머지 2차 시험 접수를 못해서 1년을 통으로 날린 케이스가 있습니다. 여러분은 꼭 시험 접수일을 확인하시어 이런 불상사를 겪지 않도록 하시기 바랍니다.

2차 답안 작성법

1. 답 먼저 쓰기

답을 쓸 칸을 비워두고 풀이를 시작해야 합니다. 금액을 묻는 문제의 경우 한 줄만 비우면 되지만, 회계 처리를 묻는 문제는 미리 몇 줄을 비워둘지 결정하고 풀이를 적어야 합니다. 마찬가지로, 세무회계의 경우에도 어떤 세무조정이 발생하는지 판단해서 몇 줄을 비워둘지 결정하고 풀이를 적어야 합니다.

2. 답안 양식에 맞춰서 답 쓰기

문제에서 답안 양식을 준다면 반드시 그 양식에 맞추어 답을 써야 합니다. 문제에서 제시한 표를 그리는 것이 제일 좋고, 공간 여유가 없다면 번호만 쓰고 바로 답을 쓰셔도 괜찮습니다.

문제 예시〉

물음 1 〈자료〉를 이용하여 ㈜대한이 상품과 원재료에 대해 인식할 재고자산평가손실 금액을 각각 계산하시오.

2022. CPA

항목	상품	원재료
재고자산평가손실	①	②

답안 예시 1〉

(물음 1)

항목	상품	원재료
재고자산평가손실	①280,000	②1,600

답안 예시 2〉

(물음 1) ① 280,000 ②1,600

3. 풀이 과정은 자유롭게 쓰기

출제위원은 수천 명의 수험생의 답안을 채점해야 하므로 답만 보고 채점하기도 빠듯합니다. 상식적으로 생각해봤을 때 풀이 과정은 상대적으로 중요도가 떨어지므로, 시간이 부족하다면 답을 내는 것에 집중해 주세요. 풀이 과정은 답안이 틀렸을 때 부분 점수를 주기 위해 참고합니다. 답안에 정말 공간이 부족하고, 답에 대한 확신이 있다면 답만 적고 넘어가셔도 됩니다. 저도 실전에서 그렇게 푼 문제가 있습니다.

4. 0, 콤마(,) 정확히 표시할 것

EX〉 1억: 100,000,000 (O)
100 (X), 100,—,— (X) 100000000 (X)

5. ₩(원화표시)는 생략 가능

답안 작성 시 ₩는 표시하지 않아도 됩니다. ₩10,000이라고 쓰지 말고, 10,000이라고 쓰세요. 가뜩이나 시간 부족한데 시간 낭비입니다. 저는 ₩를 안 쓰고 답안 작성해도 합격하는데 지장이 없었습니다. 반면, 외화환산 및 파생상품 문제에서 $, ¥ 등 외화가 제시되는 경우에는 명확히 표시해주셔야 합니다.

6. 단수차이는 걱정하지 말자

현재가치를 구하다보면 제가 해설에 써놓은 답과 단수차이가 나는 경우가 있습니다. 적게는 몇 원에서, 많으면 몇백 원까지 차이가 납니다. 현재가치를 구할 때 '1,000,000/1.1=909,091'와 같이 직접 할인할 수도 있고, '1,000,000×0.9091=909,100'과 같이 현재가치계수를 이용할 수도 있죠. 현금흐름 1,000,000에 1기이니까 9원밖에 차이가 나지 않지만, 현금흐름이 더 커지고, 기간이 길어질수록 단수차이는 커질 것입니다. 물론 문제에 현재가치계수가 제시되긴 하지만, 학생마다 이를 활용하는 방법이 다르기 때문에 출제진도 단수차이가 난다는 것을 인지하고 있습니다. 따라서 출제진이 채점을 할 때는 정답 범위를 설정해 두고 그 안에 들어오면 정답으로 처리하기 때문에, 단수차이는 걱정하지 않으셔도 됩니다.

7. 문제에서 선행 물음의 답을 주는 경우 반드시 그 답으로 문제를 풀기

(물음 1) X1년 기말 재고자산을 구하시오.
(물음 2) X1년 기말 재고자산은 10,000으로 가정할 때, X1년 매출원가를 구하시오.

2차 시험은 [문제] 하나에 (물음 1), (물음 2)와 같은 소물음이 여러 개 달려있습니다. 이때 (물음 1)의 답이 (물음 2) 풀이에 영향을 주는 경우가 있는데, 만약 (물음 1)을 틀렸다면 (물음 2)의 내용을 알더라도 무조건 틀릴 수 밖에 없기 때문에 출제진이 (물음 2)에서는 (물음 1)의 답을 가정하기도 합니다. 이 경우에는 반드시 문제에서 제시한 답을 이용해서 (물음 2)를 풀어야 합니다. (물음 1)을 너무 잘 풀어서 자신감이 넘친 나머지 (물음 2)에서 (물음 1)의 답을 바꾼 것을 놓치는 경우가 있습니다. 흥분을 가라앉히고 침착하게 문제의 요구사항을 잘 읽어주세요.

8. 모르는 문제는 맨 마지막에 풀기 (단, 답안은 순서대로 작성해야 함!)

문제를 풀다 보면 모르는 문제가 등장할 수 있습니다. 이때는 1차 시험 때와 마찬가지로 넘기고 맨 마지막에 풀어야 합니다. 단, 풀이 순서는 우리가 조정하더라도 답안은 반드시 1번 문제부터 마지막 문제까지 순서대로 작성해야 합니다. 따라서 문제를 넘긴다면 그에 맞는 답안지 공백을 두고 다음 문제를 풀어야 합니다. 재무회계 기준으로 1페이지에서 1.5페이지를 비워두시면 됩니다.

9. 펜 색깔 바꾸지 말기

다음은 시험공고 중 2차 시험 응시자 유의사항 일부를 발췌한 것입니다.

> 1) 답안은 흑색이나 청색 필기구(싸인펜 또는 연필 종류는 제외) 중 단일 종류로만 계속 사용하여 작성하여야 한다.
> 2) 답안지에 답안과 관련 없는 사항을 기재하거나, 특수한 표시를 하거나, 특정인임을 암시하는 문구를 기재한 경우, 그 답안지는 무효로 처리될 수 있음

싸인펜은 물에 번질 수 있으며, 연필은 수정할 수 있기 때문에 사용을 금지하고 있습니다. 반드시 펜을 쓰셔야 하는데 펜 색깔은 바꾸면 안 됩니다. 파란색을 쓰셔도 되긴 하나, 그냥 다른 수험생과 같게 검은색을 쓰실 것을 추천드립니다. 답안지 시작부터 끝까지 검은색 펜만 쓰시면 됩니다.

10. 추천 펜 리스트

2차 시험은 1일차에 6시간, 2일차에 4시간 반 동안 주관식 답안지를 써야 합니다. 긴 시간 동안 펜을 쥐어야 하기 때문에 손이 아파 계속해서 답안지를 쓰기가 굉장히 힘듭니다. 이를 해결하기 위해서 두 종류 이상의 펜을 시험장에 들고 가는 것을 추천합니다. 펜 모양이 다르면 손을 압박하는 지점이 달라져 손의 피로도가 줄어들기 때문입니다.

펜은 본인의 손에 잘 맞고, 필기감이 마음에 들면 됩니다. 저는 수험생 시절에 쉴 때 문구점에 가서 다양한 펜을 사서 써봤습니다. 여러분도 직접 이 펜, 저 펜 써보면서 본인에게 잘 맞는 펜을 찾으시길 바랍니다.

머리말
PROLOGUE

다음은 제가 주로 사용한 펜 종류입니다.

(1) 제트스트림 SXN-150

가장 많은 학생이 쓰는 펜입니다. 저는 0.5mm를 선호하는데, 0.38mm도 많이 사용하십니다. 제가 써보니 펜이 너무 얇은 경우 글씨가 날리는 경향이 있었습니다. 펜이 좀 두꺼워야 펜이 종이를 누르는 힘이 생기면서 글씨가 예쁘게 써졌습니다.

(2) 제트스트림 SX-101

학생들이 많이 쓰는 제품은 아니지만, (1)을 주로 사용하면서 교체용 펜으로 쓰기 좋은 펜입니다. 1.0mm와 0.7mm가 있습니다. 저는 1.0mm를 주로 썼습니다.

(3) JAVA Jet Line 0.7

제트스트림과 비슷하게 만든 펜인데, 국산 제품입니다. 제트스트림이 일본 제품이어서 쓰기 싫은 분은 이 펜을 추천드립니다. 직접 써봤는데 나쁘지 않습니다. 이 제품은 0.7mm를 추천합니다.

심화강의 수강생에게 하는 잔소리

1. 강의를 들으면서 문제 풀지 말아주세요.

수험생들 중에 강의 수강 시 이론 부분만 듣고, 문제 풀이 부분은 그냥 틀어놓고 문제를 스스로 푸는 분들이 있습니다. 강의를 들을 때는 제가 문제를 푸는 것도 봐주세요.

당연히 제가 여러분보다 문제 풀이 속도가 빠릅니다. 게다가 온라인 수강생들은 배속까지 활용하므로 제 풀이 속도가 더 빨라집니다. 같이 문제를 풀기 시작하면 여러분이 문제를 다 풀기 전에 제가 풀이를 마쳤을 겁니다.

여러분이 한 번에 잘 풀었으면 그나마 다행인데, 심화강의 수강생은 아직 실력이 부족하기 때문에 제가 푸는 것을 보지 않고 스스로 풀면 이상한 방법으로 풀었을 가능성이 높습니다. 그러면 어디를 잘못 풀었는지 확인해야 하는데, 문제를 푸느라 설명을 못 들었기 때문에 다시 앞으로 돌려서 틀린 부분을 찾아야 합니다. 공부 시간을 단축시키려다 오히려 시간이 늘어나는 문제가 생깁니다. 강의 시간은 제가 푸는 것을 구경하는 시간입니다. 직접 푸는 것은 강의 종료 후 복습할 때 해주세요.

2. 줄 연습장 사용을 하지 말아주세요.

심화강의를 수강하는 수험생은 막 기본강의를 끝내고 2차 문제를 처음 풀어보는 수험생입니다. 아마 내용도 잘 숙지하지 못한 상태일 것입니다. 그런데 줄 연습장에 주관식 답안을 작성하는 것이 처음 써보는 학생에게는 쉬운 일이 아닙니다. 내 답안이 몇 줄이 될지 알고 있는 상태에서 남은 줄을 보고 이 페이지에 쓸지, 다음 페이지에 쓸지 결정해야 하는데 아직 풀이법도 잘 숙지하지 못한 상태이기 때문입니다. 따라서 줄 연습장에 맞춰 쓰느라 스트레스 받고, 시간 쓰느니 줄 없는 연습장에 문제를 풀면서 풀이법 습득에 집중하는 것이 낫다고 생각합니다. 반면, 2차생은 당연히 줄 연습장을 계속 써보면서 연습하셔야 합니다.

합격으로 가는 지름길, 김용재 회계학 지금부터 시작합니다!

수험생 여러분의 합격을 진심으로 기원하며

CPA 김수석, **김용재** 회계사 올림

목 차
C O N T E N T S

목 차
CONTENTS

01 재고자산

1 재고자산 일반

1. 재고자산의 매입 및 매출

> 매출원가 = 기초 재고 + (순)매입액 − 기말 재고
> 매출총이익 = (순)매출액 − 매출원가
> (순)매입액 = 총매입액 − 매입에누리 − 매입환출 − 매입할인 + 취득부대비용
> (순)매출액 = 총매출액 − 매출에누리 − 매출환입 − 매출할인

(1) **차감항목(에누리, 환출/환입, 할인): 매입액 및 매출액에서 차감**

(2) **부대비용: 매입액에 가산, 매출액과 무관**

2. 원가흐름의 가정

	계속기록법	실지재고조사법
FIFO	FIFO	
평균법	이동평균법	총평균법

(1) **선입선출법(FIFO, First In First Out)**

선입선출법: 먼저 구입한 순서대로 먼저 판매되었다고 가정하는 방법

> 매출원가=기초 재고부터 매입액을 순차적으로 가산
> 기말 재고자산=가장 마지막 매입부터 역순으로 가산

선입선출법은 계속기록법과 실지재고조사법의 차이가 없음

(2) 총평균법 (실지재고조사법 & 평균법)

총평균법: 기초 재고와 총 매입 재고 전체(판매가능상품)를 평균함

$$매출원가 = 판매가능상품 금액 \times 판매 수량/판매가능상품 수량$$
$$기말 재고자산 = 판매가능상품 금액 \times 기말 수량/판매가능상품 수량$$

(3) 이동평균법 (계속기록법 & 평균법)

이동평균법: 매출 시점까지 존재한 재고를 기준으로 평균함

일 자	수량	단가	금액	잔액	잔량(먼저!)
1월 1일	150개	₩100	15,000		
1월 15일	50개	₩140	7,000	㉠22,000	①200
1월 20일	(100개)		ⓐ(11,000)	㉡11,000	②100
1월 25일	100개	₩150	15,000	㉢26,000	③200
1월 28일	(100개)		ⓑ(13,000)	㉣13,000	④100

Step 1. 잔액, 잔량 표 그리기
Step 2. 잔량 구하기
Step 3. 잔액 구하기
Step 4. 매출원가 구하기

2 기말 재고자산에 포함되는 항목

미착품	선적지 인도조건 시 구매자, 도착지 인도조건 시 판매자의 재고	
적송품 (위탁판매)	수탁자가 판매할 때 수익 인식	창고 밖에 있지만 재고에 포함
시송품 (시용판매)	고객이 구매 의사를 밝혔을 때 수익 인식	
저당상품	대여자가 보관해도 차입자의 재고	
할부판매&선수금 판매	자산 인도 시점에 소유권 이전	
재구매조건부 판매	공정가치 재구매 or 풋옵션이 깊은 외가격 상태이면 판매	
인도결제판매	자산 인도 후 결제까지 완료되어야 소유권 이전	
미인도청구약정	판매자가 보관하지만 구매자의 재고	

| 주의 | ⚠ 기말 재고자산 계산 시 주의사항 |

(1) 기말 재고자산에 포함된다고 무조건 더하지 말고, 재고자산에 포함되지 않는다고 무조건 빼지 말 것

(2) 기말 재고자산에는 원가를 가산해야 함 (not 판매가격, 재구매 가격)

1. 시송품

시송품은 고객이 구매 의사를 밝혔을 때 수익을 인식하며, 그 전까지 고객이 보유하고 있는 상품은 판매자의 재고자산에 포함된다.

(1) 예상구매비율 추정 여부에 따른 매출과 매출원가 인식

고객의 예상구매비율	매출액	매출원가
합리적 추정 가능	총 매출액×예상구매비율	시송품 원가×예상구매비율
합리적 추정 불가	0	0 (전부 기말 재고자산)

－반품가능판매도 동일하게 적용

2. 할부판매 vs 선수금 판매: 소유권 이전은 대금 회수 여부와 무관 ★중요

	X1년	X2년
할부판매	상품 이전	판매대금 수령
선수금 판매	판매대금 수령	상품 이전

회계는 발생주의를 기반으로 하므로 대금 회수 여부와 상관없이 상품의 소유권은 상품이 이전될 때 같이 넘어간다.

(1) 할부판매 및 선수금 판매의 매출액

할부판매	선수금 판매
매출액＝PV(현금 수령액)	매출액＝현금수령액×$(1+R)^n$

3. 재구매조건부판매 ★중요

거래 구분 (재고의 소유자)	(1) 재구매 가격	(2) 풋옵션의 상태
판매거래 (구매자)	공정가치 (위험 이전 O)	깊은 외가격 (그대로 니꺼)
차입거래 (판매자)	약정금액 (위험 이전 X)	깊은 내가격 (다시 내꺼)

문제 1

다음에 제시되는 물음은 각각 독립된 상황이다.

물음 1 다음은 ㈜대한의 재고자산에 대한 5월 한 달 동안의 기록이다. 5월말 상품의 실지재고수량은 100개로 확인되었다. ㈜대한은 원가흐름에 대한 가정으로 가중평균법을 적용하고 있다.

일 자	매 입			매 출
	수량(개)	구입단가	금액	수량(개)
5월 1일　　(기초)	100	₩100	₩10,000	
6일				50
10일	150	₩130	₩19,500	
11일				100
12일	150	₩150	₩22,500	
25일				150
합 계	400		₩52,000	300

㈜대한이 월별 재무제표 작성 시, 재고자산에 대해 계속기록법을 적용하는 경우와 실지재고조사법을 적용하는 경우에 있어서 5월말 재고자산 금액의 차이를 구하시오.　　　　2013. CPA

물음 2 다음은 ㈜한국의 상품에 관련된 자료이다. (7점)　　　　2017. CTA

1) 모든 매입 · 매출거래는 현금거래이다.

2) 상품의 단위당 판매가격은 ₩1,500이고, 20X1년 상품의 매입 · 매출에 관한 자료는 다음과 같다.

일자	구분	수량(개)	단위원가	금액
1월 1일	기초상품	200	₩1,100	₩220,000
2월 28일	매입	2,400	1,230	2,952,000
3월 5일	매출	2,100		
3월 6일	매출환입	100		
8월 20일	매입	2,600	1,300	3,380,000
12월 25일	매출	1,500		
12월 31일	기말상품	1,700		

3) 상품의 원가흐름에 대한 가정으로 가중평균법을 적용하고 있다.

4) 20X1년 12월 31일 상품에 대한 실사수량은 1,700개이다.

요구사항 1

상품에 대한 회계처리로 계속기록법을 적용하는 경우, 20X1년 12월 25일에 필요한 회계처리를 제시하시오.

(차변) ①	(대변) ②

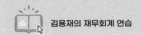

요구사항 2

상품에 대한 회계처리로 실지재고조사법을 적용하는 경우, 20X1년 포괄손익계산서에 보고되는 매출원가를 계산하시오.

물음 3 ㈜한국은 20X3년말 결산을 앞두고 홍수로 인해 보관 중인 상품의 대부분이 소실되었고, 남아있는 상품의 원가는 ₩50,000이다. 홍수발생 당일에 목적지인도조건(F.O.B. destination)으로 매입한 원가 ₩20,000의 상품이 운송 중이었다. ㈜한국은 상품 원가의 125%에 해당하는 금액으로 상품을 판매하고 있다. 재고자산과 관련된 20X3년도 ㈜한국의 재무자료는 다음과 같다. 단, 홍수로 인한 재고자산손실 이외의 손실은 없다.

- 20X3년 1월 1일 재고실사를 한 결과, 기초재고는 원가 ₩1,000,000이었다.
- 20X3년도에 발생한 거래내역은 다음과 같다.

매출액:	₩2,100,000
매입액:	₩820,000
매출에누리와 환입:	₩100,000
매출관련 판매수수료:	₩40,000
매입에누리와 환출:	₩20,000

㈜한국이 홍수로 인하여 20X3년도에 피해를 입은 재고자산의 손실금액을 추정하시오. *2017.CPA*

물음 4 ㈜한영은 20X3년부터 원재료E를 매입하여 가공한 제품E를 생산하여 판매하려고 한다. 20X2년 12월 15일에 원재료E가 선적되었으며, ㈜한영은 20X2년 12월 31일에 송장을 수령하였다. 송장금액이 ₩8,000인 동 재고자산은 도착지 인도조건이며, 대금 중 ₩2,000은 재고자산 인수일에 지급하고, 잔액 ₩6,000은 20X3년 말과 20X4년 말에 각각 ₩3,000씩 지급하기로 하였다. 한편, 재고자산 인수대장에는 20X3년 1월 1일에 원재료E가 입고된 것으로 나타나 있다. 원재료E의 매입과 관련된 다음의 분개(①, ②)를 완성하시오. (단, 원재료E의 정상신용조건의 매입가격은 실제 지급된 현금흐름을 연 10%의 이자율로 할인한 것이다. 또한 계산은 소수점 첫째 자리에서 반올림하시오.) *2013.CTA*

추가정보

기간(n) = 2, 할인율(i) = 10%의
   정상연금의 현가계수 = 1.7355
   선불연금의 현가계수 = 1.9091
   단일금액의 현가계수 = 0.8264
   단일금액의 미래가치계수 = 1.2100

일 자	분 개
①	②

✎ 해설 원가흐름의 가정 및 기말 재고자산에 포함되는 항목

(물음 1) 900

기말재고 차이: (1)−(2)＝900

(1) 계속기록법 (이동평균법) 적용 시 기말재고: 13,900

	수량	단가	금액	잔액	잔량
5.1	100	@100	10,000	10,000	100
5.6	(50)		(5,000)	5,000	50
5.10	150	@130	19,500	24,500	200
5.11	(100)		(12,250)	12,250	100
5.12	150	@150	22,500	34,750	250
5.25	(150)		(20,850)	13,900	100

(2) 실지재고조사법 (총평균법) 적용 시 기말재고: 52,000×100개/400개＝13,000

(물음 2)

|요구사항 1|

(차변) ① 현금	2,250,000	(대변) ② 매출	2,250,000
매출원가	1,927,500	상품	1,927,500

매출(＝현금 수령액): 1,500개×@1,500＝2,250,000

－ 모든 매입, 매출거래는 현금거래라는 단서가 있다.

매출원가(＝상품 감소액): 4,112,000×1,500개/3,200개＝1,927,500

일자	구분	수량(개)	단위원가	금액	잔액	잔량
1월 1일	기초상품	200	₩1,100	₩220,000	220,000	
2월 28일	매입	2,400	1,230	2,952,000	3,172,000	2,600
3.5 & 3.6	순매출	2,000		(2,440,000)	732,000	600
8월 20일	매입	2,600	1,300	3,380,000	4,112,000	3,200
12월 25일	매출	1,500		(1,927,500)		1,700

|요구사항 2| 4,410,000

판매가능상품: 220,000＋2,952,000＋3,380,000＝6,552,000

매출원가: 6,552,000×3,500개/5,200개＝4,410,000

(물음 3) 150,000

(1) (순)매출액: 2,100,000－100,000＝2,000,000

(2) (순)매입액: 820,000－20,000＝800,000

(3) 매출원가: 매출액/1.25＝1,600,000

(4) 홍수 발생 전 기말 재고자산: 기초 재고＋매입액－매출원가

　＝1,000,000＋800,000－1,600,000＝200,000

(5) 손실금액: (4)－홍수 발생 후 재고자산＝200,000－50,000＝150,000

　－ 목적지(도착지)인도조건으로 매입한 상품은 아직 매입이 되지 않았으므로 매입액에 포함되지 않으며, 기말 재고에도 포함되지 않는다. 따라서 손실금액과 무관하다.

　－ 만약 선적지인도조건이었다면 미착상품의 원가가 매입액에 포함되므로 손실금액은 130,000(＝200,000－70,000)이 된다.

(물음 4)

일 자	분 개			
① 20X3년 1월 1일	② 원재료	7,207	현금 장기매입채무	2,000 5,207

도착지 인도조건이므로 입고된 20X3년 1월 1일에 매입 회계처리를 해야 한다.

장기매입채무: 3,000×1.7355＝5,207

원재료 매입액: 5,207＋2,000＝7,207

3 재고자산 관련 수정분개 ★중요!

재고자산, 매출원가, 매입채무의 수정 전 잔액을 제시한 뒤 재고자산의 매입 및 매출 관련 정보를 반영하여 수정 후 잔액을 묻는 유형이 2차 시험에 종종 출제된다. 어느 상황에 어떤 수정분개를 수행해야 하는지 반드시 기억하자.

1.	재고자산	XXX	매입채무	XXX
	매출원가	XXX	매입채무	XXX
2.	재고자산	XXX	매출원가	XXX
	매출원가	XXX	재고자산	XXX
3.	매출채권	XXX	매출	XXX

1. 재고자산의 매입을 누락한 경우: 안 팔렸으면 재고자산, 팔렸으면 매출원가 증가

당기 매입분인데 매입 처리를 안 하면 매입채무가 과소계상된다. 따라서 매입채무를 증가시켜야 한다. 동 재고자산이 당기에 안 팔렸다면 재고자산을 증가시켜야 한다. 반면, 동 재고자산이 당기에 팔렸다면 매출원가를 증가시켜야 한다. 매입운임은 매입액에 가산하는 항목인데, 매입운임을 누락한 경우에도 동일하게 적용한다.

2. 기말 재고자산이 과소 or 과대계상된 경우

매입에는 오류가 없으나, 기말 재고자산이 과소(과대)계상되어 있다면 매출원가가 과대(과소)계상되어 있는 것이다. 따라서 재고자산을 증가(감소)시키면서 매출원가를 감소(증가)시켜야 한다.

3. 매출이 과소 계상된 경우

매출이 과소 계상된 경우 매출채권과 매출을 증가시켜야 한다. 현금 매출이었다면 회사가 현금 수령액과 함께 매출을 정확히 계상했을 것이므로 오류가 없다. 현금에는 절대로 오류가 없다. 매출에 오류가 있는 것은 전부 외상 매출이므로 매출과 매출채권을 같이 증가시키면 된다.

4 재고자산의 측정

재고자산은 기준서 내용이 많지 않다. 다음 내용은 재고자산 기준서 원문 중 시험에 나올 수 있는 문장들을 나열한 것으로, 1차 시험에서도 출제될 수 있는 내용이므로 1차 수험생은 읽어보고 넘어가자. 2차 시험에서는 각 원가를 재고자산의 원가에 포함시킬 것인지 여부를 구분할 수 있어야 한다.

재고자산의 취득원가에 포함	① 매입원가, 전환원가, 재고자산을 현재의 장소에 현재의 상태로 이르게 하는 데 발생한 기타 원가 ② 수입관세와 제세금(과세당국으로부터 추후 환급받을 수 있는 금액은 제외), 매입운임, 하역료 그리고 완제품, 원재료 및 용역의 취득과정에 직접 관련된 기타 원가 ③ 특정한 고객을 위한 비제조 간접원가 또는 제품 디자인원가
취득원가에서 차감	매입할인, 리베이트
비용으로 인식해야 하는 원가	① 재료원가, 노무원가 및 기타 제조원가 중 비정상적으로 낭비된 부분 ② 후속 생산단계에 투입하기 전에 보관이 필요한 경우 이외의 보관원가 ③ 재고자산을 현재의 장소에 현재의 상태로 이르게 하는데 기여하지 않은 관리간접원가 ④ 판매원가

1. 재고자산의 취득원가

재고자산의 취득원가는 매입원가, 전환원가 및 재고자산을 현재의 장소에 현재의 상태로 이르게 하는 데 발생한 기타 원가 모두를 포함한다.

재고자산의 매입원가는 매입가격에 수입관세와 제세금(과세당국으로부터 추후 환급받을 수 있는 금액은 제외), 매입운임, 하역료 그리고 완제품, 원재료 및 용역의 취득과정에 직접 관련된 기타 원가를 가산한 금액이다. 매입할인, 리베이트 및 기타 유사한 항목은 매입원가를 결정할 때 차감한다.

2. 전환원가: '실제조업도≒정상조업도'라면 실제조업도 사용 가능

고정제조간접원가는 생산설비의 정상조업도에 기초하여 전환원가에 배부하는데, 실제조업도가 정상조업도와 유사한 경우에는 실제조업도를 사용할 수 있다.

3. 기타 원가: 특정 고객을 위한 원가 포함 가능

기타 원가는 재고자산을 현재의 장소에 현재의 상태로 이르게 하는 데 발생한 범위내에서만 취득원가에 포함된다. 예를 들어 특정한 고객을 위한 비제조 간접원가 또는 제품 디자인원가를 재고자산의 원가에 포함하는 것이 적절할 수도 있다.

문제 2
(6점)

다음에 제시되는 물음은 각각 독립된 상황이다.

물음 1 다음은 ㈜대한의 20X1년 12월 31일로 종료되는 회계연도에 대한 회계기록이다. 기말재고자산은 창고에 있는 재고자산을 실사한 결과에 따른 금액이다.

구분	금액
기말재고자산	₩20,000
기말매입채무	40,000
당기 매출액	100,000

추가 정보는 다음과 같다.

1) ㈜대한은 20X1년 9월 고객에게 상품 A를 인도하며 ₩8,000의 매출을 인식하였다. 이는 시용판매에 해당하며 매출총이익률은 25%이다. 20X1년 12월 31일 현재 고객이 구입의사를 표시하지 않은 금액은 판매가로 ₩3,000이다.

2) ㈜대한은 20X1년에 상품 B를 3개월 내에 반품가능한 조건으로 ₩3,000에 외상판매하고, 매출로 인식하였다. 상품 B의 경우 원가에 20%의 이익을 가산하여 판매하고 있다. 20X1년 12월 31일 현재 반품기간이 경과된 금액은 ₩1,800이며 미경과된 금액은 ₩1,200이다. 미경과분에 대한 반품가능성은 신뢰성 있게 예측할 수 없다.

3) ㈜대한은 20X2년 1월 7일에 20X1년 12월분 매입운임 ₩3,000의 지급을 요청하는 청구서를 받았다. 이 청구서는 20X1년 12월에 구입한 상품 C와 관련된 것인데, 상품의 80%가 아직 판매되지 않아 20X1년 기말재고자산에 포함되어 있다. 회사는 20X1년말 현재 이 매입운임 ₩3,000을 재고자산과 매입채무에 포함시키지 않았다.

아래 양식에 따라 위 회계기록에 대한 수정표의 ① ~ ⑥ 금액을 계산하시오. 단, 수정사항이 없는 경우에는 '0'으로 표시하며, 감소의 경우에는 금액 앞에 '(−)'를 표시하시오. 2016. CPA

구 분	재고자산	매입채무	매출액
수정 전 금액	₩20,000	₩40,000	₩100,000
추가정보 1	①		②
추가정보 2	③		④
추가정보 3	⑤	⑥	
수정 후 금액			

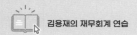

물음 2 다음은 ㈜대한의 20X1년 12월 31일로 종료되는 회계연도에 대한 회계기록이다.

> • 기말 재고자산ˣ   : ₩10,000
> • 기말 매입채무 : ₩20,000
> • 당기 매출액   : ₩90,000

ˣ 기말 현재 ㈜대한의 공장에 있는 재고자산을 실사한 결과에 따른 금액임

재고자산의 단위원가는 선입선출법을 사용하여 결정한다. 추가 정보는 다음과 같다.

1. 위 기말 재고자산 금액에는 원재료 A의 매입운임 ₩800, 운송보험료 ₩50, 보세창고 보관료 ₩100 및 ㈜대한의 공장에 있는 원재료 A의 보관창고 비용 ₩300이 포함되어 있다. 이 원재료 A의 매입할 인 ₩400은 매입원가에서 차감하였다. 원재료 A 기말재고는 곧 제품 생산에 투입될 예정이다.

2. 위 기말 재고자산 금액에는 상품 B의 하역료 ₩100, 수입관세 ₩150 및 ㈜대한의 공장에 있는 상품 B의 보관창고 비용 ₩200이 포함되어 있다. 상품 B의 구입과 관련하여 매입거래처로부터 리베이트 ₩500을 수령하였는데 이를 기타수익으로 처리하였다. 상품 B의 당기 판매 분은 없다.

3. ㈜대한은 위탁판매를 위해 수탁자에게 제품 C를 적송하고 적송시점에 매출 ₩3,000을 기록하였다. 판매가격은 원가에 20%를 가산한 금액이며, 이 중 ₩1,200은 기말 현재 수탁자가 보관하고 있다.

4. 20X2년 1월 4일에 20X1년 12월분 매입운임 ₩6,000의 지급을 요청하는 청구서를 받았다. 이 청구 서는 20X1년 12월에 구입한 상품 D와 관련된 것인데, 상품의 60%가 20X1년말 현재 재고자산에 포 함되어 있다. 회사는 20X1년말 현재 이 매입운임 ₩6,000을 재고자산이나 매입채무에 포함시키지 않았다.

아래 양식에 따라 위 회계기록에 대한 수정표를 작성하시오. 단, 수정사항이 없는 경우에는 "0"으로 표시 한다.

2012. CPA

(단위 : 원)

구 분	재고자산	매입채무	매출액
수정 전 금액	10,000	20,000	90,000
1			
2			
3			
4			
수정 후 금액			

주) 감소일 경우 (-)로 표시함

해설 재고자산 매입 및 매출

(물음 1)

구 분	재고자산	매입채무	매출액
수정 전 금액	₩20,000	₩40,000	₩100,000
추가정보 1	①2,250		②(−)3,000
추가정보 2	③1,000 or 0		④(−)1,200
추가정보 3	⑤2,400	⑥3,000	
수정 후 금액			

1. 추가정보 1
(1) 재고자산: 3,000×(1−25%)=2,250 증가
　매출이 3,000 감소하므로 재고자산은 이 중 75%에 해당하는 2,250이 증가한다.
(2) 매출액: 3,000 감소
　시용판매는 고객이 구입의사를 표시할 때 매출을 인식한다. 따라서 고객이 구입의사를 표시하지 않은 3,000을 매출액에서 환입한다.

2. 추가정보 2
(1) 재고자산: 1,200/1.2=1,000 증가 or 0
　반품가능판매는 반품기간이 경과하면 반품이 불가능해지므로 매출액과 매출원가를 인식한다. 반품기간 미경과분은 반품가능성을 신뢰성 있게 예측할 수 있다면 예측치에 따라 매출액과 매출원가를 인식한다. 하지만 신뢰성 있게 예측할 수 없으므로 매출액과 매출원가를 인식하면 안 되며, 재고자산의 원가를 회수권으로 인식한다. 회수권을 재고자산으로 본다면 재고자산은 1,000이 증가하며, 재고자산으로 보지 않는다면 재고자산은 불변이다.
(2) 매출액: 1,200 감소 (반품기간 미경과분)

3. 추가정보 3
(1) 재고자산: 3,000×80%=2,400 증가
　매입운임은 매입액에 가산해야 하므로 재고자산은 증가한다. 이 중 80%가 판매되지 않았으므로 재고자산은 2,400 증가한다.
(2) 매입채무: 3,000 증가
　매입운임은 매입액에 가산해야 하므로 매입채무를 증가시킨다.

|수정분개|

추가정보 1	매출	3,000	매출채권	3,000
	재고자산	2,250	매출원가	2,250
추가정보 2	매출	1,200	매출채권	1,200
	회수권	1,000	매출원가	1,000
추가정보 3	재고자산	3,000	매입채무	3,000
	매출원가	600	재고자산	600

(물음 2)

구 분	재고자산	매입채무	매출액
수정 전 금액	10,000	20,000	90,000
1	0	0	0
2	(−)700	0	0
3	1,000	0	(−)1,200
4	3,600	6,000	0
수정 후 금액	13,900	26,000	88,800

1. 수정사항 없음
(1), (2)는 재고자산 금액에 포함하고, (3)은 취득원가에서 차감하였으므로 올바르게 처리하였다. 수정사항은 없다.

(1) 매입운임, 운송보험료, 보세창고 보관료
재고자산의 매입원가는 매입가격에 수입관세와 제세금, 매입운임, 하역료 그리고 완제품, 원재료 및 용역의 취득과정에 직접 관련된 기타 원가를 가산한 금액이다.

(2) 보관창고 비용
후속 생산단계에 투입하기 전에 보관이 필요한 경우 이외의 보관원가는 재고자산의 취득원가에 포함할 수 없으며, 발생기간의 비용으로 인식해야 한다. 원재료 A의 보관창고 비용은 후속 생산단계에 투입하기 전에 발생한 보관원가이므로 취득원가에 가산한다.

(3) 매입할인
매입할인, 리베이트 및 기타 유사한 항목은 매입원가를 결정할 때 차감한다.

2. 재고자산 700 감소
(1)은 비용으로 인식하고, (2)는 재고자산에서 차감해야 하는데 회사는 모두 재고자산에 포함하였으므로 재고자산에서 차감해야 한다.

(1) 보관창고 비용: 비용
후속 생산단계에 투입하기 전에 보관이 필요한 경우 이외의 보관원가는 재고자산의 취득원가에 포함할 수 없으며, 발생기간의 비용으로 인식해야 한다. 원재료와 달리 상품은 후속 생산에 투입되지 않으므로 비용으로 인식해야 한다.

(2) 리베이트: 재고자산에서 차감
매입할인, 리베이트 및 기타 유사한 항목은 매입원가를 결정할 때 차감한다.

3. 매출 1,200 감소, 재고자산 1,000 증가
(1) 매출 감소액: 3,000−1,800=1,200
회사는 매출을 3,000을 기록하였지만, 올바른 매출은 판매분인 1,800(=3,000−1,200)이다. 따라서 1,200의 매출을 감소시켜야 한다. '판매가격은 ~~이며, 이 중 1,200을 보관하고 있다.'라고 언급하고 있으므로 1,200은 판매가격이다.

(2) 매출원가 감소액(=재고자산 증가액): 1,200/1.2=1,000
매출을 1,200 감소시켰으므로 매출원가는 1,000이 감소한다. 매출원가가 감소하면 재고자산은 증가한다.

4. 매입채무 6,000 증가, 재고자산 3,600 증가

(1) 매입채무: 6,000 증가

매입운임에 대해 매입채무를 계상하지 않았으므로 매입채무를 6,000 계상한다.

(2) 재고자산: 6,000－6,000×40%＝3,600 증가

매입운임은 재고자산의 취득원가에 포함해야 한다. 매입운임에 대해 매입채무를 계상하면서 재고자산을 6,000 증가시킨다. 이 중 60%가 기말에 남아있으므로 40%는 팔렸다는 것이다. 따라서 2,400의 매출원가를 인식하면서 재고자산을 감소시킨다.

|수정분개|

1.	─회계처리 없음─			
2.	비용	200	재고자산	200
	기타수익	500	재고자산	500
3.	매출	1,200	매출채권	1,200
	재고자산	1,000	매출원가	1,000
4.	재고자산	6,000	매입채무	6,000
	매출원가	2,400	재고자산	2,400

5 저가법

1. 저가법 풀이법 ★중요!

$$BQ \times BP = XXX$$
$$\downarrow \quad (감모손실) \quad <\begin{array}{l}정상감모 (주로 매출원가) \\ 비정상감모 (주로 기타비용)\end{array}$$
$$AQ \times BP = XXX$$
$$\downarrow \quad (평가충당금) \ (평가손실=기말 충당금-기초 충당금)$$
$$AQ \times 저가 = XXX(순액)$$

- BQ(Book Quantity): 장부상 수량
- BP(Book Price): 장부상 단가(=취득원가)
- AQ(Actual Quantity): 실제 수량
- 저가: min[BP, NRV]
  - NRV(순실현가능가치)=예상 판매가격-추가 완성원가-판매비용

(1) 기말 재고: 마지막 줄 금액 (=AQ×저가)

(2) 매출원가 ★중요!

총비용 = 매출원가+기타비용 = 기초 재고(순액)+매입액-기말 재고(순액)
매출원가= 총비용-기타비용 = 기초 재고(순액)+매입액-기말 재고(순액)-**기타비용**

재고자산

기초(순액)	①X X X	매출원가	⑤X X X	┐
		기타비용	④X X X	총비용 ┘
매입	②X X X	기말(순액)	④X X X	
계	③X X X	계	③X X X	

(3) 평가충당금 회계처리

평가충당금 설정	재고자산평가손실 (비용)	XXX	재고자산평가충당금 (자산 감소)	XXX
평가충당금 환입	재고자산평가충당금	XXX	재고자산평가손실환입 (비용 감소)	XXX

문제 3

(16점)

다음은 ㈜대한의 재고자산에 관련된 자료이다.

2017. CTA

1) 20X1년 1월 1일 재고자산은 ₩200,000이고, 재고자산평가충당금은 ₩15,000이다.

2) 20X1년 1월 1일 재고자산을 ₩18,000,000에 취득하면서 ₩6,000,000은 즉시 지급하였다. 나머지 대금은 20X1년 12월 31일과 20X2년 12월 31일에 ₩6,000,000씩 총 2회에 걸쳐 분할 지급하면서, 기초 미지급 대금의 연 5% 이자도 함께 지급하기로 하였다. 취득일 현재 재고자산의 현금가격상당액은 총지급액을 유효이자율로 할인한 현재가치와 동일하며, 동 거래에 적용되는 유효이자율은 연 8%이다.

3) 계산은 소수점 첫째자리에서 반올림하시오.

기간 \ 이자율	단일금액 ₩1의 현가계수	
	5%	8%
1	0.95238	0.92593
2	0.90703	0.85734
3	0.86384	0.79383

4) 20X1년 총매입액은 ₩30,000,000(1월 1일 매입액이 포함되어 있음)이고, 매입에누리와환출은 ₩1,000,000, 매입할인은 ₩400,000이다.

5) 20X1년 총매출액은 ₩40,000,000이고, ㈜대한이 부담한 매출운임은 ₩100,000, 매출에누리와환입은 ₩300,000, 매출할인은 ₩150,000이다.

6) 20X1년 12월 31일 재고자산의 장부상 수량은 1,100개, 실사수량은 1,050개이다. 재고자산의 단위당 취득원가는 ₩1,300이고, 기말 평가를 위한 자료는 다음과 같다.

단위당 현행대체원가	단위당 예상 판매가격	단위당 예상 판매비용
₩1,200	₩1,400	₩150

7) 재고자산감모손실 중 80%는 원가성이 있고 20%는 원가성이 없는 것으로 판명되었다. 원가성이 있는 재고자산 감모손실과 재고자산평가손실(환입)은 매출원가에 반영하고, 원가성이 없는 재고자산감모손실은 기타비용으로 처리한다.

물음 1 20X1년 1월 1일의 매입액을 계산하시오.

물음 2 ㈜대한은 재고자산의 기말 장부수량에 단위당 취득원가를 적용하여 매출원가 산정을 위한 분개를 하였다. 정확한 매출원가 계산을 위해 ① 재고자산감모손실과 ② 재고자산평가손실(환입)에 대한 분개를 추가로 행하였다. ①과 ②의 분개가 매출원가에 미치는 영향을 각각 계산하시오. (단, 매출원가를 감소시키는 경우에는 금액 앞에 (—)표시를 하시오.)

물음 3 20X1년 포괄손익계산서에 보고되는 ① 매출액, ② 매출원가, ③ 당기순이익을 각각 계산하시오. (단, ③의 당기순이익을 계산할 경우 매출총이익은 ₩3,000,000으로 가정한다.)

✏️ 해설 저가법

(물음 1) 17,512,380

(1) 시기별 매입대금 지급액

x1초: 6,000,000

x1말: $6,000,000 + 12,000,000 \times 5\% = 6,600,000$

x2말: $6,000,000 + 6,000,000 \times 5\% = 6,300,000$

(2) x1초 매입액: $6,000,000 + 6,600,000 \times 0.92593 + 6,300,000 \times 0.85734 = 17,512,380$

(물음 2) ① 52,000 ② 37,500

BQ × BP	1,100개 × 1,300	정상감모 52,000
감모손실	(65,000)	비정상감모 13,000
AQ × BP	1,050개 × 1,300	
평가충당금	(52,500)	평가손실 37,500
AQ × 저가	1,050개 × 1,250 = 1,312,500	

① 정상감모: $65,000 \times 80\% = 52,000$

② 평가손실: $52,500 - 15,000 = 37,500$

(물음 3) ① 39,550,000 ② 27,459,500 ③ 1,966,010

① 매출액: $40,000,000 - 300,000 - 150,000 = 39,550,000$

② 매출원가 27,459,500

재고자산

기초(순액)	185,000	매출원가	27,459,500
		기타비용	13,000
매입	28,600,000	기말(순액)	1,312,500
계	28,785,000	계	28,785,000

③ 당기순이익

매출총이익		3,000,000
이자비용	11,512,380(x1초 매입채무) × 8% =	(920,990)
매출운임		(100,000)
기타비용(비정상감모)	65,000 × 20% =	(13,000)
당기순이익		1,966,010

문제 4

다음에 제시되는 물음은 각각 독립된 상황이다.

물음 1 다음은 ㈜대한의 20X1년 재고자산과 관련된 회계자료이다.

1) 기초 재고자산은 ₩5,000,000이다.

2) 당기 총매입은 ₩25,000,000, 추가로 ㈜대한이 부담한 매입운임은 ₩2,000,000, 매입에누리와환출은 ₩2,300,000, 매입할인은 ₩700,000이다.

3) 당기 총매출은 ₩32,000,000, ㈜대한이 부담한 매출운임은 ₩1,000,000, 매출에누리와환입은 ₩1,500,000, 매출할인은 ₩500,000이다.

4) 기말 재고자산의 장부재고수량과 실지재고수량, 취득원가 및 순실현가능가치는 다음과 같다.

재고자산 종류	재고자산 수량		단위당 취득원가	단위당 순실현 가능가치
	장부재고	실지재고		
A상품	1,000개	900개	₩1,000	₩800
B상품	2,000개	1,700개	₩2,000	₩1,500

5) 재고자산감모손실 중 70%는 원가성이 있는 것으로, 30%는 원가성이 없는 것으로 판명되었다. 원가성이 있는 재고자산감모손실은 매출원가에 포함하며, 원가성이 없는 재고자산감모손실은 기타비용으로 회계처리한다.

6) 재고자산의 저가기준 평가는 항목별 기준을 적용하며, 재고자산평가손실은 전액 매출원가에 포함한다.

20X1년 포괄손익계산서에 인식할 ①매출과 ②매출원가를 각각 계산하시오.　　　2013. CPA

물음 2 단일 품목의 상품만 매매하는 ㈜서원의 20X1년과 20X2년의 기말상품재고와 관련된 자료는 다음과 같다.

구 분	20X1	20X2
취득원가	₩50,000	₩15,000
순실현가능가치	45,000	13,000

㈜서원은 실지재고조사법을 적용한다. 20X1년 기초상품재고액은 ₩20,000이고, 당기매입액은 ₩80,000이다. 저가법을 적용하여 기말상품을 평가할 때 ① 20X1년도 매출원가를 구하시오. 단, 전기에서 이월된 재고자산평가충당금은 없다. 20X2년도 당기매입액이 ₩100,000일 때 ② 20X2년도 매출원가를 구하시오.　　　2015. CPA

20X1년도 매출원가	①
20X2년도 매출원가	②

물음 3 아래의 〈자료〉를 활용하여 다음 물음에 답하시오.   2013. CTA

자료

- 제품C의 보고기간말 장부상 수량은 240개이고 실사수량은 210개이다.
- 장부상 수량과 실사수량의 차이 30개 중 20개는 정상감모, 10개는 비정상감모이다.
- 보고기간말 제품C의 제조원가는 개당 ₩200이며, 저가법에 의한 평가금액은 개당 ₩130이다.
- 제품C에 대한 재고자산평가충당금의 기초잔액은 ₩16,700이다.
- 정상감모와 재고자산평가손실은 매출원가에 가산하고 비정상감모는 영업외 비용으로 처리하고 있다.

요구사항 1

㈜한영은 제품C의 기말실사를 통해 파악된 실지재고액만을 고려하여 매출원가 산정을 위한 수정분개를 하였다. 또한 정확한 매출원가의 도출을 위해 ① 감모손실에 대한 정정분개와 ② 기말 재고자산의 평가를 위한 분개를 추가로 행하였다. ①과 ②의 분개를 통해 매출원가에 가감되는 금액은 얼마인가?

요구사항 2

재고자산을 보고기간말 재무상태표에 구분하여 보고할 경우 제품C는 재무상태표에 계정과목과 금액이 어떻게 표시되는가?

✎ 해설 저가법

(물음 1) ① 30,000,000 ② 25,520,000

1. 매출

총매출	32,000,000
매출에누리와환입	(1,500,000)
매출환입	(500,000)
(순)매출	30,000,000

2. 매출원가
(1) A상품

BQ × BP	1,000개×1,000
감모손실	(100,000)
AQ × BP	900개×1,000
평가충당금	
AQ × 저가	900개×800＝720,000

비정상적: 100,000×30%＝30,000

저가＝min[1,000, 800]＝800

(2) B상품

BQ × BP	2,000개×2,000
감모손실	(600,000)
AQ × BP	1,700개×2,000
평가충당금	
AQ × 저가	1,700개×1,500=2,550,000

비정상적: 600,000×30%=180,000

저가=min[2,000, 1,500]=1,500

(3) 매입액

총매입	25,000,000
매입운임	2,000,000
매입에누리와환출	(2,300,000)
매입할인	(700,000)
(순)매입	24,000,000

(4) 매출원가

재고자산

기초(순액)	5,000,000	매출원가	25,520,000
		기타비용	210,000
매입	24,000,000	기말(순액)	3,270,000
계	29,000,000	계	29,000,000

(물음 2)

20X1년도 매출원가	①55,000
20X2년도 매출원가	②132,000

1. X1년도

BQ×BP	50,000	
		감모손실
AQ×BP	50,000	
		평가충당금
AQ×저가	45,000	

상품

기초(순액)	20,000	매출원가	55,000
		기타비용	—
매입	80,000	기말(순액)	45,000

평가손실을 기타비용으로 처리한다는 언급이 없으므로 매출원가에 포함시켰다.

2. X2년도

BQ×BP	15,000	
		감모손실
AQ×BP	15,000	
		평가충당금
AQ×저가	13,000	

상품

기초(순액)	45,000	매출원가	132,000
		기타비용	—
매입	100,000	기말(순액)	13,000

(물음 3)

|요구사항 1| 4,000 감소

BQ × BP	240개×@200＝48,000	
		정상감모: 4,000
감모손실		비정상감모: 2,000
AQ × BP	210개×@200＝42,000	
평가충당금	평가충당금 14,700	평가충당금환입 2,000
AQ × 저가	210개×@130＝27,300	

|회계처리|

회사 회계처리	매출원가	6,000	제품	6,000
감모손실	영업외비용	2,000	매출원가	2,000
평가손실	평가충당금	2,000	매출원가	2,000

㈜한영은 실지재고액만을 고려하여 매출원가 산정을 위한 수정분개를 하였다. 따라서 감모손실 6,000이 전부 매출원가에 포함되어 있을 것이다. 하지만 이 중 비정상감모는 영업외비용에 해당하므로 매출원가를 2,000 감소시켜야 한다. 또한, 평가충당금을 2,000 환입해야 하므로 매출원가가 2,000 더 감소한다.

|요구사항 2| 제품 42,000에 재고자산평가충당금이 14,700 차감되는 형식으로 표시된다.

2. 확정판매계약 시 NRV

기말 재고에 대해 확정판매계약을 체결한 경우, NRV는 다음과 같이 달라진다.

	기말 재고 수량〉계약 수량	기말 재고 수량〈계약 수량
계약 수량 이내의 재고	계약 가격	
계약 수량 초과분 or 부족분	원래 NRV＝예상 판매가격 －추가 완성원가－판매비용	손실충당부채 설정＝ 부족분×(**취득원가**－계약 가격)

3. 원재료의 저가법 적용

(1) 완성될 제품이 원가 이상으로 판매될 것으로 예상하는 경우에는 그 생산에 투입하기 위해 보유하는 원재료 및 기타 소모품을 감액하지 아니한다.
(2) 그러나 원재료 가격이 하락하여 제품의 원가가 순실현가능가치를 초과할 것으로 예상된다면 해당 원재료를 순실현가능가치로 감액한다. 이 경우 원재료의 **현행대체원가**는 순실현가능가치에 대한 최선의 이용가능한 측정치가 될 수 있다.

 원재료 저가법 풀이 순서

① 원재료가 투입되는 제품이 원가 이상으로 판매되는지 확인-YES → 원재료 평가손실 X

   ↓ NO

② 현행대체원가와 비교하여 저가법 적용!

원재료의 현행대체원가를 보고 바로 저가법을 적용하려고 하지 말고, 제품의 저가법 적용 여부를 먼저 판단해야 한다.

문제 5

다음에 제시되는 물음은 각각 독립된 상황이다.

물음 1 ㈜한국은 거래처와 개당 ₩450으로 300개의 재고자산을 판매하기로 하는 확정계약을 체결한 상태이다. ㈜한국의 20X1년말 현재 기말재고 보유수량은 100개이고, 장부상 개당 원가는 ₩500이며, 개당 순실현가능가치는 ₩400이다. 확정판매로 계약된 재고자산과 동일한 재고자산 구매시 개당 원가는 ₩550으로 예상된다. 확정판매계약 이행을 위한 판매비용은 발생하지 않는다.

위에서 주어진 자료를 이용하여 다음 물음에 답하시오. 2017. CPA

1) 20X1년 ㈜한국의 당기순이익에 미치는 영향을 계산하시오.

2) 20X1년말 ㈜한국이 해야 할 회계처리를 제시하고, 그 근거를 간략하게 설명하시오.

물음 2 12월말 결산법인인 ㈜동해의 20X1년말 현재 재고자산 평가와 관련된 자료는 다음과 같다.

(단위 : 개, 원)

구 분	재고수량	단위당				
		원가	현행 대체 원가	판매가격	추가 완성원가	판매비용
원재료 A	100	210	190	180	—	10
재공품 A	50	400	—	440	60	10
제 품 A	300	480	460	440	—	10
원재료 B	200	460	430	420	—	10
재공품 B	70	750	—	840	90	10
제 품 B	400	810	860	840	—	10

원재료 A와 재공품 A는 제품 A를 생산하기 위한 것이고, 원재료 B와 재공품 B는 제품 B를 생산하기 위한 것이다. 제품 A와 제품 B는 동일한 영업부문에 속하는 재고자산이며, 유사한 목적 또는 용도를 갖는 동일한 제품군과 관련되어 있지 않다. 장부수량과 실사수량은 같으며, 전기까지 발생한 재고자산평가손실은 없다. 이 경우 ㈜동해가 20X1년 회계연도에 재고자산평가손실로 인식해야 하는 금액을 계산하시오. 2012. CPA

물음 3 ㈜대한은 재고자산에 대해 저가법을 적용하고 있으며, 기말 재고자산에 대한 〈자료〉는 다음과 같다.

자료

1. 상품과 원재료에 대한 단위당 취득원가는 다음과 같다.

구분	상품	원재료
취득원가	₩600/개	₩20/g

2. 기말 현재 보유중인 상품의 수량은 3,000개이며, 이 중 2,000개는 확정판매계약을 이행하기 위해 보유중이다. 상품의 판매가격은 다음과 같다.

구분	일반판매	확정판매계약
판매가격	₩550/개	₩500/개

3. 상품 판매 시 확정판매계약 여부와 상관없이 개당 ₩10에 해당하는 판매비용이 발생할 것으로 예상된다.

4. 기말 현재 보유중인 원재료는 400g이며, 제품을 생산하기 위해 사용된다. 제품의 원가는 순실현가능가치를 초과할 것으로 예상되며, 기말 현재 원재료의 현행대체원가는 ₩16/g이다.

〈자료〉를 이용하여 ㈜대한이 상품과 원재료에 대해 인식할 재고자산평가손실 금액을 각각 계산하시오.

2022. CPA

항목	상품	원재료
재고자산평가손실	①	②

✏️ 해설 원재료의 저가법 적용

(물음 1) 확정판매계약 시 저가법
① 20X1년 당기순이익에 미치는 영향: (—)25,000
② 20X1년말 ㈜한국의 회계처리

재고자산평가손실	5,000	재고자산평가충당금	5,000
확정계약손실	20,000	손실충당부채	20,000

근거: 손실부담계약의 이행을 위하여 사용하는 자산이 있는 경우 충당부채를 인식하기 전에 해당 자산에 대한 손상차손을 먼저 인식한다.

1. 재고자산평가손실＝기말 평가충당금－기초 평가충당금＝5,000
— 기초 평가충당금에 대한 언급이 없으므로, 기초 평가충당금은 없다고 본다.

BQ×BP		
AQ×BP	100개×@500＝50,000	
AQ×저가	100개×@450＝45,000	평가충당금 5,000

확정계약은 손실부담계약에 해당하지만 100개의 재고는 기존에 보유하던 재고이므로 평가손실을 인식한다.

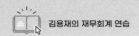
2. 확정계약손실: (550－450)×200개＝20,000

　　확정판매분 300개 중 기말재고로 보유하는 것은 100개이므로 100개의 NRV는 확정판매가격 450이 되고, 초과분 200개는 손실부담계약에 해당하므로 앞으로 예상되는 손실을 손실충당부채를 계상한다.

3. X1년 당기순이익에 미치는 영향＝(－)재고자산평가손실－확정계약손실＝(－)**25,000**

(물음 2) 19,200
기말 평가충당금: 2,000＋1,500＋15,000＋700＝19,200
－ 전기까지 발생한 재고자산평가손실(＝기초 평가충당금)이 없으므로 기말 평가충당금이 평가손실이 된다.

	원재료 A	재공품 A	제품 A	원재료 B	재공품 B	제품 B
AQ×BP	100개×210 ＝21,000	50개×400 ＝20,000	300개×480 ＝144,000	200개×460 ＝92,000	70개×750 ＝52,500	400개×810 ＝324,000
평가충당금	(2,000)	(1,500)	(15,000)	－	(700)	－
AQ×저가	100개×190 ＝19,000	50개×370 ＝18,500	300개×430 ＝129,000	200개×460 ＝92,000	70개×740 ＝51,800	400개×810 ＝324,000
NRV	190	440－60－10 ＝370	440－10 ＝430	460	840－90－10 ＝740	830

원재료의 NRV는 현행대체원가, 재공품 및 제품의 NRV는 '판매가격－추가 완성원가－판매비용'으로 구한다. 원재료 A는 제품 A가 원가 이상으로 판매되고 있지 않으므로 현행대체원가로 평가하는 반면, 원재료 B는 제품 B가 원가 이상으로 판매되고 있으므로 감액하지 않는다.

(물음 3)

항목	상품	원재료
재고자산평가손실	①280,000	②1,600

(1) 상품
　　평가손실＝기말 평가충당금－기초 평가충당금＝280,000
　　－ 기초 평가충당금에 대한 언급이 없으므로, 기초 평가충당금은 없다고 본다.

> BQ×BP
>
> AQ×BP　　　　　3,000개×600＝1,800,000
> 　　　　　　　　　　　　　　　　　　　　　　　　＞ 평가충당금 280,000
> AQ×저가　　1,000개×540＋2,000개×490＝1,520,000

	NRV	저가: min[BP, NRV]
① 일반판매분(1,000개)	550－10＝540	min[600, 540]＝540
② 확정판매분(2,000개)	500－10＝490	min[600, 490]＝490

(2) 원재료

평가손실＝기말 평가충당금－기초 평가충당금＝1,600

－ 기초 평가충당금에 대한 언급이 없으므로, 기초 평가충당금은 없다고 본다.

$$
\begin{array}{ll}
BQ \times BP \\[1.2em]
AQ \times BP & 400g \times 20 = 8,000 \\[1.2em]
AQ \times 저가 & 400g \times 16 = 6,400
\end{array}
\left. \phantom{\begin{array}{c} \\ \\ \end{array}} \right\} 평가충당금 1,600
$$

원재료의 NRV＝현행대체원가＝16

: 원재료는 제품을 생산하기 위해 사용되는데, 제품이 'BP〉NRV'이므로 원재료를 순실현가능가치로 감액한다. 이 경우 원재료의 현행대체원가는 순실현가능가치에 대한 최선의 이용가능한 측정치가 될 수 있다.

저가: min[BP, NRV]＝min[20, 16]＝16

문제 6 (30점)

㈜한영은 원재료A를 가공하여 제품A를 생산하여 판매하고 있으며, 원재료B를 가공하여 제품B를 생산하여 판매하고 있다. 또한 원재료C를 가공하여 제품C를 생산하여 판매하고 있다. 각 재고자산 항목들은 성격이나 용도가 유사하지 않다. 보고기간말(20X1년 12월 31일) 재고자산에 관한 다음 자료를 기초로 각각의 물음에 답하시오. 2013. CTA

자료 1

재고자산 항목	보고기간말 실사 수량	단위당			
		원가×	현행 대체원가	예상 판매가격	예상 판매비용
원재료A	10kg	₩10	₩8	₩15	₩6
원재료B	20kg	20	16	23	5
원재료C	50kg	30	28	35	3
재공품A	30개	40	—	—	—
재공품B	40개	80	—	—	—
제품A	200개	200	180	150	20
제품B	300개	150	160	200	30
제품C	500개	100	120	120	30

×원재료의 취득원가, 재공품 및 제품의 제조원가

자료 2

항목	재고자산 관련 추가사항 (1월 1일 ~ 12월 31일)
원재료A	20kg(단가는 kg당 ₩10)이 선적지 인도조건으로 기말 현재 운송중임
원재료B	30kg(단가는 kg당 ₩20)이 도착지 인도조건으로 기말 현재 운송중임
원재료C	후속 생산단계에 투입하기 전 보관이 필요하며 보고기간말 현재 보관원가는 kg당 ₩30이 발생하였으나 〈자료 1〉의 취득원가에는 반영되지 않음
제품A	차기에 재구매하기로 하고 한국상사에 개당 ₩200에 10개를 판매함. (단, 재구매단가는 ₩250이며 자산소유에 따른 위험과 보상이 구매자에게 이전되지 않음)
제품B	서울상사에 100개를 반품가능조건으로 판매하였으며 기말현재 반품수량은 30개로 추정이 됨
제품C	확정판매계약에 의해 기말제품의 60%가 차기에 판매될 예정임 (단, 계약단가는 ₩80이며, 추가적인 판매비용은 발생하지 않음)

위의 〈자료 1〉과 〈자료 2〉를 활용하여 다음 물음에 답하시오. (단, 재고자산감모손실은 없다.)

물음 1 보고기간말 재무상태표에 보고되는 재고자산 장부금액을 계산하기 위한 다음의 표(①~⑩)를 완성하시오.

재고자산 항목		수량	단가	장부금액
원재료A		①	④	
원재료B		20	20	400
원재료C		50	⑤	
재공품A		30	40	1,200
재공품B		40	80	3,200
제품A		②	⑥	
제품B		③	⑦	
제품C	계약이행에 필요한 수량	300	⑧	
	계약이행을 초과하는 수량	200	⑨	
장부금액 합계				⑩

물음 2 보고기간말 재고자산의 평가전 금액은 얼마인가?

✎ 해설 기말 재고자산에 포함될 항목, 원재료의 저가법 적용

(물음 1)

재고자산 항목		수량	단가	장부금액
원재료A		①30	④8	240
원재료B		20	20	400
원재료C		50	⑤28	1,400
재공품A		30	40	1,200
재공품B		40	80	3,200
제품A		②210	⑥130	27,300
제품B		③300 or 330	⑦150	45,000
제품C	계약이행에 필요한 수량	300	⑧80	24,000
	계약이행을 초과하는 수량	200	⑨90	18,000
장부금액 합계				⑩120,740

① 10kg＋20kg＝30kg
  ─ 선적지 인도조건으로 매입하였으므로 기말 수량에 가산해야 한다.
② 200개＋100개＝210
  ─ 재구매조건부판매로 위험과 보상이 이전되지 않으므로, 판매자의 재고에 포함해야 한다.
③ 300 or 330
  ─ 반품수량 30개는 반환제품회수권으로 계상한다. 회수권을 재고자산으로 본다면 330개, 당좌자산으로 보면 300개가 답이다. 기준서 개정 전에 출제된 문제이므로 실전에서는 이렇게 출제하지 않을 것이다. (300개가 다수설이긴 하다.)
④ min[10, 8]＝8
  ─ 원재료이므로 제품의 평가손실 여부를 먼저 따져야 한다. 원재료A를 가공하여 생산하는 제품A의 NRV가 130으로 BP인 200보다 작으므로 원재료는 min[BP, 현행대체원가]가 단가가 된다.
⑤ min[33, 28]＝28
  ─ 모든 제품C의 NRV가 BP보다 작은 상황이므로, 원재료C는 min[BP, 현행대체원가]로 평가한다. 후속 생산 단계에 투입하기 전 보관이 필요한 경우 발생하는 보관원가는 원재료의 원가에 가산한다.
⑥ min[200, 150−20]＝130   ⑦ min[150, 200−30]＝150
⑧ min[100, 80]＝80   ⑨ min[100, 120−30]＝90
⑩ 120,740(제품B 300개 가정) or 125,240(제품B 330개 가정)

(물음 2) 143,750

재고자산 항목	수량	단가	장부금액
원재료A	30	10	300
원재료B	20	20	400
원재료C	50	33	1,650
재공품A	30	40	1,200
재공품B	40	80	3,200
제품A	210	200	42,000
제품B	300	150	45,000
제품C	500	100	50,000
장부금액 합계			143,750

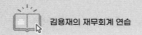

문제 7

(14점)

※ 다음의 각 물음은 독립적이다.

2024. CPA

물음 1 20X1년 12월 31일 현재 〈자료 1〉의 수정사항을 반영하기 전 ㈜한국의 기말재고실사 금액과 매출액은 각각 ₩2,000,000과 ₩4,000,000이었다.

자료 1

1. 20X1년 12월 20일에 ㈜서울에 판매한 상품 A의 하자가 발견되어 반품되었고, ㈜한국은 이를 승인 하였다. ㈜한국은 반품받은 상품 A의 하자 원인을 조사한 후 20X2년 1월 2일 ㈜한국의 재고창고에 보 관 조치함과 동시에 ㈜서울과의 매출거래를 취소하였다. 상품 A의 원가는 ₩1,000,000이며 매출총이 익률은 50%이다.

2. ㈜한국은 20X1년 12월 1일 장부금액 ₩200,000인 상품 B를 ㈜부산에게 ₩400,000에 판매하고 매출로 인식하였다. ㈜부산과의 본 거래는 ㈜한국이 6개월 후 ₩420,000에 재구매하는 약정을 맺었다.

3. ㈜한국은 20X1년 11월 25일과 12월 5일에 상품 C를 ㈜대구에게 각각 ₩500,000, ₩300,000에 외상판매하고 매출로 인식하였다. ㈜대구와의 거래는 판매일로부터 30일 이내에 반품 가능한 조건부로 이루어졌으며, 매출총이익률은 20%이다. 단, 반품 가능성은 신뢰성있게 측정할 수 없으며, ㈜한국은 반환제품회수권을 재고자산에 포함시킨다.

4. 원재료 A의 기말재고자산 금액에는 매입가격 ₩200,000과 수입통관세금 ₩10,000(향후 본 원재 료를 사용한 제품이 완성되는 시점에 환급받을 수 있음), 원재료 A의 후속생산단계에 투입하기 위하여 필요한 창고보관비용 ₩20,000, 하역료 ₩20,000이 포함되어 있으며, 매입처로부터 받은 리베이트 ₩40,000은 기타수익으로 처리하였다.

〈자료 1〉을 반영한 ㈜한국의 20x1년 기말재고자산과 매출액의 정확한 금액을 계산하시오.

20X1년 기말재고자산	①
20X1년 매출액	②

물음 2 20X1년 1월 1일에 설립된 ㈜대한은 상품 A를 매입하여 판매하며, 제품 B를 생산하여 판매하는 회사이다. ㈜대한은 당기순이익 극대화를 위해 의사결정한다. 〈자료 2〉를 이용하여 〈요구사항〉에 답하시오.

자료 2

1. ㈜대한은 ㈜민국의 상품 A 200개를 20X2년 7월 1일에 단위당 ₩20,000에 현금 매입하는 확정매입계약을 20X1년 7월 1일에 체결하였다. 본 확정매입계약을 ㈜대한이 해지할 수는 있으나 해지할 경우 손해배상금 ₩1,500,000을 지급해야 한다. 상품 A의 단위당 현행원가는 다음과 같다.

20x1.7.1.	20x1.12.31.
₩20,000	₩15,000

2. ㈜대한은 제품 B 300개를 단위당 판매가격 ₩10,000으로 20X2년 7월 1일 ㈜한국에 납품해야 하는 확정판매계약을 20X1년 2월 1일에 체결하였다. ㈜한국과의 계약을 통해 ㈜대한은 해당 제품의 판매와 관련한 판매비용을 절감할 수 있게 되었지만, 이 계약을 이행하지 않을 경우 위약금 ₩1,000,000이 발생하게 된다. 20X1년 12월 31일 현재 제품 B의 단위당 원가 및 가격 관련 정보는 다음과 같다.

장부상원가	일반판매가격	추정판매비용
₩15,000	₩15,000	₩2,000

요구사항 1

㈜대한의 20X1년도 12월 31일 상품 A와 관련된 확정계약손실액을 계산하시오.

확정계약손실액	
	①

요구사항 2

20X2년 7월 1일 상품 A의 단위당 현행원가가 각각 ₩17,000과 ₩13,000일 경우, 상품 A와 관련한 회계처리가 ㈜대한의 20X2년도 포괄손익계산서 상 당기순이익에 미치는 영향을 각각 계산하시오. 단, 당기순이익이 감소하는 경우에는 금액 앞에 (−)를 표시하시오.

현행원가가 ₩17,000일 경우	①
현행원가가 ₩13,000일 경우	②

요구사항 3

제품 B와 관련하여 20x1년 12월 31일 현재 ㈜대한의 재고수량이 각각 100개와 400개일 경우, ㈜대한이 20X1년도 포괄손익계산서에 인식할 비용을 각각 계산하시오.

재고수량이 100개일 경우	①
재고수량이 400개일 경우	②

✏️ **해설**
(물음 1)

20x1년 기말재고자산	①3,390,000
20x1년 매출액	②1,300,000

	회사	정답	기말재고자산	매출액
수정 전 금액			2,000,000	4,000,000
1. 상품 A	재고 X	재고 O	1,000,000	(2,000,000)
2. 상품 B	재고 X	재고 O	200,000	(400,000)
3. 상품 C	재고 X	재고 O	240,000¹	(300,000)
4. 원재료 A	재고 O	재고 O	(50,000)	—
실제 금액			3,390,000	1,300,000

¹300,000*80%

|수정분개|

1.	매출	2,000,000	매출채권	2,000,000
	상품	1,000,000	매출원가	1,000,000
2.	매출	400,000	부채	400,000
	상품	200,000	매출원가	200,000
	이자비용	3,333	부채	3,333
3.	매출	300,000	계약부채	300,000
	회수권	240,000	매출원가	240,000
4.	미수금	10,000	원재료	10,000
	기타수익	40,000	원재료	40,000

1. 상품 A
매출 감소액: 1,000,000/50%＝2,000,000

2. 상품 B
이자비용: (420,000－400,000)/6＝3,333

3. 상품 C
판매일로부터 30일 이내 반품 가능하므로 12.5일 판매분에 대해서는 매출과 매출원가를 인식할 수 없다.

(물음 2)
|요구사항 1|

확정계약손실액	①1,000,000

확정계약손실＝min[①, ②]＝1,000,000
① 확정계약을 이행하는 경우 손실: (20,000－15,000)×200개＝1,000,000
② 확정계약을 해지하는 경우 손실: 1,500,000

| 요구사항 2 |

현행원가가 ₩17,000일 경우	①400,000
현행원가가 ₩13,000일 경우	②(−)400,000

X1년 말의 현행원가가 15,000이므로 이후에 현행원가 변동에 따라 확정계약부채가 변할 수 있다. 현행원가가 클수록 같은 가격에 비싼 자산을 구입하는 것이므로 이익이 커진다.

1. 현행원가가 17,000일 경우: (17,000−15,000)×200개=**400,000 이익**

2. 현행원가가 13,000일 경우: (13,000−15,000)×200개=**400,000 손실**

| 현행원가별 회계처리 |

현행원가가 17,000일 경우	확정계약부채	400,000	확정계약이익	400,000
	상품 확정계약부채	3,400,000 600,000	현금	4,000,000
현행원가가 13,000일 경우	확정계약손실	400,000	확정계약부채	400,000
	상품 확정계약부채	2,600,000 1,400,000	현금	4,000,000

| 요구사항 3 |

재고수량이 100개일 경우	①1,200,000
재고수량이 400개일 경우	②1,700,000

확정계약손실은 'min[확정계약을 이행하는 경우 손실, 확정계약을 해지하는 경우 손실]'이다. 따라서 재고수량별로 어떤 손실이 더 작은지를 계산해 봐야 한다.

1. 재고수량이 100개일 경우 비용: **1,200,000** (확정계약 해지가 유리)
(1) 확정계약을 이행하는 경우 비용: (15,000−10,000)×300개=1,500,000
−원가가 15,000인데 확정가격이 10,000이므로 개당 5,000씩 손실을 인식한다.
(2) 확정계약을 해지하는 경우 비용: (15,000−13,000)×100개+1,000,000=1,200,000
−해지에 대한 위약금 1,000,000과, 일반판매 시 NRV가 13,000이므로 재고자산평가손실 200,000을 비용으로 인식한다. ((주)대한은 X1초에 설립되었으므로 기초 평가충당금은 없다.)

2. 재고수량이 400개일 경우 비용: **1,700,000** (확정계약 이행이 유리)
(1) 확정계약을 이행하는 경우 손실: (15,000−10,000)×300개+(15,000−13,000)×100개=1,700,000
−확정계약 이행 시 300개에 대해서는 5,000씩 손실을 인식하고, 초과 보유분 100개에 대해서는 NRV로 평가하면서 재고자산평가손실을 인식한다.
(2) 확정계약을 해지하는 경우 손실: (15,000−13,000)×400개+1,000,000=1,800,000
−해지에 대한 위약금 1,000,000과, 400개에 대한 재고자산평가손실을 비용으로 인식한다.

6 소매재고법 *중요!*

소매재고법은 1차 시험에서는 자주 출제되지 않지만, 2차 시험에서는 꽤 자주 나오는 중요 주제이다. 소매재고법은 문제 유형이 정형화되어 있어서 아래 표만 그릴 줄 알면 되므로 반드시 맞히자.

1. 표 그리기: 〈순순비, 정종, 순비는 (−), 정종은 (+)〉

	원가	매가		원가	매가
기초	XXX	XXX	매출	⑤	XXX
매입	XXX	XXX	정상		XXX
순인상		XXX	종업원할인		XXX
순인하		(XXX)			
비정상		(XXX)	기말	④ ←	③XXX
계	①XXX	②XXX	계	①XXX	②XXX

용어의 정의

매입	순매입	순인상	인상액−인상취소액	정상	정상파손
매출	순매출	순인하	인하액−인하취소액	비정상	비정상파손

2. 문제 풀이 순서

STEP 1 차변 합계 구하기

STEP 2 차변 합계를 대변 합계에 적기

STEP 3 기말 재고 매가 구하기

Step 3-1. 원가율 구하기

평균법 원가율: ①원가 총계/②매가 총계
− 저가법 적용 시: ①원가 총계/(②매가 총계+순인하)
FIFO(선입선출법) 원가율: (①원가 총계−기초 원가)/(②매가 총계−기초 매가)
− 저가법 적용 시: (①원가 총계−기초 원가)/(②매가 총계−기초 매가+순인하)

기말 재고 원가 구하기

④기말 재고자산 원가＝③기말 재고자산 매가×원가율

 매출원가 구하기

⑤매출원가＝①원가 합계－④기말 재고자산 원가
－ 정상파손원가: 매출원가에 포함하므로 차감하지 말 것 중요!

문제 8

다음에 제시되는 (물음)은 각각 독립된 상황이다.

물음 1 다음은 ㈜봉명의 20X1년 재고자산 관련 자료이다.

구 분	원 가	매 가
기초재고자산	₩1,000,000	₩1,500,000
당기매입액	3,000,000	5,500,000
매출액		4,000,000
순인상액		500,000
순인하액		650,000
정상파손		300,000
종업원할인		200,000

소매재고법을 적용하여 ① 20X1년 말 재고자산 원가 및 ② 20X1년도 매출원가를 각각 구하시오. 단, 원가의 흐름은 선입선출법을 적용하며 저가기준을 적용한다. 또한 원가율(%)은 <u>소수점 둘째자리에서 반올림한다.</u>

2015. CPA

20X1년 말 재고자산 원가	①
20X1년도 매출원가	②

물음 2 다음은 소매업을 영위하고 있는 ㈜민국의 당기 재고자산 관련 자료이다.

(단위 : 원)

구 분	원 가	판매가
기초재고액	7,000	12,000
당기총매입액	88,000	154,000
당기총매출액		146,000
당기가격인상		21,000
당기가격인상취소		4,000
당기가격인하		8,000
당기가격인하취소		2,000
매입환출	6,000	
매입할인	4,000	
종업원할인		9,000
매출환입		3,000

소매재고법을 적용하여 재고자산 원가를 측정한다고 할 때 다음 빈칸(①부터 ③까지)에 해당하는 금액을 계산하시오. 단, 원가율(%) 계산시 <u>소수점 이하 둘째자리에서 반올림</u>하여 계산한다(예를 들어 72.36% 은 72.4%로 계산함).

2012. CPA

구 분	기말 재고자산 (원가)	매출원가
가중평균법	①	②
저가기준 선입선출법	③	

📝 해설 소매재고법

(물음 1)

20X1년 말 재고자산 원가	①1,175,000
20X1년도 매출원가	②2,825,000

	원가	매가		원가	매가
기초	1,000,000	1,500,000	매출(순액)	2,825,000	4,000,000
매입(순액)	3,000,000	5,500,000	정상파손		300,000
순인상		500,000	종업원할인		200,000
순인하		(650,000)	기말	1,175,000	2,350,000
계	4,000,000	6,850,000	계	4,000,000	6,850,000

1. 기말 재고자산 원가: $2,350,000 \times 50\% = 1,175,000$
   - 원가율(FIFO, 저가법): $(4,000,000-1,000,000)/(6,850,000-1,500,000+650,000)=50\%$

2. 매출원가: $4,000,000-1,175,000=2,825,000$

(물음 2)

구 분	기말 재고자산 (원가)	매출원가
가중평균법	①12,000	②73,000
저가기준 선입선출법	③11,400	

1. 가중평균법

	원가	매가		원가	매가
기초	7,000	12,000	매출(순액)	73,000	143,000
매입(순액)	78,000	154,000	종업원할인		9,000
순인상		17,000			
순인하		(6,000)	기말	12,000	25,000
계	85,000	177,000	계	85,000	177,000

(1) 원가율: $85,000/177,000=48.0\%$
(2) 기말 재고자산 원가: $25,000 \times 48\%=12,000$
(3) 매출원가: $85,000-12,000=73,000$

2. 저가기준 선입선출법

	원가	매가		원가	매가
기초	7,000	12,000	매출(순액)	73,600	143,000
매입(순액)	78,000	154,000	종업원할인		9,000
순인상		17,000			
순인하		(6,000)	기말	11,400	25,000
계	85,000	177,000	계	85,000	177,000

(1) 원가율: $(85,000-7,000)/(177,000-12,000+6,000)=45.6\%$
(2) 기말 재고자산 원가: $25,000 \times 45.6\%=11,400$

문제 9

※ 다음의 각 물음은 독립적이다.

물음 1 다음은 소매업을 영위하고 있는 ㈜대한의 재고자산 관련 자료이다.

관련 자료

1. 당기 재고자산 관련 자료

구분	원가	판매가
기초재고액	₩10,000	₩15,000
당기총매입액	80,000	126,000
매입환출	8,000	11,000
매입할인	5,000	
매입에누리	3,000	
당기총매출액		75,000
매출환입	4,000	7,000
매출할인		3,000
매출에누리		2,000
당기가격인상액		15,000
당기가격인상취소액		3,000
당기가격인하액		10,000
당기가격인하취소액		2,000
종업원할인		5,000
정상파손	4,000	6,000
비정상파손	10,000	15,000

2. 정상파손의 원가는 매출원가에 포함하며, 비정상파손의 원가는 영업외비용으로 처리한다.

소매재고법을 적용하여 재고자산 원가를 측정한다고 할 때 아래 항목의 금액을 계산하시오. 단, 원가율은 소수점 아래 둘째자리에서 반올림하여 첫째 자리로 계산하시오. (예: 5.67%는 5.7%로 계산) 2018. CPA

구 분	매출원가
가중평균법	①
저가기준선입선출법	②

물음 2 소매업을 영위하고 있는 ㈜대한은 재고자산에 대해 소매재고법을 적용하고 있다. 다음의 〈자료 1〉을 이용하여 〈요구사항〉에 답하시오.

2022. CPA **2차**

자료 1

1. ㈜대한의 당기 재고자산과 관련된 항목별 원가와 매가는 다음과 같다.

항목	원가	매가
기초재고자산	?	₩40,000
당기매입액(총액)	?	210,000
매입환출	₩3,000	5,000
매입할인	1,000	
매출액(총액)		120,000
매출환입	2,000	16,000
매출에누리		4,000
가격인상액(순액)		22,000
가격인하액(순액)		15,000
정상파손	2,000	4,000
비정상파손	6,000	12,000
종업원할인		2,000

2. ㈜대한이 재고자산에 대해 원가기준으로 선입선출법과 가중평균법을 각각 적용하여 측정한 원가율은 다음과 같다.

적용방법	원가율
원가기준 선입선출법	55%
원가기준 가중평균법	50%

3. 정상파손의 원가는 매출원가에 포함하며, 비정상파손의 원가는 영업외비용으로 처리한다.

4. 원가율 계산 시 소수점 이하는 반올림한다 (예: 61.6%는 62%로 계산).

요구사항 1

㈜대한의 재고자산 관련 〈자료 1〉을 이용하여 기초재고자산과 당기매입액(총액)의 원가를 계산하시오.

기초재고자산 원가	①
당기매입액(총액) 원가	②

요구사항 2

㈜대한이 재고자산에 대해 저가기준으로 선입선출법을 적용하였을 경우와 가중평균법을 적용하였을 경우 매출원가를 각각 계산하시오.

적용방법	매출원가
저가기준 선입선출법	①
저가기준 가중평균법	②

✏️ **해설** 소매재고법

(물음 1)

구 분	매출원가
가중평균법	①39,790
저가기준선입선출법	②42,310

1. 가중평균법

	원가	매가		원가	매가
기초	10,000	15,000	매출(순액)	**35,790**	63,000
매입(순액)	64,000	115,000	정상파손	**4,000**	6,000
순인상		12,000	종업원할인		5,000
순인하		(8,000)			
비정상파손	(10,000)	(15,000)	기말	24,210	45,000
계	64,000	119,000	계	64,000	119,000

(1) 원가율: 64,000/119,000＝53.8%
(2) 기말 재고자산 원가: 45,000×53.8%＝24,210
(3) 매출원가: 64,000－24,210＝**39,790**
　　－ 문제의 가정에 따라 정상파손의 원가(4,000)는 매출원가에 포함한다. 따라서 정상파손의 원가를 차감하지 않는다. 표에는 35,790이 매출원가로 적히지만 정상파손 원가 4,000까지 포함하여 39,790이 매출원가이다.

2. 저가기준선입선출법

	원가	매가		원가	매가
기초	10,000	15,000	매출(순액)	**38,310**	63,000
매입(순액)	64,000	115,000	정상파손	**4,000**	6,000
순인상		12,000	종업원할인		5,000
순인하		(8,000)			
비정상파손	(10,000)	(15,000)	기말	21,690	45,000
계	64,000	119,000	계	64,000	119,000

(1) 원가율: (64,000－10,000)/(119,000－15,000＋8,000)＝48.2%
(2) 기말 재고자산 원가: 45,000×48.2%＝21,690
(3) 매출원가: 64,000－21,690＝**42,310**
　　－ 문제의 가정에 따라 정상파손의 원가(4,000)는 매출원가에 포함한다.

(물음 2)
|요구사항 1|

기초재고자산 원가	①10,000
당기매입액(총액) 원가	②120,000

	원가	매가		원가	매가
기초	?	40,000	매출(순액)		100,000
매입(순액)	?	205,000	정상파손	2,000	4,000
순인상		22,000	종업원할인		2,000
순인하		(15,000)			
비정상파손	(6,000)	(12,000)	기말		134,000
계	120,000	240,000	계		240,000

1. 원가 총계

    원가기준 가중평균법의 원가율이 50%이므로, 원가 총계는 120,000(=240,000×50%)이다.

2. 기초 재고자산 원가

    원가기준 FIFO 원가율: (120,000−기초 원가)/(240,000−40,000)=55%

    → 기초 재고자산 원가=10,000

3. 당기 매입액(총액) 원가

    당기 매입액(순액) 원가: 120,000−10,000+6,000=116,000

    당기 매입액(총액) 원가: 116,000+3,000(매입환출)+1,000(매입할인)=120,000

|요구사항 2|

적용방법	매출원가
저가기준 선입선출법	①51,660
저가기준 가중평균법	②57,020

	원가	매가		원가	매가
기초	10,000	40,000	매출(순액)		100,000
매입(순액)	116,000	205,000	정상파손	2,000	4,000
순인상		22,000	종업원할인		2,000
순인하		(15,000)			
비정상파손	(6,000)	(12,000)	기말		134,000
계	120,000	240,000	계	120,000	240,000

1. 저가기준 선입선출법

(1) 원가율: (120,000−10,000)/(240,000−40,000+15,000)=51%

(2) 기말 재고자산 원가: 134,000×51%=68,340

(3) 매출원가: 120,000−68,340=51,660

    − 문제에 정상파손원가는 매출원가에 포함한다는 단서가 있다.

2. 저가기준 가중평균법

(1) 원가율: 120,000/(240,000+15,000)=47%

(2) 기말 재고자산 원가: 134,000×47%=62,980

(3) 매출원가: 120,000−62,980=57,020

    − 문제에 정상파손원가는 매출원가에 포함한다는 단서가 있다.

CHAPTER

02 유형자산

1 유형자산의 취득원가

1. 유형자산의 원가에 포함하는 지출

경영진이 의도하는 방식으로 자산을 가동하는 데 필요한 장소와 상태에 이르게 하는 데 직접 관련되는 원가는 원가에 포함한다. 반면, 유형자산이 경영진이 의도하는 방식으로 가동될 수 있는 장소와 상태에 이른 후에는 원가를 더 이상 인식하지 않는다. 다음 표는 각각의 사례이다.

유형자산의 원가에 포함 O	유형자산의 원가에 포함 X
① 관세 및 환급불가능한 취득 관련 세금 ② 최초의 운송 및 취급 관련 원가 ③ 설치원가 및 조립원가 ④ 전문가에게 지급하는 수수료 ⑤ 매입 또는 건설과 직접 관련된 종업원급여 ⑥ 안전 또는 환경상의 이유로 취득하는 유형자산	① 광고선전비, 교육훈련비, 관리 및 기타 일반간접원가 ② 재배치, 재편성 원가 ③ 경영진이 의도하는 방식으로 가동될 수 있으나 아직 실제로 사용되지는 않고 있는 경우 또는 완전조업도 수준에 미치지 못하는 경우에 발생하는 원가, 초기 가동손실 ④ 부수적인 영업의 수익과 관련 비용 (ex 주차장에서 발생한 손익)
설치장소 준비 원가	새로운 시설을 개설하는 데 소요되는 원가
정상적으로 작동되는지 시험하는 과정에서 발생하는 원가	자산이 정상적으로 작동되는지를 시험할 때 생산되는 시제품의 매각액과 원가
장기할부구입 시 현금가격상당액	장기할부구입 시 총 지급액－현금가격상당액

2. 토지에 대한 지출

(1) 내용연수, 보수 담당에 따른 구분

	내용연수	보수 담당
토지	영구적	지자체
구축물	유한	회사

(2) 토지의 취득원가에 가산하는 지출: 구획정리비용, 토지정지비용

3. 일괄취득

(1) 모두 사용: 공정가치 비율로 안분

(2) 새로운 건물을 신축하기 위하여 토지+건물 구입

　토지의 취득원가＝일괄구입가격＋철거비용－폐자재 처분 수입

(3) 토지+건물 구입 후 구건물을 사용하다가 철거

　: FV 비율로 취득원가 안분 → 건물 감가상각 → 철거 시 처분손실 인식
　건물 처분손실＝건물의 철거 시점 장부금액＋철거비용－폐자재 처분 수입

4. 기타 상황에서 유형자산의 취득원가

(1) 국공채의 의무매입: 국공채의 '취득원가-현재가치'는 유형자산의 취득원가에 가산

(2) 현물출자: 자산의 공정가치가 1순위, 주식의 공정가치가 2순위

(3) 무상취득: 무상으로 취득한 자산의 공정가치

문제 1

㈜한영의 유형자산 등과 관련된 20X2년의 자료는 다음과 같다. 다음 자료를 이용하여 각 물음에 답하시오.　2013. CTA

일자	관련 항목	금액	비고
3/1	공장 이전을 위해 기숙사가 있는 토지를 구입	50억원	공업단지 인근에 위치함
3/1	구입한 토지와 관련된 미지급재산세를 ㈜한영이 부담하기로 함	1억원	
3/1	토지관련 소유권 이전비, 중개수수료, 등록세 지급	3,000만원	
3/2	공업단지 조성을 위한 부담금 납부	2억원	
3/2	기숙사의 철거비용 발생	2,000만원	
3/2	기숙사 철거에 따른 수입발생	3,000만원	
3/3	후문 진입로 공사비	2억원	
3/3	정문 진입로 공사비	3억원	
3/20	토지가치상승으로 인한 추가적 개발부담금 납부	1억원	
3/28	기존 공장(취득가액 5억원, 장부금액 5,000만원)의 철거비용 발생	2,000만원	
3/31	공장신축 용지를 일시적으로 주차장 용도로 사용함에 따른 수익 발생	1,000만원	

일자	관련 항목	금액	비고
4/1	공장건물 신축을 위한 계약금 지급	3억원	
4/1	공장건물 신축을 위한 법률수속비	2,000만원	
4/1	공장건물 설계비	1,000만원	
4/1	공장건물과 관련된 화재보험료 지급	3,600만원	3년간 보험료
5/31	공장 건설공사 중도금 지급	2억원	
6/2	공장울타리 및 주차장 공사비	2억원	
6/15	정문 진입로 포장공사비	2,000만원	
6/20	후문 진입로 포장공사비	2,000만원	
6/25	조경공사비	3,000만원	영구적 성격
6/30	신축공장을 가동하여 제품생산을 시작함		
7/1	공장 건설공사 잔금지급	3억원	
7/1	신축공장의 소유권 이전관련 등기비	2,000만원	

추가정보

1. 정문 진입로의 보수는 지방자치단체가 부담하며, 후문 진입로의 보수는 ㈜한영이 부담한다.

2. 공장건설 공사를 감독한 K씨는 공장건물 신축 후 공장건물 관리자로 보직을 변경하였다. K씨에게 지급된 급여 (4월 1일부터 12월 31일까지 발생분) 1억 5,000만원 중 공장건설 공사를 감독한 기간에 발생한 급여는 5,000 만원이다.

3. 4월 1일에 공장건설을 위해 2억원을 대한은행에서 장기로 차입하였는데 연 이자율은 10%이다. ㈜한영의 경영 진은 공장건설에는 상당한 기간이 소요되지 않은 것으로 판단하였다.

물음 1 토지, 공장, 구축물의 취득원가를 각각 계산하시오.

물음 2 20X2년 3월 1일부터 6월 30일까지 발생한 비용을 계산하시오.

물음 3 신축공장의 취득일은 언제인지 그 일자와 근거를 제시하시오.

✏️ 해설 유형자산의 취득원가

(물음 1) 토지: 57.7억, 공장: 9.03억, 구축물: 4.2억

(물음 2) 0.75억

(단위: 억원)

관련 항목	토지	공장	구축물	비용
공장 이전을 위해 기숙사가 있는 토지를 구입	50			
미지급재산세 부담	1			
토지관련 소유권 이전비, 중개수수료, 등록세	0.3			
공업단지 조성을 위한 부담금 납부	2			
기숙사의 철거비용 발생	0.2			
기숙사 철거에 따른 수입발생	(0.3)			
후문 진입로 공사비			2	
정문 진입로 공사비	3			
토지가치상승으로 인한 추가적 개발부담금	1			
기존 공장의 취득가액 및 철거비용				0.7
공장건물 신축을 위한 계약금 지급		3		
공장건물 신축을 위한 법률수속비		0.2		
공장건물 설계비		0.1		
공장건물과 관련된 화재보험료 지급		0.03		
공장 건설공사 중도금 지급		2		
공장울타리 및 주차장 공사비			2	
정문 진입로 포장공사비	0.2			
후문 진입로 포장공사비			0.2	
조경공사비(영구적 성격)	0.3			
공장 건설공사 잔금지급		3		
신축공장의 소유권 이전관련 등기비		0.2		
K씨의 급여		0.5		
차입원가				0.05
계	57.7	9.03	4.2	0.75

- 공업단지 조성을 위한 부담금, 토지가치 상승으로 인한 개발부담금: 토지 취득을 위한 부대비용이므로 토지의 취득원가에 가산한다.
- 기숙사의 철거비용 및 철거에 따른 수입: 공장 건설을 위해 기숙사가 있는 토지를 구입하였으므로 기숙사의 순철거비용은 토지의 취득원가에 가산한다.
- 기존 공장: 기존 공장이 새로 취득한 토지에 있는 것이 아니라, 다른 곳에서 ㈜한영이 쓰던 공장이다. 공장의 장부금액과 철거비용은 비용처리한다.
- 화재보험료: 공장의 건설기간 동안 발생한 화재보험료는 공장의 취득원가에 가산한다.
- 공장울타리 및 주차장은 토지가 아니므로 구축물로 계상한다.
- K씨의 급여: 공장건물 관리자이므로 직접노무원가로 보아 건물의 취득원가에 가산한다.
- 차입원가: 공장이 적격자산의 정의를 충족시키지 못하므로 자본화하지 않고 비용화한다.

(물음 3) 6.30, 신축공장을 가동한 시점이 실제 사용가능한 시점이므로 취득일이 된다.

2 교환

1. 상업적 실질이 있는 경우

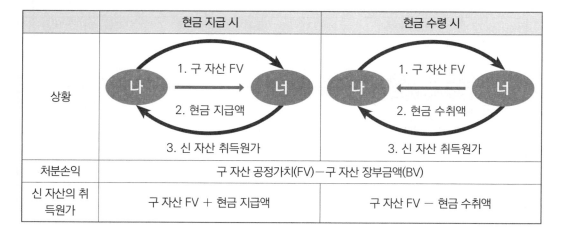

	현금 지급 시	현금 수령 시
상황	1. 구 자산 FV / 2. 현금 지급액 / 3. 신 자산 취득원가	1. 구 자산 FV / 2. 현금 수취액 / 3. 신 자산 취득원가
처분손익	구 자산 공정가치(FV) − 구 자산 장부금액(BV)	
신 자산의 취득원가	구 자산 FV + 현금 지급액	구 자산 FV − 현금 수취액

2. 상업적 실질이 결여되었거나, 공정가치를 신뢰성 있게 측정할 수 없는 경우

	현금 지급 시	현금 수령 시
상황	1. 구 자산 BV / 2. 현금 지급액 / 3. 신 자산 취득원가	1. 구 자산 BV / 2. 현금 수취액 / 3. 신 자산 취득원가
처분손익	0	
신 자산의 취득원가	구 자산 BV + 현금 지급액	구 자산 BV − 현금 수취액

3. 신 자산의 FV가 구 자산의 FV보다 더 명백한 경우: 문제에 제시된 구 자산의 FV 무시!

	신 자산의 FV가 구 자산의 FV보다 더 명백
상황	3. 구 자산 FV 나 ↔ 너 2. 현금 수수액 1. 신 자산 FV
처분손익	(다시 구한) 구 자산 FV − 구 자산 BV
신 자산의 취득원가	신 자산 FV

문제 2

다음은 ㈜민국의 비화폐성자산간의 교환거래 내역이며 각각의 물음은 독립적이다.   2013. CPA

물음 1 ㈜민국은 건물과 교환으로 현금 ₩1,000,000을 추가로 지급하고 토지를 취득하였다. 교환시 건물의 장부금액은 ₩1,600,000(취득원가 ₩3,000,000, 감가상각누계액 ₩1,400,000)이고 공정가치는 ₩2,000,000이다. 상업적 실질이 있는 거래로 가정하는 경우 교환으로 인해 취득한 유형자산의 취득원가를 계산하시오.

물음 2 ㈜민국은 구형 기계장치를 신형 기계장치와 교환하였다. 교환시 구형 기계장치의 장부금액은 ₩2,000,000(취득원가 ₩5,000,000, 감가상각누계액 ₩2,000,000, 손상차손누계액 ₩1,000,000)이고 공정가치는 ₩1,000,000이다. 교환 과정에서 ㈜민국이 추가로 지급한 현금은 ₩2,000,000이다. 상업적 실질이 결여된 거래로 가정하는 경우 교환으로 인해 취득한 유형자산의 취득원가를 계산하시오.

✎ 해설 교환

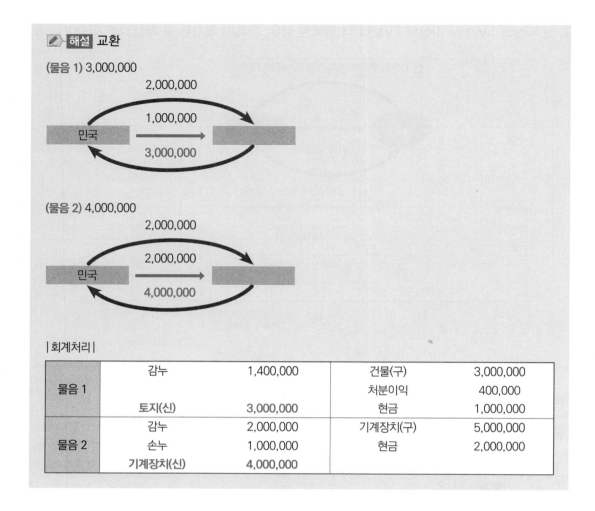

(물음 1) 3,000,000

(물음 2) 4,000,000

| 회계처리 |

물음 1	감누	1,400,000	건물(구)	3,000,000
			처분이익	400,000
	토지(신)	3,000,000	현금	1,000,000
물음 2	감누	2,000,000	기계장치(구)	5,000,000
	손누	1,000,000	현금	2,000,000
	기계장치(신)	4,000,000		

문제 3

(10점)

㈜세무는 20X1년 1월 1일 자사 소유 건물을 ㈜국세의 건물과 교환하였다. 동 교환거래는 상업적 실질이 있고, ㈜세무의 건물 공정가치가 ㈜국세의 건물 공정가치보다 더 명백하며, ㈜세무는 ㈜국세로부터 공정가치 차이 ₩400,000을 현금수취하였다. 교환시점에 ㈜세무와 ㈜국세의 건물에 대한 장부금액과 공정가치는 다음과 같다. 2021. CTA

	㈜세무	㈜국세
장부금액(순액)	₩1,400,000	₩1,300,000
공정가치	1,600,000	1,200,000

물음 1 동 건물의 교환거래에 대하여, ① ㈜세무가 인식할 건물 취득원가와 ② ㈜국세가 인식할 건물 취득원가를 계산하시오.

㈜세무가 인식할 건물 취득원가	①
㈜국세가 인식할 건물 취득원가	②

물음 2 동 건물의 교환거래에 대하여, ① ㈜세무가 인식할 처분손익과 ② ㈜국세가 인식할 처분손익을 계산하시오. (단, 처분손실이 발생하면 금액 앞에 '(−)'를 표시하시오.)

㈜세무가 인식할 처분손익	①
㈜국세가 인식할 처분손익	②

✎ **해설** 교환

(물음 1)

㈜세무가 인식할 건물 취득원가	①1,200,000
㈜국세가 인식할 건물 취득원가	②1,600,000

① ㈜세무가 인식할 건물 취득원가: 1,600,000(세무의 공정가치)−400,000=1,200,000

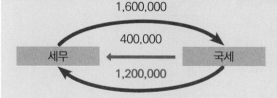

② ㈜국세가 인식할 건물 취득원가: 1,600,000(세무의 공정가치)
 − 신자산의 공정가치가 더 명백하므로 신자산의 공정가치가 그대로 신자산의 취득원가가 된다.

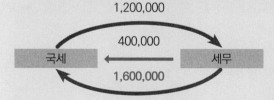

(물음 2)

㈜세무가 인식할 처분손익	①200,000
㈜국세가 인식할 처분손익	②(−)100,000

① ㈜세무가 인식할 처분손익: 1,600,000−1,400,000=**200,000**

② ㈜국세가 인식할 처분손익: (1,600,000−400,000)−1,300,000=**(−)100,000**
 − 신자산의 공정가치가 더 명백하므로 신자산의 공정가치를 이용하여 구자산의 공정가치를 다시 구해야 한다.

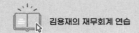

3 차입원가 자본화 ★중요!

1. 공사를 시작한 해의 차입원가 자본화

X1		12.31 or 완공일		
1.1	지출액×월수/12	= XXX		
3.1	지출액×월수/12	= XXX		
7.1	(보조금)×월수/12	= (XXX)		
	A	연평균 지출액		

특정	차입금×월수/12	=XXX	(이자율)	→ 특정차입금 이자비용
일시	(일시투자)×월수/12	=(XXX)	(이자율)	→ (일시투자 차감액)
일반	(연평균 지출액	−B)	(R)	→ 일반차입금 자본화액 (한도: 이자비용 계)
				차입원가 자본화액
R	=이자비용 계/연평균 차입금 계			
A	차입금×월수/12	=XXX	(이자율)	→이자비용
B	차입금×월수/12	=XXX	(이자율)	→이자비용
계		연평균 차입금 계	이자비용 계	

STEP 1 연평균 지출액

(1) 연도와 12.31(or 완공일) 쓰기
  ① 연도: 차입원가를 자본화하는 연도
  ② 날짜: 그 연도에 공사가 마감되면 공사 완공일, 마감되지 않으면 12.31

(2) 지출일과 지출액 쓰기
  −정부보조금, 유상증자: 수령일과 수령액을 음수로 적기

(3) 월할 상각해서 연평균 지출액 구하기

STEP 2 특정차입금 자본화

(1) 차입금×월수/12＝연평균 차입금

　: 올해 차입한 기간 중 건설 기간이 겹치는 기간만 포함

　　① 특정차입금 중 건설 기간과 겹치지 않는 기간

　　　: 특정차입금 중 건설 기간과 겹치지 않는 부분은 일반차입금으로 봄

(2) 특정차입금 이자비용: 연평균 차입금(이자율) → 특정 차입금 이자비용

(3) 일시투자: (일시투자액)×월수/12＝(XXX)(이자율) → (일시투자 차감액)

　특정차입금을 일시 투자한 경우 투자액에서 발생한 이자수익을 특정차입금 이자비용에서 차감

　일시투자액도 건설 기간과 겹치는 기간만 고려함

주의 　일반차입금의 일시투자는 무시!

(4) 특정 차입금 자본화액＝특정차입금 이자비용－일시투자 차감액

STEP 3 일반차입금 가중평균차입이자율 및 한도 계산

(1) 차입금×월수/12＝연평균 일반차입금(이자율) → 이자비용

　－ 일반차입금 자본화액을 계산할 땐 건설기간을 고려할 필요 없음

　－ 특정차입금 중 건설 기간과 겹치지 않았던 부분은 일반차입금으로 보아 다른 일반차입금과 같이 처리 **심화**

(2) R(일반차입금 가중평균차입이자율)＝이자비용 계/연평균 일반 차입금 계

김수석의 핵심 콕! 특정차입금 vs 일반차입금

	특정차입금	일반차입금
자본화 기간	차입기간 ∩ 건설기간	차입기간
일시투자액	특정차입금 자본화액에서 차감	무시

STEP 4 일반차입금 자본화: (연평균 지출액−B)×R (한도: 이자비용 계)

(1) B＝연평균 특정 차입금－연평균 일시 투자액

(2) 일반차입금 자본화액 한도: 이자비용 계 **중요!**

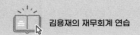

2. 공사 두 번째 해의 차입원가 자본화

X2		완공일
1.1	전기지출액×월수/12	=XXX
1.1	지출액×월수/12	=XXX
3.1	지출액×월수/12	=XXX
7.1	(보조금)×월수/12	=(XXX)
	A	연평균 지출액
특정	차입금×월수/12	=XXX (이자율) →특정차입금 이자비용
일시	(일시투자)×월수/12	=(XXX) (이자율) →(일시투자 차감액)
일반	(연평균 지출액 −B)	(R) →일반차입금 자본화액 (한도: 이자비용 계)
		차입원가 자본화액
R	=이자비용 계/연평균 차입금	
A	차입금×월수/12	=XXX (이자율) →이자비용
B	차입금×월수/12	=XXX (이자율) →이자비용
계		연평균 차입금 이자비용 계

(1) 전기 지출액

− 전기 지출액이 있다면, 1.1 옆에 전기의 총 지출액(X1년의 A, not 연평균 지출액) 적기

(2) 전기 차입원가 자본화액 포함 여부

− 문제의 가정에 따라 전기 차입원가 자본화액을 포함할 수도 있고, 포함하지 않을 수도 있음
− 대부분의 문제에서는 전기 차입원가 자본화액을 포함하지 않는 것으로 가정
− '적격자산 평균지출액은 건설중인 자산의 매월말 장부금액 가중평균으로 한다.'
　: 전기 지출액에 전기의 차입원가 자본화액 포함

3. 차입원가 자본화 서술형 내용

(1) 적격자산의 정의

적격자산은 의도된 용도로 사용하거나 판매가능한 상태에 이르게 하는 데 상당한 기간을 필요로 하는 자산을 말한다. 단, 금융자산과 생물자산 및 단기간 내에 생산되는 재고자산은 적격자산에 해당하지 않는다.

(2) 자본화가능차입원가의 범위

당해 적격자산과 관련된 지출이 발생하지 아니하였다면 부담하지 않았을 차입원가

(3) 기간별 차입원가 자본화 여부

차입원가 자본화를 지속하는 기간이 있고, 중단하는 기간이 있다. 표 왼쪽에 있는 기간에는 차입원가 자본화를 계속하므로 문제에 제시되더라도 무시하면 된다. 표 오른쪽에 있는 기간에는 차입원가 자본화를 하지 않으므로 해당 기간을 제외해야 한다.

차입원가 자본화를 중단하면 연평균 지출액과 특정 차입금 계산 시에는 영향을 받으나, 일반차입금은 원래도 건설기관과 무관하므로 영향을 받지 않는다.

차입원가 자본화 O	차입원가 자본화 X
① 자산의 물리적인 제작뿐 아니라 그 이전단계에서 이루어진 기술 및 관리상의 활동 **ex** 물리적인 제작 전에 각종 인허가를 얻기 위한 활동, 토지가 개발되고 있는 경우 개발과 관련된 활동이 진행되고 있는 기간 동안 발생한 차입원가	① 자산의 상태에 변화를 가져오는 생산 및 개발이 이루어지지 않는 상황에서 단지 자산을 보유하는 것 **ex** 건설목적으로 취득한 토지를 별다른 개발활동 없이 보유하는 동안 발생한 차입원가
② 상당한 기술 및 관리활동을 진행하고 있는 기간	② 적격자산에 대한 적극적인 개발활동을 중단한 기간
③ 자산을 의도된 용도로 사용 가능하게 하기 위해 일시적인 지연이 필수적인 경우 **ex** 건설기간동안 해당 지역의 하천수위가 높아지는 현상이 일반적이어서 교량건설이 지연되는 경우	③ 자산을 의도된 용도로 사용 가능하게 하는 데 필요한 활동을 중단한 기간

문제 4

(30점)

다음을 읽고 물음에 답하시오.

2012. CTA

㈜대한은 20X1년 2월 1일에 자사의 제품생산에 사용할 기계장치를 직접 제작하기 시작하였다. 동 기계장치는 20X2년 6월 30일에 완성되었으며, ㈜대한은 기계장치의 제작을 위하여 다음과 같이 지출하였다. 한편, 해당 기계장치에 필요한 부품의 공급업계 총파업으로 20X2년 1월 1일부터 2월 28일까지 일시적으로 불가피하게 생산이 지연되었다가 3월 1일부터 생산이 재개되었다.

일자	지출액
20X1년 2월 1일	₩600,000
20X1년 6월 30일	600,000
20X1년 9월 30일	400,000
20X2년 3월 1일	300,000
합계	₩1,900,000

㈜대한의 차입금은 다음과 같으며, 20X2년도에 신규로 조달한 차입금은 없다.

차입금	차입일	차입금액	상환일	이자율	이자지급조건
A	20X1년 1월 1일	₩600,000	20X2년 6월 30일	12%	단리/매월말 지급
B	20X1년 7월 1일	600,000	20X2년 10월 31일	12%	
C	20X0년 1월 1일	200,000	20X1년 12월 31일	8%	

차입금은 모두 만기 일시상환조건이다. 차입금 A는 기계장치 제작을 위하여 개별적으로 차입되었으며(특정차입금), 이 중 ₩120,000은 20X1년 1월 1일부터 6월 30일까지 연 9% 이자수취조건으로 정기예금에 예치하였다. 차입금 B, C는 일반목적으로 차입되었으며(일반차입금), 이 중 ₩100,000은 20X1년 8월 1일부터 10월 31일까지 연 8% 이자수취조건으로 보통예금에 예치하였다. 적격자산 평균지출액은 건설중인자산의 매월말 장부금액 가중평균으로 하며, 금액(₩)은 소수점 첫째자리에서 반올림하시오.

물음 1 20X1년도 적격자산에 대한 연평균지출액을 계산하시오.

물음 2 20X1년도 일반차입금 자본화이자율을 계산하시오. (단, 이자율은 소수점 아래 둘째자리에서 반올림하여 첫째 자리로 계산하시오. 예: 5.67%는 5.7%로 계산)

물음 3 20X1년도 및 20X2년도에 자본화할 차입원가를 계산하시오. (단, 각 연도별로 제시하되, 특정차입금 자본화차입원가와 일반차입금 자본화차입원가의 구분내역도 제시하시오.)

물음 4 20X1년 말 동 적격자산의 장부금액은 얼마인가?

✏️ **해설** 차입원가 자본화

(물음 1) 950,000

(물음 2) 10.5%

(물음 3)

	20X1년	20X2년
특정차입금	61,500	36,000
일반차입금	47,250	60,000
자본화차입원가 계	108,750	96,000

```
X1                          12.31
2.1      600,000×11/12 ＝550,000
6.30     600,000×6/12  ＝300,000
9.30     400,000×3/12  ＝100,000
         1,600,000        950,000


특정    600,000×11/12 ＝550,000    (12%)    → 66,000
일시    (120,000)×5/12 ＝(50,000)   (9%)     → (4,500)
일반    (950,000      －500,000)    (10.5%)  → 47,250   (한도: 58,000)
                                              108,750


R      ＝58,000/550,000≒10.5%
A      600,000×1/12   ＝50,000     (12%)    → 6,000
B      600,000×6/12   ＝300,000    (12%)    → 36,000
C      200,000×12/12  ＝200,000    (8%)     → 16,000
계                      550,000               58,000
```

```
X2                          6.30
전기   1,708,750×6/12 ＝854,375
3.1      300,000×4/12 ＝100,000
                        954,375


특정   600,000×6/12  ＝300,000    (12%)    → 36,000
일반   (954,375      －300,000)    (12%)    → 78,525   (한도: 60,000)
                                             96,000


R     ＝12%
B     600,000×10/12 ＝500,000     (12%)    → 60,000
```

20X2년 1월 1일부터 2월 28일까지는 자산을 의도된 용도로 사용 가능하게 하기 위해 일시적인 지연이 필수적이므로 자본화를 중단하지 않는다.

(물음 4) 1,708,750
600,000＋600,000＋400,000＋108,750＝**1,708,750**

문제 5 (6점)

물음 1 ㈜세무는 20X1년 4월 1일 구축물 건설을 시작하여 20X2년 12월 31일 완료하였다. 아래 ①~⑥은 각각 얼마인가? (단, 20X2년 적격자산 평균지출액 계산 시 20X1년 자본화 차입원가는 고려하지 않는다. 또한, 이자비용과 평균지출액은 월할 계산하며, 일반차입금 자본화 이자율은 퍼센트를 기준으로 소수 둘째자리에서 반올림(예: 12.36% → 12.4%)하시오.) 2022. CTA

1) 구축물 건설관련 공사대금의 지출내역은 다음과 같다.

20X1. 4. 1.	20X1. 10. 1.	20X2. 1. 1.	20X2. 10. 1.
₩600,000	₩900,000	₩300,000	₩1,200,000

2) 구축물 건설과 관련된 차입금 내역은 다음과 같다.

은행명	차입금액	연 이자율	차입기간	분류
AA은행	₩800,000	4%	20X1. 4. 1. ~ 20X2. 12. 31.	특정차입금
BB은행	₩600,000	6%	20X1. 4. 1. ~ 20X2. 6. 30.	일반차입금
CC은행	₩900,000	9%	20X1. 10. 1. ~ 20X2. 4. 30.	일반차입금

3) AA은행의 차입금 중 ₩200,000은 20X1년 중 3개월 동안 일시투자로 연 3%의 투자수익을 창출하였다.

20X1년	
특정차입금 자본화 차입원가	①
일반차입금 자본화 이자율	②
일반차입금 자본화 차입원가	③
20X2년	
특정차입금 자본화 차입원가	④
일반차입금 자본화 이자율	⑤
일반차입금 자본화 차입원가	⑥

물음 2 한국채택국제회계기준(K-IFRS)은 일정한 요건을 만족시키는 적격자산의 취득, 건설 또는 생산과 직접 관련된 차입원가는 당해 자산 원가의 일부로 자본화하도록 규정하고 있다. 적격자산에 대해 설명하고, 금융자산이나 생물자산 또는 단기간 내에 제조되거나 다른 방법으로 생산되는 재고자산이 적격자산에 해당하지 않는 이유를 기술하시오.

📝 해설 차입원가 자본화

(물음 1)

20X1년	
특정차입금 자본화 차입원가	①22,500
일반차입금 자본화 이자율	②7%
일반차입금 자본화 차입원가	③8,750
20X2년	
특정차입금 자본화 차입원가	④32,000
일반차입금 자본화 이자율	⑤7.5%
일반차입금 자본화 차입원가	⑥45,000

(1) X1년

특정차입금 자본화 차입원가: 24,000−1,500=22,500

일반차입금 자본화 이자율: 47,250/675,000=7%

일반차입금 자본화 차입원가: 125,000×7%=8,750

```
X1                      12.31
4.1        600,000×9/12  =450,000
10.1       900,000×3/12  =225,000
           1,500,000        675,000


특정    800,000×9/12   =600,000    (4%)   → 24,000
일시   (200,000)×3/12  =(50,000)   (3%)   (1,500)
일반   (675,000       −550,000)    (7%)   → 8,750    (한도: 47,250)
                                           31,250


R      =47,250/675,000=7%
BB     600,000×9/12   =450,000    (6%)   → 27,000
CC     900,000×3/12   =225,000    (9%)   → 20,250
계                      675,000           47,250
```

(2) X2년

특정차입금 자본화 차입원가: $800,000 \times 4\% = 32,000$

일반차입금 자본화 이자율: $45,000/600,000 = 7.5\%$

일반차입금 자본화 차입원가: $\min[97,500, 45,000] = 45,000$

```
X2                        12.31
전기    1,500,000×12/12   =1,500,000
1.1       300,000×12/12   =300,000
10.1    1,200,000×3/12    =300,000
                           ─────────
                           2,100,000


특정      800,000×12/12   =800,000    (4%)    → 32,000
일반     (2,100,000       −800,000)   (7.5%)  → 97,500    (한도: 45,000)
                                               ────────
                                                77,000


 R      =45,000/600,000=7.5%
BB       600,000×6/12    =300,000     (6%)    → 18,000
CC       900,000×4/12    =300,000     (9%)    → 27,000
계                        600,000              45,000
```

(물음 2)

① 적격자산: 의도된 용도로 사용하거나 판매가능한 상태에 이르게 하는데 상당한 기간을 필요로 하는 자산

② a. 금융자산이나 생물자산: 공정가치나 순공정가치로 측정하기 때문에 차입원가 자본화가 무의미해지기 때문이다.

b. 재고자산: 의도된 용도로 사용하거나 판매가능한 상태에 이르게 하는데 상당한 기간을 필요로 하지 않기 때문이다.

문제 6
(6점)

㈜대한의 공장건물 신축과 관련한 아래의 자료를 이용하여 물음에 답하시오.

> **관련자료**
>
> 1. 공장건물 신축공사는 20X1년 4월 1일에 개시되어 20X2년 9월 30일에 완공되었다.
>
> 2. 공장건물 신축과 관련된 공사비 지출 내역은 다음과 같다.
>
> | 일자 | 금액 |
> |---|---|
> | 20X1년 4월 1일 | ₩20,000,000 |
> | 20X1년 10월 1일 | 30,000,000 |
> | 20X2년 4월 1일 | 40,000,000 |
>
> 3. ㈜대한의 차입금 내역은 다음과 같으며 이자는 모두 상환일에 지급한다.
>
> | 차입금 | 차입일 | 차입금액 | 상환일 | 연 이자율 |
> |---|---|---|---|---|
> | 특정차입금 A | 20X1. 4.1 | ₩10,000,000 | 20X2. 2.28 | 6% |
> | 일반차입금 B | 20X1.11.1 | 12,000,000 | 20X2.10.31 | 6% |
> | 일반차입금 C | 20X2. 7.1 | 10,000,000 | 20X3. 6.30 | 4% |
>
> 4. 특정차입금 A는 20X1년 4월 1일부터 20X1년 5월 31일까지 연 이자율 3%의 금융상품에 일시 예입하였으며, 일반차입금 C는 20X2년 7월 1일부터 한달간 연 이자율 3%의 금융상품에 일시 예입하였다.
>
> 5. ㈜대한은 공장건물 신축과 관련하여 20X1년 4월 1일에 ₩12,000,000의 정부보조금을 수령하여 전액 공사비로 지출하였다.

물음 1 20X1년도 공장건물 신축과 관련한 자본화가능차입원가를 계산하시오.

2018. CPA 수정

물음 2 20X2년 공장건물 신축과 관련한 자본화가능차입원가를 계산하시오. 단, 20X1년에 자본화한 차입원가는 20X2년도 지출액 계산에 포함시키지 않으며 이자율은 소수점 아래 둘째자리에서 반올림하여 첫째자리로 계산하시오. (예: 5.67%는 5.7%로 계산)

2018. CPA 수정

해설 차입원가 자본화

(물음 1) 520,000

```
X1                        12.31
4.1    20,000,000×9/12    =15,000,000
10.1   30,000,000×3/12    =7,500,000
4.1    (12,000,000)×9/12  =(9,000,000)
       38,000,000          13,500,000


특정    10,000,000×9/12    =7,500,000     (6%)  → 450,000
일시    (10,000,000)×2/12  =(1,666,667)   (3%)  → (50,000)
일반    (13,500,000        −5,833,333)    (6%)  → 460,000   (한도: 120,000)
                                                 520,000


R      120,000/2,000,000  =6%
B      12,000,000×2/12     =2,000,000     (6%)  → 120,000
계                          2,000,000            120,000
```

(물음 2) 900,000

```
X2                        9.30
전기    38,000,000×9/12    =28,500,000
4.1    40,000,000×6/12    =20,000,000
                           48,500,000


특정    10,000,000×2/12    =1,666,667     (6%)   → 100,000
일반    (48,500,000        −1,666,667)    (5.3%) → 2,482,167   (한도: 800,000)
                                                   900,000


R      800,000/15,000,000 ≒5.3%
B      12,000,000×10/12   =10,000,000     (6%)   → 600,000
C      10,000,000×6/12    =5,000,000      (4%)   → 200,000
계                         15,000,000             800,000
```

X1년에 자본화한 차입원가는 X2년도 지출액 계산에 포함시키지 않으므로 520,000은 제외한 38,000,000을 전기 옆에 썼다.

일반차입금 C의 일시 투자는 무시한다.

문제 7 (9점)

아래에서 제시되는 (물음)은 각각 독립적인 상황이다.

㈜한국은 보유 중인 토지에 사옥을 건설하기 위해 20X5년 1월 1일에 ㈜건설과 계약을 체결하였다. 건설공사는 20X6년 6월 30일에 완공될 예정이며 공사비 지출내역 및 차입금 관련내역은 다음과 같다.

공사비 지출내역

일 자	지급금액
20X5년 1월 1일	₩100,000
20X5년 7월 1일	60,000
20X5년 9월 1일	90,000
20X6년 1월 1일	80,000

차입금 관련내역

차입금	차입일자	차입금액	상환일자	연 이자율	이자지급조건
A	20X5.1.1	₩50,000	20X6.6.30	10%	연말지급
B	20X4.1.1	450,000	20X6.12.31	12%	연말지급
C	20X4.1.1	700,000	20X7.12.31	10%	연말지급

차입금 A는 사옥을 건설하기 위한 목적으로 차입되었으며(특정차입금), 이 중에서 ₩10,000은 20X5년 1월 1일부터 20X5년 9월 30일까지 은행에 예치하여 ₩500 이자수익이 발생하였다. 차입금 B, C는 일반목적으로 차입되었다(일반차입금). 자본화이자율을 적용하는 적격자산에 대한 지출액은 연평균(가중평균)으로 계산하며, 연평균지출액을 계산할 때에는 이미 자본화된 차입원가를 포함한다. 단, 금융비용과 평균지출액은 월할 계산하고, 금액(₩)은 소수점 첫째 자리에서 반올림하며, 자본화이자율은 소수점 셋째 자리에서 반올림한다.

물음 1 건설 중인 동 사옥에 대해 20X6년에 자본화할 차입원가를 구하시오. 단, ① 20X6년도 적격자산에 대한 연평균지출액, ② 20X6년도 일반차입금 자본화이자율, ③ 20X6년도 특정차입금 자본화차입원가 및 일반차입금 자본화차입원가의 구분내역을 제시하여야 한다.

2014. CPA

물음 2 만약 ㈜한국이 20X5년 7월 1일에 ₩10,000과 20X5년 9월 1일에 ₩30,000의 정부보조금을 수령하여 이를 사옥건설에 사용하였을 경우, 20X5년에 자본화할 차입원가를 구하시오. 단, ① 20X5년도 적격자산에 대한 연평균지출액, ② 20X5년도 일반차입금 자본화이자율, ③ 20X5년도 특정차입금 자본화차입원가 및 일반차입금 자본화차입원가의 구분내역을 제시하여야 한다. 정부보조금은 원가차감법으로 회계처리한다.

2014. CPA

📝 해설 차입원가 자본화

(물음 1) 18,517

1. X5년도 차입원가 자본화

```
X5                          12.31
1.1    100,000×12/12   =100,000
7.1     60,000×6/12    = 30,000
9.1     90,000×4/12    = 30,000
        250,000            160,000


특정    50,000×12/12   = 50,000    (10%)    → 5,000
일시    (10,000)×9/12  = (7,500)            → (500)
일반    (160,000        −42,500)   (10.78%) → 12,667   (한도: 124,000)
                                               17,167


R     =124,000/1,150,000=10.78%
B      450,000×12/12  =450,000    (12%)    → 54,000
C      700,000×12/12  =700,000    (10%)    → 70,000
계                     1,150,000            124,000
```

2. X6년도 차입원가 자본화

① 20X6년도 연평균지출액: 173,584

② 20X6년도 일반차입금 자본화이자율: 10.78%

③ 20X6년도 특정차입금 자본화차입원가: 2,500, 일반차입금 자본화차입원가: 16,017

```
X6                          6.30
전기   267,167×6/12    =133,584
1.1     80,000×6/12    = 40,000
                         173,584


특정   50,000×6/12     = 25,000    (10%)    → 2,500
일반   (173,584         −25,000)   (10.78%) → 16,017   (한도: 124,000)
                                               18,517


R     =124,000/1,150,000=10.78%
B      450,000×12/12  =450,000    (12%)    → 54,000
C      700,000×12/12  =700,000    (10%)    → 70,000
계                     1,150,000            124,000
```

문제에서 연평균지출액을 계산할 때에는 이미 자본화된 차입원가를 포함한다고 가정하였으므로, 전기 지출액은 267,167(=250,000+17,167)이다.

(물음 2) 15,550

① 20X5년도 연평균지출액: 145,000

② 20X5년도 일반차입금 자본화이자율: 10.78%

③ 20X5년도 특정차입금 자본화차입원가: 4,500, 일반차입금 자본화차입원가: 11,050

```
X5                          12.31
1.1    100,000×12/12    =100,000
7.1    60,000×6/12      =30,000
7.1    (10,000)×6/12    =(5,000)
9.1    90,000×4/12      =30,000
9.1    (30,000)×4/12    =(10,000)
                         ‾‾‾‾‾‾‾‾
                          145,000


특정    50,000×12/12    =50,000    (10%)      → 5,000
일시    (10,000)×9/12   =(7,500)              → (500)
일반    (145,000         −42,500)  (10.78%)   → 11,050   (한도: 124,000)
                                              ‾‾‾‾‾‾‾
                                               15,550


R     =124,000/1,150,000=10.78%
B      450,000×12/12 =450,000   (12%)   → 54,000
C      700,000×12/12 =700,000   (10%)   → 70,000
계                    1,150,000          124,000
```

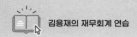

문제 8

(14점)

※ 다음의 각 물음은 독립적이다.

㈜대한의 공장건물 신축과 관련한 다음의 〈자료〉를 이용하여 물음에 답하시오.

자료

1. 20X1년 4월 1일 ㈜대한은 ㈜민국과 도급계약을 체결하였으며, 동 건설공사는 20X3년 3월 31일에 완공되었다. ㈜대한의 공장건물은 차입원가 자본화 적격자산에 해당한다.

2. 동 공사와 관련된 공사비 지출 내역은 다음과 같다.

일자	공사비 지출액
20X1년 8월 1일	₩120,000
20X1년 9월 1일	1,500,000
20X2년 4월 1일	3,000,000
20X2년 12월 1일	1,500,000

3. 상기 공사비 지출 내역 중 20X1년 8월 1일 ₩120,000은 물리적인 건설공사 착공 전 각종 인허가를 얻기 위한 활동에서 발생한 것이다.

4. ㈜대한의 차입금 내역은 다음과 같으며, 모든 차입금은 매년 말 이자지급 조건이다.

차입금	차입금액	차입일	상환일	연 이자율
특정차입금A	₩900,000	20X1. 8.1	20X2.8.31	6%
특정차입금B	1,800,000	20X2.11.1	20X3.3.31	7%
일반차입금C	1,000,000	20X1. 1.1	20X3.9.30	8%
일반차입금D	500,000	20X1. 7.1	20X4.6.30	10%

5. ㈜대한은 20X2년 12월 1일에 ₩300,000의 정부보조금을 수령하여 즉시 동 공장건물을 건설하는 데 모두 사용하였다.

6. ㈜대한은 전기 이전에 자본화한 차입원가는 연평균 지출액 계산 시 포함하지 아니하며, 연평균 지출액과 이자비용은 월할계산한다.

7. 자본화이자율은 소수점 아래 둘째자리에서 반올림한다(예: 5.67%는 5.7%로 계산).

물음 1 ㈜대한이 20X1년~20X3년에 자본화할 차입원가를 계산하시오.

2022. CPA

구분	20X1년	20X2년	20X3년
특정차입금 자본화 차입원가	①	③	⑤
일반차입금 자본화 차입원가	②	④	⑥

물음 2 ㈜대한은 ㈜민국과 상기 도급계약의 일부 조항 해석에 대한 이견이 발생하여, 20X3년 1월 한 달 동안 적격자산에 대한 적극적인 개발활동을 중단하였다. 이 기간 동안 상당한 기술 및 관리활동은 진행되지 않았으며, 이러한 일시적 지연이 필수적인 경우도 아니어서 ㈜대한은 동 기간 동안 차입원가의 자본화를 중단하였다. 이때, ㈜대한이 20X3년 자본화할 차입원가를 계산하시오. 단, 동 건설공사는 예정대로 20X3년 3월 31일에 완공되었다. 2022. CPA **2차**

구분	20X3년
특정차입금 자본화 차입원가	①
일반차입금 자본화 차입원가	②

✎ 해설

(물음 1) 다년도 차입원가 자본화

구분	20X1년	20X2년	20X3년
특정차입금 자본화 차입원가	①22,500	③57,000	⑤31,500
일반차입금 자본화 차입원가	②14,700	④130,000	⑥88,440

1. 20X1년

```
X1                      12.31
8.1   120,000×5/12     =50,000
9.1   1,500,000×4/12   =500,000
      1,620,000         550,000


특정   900,000×5/12    =375,000    (6%)   → 22,500
일반   (550,000        −375,000)   (8.4%) → 14,700  (한도: 105,000)
                                           37,200


R    =105,000/1,250,000=8.4%
C    1,000,000×12/12  =1,000,000  (8%)   → 80,000
D    500,000×6/12     =250,000    (10%)  → 25,000
계                     1,250,000          105,000
```

물리적인 건설공사를 착공하기 전에 발생한 지출액도 차입원가 자본화를 하므로 지출일부터 가중평균한다.

2. 20X2년

```
X2                              12.31
전기    1,620,000×12/12    =1,620,000
4.1     3,000,000×9/12     =2,250,000
12.1    1,500,000×1/12     =125,000
12.1    (300,000)×1/12     =(25,000)
        5,820,000           3,970,000


특정A    900,000×8/12      =600,000    (6%)    → 36,000
특정B    1,800,000×2/12    =300,000    (7%)    → 21,000
                                                 57,000
일반    (3,970,000         −900,000)   (8.7%)  → 267,090   (한도: 130,000)
                                                 187,000


R       =130,000/1,500,000=8.7%
C       1,000,000×12/12    =1,000,000   (8%)    → 80,000
D         500,000×12/12    =500,000    (10%)   → 50,000
계                          1,500,000           130,000
```

3. 20X3년

```
X3                              3.31
전기    5,820,000×3/12     =1,455,000


특정    1,800,000×3/12     =450,000    (7%)    → 31,500
일반    (1,455,000         −450,000)   (8.8%)  → 88,440    (한도: 110,000)
                                                 119,940


R       =110,000/1,250,000=8.8%
C       1,000,000×9/12     =750,000    (8%)    → 60,000
D         500,000×12/12    =500,000    (10%)   → 50,000
계                          1,250,000           110,000
```

(물음 2) 차입원가 자본화가 중단된 경우

구분	20X3년
특정차입금 자본화 차입원가	①21,000
일반차입금 자본화 차입원가	②57,620

```
X3                          3.31
전기     5,820,000×2/12  =970,000


특정     1,800,000×2/12  =300,000    (7%)    → 21,000
일반     (970,000         −300,000)  (8.6%)  → 57,620   (한도: 110,000)
                                             79,960


  R     =120,500/1,400,000=8.6%
  C     1,000,000×9/12  =750,000    (8%)    → 60,000
  D       500,000×12/12 =500,000    (10%)   → 50,000
  B     1,800,000×1/12  =150,000    (7%)    → 10,500
  계                     1,400,000           120,500
```

본 물음에서는 1월 한 달간 차입원가 자본화를 중단해야 한다. 따라서 연평균 지출액과 특정차입금 자본화액 계산 시 '2/12'를 곱해야 한다. 총 자본화 대상 연평균 지출액은 970,000이 되고, 특정차입금에서 자본화한 지출액은 300,000이므로, 일반차입금에서 자본화할 지출액은 670,000이다. 또한, 자본화 중단 기간에 해당하는 특정차입금은 일반차입금으로 보아 가중평균차입이자율 계산 시 반영하였다.

일반차입금에서 실제로 발생한 이자비용을 계산할 때에는 1개월씩 차감하지 않고 계산한다. 일반차입금은 건설 기간과 겹치지 않는 기간도 포함시켜서 자본화하기 때문이다.

4 유형자산 원가모형

1. 원가모형 손상차손 풀이법: '상각–손상–상각–환입'

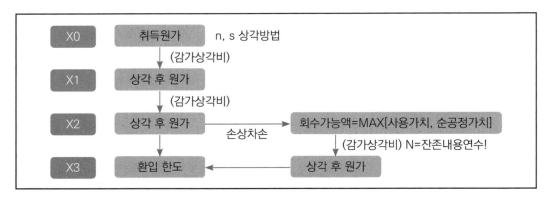

 1차 상각

 손상: 무조건 큰 거!

손상징후가 있는 연도에는 감가상각 후, 회수가능액이 상각후원가보다 작다면 손상차손 인식

> 회수가능액＝MAX[순공정가치, 사용가치]
> 순공정가치＝공정가치－처분부대비용
> 사용가치＝PV(자산이 창출할 CF)

 2차 상각: 잔존내용연수, 잔존가치 주의!

 손상차손환입: 한도 주의! ★중요!

> 손상차손환입 한도＝손상을 인식하지 않았을 경우의 장부금액
> ＝손상 인식 이전 금액에서 더 상각한 금액

2. 원가모형 손상차손 회계처리

손상	(차) 손상차손	×××	(대) 손상차손누계액	×××
환입	(차) 손상차손누계액	×××	(대) 손상차손환입	×××

문제 9

물음 ㈜민국은 20X1년 1월 1일에 취득원가 ₩5,000,000, 추정 내용연수 5년, 추정 잔존가치 ₩0인 기계장치를 취득하였다. ㈜민국은 기계장치에 대해 원가모형을 적용하며, 감가상각방법은 정액법을 적용한다.

1) 20X2년 12월 31일에 동 기계장치의 순공정가치는 ₩1,800,000, 사용가치는 ₩1,000,000이다. 이는 손상차손의 인식 요건을 충족한다.

2) 20X4년 12월 31일에 동 기계장치의 순공정가치는 ₩1,500,000, 사용가치는 ₩800,000이다. 이는 손상차손환입의 인식 요건을 충족한다.

20X4년 손상차손환입을 인식한 이후의 손상차손누계액을 계산하시오.

2013. CPA

✏️ **해설** 유형자산 원가모형

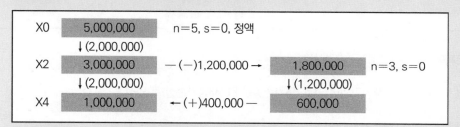

X2년과 X4년에 각각 손상차손과 손상차손환입이 발생하였으므로 2년치 상각비를 한꺼번에 적었다.
X4년 손상차손누계액: 1,200,000−400,000=800,000

| 회계처리 |

X1.1.1	기계장치	5,000,000	현금	5,000,000
X1.12.31	감가상각비	1,000,000	감누	1,000,000
X2.12.31	감가상각비	1,000,000	감누	1,000,000
	손상차손	1,200,000	손누	1,200,000
X3.12.31	감가상각비	600,000	감누	600,000
X4.12.31	감가상각비	600,000	감누	600,000
	손누	400,000	손상차손환입	400,000

5 | 유형자산 재평가모형

1. 재평가모형 풀이법

토지는 감가상각을 하지 않으므로 매년 말 공정가치 평가만 하면 된다. 반면, 토지가 아닌 유·무형자산은 감가상각하므로 다음 그림과 같이 먼저 상각을 한 후, 상각 후 원가를 공정가치로 평가를 해야 한다.

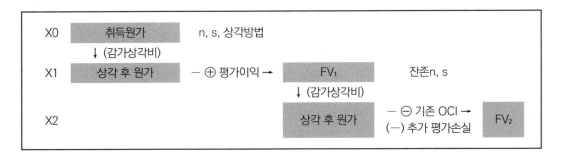

(1) 1차 상각: 문제에 제시된 방법으로 감가상각

(2) 1차 평가: 평가이익은 OCI(재평가잉여금)로, 평가손실은 PL(재평가손실)로 인식

(3) 2차 상각: 잔존내용연수, 잔존가치 주의

(4) 2차 평가: 올라가면 OCI, 내려가면 PL, 상대방 것이 있다면 제거 후 초과분만 인식

상황	1차 평가	2차 평가	
①	이익 (OCI)	이익	OCI
②		손실	기존에 인식한 OCI 제거 후, 초과손실은 PL
③	손실 (PL)	이익	기존에 인식한 PL 제거 후, 초과이익은 OCI
④		손실	PL

> **주의** ⓘ 재평가모형에서 감가상각비 관련 주의사항
>
> ① 감가상각비는 재평가손익의 분류(OCI/PL)에 영향을 안 미침!
> ② 당기손익에 미치는 영향=재평가이익−재평가손실−감가상각비

2. 재평가모형의 회계처리

(1) 비례수정법: 취득원가와 감가상각누계액을 비례하여 조정

(2) 감가상각누계액제거법

: 감가상각누계액을 전액 제거하고, 취득원가를 공정가치와 일치시킴

→취득원가 or 감누를 묻는 것이 아니라면, 회계처리 방법은 무시하고 풀 것!

3. 재평가잉여금의 이익잉여금 대체: I/S에 표시 X

유·무형자산의 재평가잉여금은 재분류조정 대상이 아니며, 이익잉여금으로 직접 대체할 수 있다. 이익잉여금은 (1) 유형자산을 사용하면서 조금씩 대체할 수도 있고, (2) 유형자산을 처분할 때 한꺼번에 대체할 수도 있다. 두 경우 모두 재평가잉여금을 이익잉여금으로 대체할 때의 재평가잉여금 감소분은 포괄손익계산서에 기타포괄손익 감소로 표시되지 않는다.

(1) 유형자산을 사용하면서 재평가잉여금 대체

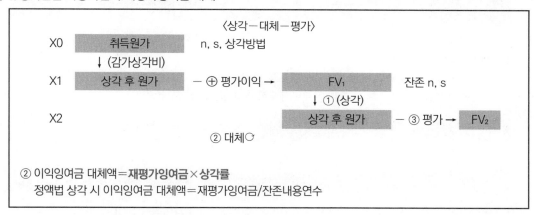

② 이익잉여금 대체액=**재평가잉여금×상각률**
정액법 상각 시 이익잉여금 대체액=재평가잉여금/잔존내용연수

(2) 유형자산을 처분할 때 재평가잉여금 대체

: OCI가 처분손익에 영향을 미치지 않음, 이익잉여금 대체는 생략 가능

감누		유형자산	취득원가
현금	처분가액		
유형자산처분손익(PL)=처분가액−장부금액			
(재평가잉여금	XXX	이익잉여금	XXX)

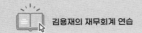

4. 재평가모형의 손상

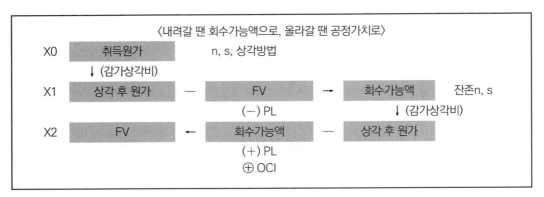

〈내려갈 땐 회수가능액으로, 올라갈 땐 공정가치로〉

X0 취득원가   n, s, 상각방법
↓ (감가상각비)
X1 상각 후 원가 — FV → 회수가능액   잔존n, s
(−) PL ↓ (감가상각비)
X2 FV ← 회수가능액 — 상각 후 원가
(+) PL
⊕ OCI

 STEP 1 1차 상각

STEP 2 평가 및 손상: 손상도 재평가의 일부

(1) 회수가능액 〉AC: 손상차손 X
(2) 재평가모형의 손상차손: 손상도 재평가로 봄
  → 공정가치는 무시하고 바로 회수가능액으로 감액
    (OCI가 있다면 제거 후 초과분만 재평가손실 & 손상차손을 PL로 인식)

STEP 3 2차 상각: 잔존내용연수, 잔존가치 주의!

STEP 4 환입 및 평가: 재평가모형과 동일하게 처리

(1) 손상차손환입 시에는 공정가치까지 증가 (PL을 제거하면서 초과이익을 OCI로 인식)
  − 내려갈 땐 회수가능액으로, 올라갈 땐 공정가치로
(2) 재평가모형은 손상차손환입에 한도가 없음 (↔원가모형)

> **참고** 재평가손실(이익) vs 손상차손(환입): PL만 정확히 구하면 됨
>
> Step 2와 4에서 손상차손(환입)과 재평가손익(PL)을 구분할 필요는 없다. PL의 총액만 구할 수 있으면 되고, 각 계정과목의 금액은 구하지 않아도 된다. PL과 OCI만 정확하게 구할 수 있다면 답을 고를 수 있게끔 문제를 출제하기 때문이다.

(8점)

2023. CTA

다음은 ㈜세무와 ㈜대한이 각각 보유한 영업용차량과 관련된 자료이다. 다음 각 물음에 답하시오.

1) 20X1년 1월 1일 ㈜세무와 ㈜대한은 원가모형을 적용하고 있는 다음과 같은 영업용차량을 서로 교환하면서 ㈜세무는 ㈜대한으로부터 현금 ₩20,000을 수취하였다.

구분	㈜세무	㈜대한
취득원가	₩400,000	₩600,000
감가상각누계액	150,000	400,000
공정가치	240,000	220,000

2) 교환거래는 상업적 실질이 있으며, 취득한 자산과 제공한 자산 모두 공정가치를 신뢰성 있게 측정할 수 있다. ㈜세무가 소유한 영업용차량의 공정가치보다 ㈜대한이 소유한 영업용차량의 공정가치가 더 명백하다.

3) ㈜세무는 ㈜대한으로부터 취득한 영업용차량에 대해 잔존내용연수는 5년, 잔존가치는 ₩20,000으로 추정하였으며, 정액법으로 감가상각한다. 동 영업용차량에 대해 원가모형을 적용하며, 20X2년 말과 20X3년 말 회수가능액은 각각 ₩110,000과 ₩95,000이다. ㈜세무는 20X2년 말에 영업용차량에 대해 손상차손이 그리고 20X3년 말에 손상차손환입이 발생하였다고 판단하였다.

4) ㈜대한은 ㈜세무로부터 취득한 영업용차량에 대해 잔존내용연수는 4년, 잔존가치는 ₩0으로 추정하였으며, 연수합계법으로 감가상각한다. 동 영업용차량에 대해 재평가모형을 적용하며, 매년 말 공정가치로 재평가를 실시하고, 자산의 총장부금액에서 감가상각누계액을 제거하는 방법을 사용한다. 동 영업용차량의 20X1년 말과 20X2년 말의 공정가치는 각각 ₩160,000과 ₩50,000이다. ㈜대한은 동 영업용차량을 사용하는 기간 동안 손상차손이 발생하지 않은 것으로 판단하였으며, 재평가잉여금을 이익잉여금으로 대체하지 않는다.

물음 1 ㈜세무가 영업용차량과 관련하여 ① 20X2년 말 인식해야 할 손상차손 ② 20X3년 말 인식해야 할 손상차손환입을 계산하시오.

20X2년 말 인식해야 할 손상차손	①
20X3년 말 인식해야 할 손상차손환입	②

물음 2 ㈜대한의 영업용차량에 대한 회계처리가 ① 20X1년도 기타포괄이익에 미치는 영향 ② 20X2년도 당기순이익에 미치는 영향을 계산하시오. (단, 기타포괄이익과 당기순이익이 감소하는 경우 금액 앞에 '(−)'를 표시하시오.)

20X1년도 기타포괄이익에 미치는 영향	①
20X2년도 당기순이익에 미치는 영향	②

✏️ **해설** 교환, 원가모형, 재평가모형

(물음 1)

20X2년 말 인식해야 할 손상차손	①30,000
20X3년 말 인식해야 할 손상차손환입	②15,000

1) ㈜세무가 취득한 영업용차량의 취득원가: 220,000

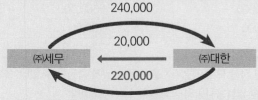

— ㈜대한의 영업용차량의 공정가치가 더 명백하므로 신자산의 공정가치를 바로 대입한다.

2) 영업용차량의 장부금액 변화(원가모형)

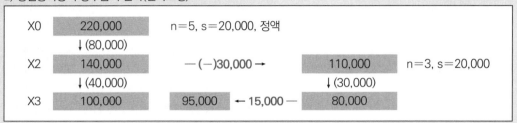

X3년말 손상차손환입 한도는 100,000이나, 회수가능액이 95,000이므로 한도에 걸리지 않는다.

(물음 2)

20X1년도 기타포괄이익에 미치는 영향	①16,000
20X2년도 당기순이익에 미치는 영향	②(−)94,000

X1년도 OCI: **16,000**(재평가잉여금)
X2년도 NI: −80,000(감가비)−14,000(재평가손실)=**(−)94,000**

1) ㈜대한이 취득한 영업용차량의 취득원가: 240,000

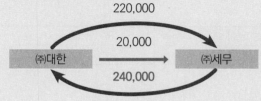

2) 영업용차량의 장부금액 변화(재평가모형)

```
X0    ┌─────────┐
      │ 240,000 │              n=4, s=0, 연수
      └─────────┘
        ↓ (96,000)  =240,000×4/10
X1    ┌─────────┐           ┌─────────┐
      │ 144,000 │ −⊕16,000→ │ 160,000 │   n=3, s=0
      └─────────┘           └─────────┘
                              ↓ (80,000)  =160,000×3/6
X2                          ┌─────────┐              ┌─────────┐
                            │  80,000 │ −⊖16,000→    │  50,000 │
                            └─────────┘  (−)14,000    └─────────┘
```

문제 11

다음의 각 물음은 독립적이다.

물음 1 ㈜한영은 공장 이전을 위해 토지를 20X2년에 79억 7,000만원에 구입하였다고 가정하자. ㈜한영은 이 토지에 대해 20X5년부터 매년 말에 자산재평가를 실시하였다. 20X2년 이후 토지의 추가 취득이나 처분은 없으며 손상차손도 없었다. 20X5년 이후의 토지의 공정가치 변동이 다음과 같을 때, 토지가치의 변동으로 인해 20X8년 보고기간말 재무상태표에 인식해야 할 이익잉여금의 증감액을 구하시오.   2013. CTA

20X5년	20X6년	20X7년	20X8년
70억	60억	79억	90억

물음 2 다음의 〈자료〉를 이용하여 〈요구사항〉에 답하시오.   2019. CPA

> **자료**
>
> 1. ㈜대한은 20X1년 1월 1일에 기계장치를 ₩1,500,000에 취득하였다. 기계장치의 추정 내용연수는 5년, 추정 잔존가치는 ₩0이며, 정액법을 사용하여 감가상각한다.
>
> 2. ㈜대한은 동 기계장치에 대해 재평가모형을 적용한다. 재평가모형을 적용하여 장부금액을 조정하는 경우 기존의 감가상각누계액을 전액 제거하는 방법을 사용한다.
>
> 3. ㈜대한의 20X1년 1월 1일 재평가잉여금 잔액은 ₩0이며, 동 기계장치 이외의 다른 자산으로부터 발생한 재평가잉여금은 없다.
>
> 4. 동 기계장치의 20X1년 말과 20X2년 말의 공정가치는 다음과 같다.
>
> | 20X1년 12월 31일 | 20X2년 12월 31일 |
> |---|---|
> | ₩1,600,000 | ₩750,000 |

요구사항

㈜대한이 (1) 기계장치를 사용하는 기간 동안 재평가잉여금을 이익잉여금으로 대체하는 경우와 (2) 유형자산을 제거할 때 재평가잉여금을 이익잉여금으로 대체하는 경우로 구분하여, 20X2년도 포괄손익계산서의 당기순이익과 기타포괄이익에 미치는 영향을 각각 계산하시오. 단, 재평가로 인한 내용연수와 잔존가치의 추정변경은 없다. 당기순이익과 기타포괄이익이 감소하는 경우에는 (−)를 숫자 앞에 표시하시오.

구 분	20X2년	
	(1)사용기간 동안 대체	(2)유형자산 제거 시 대체
당기순이익에 미치는 영향	①	②
기타포괄이익에미치는 영향	③	④

물음 3 ㈜민국은 20X1년 1월 1일에 건물을 ₩10,000,000에 취득하였다. 건물의 추정 잔존가치는 ₩0, 추정 내용연수는 5년이며 정액법으로 감가상각한다. ㈜민국은 건물에 대해 재평가모형을 적용하며 매년 말 주기적으로 재평가를 실시하고 있다.

1) 건물의 공정가치는 다음과 같다.

공정가치	
• 20X1.12.31	₩16,000,000
• 20X2.12.31	₩11,000,000

2) 20X1년 말과 20X2년 말 재평가로 인한 내용연수와 잔존가치의 변경은 없다.

3) 재평가모형을 적용하여 장부금액을 조정하는 경우 기존의 감가상각누계액을 전액 제거하는 방법을 적용한다.

4) 재평가잉여금은 건물을 사용함에 따라 일부를 이익잉여금으로 대체하는 방법을 채택하고 있다.

5) 20X1년 1월 1일 현재 재평가잉여금 잔액은 없었으며, 동 건물 이외의 다른 자산과 관련된 재평가잉여금은 발생하지 않았다.

동 건물과 관련하여 ㈜민국의 20X2년 말 재평가잉여금을 계산하시오. 2013. CPA

✏️ 해설 재평가모형

(물음 1) 0.7억

(단위: 억원)

X4		X5		X6		X7		X8
79.7	− (−)9.7 →	70	− (−)10 →	60	− (+)19 →	79	− (+)0.7 → ⊕10.3	90

X8년에 재평가이익 0.7억을 인식하므로 이익잉여금은 0.7억 증가한다.

(물음 2)

|요구사항|

구 분	20X2년	
	(1)사용기간 동안 대체	(2)유형자산 제거 시 대체
당기순이익에 미치는 영향	①(−)550,000	②(−)450,000
기타포괄이익에미치는 영향	③(−)300,000	④(−)400,000

(1) 사용기간 동안 대체
  ① 당기순이익에 미치는 영향: (−)400,000−150,000=(−)550,000
  ③ 기타포괄이익에 미치는 영향: (−)300,000

X0	1,500,000	$n=5, s=0,$ 정액
	↓ (300,000)	
X1	1,200,000 − ⊕ 400,000 → 1,600,000	$n=4, s=0$
	↓ (400,000)	
X2	⊖ 100,000↺ 1,200,000 − ⊖ 300,000 → 750,000 (−) 150,000	

이익잉여금 대체액: 400,000/4=100,000
  −재평가잉여금의 이익잉여금 대체는 포괄손익계산서에 표시되지 않는다.

(2) 유형자산 제거 시 대체
  ② 당기순이익에 미치는 영향: (−)400,000−50,000=(−)450,000
  ④ 기타포괄이익에 미치는 영향: (−)400,000

X0 1,500,000 n=5, s=0, 정액
      ↓ (300,000)
X1 1,200,000 — ⊕ 400,000 → 1,600,000 n=4, s=0
                      ↓ (400,000)
X2   1,200,000 — ⊖ 400,000 → 750,000
                          (−) 50,000

(물음 3) 5,000,000

X0 10,000,000 n=5, s=0, 정액
      ↓ (2,000,000)
X1 8,000,000 — ⊕8,000,000 → 16,000,000 n=4, s=0
                      ↓ (4,000,000)
X2 ⊖2,000,000↻ 12,000,000 — ⊖1,000,000 → 11,000,000

X2년말 재평가잉여금: 8,000,000−2,000,000−1,000,000=5,000,000
−이익잉여금 대체액: 8,000,000/4=2,000,000

문제 12

(20점)

㈜세무는 20X1년 1월 1일 기계장치를 취득하고(취득원가 ₩1,200,000, 내용연수 5년, 잔존가치 ₩0, 정액법 감가상각), 매년 말 재평가모형을 적용한다. 동 기계장치의 기말 장부금액은 기존의 감가상각누계액을 전액 제거하는 방법으로 조정하며, 재평가잉여금이 발생할 경우 자산을 사용하는 기간 중에 이익잉여금으로 대체하지 않는다. 또한, 동 기계장치에 대하여 손상징후를 검토하고 손상징후가 발견되면 이를 반영하는데, 처분부대원가는 무시할 수 없을 정도로 판단한다. 재평가와 자산손상을 적용하기 위한 연도별 자료는 다음과 같다. 2021. CTA

	20X1년 말	20X2년 말	20X3년 말
공정가치	₩1,050,000	₩730,000	₩490,000
사용가치	1,090,000	680,000	470,000
순공정가치	1,020,000	690,000	480,000

물음 1 ㈜세무가 20X1년 말에 계상할 ① 손상차손과 ② 기타포괄손익을 계산하시오. (단, 손상차손 혹은 기타포괄손익이 없으면 0으로 표시하고, 기타포괄손실이 발생하면 금액 앞에 '(−)'를 표시하시오.)

손상차손	①
기타포괄손익	②

물음 2 ㈜세무가 20X2년 말에 계상할 ① 손상차손을 계산하시오.

손상차손	①

물음 3 ㈜세무가 20X3년 말에 보고할 ① 기타포괄손익을 계산하시오. (단, 기타포괄손실이 발생하면 금액 앞에 '(−)'를 표시하시오.)

기타포괄손익	①

✏️ **해설** 재평가모형의 손상

(물음 1)

손상차손	①0
기타포괄손익	②90,000

(물음 2)

손상차손	①7,500

(물음 3)

기타포괄손익	①22,500

X0 [1,200,000] n=5, s=0, 정액
    ↓(240,000)
X1 [960,000] — ⊕90,000 → [1,050,000] n=4, s=0, 정액
               ↓(262,500)
X2   [787,500] — ⊖90,000 → [690,000] n=3, s=0, 정액
                      (−)7,500
                          ↓(230,000)
                   [460,000] — (+)7,500 → [490,000]
                         ⊕22,500

연도	회수가능액=MAX[사용가치, 순공정가치]	공정가치	손상여부
X1	MAX[1,090,000, 1,020,000]=1,090,000	1,050,000	X (회수가능액 > AC)
X2	MAX[680,000, 690,000]=690,000	730,000	손상차손 (회수가능액 < AC)
X3	MAX[470,000, 480,000]=480,000	490,000	손상환입 (회수가능액 < AC)

손상차손이 발생한 이후에는 회수가능액이 상각후원가를 초과하는 경우 손상차손환입이 이루어진 것으로 보고 공정가치까지 쭉 올린다.

문제 13

(15점)

※ 다음의 각 물음은 독립적이다.

㈜대한의 유형자산과 관련된 다음의 〈공통 자료〉를 이용하여 각 물음에 답하시오. **2차**

공통자료

1. ㈜대한의 20X1년 12월 31일 현재 재무상태표 상 유형자산은 다음과 같다.

계정과목	금액
토　지	₩1,150,000
손상차손누계액	(　?　)
기계장치	₩2,000,000
감가상각누계액	(1,200,000)
손상차손누계액	(100,000)
건　물	₩3,300,000

2. ㈜대한은 토지와 건물에 대해서는 재평가모형을 적용하고 있으며, 처분 부대원가는 무시할 수 없는 수준이다. 한편, 기계장치에 대해서는 원가모형을 적용하고 있다.

3. 재평가모형을 적용하여 장부금액을 조정하는 경우 기존의 감가상각누계액을 전액 제거하는 방법을 사용하며, 재평가잉여금을 이익잉여금으로 대체하지 않는다.

4. 20X2년 초 토지와 건물의 공정가치는 20X1년 말 공정가치와 동일하다.

5. ㈜대한은 토지를 2년 전인 20X0년 초 ₩1,100,000에 취득하였으며, 20X0년 말과 20X1년 말 공정가치와 회수가능액은 다음과 같다.

구분	20X0년 말	20X1년 말
공정가치	₩1,200,000	₩1,150,000
회수가능액	1,250,000	950,000

6. 20X1년 말 현재 기계장치는 취득 후 3년이 경과하였으며, 잔존가치 없이 정액법으로 감가상각한다. 또한 기계장치의 취득 이후 손상은 20X1년에 최초로 발생하였다.

7. 건물은 20X1년 초에 본사사옥으로 사용하기 위하여 ₩4,000,000에 취득(내용연수 4년, 잔존가치 ₩0, 정액법 상각)하였다.

물음 1　다음의 〈추가 자료 1〉을 이용하여 답하시오.　　　2021. CPA

추가자료1

1. ㈜대한은 20X2년 초 보유하고 있던 토지를 ㈜민국의 토지와 교환하면서 ₩100,000을 지급하였다. ㈜민국 토지의 장부금액은 ₩800,000이며 공정가치는 ₩1,200,000이다.

2. 교환은 상업적 실질이 있으며, ㈜대한의 토지 공정가치가 ㈜민국의 토지 공정가치보다 더 명백하다.

3. ㈜대한이 교환으로 취득한 토지의 20X2년 말 공정가치는 ₩1,380,000이다.

〈공통 자료〉에 비어있는 20X1년 말 재무상태표 상 토지의 ① 손상차손누계액과 토지와 관련한 회계처리가 20X2년도 포괄손익계산서 상 ② 당기순이익에 미치는 영향 및 ③ 기타포괄이익에 미치는 영향을 각각 계산하시오. 단, 당기순이익이나 기타포괄이익이 감소하는 경우에는 금액 앞에 (−)를 표시하시오.

20X1년 말 손상차손누계액	①
20X2년 당기순이익에 미치는 영향	②
20X2년 기타포괄이익에 미치는 영향	③

물음 2 다음의 〈추가 자료 2〉를 이용하여 답하시오. 2021. CPA

추가자료2

1. ㈜대한이 20X2년에 기계장치의 내용연수와 잔존가치를 변경하여 내용연수는 2년 연장되고, 잔존가치는 ₩200,000으로 변경되었다.

2. 20X2년 말 기계장치에 손상징후가 존재하였으며, 기계장치의 20X2년 말 사용가치는 ₩670,000이고 순공정가치는 ₩700,000이다.

기계장치와 관련한 회계처리가 20X2년도 당기순이익에 미치는 영향을 계산하시오.

당기순이익에 미치는 영향	①

단, 당기순이익이 감소하는 경우에는 금액 앞에 (−)를 표시하시오.

물음 3 다음의 〈추가 자료 3〉을 이용하여 답하시오. 2021. CPA

추가자료3

1. ㈜대한은 20X2년 초에 ₩600,000을 지출하여 건물에 냉난방장치를 설치하였다. 동 지출은 자산의 인식요건을 충족하나, 동 지출로 내용연수와 잔존가치의 변동은 없었다.

2. 20X2년 말 건물의 공정가치는 ₩2,500,000이다.

3. 20X2년 말 건물에 손상징후가 존재하였으며, 건물의 20X2년 말 순공정가치와 사용가치는 다음과 같다.

순공정가치	사용가치
₩2,200,000	₩2,000,000

건물과 관련하여 20X1년 말 재무상태표에 인식할 ① 재평가잉여금과 20X2년도 포괄손익계산서에 인식할 ② 감가상각비와 ③ 손상차손을 계산하시오.

20X1년 말 재평가잉여금	①
20X2년 감가상각비	②
20X2년 손상차손	③

✏️ 해설

(물음 1) 토지의 재평가, 교환

20X1년 말 손상차손누계액	①200,000
20X2년 당기순이익에 미치는 영향	②200,000
20X2년 기타포괄이익에 미치는 영향	③130,000

1. 토지의 재평가 (~X1년 말)

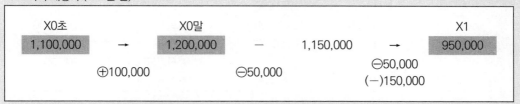

X1년 말 손상차손누계액: 1,150,000−950,000=200,000
- 공정가치까지는 재평가 과정이고, 회수가능액까지가 손상 과정이므로 손상차손누계액은 '공정가치−회수가능액'이 된다. 회계처리를 참고하자.

2. 교환

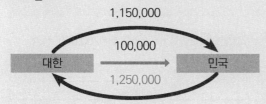

(1) 유형자산처분손익(PL): 구자산 공정가치−구자산 장부금액
= 1,150,000−950,000=200,000 이익
- 대한의 공정가치가 민국의 공정가치보다 명백하므로, 대한의 공정가치를 이용해야 한다. X2년 초 토지의 공정가치는 X1년 말 공정가치와 동일하다는 단서가 제시되었으므로 X1년 말 공정가치인 1,150,000을 이용한다.
(2) 신자산의 취득원가: 1,150,000+100,000=1,250,000

3. 토지의 재평가 (X2년 말)

재평가잉여금: 130,000 증가
- 토지를 교환하여 새로운 토지를 취득하였으므로, 기존 토지에 대해 인식한 재평가손실은 무시하고 재평가잉여금을 인식한다.

4. X2년도 당기순이익 및 기타포괄이익
(1) 당기순이익: 유형자산처분손익＝200,000
(2) 기타포괄이익: 재평가잉여금＝130,000

| 회계처리 |

X1.12.31	재평가잉여금	50,000	토지	50,000
	재평가잉여금	50,000	손상차손누계액	200,000
	손상차손	150,000		
X2.1.1	손상차손누계액	200,000	토지	1,150,000
	토지	1,250,000	현금	100,000
			유형자산처분이익	200,000
X2.12.31	토지	130,000	재평가잉여금	130,000

(물음 2) 원가모형

당기순이익에 미치는 영향	①(－)50,000

기계장치 (원가모형 적용)

1. 기계장치의 내용연수
X1년 말 현재 기계장치가 취득 후 3년이 경과하였으므로 기계장치의 취득 시점은 w8년말이다. (알파벳이 wxyz 순이므로 w8로 표시하였다.)
기계장치의 손상은 X1년에 최초로 발생하였고, 정액법 상각이므로, 3년간 감가상각비는 총 1,200,000이며 매년 400,000씩 인식한 것이다. 잔존가치가 없으므로 내용연수는 5년(＝2,000,000/400,000)이다.

2. X2년도 감가상각비
(1) 잔존내용연수: 5－3＋2＝4년
　　내용연수 5년에서 3년이 경과하였고, 내용연수를 2년 연장하였으므로 잔존내용연수는 4년이다.
(2) 감가상각비: (700,000－200,000)/4＝125,000

3. X2년도 손상차손환입: min[(1), (2)]－감가상각 후 장부금액＝650,000－575,000＝75,000
(1) 회수가능액＝MAX[사용가치, 순공정가치]＝700,000
(2) 손상차손환입 한도: 손상을 인식하지 않았을 경우 장부금액
　　＝800,000－(800,000－200,000)/4＝650,000

4. X2년도 당기순이익: 손상차손환입－감가상각비＝75,000－125,000＝(－)50,000

(물음 3) 재평가모형의 손상

20X1년 말 재평가잉여금	①300,000
20X2년 감가상각비	②1,300,000
20X2년 손상차손	③100,000

X0 4,000,000 n=4, s=0, 정액
  ↓ (1,000,000)
X1 3,000,000 − ⊕ 300,000 → 3,300,000
              ↳ 3,900,000 n=3, s=0
                ↓ (1,300,000)
X2   2,600,000 − ⊖ 100,000 − 2,500,000 ─ ⊖ 200,000 → 2,200,000
                                                    (−) 100,000

1. X1년말 재평가잉여금: X1년말 공정가치−X1년말 상각후원가
   =3,300,000−4,000,000×3/4=300,000

2. X2년 감가상각비: (3,300,000+600,000−0)/3=1,300,000

3. X2년 손상차손: 상각 후 원가−회수가능액−X1년말 재평가잉여금
   =2,600,000−2,200,000−300,000=100,000
   − 회수가능액: MAX[순공정가치, 사용가치]=2,200,000

|회계처리|

X1.12.31	감가상각비	1,000,000	감가상각누계액	1,000,000
	감가상각누계액	1,000,000	건물	700,000
			재평가잉여금	300,000
X2.1.1	건물	600,000	현금	600,000
X2.12.31	감가상각비	1,300,000	감가상각누계액	1,300,000
	감가상각누계액	1,300,000	건물	1,400,000
	재평가잉여금	100,000		
	재평가잉여금	200,000	손상차손누계액	300,000
	손상차손	100,000		

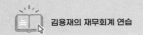

6 정부보조금

1. 정부보조금 회계처리: 원가차감법과 이연수익법

	원가차감법			이연수익법		
자산 취득 시	유형자산　총 취득원가	현금	XXX	유형자산　총 취득원가	현금	XXX
		정부보조금 (유형자산)	보조금		정부보조금 (이연수익)	보조금
매기말	감가비　총 감가비	감누	총 감가비	감가비　총 감가비	감누	총 감가비
	정부보조금	감가상각비	보조금 환입액	정부보조금	기타수익	보조금 환입액
			보조금 환입액			보조금 환입액
자산 처분 시	현금　처분가액	유형자산	총 취득원가	현금　처분가액	유형자산	총 취득원가
	감누　누적 감가비			감누　누적 감가비		
	정부보조금 (유형자산)　보조금 잔액			정부보조금 (이연수익)　보조금 잔액		
	처분손익 XXX (방법 무관)			처분손익 XXX (방법 무관)		

	원가차감법	이연수익법
정부보조금 처리 방법	자산의 차감→감가비와 상계	부채→수익
장부금액	취득원가－감누－보조금 잔액	취득원가－감누
감가상각비	감가상각비－보조금 환입액	감가상각비
유형자산처분손익	처분가액－(취득원가－감누－보조금 잔액)	

2. 정부보조금 환입액

> 정부보조금 환입액＝정부보조금×정부보조금 환입률
> ＝정부보조금×감가상각비/(취득원가－잔존가치)

3. 처분손익: 무조건 정부보조금을 차감한 순액으로 구할 것!

> 처분손익＝처분가액－원가차감법에 따른 장부금액

> **참고** 이연수익법 적용 시 유형자산처분손익
>
> 이연수익법으로 회계처리하는 경우 유형자산 처분 시 정부보조금 환입액은 기타수익으로 인식해야 한다는 주장이 있다. 하지만 문제에서 처분손익을 단독으로 묻는 경우보다는, 처분한 해의 당기순이익에 미치는 영향을 묻는 경우가 대부분이다. 어느 방법으로 계산하더라도 당기순이익은 같다. 본서에서 설명하는 방법으로 처분손익을 계산하는 것이 훨씬 쉽고, 실수를 할 가능성이 적으니 김수석이 알려준대로 처분손익을 구하자.

 원가차감법을 적용하고, 정액법이나 연수합계법으로 상각 시 간편법

: 정부보조금을 차감한 금액을 취득원가로 볼 것! ★중요!

취득원가 순액＝취득원가 총액－정부보조금

ex 유형자산을 100원에 취득 시 10원의 보조금 수령: 취득원가=90원

4. 정부보조금을 수령한 자산에 대한 손상차손

(1) 손상차손=상각 후 원가(정부보조금 차감 전)-회수가능액

정부보조금을 수령한 자산에 대해 손상징후가 발생한 경우 손상차손은 정부보조금을 차감하지 않은 상각 후 원가(=이연수익법에 따른 장부금액)를 기준으로 계산한다. 정부보조금을 수령하면 회사가 자산을 취득하기 위해 지출한 금액이 줄어드므로 원가차감법에서는 장부금액을 감소시킨 것이지만, 실질적으로 자산의 가치가 줄어든 것이 아니기 때문이다. 따라서 손상차손은 정부보조금을 차감하기 전 금액을 기준으로 계산해야 한다.

예를 들어, 여러분이 100만원짜리 스마트폰을 사는데 30만원을 용돈 받아서 여러분은 70만원만 부담하는 상황이다. 이때 스마트폰을 사자마자 스마트폰을 떨어트려서 스마트폰의 가치가 80만원이 되었다고 가정하자. 여러분은 마음이 아프겠는가, 안 아프겠는가? 장부상에는 70만원의 스마트폰이지만 20만원의 손상차손을 인식하는 것이 상식적이다.

(2) 정부보조금 환입액=정부보조금×손상차손/(취득원가-잔존가치)

정부보조금을 수령한 자산에 대해 손상차손을 인식하면 그에 비례하여 정부보조금을 환입해주어야 한다. 정부보조금 환입액 공식은 감가상각비와 동일하다. 위 스마트폰의 사례를 이용하면, '30만원×20만원/(100만원－0)=6만원'을 환입하면 된다. 쉽게 생각해서, 20만원의 감가상각비를 인식했다고 보면 된다. 이를 종합하면 스마트폰 관련 회계처리는 다음과 같다.

| 회계처리 |

자산 취득 시	유형자산	1,000,000	현금	700,000
			정부보조금	300,000
손상 시	손상차손	200,000	손상차손누계액	200,000
	정부보조금	60,000	손상차손 or 기타수익	60,000

문제 14

다음에 제시되는 물음은 각각 독립된 상황이다.

물음 1 다음의 〈자료〉를 이용하여 동 기계장치와 관련된 정부보조금에 대해 (1) 원가차감법으로 회계처리하는 경우와 (2) 이연수익법으로 회계처리하는 경우로 구분하여 〈요구사항〉에 답하시오.   2019. CPA

> **자료**
>
> 1. ㈜민국은 20X1년 10월 1일에 기계장치를 ₩1,800,000에 구입하면서 정부로부터 ₩800,000을 보조받았다. 동 기계장치의 추정 내용연수는 5년이고 추정 잔존가치는 ₩0이다. 동 기계장치에 대해 ㈜민국은 정액법을 사용하여 월할로 감가상각한다.
>
> 2. ㈜민국은 20X4년 7월 1일에 동 기계장치를 ₩850,000에 처분하였다.

요구사항 1

㈜민국이 20X4년도 포괄손익계산서에 인식할 감가상각비를 각각 계산하시오.

구 분	20X4년	
	(1)원가차감법	(2)이연수익법
감가상각비	①	②

요구사항 2

동 기계장치 처분 시 회계처리가 ㈜민국의 20X4년도 포괄손익계산서의 당기순이익에 미치는 영향을 각각 계산하시오. 단, 20X4년도 감가상각비와 정부보조금 수익을 모두 고려하여 계산하시오. 당기순이익이 감소하는 경우에는 (−)를 숫자 앞에 표시하시오.

구 분	20X4년	
	(1)원가차감법	(2)이연수익법
당기순이익에 미치는 영향	③	④

물음 2 다음은 ㈜민국의 유형자산 취득 및 정부보조금 관련 정보이다. 재무상태표상 자산관련 정부보조금은 이연수익으로 표시하며, 자산의 내용연수에 걸쳐 정액기준으로 이연수익을 수익으로 대체한다.

> • 유형자산 취득일 : 20X1년 7월 1일
> • 유형자산 취득원가 : ₩100,000,000
> • 유형자산 추정 잔존가치 : ₩10,000,000
> • 유형자산 추정 내용연수 : 5년
> • 유형자산 감가상각방법 : 체감잔액법(연수합계법)
> • 정부보조금 : ₩20,000,000(20X1년 7월 1일에 전액 수령하였으며, 상환의무는 없음)

㈜민국은 동 유형자산을 20X3년 12월 31일자로 현금 ₩30,000,000에 처분하였다. 처분시 당기순이익에 미치는 영향을 계산하시오. 단, 당기순이익이 감소하는 경우에는 금액 앞에 (−)를 표시하시오.   2013. CPA

✏️ **해설** 정부보조금

(물음 1)

|요구사항 1|

구 분	20X4년	
	(1)원가차감법	(2)이연수익법
감가상각비	①100,000	②180,000

(1) 원가차감법: ①−②＝100,000
   ① 감가상각비: (1,800,000−0)/5×6/12＝180,000
   ② 정부보조금 환입액: 800,000×180,000/(1,800,000−0)＝80,000

간편법〉(1,000,000−0)/5×6/12＝**100,000**
 취득원가 순액: 1,800,000−800,000＝1,000,000
 원가차감법으로 회계처리하며, 정액법으로 상각하므로 총 취득원가에서 정부보조금을 차감한 취득원가 순액을
 취득원가로 보는 간편법을 사용해도 된다.

(2) 이연수익법: (1,800,000−0)/5×6/12＝**180,000**
   이연수익법을 적용하는 경우 정부보조금 환입액을 기타수익으로 인식하므로 감가상각비에서 차감하지 않는다.

|요구사항 2|

구 분	20X4년	
	(1)원가차감법	(2)이연수익법
당기순이익에 미치는 영향	③300,000	④300,000

(1) 원가차감법: −①+②＝300,000
   ① 감가상각비: 100,000 (|요구사항 1| 참고)
   ② 유형자산처분손익: 처분가액−처분 시 장부금액＝850,000−450,000＝400,000 이익
   −처분 시 장부금액: 1,000,000−1,000,000×33개월/60개월＝450,000

|20X4.7.1 회계처리|

감가상각비	180,000	감가상각누계액	180,000
정부보조금	80,000	감가상각비	80,000
현금	850,000	기계장치	1,800,000
감가상각누계액	990,000	유형자산처분이익	400,000
정부보조금	360,000		

(2) 이연수익법: −①+②+③＝300,000
   이연수익법 적용 시 정부보조금 환입액을 처분손익이 아닌 기타수익으로 인식하더라도 당기순이익에 미치는
   영향은 같다.

   ① 감가상각비: 180,000 (|요구사항 1| 참고)
   ② 기타수익(＝정부보조금환입): 800,000×180,000/1,800,000＝80,000
   ③ 유형자산처분손익＝400,000

－원가차감법으로 회계처리하든, 이연수익법으로 회계처리하든 처분손익은 같다.

|20X4.7.1 회계처리|

감가상각비	180,000	감가상각누계액	180,000
정부보조금	80,000	기타수익	80,000
현금	850,000	기계장치	1,800,000
감가상각누계액	990,000	유형자산처분이익	400,000
정부보조금	360,000		

(물음 2) 3,000,000

X1.7.1	100,000,000	(20,000,000)	n=5, s=10,000,000, 연수
	↓(63,000,000)	↓10,000,000	
X3	37,000,000	(10,000,000)	

(1) X3년말 감가상각누계액: $(100{,}000{,}000 - 10{,}000{,}000) \times (5/15 + 4/15 + 3/15 \times 6/12) = 63{,}000{,}000$

(2) X3년말 정부보조금: $20{,}000{,}000 \times 2.5/5 = 10{,}000{,}000$

－문제에서 자산의 내용연수에 걸쳐 '정액기준으로' 이연수익을 수익으로 대체한다고 하였으므로 위와 같이 계산한다.

(3) 처분손익: $30{,}000{,}000 - 37{,}000{,}000 + 10{,}000{,}000 = 3{,}000{,}000$ 이익

문제 15

(14점)

〈공통 자료〉를 이용하여 다음 물음에 대해 답하시오.

공통자료

1. 20X1년 1월 1일 ㈜한국은 ₩500,000의 정부보조금을 수취하여 영업용으로 차량운반구 A를 ₩1,000,000에 취득하였다. 차량운반구 A의 내용연수는 5년, 잔존가치는 없으며 정액법으로 감가상각한다. 정부보조금은 차량운반구 A의 원가에서 차감하는 형식으로 표시하며, 정액법으로 내용연수에 걸쳐 상각한다. ㈜한국은 20X2년 1월 1일에 정부가 요구한 기준을 충족할 수 없어 수취한 정부보조금 ₩500,000을 모두 상환하였다.

2. ㈜한국은 정부보조금 상환 후, 차량운반구 A를 20X2년 1월 1일에 ㈜대한의 차량운반구 B(취득원가 ₩2,000,000, 감가상각누계액 ₩1,000,000)와 교환하여 영업용으로 사용하기 시작하였다. 교환시점의 차량운반구 A의 공정가치는 ₩1,000,000이고 차량운반구 B의 공정가치는 ₩900,000이다. 동 교환거래는 상업적 실질이 있으며, 차량운반구 A의 공정가치가 더 명백하다. ㈜한국은 공정가치 차이 ₩100,000을 현금으로 수취하였다. ㈜한국은 차량운반구 B에 대해 정액법으로 감가상각하고 잔존가치 ₩0, 잔존내용연수 4년을 적용한다.

3. ㈜한국은 차량운반구 B에 대해 재평가모형을 적용하여 평가하며, 재평가잉여금은 자산을 사용하는 기간 동안 이익잉여금으로 대체한다. ㈜한국은 차량운반구 B에 대하여 매년말 자산손상 징후를 검토하며, 회수가능액이 공정가치보다 낮은 경우 손상차손을 인식한다. 차량운반구 B의 각 연도말 공정가치, 사용가치 및 순공정가치는 다음과 같다.

구 분	20X2년말	20X3년말
공정가치	₩600,000	₩350,000
사용가치	650,000	50,000
순공정가치	550,000	100,000

물음 1 ① ㈜한국이 20X1년에 당기비용으로 인식할 금액과 ② 20X1년말 ㈜한국의 차량운반구 A의 장부금액은 각각 얼마인가? 또한 ③ 20X2년 1월 1일 ㈜한국이 정부보조금을 모두 상환했을 때, 차량운반구 A의 장부금액은 얼마인가?

2016. CPA

20X1년에 당기비용으로 인식할 금액	①
20X1년말 차량운반구 A의 장부금액	②
20X2년 1월 1일 정부보조금을 모두 상환했을 때, 차량운반구 A의 장부금액	③

물음 2 ① 20X2년 1월 1일 차량운반구 교환시 ㈜한국이 인식할 차량운반구 B의 취득원가와 ② ㈜한국이 인식할 처분이익은 각각 얼마인가? 단, 손실의 경우에는 금액 앞에 '(−)'를 표시하고, 해당 금액이 없는 경우에는 '0'으로 표시하시오.

2016. CPA

20X2년 1월 1일 교환시 ㈜한국이 인식할 차량운반구 B의 취득원가	①
20X2년 1월 1일 교환시 ㈜한국이 인식할 처분이익	②

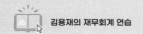

물음 3 ① ㈜한국이 20X2년에 당기비용으로 인식할 금액과 ② ㈜한국이 20X3년에 당기비용으로 인식할 금액은 각각 얼마인가?

2016. CPA

20X2년에 당기비용으로 인식할 금액	①
20X3년에 당기비용으로 인식할 금액	②

물음 4 교환거래에서 상업적 실질 판단기준에 대해 5줄 이내로 기술하시오.

2016. CPA

✏️ **해설** 유형자산-정부보조금, 교환, 재평가모형의 손상

(물음 1)

20X1년에 당기비용으로 인식할 금액	①100,000
20X1년말 차량운반구 A의 장부금액	②400,000
20X2년 1월 1일 정부보조금을 모두 상환했을 때, 차량운반구 A의 장부금액	③800,000

1. X1년 당기비용: (1)−(2)=100,000
(1) 감가상각비: (1,000,000−0)/5=200,000
(2) 정부보조금 환입액: 500,000×200,000/(1,000,000−0)=100,000

2. X1년 말 차량운반구 장부금액: (1)−(2)−(3)=400,000
(1) 취득원가: 1,000,000
(2) 감가상각누계액: 200,000
(3) 정부보조금: 500,000−100,000=400,000

| 간편법 |
　취득원가 순액: 1,000,000−500,000=500,000
　ー 원가차감법으로 회계처리하며, 정액법으로 상각하므로 총 취득원가에서 정부보조금을 차감한 취득원가 순액을 취득원가로 보는 간편법을 사용해도 된다.
　1. X1년 당기비용: (500,000−0)/5=100,000
　2. X1년 말 차량운반구 장부금액: 500,000−100,000=400,000

---

3. X2년 초 차량운반구 장부금액: (1)−(2)−(3)=800,000
(1) 취득원가: 1,000,000
(2) 감가상각누계액: 200,000
　정부보조금을 모두 상환했으므로 정부보조금 잔액은 없다.

(물음 2)

20X2년 1월 1일 교환시 ㈜한국이 인식할 차량운반구 B의 취득원가	①900,000
20X2년 1월 1일 교환시 ㈜한국이 인식할 처분이익	②200,000

1. 차량운반구의 취득원가: 900,000

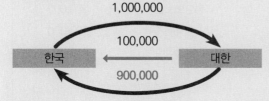

2. 처분이익: 구 자산의 공정가치－구 자산의 장부금액＝1,000,000－800,000＝200,000

(물음 3)

20X2년에 당기비용으로 인식할 금액	①400,000
20X3년에 당기비용으로 인식할 금액	②500,000

1. 차량운반구 분석

```
X1    900,000      n=4, s=0, 정액
      ↓(225,000)
X2    675,000    －(－) 75,000 →    600,000    n=3, s=0, 정액
                                   ↓(200,000)
X3                                 400,000    －(－) 300,000 →    100,000
```

(1) 회수가능액＝MAX[사용가치, 순공정가치]

① X2년 말: MAX[650,000, 550,000]＝650,000

  － 회수가능액이 공정가치보다 크므로 손상차손을 인식하지 않는다.

② X3년 말: MAX[50,000, 100,000]＝100,000

2. X2년 당기비용: (1)＋(2)＋(3)＝400,000

(1) 정부보조금 상환손실: 500,000－400,000＝100,000

  － X2년초에 정부보조금 잔액 400,000을 500,000에 상환하였으므로 100,000의 손실을 인식한다.

(2) 감가상각비: (900,000－0)/4＝225,000

(3) 재평가손실: 675,000－600,000＝75,000

3. X3년 당기비용: (1)+(2)=500,000
(1) 감가상각비: (600,000−0)/3=200,000
(2) 재평가손실 및 손상차손: 400,000−100,000=300,000

| 회계처리 |

X1.1.1	차량운반구 A	1,000,000	현금	500,000
			정부보조금	500,000
X1.12.31	감가상각비	200,000	감가상각누계액	200,000
	정부보조금	100,000	감가상각비	100,000
X2.1.1	정부보조금	400,000	현금	500,000
	상환손실	100,000		
	감가상각누계액	200,000	차량운반구 A	1,000,000
	현금	100,000	유형자산처분이익	200,000
	차량운반구 B	900,000		
X2.12.31	감가상각비	225,000	감가상각누계액	225,000
	재평가손실	75,000	차량운반구 B	300,000
	감가상각누계액	225,000		
X3.12.31	감가상각비	200,000	감가상각누계액	200,000
	재평가손실	50,000	차량운반구 B	250,000
	감가상각누계액	200,000		
	유형자산손상차손	250,000	손상차손누계액	250,000

재평가모형의 회계처리 방법을 제시하지 않아서 감누 전액 제거법을 이용하여 회계처리를 하였다.

(물음 4)
다음 (1) 또는 (2)에 해당하면서 (3)을 충족하는 경우
(1) 취득한 자산과 관련된 현금흐름의 구성(위험, 유출입시기, 금액)이 제공한 자산과 관련된 현금흐름의 구성과 다르다.
(2) 교환거래의 영향을 받는 영업 부분의 기업특유가치가 교환거래의 결과로 변동한다.
(3) 위 (1)이나 (2)의 차이가 교환된 자산의 공정가치에 비하여 유의적이다.

문제 16
(14점)

㈜한국은 20X1년 1월 1일 설립되어 사업을 시작하였다. 〈공통 자료〉와 〈상황별 정보〉를 이용하여 다음 물음에 답하시오. **2차**

공통자료

- ㈜한국은 투자부동산에 대해서는 공정가치 모형을 적용하며 유형자산에 대해서는 재평가모형을 적용한다.
- 20X1년말과 20X2년말 재평가로 인한 내용연수와 잔존가치의 변경은 없다.
- 재평가모형을 적용하여 장부금액을 조정하는 경우 기존의 감가상각누계액을 전액 제거하는 방법을 적용한다.
- 자산을 사용함에 따라 재평가잉여금의 일부를 이익잉여금으로 대체하는 회계처리 방법은 채택하지 않았다.

〈상황별 정보〉

1. ㈜한국은 20X1년 7월 1일 토지와 건물을 일괄하여 ₩90,000,000에 현금 취득하였다. 동 토지와 건물 취득시 공정가치는 각각 ₩80,000,000과 ₩20,000,000이었다. ㈜한국은 이를 2년 동안 사업에 사용한 후 철거하고 새 건물을 건축할 예정이다. 건물의 철거비는 ₩5,000,000이 발생할 것으로 추정된다. 20X1년말 토지의 공정가치는 ₩70,000,000이며, 건물의 공정가치는 취득시와 동일하다. 건물에 관한 추가 정보는 다음과 같다.
   - 추정 잔존가치: ₩0
   - 추정 내용연수: 2년
   - 감가상각방법: 체감잔액법(연수합계법)
   - 할인율 : 5%

2. ㈜한국은 20X1년 7월 1일 정부보조금 ₩90,000(상환의무 없음)을 현금 지원받아 동일자에 기계장치를 ₩500,000에 현금 취득하였다. ㈜한국은 수취한 정부보조금을 관련자산차감법으로 회계처리한다. 20X1년말 현재 동 기계장치의 순공정가치는 ₩400,000, 사용가치는 ₩420,000이며, 손상차손의 인식요건을 충족한다. 기계장치에 관한 추가 정보는 다음과 같다.
   - 추정 잔존가치: ₩50,000
   - 추정 내용연수: 3년
   - 감가상각방법: 정액법

3. ㈜한국은 20X1년 10월 1일 임대수익을 얻을 목적으로 공정가치가 ₩12,000,000인 차량운반구를 ₩10,000,000에 현금 취득하였다. 20X1년말 차량운반구의 공정가치는 ₩11,000,000이다. 차량운반구에 관한 추가 정보는 다음과 같다.
   - 추정 잔존가치: ₩600,000
   - 추정 내용연수: 5년
   - 감가상각방법: 정액법

물음 1 각 상황별로 필요한 회계처리를 모두 수행한 경우 ㈜한국의 20X1년도 포괄손익계산서상 당기순이익과 기타포괄이익에 미친 영향을 구하시오. 단, 음의 영향을 미칠 경우 '(—)'를 숫자 앞에 표시하시오. 2017. CPA

구분	당기순이익	기타포괄이익
상황1	①	②
상황2	③	④
상황3	⑤	⑥

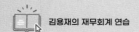

물음 2 각 상황과 관련된 모든 유형자산과 투자부동산의 20X1년 기말잔액을 구하시오. 2017. CPA

	유형자산	투자부동산
상황 1＋2＋3	⑦	⑧

📝 **해설** 일괄취득, 정부보조금, 투자부동산

(물음 1)

구분	당기순이익	기타포괄이익
상황1	①(−)8,000,000	②8,000,000
상황2	③(−)64,000	④0
상황3	⑤(−)470,000	⑥1,470,000

(물음 2)

	유형자산	투자부동산
상황 1＋2＋3	⑦101,346,000	⑧0

1. 상황1

(1) 취득원가의 안분

　① 토지: 90,000,000×80,000,000/100,000,000＝72,000,000

　② 건물: 90,000,000×20,000,000/100,000,000＝18,000,000

(2) 토지의 재평가

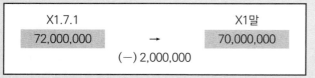

```
      X1.7.1                          X1말

   72,000,000        →           70,000,000

              (−) 2,000,000
```

(3) 건물의 재평가

```
   X1.7.1     18,000,000     n＝2, s＝0, 연수합계법

          ↓(6,000,000)   ＝(18,000,000−0)×2/3×6/12

   X1말     12,000,000   −⊕8,000,000→   20,000,000
```

―건물의 예상 철거비용은 철거를 해야 하는 현재의무가 없으므로 복구충당부채로 인식하지 않으며, 실제로 발생
　할 때 비용으로 인식한다.

(4) 정답

① 당기순이익에 미치는 영향: (−)토지 재평가손실−감가상각비

　　　　　　　　　　＝(−)2,000,000−6,000,000＝(−)8,000,000

② 기타포괄이익에 미치는 영향: 건물 재평가잉여금＝8,000,000

③ 기말 유형자산: 토지＋건물＝70,000,000＋20,000,000＝90,000,000

2. 상황2

X1.7.1	500,000	(90,000)	n=3, s=50,000, 정액법
감가상각	↓(75,000)	↓15,000	
상각 후	425,000	(75,000)	
손상차손	↓(5,000)	↓1,000	
X1말	420,000	(74,000)	

(1) 감가상각비(정부보조금 차감 전): $(500,000-50,000)/3 \times 6/12 = 75,000$
　－정부보조금 환입액: $90,000 \times 75,000/(500,000-50,000) = 15,000$

(2) 손상차손: 상각 후 원가－회수가능액＝$425,000-420,000 = 5,000$
　－회수가능액＝MAX[순공정가치, 사용가치]＝420,000
　－정부보조금 환입액: $90,000 \times 5,000/(500,000-50,000) = 1,000$

(3) 정답
① 당기순이익에 미치는 영향: 정부보조금 환입액－감가상각비－손상차손
　＝$15,000+1,000-75,000-5,000 = (-)64,000$
② 기타포괄이익에 미치는 영향: 0
③ 기말 유형자산: 기계장치＝$420,000-74,000 = 346,000$
　－정부보조금을 자산 차감법으로 회계처리하므로 유형자산의 장부금액에서 차감해야 한다.

3. 상황3

X1.10.1	10,000,000	n=5, s=600,000, 정액법	
	↓(470,000)	＝$(10,000,000-600,000)/5 \times 3/12$	
X1말	9,530,000	－⊕1,470,000 →	11,000,000

(1) 정답
① 당기순이익에 미치는 영향: －감가상각비＝$(-)470,000$
② 기타포괄이익에 미치는 영향: 1,470,000
③ 기말 유형자산: 차량운반구＝11,000,000
　－차량운반구를 임대수익을 얻을 목적으로 취득하였지만, 차량운반구는 부동산(건물, 토지)이 아니므로 투자부동산으로 분류할 수 없다.

4. 20X1년 기말잔액
유형자산: $90,000,000+346,000+11,000,000 = 101,346,000$
투자부동산: 0
－상황1, 2, 3에서 투자부동산은 없다.

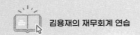

7 복구충당부채

1. 복구충당부채 회계처리

취득 시		유형자산	XXX	현금	지출액
				복구충당부채	PV(예상 복구비용)
매년 말	상각	감가비	XXX	감누	XXX
	이자	이자비용	XXX	복구충당부채	XXX
복구비용 지출 시		복구충당부채	예상 복구비용	현금	실제 복구비용
		복구공사손익(PL) XXX			

> **STEP 1** 취득 시: 복구충당부채(=PV(예상 복구비용))를 취득원가에 가산

복구충당부채=예상 복구비용×단순현가계수
유형자산 취득원가=지출액+복구충당부채

> **STEP 2** 매년 말

(1) 유형자산 감가상각
: 유형자산의 취득원가(복구충당부채 포함)를 기준으로 감가상각

(2) 복구충당부채 유효이자율 상각

이자비용=기초 충당부채×유효 R
n년 말 충당부채=X1년 초 충당부채×(1+유효 R)^n

ex X1년 초 충당부채 ₩700, 유효이자율 10%
→ X2년 말 충당부채=700×(1.1)^2=847 (**계산기 사용법** 1.1××700==)

 상각 마지막 해의 이자비용=예상 복구비용/(1+유효 R)×유효 R

> **ex** X1년 초에 구축물 취득, 내용연수 5년, 예상 복구비용 ₩100,000,
> 유효이자율 연 10%(10%, 5기간 단순현가계수는 0.62092)
>
> (1) 일반적인 계산법
>   X1년 초 복구충당부채: 100,000×0.62092=62,092
>   X4년 말 복구충당부채: 62,092×1.1⁴=90,909 (**계산기 사용법** 1.1××62,092====)
>   X5년도 이자비용: 90,909×10%=9,091
>
> (2) 빠른 계산법
>   X5년도 이자비용: 100,000/1.1×10%=9,091

(3) 당기비용=감가상각비+이자비용 ★중요!
 ─이자비용 및 감가상각비 계산 시 월할 상각을 유의할 것!

STEP 3 │ 복구비용 지출 시

$$복구공사손익(PL)=예상\ 복구비용-실제\ 복구비용$$

문제 17

(8점)

20X1년 1월 1일에 ㈜대한은 해저유전 관련 플랫폼을 ₩800,000에 취득하여 4년 동안 운영하기로 하였다. ㈜대한은 해저유전 관련 플랫폼을 사용한 마지막 년도에 플랫폼을 완벽히 해체하고, 해저를 밀봉해야 하는 법적인 의무를 가지고 있다. 불가피한 위험과 불확실성을 고려하여 최선의 추정치를 계산한 결과,이와 관련된 복구비용은 ₩200,000이 될 것으로 예측하고 있다. 복구비용의 현재가치 계산 시 적용할 유효이자율은 연 10%이며, ㈜대한은 정액법(추정 잔존가치는 ₩0)을 적용하여 감가상각하기로 하였다.

다음의 물음에 답하시오. 단, 원 이하는 반올림하고, 현재가치 계산 시 아래의 현가계수를 이용하시오.

기간	10%의 현가계수	
	단일금액 ₩1	정상연금 ₩1
1	0.9091	0.9091
2	0.8264	1.7355
3	0.7513	2.4868
4	0.6830	3.1698

물음 1 ㈜대한이 ① 20X1년 1월 1일에 수행해야 할 회계처리와 ② 20X1년 12월 31일에 수행해야 할 회계처리를 제시하시오.

2018. CPA

물음 2 20X4년 12월 31일에 ㈜대한은 플랫폼의 이전과 해저를 밀봉하는 비용으로 ₩220,000을 지불하였다. 20X4년 12월 31일에 수행해야 할 회계처리를 제시하시오.

2018. CPA

물음 3 물음 1), 물음 2)와 독립적으로 20X1년 말에 ㈜대한의 플랫폼과 관련된 복구비용의 일부를 제3자(A)가 변제할 것이 거의 확실하게 되었고, 해당 금액의 현재가치는 ₩100,000으로 예상된다. 20X1년 말 ㈜대한이 복구비용 변제와 관련하여 수행해야 할 회계처리를 제시하시오.

2018. CPA

물음 4 위 물음들과는 독립적으로 ㈜대한은 취득 시에 플랫폼과 관련된 복구비용을 제3자(B)와 연대하여 부담하기로 하였다. 전체 복구 의무 중 ㈜대한이 부담해야 할 부분의 현재가치는 ₩100,000이고, 제3자(B)가 이행할 것으로 기대되는 부분의 현재가치는 ₩100,000이다. ㈜대한이 20X1년 1월 1일에 해저유전 관련 플랫폼 취득과 관련하여 수행해야 할 회계처리를 제시하고 그 이유를 간략하게 설명하시오.

2018. CPA

(물음 1)

① X1.1.1	플랫폼	936,600	현금	800,000
			복구충당부채	136,600
② X1.12.31	감가상각비	234,150	감가상각누계액	234,150
	이자비용	13,660	복구충당부채	13,660

(1) X1년초 복구충당부채: 200,000×0.683=136,600
(2) 감가상각비: (936,600−0)/4=234,150
(3) 이자비용: 136,600×10%=13,660

(물음 2)

X4.12.31	감가상각비	234,150	감가상각누계액	234,150
	이자비용	18,182	복구충당부채	18,182
	복구충당부채	200,000	현금	220,000
	복구공사손실	20,000		

(1) 감가상각비: (936,600−0)/4=234,150
(2) 이자비용: 181,818×10%=18,182
   −X4년 초 복구충당부채: 200,000/1.1=181,818
(3) 복구공사손익: 200,000−220,000=(−)20,000 손실

(물음 3)

X1.12.31	미수금	100,000	수익	100,000

충당부채로 인식할 금액 중 제3자가 변제할 것이 거의 확실한 금액은 충당부채와 구분하여 별도의 자산으로 인식한다. 200,000에 대해서는 복구충당부채를 이미 설정하였으므로, 별도의 자산(미수금)만 인식해주면 된다.
참고로, 수익−비용은 상계가 가능하나 자산−부채는 상계가 불가능하다. 차변에 미수금이 아닌 복구충당부채를 계상하는 것은 불가능하다.

(물음 4)

X1.1.1	플랫폼	900,000	현금	800,000
			복구충당부채	100,000

이유: 연대하여 의무를 부담하는 경우 회사가 이행할 금액은 충당부채로 인식하고, 제3자가 이행할 것으로 기대되는 부분은 우발부채로 보아 주석에 공시하기 때문이다.

문제 18

(10점)

㈜대한의 유형자산과 관련된 다음의 〈자료〉를 이용하여 각 물음에 답하시오.

2023. CPA

자료

1. ㈜대한은 20X1년 1월 1일 주유소사업을 시작하면서 동 일자로 다음의 자산을 취득하였다.

(단위: ₩)

자산항목	취득금액	내용연수	잔존가치
주유기계	50,000,000	5년	10,000,000
저유설비	15,000,000	3년	3,000,000
배달트럭	12,000,000	4년	2,000,000

2. 주유기계는 인공지능이 탑재된 설비로 정부산하 인공지능사업단으로부터 ₩20,000,000을 지원받아 취득하였다. 보조금에 대한 상환의무는 없고, 보조금은 자산의 장부금액 계산 시 차감하는 방법으로 회계처리한다.

3. ㈜대한은 저유설비의 허가를 받으면서 저유설비의 내용연수 종료 시에 저유설비와 관련된 환경복구공사를 이행해야 하는 법적의무를 부여받았다. 복구의무는 충당부채의 인식요건을 충족하며, 종료시점에 소요되는 복구원가는 저유설비 취득원가의 50%로 추정된다. 복구원가를 현재가치로 계상하기 위해 적용할 할인율은 연 10%이다(3기간, 이자율 10%, 단일금액 ₩1의 현재가치는 ₩0.7513148이다).

4. 배달트럭의 주요 부품인 타이어는 2년마다 교체해야 할 것으로 추정하고 있다. 타이어 가격은 ₩5,000,000(잔존가치는 없으며, 취득 시에는 배달트럭 원가에 포함되어 있음)이며, 배달트럭을 구성하는 타이어의 원가가 배달트럭 전체원가에 비교하여 유의적이라고 가정한다.

5. ㈜대한의 모든 자산은 정액법으로 감가상각을 하고 있으며, 원가모형을 적용하고 있다.

6. 계산과정에서 발생하는 소수점은 소수점 아래 첫째자리에서 반올림한다(예: 1,029.6은 1,030으로 계산).

물음 1 ㈜대한이 20X1년도 포괄손익계산서에 계상해야 할 감가상각비를 감가상각 대상 자산 항목별로 구분하여 기재하시오.

물음 2 20X3년 7월 1일에 주유기계를 ₩25,000,000에 처분하였을 경우 주유기계처분손익을 계산하시오. 단, 처분손실이 발생할 경우 금액 앞에 (−)를 표시하시오.

주유기계처분손익	①

물음 3 저유설비와 관련하여 20X3년 말 실제 복구원가는 ₩7,000,000이었다. 20X3년도 ㈜대한의 저유설비와 관련한 회계처리가 20X3년도 포괄손익계산서 상 당기순이익에 미치는 영향을 계산하시오. 단, 당기순이익이 감소하는 경우 금액 앞에 (−)를 표시하시오.

당기순이익에 미치는 영향	①

해설 정부보조금, 복구충당부채

(물음 1)
주유기계: 4,000,000, 저유설비: 5,878,287, 배달트럭: 3,750,000

(1) 주유기계
취득원가 순액: 50,000,000−20,000,000=30,000,000
− 원가차감법으로 회계처리하고, 정액법으로 상각하므로 간편법으로 계산해도 된다.
감가상각비: (30,000,000−10,000,000)/5=4,000,000

(2) 저유설비
복구충당부채: 7,500,000×0.7513148=5,634,861
감가상각비: (15,000,000+5,634,861−3,000,000)/3=5,878,287

(3) 배달트럭
감가상각비: 5,000,000/2+(7,000,000−2,000,000)/4=3,750,000
− 전체원가에 비교하여 유의적인 부분은 구분하여 감가상각할 수 있다.

(물음 2)

주유기계처분손익	①5,000,000

처분손익: 25,000,000−20,000,000=5,000,000 이익
− X3.7.1 주유기계 장부금액: 30,000,000−(30,000,000−10,000,000)×2.5/5=20,000,000

(물음 3)

당기순이익에 미치는 영향	①(−)6,060,105

당기순이익: −(1)−(2)+(3)=(−)6,060,105

(1) 감가상각비: 5,878,287 (물음 1 참고)
(2) 이자비용: 5,634,861×1.1^2×10%=681,818
(3) 복구손익: 7,500,000−7,000,000=500,000 이익
− 예상복구원가보다 실제복구원가가 적게 들었으므로 이익을 인식한다.

2. 복구충당부채의 재평가 (심화)

(1) 재평가 후 복구충당부채

재평가 후 복구충당부채＝현행R로 할인한 New 예상복구원가의 현재가치

복구충당부채는 예상복구원가의 현재가치이므로, 시간이 지남에 따라 예상복구원가나 할인율이 변하는 경우 복구충당부채가 변할 수 있다. 이때 **재평가 후 복구충당부채는 새로 추정한 예상복구원가를 재평가 시점의 이자율로 할인한 현재가치가 된다.** 유형자산 취득 시의 이자율이 아닌 재평가 시의 이자율로 할인한다는 것을 주의하자. 재평가로 인한 복구충당부채의 증감은 평가모형에 따라 다음과 같이 인식한다.

(2) 원가모형 적용 시: 유형자산 장부금액에 반영

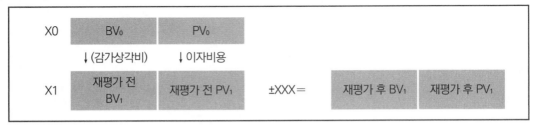

원가모형 적용 시 재평가로 인한 복구충당부채의 증감은 유형자산의 장부금액에 반영한다. 복구충당부채가 증가하면 같은 금액만큼 유형자산도 증가하고, 복구충당부채가 감소하면 같은 금액만큼 유형자산도 감소한다.

유형자산	XXX	복구충당부채	XXX

or

복구충당부채	XXX	유형자산	XXX

(3) 재평가모형 적용 시: 재평가모형 논리대로 반영

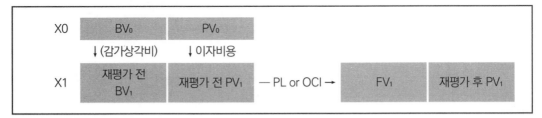

재평가모형 적용 시 재평가 전, 후 순자산의 증감을 재평가모형 논리대로 반영한다. 순자산이 증가하면 OCI, 감소하면 PL, 상대방 것이 있다면 제거 후 초과분만 인식하면 된다. 순자산은 다음과 같이 계산한다. 재평가 후 복구충당부채의 현재가치는 재평가모형을 적용하더라도 원가모형과 똑같이 계산하며, 유형자산의 공정가치는 문제에서 제시할 것이다.

① 재평가 전 순자산＝재평가 전 유형자산의 장부금액－재평가 전 복구충당부채의 장부금액
② 재평가 후 순자산＝재평가 시점 유형자산의 공정가치－재평가 후 복구충당부채의 현재가치

문제 19

㈜대한은 20X1년 초 해양구조물을 ₩974,610에 취득하여 20X3년 말까지 사용한다. ㈜대한은 관련 법률에 따라 사용 종료시점에 해양구조물을 철거 및 원상복구하여야 한다. 20X3년 말 철거 및 원상복구 시점에서 ₩300,000이 지출될 것으로 예상되며, 이는 인플레이션, 시장위험프리미엄 등을 고려한 금액이다. ㈜대한의 신용위험 등을 고려하여 산출된 할인율은 10%이며, ㈜대한은 해양구조물을 정액법(내용연수 3년, 잔존가치 ₩0)으로 감가상각한다.

20X1년 말과 20X2년 말에 추정한 내용연수 종료시점 원상복구원가는 각각 ₩250,000과 ₩270,000이며, 20X1년 말과 20X2년 말 원상복구원가의 현재가치 계산에 적용할 할인율은 각각 연 8%와 연 9%이다. 답안 작성 시 원이하는 반올림한다. 심화

기간	단일금액 ₩1의 현가계수		
	8%	9%	10%
1	0.9259	0.9174	0.9091
2	0.8573	0.8417	0.8264
3	0.7938	0.7722	0.7513

물음 1 ㈜대한은 위 해양구조물에 대해 원가모형을 적용한다. ㈜대한이 ① 20X1년에 당기비용으로 인식할 금액과 ② 20X2년에 당기비용으로 인식할 금액은 각각 얼마인가? 2011. CTA 1차 수정

20X1년에 당기비용으로 인식할 금액	①
20X2년에 당기비용으로 인식할 금액	②

물음 2 ㈜대한은 위 해양구조물에 대해 재평가모형을 적용한다. 해양구조물의 공정가치는 20X1년 말 ₩900,000이며, 20X2년 말 ₩300,000일 때, ㈜대한이 ① 20X1년에 기타포괄이익으로 인식할 금액과 ② 20X2년에 당기비용으로 인식할 금액은 각각 얼마인가? 단, 재평가잉여금은 사용하는 기간 동안 이익잉여금으로 대체하지 않는다. 2011. CTA 1차 수정

20X1년에 기타포괄이익으로 인식할 금액	①
20X2년에 당기비용으로 인식할 금액	②

✏️ **해설** 복구충당부채의 재평가

(물음 1)

20X1년에 당기비용으로 인식할 금액	①422,539
20X2년에 당기비용으로 인식할 금액	②400,344

1. 복구충당부채 및 해양구조물의 장부금액 증감－원가모형 적용 시

X0	1,200,000	225,390

↓(400,000) ↓22,539

X1 800,000 247,929 －33,604＝ 766,396 214,325

↓(383,198) ↓17,146

X2 383,198 231,471 ＋16,227＝ 399,425 247,698

(1) x1초 복구충당부채: 300,000×0.7513＝225,390
→ x1초 해양구조물 취득원가: 974,610＋225,390＝1,200,000
(2) x1말 복구충당부채: 250,000×0.8573＝214,325
→ x1말 해양구조물 장부금액: 800,000＋(214,325－247,929)＝766,396
(3) x2말 복구충당부채: 270,000×0.9174＝247,698
→ x2말 해양구조물 장부금액: 383,198＋(247,698－231,471)＝399,425

2. X1년도 당기비용: (1)＋(2)＝422,539
(1) X1년도 이자비용: 225,390×10%＝22,539
(2) X1년도 감가상각비: (1,200,000－0)/3＝400,000

3. X2년도 당기비용: (1)＋(2)＝400,344
(1) X2년도 이자비용: 214,325×8%＝17,146
(2) X2년도 감가상각비: (766,396－0)/2＝383,198

| 회계처리 |

X1.1.1	해양구조물	1,200,000	현금	974,610
			복구충당부채	225,390
X1.12.31	감가상각비	400,000	해양구조물	400,000
	이자비용	22,539	복구충당부채	22,539
	복구충당부채	33,604	해양구조물	33,604
X2.12.31	감가상각비	383,198	해양구조물	383,198
	이자비용	17,146	복구충당부채	17,146
	해양구조물	16,227	복구충당부채	16,227

(물음 2)

20X1년에 기타포괄이익으로 인식할 금액	①133,604
20X2년에 당기비용으로 인식할 금액	②499,769

1. 복구충당부채 및 해양구조물의 장부금액 증감 — 재평가모형 적용 시

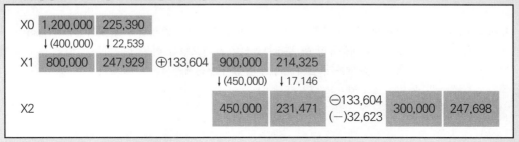

2. X1년 기타포괄이익: (2)−(1)=133,604
(1) 재평가 전 순자산(유형자산−복구충당부채) 장부금액: 800,000−247,929=552,071
(2) 재평가 후 순자산(유형자산−복구충당부채): 900,000−214,325=685,675
재평가 전에 비해 재평가 후 순자산이 증가하므로 재평가잉여금(OCI)을 인식한다.

3. X2년도 당기비용: (1)+(2)+(3)=499,769
(1) X2년도 이자비용: 214,325×8%=17,146
(2) X2년도 감가상각비: (900,000−0)/2=450,000
(3) X2년도 재평가손실: ①−②−③=32,623
　　① 재평가 전 순자산(유형자산−복구충당부채) 장부금액: 450,000−231,471=218,529
　　② 재평가 후 순자산(유형자산−복구충당부채): 300,000−247,698=52,302
　　③ X1년 기타포괄이익: 133,604
　　　X2년에는 재평가 전에 비해 재평가 후 순자산이 감소하는데, 기존에 인식한 OCI보다 감소분이 크므로 초과
　　　분을 재평가손실로 인식한다.

| 회계처리 |

X1.1.1	해양구조물	1,200,000	현금	974,610
			복구충당부채	225,390
X1.12.31	감가상각비	400,000	해양구조물	400,000
	이자비용	22,539	복구충당부채	22,539
	해양구조물	100,000	재평가잉여금	133,604
	복구충당부채	33,604		
X2.12.31	감가상각비	450,000	해양구조물	450,000
	이자비용	17,146	복구충당부채	17,146
	재평가잉여금	133,604	해양구조물	150,000
	재평가손실	32,623	복구충당부채	16,227

03 투자부동산

투자부동산은 2차 시험에서 평가모형과 계정 재분류가 중점적으로 출제된다. 유형자산을 취득하여 사용하다가 투자부동산으로 계정 재분류한 뒤 투자부동산의 평가모형을 적용해야 하는 상황이 주로 출제된다. 유형자산, 투자부동산, 장기할부구입이 동시에 등장하는 문제에서는 각 계정별로 따로 분석한 뒤, 연도별 손익을 구할 때 마지막에 합치는 것이 좋다.

1 투자부동산의 평가모형

	원가모형	공정가치모형
감가상각	O	X
공정가치 평가	X	O (평가손익 PL)

1. 원가모형: 유형자산 기준서를 준용하여, 유형자산 원가모형과 동일하게 감가상각

2. 공정가치모형: 감가상각하지 않고, 공정가치로 평가하면서 평가손익은 당기손익으로 인식

주의 ⓘ 공정가치 모형은 감가상각 X!

2 투자부동산 계정 재분류

재분류 전 계정	재분류 후 계정	재분류 후 금액	재분류 손익
투자부동산 원가모형	유형자산, 재고자산	재분류 전 BV	N/A
유형자산, 재고자산	투자부동산 원가모형		
투자부동산 FV모형	유형자산, 재고자산	재분류 시점의 FV	PL
재고자산	투자부동산 FV모형		
유형자산			재평가모형 논리

1. 재분류 전 or 후에 원가모형 적용

대체 전 자산의 장부금액을 승계. 자산의 원가가 불변이므로 재분류 과정에서 손익도 발생 X

2. 재분류 전 or 후에 공정가치모형 적용 ★중요!

재분류 시점의 공정가치로 평가, 재분류 전후 계정에 따라 평가손익 처리 방법(PL or OCI)이 달라짐

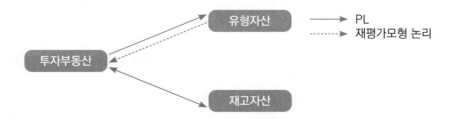

(1) 투자부동산→유형자산(자가사용부동산), 투자부동산↔재고자산: 당기손익

(2) 유형자산(자가사용부동산)→투자부동산: 재평가모형 논리대로 회계처리

 투자부동산 계정 재분류 시 평가손익 암기법: 변경 전 계정을 따라간다!

 계정 재분류 후 감가상각비 계산 시 월할 상각 주의!

문제 1

(15점)

㈜세무의 공장건물과 관련된 사항은 다음과 같다. 각 물음에 답하시오.

2020. CTA

1) ㈜세무는 20X1년 1월 1일에 공장건물을 ₩25,000,000에 신규 취득하였다. ㈜세무는 곧바로 공장건물을 제품 생산에 사용하였다. ㈜세무는 공장건물에 대하여 내용연수는 10년, 잔존가치는 ₩0으로 추정하고, 정액법에 의해 감가상각하기로 하였으며 재평가모형을 적용하였다. 20X1년 말과 20X2년 말 공장건물의 공정가치는 각각 ₩24,750,000과 ₩26,400,000이었다. ㈜세무는 자산의 장부금액을 재평가금액으로 조정할 때, 총장부금액은 장부금액의 변동에 비례하여 수정하고, 재평가일의 감가상각누계액은 손상차손누계액을 고려한 후 총장부금액과 장부금액의 차이와 같아지도록 조정한다. 또한 재평가잉여금은 이익잉여금으로 대체하지 않는다.

2) ㈜세무는 20X3년 들어 경기악화로 동 공장건물의 가동을 멈추게 되었다. 이에 따라 ㈜세무는 20X3년 7월 1일에 동 공장건물을 임대목적으로 전환하고 즉시 임대를 개시하였다. ㈜세무는 임대목적으로 전환한 시점에서 공장건물을 투자 부동산으로 분류변경하고, 공정가치모형을 적용하기로 하였다. 20X3년 7월 1일 현재 공장건물의 공정가치는 ₩25,000,000이었다.

물음 1 ㈜세무의 20X1년 말 재무상태표에 표시될 공장건물의 감가상각누계액과 재평가잉여금을 계산하시오.

공장건물의 감가상각누계액	공장건물 관련 재평가잉여금
①	②

물음 2 ㈜세무의 20X2년 말 재무상태표에 표시될 공장건물의 감가상각누계액과 재평가잉여금을 계산하시오.

공장건물 감가상각누계액	공장건물 관련 재평가잉여금
①	②

물음 3 ㈜세무의 20X3년 7월 1일 재분류 직전 공장건물 감가상각누계액과 재분류로 인하여 발생하는 재평가손익을 계산하고, 20X3년 7월 1일에 수행할 분개를 제시하시오.

재분류 직전 공장건물 감가상각누계액	재분류로 인하여 발생하는 재평가손익 (단, 손실은 금액 앞에 '(—)'를 표시하며, 계산된 금액이 없는 경우에는 '없음'으로 표시)
①	②

(차변)	(대변)

✏️ **해설** 재평가모형, 투자부동산 계정 재분류

(물음 1)

공장건물의 감가상각누계액	공장건물 관련 재평가잉여금
①2,750,000	②2,250,000

(물음 2)

공장건물 감가상각누계액	공장건물 관련 재평가잉여금
①6,600,000	②6,650,000

X0 25,000,000 n=10, s=0, 정액
　　↓(2,500,000)
X1 22,500,000 — ⊕2,250,000 → 24,750,000 n=9, s=0, 정액
　　　　　　　　　　　↓(2,750,000)
X2 22,000,000 — ⊕4,400,000 → 26,400,000

1. 감가상각누계액
(1) X1년

	재평가 전		재평가 후
취득원가	25,000,000		27,500,000
감가상각누계액	(2,500,000)	→	(2,750,000)
장부금액	22,500,000		24,750,000

(2) X2년

	재평가 전		재평가 후
취득원가	27,500,000		33,000,000
감가상각누계액	(5,500,000)	→	(6,600,000)
장부금액	22,000,000		26,400,000

2. 재무상태표 상 재평가잉여금
X1년: 2,250,000
X2년: 2,250,000 + 4,400,000 = 6,650,000

(물음 3)

재분류 직전 공장건물 감가상각누계액	재분류로 인하여 발생하는 재평가손익
① 8,250,000	② 250,000

(차변) 투자부동산	25,000,000	(대변) 건물	33,000,000
감가상각누계액	8,250,000	재평가잉여금	250,000

X2	26,400,000	n=8, s=0, 정액	
	↓(1,650,000)		
X3.7.1	24,750,000	—⊕250,000→	25,000,000

① 재분류 직전 감가상각누계액: 6,600,000(X2년 말 감누) + 1,650,000 = 8,250,000
② 재평가손익(OCI): 25,000,000 - 24,750,000 = 250,000
　- 자가사용부동산에서 공정가치모형으로 평가하는 투자부동산으로 재분류하므로, 공정가치로 평가하며 평가
　손익은 재평가모형 논리대로 간다. 기존에 인식한 재평가손실이 없는 상황에서 발생한 평가증이므로 OCI로
　인식한다.

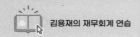

문제 2

(7점)

다음은 ㈜한국의 20X1년 10월 1일 시세차익을 목적으로 취득한 건물에 관련한 자료이다.

> **자료**
>
> • ㈜한국은 건물을 아래의 지급조건으로 취득하였다.
>   − 20X1년 10월 1일: ₩1,000,000 현금 지급
>   − 20X2년 9월 30일: ₩1,000,000 현금 지급
>
>   건물 취득일 현재 건물의 현금가격 상당액은 총지급액을 5%의 이자율로 할인한 현재가치와 동일하다.
>
> • 건물 취득시점에 건물의 내용연수는 20년으로 추정하였으며, 잔존가치는 없고 정액법으로 상각한다.
>
> • ㈜한국은 투자부동산에 대해서는 공정가치 모형을 적용하며 유형자산에 대해서는 원가모형을 적용한다.
>
> • ㈜한국은 20X2년 4월 1일부터 건물을 본사 사옥으로 사용하기 시작하였다.
>
> • ㈜한국은 20X5년 7월 1일에 동 건물을 ₩1,700,000에 처분하였다.
>
> • 건물의 공정가치와 회수가능액은 다음과 같으며 손상차손의 인식요건을 충족한다.
>
> | 일자 | 공정가치 | 회수가능액 |
> |---|---|---|
> | 20X1.12.31. | ₩2,035,100 | ₩2,040,000 |
> | 20X2. 4. 1. | 2,059,200 | 2,070,000 |
> | 20X2.12.31. | 2,127,500 | 2,150,000 |
> | 20X3.12.31. | 1,800,000 | 1,575,000 |
> | 20X4.12.31. | 1,821,600 | 1,770,000 |

위의 거래들에 대해 ㈜한국이 관련 회계처리를 모두 적절하게 수행한 경우 해당연도 당기순이익에 미치는 영향을 구하시오. 단, 원 이하는 반올림하며, 당기순이익에 음의 영향을 미칠 경우 '(−)'를 숫자 앞에 표시하시오. 2017. CPA **2차**

구분	금액
20X1년	①
20X2년	②
20X3년	③
20X4년	④
20X5년	⑤

🖊️ 해설 투자부동산, 원가모형 손상차손

구분	금액
20X1년	①70,814
20X2년	②(−)90,814
20X3년	③(−)405,000
20X4년	④193,800
20X5년	⑤(−)68,800

1. 이자비용
(1) 장기미지급금: 1,000,000/1.05＝952,381
(2) X1년도 이자비용: 952,381×5%×3/12＝11,905
(3) X2년도 이자비용: 952,381×5%×9/12＝35,714

2. 투자부동산 평가손익
(1) X1년도 평가손익: 2,035,100−1,952,381＝82,719 이익
　　－투자부동산 취득원가: 1,000,000+952,381＝1,952,381
(2) X2년도 평가손익: 2,059,200−2,035,100＝24,100 이익

3. 건물

```
X2.4.1   2,059,200    n＝19.5, s＝0, 정액법
    ↓(79,200)    ＝(2,059,200−0)/19.5×9/12
X2말    1,980,000
    ↓(105,600)    ＝(2,059,200−0)/19.5
X3말    1,874,400    − (−)299,400 →          1,575,000    n＝17.75, s＝0, 정액법
    ↓(105,600)                              ↓(88,732)
X4말    1,768,800    ← (+)282,532 −         1,486,268
    ↓(52,800)    n＝16.75, s＝0
X5.7.1   1,716,000
```

X4년말 회수가능액은 1,770,000이지만, 원가모형 한도에 걸리므로 한도까지만 환입해야 한다.
유형자산처분손익: 1,700,000−1,716,000＝(−)16,000 손실

4. 연도별 당기순이익에 미치는 영향

구분	이자비용	투자부동산 평가손익	감가상각비	손상차손(환입) 및 처분손익	금액
20X1년	(11,905)	82,719			①70,814
20X2년	(35,714)	24,100	(79,200)		②(−)90,814
20X3년			(105,600)	(299,400)	③(−)405,000
20X4년			(88,732)	282,532	④193,800
20X5년			(52,800)	(16,000)	⑤(−)68,800

문제 3

다음에 제시되는 물음은 각각 독립된 상황이고 〈공통자료〉는 모든 물음에 공통적으로 적용된다.

공통자료

	취득일	내용연수	잔존가치	상각방법
건물	20X1.1.1	5년	₩0	정액법
기계장치	20X1.1.1	4년	₩0	정액법

12월말 결산법인인 ㈜한국의 유형자산 중 건물은 재평가모형을 적용한다. 장부금액 조정방법은 기존의 감가상각 누계액을 전액 제거한 후, 순장부금액이 재평가금액과 같아지도록 총장부금액을 조정한다. 재평가잉여금은 이익잉 여금으로 대체하지 않는다. 기계장치는 원가모형을 적용한다.

〈20X1년말 유형자산 내역〉

	취득원가	감가상각누계액	장부금액	재평가 잉여금
건물	₩100,000		₩90,000	₩10,000
기계장치	50,000	12,500	37,500	

〈20X2년말과 20X3년말 공정가치 및 회수가능액〉

	20X2년말		20X3년말	
	공정가치	회수가능액	공정가치	회수가능액
건물	₩65,000	₩45,000	₩30,000	₩45,000
기계장치	25,000	21,000	15,000	15,000

물음 1 건물과 관련하여 20X2년 당기손익에 반영할 손상차손 또는 손상차손환입 금액을 구하시오. 단, 손상차손의 경우에는 금액 앞에 (−)로 표시한다.
2012. CPA

물음 2 기계장치와 관련하여 20X3년 당기손익에 반영할 손상차손 또는 손상차손환입 금액을 구하시오. 단, 손상차손의 경우에는 금액 앞에 (−)로 표시한다.
2012. CPA

물음 3 20X2년초에 사무실로 사용하던 건물을 임대목적으로 변경하여 투자부동산으로 대체하였다고 가정한다. 투자부동산에 대해서 공정가치모형을 적용하며 공정가치는 20X2년초 ₩75,000, 20X2년말 ₩80,000 이다. 20X2년초와 20X2년말 관련 분개를 할 때, ①과 ②의 계정과목 및 금액을 쓰시오. *2012. CPA*

	차변	대변
20X2년초	①	
20X2년말		②

✏️ 해설 유형자산 및 투자부동산 회계처리

(물음 1) (−)12,500

|건물(재평가모형)의 장부금액 변화|

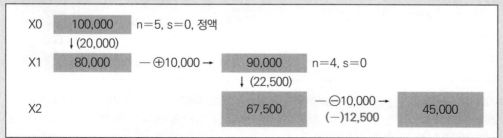

X1년 말 유형자산 취득원가: 재평가모형을 감누제거법으로 회계처리하기 때문에 취득원가 100,000을 재평가 시 이용한 공정가치로 이해할 가능성도 있어 보인다. 하지만 장부금액이 제시되어 있으므로 공정가치는 90,000이다. 문제에 제시된 취득원가는 정말 말 그대로 건물을 취득할 때 지급한 금액으로 이해해야 한다. 내용연수 5년, 잔존가치 0이므로 100,000에서 상각을 시작하면 재평가잉여금 10,000이 생기면서 문제에 제시된 자료가 모두 성립한다.

(물음 2) 2,000

|기계장치(원가모형)의 장부금액 변화|

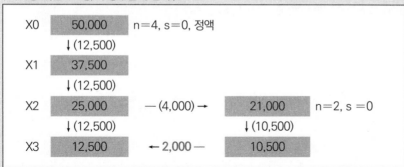

연도별 공정가치가 제시되어 있지만, 기계장치는 원가모형을 적용하므로 무시한다.
X3년말 회수가능액은 15,000이지만, 환입 한도는 12,500이므로 손상차손환입은 2,000이다.

(물음 3)

	차변	대변
20X2년초	①투자부동산 75,000 재평가잉여금 10,000 재평가손실 5,000	
20X2년말		②투자부동산평가이익 5,000

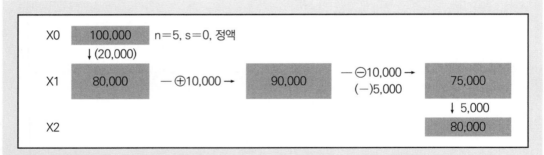

자가사용부동산(건물)을 공정가치모형으로 평가하는 투자부동산으로 대체하는 경우 대체일의 공정가치로 평가하며, 평가손익은 재평가모형 논리대로 간다. 기존에 인식한 재평가잉여금이 있으므로, 재평가잉여금을 제거하고 초과손실만 재평가손실로 인식한다.

투자부동산으로 대체한 후 공정가치모형을 적용하므로 공정가치 평가손익만 당기손익으로 인식하면 된다.

| 회계처리 |

X2.1.1	투자부동산	75,000	건물	90,000
	재평가잉여금	10,000		
	재평가손실	5,000		
X2.12.31	투자부동산	5,000	평가이익	5,000

건물을 감누제거법으로 회계처리하므로 건물 90,000 제거 시 감누는 없다.

〈관련 자료〉를 이용하여 물음에 답하시오. **2차**

관련자료

1. ㈜대한은 사옥으로 사용하기 위하여 20X1년 4월 1일 토지와 건물을 일괄하여 취득하였으며 대금은 분할지급하기로 하였다.

   (1) 취득 관련 대금 지급조건
   - 20X1년 4월 1일: ₩1,000,000 지급
   - 20X2년 3월 31일: ₩4,000,000 지급
   - 20X3년 3월 31일: ₩5,000,000 지급

   토지와 건물 취득일 현재 현금가격상당액은 총지급액을 연 5%의 이자율로 할인한 현재가치와 동일하다. 단, 현재가치 계산 시 아래의 현가계수를 이용하시오.

기간	5%의 현가계수	
	단일금액 ₩1	정상연금 ₩1
1	0.9524	0.9524
2	0.9070	1.8594

   (2) 취득일 현재 토지와 건물의 상대적 공정가치 비율은 7:3이다.

   (3) 취득시점에 건물의 내용연수는 10년으로 추정하였으며, 잔존가치는 없고 정액법으로 상각한다.

2. 20X3년 4월 1일 ㈜대한은 사옥으로 사용하던 건물을 ㈜누리에게 임대하기로 하였고, 임대는 동일자로 즉시 개시되었다.

3. 20X1년부터 20X3년까지 건물과 토지 관련 사항은 다음과 같으며, 20X1년 말 건물에 대한 손상 징후가 있다.

	건물 공정가치	건물 회수가능액	토지 공정가치
20X1.12.31	₩2,800,000	₩2,553,000	₩7,000,000
20X2.12.31	2,475,000	2,450,000	6,500,000
20X3. 4. 1	2,480,000	2,500,000	6,500,000
20X3.12.31	2,450,000	2,500,000	6,600,000

4. ㈜대한은 유형자산을 재평가모형으로 회계처리하고 투자부동산은 공정가치모형으로 회계처리를 하고 있다. 재평가모형을 적용하여 장부금액을 조정할 때 감가상각누계액을 전액 제거하는 방법을 사용하며 매년 재평가를 실시한다. 또한 유형자산의 경우 자본에 포함된 재평가잉여금은 자산을 사용하는 기간 중에 이익잉여금으로 대체하지 않는다.

물음 1 위의 거래들에 대해 ㈜대한이 관련 회계처리를 모두 적절하게 수행한 경우 20X2년 당기순이익과 기타포괄이익에 미치는 영향을 계산하시오. 단, 당기순이익과 기타포괄이익이 감소하는 경우에는 (ㅡ)를 숫자 앞에 표시하시오.

2018. CPA

당기순이익	①
기타포괄이익	②

물음 2 위의 거래들에 대해 ㈜대한이 관련 회계처리를 모두 적절하게 수행한 경우 20X3년 당기순이익과 기타포괄이익에 미치는 영향을 계산하시오. 단, 당기순이익과 기타포괄이익이 감소하는 경우에는 (ㅡ)를 숫자 앞에 표시하시오.

2018. CPA

당기순이익	①
기타포괄이익	②

물음 3 유형자산의 재평가모형과 투자부동산의 공정가치모형을 다음 양식에 따라 간략하게 비교 설명하시오.

2018. CPA

구분	유형자산 재평가모형	투자부동산 공정가치모형
평가손익 회계처리	①	②
감가상각여부	③	④

✏️ **해설** 유형자산-장기할부구입, 일괄취득, 토지 재평가모형, 재평가모형의 손상, 투자부동산 계정 대체

(물음 1)

당기순이익	①(ㅡ)559,971
기타포괄이익	②(ㅡ)300,906

(물음 2)

당기순이익	①(ㅡ)123,303
기타포괄이익	② 138,780

1. 토지와 건물의 취득원가
(1) 토지와 건물의 취득원가 총액: 8,344,600+1,000,000=9,344,600
  ㅡX1.4.1 장기미지급금: 4,000,000×0.9524+5,000,000×0.9070=8,344,600
(2) 토지의 취득원가: 9,344,600×7/10=6,541,220
(3) 건물의 취득원가: 9,344,600×3/10=2,803,380

2. 토지의 재평가

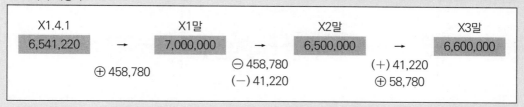

3. 건물의 재평가

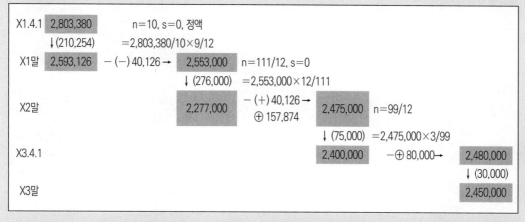

X1년 말에는 건물에 대한 손상 징후가 있으므로 회수가능액으로 감액하지만, 그 뒤에는 손상 징후에 대한 언급이 없으므로 손상이 회복되었다고 보고 공정가치로 평가한다.

4. 장기미지급금 유효이자율 상각표

	유효이자(5%)	지급액	장부금액
X1.4.1			8,344,600
X2.3.31	417,230	4,000,000	4,761,830
X3.3.31	238,092	5,000,000	(79) (단수차이→0)

(1) X2년도 이자비용: 417,230×3/12＋238,092×9/12＝282,877
(2) X3년도 이자비용: 238,092×3/12＝59,523

5. 연도별 당기순이익과 기타포괄이익

(1) 당기순이익

구분	토지 재평가손익	감가상각비	건물 손상차손환입	투자부동산 평가손익	이자비용	금액
X2년	(41,220)	(276,000)	40,126		(282,877)	①(－)559,971
X3년	41,220	(75,000)		(30,000)	(59,523)	②(－)123,303

(2) 기타포괄이익

구분	토지 재평가잉여금	건물 재평가잉여금	금액
X2년	(458,780)	157,874	①(−)300,906
X3년	58,780	80,000	②138,780

| 회계처리 |

X1.4.1	토지	6,541,220	현금	1,000,000
	건물	2,803,380	장기미지급금	8,344,600
X1.12.31	토지	458,780	재평가잉여금	458,780
	감가상각비	210,254	건물	210,254
	손상차손	40,126	건물	40,126
	이자비용	312,923	장기미지급금	312,923
X2.3.31	이자비용	104,307	장기미지급금	104,307
	장기미지급금	4,000,000	현금	4,000,000
X2.12.31	재평가잉여금	458,780	토지	500,000
	재평가손실	41,220		
	감가상각비	276,000	건물	276,000
	건물	198,000	손상차손환입	40,126
			재평가잉여금	157,874
	이자비용	178,570	장기미지급금	178,570
X3.3.31	감가상각비	75,000	건물	75,000
	투자부동산	2,480,000	건물	2,400,000
			재평가잉여금	80,000
	이자비용	59,523	장기미지급금	59,523
	장기미지급금	5,000,000	현금	5,000,000
X3.12.31	토지	100,000	재평가이익	41,220
			재평가잉여금	58,780
	투자부동산평가손실	30,000	투자부동산	30,000

(물음 3)

구분	유형자산 재평가모형	투자부동산 공정가치모형
평가손익 회계처리	①이익은 기타포괄손익으로, 손실은 당기손익으로 인식	②이익과 손실 모두 당기손익으로 인식
감가상각여부	③감가상각 함	④감가상각 안 함

04 무형자산

무형자산 기준서는 대부분이 말문제 내용으로, 2차 시험에서 계산문제로 출제할 내용이 거의 없다. 따라서 2차 시험에서 무형자산의 출제 빈도는 굉장히 낮으며, 전략적으로 무형자산을 넘기는 것도 좋다고 생각한다.

그나마 출제를 한다면 내부적으로 창출한 무형자산과 무형자산의 평가모형(원가모형, 재평가모형)을 출제할 가능성이 있는데, 무형자산의 평가모형은 유형자산과 동일하기 때문에 추가로 알아야 하는 내용은 없다.

1 내부적으로 창출한 무형자산

1. 연구단계: 비용, 개발단계: 조건부 자산

연구단계에서 발생한 지출은 비용으로 인식하고, 개발단계에서 발생한 지출은 다음 사항을 모두 제시할 수 있는 경우에만 무형자산으로 인식한다. 무형자산의 인식요건은 서술형 문제로 출제할 수 있는데, 양이 많으므로 외울 사람만 외우자.

〈개발단계에서 발생한 지출의 무형자산 인식요건〉

(1) 무형자산을 사용하거나 판매하기 위해 그 자산을 완성할 수 있는 **기술적 실현가능성**

(2) 무형자산을 완성하여 사용하거나 판매하려는 기업의 **의도**

(3) 무형자산을 사용하거나 판매할 수 있는 기업의 **능력**

(4) 무형자산이 **미래경제적효익을 창출하는 방법**. 그 중에서도 특히 무형자산의 산출물이나 무형자산 자체를 거래하는 시장이 존재함을 제시할 수 있거나 또는 무형자산을 내부적으로 사용할 것이라면 그 유용성을 제시할 수 있다.

(5) 무형자산의 개발을 완료하고 그것을 판매하거나 사용하는 데 필요한 기술적, 재정적 자원 등의 **입수가능성**

(6) 개발과정에서 발생한 무형자산 관련 지출을 **신뢰성** 있게 **측정**할 수 있는 기업의 능력

---

2. 보수주의 규정

---

① 연구단계와 개발단계를 구분할 수 없는 경우에는 모두 **연구단계**로 본다.

② 최초에 비용으로 인식한 무형항목에 대한 지출은 **이후에 자산으로 인식할 수 없다.**

---

3. 연구단계와 개발단계의 사례

연구단계: 지식, 여러 가지 대체안	개발단계: 최종 선정안, 주형, 시제품, 시험공장
(1) 새로운 지식을 얻고자 하는 활동 (2) 연구결과나 기타 지식을 탐색, 평가, 최종 선택, 응용하는 활동 (3) 재료, 장치, 제품, 공정, 시스템이나 용역에 대한 여러 가지 대체안을 탐색하는 활동 (4) 새롭거나 개선된 재료, 장치, 제품, 공정, 시스템이나 용역에 대한 여러 가지 대체안을 제안, 설계, 평가, 최종 선택하는 활동	(1) 신규 또는 개선된 재료, 장치, 제품, 공정, 시스템이나 용역에 대하여 **최종적으로 선정된 안**을 설계, 제작, 시험하는 활동 (2) 새로운 기술과 관련된 **공구, 지그, 주형, 금형** 등을 설계하는 활동 (3) 생산이나 사용 전의 **시제품**과 모형을 설계, 제작, 시험하는 활동 (4) 상업적 생산 목적으로 실현가능한 경제적 규모가 아닌 **시험공장**을 설계, 건설, 가동하는 활동

 지식 → 여러 가지 대체안 (연구) / → 최종 선정안 (개발)

4. 내부적으로 창출한 무형자산의 원가

내부적으로 창출한 무형자산의 원가는 그 무형자산이 인식기준을 최초로 충족시킨 이후에 발생한 지출 금액의 합으로 한다.

내부적으로 창출한 무형자산의 원가는 그 자산의 창출, 제조 및 경영자가 의도하는 방식으로 운영될 수 있게 준비하는 데 필요한 직접 관련된 모든 원가를 포함한다. 직접 관련된 원가의 예는 다음과 같다.

> (1) 무형자산의 창출에 사용되었거나 소비된 재료원가, 용역원가 등
> (2) 무형자산의 창출을 위하여 발생한 종업원급여
> (3) 법적 권리를 등록하기 위한 수수료
> (4) 무형자산의 창출에 사용된 특허권과 라이선스의 상각비

다음 항목은 내부적으로 창출한 무형자산의 원가에 포함하지 아니한다.

> (1) 판매비, 관리비 및 기타 일반경비 지출 (자산을 의도한 용도로 사용할 수 있도록 준비하는 데 직접 관련된 경우는 제외)
> (2) 자산이 계획된 성과를 달성하기 전에 발생한 명백한 비효율로 인한 손실과 초기 영업손실
> (3) 자산을 운용하는 직원의 교육훈련과 관련된 지출

2 무형자산의 측정

1. 무형자산도 원가모형과 재평가모형 모두 적용 가능 (=유형자산)

무형자산의 원가모형과 재평가모형은 유형자산 기준서를 준용하므로 똑같은 방식으로 적용한다.

2. 내용연수가 비한정인 무형자산: 상각 X, 매년 & 손상징후 있을 때 손상검사

내용연수가 비한정인 무형자산은 상각하지 아니한다. 상각하지 않는 대신에, 매년 그리고 손상징후가 있을 때 손상검사를 수행해야 한다.

문제 1

물음 1 다음 자료를 이용하여 ㈜한영이 20X3년 보고기간말에 판매비와관리비, 개발비, 유형자산(장부금액)으로 인식할 금액을 각각 구하시오. (단, 20X3년의 개발단계에서 발생한 지출은 무형자산의 인식요건을 충족한다고 본다.)

2013. CTA

자료

- 20X2년 3월 28일에 철거한 기존 공장의 자리에 상업적 생산목적이 아닌 소규모 시험공장을 20X3년 4월 1일에 2억원(내용연수 3년, 잔존가치 없음)에 신축하였다.
- 20X3년 4월 1일에 연구·개발에 활용할 목적으로 기계장치A를 1억원(내용연수 4년, 잔존가치 없음)에 취득하였다. 기계장치A의 20%는 새로운 공정에 대한 다양한 대체안을 설계하는 활동에 사용하고, 80%는 새로운 기술과 관련된 금형을 설계하거나 새로운 공구의 제작에 사용한다.
- 20X3년 7월 1일에 기계장치B를 10억원(내용연수 10년, 잔존가치 없음, 정액법, 월할 상각)에 취득하여, 20X3년에는 시제품 제작에 사용하였으며, 20X4년 초부터는 상업용 제품의 생산에 사용한다.
- 20X3년에 생산이나 사용 전의 시제품을 제작하기 위해 3,000만원을 지출하였다.

물음 2 다음은 ㈜나라의 개발비와 특허권에 대한 자료이다.

자료

㈜나라는 차세대 통신기술에 대한 연구개발 활동을 진행하여 다음과 같은 항목을 지출하였다. 단, 아래 표의 금액은 각 단계에서 발생한 총 지출액이며, 매월 균등하게 발생한다고 가정한다.

항목	개발단계 (20X1.1.1 ~ 6.30)	생산단계 (20X1.7.1 ~ 12.31)
연구원의 인건비	₩30,000	₩20,000
재료비	40,000	40,000
합리적으로 배분된 간접경비	50,000	70,000

1. 개발단계에 사용할 설비자산은 20X1년 3월 1일 ₩100,000에 구입하였다. 설비자산의 잔존가치는 영(0)이며, 내용연수는 10년이다. 감가상각방법은 정률법이며, 상각률은 0.200이다.
2. 개발단계에서의 지출은 20X1년 4월 1일부터 무형자산의 인식요건을 모두 충족한다.

3. 20X1년 7월 초에 개발이 종료되고, 즉시 생산이 시작되었다. 개발한 통신기술에 대하여 20X1년 10월 초에 특허권을 취득하였으며, 특허권과 직접 관련된 지출은 다음과 같다.
 ‑ 특허권 취득을 위한 비용: ₩250,000
 ‑ 특허권 침해방지를 위한 비용: ₩100,000
 이러한 지출은 특허권의 미래 경제적 효익을 실질적으로 증가시킬 가능성이 매우 높다고 판단된다.

4. ㈜나라의 무형자산의 내용연수는 10년, 잔존가치는 영(0)이며, 감가상각방법은 정액법이다.

위 자료를 이용하여 20X1년도 ① 개발비상각비와 ② 특허권상각비를 계산하시오.   2011. CPA

✏️ 해설 무형자산의 취득, 상각

(물음 1) 판매비와관리비: 375만원, 개발비: 2.95억원, 유형자산: 10억 3,125만원

(단위: 억원)

	판관비	개발비	유형자산
소규모 시험공장		2	
기계장치A			1
‑감가상각비	0.0375	0.15	(0.1875)
기계장치B			10
‑감가상각비		0.5	(0.5)
시제품 제작 활동		0.3	
계	0.0375	2.95	10.3125

소규모 시험공장을 건설하는 것은 개발단계에 해당하며, 무형자산의 인식요건을 충족한다는 단서가 있으므로 개발비라는 무형자산으로 계상한다. 한편, 기준서에는 시험공장의 상각 시작 시점에 대한 언급이 없지만, '상업용 제품의 생산시점'부터 상각해야 한다는 것이 다수설이다. 따라서 이에 맞추어 1년도에는 시험공장을 신축하기만 했지, 제품 생산이 이루어지지 않았으므로 상각하지 않는 것으로 해설을 작성하였다.
시제품을 제작하는 활동도 개발단계에 해당하므로 개발비의 장부금액에 가산한다.

(물음 2) ① 개발비상각비 3,250 ② 특허권상각비 8,750
1. 개발비상각비: (65,000−0)/10×6/12＝3,250
 ‑ 7.1부터 개발이 종료되고, 생산이 시작되었으므로 6개월만 상각한다.
(1) 개발비(무형자산)의 취득원가: ①+②＝65,000
 ① 인건비, 재료비, 간접경비: (30,000+40,000+50,000)×3/6＝60,000
 ‑ X1.4.1부터 무형자산 인식요건을 충족하였으므로, X1.4.1부터 개발단계 종료일인 6.30까지만 개발비에 가산한다.
 ② 개발비에 가산할 설비자산의 감가상각비: 100,000×0.2×3/12＝5,000
 ‑ X1.4.1부터 무형자산 인식요건을 충족하였으므로, X1.4.1부터 개발단계 종료일인 6.30까지만 개발비에 가산한다.
2. 특허권상각비: (350,000−0)/10×3/12＝8,750
 ‑ 10.1에 특허권을 취득하였으므로 3개월만 상각한다.
(1) 특허권의 취득원가: 250,000+100,000＝350,000
 ‑ 특허권의 취득원가는 특허권 취득과 직접 관련된 원가로 한다.

㈜대한은 20X1년 1월 1일 무형자산인 라이선스를 ₩100,000에 현금으로 취득하여 사용하기 시작하였다. 라이선스는 정액법(내용연수 5년, 잔존가치 없음)을 적용하여 상각하며, 상각누계액 계정을 사용한다. 라이선스에 대한 활성시장이 존재하며, ㈜대한은 라이선스에 대하여 매 회계기간 말 상각 후 재평가하는 회계처리를 적용하고 있다. 재평가시 상각누계액의 수정방법은 총장부금액과 상각누계액을 비례하여 수정하는 방법을 적용한다. 각 회계기간 말 현재 라이선스의 공정가치는 다음과 같다. 물음에 답하시오. (단, 손상차손은 고려하지 않음)   2015. CTA

	20X1년 12월 31일	20X2년 12월 31일	20X3년 12월 31일
공정가치	₩92,000	₩55,200	₩40,480

물음 1   ㈜대한이 무형자산인 라이선스와 관련하여 당해 자산을 사용하면서 재평가잉여금을 이익잉여금으로 대체하지 않는 방법을 선택할 때, ①~③의 금액을 각각 계산하시오.

    1) 20X1년 말 재평가잉여금

    2) 20X2년도 비용으로 인식되는 재평가손실금액

    3) 20X3년 말 재평가잉여금

물음 2   ㈜대한이 무형자산인 라이선스와 관련하여 당해 자산을 사용하면서 재평가잉여금을 이익잉여금으로 대체하는 방법을 선택할 때, ①~③의 금액을 각각 계산하시오.

    1) 20X2년 말 이익잉여금으로 대체되는 재평가잉여금

    2) 20X2년도 비용으로 인식되는 재평가손실금액

    3) 20X3년도 수익으로 인식되는 재평가이익금액

물음 3   20X4년 1월 1일 ㈜대한은 라이선스를 ㈜민국의 무형자산인 소프트웨어(장부금액 ₩50,000, 공정가치 ₩40,000)와 교환하면서 ㈜민국으로부터 공정가치의 차이인 ₩480을 수취하였다. 동 교환거래는 상업적 실질이 있으며, ㈜민국의 소프트웨어 공정가치가 ㈜대한의 라이선스 공정가치보다 더 명백하였다. 교환거래와 관련하여 ㈜민국이 인식해야 할 처분손익을 계산하시오. (단, 처분손실인 경우 금액 앞에 (-)로 표시함)

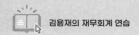

✏️ **해설** 무형자산 재평가모형, 교환

(물음 1) ① 12,000 ② 1,800 ③ 1,880

X0 **100,000** n=5, s=0, 정액법
↓ (20,000)
X1 **80,000** ─ ⊕12,000 → **92,000** n=4, s=0
↓ (23,000)
X2 **69,000** ─ ⊖12,000 → **55,200** n=3, s=0
(−)1,800
↓ (18,400)
X3 **36,800** ─ (+)1,800 → **40,480**
⊕1,880

(물음 2) ① 3,000 ② 4,800 ③ 3,680

X0 **100,000** n=5, s=0, 정액법
↓ (20,000)
X1 **80,000** ─ ⊕12,000 → **92,000** n=4, s=0
↓ (23,000)
X2 ↻⊖3,000 **69,000** ─ ⊖9,000 → **55,200** n=3, s=0
(−)4,800
↓ (18,400)
X3 **36,800** ─ (+)3,680 → **40,480**

X2년 말 이익잉여금 대체액: 12,000/4년＝3,000

(물음 3) (−)10,000

㈜민국의 처분손익: 구자산 공정가치－구자산 장부금액＝40,000－50,000＝(−)10,000
－구자산의 공정가치가 신자산의 공정가치보다 더 명백하므로 구자산의 공정가치를 그대로 대입한다.

|참고| 라이선스의 취득원가: 40,480
40,000

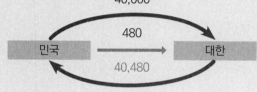

480
민국 → 대한
40,480

문제 3

다음의 〈자료〉를 이용하여 물음에 답하시오.

자료

1. ㈜민국은 바이오신약 개발프로젝트 X와 Y를 진행 중에 있다. 프로젝트 X는 20X1년 6월 1일 임상 승인을 받아 무형자산의 인식기준을 충족하였으며, 이후 발생한 지출은 모두 자산화 요건을 충족한다. 프로젝트 Y는 20X1년 중 임상에 실패하여 개발을 중단하였다. 프로젝트X, Y와 관련된 지출액은 다음과 같으며, 프로젝트 X의 20X1년 지출액 중 6월 1일 이후에 지출한 금액은 ₩500,000이다.

구분	20X1년	20X2년
프로젝트 X	₩800,000	₩100,000$^\times$
프로젝트 Y	700,000	–

× 20X2년 1월 2일 지출금액임

20X2년 1월 3일 프로젝트 X의 개발이 종료되고 바로 제품에 대한 생산이 시작되었다. 개발비의 내용연수는 3년이고 잔존가치는 ₩0이며 연수합계법에 따라 상각한다. 상각은 월할계산을 원칙으로 한다.

2. ㈜민국은 20X2년 1월 1일 제3자로부터 신약관련기술을 ₩500,000에 구입하고 기타무형자산으로 인식하였다. 기타무형자산의 내용연수는 5년, 잔존가치는 ₩0, 정액법으로 상각한다. 제3자로부터 구입한 신약관련기술에 대한 활성시장은 존재한다.

3. ㈜민국은 개발비에 대해서는 원가모형을 적용하며, 기타무형자산에 대해서는 재평가모형을 적용한다. 20X2년 말과 20X3년 말 개발비의 회수가능액과 기타무형자산의 공정가치는 다음과 같다.

구분	개발비 회수가능액	기타무형자산 공정가치
20X2년 말	₩150,000	₩480,000
20X3년 말	200,000	280,000

4. ㈜민국은 20X1년 1월 1일 토지사용과 관련하여 지방자치단체와 임대차계약을 체결하는 과정에서 지방자치단체 조례의 감면 요건을 충족하여, 임차료를 전액 면제받았다. ㈜민국은 면제받은 임차료의 공정가치 ₩1,000,000을 토지무상사용권으로 인식하였다. ㈜민국은 토지무상사용권이 소비되는 행태를 신뢰성 있게 결정할 수 없었으며, 토지무상사용권의 내용연수는 10년, 잔존가치는 ₩0으로 추정하였다.

물음 1 개발프로젝트와 관련하여 ㈜민국이 20X1년 말 인식할 무형자산과 20X1년 비용을 계산하시오. 단, 20X1년 무형자산과 관련된 손상차손은 발생하지 않는다고 가정한다.

2020. CPA

무형자산	①
비용	②

물음 2 ㈜민국이 개발비와 관련하여 20X2년에 인식할 손상차손과 20X3년에 인식할 손상차손환입을 계산하시오. 단, 회수가능액이 장부금액보다 낮으면 손상징후가 있는 것으로 가정하며, 회수가능액이 장부금액보다 증가하는 것은 해당 자산의 용역잠재력 증가를 반영한 것으로 본다.

2020. CPA

20X2년 손상차손	①
20X3년 손상차손환입	②

물음 3 ㈜민국은 재평가잉여금을 사용하는 기간 동안 이익잉여금으로 대체하며, 대체분개 후 재평가를 수행한다. 매 보고기간 말 자산의 장부금액이 공정가치와 중요하게 차이가 나며, 손상차손은 발생하지 않았고, 발생한 비용 중 자본화된 금액은 없다. 기타무형자산과 관련된 회계처리가 ㈜민국의 20X3년 당기순이익 및 기타포괄이익에 미치는 영향을 계산하시오. 단, 당기순이익과 기타포괄이익이 감소하는 경우에는 (─)를 숫자 앞에 표시하시오.

2020. CPA

당기순이익에 미치는 영향	①
기타포괄이익에 미치는 영향	②

물음 4 토지무상사용권과 관련된 회계처리가 ㈜민국의 20X1년 당기순이익에 미치는 영향을 계산하시오. 단, 당기순이익이 감소하는 경우에는 (─)를 숫자 앞에 표시하시오.

2020. CPA

당기순이익에 미치는 영향	①

해설 무형자산의 평가

(물음 1) 연구단계 VS 개발단계

무형자산	①500,000
비용	②1,000,000

구분	자산	비용
프로젝트 X	500,000	300,000
프로젝트 Y		700,000
계	500,000	1,000,000

X: 무형자산 인식기준 충족(X1.6.1) 이후 지출분만 무형자산으로 보고, 나머지는 비용으로 본다. 문제에서 X1년 말 무형자산 금액을 물었으므로 X2년도 지출은 포함하지 않는다.

Y: 개발을 중단하였으므로 전부 비용으로 본다.

(물음 2) 무형자산 원가모형

20X2년 손상차손	①150,000
20X3년 손상차손환입	②50,000

문제에서 언급하고 있는 개발비는 프로젝트 X를 의미한다.

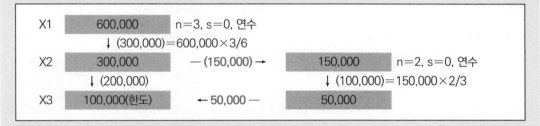

개발비 취득원가: 500,000+100,000=600,000

X2.1.2에 100,000의 추가 지출이 발생하고, X2.1.3부터 제품 생산이 시작되었으므로 1.3부터 무형자산 상각을 시작하는데 상각은 월할계산(not 일할계산)을 원칙으로 한다는 단서가 있으므로 1.1~1.3까지 2일은 무시하고 1월을 전부 포함하여 상각한다.

개발비에 대해서는 원가모형을 적용한다는 단서가 있으므로 X3년 말에 회수가능액이 크게 증가했지만 한도까지만 손상차손을 환입한다.

(물음 3) 무형자산 재평가모형

당기순이익에 미치는 영향	①(−)140,000
기타포괄이익에 미치는 영향	②(−)60,000

문제에서 언급하고 있는 기타무형자산은 신약관련기술을 의미한다.

1. 당기순이익에 미치는 영향: (1)+(2)=(−)140,000
(1) 무형자산상각비: 480,000/4=120,000
(2) 재평가손실: 상각후원가−공정가치−재평가잉여금 잔액
        =360,000−280,000−60,000=20,000
    ① 재평가잉여금 잔액: 기초 재평가잉여금−이익잉여금 대체액=80,000−20,000=60,000
      − 이익잉여금 대체액: 80,000/4=20,000

2. 기타포괄이익에 미치는 영향: (−)60,000
(1) 이익잉여금 대체 후 재평가잉여금 잔액: 80,000−20,000=60,000
    − 기타포괄이익의 이익잉여금 직접 대체는 포괄손익계산서에 표시되지 않는다. 따라서 60,000 감소가 답이다.

(물음 4) 정부보조금을 수령한 무형자산

당기순이익에 미치는 영향	①0

(1) 정부보조금
    토지무상사용권은 지방자치단체를 통해 받은 것이므로 정부보조금으로 인식한다.

(2) 무형자산상각비: (1,000,000−0)/10=100,000
    무형자산(토지무상사용권)이 소비되는 형태를 신뢰성 있게 결정할 수 없으므로, 정액법으로 상각한다.

(3) 정부보조금 환입액: 1,000,000×100,000/(1,000,000−0)=100,000
    정부보조금을 환입하여 무형자산상각비에서 차감하거나, 기타수익으로 인식한다. 문제에서 정부보조금의 회계처리 방법을 제시하지 않았으므로 계정과목은 특정할 수 없으나, 당기순이익에 미치는 영향은 같다.

| 회계처리 |

X1초	무형자산	1,000,000	정부보조금	1,000,000
X1말	무형자산상각비	100,000	무형자산	100,000
	정부보조금	100,000	무형자산상각비 or 기타수익	100,000

문제 4
(10점)

※ 다음의 물음은 독립적이다.

㈜대한은 기능성 운동복을 생산하여 판매하는 회사이다. ㈜대한이 인식하는 무형자산은 자산의 경제적 효익이 소비될 것으로 예상되는 형태를 신뢰성있게 결정할 수 없으며, ㈜대한은 원가모형을 적용하고 있다. 다음의 〈자료〉를 이용하여 각 (물음)에 답하시오.

2024. CPA

〈자료〉

1. ㈜대한은 20X1년 1월 1일 경쟁입찰을 통해 특허권을 ₩500,000에 취득하였다. 이 특허권은 향후 10년 간 현금유입에 기여할 것으로 추정된다. ㈜대한은 5년 후 업종변경을 계획하고 있어 변경하기 전까지 이 특허권을 사용할 계획이다. 이에 경쟁입찰에서 탈락한 ㈜민국은 5년 후 본 특허권을 양도할 것을 제안하였고, ㈜대한은 특허권 구입과 동시에 5년 후 ㈜민국에게 취득가액의 50%에 매도하기로 약정하였다. 20X3년에 특허권 침해사건으로 인해 법적 소송이 발생하였으나 소송에서 승소하여 특허권의 미래경제적효익은 유지되었다. 본 소송과 관련하여 ₩150,000의 법률대리인비용을 20X3년 1월 1일에 지출하였다.

2. ㈜대한이 생산하는 제품과 유사한 제품을 생산하는 ㈜한국이 보유하고 있던 고객목록을 20X1년 1월 1일 ₩200,000에 구입하였다. 의류는 5년을 주기로 소비자의 취향이 바뀌는 관계로 본 고객목록은 구입시점으로부터 5년 간 사용할 수 있을 것으로 추정하였다. 다만, ㈜한국의 고객목록을 ㈜대한이 활용하기 위해서는 고객목록 데이터의 보정이 필요하여 구입시점부터 1년 간 보정작업을 수행하였다.

3. 20X2년 1월 1일 ㈜대한은 의류생산기계를 기계가동을 위해 필요한 2개의 소프트웨어와 함께 ₩10,000,000에 일괄구입하였다. 기계와 소프트웨어 A, B의 공정가치는 각각 ₩7,000,000, ₩3,000,000, ₩2,000,000이다. 다만 소프트웨어 A가 없더라도 의류생산기계의 사용은 가능하나 소프트웨어 A를 사용할 경우 기계의 효율성이 높아진다. 반면에 소프트웨어 B 없이는 의류생산기계의 가동이 불가능하며 소프트웨어 B로부터 발생하는 미래경제적효익은 확인할 수 없다. 동종업종에서 10년 전 소프트웨어 A, B를 모두 사용해 본 결과 각각 3년 간 경제적효익이 발생하였으나, ㈜대한이 20X2년 1월 1일 진부화를 고려하여 추정한 결과 2년 간 경제적효익이 발생할 것으로 예상되었다. 그러나 본 소프트웨어의 효익에 대한 제3자의 접근을 법적으로 통제할 수 있는 기간은 5년이다.

4. ㈜대한은 20X3년 1월 1일 자체 생산한 의류의 판매촉진과 광고를 위해 웹 사이트를 개발하였다. 개발에 들어간 금액은 ₩300,000이며, 웹 사이트를 운영하기 위한 직원의 훈련비 ₩100,000이 지출되었다. 이 웹 사이트는 3년 간 사용가능할 것으로 추정하였다.

물음 1 ㈜대한이 20X1년, 20X2년, 20X3년에 인식할 무형자산상각비를 각각 계산하시오.

20X1년 무형자산상각비	①
20X2년 무형자산상각비	②
20x3년 무형자산상각비	③

물음 2 ㈜대한은 20X3년에 자체 브랜드인 바바패션을 런칭하였다. 브랜드 개발에 지출된 금액은 ₩200,000이다. ㈜대한이 지출한 브랜드 개발금액 ₩200,000을 무형자산으로 인식할 수 있는지 여부와 그 이유를 각각 서술하시오.

인식 여부	①
이유	②

✏️ 해설

(물음 1)

20X1년 무형자산상각비	①50,000
20X2년 무형자산상각비	②1,350,000
20x3년 무형자산상각비	③1,350,000

1. 무형자산별 상각요소
무형자산은 자산의 경제적 효익이 소비될 것으로 예상되는 형태를 신뢰성 있게 결정할 수 없다는 단서가 있으므로 정액법으로 상각한다.

	취득원가	내용연수	잔존가치
특허권	500,000	5	250,000
고객목록	200,000	4	0
소프트웨어A	2,500,000	2	0

(1) 특허권
내용연수 종료 시점에 제3자가 자산을 구입하기로 한 약정이 있으므로, 내용연수 5년, 잔존가치 250,000으로 본다.

(2) 고객목록
구입시점으로부터 5년간 사용할 수 있지만, 1년간 보정작업을 수행하였으므로 실제로 사용한 것은 X2년부터이다.

(3) 소프트웨어A
취득원가: 10,000×3,000,000/12,000,000＝2,500,000
기준서에 따르면, 컴퓨터로 제어되는 기계장치가 특정 컴퓨터 소프트웨어가 없으면 가동이 불가능한 경우에는 그 소프트웨어를 관련된 하드웨어의 일부로 보아 유형자산으로 회계처리한다. 소프트웨어B가 이에 해당하므로 소프트웨어B는 기계로 회계처리한다.

내용연수: min[2년, 5년]＝2년
－무형자산의 내용연수는 계약상 권리 또는 기타 법적 권리의 기간을 초과할 수는 없지만, 자산의 예상사용기간에 따라 더 짧을 수는 있다.

(4) 웹사이트 개발비 및 교육훈련비
기업이 내부 또는 외부 접근을 위해 개발한 자체의 웹 사이트는 내부적으로 창출한 무형자산이다. 따라서 웹 사이트 개발에 들어간 금액은 비용으로 인식한다. 교육훈련비는 대표적인 비용으로 보는 항목이다.

2. 연도별 무형자산상각비

	X1년	X2년	X3년
특허권	50,000	50,000	50,000
고객목록		50,000	50,000
소프트웨어		1,250,000	1,250,000
계	50,000	1,350,000	1,350,000

(1) 특허권: (500,000−250,000)/5＝50,000

−법률대리인비용은 자산의 미래경제적효익을 증가시키는 것이 아니라, 유지시키기 위한 지출이므로 수익적 지출로 보아 비용처리한다.

(2) 고객목록: 200,000/4＝50,000

−실제로 사용한 것은 X2년부터이므로, 무형자산상각비도 X2년부터 인식한다.

(3) 소프트웨어: 2,500,000/2＝1,250,000

(물음 2)

인식 여부	①인식 불가능함
이유	②사업을 전체적으로 개발하는데 발생한 원가와 구별할 수 없기 때문이다.

문제 5

(8점)

2015. CTA

다음은 무형자산 인식에 관한 자료이다. 물음에 답하시오.

물음 1 'K−IFRS 제1038호 문단 8'에서는 무형자산의 정의를 기술하고 있다. 무형자산의 정의를 충족시키기 위한 속성(조건) 3가지를 기술하시오.

물음 2 개발활동에 속하는 지출이 무형자산(개발비)으로 인식되기 위해서는 'K−IFRS 제1038호 문단 57'의 6가지 사항을 모두 제시할 수 있어야 한다. 이 6가지 사항을 기술하시오.

물음 3 ㈜대한은 20X5년 중에 〈보기〉와 같은 지출을 하였다.

1) 개발활동에 해당하는 지출을 〈보기〉에서 3개 고르시오.

2) ㈜대한이 개발활동에 해당하는 지출(위 ①)과 관련하여 [물음 2]의 무형자산(개발비)으로 인식되기 위한 6가지 사항을 모두 제시할 수 있을 때, ㈜대한의 20X5년 말 재무상태표에 표시되는 무형자산(개발비) 금액을 계산하시오. (단, 상각은 고려하지 않는다.)

> **보기**
>
> 가. 신규 또는 개선된 재료, 장치, 제품, 공정, 시스템이나 용역에 대하여 최종적으로 선정된 안을 설계, 제작, 시험하는 활동과 관련된 지출: ₩10,000
> 나. 생산이나 사용 전의 시제품과 모형을 설계, 제작, 시험과 관련된 지출: ₩3,000
> 다. 연구결과나 기타 지식을 탐색, 평가, 최종 선택, 응용하는 활동과 관련된 지출: ₩5,000
> 라. 재료, 장치, 제품, 공정, 시스템이나 용역에 대한 여러 가지 대체안을 탐색하는 활동과 관련된 지출: ₩5,000
> 마. 새로운 기술과 관련된 공구, 지그, 주형, 금형 등을 설계하는 활동과 관련된 지출: ₩1,000
> 바. 새로운 지식을 얻고자 하는 지출: ₩2,000

물음 4 기업회계기준서 제1038호 '무형자산'의 정의에서는 영업권과 구별하기 위해 무형자산이 식별가능할 것을 요구한다. 무형자산의 식별가능성이 무엇인지 간략히 서술하시오.

2020. CPA

(물음 1) 식별가능성, 통제, 미래 경제적 효익

(물음 2)
① 무형자산을 사용하거나 판매하기 위해 그 자산을 완성할 수 있는 기술적 실현가능성
② 무형자산을 완성하여 사용하거나 판매하려는 기업의 의도
③ 무형자산을 사용하거나 판매할 수 있는 기업의 능력
④ 무형자산이 미래경제적효익을 창출하는 방법
⑤ 무형자산의 개발을 완료하고 그것을 판매하거나 사용하는 데 필요한 기술적, 재정적 자원 등의 입수가능성
⑥ 개발과정에서 발생한 무형자산 관련 지출을 신뢰성 있게 측정할 수 있는 기업의 능력

(물음 3)
① 가, 나, 마
  '지식', '여러 가지 대체안'은 연구단계의 키워드들이다.
② 14,000

(물음 4)
분리가능하거나, 법적·계약상의 권리인 경우 식별가능하다.

05 금융부채

1 금융부채의 측정

	AC 금융부채	FVPL 금융부채
최초 인식	FV(＝발행금액)	
발행원가	발행금액에서 차감	당기비용 처리
후속 측정	유효이자율 상각	FV 평가 (평가손익: PL)

2 유효이자율 상각

1. 차기 상각액=당기 상각액×(1+유효이자율)

2. 사채발행비가 존재하는 경우 ★중요!

사채발행비가 존재한다면 유효이자율은 상승한다. 따라서 사채발행비가 있는 경우 시장이자율이 아닌 새로운 유효이자율을 사용해야 한다.

$$새로운\ 유효이자율 = \frac{X1년도\ 이자비용}{X1년초\ PV-사채발행비}$$

문제에서 새로운 유효이자율을 주지 않는 경우에는 X1년도 이자비용을 줄 것이다. 이때는 역으로 위 식을 이용하여 유효이자율을 계산하면 된다.

3. 총 이자비용

사채의 발행자가 만기까지 인식할 총 이자비용은 다음과 같이 구한다.

> (1) 총 현금 지급액＝액면금액＋만기×액면이자
>
> (2) 총 이자비용＝① 총 현금 지급액－총 현금 수령액
> ＝② 액면금액＋만기×액면이자－발행금액

4. 사채의 기중상환

> 사채상환손익＝상환 시 총부채－상환금액
> ① ＝상환 시 사채의 BV＋미지급이자－상환금액
> ② ＝기초 사채의 BV＋상각액＋미지급이자－상환금액
> ③ ＝기초 사채의 BV＋유효이자－상환금액
> ④ ＝기초 사채의 BV×(1＋유효R×경과 월수/12)－상환금액

 기중 상환하는 해의 당기손익에 미치는 영향

> 당기손익=상환손익-이자비용=기초 사채의 BV-상환금액

5. 자기사채

(1) 자기사채의 취득: 사채의 상환

(2) 자기사채의 소각: 회계처리 없음

(3) 자기사채의 재발행: 새로운 사채의 발행, 취득 시부터 재발행 시까지 유효이자율 상각 X

3 권면상 발행일과 실제 발행일이 다른 경우 ★ 중요!

ex 권면상 발행일 X1.1.1 (시장이자율 10%), 실제 발행일 X1.4.1 (시장이자율 12%)

	유효이자(12%)	액면이자(8%)	상각액	BV
X0				903,944
X1.4.1	27,118			
X1	108,473			

↗ ×월수/12

STEP 1 실제 발행일의 이자율을 사용하여 1월 1일의 현재가치를 구하기

STEP 2 1년치 상각표 그리기

STEP 3 1년치 이자를 월할 상각하여 발행일의 상각표 그리기

STEP 4 발행 시 현금 수령액 및 이자비용

1. 발행 시 현금 수령액=사채의 기초 BV×(1+유효R×경과 월수/12)
   =903,944×(1+12%×3/12)=931,062

2. X1년도 이자비용=유효이자×잔존 월수/12
   =108,473×9/12=81,355

3. 사채의 발행금액(=장부금액): 현금수령액−미지급이자

4 연속상환사채

> 액면이자=기초 액면금액×액면이자율
> 발행금액=Σ연도별 CF×단순현가계수
> 기말 장부금액=기초 장부금액+유효이자−액면이자−액면금액 상환액

문제 1
(30점)

㈜한국이 발행한 사채와 관련된 다음의 물음은 서로 독립적인 상황이다. 아래의 공통자료를 이용하여 물음에 답하시오.

공통자료

1) 기간별 현재가치(현가)계수는 다음과 같다.

〈단일금액 ₩1의 현가〉

기 간	6%	7%	8%	9%	10%
1	0.9434	0.9346	0.9259	0.9174	0.9091
2	0.8900	0.8734	0.8573	0.8417	0.8264
3	0.8396	0.8163	0.7938	0.7722	0.7513
합 계	2.6730	2.6243	2.5770	2.5313	2.4868

2) 경과기간 혹은 잔여기간은 월단위로 계산한다.

3) 계산금액은 특별한 언급이 없는 한, 소수점 첫째 자리에서 반올림한다.

물음 1

㈜한국은 20X1년 4월 1일 표시이자율이 연 6%인 액면금액 ₩500,000의 사채를 발행하였다. 권면상 사채발행일이 20X1년 1월 1일로 기록된 동 사채의 실제발행일은 20X1년 4월 1일이다. 20X1년 1월 1일 사채에 적용되는 시장이자율은 연 8%이며, 20X1년 4월 1일 사채에 적용되는 시장이자율은 연 7%이다. 사채는 상각후 원가로 측정되며, 만기일은 20X3년 12월 31일이다(만기 3년). 이자지급일은 매년 말 12월 31일이며, 사채발행비는 발생하지 않았다. 물음에 답하시오. (15점) 2016. CTA

1) ㈜한국이 발행한 사채와 관련하여 실제 발행일의 사채발행금액을 계산하시오.

2) ㈜한국이 발행한 사채와 관련하여 20X1년도에 인식할 이자비용을 계산하시오.

3) ㈜한국이 사채의 실제 발행일로부터 잔여상환기간에 걸쳐 인식할 총이자비용을 계산하시오.

물음 2

㈜한국은 권면상 발행일인 20X1년 1월 1일에 사채를 실제로 발행하였으며, 사채발행비 ₩6,870이 발생하였다. 실제 발행일인 20X1년 1월 1일 사채에 적용되는 시장이자율은 연 8%이다. 사채의 액면금액은 ₩500,000이고, 표시이자율은 연 6%이며, 이자지급일은 매년 말 12월 31일이다. 사채는 상각후 원가로 측정되며, 만기일은 20X3년 12월 31일이다(만기 3년). 사채발행차금의 상각은 유효이자율법을 사용하며, 이자율 계산시 소수점 셋째 자리에서 반올림한다(예: 4.226% → 4.23%). 물음에 답하시오. (10점) 2016. CTA

1) 20X1년 12월 31일 사채의 장부금액이 ₩477,340인 경우, 사채발행일에 적용된 유효이자율을 계산하시오.

2) 20X2년 4월 1일에 동 사채가 ₩485,500에 상환된 경우, 사채상환손익을 계산하시오. (단, 상환일에 발생한 거래원가는 없다고 가정한다.)

물음 3 ㈜한국은 다음과 같은 조건의 사채를 발행하였다. 사채의 액면금액은 ₩300,000이고, 매년 12월 31일에 3회에 걸쳐 액면금액을 균등하게 분할하여 연속상환한다. 사채의 권면상 발행일은 20X1년 1월 1일이며, 표시이자율은 연 5%이다. 사채의 실제 발행일은 20X1년 4월 1일이며, 사채발행비는 발생하지 않았다. 20X1년 1월 1일 사채에 적용되는 시장이자율은 연 10%이며, 20X1년 4월 1일 사채에 적용되는 시장이자율은 연 9%이다. 사채는 상각후 원가로 측정되며, 이자지급일은 매년 12월 31일이다. ㈜한국이 동 사채와 관련하여 인식해야 하는 20X1년 12월 31일 사채의 장부금액을 계산하시오. (5점)

2016. CTA

✏️ 해설 금융부채

(물음 1) 권면상 발행일과 실제 발행일이 다른 경우
(물음 1-1) 487,899

	유효이자(7%)	액면이자(6%)	상각액	BV
X0				486,879
X1.4.1	8,520	7,500	1,020	487,899
X1	34,082	30,000		

X1초 PV: 500,000×0.8163+30,000×2.6243=486,879
발행금액: 486,879×(1+7%×3/12)−30,000×3/12=487,899

(물음 1-2) 25,561
이자비용: 486,879×7%×9/12=25,561

(물음 1-3) 94,601
총 이자비용: 500,000+30,000×3회−(486,879+8,520)=94,601
−1.1에 발행했다면 486,879만 차감하면 되나, 4.1까지 3개월간 이자비용을 인식하지 않으므로 8,520까지 차감해야 한다.

(물음 2) 사채발행비가 존재하는 경우
(물음 2-1) 8.56%

	유효이자(8.56%)	액면이자(6%)	상각액	BV
X0				467,340
X1	40,000	30,000	10,000	477,340

X1초 PV: 500,000×0.7938+30,000×2.5770=474,210
발행금액: 474,210−6,870=467,340
상각액: 477,340−467,340=10,000
유효이자: 30,000+10,000=40,000
유효이자율: 40,000/467,340=8.56%

(물음 2-2) 2,055 이익

사채상환손익: 477,340×(1+8.56%×3/12)-485,500=**2,055 이익**

(물음 3) 189,293

(1) 현금흐름

	X1말	X2말	X3말
액면금액	100,000	100,000	100,000
액면이자	15,000	10,000	5,000
현금흐름 계	115,000	110,000	105,000

(2) x1말 사채의 장부금액: 110,000×0.9174+105,000×0.8417=**189,293**

－잔여 현금흐름만 실제 발행일의 시장이자율인 9%로 할인하면 된다.

문제 2

※ 다음의 각 물음은 독립적이다.

물음 1 ㈜대한은 20X1년 1월 1일에 ㈜민국에게 연속상환사채를 발행하였다. 아래의 〈자료〉를 이용하여 〈요구
사항〉에 답하시오.

2022. CPA

자료

• 사채의 발행조건은 다음과 같다.

－ 사채의 액면금액: ₩1,000,000
－ 만기상환일: 20X4년 12월 31일
－ 표시이자율: 연 8%
－ 이자지급일: 매년 12월 31일(연 1회)
－ 원금의 상환방법: 20X1년부터 20X4년까지 매년 말 ₩250,000씩 상환
－ 사채발행일 현재 동 사채에 적용되는 유효이자율: 연 5%

• 동 사채와 관련하여 이자계산 시 월할계산한다. 현재가치 계산 시 아래의 현가계수를 이용한다.

기간	단일금액 ₩1의 현가계수		
	4%	5%	8%
1	0.9615	0.9524	0.9259
2	0.9246	0.9070	0.8573
3	0.8890	0.8638	0.7938
4	0.8548	0.8227	0.7350

요구사항 1

㈜대한의 사채와 관련하여 20X2년도에 인식될 이자비용을 계산하시오.

20X2년 이자비용	①

요구사항 2

㈜대한이 20X3년 1월 1일에 위 사채를 재매입하여 자기사채로 처리하는 경우 ㈜대한의 20X3년도 포괄손익계산서 상 당기순이익에 미치는 영향을 계산하시오. 단, 자기사채의 매입시점에 동 사채에 적용되는 시장이자율은 연 4%이며, 당기순이익이 감소하는 경우 금액 앞에 (ー)를 표시하시오.

당기순이익에 미치는 영향	①

물음 2 다음은 20X1년 1월 1일 ㈜대한이 발행한 사채에 대한 〈자료〉이다.

> **자료**
>
> 1. ㈜대한이 발행한 사채의 조건은 다음과 같다.
>
>> • 액면금액: ₩1,000,000
>> • 만기상환일: 20X3년 12월 31일 일시상환
>> • 표시이자율: 연 5%
>> • 이자지급일: 매년 12월 31일
>> • 사채발행일 유효이자율: 연 ?%
>
> 2. ㈜대한은 동 사채를 발행하고 상각후원가로 측정하는 금융부채로 분류하였다.

상기 사채의 20X1년 1월 1일 최초 발행금액은 ₩947,515이라고 가정한다. ㈜대한은 동 사채와 관련하여 사채발행기간(3년) 동안 인식해야할 총 이자비용을 3년으로 나누어 매년 균등한 금액으로 인식하였다. ㈜대한의 이러한 회계처리는 중요한 오류로 간주된다. ㈜대한의 사채 이자비용에 대한 상기 오류를 20X2년 장부 마감 전에 발견하여 올바르게 수정하면, 20X2년 전기이월이익잉여금이 ₩1,169 증가한다. 이 경우, ① 20X1년 1월 1일 ㈜대한이 발행한 사채에 적용된 유효이자율을 구하고, ② 이러한 오류수정이 20X2년도 당기순이익에 미치는 영향을 계산하시오. 단, 당기순이익이 감소하는 경우 금액 앞에 (ー)를 표시하시오.

2022. CPA

사채 최초 발행 시 적용된 유효이자율(%)	①
20X2년도 당기순이익에 미치는 영향	②

✎ 해설 연속상환사채, 유효이자율 상각 오류

(물음 1)

|요구사항 1|

20X2년 이자비용	①39,575

1. 연도별 현금흐름

	x1말	x2말	x3말	x4말
액면이자	80,000	60,000	40,000	20,000
액면금액	250,000	250,000	250,000	250,000
계	330,000	310,000	290,000	270,000

2. X1년초 현재가치: $330,000 \times 0.9524 + 310,000 \times 0.9070 + 290,000 \times 0.8638 + 270,000 \times 0.8227$
$= 1,068,093$

3. X2년도 이자비용

: $(1,068,093 \times 1.05 - 330,000) \times 5\% = 39,575$

별해〉

X2년초 현재가치: $310,000 \times 0.9524 + 290,000 \times 0.9070 + 270,000 \times 0.8638 = 791,500$

X2년도 이자비용: $791,500 \times 5\% = 39,575$

|요구사항 2|

당기순이익에 미치는 영향	①(−)7,404 or (−)7,391

1. 재매입가격(=X3년초 공정가치)

: $290,000 \times 0.9615 + 270,000 \times 0.9246 = 528,477$

2. X3년초 사채의 장부금액: $(1,068,093 \times 1.05 - 330,000) \times 1.05 - 310,000 = 521,073$

3. 사채상환손익: 장부금액 − 재매입가격 $= 521,073 - 528,477 = (-)7,404$

별해〉

X3년초 사채의 장부금액: $290,000 \times 0.9524 + 270,000 \times 0.9070 = 521,086$

사채상환손익: $521,086 - 528,477 = (-)7,391$

(물음 2)

사채 최초 발행 시 적용된 유효이자율(%)	①7%
20X2년도 당기순이익에 미치는 영향	②26

(1) 3년간 총 이자비용: 액면금액－발행금액＋액면이자×만기
$$=1,000,000-947,515+50,000\times3=202,485$$

(2) 회사가 계상한 X1년도 이자비용: 202,485/3＝67,495

(3) 올바른 X1년도 이자비용: 67,495－1,169＝66,326
　　X2년 전기이월이익잉여금이 1,169 증가한다는 것은 X1년도 당기순이익이 1,169 증가한다는 것을 의미한다.
　　따라서 오류를 수정하면 X1년도 이자비용은 1,169 감소한다.

(4) 유효이자율: 올바른 X1년도 이자비용/발행금액＝66,326/947,515＝7%

(5) 올바른 X2년도 이자비용: (947,515×1.07－50,000)×7%＝67,469

(6) X2년도 당기순이익에 미치는 영향: 67,495－67,469＝26 증가

|손익변동표|

	X1	X2
올바른 이자비용 인식	(66,326)	(67,469)
회사의 이자비용 부인	67,495	67,495
＝수정분개	1,169	26
	전기이월이익잉여금	당기순이익

수정분개를 하려면 올바른 회계처리를 수행하고, 회사 회계처리를 제거하면 된다. 따라서 연도별 올바른 이자비용을 인식하고, 회사의 이자비용을 부인하면 수정분개가 된다.

5 공매도 2차

공매도란 주식을 차입하여 시장에서 미리 매도한 뒤, 나중에 같은 주식으로 갚는 거래를 말한다. 공매도 시 회계처리는 다음과 같다.

공매도 시	금융자산	취득 시 FV	FVPL금융부채	취득 시 FV
	현금	취득 시 FV	금융자산	취득 시 FV
기말 평가	FVPL금융부채	평가손익	PL	평가손익
상환 시	금융자산	상환 시 FV	현금	상환 시 FV
	FVPL금융부채	전기 말 FV	금융자산	상환 시 FV
			PL XXX	

1. 차입 시: 현금 / FVPL금융부채

공매도를 위해서는 우선 주식을 차입한다. 하지만 어차피 주식을 팔 것이므로 결국 '현금 / 금융부채'와 같다. 공매도의 본질은 차입이다. 아무것도 없는데, 현금이 생겼고 나중에 이를 갚아야 할 의무가 있기 때문이다.

2. 매기 말: 공정가치 평가 (평가손익: PL)

공매도 시 발생하는 부채는 FVPL금융부채이다. 향후 주식의 공정가치 변화에 따라 갚아야 할 부채가 변하기 때문이다. 따라서 주식의 공정가치 변화에 따라 금융부채의 평가손익을 PL로 인식한다.

3. 상환 시: FVPL금융부채 / 현금 (대차차액: PL)

FVPL금융부채는 전기 말 공정가치로 계상되므로, 상환하는 시점의 공정가치와 차이가 있을 것이다. 차이를 PL로 인식한다. FVPL금융부채의 평가손익으로 봐도 되고, 부채의 상환손익으로 봐도 된다.

문제 3

자료

1. ㈜대한은 20X1년 11월 1일에 상장회사인 A사 주식의 주가하락을 예상하고, 단기간의 매매차익을 얻기 위하여 ㈜민국이 보유한 A사 주식 200주를 공정가치(1주당 ₩1,000)로 차입하여 시장에 미리 매도(공매도)하였다.

2. ㈜대한은 20X1년 11월 1일 공매도를 위한 거래원가로 ₩15,000을 현금지급하였다.

3. 20X1년 12월 31일 A사 주식의 1주당 공정가치는 ₩1,200이다.

4. 20X2년 1월 31일 A사 주식의 1주당 공정가치는 ₩1,500이며, ㈜대한은 A사 주식을 매입하여 ㈜민국에게 상환하였다.

물음

위 거래와 관련하여 ㈜대한의 20X1년 말 재무상태표에 표시될 ① 금융부채의 금액과 20X1년도 포괄손익계산서 상 ② 당기순이익에 미치는 영향을 각각 계산하시오. 단, 당기순이익이 감소하는 경우에는 금액 앞에 (−)를 표시하시오.

2024. CPA

금융부채	①
당기순이익에 미치는 영향	②

✏️ **해설** 공매도

(물음)

금융부채	①240,000
당기순이익에 미치는 영향	②(−)55,000

(1) 금융부채: 1,200×200주＝240,000
−공매도로 인한 금융부채는 FVPL금융부채로 분류하여 공정가치로 평가한다.

(2) 당기순이익: −15,000−40,000＝(−)55,000
−거래원가: 15,000
−평가손익: (1,000−1,200)×200주＝(−)40,000
−FVPL금융부채로 분류하므로, 거래원가와 평가손익을 당기손익으로 처리한다.

|회계처리|

X1.11.1	현금	200,000	금융부채	200,000
	PL	15,000	현금	15,000
X1.12.31	PL	40,000	금융부채	40,000
X2.1.31	금융부채	240,000	현금	300,000
	PL	60,000		

06 금융자산

1 금융자산 회계처리

구분		취득부대비용	배당금수익(주식) 및 이자수익(채권)	FV 평가손익	처분손익
지분상품	FVOCI	취득원가에 가산	PL	OCI	0 (평가 후 처분)
	FVPL	당기비용		PL	PL
채무상품	AC	취득원가에 가산	유효이자율 상각	없음	PL
	FVOCI			OCI	PL (재분류 조정)
	FVPL	당기비용	액면이자	PL	PL

2 채무상품 회계처리

1. 취득부대비용이 존재하는 경우

금융자산(채무상품) 취득 시 취득부대비용이 존재한다면 유효이자율은 하락한다. 나중에 받을 수 있는 돈은 일정한데, 취득부대비용이 존재하면 채무상품을 취득하기 위해 오늘 지급해야 하는 돈이 늘어나기 때문이다.

2. FVOCI 금융자산 회계처리: 취소-상각-평가 ★중요!

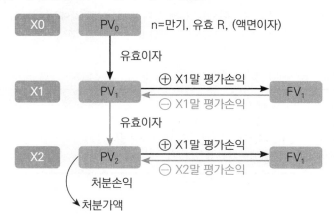

Step 1. 상각: 유효이자율 상각

Step 2. 평가: 공정가치 평가 (평가손익 OCI)

Step 3. 취소: 전기말 평가 회계처리 역분개

Step 4. 상각: 유효이자율 상각

Step 5. 평가: 공정가치 평가 (평가손익 OCI)

Step 6. 처분

> FVOCI 금융자산의 처분손익(PL)＝처분가액－처분 시점의 PV

 **FVOCI금융자산의 당기손익=AC금융자산의 당기손익** ★중요!

(1) FVOCI 금융자산의 당기손익: 취소, 평가 없이 AC 금융자산 기준으로 계산!

(2) FVOCI 금융자산의 기타포괄손익: 취소, 평가를 해야 함

> ① 당기말 재무상태표 상 기타포괄손익누계액(잔액)＝당기말 평가 OCI
> ② 포괄손익계산서상 기타포괄손익(변동분)＝당기말 OCI－전기말 OCI

3. 채무상품의 기중 처분

(1) 처분손익

① 사채 기중 상환 시 상환손익	기초 사채의 BV×(1＋유효R×경과 월수/12)－상환금액
② 채권 기중 처분 시 처분손익	처분금액－기초 채권의 AC×(1＋유효R×경과 월수/12)

둘 다 기중에 채무상품을 제거하는 것이므로 계산 식이 같다. 상환 시에는 현금이 나가므로 상환금액을 빼고, 처분 시에는 현금이 들어오므로 처분금액을 더한다.

(2) 채무상품의 기중 처분하는 해의 당기순이익

> ① 당기순이익＝이자수익＋처분손익
> ② 이자수익＝기초 채권의 AC×유효R×경과 월수/12
> ③ 처분손익＝처분금액－기초 채권의 AC×(1＋유효R×경과 월수/12)
> ④ 당기순이익＝②＋③＝**처분금액－기초 채권의 AC**

문제 1

(13점)

㈜세무는 액면가 ₩1,000,000, 표시이자율 연 12%, 만기 3년, 이자지급일이 매년 말이며 권면상 발행일이 20X1년 1월 1일인 사채를 20X1년 5월 1일에 ㈜한국에게 발행하고 상각후원가로 측정하는 금융부채로 분류하였다. (단, 동 사채의 권면상 발행일(20X1년 1월 1일)의 유효이자율은 연 13%이며 실제발행일(20X1년 5월 1일)의 유효이자율은 연 15%이다. 현재가치 계산이 필요할 경우 다음의 현가계수를 이용하고 금액은 소수점 첫째자리에서 반올림하여 계산한다. [예: ₩555.555.. → ₩556])

2018. CTA

〈단일금액 ₩1의 현가계수〉

기간 \ 이자율	12%	13%	14%	15%
1	0.89286	0.88496	0.87719	0.86957
2	0.79719	0.78315	0.76947	0.75614
3	0.71178	0.69305	0.67497	0.65752

〈정상연금 ₩1의 현가계수〉

기간 \ 이자율	12%	13%	14%	15%
1	0.89286	0.88496	0.87719	0.86957
2	1.69005	1.66810	1.64666	1.62571
3	2.40183	2.36115	2.32163	2.28323

물음 1 ㈜세무가 20X1년 5월 1일에 수행해야 할 회계처리를 제시하시오.

(차변) ①	(대변) ②

물음 2 ㈜세무와 ㈜한국이 20X1년 말에 수행해야 할 회계처리를 각각 제시하시오. (단, ㈜한국은 취득한 ㈜세무 사채를 상각후원가로 측정하는 금융자산으로 분류하고 있다.)

㈜세무　(차변) ①	(대변) ②
㈜한국　(차변) ①	(대변) ②

물음 3 물음 2)와 달리 ㈜한국이 취득한 ㈜세무 사채를 (ㄱ)당기손익－공정가치로 측정하는 금융자산으로 분류하였을 경우와 (ㄴ)기타포괄손익－공정가치로 측정하는 금융자산으로 분류하였을 경우 각각에 대해 동 사채와 관련한 회계처리가 ㈜한국의 20X1년 포괄손익계산서상 당기순이익과 기타포괄이익에 미치는 영향(다음 표의 ①~③)을 계산하시오. (단, 20X1년 말 현재 ㈜세무가 발행한 동 사채의 시장이자율은 연 14%이며, 당기순이익과 기타포괄이익이 감소하는 경우에는 금액 앞에 (－)를 표시하시오.)

(ㄱ) 당기손익－공정가치 측정 금융자산으로 분류	당기순이익에 미치는 영향	①
(ㄴ) 기타포괄손익－공정가치 측정 금융자산으로 분류	당기순이익에 미치는 영향	②
	기타포괄이익에 미치는 영향	③

✏️ **해설** 금융부채 및 금융자산 회계처리 비교

(물음 1)

(차변) ① 현금	978,083	(대변) ② 사채	1,000,000
사채할인발행차금	61,917	미지급이자	40,000

	유효이자(15%)	액면이자(12%)	상각액	BV
X0				931,508
X1.5.1	46,575	40,000	6,575	938,083
X1	139,726	120,000	19,726	951,234

X1초 PV(3기, 15%): 1,000,000×0.65752＋120,000×2.28323＝931,508
현금 수령액: 931,508×(1＋15%×4/12)＝978,083
X1.5.1 사채의 장부금액: 978,083－120,000×4/12(미지급이자)＝938,083
X1.5.1 사채할인발행차금: 1,000,000－938,083＝61,917

(물음 2)

㈜세무	(차변) ① 이자비용	93,151	(대변) ② 현금	120,000
	미지급이자	40,000	사채할인발행차금	13,151

㈜한국	(차변) ① 현금	120,000	(대변) ② 이자수익	93,151
	AC금융자산	13,151	미수이자	40,000

이자비용 및 이자수익: 139,726×8/12＝93,151
사할차 및 AC금융자산 상각액: 19,726×8/12＝13,151

(물음 3)

(ㄱ)	당기순이익에 미치는 영향	①108,986
(ㄴ)	당기순이익에 미치는 영향	②93,151
	기타포괄이익에 미치는 영향	③15,835

(ㄱ) FVPL금융자산
① 당기순이익에 미치는 영향: 80,000＋28,986＝108,986
　－ 이자수익: 120,000×8/12＝80,000
　－ 평가손익: 967,069－938,083(X1.5.1 사채의 장부금액)＝28,986
　－ X1말 공정가치: 1,000,000×0.76947＋120,000×1.64666＝967,069

(ㄴ) FVOCI금융자산

X1.5.1	938,083		

　　　　↓93,151
　X1　　951,234　　　－⊕15,835→　　　967,069

② 당기순이익에 미치는 영향(＝이자수익): 139,726×8/12＝93,151
③ 기타포괄이익에 미치는 영향: 967,069－951,234＝15,835
　－ X1말 상각후원가: 938,083＋93,151－120,000×8/12＝951,234

3 신용위험 ★중요!

1. 신용위험에 따른 손실충당금 및 이자수익 ★중요!

신용위험이 유의적으로 증가	손실충당금(= Σ 손상차손)	이자수익
O	전체기간 기대신용손실	총 장부금액 × 역사적R
X	12개월 기대신용손실	

(1) 손실충당금: 유의적 증가 O-전체기간, 유의적 증가 X-12개월

(2) 손상차손=당기말 손실충당금-전기말 손실충당금

(3) 신용위험이 발생한 후 이자수익: 총액×역사적 이자율

　－손실충당금이 있더라도 손실충당금을 차감하지 않은 총 장부금액에 이자율을 곱함
　－이자율이 바뀌더라도 역사적 이자율 이용

2. AC금융자산의 신용위험: 환입-상각-손상

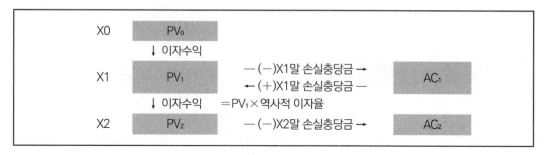

X2년도 손상차손: X2말 손실충당금－X1말 손실충당금
X2년도 당기순이익: 이자수익－(X2말 손실충당금－X1말 손실충당금)
＝X1말 손실충당금＋이자수익－X2말 손실충당금

(1) 신용위험 회계처리: 손상차손 XXX / 손실충당금 XXX

(2) 신용위험이 발생한 금융자산의 처분손익=처분가액-AC(손실충당금 차감 후 순액)

　신용위험의 경우 편의상 기초 손실충당금을 제거한 후 기말 손실충당금을 설정하는 것으로 그림을 그리고 있지만, 원래는 기초 손실충당금을 제거하는 것이 아니라, 손실충당금의 증감만을 손상차손(환입)으로 인식하는 것이다. 따라서 처분손익도 손실충당금을 차감한 후 순액을 기준으로 계산해야 한다.

3. FVOCI 금융자산의 신용위험: 취소-환입-상각-손상-평가

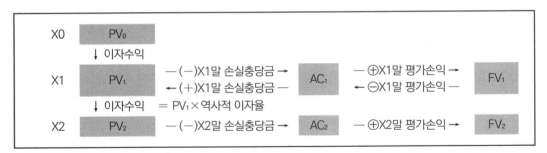

$$공정가치 평가손익(OCI) = 공정가치 - 손실충당금 차감 후 순액$$

- FVOCI 금융자산은 AC 금융자산과 당기손익에 미치는 영향이 같으므로 이자수익, 손상차손은 동일 (평가손익만 OCI로 인식)
- 이자수익은 총액으로 계산하지만, 평가손익은 순액으로 계산

4. FVPL 금융자산의 신용위험 및 신용손상: 손상차손 인식 X

($\because$FV 평가손익을 PL로 인식하므로)

문제 2
(30점)

㈜국세는 다음 〈자료 1〉의 사채를 발행하였으며, ㈜세무는 이를 전부 취득하였다. 주어진 물음에 답하시오. 2014. CTA

자료1

- 권면에 표시된 발행일: 20X1년 1월 1일
- 실제 발행일: 20X1년 4월 1일
- 만기일: 20X4년 12월 31일
- 액면금액: ₩100,000
- 표시이자율: 연 10% (매년말 지급)
- 동종 사채의 20X1년 1월 1일 시장이자율: 연 11%
- 동종 사채의 20X1년 4월 1일 시장이자율: 연 12%
- 사채발행 및 취득과 관련된 거래비용은 없다.

자료2

- 각 물음의 현재가치를 계산할 경우, 아래의 현가계수만을 이용한다.

〈단일금액 ₩1의 현가계수〉

기간 \ 이자율	10%	11%	12%
1	0.90909	0.90090	0.89286
2	0.82645	0.81162	0.79719
3	0.75131	0.73119	0.71178
4	0.68301	0.65873	0.63552

〈정상연금 ₩1의 현가계수〉

기간 \ 이자율	10%	11%	12%
1	0.90909	0.90090	0.89286
2	1.73554	1.71252	1.69005
3	2.48685	2.44371	2.40183
4	3.16987	3.10245	3.03735

물음 1 ㈜국세가 발행한 사채에 대하여 다음 물음에 답하시오.

1) ㈜국세가 사채 실제발행일에 수취할 현금은 얼마인가?

2) 위 사채에 대하여 ㈜국세가 20X1년 12월 31일 인식할 이자비용 관련 분개를 행하시오.

3) ㈜국세는 20X3년 10월 1일에 위 사채의 30%를 ₩29,750(경과이자 포함)에 조기상환하였다. 사채 상환손익을 구하시오.

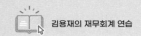

물음 2 ㈜세무는 ㈜국세가 발행한 사채를 같은 날짜에 취득하고, 이를 상각후원가측정금융자산으로 인식하였다. 그러나 20X1년 12월 31일 보유의도와 능력에 변화가 있어 더 이상 상각후원가측정금융자산으로 분류하는 것이 적절하지 않다고 판단하여, 이를 기타포괄손익—공정가치측정금융자산으로 재분류하였다. 20X1년 기말과 20X2년 기말 시장이자율은 모두 연 11%로 같으며, 공정가치는 사채의 잔여기간 현금흐름에 대한 현재가치로 한다. 연도별 기대신용손실은 다음과 같다.

기대신용손실	20X1년 말	20X2년 말
12개월	₩3,000	₩5,000
전체기간	₩7,000	₩10,000

1) ㈜세무는 20X1년 말 ㈜국세의 사채에 대한 신용위험이 유의적으로 증가하지 않았다고 판단하였다. ㈜세무가 취득한 위 사채에 대하여 20X2년 1월 1일 분류변경 후 인식할 기타포괄손익—공정가치측정금융자산평가손익을 구하시오.

2) ㈜세무는 20X2년 말 ㈜국세의 사채에 대한 신용위험이 유의적으로 증가하였다고 판단하였다. ㈜세무가 20X2년 12월 31일 위 사채를 보유할 때, 동 사채가 20X2년도 ㈜세무의 기타포괄손익에 미치는 영향을 구하시오.

3) ㈜세무는 20X3년 4월 1일 위 사채 전부를 현금 ₩98,255(경과이자 포함)에 처분하였다. 금융자산처분손익을 구하시오.

✏️ 해설

(물음 1) 권면상 발행일과 실제 발행일이 다른 경우, 사채상환손익

	유효이자(12%)	액면이자(10%)	상각액	장부금액
X0				93,926
X1.4.1	2,818	2,500	318	94,244
X1	11,271	10,000	1,271	95,197
X2	11,424	10,000	1,424	96,621

(물음 1－1) 96,744
 현금 수령액: 93,926×(1+12%×3/12)=**96,744**
 －X1초 PV: 100,000×0.63552+10,000×3.03735=93,926

(물음 1－2)

이자비용	8,453	현금	10,000
미지급이자	2,500	사채	953

 X1년도 이자비용: 93,926×12%×9/12=8,453
 X1년도 상각액: 1,271×9/12=953
 X1.4.1 미지급이자: 10,000×3/12=2,500

(물음 1－3) 1,845 이익
 사채상환이익: 96,621×(1+12%×9/12)×30%−29,750=**1,845**
 －X2말 BV: 95,197×1.12−10,000=96,621

(물음 2) 금융자산의 신용위험, 금융자산 재분류

X1.4.1	94,244	n＝3, r＝12%, (10,000)		
	↓ 8,453			
X1	95,197	—(−)3,000→ ←(+)3,000—	92,197	—⊕5,359→ ←⊖5,359—	97,556
	↓ 11,424			
X2	96,621	—(−)10,000→	86,621	—⊕11,666→	98,287

(물음 2−1) 5,359

　X2초 FV: 100,000×0.73119＋10,000×2.44371＝97,556

　평가손익: 97,556−(95,197−3,000)＝5,359

　—X1말에는 신용위험이 유의적으로 증가하지 않았으므로 손실충당금을 12개월 기대신용손실로 측정한다.

(물음 2−2) 11,666

　X2말 FV: 100,000×0.81162＋10,000×1.71252＝98,287

　OCI에 미치는 영향: 5,359−5,359＋11,666＝11,666

　—재분류일은 X2년초이다. 이때 공정가치로 평가한 뒤, 바로 상각후원가로 취소를 한다. 결과적으로 기말에 인식한 OCI가 X2년도의 OCI에 미치는 영향과 같다.

　—X2말에는 신용위험이 유의적으로 증가하였으므로 손실충당금을 전체기간 기대신용손실로 측정한다.

(물음 2−3) 8,735

　처분손익: 98,255−{96,621×(1＋12%×3/12)−10,000}＝8,735

　—신용위험은 총 장부금액에 유효이자율을 곱해 이자수익을 구하므로 96,621에 3개월치 이자를 가산한다. 여기에 손실충당금을 차감하여 처분 시의 금융자산의 순 장부금액을 구한 뒤 처분가액과 비교하면 된다.

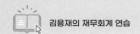
4 신용손상 ★중요!

1. 신용손상에 따른 손실충당금 및 이자수익

(1) 손실충당금=총 장부금액−PV(미래CF)

　─이자율이 바뀌더라도 역사적 이자율로 미래현금흐름을 할인함

(2) 신용손상이 발생한 후 이자수익: PV(미래CF)×역사적 이자율

　─상각후원가(=총 장부금액−손실충당금=PV(미래CF))에 역사적 이자율을 곱함

2. AC 금융자산의 신용손상

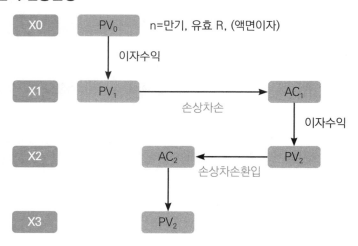

3. FVOCI 금융자산의 신용손상

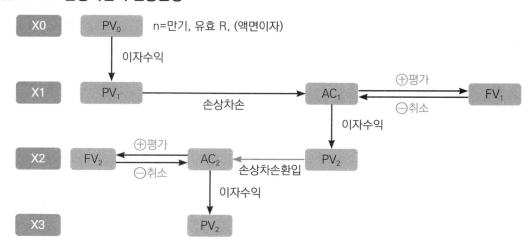

	AC 금융자산	FVOCI 금융자산
	상각－손상－상각－환입	상각－손상－평가, 취소－상각－환입－평가
상각	\multicolumn{2}{c}{'신용이 손상된 시점까지' 유효이자율 상각}
손상	\multicolumn{2}{c}{손상차손＝PV(못 받을 것으로 예상되는 현금흐름)}
평가	－	평가손익(OCI)＝FV－PV(미래CF)
취소	－	전기말 평가 회계처리를 역분개
상각	\multicolumn{2}{c}{이자수익＝PV(미래CF)×역사적 이자율}
환입	\multicolumn{2}{c}{손상차손환입＝PV(못 받을 줄 알았는데 받을 것으로 예상되는 현금흐름)}
평가	－	평가
비고	\multicolumn{2}{c}{FVOCI 금융자산의 당기손익＝AC 금융자산의 당기손익 (이자수익, 손상차손, 환입)}

－손상차손(환입) 및 이자수익 모두 역사적 이자율(사채 발행 시의 이자율) 이용

  신용손상 이후 액면이자 바뀜

 신용위험 vs 신용손상 ★중요!

		손실충당금 및 손상차손	이자수익
신용위험이 유의적으로 증가	O	손실충당금＝전체기간 기대신용손실	총 장부금액 ×역사적 이자율
	X	손실충당금＝12개월 기대신용손실	
신용손상		손상차손＝PV(못 받을 것으로 예상되는 CF)	PV(미래CF) ×역사적 이자율

－신용위험과 신용손상 모두 역사적 이자율 사용
－FVPL금융자산은 손상차손 인식 X (∵손상차손과 평가손익 모두 PL이어서 평가로 갈음)

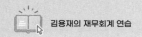

문제 3
(9점)

㈜대한은 ㈜만세가 20X1년 1월 1일에 발행한 사채를 다음과 같은 조건으로 동 일자에 현금 취득하였다. 사채발행 및 취득과 직접적으로 관련되는 비용은 없다. 답안 작성시 금액은 소수점 아래 첫째 자리에서 반올림한다.

- 사채액면금액: ₩1,000,000
- 사채의 만기: 20X5년 12월 31일
- 표시이자율: 연 10%
- 이자지급: 매년 12월 31일(연 1회)

다음은 각 물음에 공통으로 적용되는 자료이다.

공통자료

1. 각 일자의 동종사채에 대한 시장이자율은 다음과 같다. 한편, 미래현금흐름의 현재가치는 공정가치와 동일한 것으로 본다.

일자	시장이자율
20X1년 1월 1일	8%
20X1년 12월 31일	9%
20X2년 12월 31일	10%

2. 각 물음의 현재가치 계산시 아래의 현가계수를 반드시 이용하시오.

기간	단일금액 ₩1의 현가계수		
	8%	9%	10%
1	0.9259	0.9174	0.9091
2	0.8573	0.8417	0.8265
3	0.7938	0.7722	0.7513
4	0.7350	0.7084	0.6830
5	0.6806	0.6499	0.6209

기간	정상연금 ₩1의 현가계수		
	8%	9%	10%
1	0.9259	0.9174	0.9091
2	1.7833	1.7591	1.7355
3	2.5771	2.5313	2.4869
4	3.3121	3.2397	3.1699
5	3.9927	3.8897	3.7908

3. ㈜대한이 20X2년말에 이자 ₩100,000을 수령한 직후 ㈜만세의 재무상태 악화로 신용손상이 발생하였으며, 20X3년부터 이자는 매년 ₩30,000씩, 만기에 원금회수는 ₩300,000이 될 것으로 추정하였다. 이러한 추정은 손상차손 발생의 객관적 증거에 기초한 것이다.

물음 1 ㈜대한이 동 사채를 취득시부터 상각후원가측정금융자산으로 분류한 경우, 20X2년말에 인식해야 할 손상차손을 계산하시오.

2016. CPA

물음 2 ㈜대한이 동 사채를 취득시부터 기타포괄손익－공정가치측정금융자산으로 분류한 것으로 가정한다.

2016. CPA

1) ㈜대한이 20X2년말에 인식해야 할 손상차손을 계산하시오.

2) ㈜대한의 20X2년 기타포괄이익에 미치는 영향을 계산하시오. 단, 기타포괄이익이 감소하는 경우에는 (－)를 숫자 앞에 표시하시오.

✏️ **해설** 신용손상

(물음 1) 736,057
X2년말 손상차손(8%, 3기): $700,000 \times 0.7938 + 70,000 \times 2.5771 = 736,057$

(물음 2)
① 736,057 (물음 1과 동일)
② 18,384

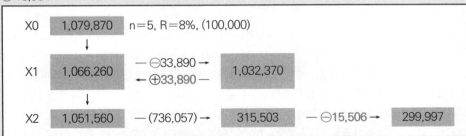

1. X1년초 취득원가: $1,000,000 \times 0.6806 + 100,000 \times 3.9927 = 1,079,870$

2. 연도별 공정가치
(1) X1년말(9%, 4기): $1,000,000 \times 0.7084 + 100,000 \times 3.2397 = 1,032,370$
(2) X2년말(10%, 3기): $300,000 \times 0.7513 + 30,000 \times 2.4869 = 299,997$ (≒300,000)
    － 표시이자율이 10%로 시장이자율과 같으므로 액면금액과 일치한다.

3. X2년도 기타포괄이익: (1)－(2)＝(－)15,506＋33,890 = 18,384
(1) X2년말 기타포괄손익누계액: X2년말 공정가치－X2년말 상각후원가
    ＝299,997－315,503＝(－)15,506
(2) X1년말 기타포괄손익누계액: X1년말 공정가치－X1년말 상각후원가
    ＝1,032,370－1,066,260＝(－)33,890

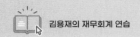

문제 4
(13점)

㈜대한은 20X1년 1월 1일에 발행된 ㈜민국의 사채를 동 일자에 취득하였으며, 취득 시에 신용이 손상되어 있지는 않았다. ㈜대한이 취득한 사채와 관련된 조건은 다음과 같다.

- 액면금액: ₩3,000,000
- 이자지급: 액면금액의 8%를 매년 12월 31일에 지급
- 상환일 : 20X4년 12월 31일에 일시 상환
- 사채발행 시 유효이자율: 연 12%
- 사채발행 및 취득과 직접적으로 관련된 비용은 없음

기간	8% 의 현가계수		12% 의 현가계수	
	단일금액 ₩1	정상연금 ₩1	단일금액 ₩1	정상연금 ₩1
1	0.9259	0.9259	0.8929	0.8929
2	0.8574	1.7833	0.7972	1.6901
3	0.7938	2.5771	0.7117	2.4018
4	0.7350	3.3121	0.6356	3.0374

단, 현재가치 계산 시 위의 현가계수를 이용하고, 원 이하는 반올림한다.

물음 1 ㈜대한은 취득한 사채를 상각후원가 측정 금융자산으로 분류하였다. ㈜대한은 20X1년도 이자는 정상적으로 수취하였으나, 20X1년 말에 상각후원가 측정 금융자산의 신용이 후속적으로 심각하게 손상되었다고 판단하였다. ㈜대한은 해당 상각후원가 측정 금융자산의 채무불이행 발생확률을 고려하여, 20X2년부터 20X4년까지 매년 말에 수취할 이자의 현금흐름을 각각 ₩80,000으로, 만기에 수취할 원금의 현금흐름을 ₩2,200,000으로 추정하였다.
㈜대한이 상각후원가 측정 금융자산에 대하여 20X1년 말에 수행해야 할 회계처리를 제시하시오. 2018. CPA

물음 2 물음 1)과 관련하여, ㈜대한은 20X2년 ₩80,000의 이자를 회수하였다. ㈜대한은 20X2년 말에 상각후원가 측정 금융자산의 채무불이행 발생확률을 고려하여 20X3년부터 20X4년까지 매년 말에 수취할 이자의 현금흐름을 각각 ₩160,000으로, 만기에 수취할 원금의 현금흐름을 ₩2,400,000으로 추정하였다.
㈜대한이 상각후원가 측정 금융자산에 대하여 20X2년 말에 수행해야 할 회계처리를 제시하시오. 2018. CPA

물음 3 위 물음들과는 독립적으로 20X1년 말에 ㈜대한은 상각후원가 측정 금융자산의 신용위험이 유의하게 증가하지 않았다고 가정한다. ㈜대한의 채무가 불이행되어 예상되는 향후 12개월의 신용손실금액(현재가치)과 확률은 아래와 같다.

향후 12개월 신용손실금액(현재가치)	확률
₩100,000	20%
200,000	40%
300,000	40%

그리고 향후 12개월의 개별 채무불이행 발생위험(발생확률)이 10%라고 추정하였다.

㈜대한의 기대신용손실금액을 가중평균 방법을 활용하여 추정하시오.   2018. CPA

물음 4 ㈜대한이 취득한 사채를 기타포괄손익－공정가치 측정 금융자산으로 분류한 것을 제외하고, 손상과 관련된 모든 자료는 물음 1)과 동일하다고 가정한다.

20X1년 말 사채의 공정가치가 ₩1,600,000일 때, ㈜대한이 기타포괄손익－공정가치 측정 금융자산에 대하여 (1) 20X1년 말에 수행해야 할 회계처리를 제시하시오. 또한, (2) 20X1년 ① 당기순이익과 ② 기타포괄이익에 미치는 영향을 계산하시오. 단, 당기순이익과 기타포괄이익이 감소하는 경우에는 （－）를 숫자 앞에 표시하시오.   2018. CPA

(1)	회계처리	
(2)	당기순이익	①
	기타포괄이익	②

✎·해설 신용위험 및 신용손상

(물음 1)

	현금	240,000	이자수익	316,293
X1.12.31	AC 금융자산	76,293		
	손상차손	953,648	손실충당금	953,648

－손실충당금 계정을 쓰지 않고 AC 금융자산을 직접 감소시켜도 된다.

```
 X0    2,635,776    n=4, R=12%, (240,000)
       ↓ 316,293
 X1    2,712,069   ─(953,648)→   1,758,421
```

X1년 손상차손: 160,000×2.4018＋800,000×0.7117＝953,648

(물음 2)

X2.12.31	현금	80,000	이자수익	211,011
	AC 금융자산	131,011		
	손실충당금	294,648	손상차손환입	294,648

X0	2,635,776	n=4, R=12%, (240,000)				
	↓ 316,293					
X1	2,712,069	—(953,648)→	1,758,421	n=3, R=12%, (80,000)		
			↓ 211,011			
X2			1,889,432	—294,648→	2,184,080	

X2년 손상차손환입: $80,000 \times 1.6901 + 200,000 \times 0.7972 = 294,648$

(물음 3) 22,000

$(100,000 \times 20\% + 200,000 \times 40\% + 300,000 \times 40\%) \times 10\% = 22,000$

(물음 4)

(1)	회계처리	현금	240,000	이자수익	316,293
		FVOCI 금융자산	76,293		
		손상차손(PL)	953,648	손실충당금	953,648
		평가손실(OCI)	158,421	FVOCI 금융자산	158,421
(2)	당기순이익	①(−)637,355			
	기타포괄이익	②(−)158,421			

—손실충당금 계정을 쓰지 않고 FVOCI 금융자산을 총 $1,112,069(=953,648+158,421)$ 감소시켜도 된다.

X0	2,635,776	n=4, R=12%, (240,000)				
	↓ 316,293					
X1	2,712,069	— (953,648) →	1,758,421	— ⊖158,421 →	1,600,000	

(1) 당기순이익에 미치는 영향: 이자수익−손상차손=316,293−953,648=(−)637,355
(2) 기타포괄이익에 미치는 영향: 1,600,000−1,758,421=(−)158,421

문제 5
(10점)

㈜세무는 20X1년 1월 1일에 ㈜나라가 다음과 같은 조건으로 발행한 사채를 ₩910,767에 취득하였으며 취득 시 신용이 손상되어 있지는 않았다. 동 사채의 취득시점의 유효이자율은 연 13%이다. (단, 현재가치 계산이 필요할 경우 아래의 현가계수를 이용하고 금액은 소수점 첫째자리에서 반올림하여 계산한다. [예: ₩5,555.55.. →₩5,556]) 2018. CTA

- 발행일: 20X1년 1월 1일
- 액면금액: ₩1,000,000
- 표시이자율: 연 10%
- 이자지급: 매년 12월 31일
- 만기일: 20X4년 12월 31일
- 상환조건: 만기일에 일시상환

다음은 ㈜세무가 취득한 ㈜나라 사채와 관련하여 매 보고기간 말에 발생한 상황들이다.

1) ㈜세무는 20X1년 말 ㈜나라 사채의 신용위험이 유의하게 증가하지 않았다고 판단하였으며, 20X1년 말 현재 12개월 기대신용손실과 전체기간 기대신용손실을 각각 ₩10,000과 ₩20,000으로 추정하였다. 20X1년 말 현재 ㈜나라 사채의 공정가치는 ₩940,000이다.

2) ㈜세무는 20X2년 말에 표시이자 ₩100,000을 정상적으로 수취하였으나 ㈜나라 사채의 신용이 후속적으로 손상되었다고 판단하였다. ㈜세무는 채무불이행 발생확률을 고려하여 20X3년과 20X4년에 수취할 이자의 현금흐름을 매년 말 ₩50,000으로, 만기에 수취할 원금의 현금흐름을 ₩800,000으로 추정하였다. 20X2년 말 현재 ㈜나라 사채의 공정가치는 ₩670,000이다.

3) ㈜세무는 20X3년 말 ㈜나라 사채의 신용손상이 일부 회복되어 20X4년 말에 이자 ₩80,000과 원금 ₩900,000을 회수할 것으로 추정하였다. 단, 20X3년 말에 수령할 것으로 예측한 이자 ₩50,000은 전액 수령하였으며, 20X3년 말 현재 ㈜나라 사채의 공정가치는 ₩840,000이다.

추가자료

연 이자율 13% 현가계수		
기간	단일금액 ₩1의 현가계수	정상연금 ₩1의 현가계수
1	0.88496	0.88496
2	0.78315	1.66810
3	0.69305	2.36115

물음 1 ㈜세무가 취득한 ㈜나라 사채를 상각후원가로 측정하는 금융자산으로 분류한 경우 동 금융자산과 관련하여 ㈜세무가 ①20X2년도에 손상차손으로 인식해야 할 금액과 ②20X3년도에 손상차손환입으로 인식할 금액을 각각 계산하시오.

물음 2 ㈜세무가 취득한 ㈜나라 사채를 기타포괄손익－공정가치로 측정하는 금융자산으로 분류하였다고 할 경우 동 금융자산과 관련한 회계처리가 ㈜세무의 20X2년 포괄손익계산서상 ①당기순이익에 미치는 영향과 ②기타포괄이익에 미치는 영향을 각각 계산하시오. (단, 당기순이익과 기타포괄이익이 감소하는 경우에는 금액 앞에 (－)를 표시하시오.)

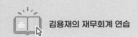

해설 신용위험 및 신용손상

(물음 1) ① 230,035 ② 115,045

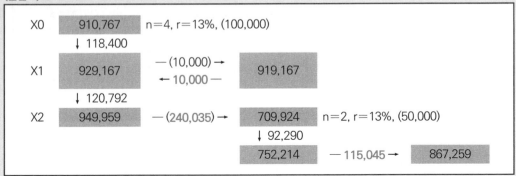

① X2년도 손상차손: 50,000×1.66810+200,000×0.78315−10,000=**230,035**
−X2년초에 손실충당금 10,000을 환입하므로 환입액을 차감해야 한다.
② X3년도 손상차손환입: (30,000+100,000)×0.88496=**115,045**

(물음 2) ① (−)109,243 ② (−)60,757

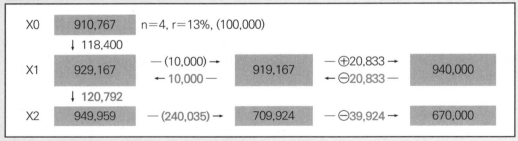

① 당기순이익에 미치는 영향: 120,792(이자수익)−230,035(손상차손)=(−)**109,243**
② 기타포괄이익에 미치는 영향: (−)20,833−39,924=(−)**60,757**

|참고| X3년도 당기순이익과 기타포괄이익에 미치는 영향

```
X2    709,924    ←⊕39,924—    670,000
       ↓ 92,290
X3    752,214    — 115,045 →    867,259    —⊖27,259→    840,000
```

당기순이익에 미치는 영향: 92,290(이자수익)+115,045(손상차손환입)=207,335
기타포괄이익에 미치는 영향: 39,924−27,259=12,665

180 PART 1 중급회계

문제 6
(30점)

㈜세무는 ㈜국세가 발행한 주식과 ㈜나라가 발행한 사채를 취득하였다. ㈜세무가 취득한 주식과 사채에 관한 자료는 다음과 같으며, 주어진 자료를 이용하여 각각의 물음에 답하시오.

2015. CTA

자료1

㈜세무는 20X1년 중에 ㈜국세가 발행한 주식을 취득하면서 취득원가 ₩300,000과 거래수수료 ₩5,000을 지급하였다. 주식에 대한 공정가치는 신뢰성 있게 측정할 수 있으며 취득일 이후 공정가치는 다음과 같다.

	20X1년 12월 31일	20X2년 12월 31일	20X3년 12월 31일
공정가치	₩250,000	₩100,000	₩160,000

자료2

〈자료2〉 ㈜세무는 20X1년 1월 1일에 ㈜나라가 다음과 같은 조건으로 발행한 사채를 취득하였으며, 취득시점의 유효이자율은 연 8%이었다.

- 발 행 일: 20X1년 1월 1일
- 액면금액: ₩500,000
- 표시이자율: 연 6%
- 이자지급: 매년 12월 31일
- 만 기 일: 20X4년 12월 31일
- 상환조건: 만기일에 일시상환

동 사채와 관련하여 아래의 상황이 발생하였다.

1) ㈜세무는 20X1년 말 ㈜나라의 사채에 대한 신용위험이 유의적으로 증가하지 않았다고 판단하였다. 한편, 12개월 기대신용손실은 ₩10,000으로, 전체기간 신용손실은 ₩20,000으로 추정하였다.
2) ㈜세무는 20X2년 말 이자수취 후 ㈜나라의 재무상태 악화로 20X3년부터 이자는 매년 말 ₩10,000씩, 그리고 만기에 원금 ₩300,000이 회수될 것으로 추정하였는데, 이러한 추정은 신용손상의 객관적 증거에 기초한 것이다. 20X2년 말 유효이자율은 연 12%이다.
3) ㈜세무는 20X3년 말에 ㈜나라의 재무상태가 다소 호전되어 20X4년 말에 이자 ₩20,000과 원금 ₩400,000이 회수될 것으로 추정하였다. 단, 20X3년 말에 실제로 이자는 ₩10,000을 수취하였으며, 20X3년 말 유효이자율은 연 10%이다.

추가정보

현재가치 계산이 필요할 경우 반드시 다음의 현가계수를 이용하고 금액은 소수점 첫째자리에서 반올림한다. (예를들어, 12.345 → 12로, 78.9 → 79로 표시)

〈단일금액 ₩1의 현가계수〉

기간 \ 이자율	6%	8%	10%	12%
1	0.94340	0.92593	0.90909	0.89286
2	0.89000	0.85734	0.82645	0.79719
3	0.83962	0.79383	0.75131	0.71178
4	0.79209	0.73503	0.68301	0.63552

〈정상연금 ₩1의 현가계수〉

기간 \ 이자율	6%	8%	10%	12%
1	0.94340	0.92593	0.90909	0.89286
2	1.83340	1.78327	1.73554	1.69005
3	2.67302	2.57710	2.48685	2.40183
4	3.46511	3.31213	3.16986	3.03735

물음 1 ㈜세무가 20X1년도에 취득한 주식을 당기손익－공정가치측정금융자산으로, 그리고 사채를 상각후원가측정금융자산으로 분류한 경우 아래의 물음에 답하시오. (15점)

1) ㈜세무가 20X1년 말에 해야 할 회계처리를 제시하시오. (단, 주식과 사채를 구분하여 각각 회계처리할 것)

2) ㈜세무가 20X2년도에 손상차손으로 인식해야 할 금액을 계산하시오.

3) ㈜세무가 20X3년도에 손상차손환입으로 인식해야 할 금액을 계산하시오.

물음 2 ㈜세무가 20X1년도에 취득한 주식과 사채를 모두 기타포괄손익－공정가치측정금융자산으로 분류한 경우 아래의 물음에 답하시오. 단, ㈜나라의 20X1년 말 현재 사채의 공정가치는 ₩480,000이며, 이후 공정가치는 추정미래현금흐름을 현행 유효이자율로 할인한 현재가치와 동일하다고 가정한다. 물음에 답하시오. (15점)

1) ㈜세무가 20X1년 말에 해야 할 회계처리를 제시하시오. (단, 주식과 사채를 구분하여 각각 회계처리할 것)

2) ㈜세무가 20X2년도에 손상차손으로 인식해야 할 금액을 계산하시오.

3) ㈜세무가 20X3년도에 손상차손환입으로 인식해야 할 금액을 계산하시오.

✏️ **해설** 신용위험 및 신용손상

(물음 1)

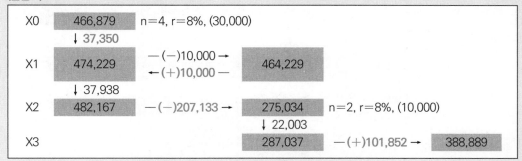

(물음 1-1)

주식	평가손실(PL)	50,000	FVPL금융자산	50,000
사채	현금	30,000	이자수익	37,350
	AC금융자산	7,350		
	손상차손	10,000	손실충당금	10,000

(1) 주식 평가손익: 250,000−300,000=(−)50,000 손실
−취득원가: 300,000(취득부대비용은 비용처리한다.)

(2) 사채 이자수익: 466,879×8%=37,350
−취득원가: 500,000×0.73503+30,000×3.31213=466,879

(3) 손상차손: 10,000 (12개월 기대신용손실)

(물음 1-2) 197,133
X2년말 손실충당금(= Σ손상차손): 20,000×1.78327+200,000×0.85734=207,133
X2년도 손상차손: 207,133−10,000=197,133

(물음 1-3) 101,852
X3년도 손상차손환입: (10,000+100,000)×0.92593=101,852

(물음 2)

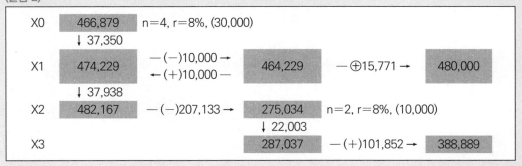

(물음 2-1)

주식	평가손실(OCI)	55,000	FVOCI선택금융자산	55,000
사채	현금 FVOCI금융자산	30,000 7,350	이자수익	37,350
	손상차손	10,000	손실충당금	10,000
	FVOCI금융자산	15,771	평가이익(OCI)	15,771

(1) 주식 평가손익: 250,000−305,000＝(−)55,000 손실
−취득원가: 305,000(취득부대비용은 취득원가에 가산한다.)

(2) 사채 이자수익: 466,879×8%＝37,350

(3) 손상차손: 10,000 (12개월 기대신용손실)

(4) 금융자산평가손익: 480,000−(474,229−10,000)＝15,771

(물음 2-2) 197,133

(물음 2-3) 101,852
AC금융자산과 손상차손 및 손상차손환입은 같다.

5 조건 변경 _중요!_

조건 변경은 1, 2차 시험 모두에서 굉장히 중요한 주제이다. 풀이 과정도 길고, 현재가치 계산 및 유효이 자율 상각을 해야 하므로 문제 풀이에 시간이 많이 소요되는 유형이다. 1차 시험에서는 1문제가 3점이므로 넘겨도 좋지만 2차 시험에서는 1문제가 10점이 넘으므로 반드시 맞혀야 한다. 처음에 볼 땐 어렵겠지만 틀이 정해져 있으므로 몇 번만 반복해보면 충분히 풀 수 있을 것이다.

1. 손상 vs 조건 변경

(1) 손상: 못 받을 금액을 '추정'하는 것 → 무조건 역사적 이자율 사용

(2) 조건 변경: 계약에 의해 현금흐름을 '조정'하는 것 → 역사적 or 현행 이자율 사용

2. 조건 변경 풀이법

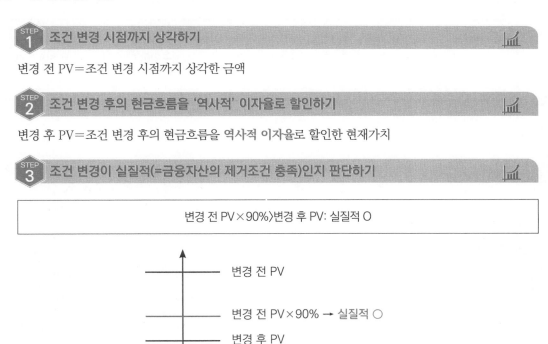

STEP 1 조건 변경 시점까지 상각하기

변경 전 PV=조건 변경 시점까지 상각한 금액

STEP 2 조건 변경 후의 현금흐름을 '역사적' 이자율로 할인하기

변경 후 PV=조건 변경 후의 현금흐름을 역사적 이자율로 할인한 현재가치

STEP 3 조건 변경이 실질적(=금융자산의 제거조건 충족)인지 판단하기

변경 전 PV×90%>변경 후 PV: 실질적 O

변경 전 PV

변경 전 PV×90% → 실질적 ○

변경 후 PV

변경 전 PV×90% → 실질적 X

'제거조건을 충족한다'	실질적인 조건 변경
'제거조건을 충족하지 않는다'	실질적이지 않은 조건 변경

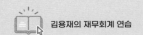

금융'자산'인 경우 문제에서 제거조건을 충족하는지 여부를 제시한다. 제거조건을 충족한다는 것은 실질적인 조건 변경이라는 뜻이고, 제거조건을 충족하지 않는다는 것은 실질적이지 않은 조건 변경이라는 뜻이다.

 STEP 4 채권, 채무 금액 조정하기 & 이자수익 인식하기

	(1) 실질적 X (기존 채권)	(2) 실질적 O (새로운 채권)
변경 후 사채 BV	역사적 R로 할인한 미래CF ＝변경 후 PV	현행 R로 할인한 미래CF ≠변경 후 PV
조건변경손익	변경 전 PV－변경 후 사채 BV (채권자는 손실, 채무자는 이익)	
변경 후 이자손익	변경 후 사채 BV×역사적 R	변경 후 사채 BV×현행 R

 **김수석의 꿀팁! 조건변경·신용손상 시 '액면이자율=유효이자율'인지 확인할 것!**

조건변경이나 신용손상 시에는 현금흐름이 바뀐다. 이때 현금흐름 변경 후 액면이자율이 유효이자율과 같다면 액면발행 상황이 되며, 유효이자율 상각을 생략해도 된다. 장부금액이 액면금액에서 불변이기 때문이다.

문제 7

(15점)

㈜대한은 사채 액면상 발행일이 20X1년 1월 1일이고 액면금액 ₩1,000,000(표시이자율 연 6%, 이자는 매년 12월 31일 지급, 만기일 20X5년 12월 31일)인 회사채를 20X1년 7월 1일에 발행하였다.

공통자료

1. 각 일자의 동 사채에 대한 시장이자율은 다음과 같다. 단, 미래현금흐름의 현재가치는 공정가치와 동일한 것으로 본다.

일 자	시장이자율
20X1년 1월 1일	8%
20X1년 7월 1일	6%
20X1년 12월 31일	10%
20X2년 1월 1일	10%
20X2년 12월 31일	8%
20X3년 1월 1일	8%

2. 각 물음의 현재가치 계산시 아래의 현가계수를 반드시 이용하시오.

기간	단일금액 ₩1의 현가계수		
	6%	8%	10%
1	0.94340	0.92593	0.90909
2	0.89000	0.85734	0.82645
3	0.83962	0.79383	0.75131
4	0.79209	0.73503	0.68301
5	0.74726	0.68058	0.62092

기간	정상연금 ₩1의 현가계수		
	6%	8%	10%
1	0.94340	0.92593	0.90909
2	1.83340	1.78327	1.73554
3	2.67302	2.57710	2.48685
4	3.46511	3.31213	3.16986
5	4.21237	3.99271	3.79078

3. 다음의 (물음)은 각각 독립적인 상황이다. 모든 (물음)의 답은 <u>소수점 첫째 자리에서 반올림한다.</u>

물음 1 ㈜대한이 동 사채를 ① 액면상 발행일인 20X1년 1월 1일에 발행하는 경우와 ② 20X1년 7월 1일에 발행하는 경우 20X1년도에 인식할 이자비용을 각각 구하시오. 단, ㈜대한은 동 사채를 상각후원가측정금융부채로 분류하였으며, 사채발행과 관련된 비용은 발생하지 않았다고 가정한다. 2014. CPA

물음 2 ㈜민국은 20X1년 7월 1일 동 사채를 100% 취득하였는데, 취득관련 비용은 발생하지 않았다. ㈜민국은 20X1년 말 액면이자를 회수한 후, ㈜대한의 재무상태 악화로 차기부터 연 2%의 이자만을 수령할 수 있을 것으로 추정하였다. 이러한 추정은 손상차손 발생의 객관적 증거를 충족한다.
㈜민국이 동 사채를 ① 기타포괄손익-공정가치측정금융자산으로 분류하는 경우와 ② 상각후원가측정 금융자산으로 분류하는 경우의 손상차손을 각각 구하시오.
2014. CPA

물음 3 ㈜대한은 20X3년 1월 1일 동 사채의 만기를 1년 연장하고, 표시이자율을 6%에서 3%로 낮추는 조건변경을 채권자와 합의하였다. 이러한 사채 조건의 변경은 실질적인 조건변경에 해당된다고 가정한다. 동 사채의 조건변경이 ㈜대한의 20X3년 당기순이익에 영향을 미치는 금액을 구하시오. 단, 감소의 경우에는 금액 앞에 (−)를 표시하시오.
2014. CPA

✏️ 해설 손상차손 및 조건변경

(물음 1) ① 73,611 ② 30,000

1. X1.1.1에 발행 시
   X1년초 현재가치(8%, 5기): $1,000,000 \times 0.68058 + 60,000 \times 3.99271 = 920,143$
   X1년 이자비용: $920,143 \times 8\% = 73,611$

2. X1.7.1에 발행 시
   X1년초 현재가치(6%, 5기): $1,000,000 \times 0.74726 + 60,000 \times 4.21237 = 1,000,000$ (액면발행)
   X1년 이자비용: $1,000,000 \times 6\% \times 6/12 = 30,000$

(물음 2) ① 138,604 ② 138,604
손상차손(6%, 4기): $(60,000 - 20,000) \times 3.46511 = 138,604$
—X1.7.1에 취득하였으므로 유효이자율은 6%이다.
—사채를 AC 금융자산으로 분류하든, FVOCI 금융자산으로 분류하든 손상차손은 같다.

(물음 3) 165,606
(1) 조건변경 전 부채(6%, 3기): $1,000,000 \times 0.83962 + 60,000 \times 2.67302 = 1,000,000$ (액면발행)
—공통자료 위에 X1.7.1에 발행하였다는 언급이 있으므로 유효이자율은 6%이다.

(2) 조건변경 후 부채(8%, 4기): $1,000,000 \times 0.73503 + 30,000 \times 3.31213 = 834,394$
—조건 변경이 실질적이므로 현행 이자율로 할인해야 한다.

(3) 조건변경손익: $1,000,000 - 834,394 = 165,606$ 이익
—㈜대한은 사채의 발행자이므로, 부채의 감소로 인해 이익을 인식한다.

문제 8
(10점)

㈜대한은 B사채를 20X1년 1월 1일에 발행하려고 하였으나, 시장상황이 여의치 않아 3개월 지연되어 20X1년 4월 1일에 ㈜민국에게 발행(판매)을 완료하였다. 다음의 〈자료〉를 이용하여 물음에 답하시오.

자료

1. B사채의 발행조건은 다음과 같다.
   - 액면금액: ₩1,000,000
   - 만기일: 20X4년 12월 31일
   - 표시이자율: 연 5%
   - 이자지급일: 매년 12월 31일

2. 각 일자의 동종사채에 대한 시장이자율은 다음과 같다. 한편, 미래현금흐름의 현재가치는 공정가치와 동일한 것으로 본다.

일자	시장이자율
20X1년 1월 1일	5%
20X1년 4월 1일	6%
20X2년 1월 1일	4%
20X4년 12월 31일	5%

3. 사채발행 및 취득과 직접적으로 관련되는 비용은 없다.

4. 답안 작성 시 원 이하는 반올림한다.

기간	단일금액 ₩1의 현가계수			정상연금 ₩1의 현가계수		
	4%	5%	6%	4%	5%	6%
1	0.9615	0.9524	0.9434	0.9615	0.9524	0.9434
2	0.9246	0.9070	0.8900	1.8861	1.8594	1.8334
3	0.8890	0.8638	0.8396	2.7751	2.7232	2.6730
4	0.8548	0.8227	0.7921	3.6299	3.5459	3.4651

물음 1 ㈜대한의 ① 20X1년 4월 1일 발행일의 현금수령액과 ② 20X1년도 포괄손익계산서에 인식할 이자비용을 계산하시오.

2019. CPA

현금수령액	①
이자비용	②

물음 2 ㈜민국은 B사채를 취득하고 상각후원가측정금융자산으로 분류하였다. ㈜민국은 20X2년 1월 1일에 B사채를 동 일자의 공정가치로 ㈜독도에게 매각(금융자산 제거요건은 충족)하였다고 할 때 처분손익을 계산하시오. 단, 손실의 경우에는 (−)를 숫자 앞에 표시하시오.

2019. CPA

처분손익	①

물음 3 ㈜대한은 20X4년 12월 31일에 표시이자를 지급한 직후 B사채를 상환하는 대신 ㈜독도와 만기를 3년 연장하고, 연 2%의 이자를 매년 말 지급하기로 합의하였다. 이 경우 ㈜대한이 ① 조건변경에 따라 인식할 금융부채조정손익과 ② 20X5년도 포괄손익계산서에 인식할 이자비용을 계산하시오. 단, 손실의 경우에는 (－)를 숫자 앞에 표시하시오.

2019. CPA

금융부채조정손익	①
이자비용	②

✏️ **해설** 권면상 발행일과 실제 발행일이 다른 경우, 금융자산 기중처분, 조건변경

(물음 1)

현금수령액	①979,835
이자비용	②43,441

(1) 현금수령액: 965,355×(1＋6%×3/12)＝**979,835**
　－X1.1.1의 현재가치(6%, 4기): 1,000,000×0.7921＋50,000×3.4651＝965,355
(2) 이자비용: 965,355×6%×9/12＝**43,441**

(물음 2)

처분손익	①54,479

처분손익: 처분가액－장부금액＝**54,479**
(1) 처분가액(4%, 3기): 1,000,000×0.889＋50,000×2.7751＝1,027,755
(2) 장부금액: 965,355×1.06－50,000＝973,276

(물음 3)

금융부채조정손익	①81,736
이자비용	②45,913

(1) 금융부채조정손익: 1,000,000－918,264＝**81,736**
　변경 전 PV: 1,000,000(＝액면금액)
　－조건 변경을 만기일에 하고 있으므로 장부금액은 액면금액이다.
　변경 후 PV(6%, 3기): 1,000,000×0.8396＋20,000×2.673＝893,060
　실질적 조건 변경 여부: 1,000,000×90%＝900,000〉893,060 (실질적 O)

　변경 후 PV(5%, 3기): 1,000,000×0.8638＋20,000×2.7232＝918,264

(2) X5년도 이자비용: 918,264×5%＝**45,913**
　실질적 조건 변경에 해당하므로 새로운 유효이자율로 유효이자율 상각을 한다.

3. 조건 변경 시 발생한 수수료 ★중요!

조건 변경을 하기 위해서는 채권자와 채무자가 미래현금흐름에 대하여 재협상을 해야 한다. 이 과정에서 수수료가 발생할 수 있는데, 수수료가 발생한 경우 풀이 과정이 다음과 같이 달라진다.

(1) 실질적 조건 변경 판단 기준

원래는 '변경 전 PV×90%〉변경 후 PV'이 충족되면 실질적인 조건 변경으로 보나, 수수료가 존재하면 조건 변경 판단 기준이 다소 달라진다.

> 채권자: 변경 전 PV×90%〉변경 후 PV−수수료 지급액+수수료 수취액: 실질적 O
> 채무자: 변경 전 PV×90%〉변경 후 PV+수수료 지급액−수수료 수취액: 실질적 O

채권자가 수수료를 지급한 경우 돈을 쓴 것이므로 조건 변경 전에 비해 채권자 입장에서 수령할 수 있는 순 현금흐름이 줄어든다. 따라서 앞으로 지급할 현금흐름의 현재가치에 수수료를 차감한 금액을 변경 전 PV의 90%와 비교한다. 수수료 수취액은 반대로 더하면 된다.

반면, 채무자가 수수료를 지급하는 경우 돈을 더 쓴 것이므로 조건 변경 전에 비해 채무자 입장에서 지급해야 할 총 현금흐름이 늘어난다. 따라서 앞으로 지급할 현금흐름의 현재가치에 수수료를 가산한 금액을 변경 전 PV의 90%와 비교한다. 수수료 수취액은 반대로 차감하면 된다.

(2) 수수료 처리 방법, 조건변경손익 및 이자수익

실질적 조건 변경인지 여부에 따라 수수료를 처리하는 방법도 다음과 같이 달라진다.

	실질적 변경 O	실질적 변경 X
수수료 처리 방법	당기손익	금융자산/금융부채에 가감
변경 후 금융자산/부채	현행이자율로 할인한 PV(미래CF)	역사적이자율로 할인한 PV(미래CF) ±수수료 =새로운 이자율로 할인한 PV(미래CF)
조건변경손익	변경 전 금융부채 −변경 후 금융부채±수수료	변경 전 금융부채 −변경 후 금융부채
	변경 후 금융자산 −변경 전 금융자산±수수료	변경 후 금융자산 −변경 전 금융자산
조건변경 후 유효이자율	현행이자율	역사적이자율에 수수료를 반영한 새로운 유효이자율

① 실질적 변경인 경우: 현행 이자율, 당기손익

실질적 변경에 해당하는 경우 기존 채권(채무)이 제거되고 새로운 채권(채무)이 계상되는 것으로 보아 미래 현금흐름을 현행 이자율로 할인한 금액을 금융자산(부채)으로 계상한다. 따라서 수수료는 금융 자산(부채)의 장부금액에 반영하지 않고, 당기손익으로 처리한다.

② 실질적 변경이 아닌 경우: 역사적 이자율, 금융자산에 가산 or 금융부채에서 차감

반면, 실질적 변경이 아닌 경우 기존 채권(채무)이 그대로 유지되면서 약간의 변동이 있는 것으로 본다. 따라서 미래 현금흐름을 역사적 이자율로 할인한 금액을 금융자산(부채)으로 계상한 뒤, 수수료는 **금융자산(부채)의 장부금액에 반영한다.** 이때, 수수료 지급액을 채권자는 금융자산에 가산하는 반면, **채무자는 금융부채에서 차감한다.** 현금 유출액은 대변에 표시되기 때문이다. (1) 실질적 조건 변경 판단 기준과 부호가 반대이므로 주의하자.

(3) 회계처리

① 채무자가 수수료를 부담한 경우

실질적 변경 O				실질적 변경 X			
금융부채	변경 전 PV	금융부채	PV(미래CF)(현행 R)	금융부채	변경 전 PV	금융부채	PV(미래CF)(역사적 R)
		현금	수수료			변경이익	XXX
		변경이익	XXX	금융부채	수수료	현금	수수료

② 채권자가 수수료를 부담한 경우

실질적 변경 O				실질적 변경 X			
금융자산	PV(미래CF)(현행 R)	금융자산	변경 전 PV	금융자산	PV(미래CF)(역사적 R)	금융자산	변경 전 PV
변경손실	XXX	현금	수수료	변경손실	XXX		
				금융자산	수수료	현금	수수료

문제 9

(14점)

㈜세무는 액면금액이 ₩1,000,000인 사채(표시이자율 연 6%, 만기일 20X2년 12월 31일, 매년 말 이자 지급)를 발행하고 상각후원가로 측정하는 금융부채로 분류하였다. 사채발행시점의 유효이자율은 연 8%이었으며, 20×0년 12월 31일 현재 동 사채의 장부금액은 ₩964,298이다. 20X1년 1월 1일 ㈜세무는 사채의 만기를 20X4년 12월 31일로 연장하고, 표시이자율을 연 6%에서 연 3%로 낮추기로 채권자와 합의하였으며, 이 과정에서 채무조정수수료 ₩15,000을 지급하였다. 사채 계약조건 변경일(20X1년 1월 1일) 현재 ㈜세무의 신용위험을 고려한 현행시장이자율은 연 10%이다. 현재가치 계산이 필요할 경우 다음의 현가계수를 이용하고 금액은 소수점 첫째자리에서 반올림하여 계산한다. [예: ₩555.555.. → ₩556]

2020. CTA

기간	단일금액 ₩1의 현가계수		정상연금 ₩1의 현가계수	
	8%	10%	8%	10%
1	0.9259	0.9091	0.9259	0.9091
2	0.8573	0.8264	1.7833	1.7355
3	0.7938	0.7513	2.5771	2.4868
4	0.7350	0.6830	3.3121	3.1699

물음 1 20X1년 1월 1일 위 사채의 계약조건변경이 실질적인 변경인지의 여부와 그에 대한 판단 근거를 기술하고, 20X1년 1월 1일 ㈜세무가 수행할 회계처리를 제시하시오.

실질적 조건변경 여부	판단 근거
실질적 조건변경이면 ○, 그렇지 않으면 ×로 표시	

(차변)	(대변)

물음 2 조건변경 후 ㈜세무가 위 사채와 관련하여 인식해야 하는 20X1년 이자비용과 20X1년 말 현재 동 사채의 장부금액을 각각 계산하시오.

20X1년 이자비용	20X1년 말 사채의 장부금액
①	②

물음 3 만약 위의 계약조건 변경 시 만기 연장은 동일하나, 표시이자율을 연 3%가 아니라 연 5%로 낮추기로 합의하였다고 가정할 때, 해당 계약조건변경이 실질적인 변경인지의 여부와 그에 대한 판단 근거를 기술하고, 20X1년 1월 1일 ㈜세무가 수행할 회계처리를 제시하시오.

실질적 조건변경 여부	판단 근거
실질적 조건변경이면 ○, 그렇지 않으면 ×로 표시	

(차변)	(대변)

📝 해설 수수료가 발생한 조건변경

(물음 1)

실질적 조건변경 여부	판단 근거
○	새로운 현금흐름의 현재가치와 장부금액의 차액이 10% 이상이므로

(차변) 사채(구)	964,298	(대변) 사채(신)	778,097
		현금	15,000
		조건변경이익	171,201

X0	964,298	─ (−)186,201 →	778,097	r=10%, n=4, (30,000)
			↓ (77,810)	
X1			825,907	

1. X1초 조건 변경 후 PV: 1,000,000×0.7350+30,000×3.3121=834,363

2. 실질적 조건변경 여부: 실질적 O

  964,298×90%=867,868 〉834,363+15,000=849,363

  ─ 채무자이므로 수수료를 더한다.

3. 채권, 채무 금액 조정

  X1초 조건 변경 후 PV(r=10%): 1,000,000×0.6830+30,000×3.1699=778,097

4. 조건변경손익

  : 964,298−778,097−15,000=171,201 이익

  ─ 채무자이므로 부채 감소에 따른 이익을 인식한다.

  ─ 실질적 조건변경이므로 수수료를 조건변경손익에 반영한다.

(물음 2)

20X1년 이자비용	20X1년 말 사채의 장부금액
①77,810	②825,907

① 20X1년 이자비용: 778,097×10%=77,810
② 20X1년 말 사채의 장부금액: 778,097×1.1−30,000=825,907

(물음 3)

실질적 조건변경 여부	판단 근거
×	새로운 현금흐름의 현재가치와 장부금액의 차액이 10% 이상이 아니므로

(차변) 사채	78,693	(대변) 조건변경이익	63,693
		현금	15,000

1. X1초 조건 변경 후 PV: 1,000,000×0.7350+50,000×3.3121=900,605

2. 실질적 조건변경 여부: 실질적 X
964,298×90%=867,868 〈 900,605+15,000=915,605

3. 채권, 채무 금액 조정
X1초 조건 변경 후 PV: 900,605-15,000=885,605
-실질적 조건변경이므로 수수료를 사채의 장부금액에 반영한다.
사채의 증감: 885,605-964,298=(-)78,693

4. 조건변경손익
: 964,298-900,605=63,693
-채무자이므로 부채 감소에 따른 이익을 인식한다.

문제 10

(9점)

㈜세무는 20X1년 1월 1일에 ㈜한국이 발행한 A사채(액면금액 ₩1,000,000, 표시이자율 연 6%, 만기 3년, 매년 말 이자지급)를 취득하고 '상각후원가 측정 금융자산'으로 분류하였으며, ㈜한국은 A사채를 '상각후원가 측정 금융부채'로 분류하였다. 발행시점의 유효이자율은 연 10%이다. 20X2년 12월 31일에 ㈜세무와 ㈜한국은 A사채의 만기를 20X5년 12월 31일로 연장하고, 표시이자율을 연 4%로 낮추어 매년 말에 이자를 지급하는 것으로 계약변경(조건변경)에 합의하였다. 이 과정에서 ㈜한국은 ㈜세무에게 수수료 ₩12,000을 지급하였다. 계약상 현금흐름 변경일(20X2년 12월 31일)의 현행이자율은 연 8%이다. 단, ㈜세무는 계약변경 합의 전에 20X2년도 이자를 수령하였다고 가정하며, A사채와 관련된 신용위험은 고려하지 않는다. 현재가치 계산이 필요할 경우 다음의 현가계수를 이용하고, 금액은 소수점 첫째자리에서 반올림하여 계산한다.

2023. CTA

기간	단일금액 ₩1의 현가계수		정상연금 ₩1의 현가계수	
	8%	10%	8%	10%
1	0.9259	0.9091	0.9259	0.9091
2	0.8573	0.8264	1.7833	1.7355
3	0.7938	0.7513	2.5771	2.4868
4	0.7350	0.6830	3.3121	3.1699
5	0.6806	0.6209	3.9927	3.7908

물음 1 20X2년 12월 31일 계약변경 합의 전 ㈜세무의 금융자산(A사채) 장부금액을 계산하시오.

물음 2 20X2년 12월 31일 A사채와 관련된 계약변경이 '금융자산의 제거조건을 충족하지 않는 경우', ㈜세무가 계약변경시점에 인식할 계약변경이익을 계산하시오. (단, 20X2년 12월 31일 계약변경 합의 전 금융자산(A사채)의 장부금액은 ₩960,000이라고 가정하고, 계약변경손실의 경우 금액 앞에 '(-)'를 표시하며, 계약변경손익이 없는 경우에는 '없음'으로 표시하시오.)

물음 3 20X2년 12월 31일 A사채와 관련하여 ㈜한국이 계약변경시점에 인식할 계약변경이익을 계산하시오. (단, 20X2년 12월 31일 계약변경 합의 전 ㈜한국의 금융부채(A사채) 장부금액은 ₩960,000이라고 가정하고, 계약변경손실의 경우 금액 앞에 '(-)'를 표시하며, 계약변경손익이 없는 경우에는 '없음'으로 표시하시오.)

✏️ **해설** 수수료가 발생한 조건변경

(물음 1) 963,646
 =(1,000,000+60,000)×0.9091

(물음 2) (-)109,228

AC금융자산(신)	850,772¹	AC금융자산(구)	960,000
계약변경손실	109,228		
현금	12,000	AC금융자산(신)	12,000

¹1,000,000×0.7513+40,000×2.4868=850,772
  -제거조건을 충족하지 않는 경우를 가정하였으므로 잔여 현금흐름을 역사적 이자율인 10%로 할인한다. 참고로, 실제로 계산해보면 실질적 조건이 맞는 것으로 나오는데, 실제와 다르더라도 출제자가 가정한대로 풀어야 한다.
계약변경손익: 850,772-960,000=(-)109,228
  -제거조건을 충족하지 않으므로 수수료는 금융자산의 장부금액에 반영한다.

(물음 3) 51,116
계약변경손익: 960,000-896,884-12,000=51,116
 -실질적 변경이므로 수수료는 계약변경손익에 반영한다.

금융부채	960,000	금융부채	896,884¹
		계약변경이익	63,116
계약변경이익	12,000	현금	12,000

1) 변경 후 PV(10%, 3기): 1,000,000×0.7513+40,000×2.4868=850,772

2) 실질적 변경 여부: 960,000×90%=864,000 〉850,772+12,000=862,772 (실질적 O)

3) 변경 후 PV(8%, 3기): 1,000,000×0.7938+40,000×2.5771=896,884

문제 11

다음은 20X1년 1월 1일 ㈜대한이 발행한 사채에 대한 〈자료〉이다.

자료

1. ㈜대한이 발행한 사채의 조건은 다음과 같다.

> • 액면금액: ₩1,000,000
> • 만기상환일: 20X3년 12월 31일 일시상환
> • 표시이자율: 연 5%
> • 이자지급일: 매년 12월 31일
> • 사채발행일 유효이자율: 연 ?%

2. ㈜대한은 동 사채를 발행하고 상각후원가로 측정하는 금융부채로 분류하였다.

20X2년 12월 31일 현재 ㈜대한의 상기 사채의 장부금액은 ₩954,555이라고 가정한다. 20X3년 1월 1일에 ㈜대한은 사채의 채권자와 다음과 같은 조건변경을 합의하였다.

조건변경 관련 정보

1. ㈜대한이 발행한 사채의 조건변경 전후 정보는 다음과 같다.

항목	변경 전	변경 후
만기	20X3.12.31	20X5.12.31
표시이자율	연 5%	연 1%
액면금액	₩1,000,000	₩900,000

2. 동 사채의 조건변경 과정에서 ㈜대한은 채권자에게 채무조정수수료 ₩18,478을 지급하였다.

3. 20X3년 1월 1일 상기 사채의 변경된 미래현금흐름을 시장이자율로 할인한 현재가치는 다음과 같다. 동 사채의 미래현금흐름의 현재가치는 공정가치와 동일한 것으로 본다.

시장이자율	20X3년 1월 1일
연 10%	₩698,551
연 11%	₩680,073
연 12%	₩662,237

4. 20X3년 1월 1일 현재 ㈜대한의 동 사채에 대한 시장이자율은 연 12%이다.

5. ㈜대한은 상기 계약조건의 변경이 실질적 조건변경에 해당하지 않는 것으로 판단하여 회계처리하였다.

㈜대한은 20X3년 장부 마감 전에 상기 계약조건의 변경이 실질적 조건변경에 해당됨을 알게 되었으며, 기존의 회계처리는 중요한 오류로 간주되었다. 이를 올바르게 수정하였을 때, 아래 양식을 이용하여 수정표를 완성하시오. 단, 감소하는 경우 금액 앞에 (−)를 표시하시오.

2022. CPA **2차**

항목	수정 전 금액	수정금액	수정 후 금액
사채 장부금액	?	①	?
이자비용	?	②	?
금융부채 조정이익	?	③	?

답안작성 예시

사채 장부금액, 이자비용, 금융부채조정이익의 수정전금액이 각각 ₩10,000, ₩200, ₩100이고 수정후금액이 각각 ₩8,000, ₩350, ₩60인 경우, 아래와 같이 작성한다.

항목	수정 전 금액	수정금액	수정 후 금액
사채 장부금액	?	①(−)2,000	?
이자비용	?	② 150	?
금융부채 조정이익	?	③ (−)40	?

해설 수수료가 발생한 조건변경

항목	수정 전 금액	수정금액	수정 후 금액
사채 장부금액	745,881	①(−)13,176	732,705
이자비용	74,808	②4,660	79,468
금융부채 조정이익	256,004	③17,836	273,840

1. 수정 전: 실질적 조건변경에 해당하지 않음

(1) 역사적 이자율: (1,000,000+50,000)/954,555−1＝10%
- 회사는 실질적 조건변경에 해당하지 않는 것으로 판단하였으므로 변경된 미래현금흐름을 역사적 이자율로 할인해야 하는데, 문제에서 제시하지 않았다. 문제에서는 X2말 장부금액을 954,555로 다시 가정하였으므로, X3년에 남은 현금흐름을 장부금액으로 나누면 역사적 이자율을 역산할 수 있다.

(2) 조건변경 후 X3년초 사채의 장부금액: 698,551−18,478＝680,073
- 실질적 조건변경이 아니므로, 역사적 이자율인 10%에 해당하는 미래현금흐름의 현재가치를 이용한다.
- 실질적 조건변경에 해당하지 않는 경우 수수료는 금융부채의 장부금액에서 차감한다.

(3) 금융부채 조정이익: 954,555−698,551＝256,004

|조건 변경 시 회계처리−실질적 변경 X|

금융부채	954,555	금융부채	698,551
		변경이익	250,004
금융부채	18,478	현금	18,478

(4) X3년도 이자비용: 680,073×11%＝74,808
  － 수수료를 금융부채의 장부금액에서 차감함으로써 유효이자율은 상승한다. 미래현금흐름의 현재가치가 680,073일 때의 유효이자율은 11%이므로 11%로 이자비용을 계산한다.

(5) X3년 말 사채의 장부금액: 680,073×1.11－9,000＝745,881
  － 조건 변경 후 액면금액 900,000, 표시이자율 연 1%이므로 액면이자는 9,000이다.

2. 수정 후: 실질적 조건변경에 해당함
(1) 실질적 조건변경 여부 판단
  954,555×90%＝859,100〉698,551＋18,478＝717,029 (실질적)
  － 수수료는 미래현금흐름의 현재가치에 포함하여 실질적 조건변경 여부를 판단한다.
  － 실질적 조건변경에 해당한다고 문제에서 제시하였으므로 실질적인지 여부를 판단할 필요는 없지만, 수수료가 있는 경우 판단하는 방법을 보여주기 위해 계산식을 적어보았다.

(2) 조건변경 후 X3년초 사채의 장부금액: 662,237
  － 실질적 조건변경이므로, 현행 이자율인 12%에 해당하는 미래현금흐름의 현재가치를 이용한다.
  － 실질적 조건변경에 해당하지 않는 경우 수수료는 당기손익으로 처리한다.

(3) 금융부채 조정이익: 954,555－662,237－18,478＝273,840

| 조건 변경 시 회계처리－실질적 변경 ○|

금융부채	954,555	금융부채	662,237
		변경이익	292,318
변경이익	18,478	현금	18,478

(4) X3년도 이자비용: 662,237×12%＝79,468
  － 미래현금흐름을 현행이자율인 12%로 할인하였으므로 12%로 이자비용을 계산한다.

(5) X3년 말 사채의 장부금액: 662,237×1.12－9,000＝732,705

6 금융자산 재분류 〈중요〉

금융자산 재분류는 1차 시험에서는 중요한 주제가 아니지만, 2차 시험에서는 굉장히 많이 출제되는 주제이다. 특히, 앞에서 배운 신용위험 및 신용손상과 함께 자주 출제된다. 아래 표만 기억하면 문제를 풀 수 있으므로 표를 반드시 외우자.

재분류 전	재분류 후	금액 변화	평가 차액	이자수익	손실충당금
AC : FV로 평가	FVOCI	AC → FV	OCI 인식 (평가)	Old 상각표	승계
	FVPL		PL	액면이자	제거
FVOCI : OCI 제거	AC	FV → AC	OCI 제거 (취소)	Old 상각표	승계
	FVPL	FV → FV	OCI → PL (재분류 조정)	액면이자	제거
FVPL : 계정만 대체	AC	FV → FV	N/A	New 상각표 (현행R)	원래 없음
	FVOCI				

1. AC→FVOCI: FV 평가, 평가손익 OCI, 기존 이자율

금융자산을 상각후원가 측정 범주에서 기타포괄손익－공정가치 측정 범주로 재분류하는 경우에 재분류일의 공정가치로 측정한다. 금융자산의 재분류 전 상각후원가와 공정가치의 차이에 따른 손익은 기타포괄손익으로 인식한다. 유효이자율과 기대신용손실 측정치는 재분류로 인해 조정되지 않는다.

2. AC→FVPL: FV 평가, 평가손익 PL

금융자산을 상각후원가 측정 범주에서 당기손익－공정가치 측정 범주로 재분류하는 경우에 재분류일의 공정가치로 측정한다. 금융자산의 재분류 전 상각후원가와 공정가치의 차이에 따른 손익은 당기손익으로 인식한다.

3. FVOCI→AC: 처음부터 AC였던 것처럼, OCI 제거, 기존 이자율

금융자산을 기타포괄손익－공정가치 측정 범주에서 상각후원가 측정 범주로 재분류하는 경우에 재분류일의 공정가치로 측정한다. 그러나 재분류 전에 인식한 기타포괄손익누계액은 자본에서 제거하고 재분류일의 금융자산의 공정가치에서 조정한다. 따라서 최초 인식시점부터 상각후원가로 측정했었던 것처럼 재분류일에 금융자산을 측정한다. 재분류에 따라 유효이자율과 기대신용손실 측정치는 조정하지 않는다.

4. FVOCI→FVPL: 계속 FV, OCI 재분류조정

금융자산을 기타포괄손익－공정가치 측정 범주에서 당기손익－공정가치 측정 범주로 재분류하는 경우에 계속 공정가치로 측정한다. 재분류 전에 인식한 기타포괄손익누계액은 재분류일에 재분류조정으로 자본에서 당기손익으로 재분류한다.

5. FVPL→AC: 계속 FV

금융자산을 당기손익－공정가치 측정 범주에서 상각후원가 측정 범주로 재분류하는 경우에 재분류일의 공정가치가 새로운 총장부금액이 된다

6. FVPL→FVOCI: 계속 FV

금융자산을 당기손익－공정가치 측정 범주에서 기타포괄손익－공정가치 측정 범주로 재분류하는 경우에 계속 공정가치로 측정한다.

7. 재분류일: 다음 해 1.1 ★중요!

금융자산의 계정 재분류는 재분류일부터 전진적으로 적용한다. 여기서 '재분류일'이란 재분류를 한 다음 해의 1.1을 의미한다. 재분류를 한 해에 평가손익을 인식하지 않도록 주의하자.

8. 손실충당금이 있는 경우: 순액 기준으로 평가손익 계산할 것!

계정 재분류 전에 손실충당금이 있는 경우 평가손익은 손실충당금을 차감한 순액 기준으로 계산한다. AC 금융자산과 FVOCI 금융자산 사이의 재분류는 손실충당금을 그대로 두고, 재분류 후 FVPL로 분류하는 경우에는 손실충당금을 제거한다. 재분류 전에 FVPL로 분류하는 경우에는 손상을 인식하지 않으므로 손실충당금이 존재하지 않는다.

문제 12

(11점)

㈜세무는 20X1년 1월 1일에 ㈜나라가 발행한 B사채(액면금액 ₩1,000,000, 표시이자율 연 8 %, 만기 3년, 매년 말 이자지급)를 ₩950,244에 취득하여 '기타포괄손익－공정가치 측정 금융자산'으로 분류하였다. B사채 발행시점의 유효이자율은 연 10 %이다. ㈜세무는 20X1년 9월 1일에 사업모형을 변경하여 B사채를 '상각후원가 측정 금융자산'으로 재분류하였다. ㈜세무는 20X1년 말 현재 B사채의 신용위험이 유의하게 증가하지 않았다고 판단하였으며, 12개월 기대신용손실을 ₩30,000으로 추정하였다. ㈜세무는 20X2년 말에도 B사채의 신용위험이 유의하게 증가하지 않았다고 판단하였으며, 12개월 기대신용손실을 ₩10,000으로 추정하였다. B사채와 관련된 공정가치는 다음과 같다.

일자	20X1. 9. 1.	20X1. 12. 31.	20X2. 1. 1.	20X2. 12. 31.
공정가치	₩950,000	₩970,000	₩970,000	₩985,000

단, 현재가치 계산이 필요할 경우 다음의 현가계수를 이용하고, 금액은 소수점 첫째자리에서 반올림하여 계산한다.

2023. CTA

기간	단일금액 ₩1의 현가계수		정상연금 ₩1의 현가계수	
	8%	10%	8%	10%
1	0.9259	0.9091	0.9259	0.9091
2	0.8573	0.8264	1.7833	1.7355
3	0.7938	0.7513	2.5771	2.4868

물음 1 금융자산을 재분류하는 경우, 재분류일은 언제인지 구체적인 연, 월, 일을 예시와 같이 기술하시오.
(예시: 20X3년 8월 12일)

물음 2 ㈜세무의 금융자산(B사채) 회계처리가 20X1년도 당기순이익에 미치는 영향을 계산하시오.
(단, 당기순이익이 감소하는 경우 금액 앞에 '(－)'를 표시하시오.)

물음 3 ㈜세무의 금융자산(B사채) 회계처리가 20X2년도 당기순이익에 미치는 영향을 계산하시오.
(단, 당기순이익이 감소하는 경우 금액 앞에 '(－)'를 표시하시오.)

해설 금융자산 재분류

(물음 1) 20X2년 1월 1일
20X1년 9월 1일에 사업모형을 변경하였으므로 재분류일은 그다음 해 1월1일인 20X2년 1월 1일이다.

(물음 2) 20X1년도 NI: 65,024
＝95,024(이자수익)－30,000(손상차손)
당기순이익을 물었으므로 AC금융자산을 가정하고 문제를 풀어도 된다.

(물음 3) 20X2년도 NI: 116,527
＝96,527(이자수익)＋30,000－10,000(손상차손환입)

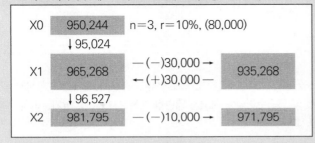

문제 13

(14점)

※ 다음의 각 물음은 독립적이다.

㈜대한은 20X1년 1월 1일 ㈜민국이 동 일자에 발행한 사채를 발행금액(공정가치)으로 취득하였다. 취득 시 동 사채의 신용이 손상되어 있지 않았다. 이와 관련된 〈자료〉를 이용하여 각 물음에 답하시오.

자료

1. ㈜대한이 취득한 사채의 조건은 다음과 같다.

> • 액면금액: ₩2,000,000
> • 만기상환일: 20X3년 12월 31일 일시상환
> • 표시이자율: 연 6%
> • 이자지급일: 매년 12월 31일
> • 사채발행일 유효이자율: 연 8%

2. ㈜대한은 20X1년 말에는 동 금융자산의 신용위험이 유의하게 증가하지 않았다고 판단하였으나, 20X2년 말에는 신용위험이 유의적으로 증가하였다고 판단하였다. 각 연도 말 현재 12개월 기대신용손실과 전체기간 기대신용손실은 다음과 같다.

구분	20X1년 말	20X2년 말
12개월 기대신용손실	₩20,000	₩35,000
전체기간 기대신용손실	₩50,000	₩70,000

3. ㈜대한은 20X1년 말과 20X2년 말에 동 금융자산의 표시이자를 모두 수령하였다.

4. 동 금융자산의 각 연도 말 공정가치는 다음과 같다.

20X1년 말	20X2년 말
₩1,900,000	₩1,800,000

5. 답안 작성 시 원 이하는 반올림한다.

기간	단일금액 ₩1의 현가계수		정상연금 ₩1의 현가계수	
	6%	8%	6%	8%
1	0.9434	0.9259	0.9434	0.9259
2	0.8900	0.8573	1.8334	1.7833
3	0.8396	0.7938	2.6730	2.5771

물음 1 ㈜대한이 동 금융자산을 당기손익-공정가치 측정 금융자산으로 분류한 경우, 금융자산의 회계처리가 ㈜대한의 20X1년도 포괄손익계산서 상 당기순이익에 미치는 영향을 계산하시오. 단, 당기순이익이 감소하는 경우에는 금액 앞에 (−)를 표시하시오.
2021. CPA

당기순이익에 미치는 영향	①

물음 2 ㈜대한이 동 금융자산을 기타포괄손익-공정가치 측정 금융자산으로 분류한 경우, 금융자산의 회계처리가 ㈜대한의 20X1년도 포괄손익계산서 상 ① 당기순이익에 미치는 영향과 ② 기타포괄이익에 미치는 영향을 각각 계산하시오. 단, 당기순이익이나 기타포괄이익이 감소하는 경우에는 금액 앞에 (−)를 표시하시오.
2021. CPA

당기순이익에 미치는 영향	①
기타포괄이익에 미치는 영향	②

물음 3 ㈜대한은 동 금융자산을 20X1년 중 사업모형의 변경으로 기타포괄손익-공정가치 측정 금융자산에서 상각후원가 측정 금융자산으로 재분류하였다. 금융자산의 회계처리가 ㈜대한의 20X2년도 포괄손익계산서 상 ① 당기순이익에 미치는 영향과 ② 기타포괄이익에 미치는 영향, 20X2년 말 ③ 금융자산의 상각후원가를 계산하시오. 단, 당기순이익이나 기타포괄이익이 감소하는 경우에는 금액 앞에 (−)를 표시하시오.
2021. CPA

당기순이익에 미치는 영향	①
기타포괄이익에 미치는 영향	②
금융자산의 상각후원가	③

해설 신용위험, 재분류

(물음 1)

당기순이익에 미치는 영향	①123,148

1. 이자수익: $2,000,000 \times 6\% = 120,000$
－FVPL 금융자산은 액면이자를 이자수익으로 인식한다.

2. 평가손익: X1년말 공정가치－취득원가 $= 1,900,000 - 1,896,852 = 3,148$ 이익

3. 취득원가(8%, 3기): $2,000,000 \times 0.7938 + 120,000 \times 2.5771 = 1,896,852$

4. X1년 당기순이익: 이자수익＋평가손익 $= 120,000 + 3,148 = 123,148$
－FVPL 금융자산은 손상차손을 인식하지 않는다.

(물음 2)

당기순이익에 미치는 영향	①131,748
기타포괄이익에 미치는 영향	②(－)8,600

X0	1,896,852	n=3, r=8% (120,000)			
	↓ 151,748				
X1	1,928,600	－ (20,000) →	1,908,600	－ ⊖8,600 →	1,900,000

1. 당기순이익: (1)－(2)＝131,748
(1) 이자수익: $1,896,852 \times 8\% = 151,748$
(2) 손상차손: 20,000
  － X1년 말에는 신용위험이 유의하게 증가하지 않았으므로 12개월 기대신용손실로 손실충당금을 측정한다.

2. 기타포괄이익: $1,900,000 - 1,908,600 = (-)8,600$

(물음 3)

당기순이익에 미치는 영향	①104,288
기타포괄이익에 미치는 영향	②8,600
금융자산의 상각후원가	③1,892,888

X0	1,896,852	n=3, r=8% (120,000)			
	↓ 151,748				
X1	1,928,600	－ (－)20,000 → ← (＋)20,000 －	1,908,600	－ ⊖8,600 → ← ⊕8,600 －	1,900,000
	↓ 154,288				
X2	1,962,888	－ (70,000) →	1,892,888		

1. 당기순이익: (1)−(2)=104,288
(1) 이자수익: 1,928,600×8%=154,288
   − 신용손상과 달리 신용위험은 손실충당금을 차감하지 않은 상각후원가에 유효이자율을 곱해 이자수익을 계산한다.
(2) 손상차손: 70,000−20,000=50,000
   − X2년 말에는 신용위험이 유의하게 증가하였으므로 전체기간 기대신용손실로 손실충당금을 측정한다. X1년 말에 손실충당금 20,000을 설정하였으므로 X2년 손상차손은 50,000이다.

2. 기타포괄이익: 8,600
FVOCI 금융자산에서 AC 금융자산으로 재분류 시 기존에 인식한 OCI를 제거한다. OCI가 (−)8,600이 있었으므로 재분류로 인해 OCI는 8,600이 증가한다.

3. 상각후원가: 1,928,600×1.08−120,000−70,000=1,892,888

| 회계처리 |

	차변		대변		장부금액
X1.12.31	현금	120,000	이자수익	151,748	
	FVOCI	31,748			1,928,600
	손상차손	20,000	손실충당금	20,000	1,908,600
	OCI	8,600	FVOCI	8,600	1,900,000
X2.1.1	AC	1,928,600	FVOCI	1,920,000	
			OCI	8,600	1,908,600
	손실충당금	20,000	손상차손	20,000	1,928,600
X2.12.31	현금	120,000	이자수익	154,288	
	AC	34,288			1,962,888
	손상차손	70,000	손실충당금	70,000	1,892,888

문제 14

※ 다음의 각 물음은 독립적이다.

2024. CPA

㈜대한은 20X1년 1월 1일에 ㈜민국이 동 일자로 발행한 A사채를 발행가액(공정가치)에 취득하였다. 취득 시 동 사채의 신용은 손상되어 있지 않았다. 아래의 〈공통자료〉를 이용하여 (물음 1)부터 (물음 3)까지 답하시오. 단, 답안 작성 시 원 미만은 반올림한다.

공통자료

1. ㈜민국이 발행한 A사채의 조건은 다음과 같다.

> · 액면금액: ₩2,000,000
> · 이자지급일: 매년 12월 31일
> · 만기일: 20X4년 12월 31일 일시 상환
> · 표시이자율: 연 6%
> · 사채발행일 유효이자율: 연 10%

2. 현행 시장이자율로 할인된 미래현금흐름의 현재가치는 공정가치와 동일하다.

3. 현재가치 계산 시 아래의 현가계수를 이용한다.

기간	단일금액 ₩1의 현가계수		정상연금 ₩1의 현가계수	
	8%	10%	8%	10%
1	0.9259	0.9091	0.9259	0.9091
2	0.8573	0.8265	1.7832	1.7356
3	0.7938	0.7513	2.5770	2.4869
4	0.7350	0.6830	3.3120	3.1699

물음 1 ㈜대한은 취득한 A사채를 상각후원가 측정 금융자산으로 분류하였다. 다음의 〈요구사항〉에 각각 답하시오.

요구사항 1

㈜대한은 20X1년 이자를 정상적으로 수취하였으나, 20X1년 말에 A사채의 신용이 후속적으로 심각하게 손상되었다고 판단하였다. ㈜대한은 A사채의 채무불이행 발생확률을 고려하여 20X2년부터 20X4년까지 매년 말에 수취할 이자의 현금흐름을 ₩20,000으로, 만기에 수취할 원금의 현금흐름을 ₩1,200,000으로 추정하였다. ㈜대한이 A사채에 대하여 ① 20X1년 말에 수행해야 할 회계처리를 제시하시오.

20X1년 말 회계처리	①

요구사항 2

〈요구사항 1〉과 관련하여 ㈜대한은 20X2년 ₩20,000의 이자를 수취하였다. ㈜대한은 20X2년 말에 A 사채의 채무불이행 발생확률을 고려하여 20X3년부터 20X4년까지 매년 말에 수취할 이자의 현금흐름을 ₩100,000으로, 만기에 수취할 원금의 현금흐름을 ₩1,600,000으로 추정하였다. ㈜대한이 A사채에 대하여 수행한 20X2년 말의 회계처리가 ㈜대한의 20X2년도 포괄손익계산서 상 ① 당기순이익에 미치는 영향을 계산하시오. 단, 당기순이익이 감소하는 경우에는 금액 앞에 (−)를 표시하시오.

당기순이익에 미치는 영향	①

물음 2 ㈜대한은 A사채를 20X1년 말 사업모형의 변경으로 상각후원가 측정 금융자산에서 기타포괄손익−공정가치 측정 금융자산으로 재분류하였다. 재분류일 현재 현행 시장이자율은 연 8%이며, 재분류일에 추정한 현금흐름은 20X1년 초에 추정한 현금흐름(〈공통자료〉 1. 참조)과 동일하다. 한편, 20X2년 말과 재분류일의 시장이자율은 동일하다. A사채의 회계처리가 ㈜대한의 20X2년도 포괄손익계산서 상 ① 당기순이익에 미치는 영향과 ② 기타포괄이익에 미치는 영향을 각각 계산하시오. 단, 당기순이익이나 기타포괄이익이 감소하는 경우에는 금액 앞에 (−)를 표시하시오.

당기순이익에 미치는 영향	①
기타포괄이익에 미치는 영향	②

물음 3 〈공통자료〉와 다음의 〈추가자료 1〉을 이용하여 물음에 답하시오.

추가자료 1

1. 금융자산 재분류 시 재분류조건을 충족한다고 가정한다.

2. 현행 시장이자율로 할인된 미래현금흐름의 현재가치는 공정가치와 동일하다.

일자	공정가치
20X1년 12월 31일	₩2,100,000
20X2년 10월 1일	1,900,000
20X2년 12월 31일	2,000,000
20X3년 1월 1일	2,000,000
20X3년 12월 31일	1,960,000

㈜대한은 20X1년 1월 1일 A사채를 당기손익−공정가치 측정 금융자산으로 분류하였으나 20X2년 10월 1일에 사업모형을 변경하여 기타포괄손익−공정가치 측정 금융자산으로 재분류하였다. A사채와 관련한 회계처리가 ㈜대한의 20X2년도와 20X3년도 포괄손익계산서 상 당기순이익과 기타포괄이익에 미치는 영향을 각각 계산하시오. 단, 당기순이익과 기타포괄이익이 감소하는 경우에는 금액 앞에 (−)를 표시하시오.

항목	20X2년	20X3년
당기순이익에 미치는 영향	①	②
기타포괄이익에 미치는 영향	③	④

물음 4 기업회계기준서 제1109호 「금융상품」 중 기대신용손실(ECL, expected credit loss)의 ① 측정방법 및 ② 신용위험의 정도별 측정기간에 대해서 서술하시오.

✏️ **해설** 금융자산 재분류, 신용위험

(물음 1)

|요구사항 1| 20X1년 말 회계처리

현금	120,000	이자수익	174,639
AC금융자산	54,639		
손상차손	849,730	손실충당금(AC금융자산)	849,730

|요구사항 2|

당기순이익에 미치는 영향	①564,578

X0	1,746,388	n=4, r=10%, (120,000)		
	↓ 174,639			
X1	1,801,027	— (849,730) →	951,297	n=3, r=10%, (20,000)
			↓ 95,130	
X2	1,495,875	← 469,448 —	1,026,427	

X1초 발행가액: 2,000,000×0.6830+120,000×3.1699=1,746,388
X1년말 손상차손: 800,000×0.7513+100,000×2.4869=849,730
X2년말 손상차손환입: 400,000×0.8265+80,000×1.7356=469,448
X2년도 당기순이익: 95,130+469,448=**564,578**

(물음 2)

당기순이익에 미치는 영향	①180,103
기타포괄이익에 미치는 영향	②67,454

X0	1,746,388	n=4, r=10%, (120,000)	
	↓ 174,639		
X1	1,801,027	— ⊕95,813 → ← ⊖95,813 —	1,896,840
	↓ 180,103		
X2	1,861,130	— ⊕67,454 →	1,928,584

X1말 공정가치: 2,000,000×0.7938+120,000×2.5770=1,896,840
X2말 공정가치: 2,000,000×0.8573+120,000×1.7832=1,928,584
－(물음 2)에서는 공통자료와 같은 현금흐름을 가정하였으므로 주의하자. 신용손상이 존재하지 않는다.

| 회계처리 |

x2.1.1	FVOCI금융자산	1,896,840	AC금융자산 OCI	1,801,027 95,813
	OCI	95,813	FVOCI금융자산	95,813
x2.12.31	현금 FVOCI금융자산	120,000 60,103	이자수익	180,103
	FVOCI금융자산	67,454	OCI	67,454

당기순이익에 미치는 영향: 180,103 (이자수익)

기타포괄이익에 미치는 영향: 67,454 (평가이익)

－재분류일은 X2.1.1이므로, 재분류손익과 '취소'로 인한 평가손익이 상쇄되면서 기타포괄이익은 기말에 발생한 평가이익 67,454만큼 증가한다.

(물음 3)

항 목	20x2년	20x3년
당기순이익에 미치는 영향	①20,000	②120,000
기타포괄이익에 미치는 영향	③없음	④(－)40,000

① X2년 당기순이익: 120,000－100,000＝20,000

이자수익(액면이자): 2,000,000×6%＝120,000

평가손익: 2,000,000－2,100,000＝(－)100,000

② X3년 당기순이익: 120,000

이자수익(유효이자＝액면이자): 2,000,000×6%＝120,000

－ X3년초의 공정가치가 액면금액과 같으므로, 유효이자율은 액면이자율과 같은 6%이다.

③ X2년 기타포괄이익: 0

－ 재분류일은 X3.1.1이므로, X2년에는 OCI가 발생하지 않는다.

④ X3년 기타포괄이익: 1,960,000－2,000,000＝(－)40,000

X1	2,100,000	r＝6%, (120,000)				
	↓ 120,000					
X2	2,100,000	－(－)100,000 →	2,000,000	r＝6%, (120,000)		
			↓ 120,000			
X3			2,000,000	－⊖40,000 →	1,960,000	

(물음 4)

① 기대신용손실은 신용손실금액에 해당 금융자산의 개별 채무불이행 발생 위험을 이용해 가중평균하여 계산한다.

② 신용위험이 유의적으로 증가하지 않았다면 12개월 기대신용손실, 신용위험이 유의적으로 증가했다면 전체기간 기대신용손실로 측정한다

문제 15

(13점)

※ 다음의 각 물음은 독립적이다.

㈜대한은 20X1년 초에 발행된 ㈜민국의 사채를 20X1년 5월 1일에 현금으로 취득하였다. 취득 시 동 사채의 신용이 손상되어 있지 않았으며, 사채의 발행일과 취득일의 시장이자율은 동일하였다. 아래의 〈자료〉를 이용하여 각 물음에 답하시오.

자료

1. ㈜민국이 발행한 사채의 조건은 다음과 같다.

> - 액면금액: ₩1,000,000
> - 이자지급일: 매년 12월 31일
> - 만기일: 20X5년 12월 31일 일시상환
> - 표시이자율: 연 6%
> - 사채발행일 시장이자율: 연 9%

2. ㈜대한은 20X1년도 이자는 정상적으로 수취하였으나, 20X1년 말에 동 사채의 신용이 후속적으로 손상되었다고 판단하였다. ㈜대한은 채무불이행 발생확률을 고려하여 20X2년부터 20X5년까지 매년 말에 수취할 이자의 현금흐름을 ₩20,000으로, 만기에 수취할 원금의 현금흐름을 ₩700,000으로 추정하였다.

3. ㈜대한은 20X2년 말에 이자 ₩20,000을 수취하였으며, 20X2년 말에 동 사채의 채무불이행 발생확률을 고려하여 20X3년부터 20X5년까지 매년 말에 수취할 이자의 현금흐름을 ₩40,000으로, 만기에 수취할 원금의 현금흐름을 ₩800,000으로 추정하였다.

4. 동 사채와 관련하여 이자계산 시 월할계산한다.

5. 답안 작성 시 원 이하는 반올림한다.

기간	단일금액 ₩1의 현가계수		정상연금 ₩1의 현가계수	
	7%	9%	7%	9%
1	0.9346	0.9174	0.9346	0.9174
2	0.8734	0.8417	1.8080	1.7591
3	0.8163	0.7722	2.6243	2.5313
4	0.7629	0.7084	3.3872	3.2397
5	0.7130	0.6499	4.1002	3.8896

물음 1 ㈜대한이 사채 취득 시 상각후원가 측정 금융자산으로 분류한 경우, 다음의 〈요구사항〉에 답하시오.

2022. CPA

요구사항 1

㈜대한의 회계처리가 20X1년도 현금에 미치는 영향과 20X1년도와 20X2년도 포괄손익계산서 상 당기순이익에 미치는 영향을 계산하시오. 단, 현금과 당기순이익이 감소하는 경우 금액 앞에 (−)를 표시하시오.

구분	20X1년도	20X2년도
현금에 미치는 영향	①	
당기순이익에 미치는 영향	②	③

요구사항 2

㈜대한이 20X2년 중에 사업모형을 변경하여 상각후원가 측정 금융자산을 당기손익−공정가치 측정 금융자산으로 재분류하였다. 재분류일 현재 현행 시장이자율은 연 7%이며, 재분류일에 추정한 현금흐름은 20X2년 말에 추정한 현금흐름(〈자료〉 3. 참조)과 동일하다. 재분류일의 회계처리가 20X3년도 당기순이익에 미치는 영향을 계산하시오. 단, 당기순이익이 감소하는 경우 금액 앞에 (−)를 표시하시오.

당기순이익에 미치는 영향	①

물음 2 ㈜대한이 사채 취득 시 기타포괄손익−공정가치 측정 금융자산으로 분류하였다. 다음의 〈요구사항〉에 답하시오. 단, 사채의 공정가치는 다음과 같다고 가정한다.

2022. CPA

구분	20X1년 말	20X2년 말
공정가치	₩500,000	₩700,000

요구사항 1

㈜대한의 회계처리가 20X1년도와 20X2년도 포괄손익계산서 상 기타포괄이익에 미치는 영향을 각각 계산하시오. 단, 기타포괄이익이 감소하는 경우 금액 앞에 (−)를 표시하시오.

구분	20X1년도	20X2년도
기타포괄이익에 미치는 영향	①	②

요구사항 2

㈜대한이 20X2년 말에 사업모형을 변경하여 기타포괄손익−공정가치 측정 금융자산을 상각후원가 측정 금융자산으로 재분류하였다. 재분류일의 회계처리가 20X3년도 기타포괄이익에 미치는 영향을 계산하시오. 단, 재분류일의 공정가치는 20X2년 말과 동일하며, 기타포괄이익이 감소하는 경우 금액 앞에 (−)를 표시하시오.

기타포괄이익에 미치는 영향	①

해설

(물음 1)

| 요구사항 1 | 금융자산의 기중 취득

구분	20X1년도	20X2년도
현금에 미치는 영향	①(−)849,774	
당기순이익에 미치는 영향	②(−)289,111	③178,306

```
X0      883,276      n=5, R=9%, (60,000)
        ↓79,495
X1      902,771   — (342,108) →   560,663   n=4, R=9%, (20,000)
                                  ↓ 50,460
X2                                591,123   — 127,846 →   718,969
```

1. 순현금흐름: (1)−(2)=(−)849,774
(1) 현금 수취액: 1,000,000×6%=60,000
(2) 사채 취득 시 현금 지급액: 883,276×(1+9%×4/12)=909,774
　① 사채의 20X1년 초 현재가치: 1,000,000×0.6499+60,000×3.8896=883,276

2. X1년도 당기순이익: (1)−(2)=(−)289,111
(1) 이자수익: 883,276×9%×8/12=52,997
(2) 손상차손: (1,000,000−700,000)×0.7084+(60,000−20,000)×3.2397=342,108

3. X2년도 당기순이익: (1)+(2)=178,306
(1) 이자수익: 560,663×9%=50,460
　① X1년말 금융자산의 장부금액: 902,771−342,108=560,663
(2) 손상차손환입: (800,000−700,000)×0.7722+(40,000−20,000)×2.5313=127,846

| 요구사항 2 | 금융자산 재분류

당기순이익에 미치는 영향	①39,000

재분류 시 금융자산 평가손익: (1)−(2)=39,000 이익
(1) X2년 말 금융자산의 공정가치: 40,000×2.6243+800,000×0.8163=758,012
(2) X2년 말 금융자산의 상각후원가: 40,000×2.5313+800,000×0.7722=719,012

AC 금융자산을 FVPL 금융자산으로 계정 재분류 시 상각후원가를 공정가치로 평가하면서 평가손익은 PL로 인식한다.

(물음 2) FVOCI 금융자산의 신용손상＋금융자산 재분류

|요구사항 1|

구분	20X1년도	20X2년도
기타포괄이익에 미치는 영향	①(－)60,663	②41,694

|요구사항 2|

기타포괄이익에 미치는 영향	①18,969

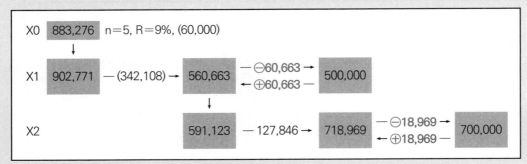

X2년도 포괄손익계산서 상 기타포괄이익에 미치는 영향: 60,663－18,969＝41,694
X3년도 포괄손익계산서 상 기타포괄이익에 미치는 영향: 18,969

FVOCI 금융자산을 AC 금융자산으로 계정 재분류 시 공정가치를 상각후원가로 변경하면서 장부상에 계상된 기타포괄손익누계액을 제거한다.

문제 16

㈜대한은 20X1년 1월 1일에 발행된 ㈜민국의 A사채를 공정가치로 동 일자에 현금으로 취득하였으며, 취득 시 동 사채의 신용이 손상되어 있지 않았다. 다음의 〈공통 자료〉를 이용하여 각 물음에 답하며, 각 물음은 독립적이다.

공통자료

1. ㈜대한이 취득한 A사채와 관련된 조건은 다음과 같다.
   - 액면금액: ₩1,000,000
   - 표시이자율: 연 6%
   - 이자지급일: 매년 12월 31일
   - 만기일: 20X4년 12월 31일
   - 사채발행 시 시장이자율: 연 4%
   - 사채취득 관련 거래원가는 없음

2. 시장이자율로 할인된 미래현금흐름의 현재가치는 공정가치와 동일하다.

3. 답안 작성 시 원 이하는 반올림한다.

기간	단일금액 ₩1의 현가계수	정상연금 ₩1의 현가계수
	4%	4%
1	0.9615	0.9615
2	0.9246	1.8861
3	0.8890	2.7751
4	0.8548	3.6299

물음 1 다음의 〈추가 자료〉를 이용하여 〈요구사항〉에 답하시오. 2019. CPA

추가자료

1. ㈜대한은 20X1년도 이자는 정상적으로 수취하였으나, 20X1년 말에 동 사채의 신용이 후속적으로 심각하게 손상되었다고 판단하였다. ㈜대한은 해당 사채의 채무불이행 발생확률을 고려하여, 20X2년부터 20X4년까지 매년 말에 수취할 이자의 현금흐름을 각각 ₩30,000으로, 만기에 수취할 원금의 현금흐름을 ₩700,000으로 추정하였다.

2. ㈜대한은 20X2년 ₩30,000의 이자를 수취하였다. ㈜대한은 20X2년 말에 동 사채의 신용손상이 일부 회복되어 20X3년부터 20X4년까지 매년 말에 수취할 이자의 현금흐름을 각각 ₩50,000으로, 만기에 수취할 원금의 현금흐름을 ₩900,000으로 추정하였다.

3. 동 사채의 20X1년 말 공정가치는 ₩700,000이고, 20X2년 말 공정가치는 ₩800,000이다.

4. ㈜대한은 20X3년 7월 1일에 동 사채를 ₩1,050,000(미수이자 ₩25,000 포함)에 처분하였다.

5. ㈜대한은 금융자산을 기타포괄손익－공정가치 측정 금융자산으로 분류 시 이자수익의 인식은 유효이자율법에 의하며, 당기손익－공정가치 측정 금융자산으로 분류 시 표시이자를 이자수익으로 인식한다.

요구사항 1

㈜대한이 취득한 A사채를 기타포괄손익－공정가치 측정 금융자산으로 분류하였을 경우, 20X2년도와 20X3년도 포괄손익계산서의 당기순이익과 기타포괄이익에 미치는 영향을 각각 계산하시오. 단, 당기순이익과 기타포괄이익이 감소하는 경우에는 (－)를 숫자 앞에 표시하시오.

항 목	20X2년	20X3년
당기순이익에 미치는 영향	①	②
기타포괄이익에 미치는 영향	③	④

요구사항 2

㈜대한이 취득한 A사채를 당기손익－공정가치 측정 금융자산으로 분류하였을 경우, 20X1년도, 20X2년도, 20X3년도 포괄손익계산서의 당기순이익에 미치는 영향의 총 합계액을 계산하시오. 단, 당기순이익이 감소하는 경우에는 (－)를 숫자 앞에 표시하시오.

물음 2 다음의 〈추가 자료〉를 이용하여 답하시오.

> **추 가 자 료**
>
> 1. 금융자산 재분류 시 재분류조건을 충족한다고 가정한다.
>
> 2. A사채의 일자별 공정가치는 다음과 같다.
>
> | 일 자 | 공정가치 |
> |---|---|
> | 20X1년 12월 31일 | ₩1,060,000 |
> | 20X2년 7월 1일 | 950,000 |
> | 20X2년 12월 31일 | 1,000,000 |
> | 20X3년 1월 1일 | 1,000,000 |
> | 20X3년 12월 31일 | 980,000 |

㈜대한은 20X1년 1월 1일 A사채를 당기손익－공정가치 측정 금융자산으로 분류하였으나 20X2년 7월 1일에 사업모형을 변경하여 기타포괄손익－공정가치 측정 금융자산으로 재분류하였다. A사채와 관련한 회계처리가 ㈜대한의 20X2년도와 20X3년도 포괄손익계산서의 당기순이익과 기타포괄이익에 미치는 영향을 각각 계산하시오. 단, 당기순이익과 기타포괄이익이 감소하는 경우에는 (－)를 숫자 앞에 표시하시오.

2019. CPA

항 목	20X2년	20X3년
당기순이익에 미치는 영향	①	②
기타포괄이익에 미치는 영향	③	④

해설

(물음 1) FVOCI 금융자산, FVPL 금융자산의 신용손상

|요구사항 1|

항목	20X2년	20X3년
당기순이익에 미치는 영향	①250,864	②123,591
기타포괄이익에 미치는 영향	③(−)120,864	④126,409

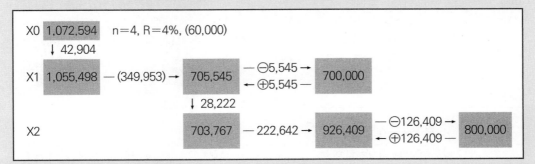

X1년 손상차손(4%, 3기): 30,000×2.7751+300,000×0.889=349,953

① X2년 당기순이익에 미치는 영향: 이자수익+손상차손환입=**250,864**
 −이자수익: 705,545×4%=28,222
 −손상차손환입(4%, 2기): 20,000×1.8861+200,000×0.9246=222,642

③ X2년 기타포괄이익에 미치는 영향: 5,545−126,409=(−)**120,864**

② X3년 당기순이익에 미치는 영향: 이자수익+처분손익=**123,591**
 −이자수익: 926,409×4%×6/12=18,528
 −처분손익: 1,050,000−926,409×(1+4%×6/12)=105,063

별해〉 NI=CI−OCI=250,000−126,409=**123,591**
금융자산을 처분하는 해의 CI: 처분가액−기초 자산=1,050,000−800,000=250,000

④ X3년 기타포괄이익에 미치는 영향: **126,409**
X3년에는 금융자산을 처분하므로 기말 평가 없이 기초에 '취소'만 한다.

|요구사항 2| 67,406
3년간 당기순이익의 합: (1)+(2)+(3)=**67,406**
(1) 3년간 이자수익: 60,000+30,000+50,000×6/12=115,000
 −FVPL 금융자산은 액면이자를 이자수익으로 인식한다. X3년에는 7.1에 처분하므로 6개월 치 이자수익만 인식
  한다.

(2) 2년간 평가손익: ①+②=(−)272,594

① X1년 평가손익: 700,000−1,072,594=(−)372,594

② X2년 평가손익: 800,000−700,000=100,000

　－218FVPL 금융자산은 손상차손을 인식하지 않는다. 따라서 공정가치 평가만 하면 된다.

(3) 처분손익: 1,050,000−(800,000+50,000×6/12)=225,000

　－X3년에는 7.1에 처분하므로 평가손익을 인식하지 않고, 처분손익만 인식한다.

별해〉 3년간 당기순이익의 합=총 현금 유입액−총 현금 유출액=1,140,000−1,072,594=**67,406**

(1) 총 현금 유입액=이자 수령액+처분가액=90,000+1,050,000=1,140,000

　－X3년도 액면이자는 수령하지 않고 처분하므로 이자 수령액에 포함되지 않는다.

(2) 총 현금 유출액=취득원가=1,072,594

(물음 2)

항 목	20X2년	20X3년
당기순이익에 미치는 영향	①0	②60,000
기타포괄이익에 미치는 영향	③0	④(−)20,000

① X2년 당기순이익에 미치는 영향: 60,000−60,000=0

－이자수익: 1,000,000×6%=60,000 (액면이자)

－평가손익: 1,000,000−1,060,000=(−)60,000

③ X2년 기타포괄이익에 미치는 영향: 0

－FVPL 금융자산은 평가손익을 PL로 인식하므로 OCI에 미치는 영향이 없다.

② X3년 당기순이익에 미치는 영향: **60,000**

－이자수익: 1,000,000×6%=60,000 (유효이자)

－재분류일의 공정가치가 액면금액이므로, 새로운 유효이자율은 액면이자율과 같은 6%이다.

④ X3년 기타포괄이익에 미치는 영향: 980,000−1,000,000=(−)**20,000**

| 회계처리 |

X2.12.31	현금	60,000	이자수익	60,000
	PL	60,000	FVPL 금융자산	60,000
X3.1.1	FVOCI 금융자산	1,000,000	FVPL 금융자산	1,000,000
X3.12.31	현금	60,000	이자수익	60,000
	OCI	20,000	FVOCI 금융자산	20,000

FVPL 금융자산을 FVOCI 금융자산으로 재분류하는 경우 평가손익은 발생하지 않으며, 재분류일의 공정가치 그대로 승계한다. X2.7.1에 사업모형을 변경하였으므로 재분류일은 X3.1.1이다.

7 금융보증계약 및 지속적 관여

1. 금융보증계약

발행자는 금융보증계약을 최초 인식 후에 후속적으로 다음 중 큰 금액으로 측정한다.

> 금융보증부채＝MAX[①, ②]
> ① 최초 인식금액에서 기업회계기준서 제1115호(수익 기준서)에 따라 인식한 이익누계액을 차감한 금액 (수익은 진행률 or 정액법으로 인식)
> ② 기대신용손실로 산정한 손실충당금

보증기업은 보증에 대한 대가를 수령하였지만 아직 보증의무를 이행하지 않았기 때문에 대가 수령 시에는 선수수익으로 보아 부채로 계상한다. 이후에 보증의무를 이행함에 따라 부채를 제거하면서 수익을 인식하면 된다. 전체 보증액과 이미 이행한 보증액이 문제에 제시된다면 **진행률**로 수익을 인식하고, 별다른 언급이 없다면 **정액법**으로 수익을 인식하면 된다.

만약 채무자의 재무상태가 악화된다면 보증기업은 보증액을 지급해야 할 의무가 생긴다. 따라서 보증기업은 예상 보증액(기대신용손실)만큼 부채를 인식해야 한다.

2. 지속적 관여

양도자산의 소유에 따른 위험과 보상의 대부분을 보유하지도 이전하지도 않는데, 양도자가 양도자산을 통제하고 있다면, 그 양도자산에 지속적으로 관여하는 정도까지 그 양도자산을 계속 인식한다.

STEP 1 금융자산 양도 시

양도자가 양도자산에 대하여 일부만 보증을 제공하는 형태로 지속적 관여가 이루어지는 경우 지속적으로 관여하는 정도까지 양도자산을 계속 인식하며, 관련 부채도 함께 인식한다.

> (1) 지속적 관여 자산＝min[①, ②]
> ① 양도자산의 장부금액
> ② 수취한 대가 중 상환을 요구받을 수 있는 최대 금액(최대 보증액)
>
> (2) 관련 부채＝최대 보증액＋보증의 공정가치

현금	총 수령액	금융자산	장부금액
지속적관여자산	최대 보증액	관련부채	최대 보증액
		관련부채	보증의 FV
	처분손익 XXX		

－최대 보증액이 양도자산의 장부금액보다 클 가능성은 거의 없으므로 회계처리에서 지속적 관여 자산은 최대 보증액으로 계상하였다.

비용	실제 보증액	현금	실제 보증액
관련부채	실제 보증액	지속적관여자산	실제 보증액
관련부채	환입액	수익	환입액

양도자는 양도자산에서 생기는 수익을 지속적으로 관여하는 정도까지 계속 인식하며, 관련 부채에서 생기는 모든 비용을 인식한다.

(1) 현금 지출액만큼 비용 인식

(2) 실제 보증액만큼 지속적 관여 자산과 관련 부채 상계

(3) 관련부채 환입액만큼 수익 인식

> 관련부채 환입액(=수익): 보증의 FV×실제 보증액/최대 보증액

관련부채 중 보증의 공정가치는 선수수익의 성격을 띈다. 따라서 보증용역을 실제로 제공할 때 보증비율만큼 관련부채를 환입하면서 수익을 인식한다. 보증비율은 양도 시 정한 최대 보증액 중 당기의 실제 보증액의 비율로 계산한다.

3. 금융자산의 일부 제거 2차

> 금융자산처분손익(PL)=처분가액−금융자산 전체의 BV×처분하는 부분의 FV/전체의 FV

금융자산을 일부만 처분하는 경우에는 처분손익을 위와 같이 구한다. 그동안 금융자산을 일부 제거할 때 이 사항을 고려하지 않았었는데, 지금까지는 금융자산의 일정 비율(ex 60%)을 처분하여 액면금액과 액면이자가 같은 비율만큼 감소했기 때문이다. 액면금액과 액면이자가 같은 비율만큼 감소하면 금융자산 전체의 공정가치 대비 처분하는 부분의 공정가치가 차지하는 비율이 처분 비율과 같다. 따라서 처분 비율이 60%라면 금융자산 전체의 장부금액에 60%를 곱한 만큼 처분가액에서 차감하면 처분손익을 구할 수 있었다.

반면, 액면금액과 액면이자의 처분비율이 다른 경우(ex 채무상품의 현금흐름 중 이자 부분만 양도) 양도하기 전 금융자산 전체의 장부금액은 계속 인식하는 부분과 제거하는 부분에 대해 양도일 현재 각 부분의 상대적 공정가치를 기준으로 배분한다. 양도일 현재 공정가치는 잔여 현금흐름을 현행이자율로 할인하면 된다.

문제 17

물음 1 다음의 〈자료 1〉을 이용하여 〈요구사항〉에 답하시오. 단, 각 〈요구사항〉은 독립적이다.　2021. CPA

자료1

1. ㈜대한은 20X1년 1월 1일에 ㈜민국으로부터 현금 ₩500,000을 1년간 차입(연 이자율 8%, 이자는 만기상환 시 지급)하였다. 차입금의 이자율은 시장이자율과 동일하다. ㈜대한은 20X1년 12월 31일에 동 차입금의 만기를 20X4년 12월 31일로 연장하고, 연 이자율을 4%(매년 말 후급)로 하향조정하는 것에 대해 ㈜민국과 합의하였다. 20X1년 말 현재 시장이자율은 연 10%이며, 미지급이자는 없다.

2. ㈜대한은 20X2년 1월 1일 추가 운영자금을 나라은행으로부터 차입(차입금A)하고자 하였는데, 나라은행은 ㈜대한의 지급불능 위험을 회피하기 위하여 제3자 보증을 요구하였다. 이에 20X2년 1월 1일 ㈜만세가 ㈜대한으로부터 지급보증의 공정가치인 ₩6,000을 보증료로 수취하고 나라은행에 보증을 제공하기로 하였다. 동 금융보증계약에 따라 ㈜만세는 ㈜대한이 보유한 차입금A의 지급불이행으로 나라은행이 손실을 입을 경우 이를 보상한다. 금융보증기간은 20X2년 1월 1일부터 20X5년 12월 31일까지이며, ㈜만세는 수취한 보증료를 보증기간 4년 동안 매년 균등하게 수익으로 인식한다. ㈜만세가 연도별로 추정한 ㈜대한의 차입금A에 대한 손실충당금 잔액은 다음과 같으며, 이는 나라은행이 추정한 금액과 동일하다.

20X2년 말	20X3년 말	20X4년 말	20X5년 말
₩1,000	₩3,500	₩3,700	₩3,700

3. 답안 작성 시 원 이하는 반올림한다.

기간	단일금액 ₩1의 현가계수		정상연금 ₩1의 현가계수	
	8%	10%	8%	10%
1	0.9259	0.9091	0.9259	0.9091
2	0.8573	0.8265	1.7833	1.7355
3	0.7938	0.7513	2.5771	2.4869

요구사항 1

㈜대한은 20X1년 12월 31일에 금융부채의 조건 변경 과정에서 ㈜민국에게 수수료 ₩7,000을 지급하였다. 이 경우 20X1년 말 ㈜대한이 조건변경에 따라 인식할 ① 금융부채조정손익과 20X1년 말 재무상태표에 인식할 ㈜민국에 대한 ② 동 차입금의 장부금액을 각각 계산하시오. 단, 금융부채조정손실이 발생할 경우에는 금액 앞에 (−)를 표시하시오.

금융부채조정손익	①
차입금의 장부금액	②

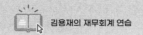

요구사항 2

㈜만세가 ㈜대한을 위해 20X2년 1월 1일 나라은행과 체결한 금융보증계약이 ㈜만세의 20X3년도와 20X4년도의 포괄손익계산서 상 당기순이익에 미치는 영향을 각각 계산하시오. 단, 당기순이익이 감소하는 경우에는 금액 앞에 (−)를 표시하시오.

20X3년 당기순이익에 미치는 영향	①
20X4년 당기순이익에 미치는 영향	②

물음 2

20X3년 5월 1일 ㈜한국은 ㈜대한에게 장부금액 ₩10,000인 매출채권을 현금 ₩10,000(지급보증의 공정가치 ₩1,000 포함)에 양도하였다. ㈜한국은 이 거래와 관련하여 발생할 수 있는 손실에 대해 최대 ₩3,000까지 책임을 지는 지급보증약정을 체결하였다. ㈜한국의 회계담당자는 양도된 매출채권의 보상과 위험의 대부분을 보유하지도 않고 이전하지도 않은 것으로 판단하였다. 또한 ㈜대한은 위 매출채권을 제3자에게 매도할 수 없다. ㈜한국의 20X3년 5월 1일자 회계처리(분개)를 제시하시오.   2013. CPA

물음 3

다음의 〈자료 2〉를 이용하여, ㈜대한의 미수금 양도 시의 회계처리가 자산총액에 미치는 영향을 계산하시오. 단, 자산총액이 감소하는 경우에는 금액 앞에 (−)를 표시하시오.   2023. CPA

> **자료2**
>
> 1. ㈜대한은 20X1년 1월 1일 미수금 ₩5,000,000 (20X1년 4월 1일 회수예정)을 ㈜민국에 양도하고 ₩4,800,000을 수령하였다.
>
> 2. ㈜대한은 미수금과 관련된 신용위험을 ㈜민국에 이전하였으나, 미수금의 회수가 지연되는 경우 최대 5개월 동안의 지연이자(연 6%)를 즉시 지급하기로 약정하였다. ㈜민국은 ㈜대한으로부터 양도받은 미수금을 제3자에게 매도할 수 있는 능력이 없다.
>
> 3. 미수금 양도일 현재 회수지연 위험에 대한 보증의 공정가치는 ₩50,000이다.

자산총액에 미치는 영향	①

물음 4

다음의 〈자료 3〉을 이용하여, ㈜대한의 대여금 이자 양도 시 회계처리가 당기순이익에 미치는 영향을 계산하시오. 단, 당기순이익이 감소하는 경우에는 금액 앞에 (−)를 표시하시오.   2023. CPA **2차**

> **자료3**
>
> 1. ㈜대한은 20X1년 10월 1일 현재 장부금액 ₩500,000의 대여금(만기일인 20X4년 9월 30일에 원금 일시 상환 및 매년 9월 30일에 연 이자율 6% 이자 수령)을 보유하고 있다.
>
> 2. ㈜대한은 20X1년 10월 1일 보유하고 있는 동 대여금에서 발생하는 만기까지 수령할 이자를 이자 수령액의 공정가치로 양도하였다. 동 양도는 금융자산 제거요건을 충족한다.
>
> 3. 20X1년 10월 1일의 유효이자율은 8%이다. 기간 3, 8%에 대한 단일금액 ₩1과 정상연금 ₩1의 현가계수는 각각 0.7938과 2.5770이다.

당기순이익에 미치는 영향	①

CHAPTER

07 복합금융상품

1 전환사채

STEP 0 상환할증금

1. 만기까지 전환하지 않으면 만기에 액면금액의 110%를 지급한다.
   : 상환할증금＝액면금액×10%

2. 보장수익률은 10%이다.
   상환할증금＝액면금액×(보장R－액면R)×((1＋보장R)²＋(1＋보장R)＋1)
   ex 액면이자율 연 5%, 시장이자율 연 12%, 연 보장수익률 액면금액의 10%, 액면금액 ₩1,000,000 가정 시 상환할증금＝1,000,000×(10%－5%)×(1.1²＋1.1＋1)＝165,500

액면발행이 아니더라도 상환할증금은 반드시 2번 식과 같이 계산한다. 여기에서 시장이자율은 절대로 쓰이지 않는다는 점을 주의하자.

계산기 사용법 상환할증금

1.1×＝＋1.1＋1×1,000,000×5%
위 식에서 (1.1²＋1.1＋1)을 먼저 계산하고, 앞의 숫자들을 곱하는 것이 편하다. 1.1²은 '1.1×＝'을 누르면 계산할 수 있다.

STEP 1 발행가액 분석

부채	(액면금액＋할증금)×단순현가계수＋액면이자×연금현가계수	＝①XXX
자본		③XXX(A)
계		②발행가액

참고 전환사채의 시장이자율: 발행가액 계산 시 사용하는 할인율
전환사채는 사채와 전환권의 합이다. 사채는 현금을 받을 수 있는 권리이고, 전환권은 사채를 주식으로 바꿀 수 있는 권리이다. 이때 전환사채는 '전환권이 없는' 사채의 가치를 먼저 구한 뒤, 발행금액에서 사채의 가치를 제외한 나머지를 전환권대가로 본다. 따라서 부채를 구할 때에는 '전환권이 없는' 일반사채의 시장이자율로 할인한다. 하지만 '전환사채의' 시장이자율은 전환권이 있는 사채의 이자율이다. 따라서 현금흐름을 전환사채의 시장이자율로 할인하면 발행가액이 도출된다. 이 금액에는 부채뿐만 아니라 자본까지 포함되므로, 일반사채의 시장이자율로 부채를 구한 뒤 차감해야 전환권대가를 구할 수 있다.

CHAPTER 07 복합금융상품 **223**

STEP 2 매년 말: 유효이자율 상각

> 이자비용＝기초 부채 BV(할증금 포함)×유효R

STEP 3 전환권 행사

부채	기말 BV×전환율	자본금	주식 수×액면가
전환권대가	A×전환율	주발초	XXX

1. 전환 시 자본 증가액＝부채 감소액＝기말 사채 BV(할증금 포함)×전환율

2. 전환 시 증가하는 주발초 ★중요!

> 주발초 증가액＝(전기말 사채 BV＋전환권대가－주당 액면가×총 전환 가능 주식 수)×전환율

STEP 4 전환권 행사 후 이자비용

> 전환권 행사 후 이자비용＝전기말 사채 BV×유효R×(1－전환율)

－ 부채의 장부금액은 할증금을 포함한 금액이라는 것을 주의!

STEP 5 만기 상환

1. 만기 지급액

> 만기 지급액＝(액면금액＋할증금)×(1－전환율)

2. 미전환 시 만기까지 총 이자비용 (만기＝3년 가정)

> 총 이자비용＝총 현금 지급액－총 현금 수령액
> ＝액면이자×3＋액면금액＋할증금－부채의 PV (전환권대가 제외)
> (∵총 현금 지급액＝액면이자×3＋액면금액＋할증금)

> **참고** 복합금융상품의 장부금액: 상환할증금 포함
>
> 전환사채 또는 신주인수권부사채의 '장부금액'을 묻는다면 상환할증금의 현재가치까지 포함해서 답하자. 특히, 신주인수권부사채의 경우 상환할증금을 분리해서 계산하긴 하지만 장부금액에는 상환할증금까지 포함해서 답해야 한다.

 X2년 말의 장부금액

> CB의 X2년 말 장부금액=(액면금액+액면이자+상환할증금)×(1−전환율)/(1+유효이자율)
> BW의 X2년 말 장부금액=(액면금액+액면이자+상환할증금×(1−행사율))/(1+유효이자율)

만기가 3년이라고 가정할 때, 2번째 해 기말 장부금액을 묻는 경우가 있다. 이때는 X1년에서 두 번 상각하는 것보다, 만기에 지급할 현금흐름을 1년 할인하는 것이 편하다. CB와 BW의 사채 감소 여부가 다르므로 이를 주의하자.

전환사채 회계처리 요약〉

발행 시	현금	발행가	부채	PV(할증금도)
			전환권대가(자본)	XXX(A)
매년 말	이자비용	기초 BV×유효R	현금	액면이자
			부채	XXX 」기말 BV(할증금 포함)
전환 시	부채	기말 BV×전환율	자본금	주식 수×액면가
	전환권대가	A×전환율	주발초	XXX 」기말 BV×(1−전환율)
전환 후 기말	이자비용	기말BV×유효R ×(1−전환율)	현금	액면이자
			부채	XXX
만기 상환	부채	(액면금액+할증금) ×(1−전환율)	현금	XXX

문제 1 (8점)

물음 1 12월말 결산법인인 ㈜가을은 20X1년초에 ㈜겨울이 발행한 전환사채를 장기투자목적으로 ₩100,000에 취득하였다. ㈜겨울이 발행한 전환사채 액면은 ₩100,000이며, 만기 3년, 표시이자율 10%(매년말 1회 지급조건), 보장수익률 12%이다. 사채발행 당시 동종사채에 대한 시장이자율은 연 13%이다. 현재가치 계산시 아래의 현가계수만을 이용한다.

기간	현가계수	연금현가계수
	13%	13%
3년	0.69305	2.36115

20X1년초 전환사채 취득시 전환권의 가치를 계산하시오. 단, 소수점 아래 첫째 자리에서 반올림한다.

2012. CPA

물음 2 ㈜대한은 발행일이 20X1년 1월 1일인 전환사채를 다음과 같은 조건으로 발행하였다. 다음의 〈자료〉를 이용하여 각 〈요구사항〉에 답하시오. 각 〈요구사항〉은 독립적이다.

자료

1. 전환사채의 발행조건은 다음과 같다.
   - 액면금액: ₩3,000,000
   - 표시이자율: 연 4%
   - 이자지급일: 매년 12월 31일
   - 만기일: 20X3년 12월 31일
   - 전환사채의 시장이자율: 연 7%
   - 발행일 현재 동일한 조건의 전환권이 없는 일반사채의 시장이자율: 연 8%
   - 보장수익률: 연 5%
   - 전환가격: 전환사채 ₩6,000당 보통주 1주(1주당 액면금액: ₩5,000)
   - 전환청구기간: 사채발행일 2주 이후부터 만기일 1일 전까지

2. 답안 작성 시 원 이하는 반올림한다.

기간	단일금액 ₩1의 현가계수			정상연금 ₩1의 현가계수		
	5%	7%	8%	5%	7%	8%
1	0.9524	0.9346	0.9259	0.9524	0.9346	0.9259
2	0.9070	0.8734	0.8574	1.8594	1.8080	1.7833
3	0.8638	0.8163	0.7938	2.7232	2.6243	2.5771

요구사항 1

㈜대한의 전환사채에 대한 전환권가치를 계산하시오.

2019. CPA

요구사항 2

㈜대한의 전환사채에 대한 회계처리가 ① 20X1년의 당기순이익에 미치는 영향을 계산하시오. ② 20X2년 1월 1일에 전환사채의 40%가 보통주로 전환되었다고 가정할 경우 전환 직후 전환사채의 장부금액을 계산하시오. 단, 당기순이익이 감소하는 경우에는 (−)를 숫자 앞에 표시하시오.

2019. CPA

20X1년의 당기순이익에 미치는 영향	①
전환 직후 전환사채의 장부금액	②

✏️ 해설 전환사채

(물음 1) 2,406

1. 상환할증금: $100,000 \times (12\% - 10\%) \times (1.12^2 + 1.12 + 1) = 6,749$

2. 발행가액 분석

부채	$(100,000 + 6,749) \times 0.69305 + 10,000 \times 2.36115$	= ①97,594
자본		③2,406
계		②100,000

(물음 2)

|요구사항 1| 전환권가치: 75,292

1. 상환할증금: $3,000,000 \times (5\% - 4\%) \times (1.05^2 + 1.05 + 1) = 94,575$

2. 발행가액 분석

(1) 발행가액: $(3,000,000 + 94,575) \times 0.8163 + 120,000 \times 2.6243 = 2,841,018$

　　― 보통 문제에서는 발행가액을 제시하나, 본 문제에서는 발행가액을 제시하지 않았다. 발행가액을 제시하지 않은 경우 '전환사채'의 시장이자율로 할인한다. 전환사채는 시장이자율이 8%인 일반사채와 달리 전환권이 있으므로 투자자가 요구하는 수익률이 낮다.

(2) 발행가액의 구성요소

부채	$(3,000,000 + 94,575) \times 0.7938 + 120,000 \times 2.5771$	= ①2,765,726
자본		③75,292
계		②2,841,018

　　― 전체 발행가액을 구할 때에는 '전환사채'의 시장이자율로 할인하나, 이 중 부채 금액을 구할 때는 전환권이 없는 '일반사채'의 시장이자율로 할인한다.

|요구사항 2|

20X1년의 당기순이익에 미치는 영향	①(−)221,258
전환 직후 전환사채의 장부금액	② 1,720,190

1. X1년 당기순이익: $2,765,726 \times 8\% = (-)221,258$ (이자비용)

2. 전환 직후 전환사채 장부금액: $(2,765,726 \times 1.08 - 120,000) \times 60\% = 1,720,190$

2 신주인수권부사채

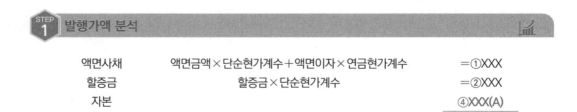

STEP 1 발행가액 분석

액면사채	액면금액×단순현가계수＋액면이자×연금현가계수	＝①XXX
할증금	할증금×단순현가계수	＝②XXX
자본		④XXX(A)
계		③발행가액

신주인수권부사채는 전환사채와 달리 사채 부분과 할증금을 따로 현재가치를 구함

STEP 2 매년 말: 유효이자율 상각

이자비용＝(기초 액면사채＋할증금 BV)×유효R

STEP 3 신주인수권 행사

현금	주식 수×행사가	자본금	주식 수×액면가
할증금	BV×행사율	주발초	XXX
대가	A×행사율	주발초	XXX

1. 행사 시 자본 증가액＝현금 납입액＋부채 감소액＝주식 수×행사가＋할증금 BV×행사율

2. 행사 시 증가하는 주발초

주발초 증가액
＝(행사가×총 행사 가능 주식 수＋할증금 BV＋신주인수권대가
－주당 액면가×총 행사 가능 주식 수)×행사율

> **참고** 행사비율 100%
>
> － 행사가격의 총합이 사채 액면금액과 일치한다는 의미
> － 행사비율이 100%가 아닌 경우는 출제 X

> 행사 후 이자비용
> =액면사채 BV×유효R×100%＋할증금 BV×유효R×(1－행사율)

신주인수권부사채는 신주인수권을 행사하더라도 사채가 사라지지 않으므로 사채에 대한 이자비용은 100% 다 인식하지만, 할증금에 대한 이자비용은 미행사율만큼만 인식함.

1. 만기 지급액

> 만기 지급액＝액면금액×100%＋할증금×(1－행사율)

신주인수권부사채는 신주인수권을 행사하더라도 사채가 사라지지 않으므로 만기에 사채의 액면금액은 100% 다 지급하지만, 할증금은 미행사율만큼만 지급함.

2. 미행사 시 만기까지 총 이자비용 (만기＝3년 가정)

> 총 이자비용＝총 현금 지급액－총 현금 수령액
> ＝액면이자×3＋액면금액＋할증금－부채의 PV (신주인수권대가 제외)

| 신주인수권부사채 회계처리 |

발행 시	현금	발행가	신주인수권부사채	PV
			할증금	PV
			신주인수권대가	XXX(A)
매년 말	이자비용	사채 기초 BV×유효R	현금	액면이자
			신주인수권부사채	XXX
	이자비용	할증금 기초 BV×유효R	할증금	XXX
행사 시	현금	주식 수×행사가	자본금	주식 수×액면가
	할증금	할증금 BV×행사율	주발초	XXX
	대가	A×행사율	주발초	XXX
행사 후 기말	이자비용	BV×유효R×100%	현금	액면이자
			신주인수권부사채	XXX
	이자비용	BV×유효R×(1－행사율)	할증금	XXX
만기 상환	신주인수권부사채	액면금액×100%	현금	XXX
	할증금	할증금×(1－행사율)		

」할증금 BV

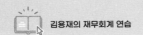

핵심 전환사채, 신주인수권부사채 출제사항 요약 ⭐중요!

	전환사채	신주인수권부사채
(1)할증금	$1,000,000 \times (10\% - 5\%) \times (1.1^2 + 1.1 + 1) = 165,500$ —10%: 보장R, 5%: 액면R, **시장이자율은 전혀 안 씀!**	
(2)주발초	(전기말 사채 BV + 전환권대가 —주당 액면가 × 총 전환 가능 주식 수) × 전환율	(행사가 + 할증금 BV + 신주인수권대가 —주당 액면가 × 총 행사 가능 주식 수) × 행사율
(3)행사 후 이자비용	BV(할증금 포함) × (1 − 전환율) × 유효R	{액면사채 BV + 할증금 BV × (1 − 행사율)} × 유효R
(4)행사 시 자본 증가액	BV(할증금 포함) × 전환율	행사가 + 할증금 BV × 행사율
(5)만기 현금 상환액	(액면금액 + 할증금) × (1 − 전환율)	액면금액 × 100% + 할증금 × (1 − 행사율)
(6)미행사시 총 이자비용	**총 현금 지급액 − 총 현금 수령액** **= 액면이자 × 3 + 액면금액 + 할증금 − 사채의 PV (대가 제외)**	

추의 ⓘ **사채 상각 시 액면이자를 차감한 금액에 이자율을 곱할 것!**

사채 상각 시에는 '(기초 BV × 1.1 − 70,000) × 1.1 − 70,000…'와 같은 계산을 반복해서 하는데, 급하게 계산기를 치다 보면 액면이자(70,000)를 차감하는 것을 놓치기 쉽다. 김수석이 수험생 때 많이 했던 실수이기 때문에 여러분도 주의하기 바란다.

3 조정 계정을 이용한 총액 분개

전환사채	현금	발행가	전환사채	액면가
			할증금	할증금
	전환권조정	XXX	전환권대가	A
신주인수권부 사채	현금	발행가	신주인수권부사채	액면가
	신주인수권조정	XXX	할증금	할증금
			신주인수권대가	A

'전환권조정', '신주인수권조정': 사채할인발행차금 역할을 함

(=액면금액＋상환할증금－사채의 장부금액)

조정 계정 없이 순액으로 회계처리해도 답을 구할 수 있음.

→ 조정을 제시하거나, 조정을 묻는 문제가 아니라면 순액으로 회계처리할 것!

－회계처리를 묻는 문제는 조정 계정 사용을 권고

4 액면발행이 아닌 경우 VS 발행원가

1. 액면발행이 아닌 경우(할인발행 or 할증발행): 차액은 자본에 반영

부채	(액면금액＋할증금)×단순현가계수＋액면 이자×연금현가계수	=①XXX
자본		③XXX
계		②발행가액

전환사채의 발행금액 분석 시 미래현금흐름의 현재가치를 먼저 부채로 계상하고, 발행가액에서 부채를 차감한 잔여액을 자본으로 계상

→ 전환사채의 발행금액과 액면금액의 차이는 자본(전환권대가)에 반영

2. 발행원가: 자본과 부채에 BV 비율로 안분

부채	PV(현금흐름)	=①XXX	×비율	=XXX
자본		③XXX	×비율	=XXX
계		②발행가액	×비율	발행가액－발행원가

전환사채 발행 시 발행원가는 자본과 부채에 안분한다. 안분 비율은 '발행원가가 없다고 가정했을 때의 BV 비율'이다. 우선은 발행원가가 없다고 보고 발행가액 분석을 한다. 이때 계산되는 부채와 자본의 BV 비율대로 발행원가를 안분하면 된다.

문제 2

(12점)

복합금융상품과 관련된 아래의 자료는 모든 (물음)에 공통적으로 적용되며 제시되는 각각의 (물음)은 서로 독립적인 상황이다.

> ### 공통자료
>
> ㈜한국은 20X1년 1월 1일 만기 3년의 전환사채를 액면발행(액면금액 ₩1,000,000) 하였다. 전환사채는 20X2년 1월 1일부터 전환권을 행사할 수 있으며, 발행일 현재 전환권이 없는 일반사채의 시장이자율은 연8%이다. 전환사채의 액면이자율은 연4%이며 이자지급일은 매년 12월 31일이다. 전환사채의 보유자가 전환권을 행사하지 않을 경우 ㈜한국은 보유자에게 만기일에 연6%의 수익률을 보장한다. 전환사채의 상환기간 중 전환된 금액은 ₩800,000이다. 현재가치(현가)계수는 아래표에서 주어진 자료를 이용하며 계산금액은 <u>소수점 첫째자리에서 반올림한다.</u>
>
> | 기간 | 단일금액 ₩1의 현가계수 | | | 정상연금 ₩1의 현가계수 | | |
> |---|---|---|---|---|---|---|
> | | 4% | 6% | 8% | 4% | 6% | 8% |
> | 3 | 0.8890 | 0.8396 | 0.7938 | 2.7751 | 2.6730 | 2.5771 |

물음 1 ① 만약 ㈜한국이 20X1년 1월 1일 전환사채를 액면발행하지 않고 ₩960,000에 할인발행 한다면, 발행일 현재 전환사채의 장부금액을 계산하시오. 아래 양식의 ①에 계산된 금액을 기입하시오. 2015. CPA

구 분	할인발행시
전환사채 장부금액	①

물음 2 ① 만약 전환사채 보유자가 상환기간 동안 전환권을 중도에 행사하지 않는다면, ㈜한국이 상환기간에 걸쳐 인식할 총이자비용을 계산하시오. ② 만약 전환사채 보유자가 상환기간 동안 전환권을 행사하지 않아 만기일에 표시이자를 제외하고 실제로 상환한 금액이 ₩265,918이라고 한다면, ㈜한국이 발행한 전환사채의 상환기간 동안 전환청구된 비율(전환비율)이 몇%인지 계산하시오. 아래 양식의 ①, ②에 계산된 금액을 각각 기입하시오. 2015. CPA

전환권 미행사시 총이자비용	전환비율
①	②

물음 3 ㈜한국이 20X1년 1월 1일 상환기간 3년의 비분리형 신주인수권부사채를 액면발행(액면금액 ₩1,000,000)하였다고 가정한다. 발행일 현재 일반사채의 시장이자율은 연8%이며 신주인수권부사채는 20X2년 1월 1일부터 신주인수권을 행사할 수 있다. 신주인수권부사채의 액면이자율은 연4%이며 이자지급일은 매년 12월 31일이다. 신주인수권은 액면금액의 100%를 행사할 수 있으며, 신주인수권을 행사하지 않을 경우 만기일에 ₩71,500에 해당하는 상환할증금을 사채액면금액에 가산하여 지급한다. 20X2년 12월 31일에 액면이자를 지급한 직후 액면금액의 40%에 해당하는 신주인수권이 행사되었다. 행사조건은 사채액면금액 ₩10,000당 액면금액 ₩5,000의 보통주 1주를 인수한다. <u>신주인수권의 권리행사로 ㈜한국이 발행한 주식의 발행금액을 계산하시오.</u> 단, 신주인수권 행사시 신주인수권대가는 주식발행초과금으로 대체한다. 2015. CPA

해설

(물음 1) 전환사채 할인발행

구 분	할인발행시
전환사채 장부금액	①947,427

1. 상환할증금: $1,000,000 \times (6\% - 4\%) \times (1.06^2 + 1.06 + 1) = 63,672$

2. 발행금액 분석

부채	$1,063,672 \times 0.7938 + 40,000 \times 2.5771$	=①947,427
자본		③12,573
계		②960,000

(물음 2) 총이자비용

전환권 미행사시 총이자비용	전환비율
①236,245	②75%

1. 총 이자비용
: 액면금액＋상환할증금＋액면이자×3－사채의 현재가치
  $= 1,000,000 + 63,672 + 40,000 \times 3 - 947,427 = 236,245$

2. 전환비율
만기 상환금액: (액면금액＋상환할증금)×(1－전환비율)
　　　　　　 $= (1,000,000 + 63,672) \times (1 - 전환비율) = 265,918$
　　　→ 전환비율＝75%

✎ 해설 신주인수권부사채 행사

(물음 3) 445,024

1. 상환할증금: 71,500 (문제에 제시)

2. 발행금액 분석

사채	$1,000,000 \times 0.7938 + 40,000 \times 2.5771$	=①896,884
할증금	$71,500 \times 0.7938$	=②56,757
자본		④46,359
계		③1,000,000

3. 주식의 발행금액: (행사가격＋상환할증금 장부금액＋신주인수권대가)×전환비율
　　　　＝$(1,000,000＋66,201＋46,359) \times 40\% ＝445,024$

(1) 행사가격: $1,000,000 \times 100\% ＝1,000,000$

(2) 상환할증금 장부금액: $56,757 \times 1.08^2 ＝66,201$

|전환 시 회계처리|

X2.1.1	현금	400,000	자본금	200,000
	상환할증금	26,480		
	신주인수권대가	18,544	주식발행초과금	245,024

문제 3

(15점)

다음의 〈공통 자료〉는 ㈜대한이 20X1년 1월 1일 발행한 복합금융상품에 대한 내용이다. 이를 이용하여 다음의 독립된 세 가지 물음에 답하시오. 답안 작성시 금액은 소수점 아래 첫째 자리에서 반올림한다.

> **공통자료**
>
> 1. 액면금액은 ₩1,000,000이며, 만기일은 20X3년 12월 31일이다.
> 2. 표시이자율은 연 5%이며, 이자는 매년말 후급이다.
> 3. ㈜대한은 납입자본에 자본금과 주식발행초과금을 표시한다.
> 4. ㈜대한은 전환권(혹은 신주인수권)이 행사될 때 전환권대가(혹은 신주인수권대가)를 주식의 발행금액으로 대체한다.
> 5. 발행당시 회사의 일반사채에 적용되는 시장이자율은 연 9%이며, 동 이자율에 대한 현가계수는 다음과 같다.
>
> | 기 간 | 1 | 2 | 3 |
> |---|---|---|---|
> | 단일금액 ₩1의 현가계수 | 0.9174 | 0.8417 | 0.7722 |
> | 정상연금 ₩1의 현가계수 | 0.9174 | 1.7591 | 2.5313 |

물음 1 상기 복합금융상품이 전환사채이며 액면발행되었다고 가정하자. ㈜대한은 전환사채의 만기일에 액면금액의 일정비율을 상환할증금으로 지급한다. 20X2년 1월 1일 40%의 전환권이 행사되어 주식이 발행되었으며, 20X2년 12월 31일에 인식한 이자비용은 ₩52,474이다. ① 전환사채 발행시점에서의 전환권대가와 ② 20X1년 12월 31일 전환사채의 장부금액을 계산하시오.   2016. CPA

20X1년초 전환권대가	①
20X1년말 전환사채 장부금액	②

물음 2 상기 복합금융상품이 전환사채이며 발행금액은 ₩980,000이라 가정하자. 전환으로 발행되는 주식 1주에 요구되는 사채액면금액은 ₩20,000이며, 주식의 액면금액은 주당 ₩10,000이다. 20X2년 1월 1일 60%의 전환권이 행사되어 주식이 발행되었다고 할 때 ① 전환권 행사로 증가하는 주식발행초과금과 ② 전환권이 행사된 직후 전환사채의 장부금액을 계산하시오.   2016. CPA

주식발행초과금 증가분	①
전환권 행사 직후 전환사채의 장부금액	②

물음 3 상기 복합금융상품이 비분리형 신주인수권부사채이며 발행금액은 ₩980,000이라 가정하자. 행사비율은 사채권면액의 100%이며, 행사가격은 보통주 1주당 ₩20,000이다. 주식의 액면금액은 주당 ₩10,000이다. 20X2년 1월 1일 60%의 신주인수권이 행사되어 주식이 발행되었다고 할 때 ① 신주인수권 행사로 증가하는 주식발행초과금과 ② 신주인수권이 행사된 직후 신주인수권부사채의 장부금액을 계산하시오.   2016. CPA

주식발행초과금 증가분	①
신주인수권 행사 직후 신주인수권부사채의 장부금액	②

📝 해설 전환사채, 신주인수권부사채

(물음 1)

20X1년초 전환권대가	①62,623
20X1년말 전환사채 장부금액	②971,741

물음 1에서는 상환할증금을 지급하는 것을 가정하였다. 하지만 상환할증금을 구할 수 있는 자료를 제시하지 않았으므로 X2년 이자비용을 이용하여 X1년 말 전환사채의 장부금액을 역산할 것이다.

1. X1년 말 전환사채 장부금액

X2년 이자비용: X1년말 전환사채 장부금액×60%×9%＝52,474

→ X1년 말 전환사채 장부금액＝971,741

2. X1년 초 전환권대가

X1년 말 전환사채 장부금액＝X1년초 전환사채 장부금액×1.09－50,000＝971,741

→ X1년 초 전환사채 장부금액＝937,377

X1년 초 전환권대가: 발행금액－X1년초 전환사채 장부금액＝1,000,000－937,377＝62,623

(물음 2)

주식발행초과금 증가분	①306,533
전환권 행사 직후 전환사채의 장부금액	②371,862

물음 1에서는 상환할증금을 지급하는 것을 가정하였지만, 이와 독립적인 물음 2에서는 상환할증금에 대한 언급이 없으므로 상환할증금이 없다고 가정하고 문제를 푼다.

1. 발행금액 분석

부채	1,000,000×0.7722＋50,000×2.5313	＝①898,765
자본		③81,235
계		②980,000

2. X1년말 전환사채 장부금액: 898,765×1.09－50,000＝929,654

3. 전환권 행사 직후 전환사채 장부금액: 929,654×40%＝371,862

4. 주발초 증가분: (929,654＋81,235－1,000,000/20,000×10,000)×60%＝306,533

| 전환 시 회계처리 |

X2.1.1	전환사채	557,792	자본금	300,000
	전환권대가	48,741	주식발행초과금	306,533

(물음 3)

주식발행초과금 증가분	①348,741
신주인수권 행사 직후 신주인수권부사채의 장부금액	②929,654

1. 발행금액 분석

사채	$1,000,000 \times 0.7722 + 50,000 \times 2.5313$	=①898,765
자본		③81,235
계		②980,000

상환할증금에 대한 언급이 없으므로 상환할증금이 없다고 가정한다.

2. X1년말 신주인수권부사채 장부금액: $898,765 \times 1.09 - 50,000 = 929,654$

3. 신주인수권 행사 직후 신주인수권부사채 장부금액: 929,654

상환할증금이 없으므로, 신주인수권을 행사하더라도 신주인수권부사채가 감소하지 않는다.

4. 주발초 증가분: $(1,000,000 \times 100\% + 81,235 - 1,000,000/20,000 \times 10,000) \times 60\% = 348,741$

행사비율이 100%이므로, 신주인수권을 전부 행사 시 필요한 행사가격은 1,000,000이다. 행사가격이 보통주 1주당 20,000이므로, 행사 가능한 총 주식수는 50주이다. 따라서 전부 행사 시 자본금은 500,000 증가한다.

|전환 시 회계처리|

X2.1.1	현금	600,000	자본금	300,000
	전환권대가	48,741	주식발행초과금	348,741

문제 4
(16점)

아래에서 제시되는 (물음)은 각각 독립적인 상황이고, 〈공통자료〉는 모든 (물음)에 공통적으로 적용된다. 단, 금액(₩)은 소수점 첫째 자리에서 반올림한다.

㈜한국은 20X1년 1월 1일에 아래의 조건과 함께 액면금액 ₩100,000으로 전환사채를 발행하였다. 아래는 이와 관련된 자료들이다.

공통자료

- 표시이자율은 연 8%이며, 이자는 매 회계연도 말에 후급으로 지급한다.
- 상환기일은 20X3년 12월 31일로 3년 만기이다.
- 전환권이 없는 일반사채에 적용되는 시장이자율은 연 10%이다.
- 사채액면금액 ₩2,000당 보통주(주당 액면금액 ₩1,000) 1주로 전환된다.
- 주식의 액면금액을 초과하는 주식의 발행금액은 주식발행초과금으로 표시한다.
- 전환청구기간은 발행일 이후 2개월 경과일로부터 상환기일 60일 전까지로 한다.
- 이자율에 대한 단일금액 및 연금 현가계수는 아래와 같다.

기간 및 구분		이자율		
		8%	9%	10%
3년	단일금액현가	0.7938	0.7722	0.7513
	연금현가	2.5771	2.5313	2.4868

물음 1 ① 전환사채 발행시점에서의 전환권가치를 구하시오. ② 전환사채의 발행과 관련하여 거래원가(transaction costs) ₩2,000이 발생할 경우 전환사채 발행시점에서의 전환권가치를 구하시오. *2014. CPA*

물음 2 전환사채의 만기일까지 투자자가 전환권을 행사하지 않는 경우 만기일에 연 9%의 수익률을 보장받는 금액을 액면금액에 추가하여 수령할 수 있다고 한다면 전환사채 발행시점에서의 전환권가치를 구하시오. *2014. CPA*

물음 3 전환사채의 발행금액이 ₩98,000이며 20X2년 1월 1일 50%의 전환권이 행사되었다고 하자. 즉, 전환사채 중 1/2인 액면금액 ₩50,000이 보통주로 전환되었다. ① 이로 인해 증가되는 자본을 구하시오. ② 전환권이 행사될 때 ㈜한국이 해야 할 회계처리를 하시오. *2014. CPA*

물음 4 20X1년 1월 1일 액면금액으로 발행한 전환사채의 표시이자율을 연 8%가 아닌 연 5%로 가정한다. 또한 전환사채 보유자가 전환권을 행사하지 않은 부분에 대해서는 ㈜한국이 만기일에 액면금액의 115%를 상환하는 전환사채라고 가정한다. 20X3년 1월 1일에 50%의 전환권이 행사되었다. 즉, 전환사채 중 1/2인 액면금액 ₩50,000이 보통주로 전환되었다. 20X3년 12월 31일에 인식할 당기 이자비용을 구하시오. *2014. CPA*

✍️ 해설 전환사채-거래원가가 발생한 경우, 할인발행, 전환 시 자본 증가액, 이자비용

(물음 1) ① 4,976 ② 4,876

1. 액면발행 시: 4,976

부채	$100,000 \times 0.7513 + 8,000 \times 2.4868$	=①95,024
자본		③4,976
계		②100,000

문제에서 '액면금액 ₩100,000으로 전환사채를 발행하였다.'라고 제시하였으므로 액면발행한 것이다.

2. 거래원가 발생 시

부채	95,024	×98/100	=93,124
자본	4,976	×98/100	=4,876
계	100,000	×98/100	=98,000

거래원가 2,000 발생 시 총 발행금액은 98,000이다. 액면발행 시 부채와 자본 금액에 각각 98/100을 곱하면 된다.

(물음 2) 2,513

1. 상환할증금: $100,000 \times (9\% - 8\%) \times (1.09^2 + 1.09 + 1) = 3,278$

2. 발행가액 분석

부채	$103,278 \times 0.7513 + 8,000 \times 2.4868$	=①97,487
자본		③2,513
계		②100,000

(물음 3) ① 48,263

1. 발행가액 분석

부채	$100,000 \times 0.7513 + 8,000 \times 2.4868$	=①95,024
자본		③2,976
계		②98,000

2. X1년말 전환사채 장부금액: $95,024 \times 1.1 - 8,000 = 96,526$

3. 전환 시 자본 증가액: 전환 시 전환사채 장부금액 × 50% = $96,526 \times 50\% = 48,263$

② 회계처리

전환사채	50,000	전환권조정	1,737
전환권대가	1,488	자본금	25,000
		주식발행초과금	24,751

-전환권조정 감소분: $100,000 \times 50\% - 48,263 = 1,737$
-주발초 증가분: $(96,526 + 2,976 - 100,000/2,000 \times 1,000) \times 50\% = 24,751$

(물음 4) 5,455
1. 상환할증금: $100,000 \times 15\% = 15,000$

2. X3년초 전환사채 장부금액: $(100,000 + 15,000 + 5,000)/1.1 \times 50\% = 54,545$
  ─ 만기가 1년 남았으므로 X3년말 현금흐름의 현재가치를 구하는 것이 빠르다.

3. X3년 이자비용: $54,545 \times 10\% = 5,455$

5 전환사채의 조기상환

사채	상환 시점 사채의 BV		현금	①상환 시점 사채의 FV
		②PL XXX		
전환권대가	전환권대가 BV		현금	③총 상환금액─상환 시점 사채의 FV
		④자본요소 XXX		

STEP 1 상환 시점 사채의 FV 구하기

상환 시점 사채의 FV=잔여 현금흐름을 '현행이자율'로 할인한 금액

STEP 2 사채상환손익(PL)=사채의 BV-사채의 FV

STEP 3 전환권대가에 대한 상환금액=총 상환금액-상환 시점 사채의 FV

STEP 4 전환권대가 상환손익(자본요소)=전환권대가-전환권대가에 대한 상환금액

주의 ⓘ 문제에 전환권대가의 공정가치가 제공되더라도 사용하지 말 것!

6 전환사채의 유도전환

	유도전환으로 인한 손실(PL)
(1) 주식 추가 지급 시	원래보다 더 주는 주식 수×주식의 FV
(2) 현금 지급 시	전부 전환했다고 가정할 때 지급하는 현금 총액

— 유도전환 시에는 실제로 전환하지 않았더라도 변경 후의 조건으로 전부 전환하였다고 가정했을 때의 손실을 당기비용으로 인식함

문제 5

(10점)

㈜세무는 20X1년 1월 1일 다음과 같은 조건의 전환사채를 액면금액(₩1,000,000)으로 발행하였다.   2023. CTA

- 표시이자율 연 5 % (이자지급은 매년 12월 31일)
- 전환권은 없으나 다른 조건은 모두 동일한 일반사채의 20X1년 1월 1일 현재 시장이자율 연 10 %
- 전환권 행사: 전환청구기간은 사채발행일 이후 3개월 경과일로부터 만기 전일까지이며, 전환사채 액면금액 ₩10,000당 보통주 1주(액면금액 ₩5,000)를 발행하여 교부
- 만기상환일: 20X3년 12월 31일
- 전환권을 행사하지 않는 경우에는 만기일에 상환할증금 ₩100,000을 지급

현재가치 계산이 필요할 경우 다음의 현가계수를 이용하고, 금액은 소수점 첫째자리에서 반올림하여 계산한다.

기간	단일금액 ₩1의 현가계수		정상연금 ₩1의 현가계수	
	10%	12%	10%	12%
1	0.9091	0.8929	0.9091	0.8929
2	0.8264	0.7972	1.7355	1.6901
3	0.7513	0.7118	2.4868	2.4018

물음 1 전환사채 발행금액 중 자본요소(전환권대가) 금액을 계산하시오.

물음 2 20X2년 1월 1일 전환사채의 50 % 권리가 행사된 경우, ㈜세무의 20X2년도 전환사채 관련 회계처리가 20X2년도 당기순이익에 미치는 영향을 계산하시오. (단, 당기순이익이 감소하는 경우 금액 앞에 '(−)'를 표시하시오.)

물음 3 20X3년 1월 1일 나머지 전환사채 50 %를 동 일자의 공정가치인 ₩520,000에 재매입하였으며, 거래원가 ₩10,000이 발생하였다. 재매입 현재 전환권이 없는 일반사채의 현행시장이자율이 연 12 %일 때, 전환사채 재매입이 ㈜세무의 20X3년도 당기순이익에 미치는 영향을 계산하시오. (단, 당기순이익이 감소하는 경우 금액 앞에 '(−)'를 표시하시오.)

✏️ 해설

(물음 1) 49,230

1) 상환할증금: 100,000 (문제 제시)

2) 발행가액의 구성요소

부채	$(1,000,000+100,000)\times0.7513+50,000\times2.4868$		=①950,770
자본			③49,230
계			②1,000,000

(물음 2) (−)49,792

1) x1말 장부금액: $950,770\times1.1-50,000=995,847$

2) X2년도 이자비용: $995,847\times10\%\times(1-50\%)=49,792$
   − X2년도 당기순이익에 미치는 영향은 이자비용밖에 없다.

(물음 3) (−)575

1) X3년초 전환사채 장부금액: $\{(950,770\times1.1-50,000)\times1.1-50,000\}\times50\%=522,716$
   − X2년초에 50%를 전환하였으므로 50%만 남았다.

2) X3년초 일반사채의 공정가치(12%, 1기)
   : $(1,100,000+50,000)\times0.8929\times50\%=513,418$

3) 상환대가의 안분

부채	513,418	×53/52	=523,291
자본	6,582	×53/52	=6,709
계	520,000	×53/52	=530,000

전환사채의 공정가치는 520,000이므로 이를 기준으로 부채와 자본에 대한 상환대가를 안분한다. 그런데 거래원가 10,000이 발생하였으므로 총 상환액은 530,000이다. 이를 부채와 자본에 같은 비율로 안분한다.

4) 사채상환손익: $522,716-523,291=(-)575$

| 회계처리 |

전환사채	522,716	현금	523,291
사채상환손실	575		
전환권대가	24,615	현금	6,709
		자본	18,160

7 복합금융상품의 기중 행사 2차

회계학 시험에서 복합금융상품은 이자지급일이 12월 31일로 제시된다. 그리고 지금까지 풀었던 문제는 전환사채의 전환 및 신주인수권의 행사가 전부 12월 31일이나 1월 1일에 이루어졌다. 전환 및 행사 시에는 부채(사채 및 할증금)가 감소하는데, 기중에 행사한다면 부채의 장부금액을 구할 때 유효이자율 상각 시 월할 상각을 해야 하기 때문이다.

이제는 문제에 기중에 행사하는 복합금융상품이 등장할 것이다. 기중 행사 시에는 행사 시점까지 유효이자율 상각한 뒤 부채의 장부금액을 감소시켜야 한다. 기중 행사 시 감소하는 부채는 다음과 같다.

1. 신주인수권부사채 기중 행사 시 부채 감소액

기초 할증금 BV×(1+유효R×월수/12)×행사율

신주인수권부사채는 신주인수권을 행사하더라도 사채가 제거되지 않고 할증금만 제거된다. 할증금은 미지급이자가 없으므로, 행사 시점까지 이자비용만 가산하면 된다.

> **주의** ⓘ X2년 기중 행사 시 할증금: 유효이자율 상각 후 월할 상각할 것
>
> 발행한 해에 바로 행사를 하는 경우는 없다. X2년 또는 그 이후에 행사를 하는데, 이 경우 상환할증금을 상각('1+유효R'을 곱하기)한 다음에 월할 상각을 해야 한다. 상환할증금의 현재가치에 바로 월할 상각을 하지 않도록 주의하자.

2. 전환사채 기중 전환 시 부채 감소액

① 전환일까지 표시이자 미지급 시
 =기초 부채 BV(할증금 포함)×(1+유효R×월수/12)×전환율

② 전환일까지 표시이자 지급 시
 =기초 부채 BV(할증금 포함)×(1+유효R×월수/12)×전환율－표시이자×월수/12

전환사채는 사채가 주식으로 '전환'된다. 즉, 전환 시 사채는 사라진다. 따라서 기중에 전환사채를 전환한다면 전환일까지 발생한 미지급이자도 같이 사라진다. 그러므로 원칙적으로 기중 전환 시 기초 부채 장부금액에 유효이자를 가산한 금액만큼 부채가 감소한다. 이는 기중 상환 시 상환일의 총부채 금액을 구하는 것과 같은 식이다.

반면, 문제의 가정에 따라 전환일까지 발생한 표시이자는 별도로 지급하고 전환한다면 표시이자를 현금으로 수령하므로 전환 시 감소하는 부채에 표시이자는 제외되어야 한다. 따라서 ① 전환일까지 표시이자 미지급 시 감소하는 부채에 비해 표시이자만큼 적게 감소한다.

문제에 언급이 없다면 ①번으로 보고, 2020년 기출 물음 2)처럼 문제에서 '기중전환 시 전환된 부분의 전환일까지의 표시이자를 지급하는 것으로 가정'하면 ②번으로 계산하자.

문제 6

(15점)

※ 다음의 각 물음은 독립적이다.

다음의 〈자료〉를 이용하여 물음 1)부터 물음 4)까지 답하시오. 단, 답안 작성 시 원 이하는 반올림한다.

자료

• ㈜대한은 20X1년 1월 1일 복합금융상품을 발행하였으며, 발행조건은 다음과 같다.

> — 액면금액: ₩1,000,000
> — 만기상환일: 20X3년 12월 31일
> — 표시이자율: 연 4%
> — 이자지급일: 매년 12월 31일(연 1회)
> — 보장수익률: 연 5%
> — 사채발행일 현재 동일 조건의 신주인수권(전환권)이 없는 일반사채 시장수익률: 연 6%
> — 신주인수권행사(전환)가격: 사채액면 ₩10,000당 1주의 보통주
> — 보통주 액면금액: 1주당 ₩5,000

• ㈜대한은 주식발행가액 중 주식의 액면금액은 '자본금'으로, 액면금액을 초과하는 부분은 '주식발행초과금'으로 표시한다.
• ㈜대한은 신주인수권(전환권)이 행사될 때 신주인수권대가(전환권대가)를 주식의 발행가액으로 대체한다.
• 동 복합금융상품과 관련하여 이자계산 시 월할계산한다. 현재가치 계산 시 아래의 현가계수를 이용한다.

기간	단일금액 ₩1의 현가계수			정상연금 ₩1의 현가계수		
	4%	5%	6%	4%	5%	6%
1	0.9615	0.9524	0.9434	0.9615	0.9524	0.9434
2	0.9246	0.9070	0.8900	1.8861	1.8594	1.8334
3	0.8890	0.8638	0.8396	2.7751	2.7232	2.6730

물음 1 상기 복합금융상품이 전환사채이며 액면발행되었다고 가정한다. 20X2년 1월 1일 전환사채 액면금액의 40%가 전환청구 되었으며, 이에 따라 ㈜대한은 자사의 보통주를 발행하였다. 전환권을 청구하기 직전 재무상태표 상 자산총계는 ₩15,000,000이며, 부채총계는 ₩5,000,000이다. 전환 직후 ㈜대한의 부채비율을 계산하시오. 단, 부채비율(%)은 [(부채총계/자본총계)×100]을 사용하며, 계산 결과는 소수점 둘째자리에서 반올림한다(예: 55.67%는 55.7%로 계산). *2022. CPA*

전환 직후 부채비율(%)	①

물음 2 상기 복합금융상품이 전환사채이며 발행금액은 ₩985,000이라고 가정한다. 20X2년 1월 1일 60%의 전환권이 행사되어 보통주가 발행되었다고 할 때 다음 양식에 제시된 항목을 계산하시오. *2022. CPA*

전환권 행사시 주식발행초과금 증가분	①
전환권 행사 직후 전환사채의 장부금액	②

물음 3 상기 복합금융상품이 비분리형 신주인수권부사채이며 액면발행되었다고 가정할 때 다음의 〈요구사항〉에 답하시오.

2022. CPA 2차

요구사항 1

20X2년 4월 1일 80%의 신주인수권이 행사되어 보통주가 발행되었고, 행사금액은 사채액면금액의 100%이다. 다음 양식에 제시된 항목을 계산하시오.

신주인수권 행사시 주식발행초과금 증가분	①
신주인수권 행사 직후 신주인수권부사채의 장부금액	②

요구사항 2

㈜대한의 20X2년도 포괄손익계산서에 인식될 이자비용을 계산하시오.

20X2년 이자비용	①

물음 4 상기 복합금융상품은 전환사채이며 액면발행되었다고 가정한다. ㈜대한은 전환사채의 조기전환을 유도하고자 20X3년 7월 1일에 사채 액면금액 ₩10,000당 보통주 1.2주로 전환하는 것으로 조건을 변경하였다. 조건변경일 현재 ㈜대한의 보통주 1주당 공정가치는 ₩7,000이다. ㈜대한의 전환사채 관련 전환조건 변경 거래가 20X3년도 포괄손익계산서 상 당기순이익에 미치는 영향을 계산하시오. 단, 당기순이익이 감소하는 경우 금액 앞에 (−)를 표시하시오.

2022. CPA

당기순이익에 미치는 영향	①

✏️ 해설 전환사채 및 신주인수권부사채 회계처리

(물음 1) 전환사채 전환 시 부채비율

전환 직후 부채비율(%)	①44.3%

1. 상환할증금: $1,000,000 \times (5\% - 4\%) \times (1.05^2 + 1.05 + 1) = 31,525$

2. 발행가액 분석

부채	$(1,000,000 + 31,525) \times 0.8396 + 40,000 \times 2.6730$	=①972,988
자본		③27,012
계		②1,000,000

3. 전환으로 증가하는 자본(=전환으로 감소하는 부채)

: 전환 시 부채의 장부금액×전환비율=991,367×40%=396,547

－X1년 말 부채의 장부금액: 972,988×1.06−40,000=991,367

별해〉 부채 감소액
: (1,031,525×0.89+40,000×1.8334)×40%=396,557

4. 부채비율: (1)/(2)=**44.3%**
(1) 부채: 5,000,000−396,547=4,603,453
(2) 자본: 10,000,000+396,547=10,396,547

|전환 시 회계처리|

(차)	전환사채	396,547	(대)	자본금	200,000
	전환권대가	10,805		주발초	207,352

(물음 2) 전환사채 할인발행 & 전환 시 주발초

전환권 행사시 주식발행초과금 증가분	①302,027
전환권 행사 직후 전환사채의 장부금액	②396,547

1. 상환할증금: 31,525 (물음 1 참고)

2. 발행가액 분석
   부채   (1,000,000+31,525)×0.8396+40,000×2.6730   =①972,988
   자본   ③12,012
   계   ②985,000

3. 전환 시 증가하는 주식발행초과금
   : (전환 시 부채 장부금액+전환권대가−총 전환 주식수×주식 액면금액)×전환비율
   =(991,367+12,012−100주×@5,000)×60%=302,027
   −X1년 말 부채의 장부금액: 972,988×1.06−40,000=991,367

4. 전환권 행사 직후 전환사채 장부금액
   : 991,367×(1−60%)=**396,547**

|전환 시 회계처리|

(차)	전환사채	594,820	(대)	자본금	300,000
	전환권대가	7,207		주발초	302,027

(물음 3) BW 주발초 증가, 이자비용−기중 행사
|요구사항 1|

신주인수권 행사시 주식발행초과금 증가분	①444,391
신주인수권 행사 직후 신주인수권부사채의 장부금액	②973,456

1. 상환할증금: 31,525 (물음 1 참고)

2. 발행가액 분석

사채	1,000,000×0.8396+40,000×2.6730	=①946,520
할증금	31,525×0.8396	=②26,468
자본		④27,012
계		③1,000,000

3. 행사시 증가하는 주식발행초과금
   : (총 행사 가능 주식 수×행사가격+할증금 장부금액+신주인수권대가−총 행사 가능 주식 수×주식 액면금액)
   ×행사비율=(100주×@10,000+28,477+27,012−100주×@5,000)×80%=444,391
   − X2.4.1 할증금 장부금액: 26,468×1.06×(1+6%×3/12)=28,477

4. 행사 직후 BW 장부금액: (1)+(2)=973,456
(1) 사채 장부금액: (946,520X1.06−40,000)×(1+6%×3/12)−40,000×3/12=967,761
   − 4.1에 행사하므로, 3개월 치 유효이자를 가산한 뒤, 3개월 치 미지급이자를 차감해야 장부금액이 계산된다.
(2) 할증금 장부금액: 28,477×(1−80%)=5,695
   − BW는 행사 시 할증금이 행사비율만큼 제거된다.

|행사 시 회계처리|

(차)	현금	800,000	(대)	자본금	400,000
	할증금	22,781		주발초	444,391
	신주인수권대가	21,610			

|요구사항 2|

20X2년 이자비용	①58,472

이자비용: (1)+(2)=58,472
(1) 사채 이자비용: (946,520X1.06−40,000)×6%=57,799
(2) 할증금 이자비용: 28,056×6%×(80%×3/12+20%)=673
   − X2.1.1 할증금 장부금액: 26,468×1.06=28,056
   − 할증금은 신주인수권 행사 시 행사비율만큼 제거되므로 80%에 해당하는 부분은 3개월 치 이자비용만 인식
   해야 한다.

(물음 4) 전환사채의 유도 전환

당기순이익에 미치는 영향	①(−)140,000

조건변경비용: 100주×0.2×@7,000=140,000 (당기순이익 감소)

문제 7

(18점)

※ 다음의 각 물음은 독립적이다.

㈜대한은 20X1년 1월 1일 복합금융상품을 발행하였다. 이와 관련된 다음의 〈공통 자료〉를 이용하여 각 물음에 답하시오. **2차**

공통자료

1. 발행조건은 다음과 같다.

   - 액면금액: ₩1,000,000
   - 만기상환일: 20X4년 12월 31일
   - 표시이자율: 연 2%
   - 이자지급일: 매년 12월 31일(연 1회)
   - 보장수익률: 연 4%
   - 사채발행일 현재 동일 조건의 신주인수권(전환권)이 없는 일반사채 시장수익률: 연 5%
   - 행사(전환)가격: 사채액면 ₩10,000당 1주의 보통주
   - 보통주 액면금액: 1주당 ₩5,000

2. ㈜대한은 주식발행가액 중 주식의 액면금액은 '자본금'으로, 액면금액을 초과하는 부분은 '주식발행초과금'으로 표시한다.

3. ㈜대한은 신주인수권(전환권)이 행사될 때 신주인수권대가(전환권대가)를 주식의 발행가액으로 대체한다.

4. 답안 작성 시 원 이하는 반올림한다.

기간	단일금액 ₩1의 현가계수					
	1%	2%	3%	4%	5%	6%
1	0.9901	0.9804	0.9709	0.9615	0.9524	0.9434
2	0.9803	0.9612	0.9426	0.9246	0.9070	0.8900
3	0.9706	0.9423	0.9151	0.8890	0.8638	0.8396
4	0.9610	0.9238	0.8885	0.8548	0.8227	0.7921

기간	정상연금 ₩1의 현가계수					
	1%	2%	3%	4%	5%	6%
1	0.9901	0.9804	0.9709	0.9615	0.9524	0.9434
2	1.9704	1.9416	1.9135	1.8861	1.8594	1.8334
3	2.9410	2.8839	2.8286	2.7751	2.7232	2.6730
4	3.9020	3.8077	3.7171	3.6299	3.5459	3.4651

물음 1 상기 복합금융상품이 비분리형 신주인수권부사채이며 액면발행되었다고 가정할 때 〈요구사항〉에 답하시오.

2020. CPA

요구사항 1

㈜대한의 20X1년도 포괄손익계산서에 인식될 이자비용을 계산하시오.

20X1년 이자비용	①

요구사항 2

20X2년 7월 1일 50%의 신주인수권이 행사되어 보통주가 발행되었고, 행사비율은 사채액면금액의 100%이다. 다음 양식에 제시된 항목을 계산하시오.

신주인수권 행사시 주식발행초과금 증가분	①
신주인수권 행사 직후 신주인수권부사채의 장부금액	②
20X2년 이자비용	③

물음 2 상기 복합금융상품이 전환사채이며 액면발행되었다고 가정하자. 20X2년 7월 1일 50%의 전환권이 행사되어 보통주가 발행되었을 때, 다음 양식에 제시된 항목을 계산하시오. 단, 기중전환 시 전환간주일은 고려하지 않으며, 전환된 부분의 전환일까지의 표시이자를 지급하는 것으로 가정한다. 2020. CPA

전환권 행사시 주식발행초과금 증가분	①
전환권 행사 직후 전환사채의 장부금액	②
20X2년 이자비용	③

물음 3 상기 복합금융상품이 전환사채이며 액면발행되었다고 가정하자. ㈜대한이 20X2년 1월 1일에 전환사채 전부를 동 일자의 공정가치인 ₩1,000,000에 조기상환하였고, 조기상환일 현재 일반사채의 시장수익률은 연 6%이다. 20X2년 당기순이익에 반영될 사채상환손익을 계산하시오. 단, 손실일 경우에는 (−)를 숫자 앞에 표시하시오. 2020. CPA

사채상환손익	①

물음 4 상기 복합금융상품이 전환사채이며 액면발행되었다고 가정하자. ㈜대한은 20X2년 1월 1일에 전환사채의 조기전환을 유도하기 위하여 전환으로 발행되는 보통주 1주에 요구되는 사채액면금액을 ₩8,000으로 변경하였다. 전환조건 변경일 현재 ㈜대한의 보통주 1주당 공정가치가 ₩4,000일 때, 해당 조건변경이 20X2년 당기순이익에 미치는 영향을 계산하시오. 단, 당기순이익이 감소하는 경우에는 (−)를 숫자 앞에 표시하시오. 2020. CPA

당기순이익에 미치는 영향	①

✏️ 해설 신주인수권부사채 기중 행사

(물음 1) 신주인수권부사채 기중 행사

|요구사항 1|

20X1년 이자비용	①48,174

|요구사항 2|

신주인수권 행사시 주식발행초과금 증가분	①305,855
신주인수권 행사 직후 신주인수권부사채의 장부금액	②968,856
20X2년 이자비용	③48,666

1. 상환할증금: $1,000,000 \times (4\% - 2\%) \times (1.04^3 + 1.04^2 + 1.04 + 1) = 84,929$
   ― 만기가 4년이므로 세제곱부터 시작해야 한다.

   [계산기 사용법] $1.04 \times \times 1 = = = GT + 1 \times 1,000,000 \times 2\% =$

2. 발행가액 분석

사채	$1,000,000 \times 0.8227 + 20,000 \times 3.5459$	=①893,618
할증금	$84,929 \times 0.8227$	=②69,871
자본		④36,511
계		③1,000,000

3. X1년 이자비용: $(893,618 + 69,871) \times 5\% = \mathbf{48,174}$

4. 행사시 증가하는 주식발행초과금
   : (총 행사 가능 주식 수×행사가격＋할증금 장부금액＋신주인수권대가―총 행사 가능 주식 수×주식 액면금액)×행사비율 ＝(100주×@10,000＋75,199＋36,511―100주×@5,000)×50%＝**305,855**
   ― X2.7.1 할증금 장부금액: $69,871 \times 1.05 \times (1 + 5\% \times 6/12) = 75,199$

5. 행사 직후 BW 장부금액: (1)+(2)=**968,856**
   (1) 사채 장부금액: $(893,618 \times 1.05 - 20,000) \times (1 + 5\% \times 6/12) - 20,000 \times 6/12 = 931,256$
   ― 7.1에 행사하므로, 6개월 치 유효이자를 가산한 뒤, 6개월 치 미지급이자를 차감해야 장부금액이 계산된다.
   (2) 할증금 장부금액: $75,199 \times (1 - 50\%) = 37,600$
   ― BW는 행사 시 할증금이 행사비율만큼 제거된다.

6. X2년 이자비용: (1)+(2)=**48,666**
   (1) 사채 이자비용: $(893,618 \times 1.05 - 20,000) \times 5\% = 45,915$
   (2) 할증금 이자비용: $69,871 \times 1.05 \times (50\% + 50\% \times 6/12) \times 5\% = 2,751$
   ― 할증금의 50%는 1년 내내 존재하고, 50%는 7.1부터 6개월만 존재하므로 6/12를 곱한다.

| 물음 1 회계처리 |

X1초	현금	1,000,000	신주인수권부사채	893,618
			할증금	69,871
			신주인수권대가	36,511
X1말	이자비용	44,681	현금	20,000
			신주인수권부사채	24,681
	이자비용	3,494	할증금	3,494
X2.7.1	이자비용	1,834	할증금	1,834
	이자비용	22,957	미지급이자	10,000
			신주인수권부사채	12,957
	현금	500,000	자본금	250,000
	할증금	37,600	주식발행초과금	305,855
	신주인수권대가	18,255		
X2말	이자비용	22,957	현금	20,000
	미지급이자	10,000	신주인수권부사채	12,957
	이자비용	917	할증금	917

(물음 2)

전환권 행사시 주식발행초과금 증가분	①271,483
전환권 행사 직후 전환사채의 장부금액	②503,227
20X2년 이자비용	③37,187

1. 상환할증금: 84,929 (물음 1 참고)

2. 발행가액 분석

부채	$1,084,929 \times 0.8227 + 20,000 \times 3.5459$	=①963,489
자본		③36,511
계		②1,000,000

2. X2.7.1 전환 전 전환사채 장부금액

: $(963,489 \times 1.05 - 20,000) \times (1 + 5\% \times 6/12) - 20,000 \times 6/12 = 1,006,455$

3. 전환 시 증가하는 주식발행초과금

: (전환사채 장부금액+전환권대가−총 행사 가능 주식 수×주식 액면금액)×행사비율

$= (1,006,455 + 36,511 - 100주 \times @5,000) \times 50\% = \mathbf{271,483}$

− 문제에서 기중전환 시 전환된 부분의 전환일까지의 표시이자를 지급하는 것으로 가정하였으므로, 미지급이자는 제외한 전환사채의 장부금액(1,006,455)을 이용해야 한다.

4. 행사 직후 CB 장부금액: X2.7.1 전환 전 전환사채 장부금액×(1−행사비율)=1,006,455×50%=**503,227**

− CB는 행사 시 사채가 행사비율만큼 제거된다.

5. X2년 이자비용: X2년초 전환사채 장부금액×(50%+50%×6/12)×5%=**37,187**

(1) X2년초 전환사채 장부금액: 963,489×1.05−20,000=991,663

− 전환사채의 50%는 1년 내내 존재하고, 50%는 7.1부터 6개월만 존재하므로 6/12를 곱한다.

| 물음 2 회계처리 |

X1초	현금	1,000,000	전환사채 전환권대가	963,489 36,511
X1말	이자비용	48,174	현금 전환사채	20,000 28,174
X2.7.1	이자비용	24,792	현금 미지급이자 전환사채	5,000 5,000 14,792
	전환사채 전환권대가	503,228 18,255	자본금 주식발행초과금	250,000 271,483
X2말	이자비용 미지급이자	12,397 5,000	현금 전환사채	10,000 7,397

(물음 3)

사채상환손익	①27,297

| 회계처리 |

X1말	전환사채	991,663	현금 사채상환이익	964,366 27,297
	전환권대가	36,511	현금 자본	35,634 877

(1) X2년초 전환사채 장부금액: 963,489×1.05−20,000=991,663
(2) X2년초 일반사채의 공정가치(6%, 3기)
  : (1,000,000+84,929)×0.8396+20,000×2.673=964,366

(물음 4)

당기순이익에 미치는 영향	①(−)100,000

전환 전 전환가능 보통주식 수: 1,000,000/10,000=100주
전환 후 전환가능 보통주식 수: 1,000,000/8,000=125주
조건변경비용: (125주−100주)×@4,000=100,000

8 신주인수권부사채의 기중 발행 2차

신주인수권부사채를 1.1이 아닌 기중에 발행할 수도 있다. 예를 들어, 신주인수권부사채를 X1.4.1에 발행(이자지급일 매년 3.31)하였다고 가정하면 유효이자율 상각이 복잡해지는데 다음 사항을 주의하자.

STEP 1 발행가액 분석

액면사채	액면금액×단순현가계수＋액면 이자×연금현가계수	＝①XXX
할증금	할증금×단순현가계수	＝②XXX
자본		④XXX
계		③발행가액

발행가액은 기중에 발행하더라도 똑같이 분석한다.

STEP 2 행사 전 이자비용

> X1년도 이자비용＝X1.4.1 부채 BV×유효R×9/12
> X2년도 이자비용＝X1.4.1 부채 BV×유효R×3/12
> ＋X2.4.1 부채 BV×유효R×9/12

이자지급일은 매년 3.31이지만, 이자비용은 각 연도별로 인식하므로 4.1을 기준으로 연차별 이자비용을 계산한 뒤 월할로 안분해야 한다.

STEP 3 신주인수권 행사 시

현금	주식 수×행사가	자본금	주식 수×액면가
할증금	BV×행사율	주발초	XXX
신주인수권대가	A×전환율	주발초	XXX

신주인수권 행사 시에는 일반적인 신주인수권부사채 행사와 회계처리가 같지만, 할증금의 월할상각에 주의하자. 전환권 행사 시 감소하는 할증금은 다음과 같다.

1. 이자 지급 직후에 행사하는 경우	2. 이자 지급 직후가 아닌 날에 행사하는 경우
ex1 X2.4.1 행사 시 : X1.4.1 할증금 BV×(1＋유효R)×행사율 ex2 X3.4.1 행사 시 : X1.4.1 할증금 BV×(1＋유효R)²×행사율	ex3 X2.1.1 행사 시 : X1.4.1 할증금 BV×(1＋유효R×9/12)×행사율 ex4 X2.7.1 행사 시 : X2.4.1 할증금 BV×(1＋유효R×3/12)×행사율

유효이자율 상각을 이자 지급일 기준으로 하므로 이자 지급 직후에 행사하면 월할 상각을 할 필요가 없다. 반면, 이자 지급 직후가 아닌 날에 행사하면 이자 지급일부터 행사일까지 월할 상각을 해야 한다.

> **참고** 전환사채의 기중 발행
>
> 전환사채를 기중에 발행하는 경우에는 앞에서 다룬 기중 전환과 마찬가지로 미지급이자가 생겨서 복잡해진다. 따라서 지금까지 기중 발행은 신주인수권부사채만 출제되었으며, 본서에서도 신주인수권부사채의 기중 발행만 다룬다.

문제 8
(13점)

12월 말 결산법인인 ㈜한국은 20X1년 7월 1일 다음과 같은 조건의 비분리형 신주인수권부사채를 액면발행하였다.

- 사채액면금액 : ₩1,000,000
- 사채의 만기 : 20X4년 6월 30일
- 표시이자율 : 연 5%
- 이자지급 : 매년 6월 30일(연 1회)
- 신주인수권 행사비율 : 사채액면금액의 100%
- 원금상환방법 : 상환기일에 액면금액의 100%를 상환하되, 신주인수권이 행사되지 않은 부분에 대해서는 액면금액의 109.74%를 상환
- 신주인수권의 행사가액 : ₩10,000
- 발행주식의 액면금액 : ₩5,000
- 발행일 현재 일반사채 시장이자율 : 연 10%

동 사채 액면금액 중 ₩700,000에 해당하는 신주인수권이 20X3년 1월 1일에 행사되었다. ㈜한국은 신주인수권이 행사되는 시점에 신주인수권대가를 주식발행초과금으로 대체한다.

각 물음의 현재가치 계산시 아래의 현가계수를 반드시 이용하시오.

기간	단일금액 ₩1의 현가계수		정상연금 ₩1의 현가계수	
	5%	10%	5%	10%
3	0.8638	0.7513	2.7233	2.4869

물음 1 20X1년 7월 1일 발행시점에 인식되는 신주인수권대가와 신주인수권조정을 구하시오. 단, 소수점 아래 첫째 자리에서 반올림하시오.

2013. CPA

신주인수권대가	①
신주인수권조정	②

물음 2 20X3년 1월 1일에 신주인수권이 행사되었을 때 제거되는 사채상환할증금과 인식되는 주식발행초과금을 구하시오. 단, 소수점 아래 첫째 자리에서 반올림하시오.

2013. CPA

사채상환할증금	①
주식발행초과금	②

물음 3 동 사채와 관련하여 20X3년 1월 1일부터 6월 30일까지 발생한 이자비용을 구하시오. 단, 소수점 아래 첫째 자리에서 반올림하시오.

2013. CPA

해설 신주인수권부사채-기중발행

(물음 1)

신주인수권대가	①51,178
신주인수권조정	②148,578

1. 상환할증금: $1,000,000 \times 9.74 = 97,400$

2. 발행금액 분석

사채	$1,000,000 \times 0.7513 + 50,000 \times 2.4869$	=①875,645
상환할증금	$97,400 \times 0.7513$	=②73,177
자본		④51,178
계		③1,000,000

3. 정답
(1) 신주인수권대가: **51,178**
(2) 신주인수권조정: $1,000,000 + 97,400 - (875,645 + 73,177) =$ **148,578**

| 회계처리 |

	현금	1,000,000	신주인수권부사채	1,000,000
X1.7.1	신주인수권조정	148,578	상환할증금	97,400
			신주인수권대가	51,178

(물음 2)

사채상환할증금	①68,180
주식발행초과금	②444,988

1. 상환할증금 제거액
   : 상환할증금×70%＝97,400×70%＝68,180
   ─ (물음 1)에서 신주인수권조정을 물었으므로, 상환할증금은 현재가치가 아닌 총액으로 계산하였다.

2. 주발초 증가분: (행사가격＋행사 시 상환할증금＋신주인수권대가－자본금)×행사비율
   ＝(1,000,000＋84,519＋51,178－1,000,000/10,000×5,000)×70%＝444,988
   (1) X2년 말 상환할증금: 73,177×1.1×(1＋10%×6/12)＝84,519
   ─ 신주인수권부사채를 7.1에 발행하였으므로 1년 6개월을 상각해야 한다.

|전환 시 회계처리|

	현금	700,000	신주인수권조정	9,017
X3.1.1	상환할증금	68,180	자본금	350,000
	신주인수권대가	35,825	주식발행초과금	444,988

(물음 3) 46,867

(1) 사채에서 발생한 이자비용: (875,645×1.1－50,000)×10%×6/12＝45,660
   ─ 신주인수권부사채는 행사가 이루어지더라도 사채가 감소하지 않는다.

(2) 상환할증금에서 발생한 이자비용: 73,177×1.1×10%×6/12×30%＝1,207
   ─ 행사가 이루어지면 상환할증금은 감소하므로 마지막에 30%를 곱해야 한다.

(3) 총 이자비용: (1)＋(2)＝46,867

08 리스

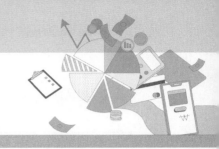

1 금융리스 회계처리

 리스개시일

제공자				이용자			
리스채권	XXX	기초자산	FV	사용권자산	XXX	리스부채	PV(총 현금 지급액)
		현금	직접원가	현금	인센티브	현금	직접원가

1. 리스채권

오늘 쓴 돈	리스 제공자의 리스채권=PV(앞으로 받을 것)
FV+리스개설직접원가	**고정리스료**×연금현가계수+리스 기간 종료 시 받을 것×단순현가계수

(1) 리스 기간 종료 시 받을 것 (물건, 현금 포함)
    ① 소유권 이전 시: 받을 것=행사가격
    ② 반납 시: 받을 것=리스기간 종료 시 추정 잔존가치

(2) 할인율
    1순위: 리스제공자의 내재이자율
    2순위: 이용자의 증분차입이자율

2. 리스부채: 리스 제공자에게 지급하는 총 현금의 현재가치

> 리스부채=고정리스료×연금현가계수+리스 기간 종료 시 예상 지급액×단순현가계수

(1) 소유권 이전 시: 리스 기간 종료 시 예상 지급액=행사가격 (리스부채=리스채권)

(2) 반납 시: 리스 기간 종료 시 예상 지급액 ≒ 보증액−추정잔존가치 (최저한: 0) (리스부채≠리스채권)

3. 사용권자산=리스부채+리스개설직접원가−인센티브

STEP 2 매년 말 ★중요!

제공자				이용자			
현금	고정리스료	이자수익	기초 채권×R	이자비용	기초 부채×R	현금	고정리스료
		리스채권	XXX	리스부채	XXX		
				감가상각비	XXX	사용권자산	XXX

1. 리스채권 및 리스부채 유효이자율 상각

> 리스제공자의 이자수익＝기초 리스채권×내재이자율
> 리스이용자의 이자비용＝기초 리스부채×내재이자율

2. 사용권자산 상각

	n	s
소유권 이전 시	자산의 내용연수	내용연수 말 잔존가치
반납 시	리스기간 (한도: 내용연수)	ZERO

> **주의** ⓘ 사용권자산에 리스 이용자의 리스개설직접원가를 빠트리지 말 것!

3. 당기순이익에 미치는 영향
(1) 리스제공자: 이자수익만큼 증가
(2) 리스이용자: '감가상각비＋이자비용'만큼 감소

김수석의 핵심 콕! 금융리스 관련 자산, 부채 증감 요약 ★중요!

		리스개시일	리스기간 종료일
소유권 이전 시	리스채권	고정리스료×연금현가계수 ＋행사가격×단순현가계수	행사가격
	리스부채		
	사용권자산	리스부채＋리스개설직접원가	상각 후 BV
반납 시	리스채권	고정리스료×연금현가계수 ＋추정 잔존가치×단순현가계수	추정 잔존가치
	리스부채	고정리스료×연금현가계수 ＋예상지급액×단순현가계수	예상 지급액
	사용권자산	리스부채＋리스개설직접원가	ZERO

－리스채권, 부채는 단순현가계수 앞에 곱한 금액이 리스기간 종료일에 남음

리스 기간 종료일

1. 리스 기간 종료일 − 소유권이 이전되는 경우

제공자				이용자			
현금	행사가격	리스채권	행사가격	리스부채	행사가격	현금	행사가격
				유형자산	XXX	사용권자산	XXX

2. 리스 기간 종료일 − 리스 자산을 반납하는 경우

제공자				이용자			
유형자산	실제 잔존가치	리스채권	추정 잔존가치	리스부채	예상 지급액	현금	보상액
PL	XXX						
현금	보상액	PL	보상액		PL XXX		

(1) 기초자산의 반환

> 유형자산 계상액: 실제 잔존가치
> 제공자의 비용: 추정 잔존가치 − 실제 잔존가치

(2) 현금 수수액

> 현금 수령액 = 제공자의 수익 = 보증액 − 실제 잔존가치 (최저한: 0)

① 리스 제공자: 현금 수령액을 수익으로 인식
② 리스 이용자: 리스부채와 현금 지급액의 차이를 손익으로 인식

 **금융리스 회계처리 요약** ★중요!

	제공자				이용자			
리스 개시일	리스채권	XXX	리스자산	FV	사용권자산	XXX	리스부채	PV(총 현금 지급액)
			현금	직접원가	현금	인센티브	현금	직접원가
매년말	현금	고정리스료	이자수익	기초 채권×R	이자비용	기초 부채×R	현금	고정리스료
			리스채권	XXX	리스부채	XXX		
					감가상각비	XXX	사용권자산	XXX
종료일 −소유권 이전 시	현금	행사가격	리스채권	행사가격	리스부채	행사가격	현금	행사가격
					유형자산	XXX	사용권자산	XXX
종료일 −반납 시	리스자산	실제 s	리스채권	추정 s	리스부채	예상 지급액	현금	보상액
	PL XXX				PL XXX			
	현금	보상액	PL	보상액				

참고 리스료의 정의

1. 소유권 이전 시: 고정리스료(인센티브 차감)+변동리스료+행사가격

2. 반납 시
(1) 리스이용자: 고정리스료(인센티브 차감)+변동리스료+리스이용자의 예상 지급액
(2) 리스제공자: 고정리스료(인센티브 차감)+변동리스료+보증잔존가치

3. 리스채권 및 리스부채
(1) 리스이용자의 리스부채=PV(리스료)
(2) 리스제공자의 리스채권=리스순투자=PV(리스총투자)
단, 리스총투자=리스료+무보증잔존가치

리스료: 무보증 제외			
고정리스료	변동리스료	보증잔존가치	무보증잔존가치
		추정잔존가치	
리스총투자: 무보증 포함			

리스료의 범위에는 보증잔존가치만 포함되지만, 리스총투자는 리스료에 무보증잔존가치를 더한 금액이므로, 리스채권에는 추정잔존가치가 전부 포함된다.

문제 1

(11점)

리스제공자인 ㈜민국리스는 리스이용자인 ㈜대한과 20X1년 1월 1일에 금융리스계약을 체결하였다. 다음의 〈자료〉를 이용하여 물음에 답하시오.

자료

1. 리스개시일은 20X1년 1월 1일이다.

2. 기초자산의 공정가치는 ₩3,281,000이며, 기초자산의 경제적 내용연수와 내용연수는 모두 7년이다. 내용연수 종료시점의 추정잔존가치는 ₩0이며 해당 기초자산은 정액법으로 감가상각한다.

3. 리스기간 종료시점의 해당 기초자산의 잔존가치는 ₩400,000으로 추정되며 추정잔존가치 중에서 ㈜대한이 보증한 잔존가치 지급예상액은 ₩200,000이다.

4. 리스기간은 리스개시일로부터 5년이고, 리스종료일에 소유권이 이전되거나 염가로 매수할 수 있는 매수선택권은 없다.

5. 리스료는 리스기간 동안 매년 말 ₩800,000이 수수된다.

6. ㈜대한이 리스계약과 관련하여 지출한 리스개설직접원가는 ₩150,000이다.

7. 리스종료일에 기초자산을 리스제공자인 ㈜민국리스에게 반환하여야 한다.

8. 리스의 내재이자율은 연 10%이다.

9. 답안 작성 시 원 이하는 반올림한다.

기간	단일금액 ₩1의 현가계수	정상연금 ₩1의 현가계수
	10%	10%
1	0.9091	0.9091
2	0.8265	1.7356
3	0.7513	2.4869
4	0.6830	3.1699
5	0.6209	3.7908

물음 1 리스이용자인 ㈜대한과 리스제공자인 ㈜민국리스가 리스개시일에 인식할 다음의 금액을 계산하시오.

2019. CPA

회사	구분	금액
㈜대한	리스부채	①
	사용권자산	②
㈜민국리스	리스채권	③

물음 2 리스이용자인 ㈜대한이 해당 리스와 관련하여 20X2년도 포괄손익계산서에 인식할 다음의 금액을 계산하시오.

2019. CPA

회사	구분	금액
㈜대한	이자비용	①
	감가상각비	②

물음 3 리스이용자인 ㈜대한과 리스제공자인 ㈜민국리스가 20X4년 말 재무상태표에 표시할 다음의 금액을 계산하시오.

2019. CPA

회사	구분	금액
㈜대한	리스부채	①
㈜민국리스	리스채권	②

물음 4 새롭게 도입된 한국채택국제회계기준 제1116호 '리스'는 리스이용자가 모든 리스(일부 예외 제외)에 대하여 사용권자산과 리스부채를 인식하도록 요구하고 있다. 종전 리스 회계모형(기업회계기준서 제1017호 '리스')은 리스이용자에게 운용리스에서 생기는 자산 및 부채를 인식하도록 요구하지 않았고, 금융리스에서 생기는 자산 및 부채는 인식하도록 요구하였다. 개정된 한국채택국제회계기준 제1116호 '리스'의 도입배경과 관련하여 종전 리스 회계모형이 비판받는 문제점에 대해 재무정보의 투명성과 비교가능성 측면에서 간략히 서술하시오.

2019. CPA

✏️ 해설 금융리스-반환 조건

(물음 1)

회 사	구 분	금 액
㈜대한	리스부채	①3,156,820
	사용권자산	②3,306,820
㈜민국리스	리스채권	③3,281,000

① 리스부채: 800,000×3.7908＋200,000×0.6209＝3,156,820
－ 보증한 잔존가치에 따른 '지급예상액'이 200,000이므로, 리스부채에 포함된다.

② 사용권자산: 리스부채＋리스개설직접원가＝3,156,820＋150,000＝3,306,820

③ 리스채권: 기초자산의 공정가치＋리스개설직접원가＝3,281,000
－ 리스제공자의 리스개설직접원가가 없으므로 리스채권은 기초자산의 공정가치와 일치한다.

별해〉 리스채권: 800,000×3.7908＋400,000×0.6209＝3,821,000

(물음 2)

회 사	구 분	금 액
㈜대한	이자비용	①267,250
	감가상각비	②661,364

① 이자비용: (3,156,820X1.1－800,000)×10%＝267,250
－ X2년도 이자비용을 물었으므로 두 번 상각해야 한다.

② 감가상각비: (3,306,820－0)/5＝661,364

(물음 3)

회 사	구 분	금 액
㈜대한	리스부채	①909,091
㈜민국리스	리스채권	②1,090,909

① 리스부채: (800,000＋200,000)/1.1＝909,091
② 리스채권: (800,000＋400,000)/1.1＝1,090,909
　X4년 말에는 남은 리스기간이 1년밖에 없으므로, 1년간 할인하면 된다. 리스부채는 리스료와 예상지급액을, 리스채권은 리스료와 추정 잔존가치를 할인하면 된다.

(물음 4)
종전 리스 회계모형은 운용리스 체결 시 사용권자산과 리스부채를 인식하지 않았다. 비슷한 거래가 운용리스냐, 금융리스냐에 따라 리스 관련 자산, 부채를 인식하는지가 달라짐에 따라 재무정보의 투명성 및 비교가능성이 감소되었다.

문제 2

㈜한국은 A리스회사와 20X1년 1월 1일에 금융리스계약을 체결하였다. 리스계약 종료시 리스물건은 반환하는 조건이다.

- 리스개시일 : 20X1년 1월 1일
- 리스자산 : 공정가치 ₩897,000, 경제적 내용연수와 내용연수는 모두 5년, 내용연수 종료시점의 추정 잔존가치 ₩30,000, 리스기간 종료시점의 추정 잔존가치 ₩200,000, 정액법 상각
- 리스기간 : 리스개시일로부터 3년
- 정기리스료 : 매년 말 ₩300,000
- 보증잔존가치 : 리스기간 종료시 ₩150,000
- 내재이자율 : 연 10%
- ㈜한국은 리스계약 체결을 위하여 법률자문 등 수수료 ₩100,000을 지출하였다.

다음에 제시되는 물음은 각각 독립된 상황이다.   2013. CPA

물음 1 리스개시일에 ㈜한국이 인식할 ①사용권자산의 장부금액과 ②리스부채의 장부금액, A리스회사가 인식할 ③리스채권의 장부금액을 계산하시오. 단, 현재가치 계산시 아래의 현가계수를 반드시 이용하시오.

기간	단일금액 ₩1의 현가계수	정상연금 ₩1의 현가계수
1	0.91	0.91
2	0.83	1.74
3	0.75	2.49

물음 2 (물음 1)에서 ㈜한국이 인식한 사용권자산의 장부금액은 ₩960,000, 리스부채의 장부금액은 ₩890,000으로 가정하는 것 이외의 다른 조건은 그대로 이용한다. ㈜한국이 리스와 관련하여 20X1년 포괄손익계산서에 인식할 비용을 계산하시오.

물음 3 20X3년 12월 31일에 A리스회사는 ㈜한국으로부터 리스자산을 반환받았다. 리스종료시 리스자산의 실제 잔존가치가 ₩110,000이었다. 리스자산 반환이 A리스회사의 20X3년 당기순이익에 미치는 영향을 계산하시오. 단, 당기순이익이 감소하는 경우에는 금액 앞에 (−)를 표시하시오.

해설 금융리스-반환 조건

(물음 1) ① 847,000 ② 747,000 ③ 897,000
① 사용권자산: 리스부채＋리스개설직접원가＝747,000＋100,000＝847,000

② 리스부채: 300,000×2.49＝747,000
 － 보증잔존가치에 비해 리스기간 종료시 추정 잔존가치가 크므로 보증으로 인한 예상 지급액은 없다.

③ 리스채권: 리스자산의 공정가치＋리스개설직접원가＝897,000
 － 리스제공자인 A리스회사의 리스개설직접원가는 제시되지 않았다.

(물음 2) 409,000
총비용: ①＋②＝409,000
① 이자비용: 890,000×10%＝89,000
② 감가상각비: 960,000/3＝320,000

(물음 3) (－)50,000
반환이 당기순이익에 미치는 영향: 보증이익－평가손실＝40,000－90,000＝(－)50,000
① 보증이익: 보증 잔존가치－실제 잔존가치＝150,000－110,000＝40,000
② 평가손실: 추정 잔존가치－실제 잔존가치＝200,000－110,000＝90,000

|반환 시 회계처리|
(1) A리스회사

유형자산	110,000	리스채권	200,000
비용	90,000		
현금	40,000	비용	40,000

(2) ㈜한국

비용	40,000	현금	40,000

2 무보증잔존가치 감소

기초자산 반납 시 리스채권은 '고정리스료×연금현가계수＋추정 잔존가치×단순현가계수'의 방식으로 계산한다. 추정 잔존가치는 보증액과 무보증잔존가치(＝추정 잔존가치－보증액)의 합으로 구성된다. 추정 잔존가치가 하락하더라도 보증액만큼은 리스 이용자로부터 보전받을 수 있기 때문에 리스채권은 보증액보다 작아지지 않는다. 따라서 리스제공자는 무보증잔존가치를 정기적으로 검토한다.

> 리스채권 감소액＝min[추정 잔존가치 감소액, 최초 무보증잔존가치]×단순현가계수

무보증잔존가치가 줄어든 경우에 리스제공자는 리스기간에 걸쳐 수익 배분액을 조정하고 발생된 감소액을 즉시 인식한다. 리스채권 감소액에 해당하는 비용은 '리스채권손상차손'으로 인식하면 된다.

문제 3

(30점)

다음을 읽고 물음에 답하시오.

2012. CTA

㈜서울은 회사에 필요한 기계장치를 리스하기로 결정하고, 이를 리스회사 ㈜한국리스와 합의하였다. ㈜한국리스는 20×0년 12월 31일 이 기계장치를 현금취득하고, 다음과 같은 조건으로 ㈜서울과 금융리스계약을 체결하였다.

계약조건

1. 리스기간은 20X1년 1월 1일부터 20X3년 12월 31일까지이고, 리스자산의 취득원가는 ₩6,000,000이고, 경제적 내용연수는 5년이며, 예상잔존가치는 없다. 한편, 리스기간 종료 후 ㈜서울은 해당 리스자산을 반환하기로 하였다.

2. 리스기간개시일에 리스자산의 공정가치는 ₩6,000,000이고, 리스개설직접원가는 20X1년 1월 1일에 ㈜서울에서 ₩150,000이 발생하였고, ㈜한국리스에서 ₩50,000이 발생하였다. 이들 리스개설직접원가는 모두 현금으로 지급되었다.

3. 정기리스료는 매년 12월 31일 지급하기로 하고, 리스자산의 리스기간 종료시 잔존가치는 ₩500,000으로 추정된다. ㈜서울은 이 중 ₩400,000을 보증하였으며, ₩200,000을 리스종료일에 지급할 것으로 예상하고 있다.

4. 두 회사의 감가상각방법은 정액법이다.

5. 계약 체결 당시 ㈜서울의 증분차입이자율은 연 12%이고, ㈜한국리스의 내재이자율은 연 10%이다. ㈜서울은 이를 알고 있다.

현재가치계수는 다음과 같다.

기간	할인율	단일금액		정상연금	
		10%	12%	10%	12%
3		0.75131	0.71178	2.48685	2.40183

단, 금액(₩)은 소수점 첫째자리에서 반올림하시오.

물음 1 ㈜한국리스의 입장에서 다음 일자별 회계처리(분개)를 하시오. 또한 리스기간 개시일에 계상할 리스채권의 금액을 구하시오.

　　1) 리스약정일의 회계처리(분개)

　　2) 리스기간개시일의 회계처리(분개)

　　3) 리스채권 금액

물음 2 정기리스료는 최소리스료의 현재가치와 무보증잔존가치의 현재가치 합계액이 리스자산의 공정가치와 리스제공자의 리스개설직접원가의 합계액과 일치되도록 결정한다. 이 경우 정기리스료는 얼마인지 구하시오.

물음 3 ㈜한국리스의 입장에서 20X1년 12월 31일에 필요한 회계처리(분개)를 하시오.

물음 4 ㈜서울이 리스기간개시일에 계상해야 할 사용권자산과 리스부채의 금액을 구하고, 리스기간개시일에 필요한 회계처리(분개)를 하시오.

　　1) 사용권자산 금액

　　2) 리스부채 금액

　　3) 회계처리(분개)

물음 5 ㈜서울이 20X1년 12월 31일에 계상해야 할 이자비용과 감가상각비를 구하고, 20X1년 12월 31일에 필요한 회계처리(분개)를 하시오.

　　1) 이자비용

　　2) 감가상각비

　　3) 회계처리(분개)

물음 6 20X2년 12월 31일 ㈜서울이 재무상태표에 인식해야 할 리스부채의 금액을 구하시오.

물음 7 ㈜서울의 입장에서 20X3년 12월 31일에 필요한 모든 회계처리(분개)를 하시오. (단, 리스기간 종료시 리스자산의 실제 잔존가치는 ₩100,000이다.)

✏️해설 리스 회계처리

(물음 1)

1) 리스약정일(X0.12.31)의 회계처리

기계장치	6,000,000	현금	6,000,000

2) 리스기간개시일(X1.1.1)의 회계처리

리스채권	6,050,000	기계장치 현금	6,000,000 50,000

3) 6,050,000

: 리스자산의 공정가치＋리스개설직접원가＝6,000,000＋50,000＝6,050,000

(물음 2) 2,281,740

정기리스료×2.48685＋500,000×0.75131＝6,050,000

→ 정기리스료＝2,281,740

－'최소리스료'에는 정기리스료와 보증잔존가치가 포함된다. 여기에 무보증잔존가치까지 포함하면 추정 잔존가치가 전부 포함된다.

(물음 3)

현금	2,281,740	이자수익 리스채권	605,000 1,676,740

이자수익: 6,050,000×10%＝605,000

(물음 4)

1) 사용권자산: 5,974,607

5,824,607＋150,000＝5,974,607

2) 리스부채: 5,824,607

2,281,740×2.48685＋200,000×0.75131＝5,824,607

－리스이용자는 정기리스료와 보증으로 인한 예상지급액의 현재가치를 리스부채로 계상한다. '추정 잔존가치〉보증 잔존가치'인 경우 일반적으로 예상지급액이 없지만, 이 문제는 예상지급액이 있는 것으로 가정하였다. 추정 잔존가치는 말 그대로 추정치이다. 따라서 리스기간 종료 시 실제 잔존가치가 보증 잔존가치보다 작아질 가능성이 있는데, 이때 지급할 금액의 예상치가 200,000이라는 뜻이다. 결과적으로 수험생 입장에서는 예상지급액에 대한 언급이 없다면 무시하고, 이 문제처럼 있다면 리스부채에 포함시키면 된다.

3) 회계처리

사용권자산	5,974,607	리스부채 현금	5,824,607 150,000

(물음 5)

1) 이자비용: 582,461

  5,824,607×10%＝582,461

2) 감가상각비: 1,991,536

  5,974,607/3＝1,991,536

3) 회계처리

이자비용	582,461	현금	2,281,740
리스부채	1,699,279		
감가상각비	1,991,536	사용권자산	1,991,536

(물음 6) 2,256,120

(5,824,607×1.1－2,281,740)×1.1－2,281,740＝2,256,120

≒(2,281,740＋200,000)/1.1＝2,256,127

(물음 7)

이자비용	225,612	현금	2,281,740
리스부채	2,056,128		
감가상각비	1,991,536	사용권자산	1,991,536
리스부채	200,000	현금	300,000
보증손실	100,000		

보증손익: 200,000－300,000＝100,000 이익

－200,000을 지급할 것으로 예상했는데 보증 잔존가치 대비 실제 잔존가치가 300,000 감소하여 300,000을 지급하였다. 따라서 100,000의 손실을 인식한다.

문제 4

(30점)

㈜대한은 20×0년 12월 31일에 항공기를 ₩5,198,927에 취득하였다. 리스제공자인 ㈜대한은 항공서비스를 제공하는 ㈜세무와 20X1년 1월 1일에 금융리스계약을 체결하였다. 구체적인 계약내용이 다음 〈자료〉와 같을 때, 각 물음에 답하시오.

2019. CTA

자료

1. 리스개시일은 20X1년 1월 1일이고, 만료일은 20X4년 12월 31일이다. 이 기간 동안은 리스계약의 해지가 불가능하다.

2. 기초자산(항공기)의 공정가치는 ₩5,198,927이며, 경제적 내용연수는 6년이고 내용연수 종료 후 추정잔존가치는 없다. 해당 기초자산은 정액법으로 감가상각한다.

3. 리스기간 종료시점의 해당 기초자산 잔존가치는 ₩500,000으로 추정되며, ㈜세무의 보증잔존가치는 ₩200,000이다. 추정잔존가치 중 ㈜세무가 보증한 잔존가치 지급예상액은 ₩200,000이다.

4. 리스료는 리스기간 동안 매년 말 고정된 금액을 수수한다.

5. 리스기간 종료시점에 소유권이전약정이나 염가매수선택권은 없으며, 리스기간 종료시 기초자산을 ㈜대한에 반환하여야 한다.

6. ㈜대한이 리스계약과 관련하여 지출한 리스개설직접원가는 ₩300,000이며, ㈜세무가 리스계약과 관련하여 지출한 리스개설직접원가는 ₩200,000이다. 이들 리스개설직접원가는 모두 현금으로 지급하였다.

7. ㈜대한의 내재이자율은 연 10%이며, ㈜세무의 증분차입이자율은 12%이다. ㈜세무는 ㈜대한의 내재이자율을 알고 있다.

8. ㈜세무는 사용권자산에 대한 감가상각방법으로 정액법을 채택하고 있으며, 감가상각비는 지급할 것으로 예상되는 보증잔존가치를 차감하는 방법으로 회계처리한다.

9. 현재가치 계산 시 아래의 현가계수를 이용하며, 금액을 소수점 첫째 자리에서 반올림하여 계산한다. [예 : ₩5,555.5 → ₩5,556]

기간	단일금액 ₩1의 현가계수		정상연금 ₩1의 현가계수	
	10%	12%	10%	12%
1	0.9091	0.8929	0.9091	0.8929
2	0.8264	0.7972	1.7355	1.6901
3	0.7513	0.7118	2.4868	2.4018
4	0.6830	0.6355	3.1699	3.0373

물음 1 ㈜대한이 매년 받게 될 고정리스료를 계산하고, ㈜대한이 리스개시일에 수행해야 할 회계처리를 제시하시오. (5점)

1)	고정리스료	

2)	(차변)	(대변)

물음 2 ㈜대한이 동 리스거래로 인해 인식하게 될 리스총투자, 미실현금융수익을 계산하시오. (4점)

리스총투자	미실현금융수익
①	②

물음 3 ㈜세무가 리스개시일에 계상해야 할 사용권자산과 리스부채를 계산하고, ㈜세무가 리스개시일에 수행해야 할 회계처리를 제시하시오. (6점)

1)
사용권자산	리스부채

2)
(차변)	(대변)

물음 4 동 리스거래와 관련한 회계처리가 ㈜대한의 20X1년도 당기순이익에 미치는 영향과 ㈜세무의 20X1년도 당기순이익에 미치는 영향을 각각 계산하시오. (단, 당기순이익이 감소하는 경우에는 금액 앞에 (−) 표시를 하시오.) (6점)

㈜대한의 20X1년도 당기순이익	㈜세무의 20X1년도 당기순이익
①	②

물음 5 ㈜대한의 20X2년도 이자수익과 ㈜세무의 20X2년 말 미상환부채를 계산하시오. (6점)

㈜대한의 20X2년도 이자수익	㈜세무의 20X2년 말 미상환부채
①	②

물음 6 만일, 20X1년 12월 31일 해당 기초자산의 잔존가치 추정치가 ₩300,000으로 하락하였다면, ㈜대한이 20X1년 말 리스채권손상차손으로 인식할 금액을 계산하시오. (3점)

📝 **해설**

(물음 1)

1)
고정리스료	1,627,000

고정리스료 $\times 3.1699 + 500,000 \times 0.6830 = 5,198,927 + 300,000 = 5,498,927$
→ 고정리스료 $= 1,627,000$

2)
(차변) 리스채권	5,498,927	(대변) 항공기	5,198,927
		현금	300,000

리스채권: $5,198,927 + 300,000 = 5,498,927$

(물음 2)

리스총투자	미실현금융수익
①7,008,000	②1,509,073

리스총투자: 고정리스료＋추정 잔존가치＝1,627,000×4회＋500,000＝7,008,000
미실현금융수익: 리스총투자－리스채권＝7,008,000－5,498,927＝1,509,073

(물음 3)

1)

사용권자산	리스부채
5,494,027	5,294,027

2)

(차변) 사용권자산	5,494,027	(대변) 리스부채	5,294,027
		현금	200,000

리스부채: 1,627,000×3.1699＋200,000×0.6830＝5,294,027
사용권자산: 5,294,027＋200,000＝5,494,027

(물음 4)

㈜대한의 20X1년도 당기순이익	㈜세무의 20X1년도 당기순이익
①549,893	②(－)1,852,910

1. ㈜대한의 X1년도 당기순이익
(1) 이자수익: 5,498,927×10%＝549,893

2. ㈜세무의 X1년도 당기순이익: (－)1,852,910
(1) 이자비용: 5,294,027×10%＝529,403
(2) 감가상각비: (5,494,027－200,000)/4＝1,323,507
　　－ 문제에서 '감가상각비는 지급할 것으로 예상되는 보증잔존가치를 차감하는 방법으로 회계처리한다.'라는 단
　　　서가 있으므로 200,000를 차감한 후 리스기간으로 나누었다.

(물음 5) ㈜대한의 20X2년도 이자수익과 ㈜세무의 20X2년 말 미상환부채를 계산하시오. (6점)

㈜대한의 20X2년도 이자수익	㈜세무의 20X2년 말 미상환부채
①442,182	②2,989,073

(1) X2년도 이자수익: (5,498,927×1.1－1,627,000)×10%＝442,182
(2) X2년 말 리스부채: (5,294,027×1.1－1,627,000)×1.1－1,627,000＝2,989,073

(물음 6) 150,260
리스채권손상차손: min[잔존가치 하락분, 무보증잔존가치]×단순현가계수
＝min[500,000－300,000, 300,000]×0.7513＝150,260

3 판매형 리스

제조자 또는 판매자가 취득 또는 제조한 자산을 고객에게 금융리스의 형태로 판매하는 것
－제조자 또는 판매자의 운용리스는 판매형 리스 X

1. 매출총이익 ★중요!

(1) 반환하는 경우

매출채권	PV(고정리스료＋추정 잔존가치)	매출액	PV(고정리스료＋보증액)
매출원가	BV－PV(추정 잔존가치－보증액)	재고자산	BV
판관비	판관비 지출액	현금	판관비 지출액

① 매출채권＋매출원가＝매출액＋재고자산
② 매출총이익＝매출액－매출원가＝<u>매출채권－재고자산</u>
③ 매출총이익＝PV(고정리스료＋추정 잔존가치)－BV

－매출총이익은 보증액과 무관함

(2) 반환하지 않는 경우

매출채권	PV(고정리스료＋행사가격)	매출액	PV(고정리스료＋행사가격)
매출원가	BV	재고자산	BV
판관비	판관비 지출액	현금	판관비 지출액

2. 할인율: 시장이자율 ★중요!

3. 판매형 리스의 리스관련원가: 비용(판관비) 처리!

4. 당기손익=매출총이익-판관비 (+이자수익)

(1) 판매일의 당기손익: 매출총이익-판관비

(2) 판매한 년도 전체의 당기손익: 매출총이익-판관비+이자수익

5. 판매형 리스의 매출액 한도: 기초자산의 공정가치

－ 한도에 걸리면 매출액 감소분을 매출채권에 반영
→ 새로운 유효이자율을 문제에서 제시해야 하므로 이자수익은 묻지 않음

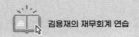

문제 5
(10점)

기계장치 제조회사인 ㈜한국은 20X1년 1월 1일에 ㈜대한리스와 리스계약을 체결한 후 제조한 기계장치(제조원가: ₩2,000,000)를 판매하였다. 판매와 관련된 아래의 리스계약 자료는 모든 (물음)에 공통적으로 적용되며 제시되는 각각의 (물음)은 서로 독립적인 상황이다.

공통자료

- 리스기간개시일은 20X1년 1월 1일, 리스만료일은 20X5년 12월 31일이고 매년 말에 ₩600,000의 리스료를 지급하며, 이 기간 동안은 해지가 불가능한 리스로서 리스기간이 5년이다.

- 기계장치의 추정 내용연수는 6년이고 내용연수가 종료된 시점의 잔존가치는 ₩300,000으로 추정된다.

- 리스기간이 만료된 후 기계장치는 ㈜한국으로 반환되며 만료시점의 잔존가치는 ₩400,000으로 추정되는데, ㈜한국은 ㈜한국과 특수관계가 없고 재무적 이행능력이 있는 제3자로부터 리스기간 만료시점의 추정 잔존가치 50%를 보증받았다.

- 20X1년 1월 1일 판매시점에 기계장치의 공정가치는 ₩2,594,000이며 제조회사인 ㈜한국은 리스의 협상 및 계약단계에서 리스와 관련하여 발생한 추가적인 비용 ₩50,000을 현금으로 지급하였다.

- 20X1년 1월 1일 ㈜한국의 내재이자율은 연9%이고 ㈜대한리스의 증분차입이자율은 연11%이며, 일반 상거래에 적용되는 시장이자율은 연10%이다. 현재가치(현가)계수는 다음의 표를 이용한다.

기간	단일금액 ₩1의 현가계수		
	9%	10%	11%
5	0.6499	0.6209	0.5935
6	0.5963	0.5645	0.5346

기간	정상연금 ₩1의 현가계수		
	9%	10%	11%
5	3.8897	3.7908	3.6959
6	4.4859	4.3553	4.2305

물음 1 금융리스 분류기준의 하나인 '리스료의 현재가치가 기초자산 공정가치의 대부분(substantially all)'에 상당하는지 여부에 따라 상기 리스계약이 금융리스와 운용리스로 분류될 수 있다. 리스분류를 위해 ㈜대한리스의 입장에서 금융리스 분류기준이 되는 「리스료의 현재가치」를 계산하여 아래 양식의 ①에 금액을 기입하시오. 단, 현재가치 할인율은 리스제공자의 내재이자율을 적용한다. <u>계산된 금액은 소수점 첫째자리에서 반올림한다.</u>

2015. CPA

리스료의 현재가치	①

물음 2 상기 리스계약은 금융리스 거래형태로 기계장치가 판매되었으며, ㈜한국은 재고수량 결정방법으로 계속 기록법을 사용하고 있다고 가정한다. ㈜한국의 입장에서 리스기간개시일(판매시점)에 필요한 회계처리를 할 때, 20X1년도 재무제표상 당기순이익에 미치는 영향을 계산하시오. 아래 양식의 ①에 계산된 금액을 기입하고 감소인 경우에는 금액 앞에 '(−)'로 표시하시오. 단, 매출원가는 리스자산의 장부금액에서 '무보증 잔존가치의 현재가치'를 차감하여 계산한다. <u>계산된 금액은 소수점 첫째자리에서 반올림한다.</u>

2015. CPA

당기순이익의 증감	①

물음 3 상기 리스계약은 금융리스 거래형태로 기계장치가 판매되었다고 가정한다. 리스기간 만료시점의 잔존가치 ₩400,000 중에서 ㈜대한리스가 (1) 잔존가치 전액을 보증한 경우와 (2) 잔존가치 중에서 ₩100,000을 보증한 경우, 각각에 대해 기계장치의 판매로 인하여 ㈜한국의 매출총이익과 매출액 그리고 매출원가에 어떤 영향을 주는지 상호 비교하여 약술하시오. 시장이자율과 내재이자율은 연10%로 동일하다고 가정한다. 단, 매출액과 매출원가의 금액을 따로 제시할 필요는 없다.

2015. CPA

해설 판매형리스

(물음 1)

리스료의 현재가치	①2,463,800

리스료의 현재가치: 600,000×3.8897+400,000×50%×0.6499＝2,463,800

(1) 이자율: 내재이자율 9%
판매형리스는 시장이자율을 적용하나, 문제에서 리스제공자의 내재이자율을 적용한다고 가정하였으므로, 그렇게 계산하였다. (물음 1)은 판매형리스에 관한 문제가 아니라 리스료의 현재가치를 구하는 문제이다.

(2) 잔존가치 보증에 따른 예상 지급액
리스료에는 고정리스료 및 변동리스료에 잔존가치보증에 따라 리스이용자, 리스이용자의 특수관계자, 리스제공자와 특수 관계에 있지 않고 보증의무를 이행할 재무적 능력이 있는 제삼자가 리스제공자에게 제공하는 잔존가치보증액이 포함된다.
추정 잔존가치 400,000 중 리스제공자와 특수관계가 없는 제3자로부터 추정 잔존가치의 50%를 보증받았으므로 이 금액에 단순현가계수를 곱해야 한다.

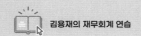

(물음 2)

당기순이익의 증감	①472,840

당기순이익: (1)-(2)=472,840

(1) 매출총이익: PV(정기리스료+추정 잔존가치)-BV
　　　　　=600,000×3.7908+400,000×0.6209-2,000,000=522,840
　－ 판매형리스는 시장이자율을 적용하므로 10%로 할인하였다. 내재이자율을 적용하라는 것은 (물음 1)의 단서이다.

(2) 판관비: 50,000

| 회계처리 |

X1.1.1	매출채권	2,522,840	매출	2,398,660
	매출원가	1,875,820	재고자산	2,000,000
	판관비	50,000	현금	50,000

매출채권: 600,000×3.7908+400,000×0.6209=2,522,840
매출액: min[600,000×3.7908+200,000×0.6209=2,398,660, 2,594,000]=2,398,660
매출원가: 2,000,000-200,000×0.6209=1,875,820

(물음 3)
(1) 전액을 보증한 경우에 비해 (2) 100,000만 보증한 경우 매출액 및 매출원가가 모두 감소한다. 하지만 매출총이익은 동일하다. 무보증잔존가치의 현재가치는 매출액에 포함되지 않지만, 매출원가에서 차감하기 때문이다.

참고〉
(1) 전액을 보증한 경우
　　매출액: min[600,000×3.7908+400,000×0.6209=2,522,840, 2,594,000]=2,522,840
　　매출원가: 2,000,000
　　매출총이익: 522,840

(2) 100,000을 보증한 경우
　　매출액: min[600,000×3.7908+100,000×0.6209=2,336,570, 2,594,000]=2,336,570
　　매출원가: 2,000,000-300,000×0.6209=1,813,730
　　매출총이익: 522,840

4 판매 후 리스

1. 판매 조건을 충족하지 못하는 경우

판매자(리스이용자)가 행한 자산 이전이 자산의 판매로 회계처리하게 하는 기업회계기준서 1115호(수익기준서)의 요구사항을 충족하지 못한다면 다음과 같이 회계처리한다.

판매자(리스이용자)				구매자(리스제공자)			
현금	판매가	금융부채	판매가	금융자산	판매가	현금	판매가

> (1) 판매자(리스이용자): 이전한 자산 계속 인식, 이전금액과 같은 금액으로 금융부채 인식
> (2) 구매자(리스제공자): 이전된 자산 인식 X, 이전금액과 같은 금액으로 금융자산 인식

2. 판매 조건을 충족하는 경우

판매자(리스이용자)가 행한 자산 이전이 자산의 판매로 회계처리하게 하는 기업회계기준서 1115호(수익기준서)의 요구사항을 충족한다면 다음과 같이 회계처리한다.

(1) **구매자(리스제공자)**

자산의 매입에 적용할 수 있는 기준서를 적용하고 리스에는 이 기준서의 리스제공자 회계처리 요구사항을 적용한다. (리스채권 / 현금)

(2) **판매자(리스이용자)**

현금	판매가	자산	BV
사용권자산	$BV \times \dfrac{\text{리스부채}+(FV-\text{판매가})}{FV}$	리스부채	PV(고정리스료)
	처분손익 XXX		

자산의 종전 장부금액에 비례하여 판매후리스에서 생기는 사용권자산을 측정한다. 따라서 판매자(리스이용자)는 구매자(리스제공자)에게 이전한 권리에 관련되는 차손익 금액만을 인식한다.

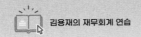

문제 6

(10점)

※ 다음의 각 물음은 독립적이다.

㈜민국은 20X1년 1월 1일 보유하던 건물을 ㈜대한에게 매각하고, 같은 날 동 건물을 리스하여 사용하는 계약을 체결하였다. 다음의 〈자료 1〉을 이용하여 물음 1)과 물음 2)에 답하시오.

자료1

1. ㈜민국이 보유하던 건물의 20X1년 1월 1일 매각 전 장부금액은 ₩3,000,000이며, 공정가치는 ₩5,000,000이다.

2. 20X1년 1월 1일 동 건물의 잔존내용연수는 8년이고 잔존가치는 없다. ㈜민국과 ㈜대한은 감가상각 방법으로 정액법을 사용한다.

3. 리스개시일은 20X1년 1월 1일이며, 리스료는 리스기간 동안 매년 말 ₩853,617을 수수한다.

4. 리스기간은 리스개시일로부터 5년이며, 리스 종료일에 소유권이 이전되거나 염가로 매수할 수 있는 매수선택권 및 리스기간 변경 선택권은 없다.

5. ㈜대한은 해당 리스를 운용리스로 분류한다. 리스계약과 관련하여 지출한 리스개설직접원가는 없다.

6. 리스의 내재이자율은 연 7%로, ㈜민국이 쉽게 산정할 수 있다.

7. 답안 작성 시 원 이하는 반올림한다.

기간	7%	
	단일금액 ₩1의 현가계수	정상연금 ₩1의 현가계수
1	0.9346	0.9346
2	0.8734	1.8080
3	0.8163	2.6243
4	0.7629	3.3872
5	0.7130	4.1002

물음 1 ㈜민국은 보유하고 있던 건물을 공정가치인 ₩5,000,000에 매각하였으며, 동 거래는 수익인식기준에 근거한 판매로 판단된다. 아래 요구사항에 답하시오.

2021. CPA

요구사항 1

리스이용자인 ㈜민국의 20X1년 12월 31일 재무상태표에 표시될 ① 사용권자산(순액), ② 리스부채 금액 및 20X1년도 포괄손익계산서 상 ③ 당기순이익에 미치는 영향을 계산하시오. 단, 당기순이익이 감소하는 경우에는 금액 앞에 (−)를 표시하시오.

회사	구분	금액
㈜민국	사용권자산(순액)	①
	리스부채	②
	당기순이익에 미치는 영향	③

요구사항 2

해당 리스거래가 리스제공자인 ㈜대한의 20X1년도 포괄손익계산서 상 당기순이익에 미치는 영향을 계산하시오. 단, 당기순이익이 감소하는 경우에는 금액 앞에 (−)를 표시하시오.

회사	구분	금액
㈜대한	당기순이익에 미치는 영향	①

물음 2

㈜민국이 건물을 매각한 거래가 수익인식기준에 근거한 판매가 아닌 것으로 판단되는 경우, 판매자인 ① ㈜민국과 구매자인 ② ㈜대한은 이전된 매각 금액을 어떻게 회계처리하여야 하는지 간략히 기술하시오.

2021. CPA

㈜민국	①
㈜대한	②

물음 3

다음의 〈자료 2〉를 이용하여 물음에 답하시오.

2023. CPA **2차**

자료2

1. 20X1년 1월 1일에 ㈜대한은 보유하던 건물을 ㈜민국에게 ₩8,000,000에 매각하고, 동시에 동 건물을 리스하여 사용하는 계약을 체결하였다. 매각 직전 동 건물의 장부금액은 ₩6,000,000이며, 판매일에 동 건물의 공정가치는 ₩8,000,000이다.
2. 동 건물의 이전은 기업회계기준서 제1115호의 수익인식기준을 충족하는 판매이다.
3. 20X1년 1월 1일 동 건물의 잔존내용연수는 5년이고 잔존가치는 없다. ㈜대한은 감가상각 방법으로 정액법을 사용한다.
4. 리스개시일은 20X1년 1월 1일이며, 고정리스료는 리스기간 동안 매년 말 ₩1,000,000을 지급한다.
5. 리스기간은 리스개시일로부터 3년이며, 리스기간 종료시점의 해당 기초자산 잔존가치는 ₩0으로 추정된다. 리스 종료일에 소유권 이전, 염가매수선택권, 리스기간 변경선택권은 없다.
6. 리스계약과 관련하여 지출한 리스개설직접원가는 없다.
7. 리스의 내재이자율은 연 10%이다.

기간	단일금액 ₩1의 현가계수		정상연금 ₩1의 현가계수	
	7%	10%	7%	10%
1	0.9346	0.9091	0.9346	0.9091
2	0.8734	0.8265	1.8080	1.7356
3	0.8163	0.7513	2.6243	2.4869
4	0.7629	0.6830	3.3872	3.1699

리스이용자인 ㈜대한은 20X1년도의 회계기록을 검토하던 중에 회계처리 오류(동 건물의 매각금액을 ₩7,000,000으로 인식)를 발견하였다. 이는 중요한 오류이며, 동 오류는 20X1년 장부 마감 전에 수정되었다. 이러한 오류수정이 ㈜대한의 20X1년도 당기순이익에 미치는 영향과 오류수정 후 20X1년 말 재무상태표에 표시되는 사용권자산을 각각 계산하시오. 단, 당기순이익이 감소하는 경우 금액 앞에 (−)를 표시하시오.

당기순이익에 미치는 영향	①
사용권자산	②

📝 해설 판매 후 리스

(물음 1)
|요구사항 1|

회사	구분	금액
㈜민국	사용권자산(순액)	①1,680,000
	리스부채	②2,891,383
	당기순이익에 미치는 영향	③(−)65,000

|㈜민국의 X1년 초 회계처리|

현금	5,000,000	건물	3,000,000
사용권자산	2,100,000	리스부채	3,500,000
		처분이익	600,000

리스이용자는 리스가 금융리스인지, 운용리스인지 판단하지 않는다. 운용리스 체결 시 회계처리가 달라지는 것은 리스제공자이다. 리스이용자는 일부 예외를 제외한 모든 리스에 대해 위와 같이 사용권자산과 리스부채를 인식한다.

1. X1년 초 리스부채: 853,617×4.1002=3,500,000

2. X1년 초 사용권자산: 건물 BV×(리스부채+FV−판매가)/FV
    =3,000,000×(3,500,000+5,000,000−5,000,000)/5,000,000=2,100,000

3. X1년 말 리스부채 및 사용권자산
(1) X1년 말 리스부채: 3,500,000×1.07−853,617=2,891,383
(2) X1년 말 사용권자산: 2,100,000×4/5=1,680,000

4. X1년 당기순이익에 미치는 영향: (1)−(2)−(3)=(−)65,000
(1) 유형자산처분손익: 600,000 이익
(2) 이자비용: 3,500,000×7%=245,000
(3) 감가상각비: 2,100,000/5=420,000

|요구사항 2|

회사	구분	금액
㈜대한	당기순이익에 미치는 영향	①228,617

|㈜대한의 회계처리|

	건물	5,000,000	현금	5,000,000
X1초	운용리스자산	5,000,000	건물	5,000,000
X1말	현금	853,617	리스료수익	853,617
	감가상각비	625,000	감가상각누계액	625,000

1. 리스료수익: 853,617

문제의 가정에 따라 ㈜대한은 리스를 운용리스로 분류한다. 운용리스이므로 수취한 리스료를 정액기준으로 수익으로 인식한다.

2. 감가상각비: 5,000,000/8=625,000

운용리스자산은 건물의 내용연수동안 상각한다. 리스개설직접원가는 없다.

3. X1년 당기순이익에 미치는 영향: (1)−(2)=228,617

(물음 2)

㈜민국	① 매각으로 수령한 금액을 금융부채로 인식한다.
㈜대한	② 매각으로 지급한 금액을 금융자산으로 인식한다.

(물음 1)은 수익인식기준에 근거한 판매로 판단했을 때의 상황이다. 수익인식기준에 근거한 판매가 아닌 것으로 판단되는 경우, 현금 수수액을 각각 금융부채와 금융자산으로 인식한다.

(물음 3)

당기순이익에 미치는 영향	①500,000
사용권자산	②1,243,450

1. 회사의 회계처리

현금	7,000,000	건물	6,000,000
사용권자산	2,615,175	리스부채	2,486,900
		처분이익	1,128,275
감가상각비	871,725	사용권자산	871,725
이자비용	248,690	현금	1,000,000
리스부채	751,310		

(1) 리스부채: 1,000,000×2.4869=2,486,900
(2) 사용권자산: 6,000,000×(2,486,900+8,000,000−7,000,000)/8,000,000=2,615,175
(3) 감가상각비: 2,615,175/3=871,725

2. 올바른 회계처리

현금	8,000,000	건물	6,000,000
사용권자산	1,865,175	리스부채	2,486,900
		처분이익	1,378,275
감가상각비	621,725	사용권자산	621,725
이자비용	248,690	현금	1,000,000
리스부채	751,310		

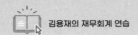

(1) 사용권자산: 6,000,000×(2,486,900＋8,000,000－8,000,000)/8,000,000＝1,865,175
(2) 감가상각비: 1,865,175/3＝621,725
(3) 오류수정 후 X1년 말 사용권자산: 1,865,175－621,725＝1,243,450

3. 당기순이익에 미치는 영향

처분이익 증가	1,378,275－1,128,275＝	250,000
감가상각비 감소	621,725－871,725＝	250,000
계		500,000

5 리스부채의 재측정

1. 리스부채의 재측정 회계처리

: 리스부채 변동액만큼 사용권자산 조정 (사용권자산을 초과하는 리스부채 감소분은 PL)

리스이용자는 리스개시일 후에 리스료에 생기는 변동을 반영하기 위하여 리스부채를 다시 측정한다. 리스이용자는 사용권자산을 조정하여 리스부채의 재측정 금액을 인식한다. 그러나 사용권자산의 장부금액이 영(0)으로 줄어들고 리스부채 측정치가 그보다 많이 줄어드는 경우에 리스이용자는 나머지 재측정 금액을 당기손익으로 인식한다.

2. 리스부채의 재측정 방법: 수정 할인율 vs 기존 할인율

(1) 수정 할인율로 리스부채 재측정	(2) 기존 할인율로 리스부채 재측정
① 리스기간 변경 ② 매수선택권 평가 변동 ③ 변동이자율의 변동	① 잔존가치보증에 따른 **예상지급액** 변동 ② 리스료를 산정할 때 사용한 **지수나 요율**의 변동으로 생기는 미래 리스료 변동

> **참고** 지수나 요율의 변동
>
> 리스료 변동으로 인해 리스부채를 재측정하는 것은 리스료를 산정할 때 사용한 지수나 요율이 변동할 때이다. 기준서에서 언급하고 있는 지수나 요율의 사례에는 소비자물가지수, 기준금리, 시장대여요율이 있다. **지수나 요율이 아닌 다른 이유(ex 매출)로 미래 리스료가 변동할 때는 변동리스료를 리스부채에 포함하지 않으며, 당기손익으로 인식한다.**

 김수석의 꿀팁! 수정 할인율을 사용하는 경우: 사용 기간의 변동 or 이자율의 변동

> 사용기간이나 이자율 자체가 변동하는 경우에는 수정 할인율을 사용해야 한다고 기억할 것!

문제 7

자료

1. 리스이용자인 ㈜대한은 리스제공자 ㈜민국과 20X1년 1월 1일에 리스계약을 체결하였다.

2. 20X1년 1월 1일 기초자산인 동 건물의 내용연수는 6년이고 잔존가치는 없다. ㈜대한은 감가상각 방법으로 정액법을 사용한다.

3. 리스개시일은 20X1년 1월 1일이며, 고정리스료는 리스기간 동안 매년 말 ₩1,000,000을 지급한다.

4. 리스기간은 리스개시일로부터 4년이며, 리스기간 종료시점의 해당 기초자산 잔존가치는 ₩0으로 추정된다. 또한 리스기간 종료 후 1년간 리스기간을 연장할 수 있는 연장선택권이 부여되어 있으며, 20X4년 말 이후 연장기간 동안의 고정리스료는 ₩800,000으로 연말에 지급한다. ㈜대한은 리스개시일에 동 연장선택권을 행사하지 않을 것이 상당히 확실하다고 판단하였다.

5. 20X1년 1월 1일에 동 리스의 내재이자율은 연 10%이다.

6. 한편, ㈜대한은 20X2년 말에 동 연장선택권을 행사할 것이 상당히 확실하다고 판단을 변경하였다. 리스기간 연장 후 종료시점의 해당 기초자산의 잔존가치는 ₩0으로 추정되며, 소유권은 이전되지 않는다. 20X2년 말 현재 동 리스의 내재이자율은 연 7%이다.

기간	단일금액 ₩1의 현가계수		정상연금 ₩1의 현가계수	
	7%	10%	7%	10%
1	0.9346	0.9091	0.9346	0.9091
2	0.8734	0.8265	1.8080	1.7356
3	0.8163	0.7513	2.6243	2.4869
4	0.7629	0.6830	3.3872	3.1699

㈜대한은 20X3년도의 회계기록을 검토하던 중에 회계처리 오류(20X2년 말 이후에도 동 연장선택권을 행사하지 않을 것이 상당히 확실하다고 계속 판단)를 발견하였다. 이는 중요한 오류이며, 동 오류는 20X3년 장부 마감 전에 수정되었다. 이러한 오류수정이 ㈜대한의 20X3년도 당기순이익에 미치는 영향과 오류수정 후 20X3년 말 재무상태표에 표시되는 사용권자산을 각각 계산하시오. 단, 당기순이익이 감소하는 경우 금액 앞에 (−)를 표시하시오.　2023. CPA

당기순이익에 미치는 영향	①
사용권자산	②

해설 리스부채의 재측정

당기순이익에 미치는 영향	①23,623
사용권자산	②1,540,274

1. 회사의 회계처리

X2.12.31	-재측정 회계처리 없음-			
X3.12.31	이자비용	173,558	현금	1,000,000
	리스부채	826,442		
	감가상각비	792,475	사용권자산	792,475

X1년 초 리스부채: 1,000,000×3.1699=3,169,900
X1년 초 사용권자산: 3,169,900
X2년 말 리스부채: (3,169,900×1.1-1,000,000)×1.1-1,000,000=1,735,579
X2년 말 사용권자산: 3,169,900×2/4=1,584,950

2. 올바른 회계처리

X2.12.31	사용권자산	725,461	리스부채	725,461
X3.12.31	이자비용	172,273	현금	1,000,000
	리스부채	827,727		
	감가상각비	770,137	사용권자산	770,137

재측정 후 X2년 말 리스부채(7%): 1,000,000×1.8080+800,000×0.8163=2,461,040
리스부채 및 사용권자산 증가액: 2,461,040-1,735,579=725,461
X2년 말 사용권자산: 1,584,950+725,461=2,310,411

X3년도 이자비용: 2,461,040×7%=172,273
X3년도 감가상각비: 2,310,411/3=770,137
오류수정 후 X3년 말 사용권자산: 2,310,411-770,137=1,540,274

3. 당기순이익에 미치는 영향

이자비용 감소	172,273-173,558=	1,285
감가상각비 감소	770,137-792,475=	22,338
계		23,623

6 리스의 변경 2차

1. 리스부채의 재평가 vs 리스의 변경

리스부채의 재평가는 리스계약을 변경하지 않은 상태로, 추정치의 변경(ex 보증으로 인한 지급액, 염가 매수선택권 행사가능성 변경에 따른 리스기간 변동 등)으로 리스료가 변동하는 것을 의미한다. 반면, 리스의 변경은 리스계약 사항의 변경으로 인해 리스의 범위나 리스대가가 변경되는 것을 의미한다.

	추정치의 변경	계약 내용 변경 (＝계약서 재작성)
금융자산/부채	손상차손 ex ₩10,000을 못 받을 것 같다	조건변경 ex ₩10,000은 안 받을게
리스	리스부채의 재평가 ex 리스기간 2년 연장할 것 같다	리스의 변경 ex 리스기간 2년 연장하자

2. 별도 리스의 조건

리스제공자 및 리스이용자는 다음 조건을 모두 충족하는 금융리스의 변경을 별도 리스로 회계처리한다.

> (1) 하나 이상의 기초자산 사용권이 추가되어 리스의 범위가 넓어진다.
> (2) 넓어진 리스 범위의 개별 가격에 상응하는 금액과 특정한 계약의 상황을 반영하여 그 개별 가격에 적절히 조정하는 금액만큼 리스대가가 증액된다.

3. 리스변경 시 리스이용자 회계처리

리스변경 시 리스'제공자'의 회계처리는 시험에 출제될 가능성이 낮으므로 본서에서는 다루지 않는다. 리스변경 시 리스'이용자'의 회계처리만 잘 기억하면 된다.

	범위	기간
확장	〈Case 1〉	〈Case 2〉
축소	〈Case 3〉	〈Case 4〉
리스 대가만 변경	〈Case 5〉	

			범위	기간
확장			사용권 XXX / 리스부채 New R	
축소	Step 1	사용권	범위 감소 비율만큼 감소	기간 감소 비율만큼 감소
		리스부채		Old R로 재평가
		대차차액	PL	
	Step 2		리스부채 New R / 사용권 XXX	
리스 대가만 변경			리스부채 New R / 사용권 XXX	

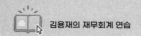

✎ Case 1 리스 범위 확장 ⓔ리스 범위를 1,000평에서 1,500평으로 확장

위 예시에서는 확장된 500평이 추가된 기초자산에 해당한다. 또한, 추가된 기초자산의 개별 가격만큼 리스대가도 증액된다고 제시한다면 별도 리스에 해당한다. 리스 범위의 확장 시 별도 리스에 해당하지 않는 경우는 수험목적상 생략한다.

Step 1. 사용권자산 및 리스부채 증가

추가된 기초자산이 별도 리스이므로 이에 대한 사용권자산과 리스부채를 계상하면 된다. 리스료 증가분을 리스 변경일의 이자율로 할인한 금액만큼 리스부채와 사용권자산을 증가시킨다.

✎ Case 2 리스 기간 확장 ⓔ리스 기간을 5년에서 6년으로 연장

Step 1. 사용권자산 및 리스부채 증가

리스 기간 확장도 리스 범위 확장과 회계처리가 비슷하다. 6년간의 리스료를 리스 변경일의 이자율로 할인한 금액으로 리스부채를 증가시킨다. 또한, 리스부채 증가액만큼 사용권자산도 증가시킨다.

✎ Case 3 리스 범위 축소 ⓔ리스 범위를 1,000평에서 500평으로 축소

Step 1. 사용권자산 및 리스부채 감소

(1) 사용권자산: 범위 감소 비율만큼 감소
(2) 리스부채: 범위 감소 비율만큼 감소
    리스 범위 축소의 경우 사용권자산과 리스부채를 모두 범위 감소 비율만큼 감소시키면 된다. 위 예시에서는 리스변경 전 장부금액의 50%를 감소시켜야 한다.
(3) 대차차액: PL
    사용권자산과 리스부채가 범위 감소 비율만큼 감소하는데, 사용권자산과 리스부채의 리스변경 전 장부금액이 다를 것이므로 대차차액이 발생한다. 이를 당기손익으로 인식한다.

Step 2. 리스 변경일의 이자율로 리스부채 재조정

리스 변경일 현재 잔여 리스료를 리스 변경일의 이자율로 할인한 금액으로 리스부채를 조정한다. 이때, 리스부채 조정액만큼 사용권자산도 조정한다.

✎ Case 4 리스 기간 축소 ⓔ리스 기간을 5년에서 4년으로 축소 ⭐중요!

4가지 Case 중 출제 가능성이 가장 높은 Case이다. 가장 중요하지만, 그만큼 어렵다. 4가지 Case를 모두 외우는 것이 어렵다면 Case 4만 외우는 것도 좋다.

Step 1. 사용권자산 및 리스부채 감소

(1) 사용권자산: 기간 감소 비율만큼 감소
    리스 기간 축소의 경우 사용권자산만 기간 감소 비율만큼 감소시키면 된다. 위 예시에서는 리스변경 전 장부금액의 20%(=1/5)를 감소시켜야 한다.

(2) 리스부채: 리스 개시일의 이자율로 재조정

리스 변경일 현재 잔여 리스료를 리스 개시일의 이자율로 할인한 금액으로 리스부채를 조정한다. 리스 변경일 현재 잔여 리스료를 리스 개시일의 이자율로 할인한 금액을 리스부채로 계상한다. 리스변경 시 유일하게 리스 개시일의 이자율을 사용하는 상황이므로 주의하자.

(3) 대차차액: PL

사용권자산과 리스부채의 감소액이 다르므로 대차차액이 발생한다. 이를 당기손익으로 인식한다.

Step 2. 리스 변경일의 이자율로 리스부채 재조정

리스부채는 현재 리스 개시일의 이자율로 할인되어 있다. 리스 변경일 현재 잔여 리스료를 리스 변경일의 이자율로 할인한 금액으로 리스부채를 조정한다. 이때, 리스부채 조정액만큼 사용권자산도 조정한다.

Case 5 리스 대가만 변경 ⓔⓧ 고정리스료를 연 ₩100,000에서 ₩90,000으로 변경

Step 1. 리스 변경일의 이자율로 리스부채 재조정

리스 대가만 변경한 경우 리스 변경일 현재 잔여 리스료를 리스 변경일의 이자율로 할인한 금액으로 리스부채를 조정한다. 이때, 리스부채 조정액만큼 사용권자산도 조정한다.

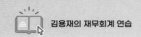

문제 8

(16점)

㈜세무는 20X1년 1월 1일에 ㈜나라리스로부터 기초자산 A(기계)를, ㈜민국리스로부터 기초자산 B(사무실)를 각각 리스하는 계약을 체결하였다. 기초자산 A와 B의 리스 모두 리스개시일은 20X1년 1월 1일이며 리스기간은 6년이고, 리스료는 매년 말에 지급한다. 기초자산 A와 B는 리스기간 종료 시 리스제공자에게 반환되며, 모든 리스는 소액기초 자산리스에 해당하지 않는다. 리스개시일 현재 기초자산 A의 내용연수는 8년(잔존가치 ₩0), 기초자산 B의 내용연수는 10년(잔존가치 ₩0)이다. 리스의 내재이자율은 알 수 없으며, 20X1년 1월 1일 ㈜세무의 증분차입이자율은 연 5%이다. ㈜세무는 모든 사용권자산에 대해 원가모형을 적용하여 회계처리하고 있으며, 사용권자산은 모두 잔존가치 없이 정액법을 이용하여 상각한다. 한편, 현재가치 계산이 필요할 경우 다음의 현가계수를 이용하고 금액은 소수점 첫째자리에서 반올림하여 계산한다. [예: ₩555.555.. → ₩556]   2020. CTA

기간	단일금액 ₩1의 현가계수		정상연금 ₩1의 현가계수	
	5%	10%	5%	10%
1	0.9524	0.9091	0.9524	0.9091
2	0.9070	0.8264	1.8594	1.7355
3	0.8638	0.7513	2.7232	2.4868
4	0.8227	0.6830	3.5460	3.1699
5	0.7835	0.6209	4.3295	3.7908
6	0.7462	0.5645	5.0757	4.3553

물음 1 ㈜세무는 기초자산 A(기계)에 대한 리스료로 20X1년과 20X2년에는 연간 ₩100,000을 지급하고, 이후에는 2년 단위로 소비자물가지수의 변동을 반영하여 리스료를 조정하기로 하였다. 20X3년과 20X4년의 리스료는 20X3년 초의 소비자물가지수를 반영하여 산정하고, 20X5년과 20X6년의 리스료는 20X5년 초의 소비자물가지수를 반영하여 산정한다. 리스개시일의 소비자물가지수는 100이었으나 20X3년 1월 1일에는 120으로 상승하였고 그 이후에는 변동이 없다고 가정한다. 20X3년 1월 1일 ㈜세무의 증분차입이자율은 연 10%이다. 기초자산 A의 리스와 관련하여 ㈜세무가 20X2년과 20X3년에 당기손익으로 인식할 아래 항목의 금액을 각각 계산하시오. (단, 기초자산 A의 리스와 관련하여 발생한 비용 중 자본화된 금액은 없다.)

구분	감가상각비	이자비용
20X2년	①	②
20X3년	③	④

물음 2 기초자산 B는 1,000㎡의 사무실 공간이며, 이에 대한 리스료로 ㈜세무는 연간 ₩200,000을 지급한다. 20X3년 1월 1일에 ㈜세무는 리스기간 중 남은 4년 동안 사무실의 공간을 1,000㎡에서 500㎡로 줄이기로 ㈜민국리스와 합의하였으며, 남은 4년 동안 리스료로 매년 말에 ₩120,000씩 지급하기로 하였다. 리스계약변경시점인 20X3년 1월 1일 ㈜세무의 증분차입이자율은 연 10%이다. 기초자산 B의 리스와 관련하여 20X3년 1월 1일 ㈜세무가 인식할 리스부채와 리스변경손익, 그리고 20X3년에 당기손익으로 인식할 리스부채의 이자비용과 사용권자산에 대한 감가상각비를 각각 계산하시오. (단, 기초자산 B의

리스와 관련하여 발생한 비용 중 자본화된 금액은 없다. 또, 리스변경손실이 발생한 경우에는 금액 앞에 '(−)'를 표시하며 계산된 금액이 없는 경우에는 '없음'으로 표시하시오.)

구분	리스부채	리스변경손익
20X3년 1월 1일	①	②

구분	이자비용	감가상각비
20X3년 당기손익	③	④

해설

(물음 1) 리스부채의 재평가 — 기존 할인율

구분	감가상각비	이자비용
20X2년	①84,595	②21,647
20X3년	③102,326	④21,276

	사용권자산	리스부채
X0	507,570	507,570
	↓ (84,595)	↓ 25,379
X1	422,975	432,949
	↓ ①(84,595)	↓ ②21,647
X2	338,380	354,596
재평가	↓ 70,924	↓ 70,924
X2	409,304	425,520
상각	↓ ③(102,326)	↓ ④21,276
X3	306,978	326,796

X1초 리스부채: $100,000 \times 5.0757 = 507,570$

X1초 사용권자산: 507,570

X2말 리스부채: $100,000 \times 120/100 \times 3.5460 = 425,520$

ㅡ지수의 변동으로 생기는 리스료 변동이므로 기존 할인율로 리스부채를 재평가한다.

X2말 사용권자산: $338,380 + (425,520 - 354,596) = 409,304$

X3년 감가상각비: $409,304/4 = 102,326$

X3년 이자비용: $425,520 \times 5\% = 21,276$

(물음 2) 리스의 변경 – 범위의 축소

구분	리스부채	리스변경손익
20X3년 1월 1일	①380,388	②16,216

구분	이자비용	감가상각비
20X3년 당기손익	③38,039	④91,043

	사용권자산	리스부채	PL
X0	1,015,140	1,015,140	
	↓(169,190)	↓50,757	
X1	845,950	865,897	
	↓(169,190)	↓43,295	
X2	676,760	709,192	
감소	↓(338,380)	↓(354,596)	②16,216
X2	338,380	354,596	
재조정	↓25,792	↓25,792	
X2	364,172	①380,388	
상각	↓④(91,043)	↓③38,039	
X3	273,129	298,427	

1. X1초 리스부채 및 사용권자산
   X1초 리스부채: 200,000×5.0757=1,015,140
   X1초 사용권자산: 1,015,140

2. 리스부채 및 사용권자산 감소 (대차차액은 PL)
   (1) 리스부채 감소분: 709,192×50%=354,596
   (2) 사용권자산 감소분: 676,760×50%=338,380
      – 리스범위가 50% 감소하였으므로 리스부채와 사용권자산을 50%씩 감소시킨다.
   (3) 리스변경손익: 354,596−338,380=16,216

3. 리스부채 재조정 (대차차액은 사용권자산)
   (1) 리스부채 증감: 380,388−354,596=25,792 증가
      X2말 리스부채(10%, 4기): 120,000×3.1699=380,388
   (2) 사용권자산 증감: 25,792 증가

4. 감가상각비 및 이자비용
   (1) X3년 감가상각비: 364,172/4=91,043
   (2) X3년 이자비용: 380,388×10%=38,039

문제 9

(16점)

다음의 〈자료〉를 이용하여 (물음)에 답하시오. 단, 각 (물음)은 독립적이다.

2020. CPA **2차**

자료

1. 리스제공자인 ㈜민국리스는 리스이용자인 ㈜대한과 20X1년 1월 1일에 리스계약을 체결하였다. 리스개시일은 20X1년 1월 1일이다.
2. 기초자산인 사무실 공간 10,000m²의 리스기간은 리스개시일로부터 6년이다.
3. 리스기간 종료시점까지 소유권이 이전되거나 염가로 매수할 수 있는 매수선택권은 없으며, 리스기간 종료시점의 해당 기초자산 잔존가치는 ₩0으로 추정된다.
4. 기초자산의 내용연수는 7년이며, 내용연수 종료시점의 추정잔존가치는 ₩0으로 정액법으로 감가상각한다.
5. ㈜대한은 리스기간 동안 매년 말 ₩2,000,000의 고정리스료를 지급한다.
6. ㈜대한은 리스종료일에 기초자산을 리스제공자인 ㈜민국리스에게 반환하여야 한다.
7. ㈜대한이 리스계약과 관련하여 지출한 리스개설직접원가는 없다.
8. 20X1년 1월 1일에 동 리스의 내재이자율은 연 8%이고, 리스제공자와 리스이용자가 이를 쉽게 산정할 수 있다.
9. 사용권자산은 정액법으로 감가상각한다.
10. 답안 작성 시 원 이하는 반올림한다.

기간	정상연금 ₩1의 현가계수	
	8%	10%
1	0.9259	0.9091
2	1.7833	1.7355
3	2.5771	2.4869
4	3.3121	3.1699
5	3.9927	3.7908
6	4.6229	4.3553

물음 1 20X3년 1월 1일 ㈜민국리스와 ㈜대한은 기존 리스를 수정하여 다음의 〈추가 자료〉와 같은 리스변경에 합의하였다.

추가자료

20X3년 1월 1일 ㈜민국리스와 ㈜대한은 리스기간 종료시점까지 남은 4년 동안 사무실 공간을 10,000m²에서 7,000m²로 30% 줄이기로 합의하였다. 이에 따라 ㈜대한은 20X3년 1월 1일부터 20X6년 12월 31일까지 매년 말 ₩1,000,000의 고정리스료를 지급한다. 20X3년 1월 1일에 동 리스의 내재이자율을 쉽게 산정할 수 없으나 리스이용자의 증분차입이자율은 연 10%이다.

리스와 관련한 모든 회계처리가 ㈜대한의 20X3년도 포괄손익계산서의 당기순이익에 미치는 영향과 20X3년 말 재무상태표에 표시되는 사용권자산 및 리스부채의 금액을 각각 계산하시오. 단, 당기순이익이 감소하는 경우에는 (−)를 숫자 앞에 표시하시오.

당기순이익에 미치는 영향	①
사용권자산	②
리스부채	③

물음 2 20X3년 1월 1일 ㈜민국리스와 ㈜대한은 기존 리스를 수정하여 다음의 〈추가 자료〉와 같은 리스변경에 합의하였다.

추가자료

20X3년 1월 1일 ㈜민국리스와 ㈜대한은 리스기간 종료시점까지 남은 4년 동안 사무실 공간 10,000m²에서 3,000m²를 추가하기로 합의하였다. ㈜대한은 사무실 공간 3,000m²의 추가 사용 권리로 인해 20X3년 1월 1일부터 20X6년 12월 31일까지 매년 말 ₩400,000의 고정리스료를 추가로 지급하는데, 증액된 리스대가는 계약 상황을 반영하여 조정한 추가 사용권자산의 개별 가격에 상응하는 금액이다. 20X3년 1월 1일에 동 리스의 내재이자율을 쉽게 산정할 수 없으나 리스이용자의 증분차입이자율은 연 10%이다. 단, 모든 리스는 소액기초자산 리스에 해당하지 않는다.

리스와 관련한 모든 회계처리가 ㈜대한의 20X3년도 포괄손익계산서의 당기순이익에 미치는 영향과 20X3년 말 재무상태표에 표시되는 사용권자산 및 리스부채의 금액을 각각 계산하시오. 단, 당기순이익이 감소하는 경우에는 (−)를 숫자 앞에 표시하시오.

당기순이익에 미치는 영향	①
사용권자산	②
리스부채	③

✏️ **해설** 리스의 변경

(물음 1) 리스범위를 줄이는 변경

당기순이익에 미치는 영향	①(−)890,759
사용권자산	②2,135,696
리스부채	③2,486,890

1. X1년초 리스부채, 사용권자산

(1) 리스부채: 2,000,000×4.6229=9,245,800

(2) 사용권자산: 9,245,800

　　− 리스개설직접원가와 인센티브가 없으므로 리스부채와 동일하다.

2. 리스변경 전 X3년초 리스부채, 사용권자산

(1) 리스부채: (9,245,800×1.08−2,000,000)×1.08−2,000,000=6,624,301

(2) 사용권자산: 9,245,800×4/6=6,163,867

　　− 매수선택권이 없으므로, 리스기간 6년간 잔존가치 0으로 상각한다.

3. 리스변경손익: (1)−(2)=138,130

(1) 리스부채 감소분: 6,624,301×30%=1,987,290

(2) 사용권자산 감소분: 6,163,867×30%=1,849,160

　　− 리스의 범위를 좁히는 리스변경은 사용권자산과 리스부채를 감소하는 비율만큼 각각 감소시키고 차액은 리스변경손익을 인식한다.

4. 리스변경 후 리스부채, 사용권자산

(1) 리스변경 후 리스부채: 1,000,000×3.1699＝3,169,900

   －리스변경에서는 리스변경일의 할인율로 할인하므로 10%로 할인한다.

(2) 잔여 리스료 재측정으로 인한 리스부채 변동: (1)－6,624,301×70%＝(−)1,467,111

(3) 리스변경 후 사용권자산: 6,163,867×70%＋(2)＝2,847,596

5. X3년도 당기순이익에 미치는 영향: (1)−(2)−(3)＝(−)890,759

(1) 리스변경이익: 138,130

(2) 감가상각비: 2,847,586/4＝711,899

(3) 이자비용: 3,169,900×10%＝316,990

6. X3년말 사용권자산, 리스부채 장부금액

(1) 사용권자산: 2,847,596×3/4＝2,135,697

(2) 리스부채: 3,169,900×1.1−1,000,000＝2,486,890

| 회계처리 |

	차변		대변		사용권자산	리스부채
X3초	리스부채	1,987,290	사용권자산 리스변경이익	1,849,160 138,130	4,314,707	4,637,011
	리스부채	1,467,111	사용권자산	1,467,111	2,847,596	3,169,900
X3말	감가상각비	711,899	사용권자산	711,899	2,135,697	
	이자비용 리스부채	316,990 683,010	현금	1,000,000		2,486,890

(물음 2) 리스범위를 넓히는 변경

당기순이익에 미치는 영향	①(−)2,514,697
사용권자산	②5,573,869
리스부채	③6,149,001

(1) 기존리스의 X3년초 리스부채, 사용권자산 (요구사항 1 참고)

① 기존리스의 리스부채: 6,624,301

② 기존리스의 사용권자산: 6,163,867

(2) 별도리스의 X3년초 리스부채, 사용권자산

리스의 범위가 넓어지고 증액된 리스대가가 개별 가격에 상응하는 금액이므로 별도리스에 해당한다. 별도리스는 새로운 리스이므로 리스변경일의 이자율인 10%를 이용하여 사용권자산과 리스부채를 측정한다.

① 별도리스의 리스부채: 400,000×3.1699＝1,267,960

② 별도리스의 사용권자산: 1,267,960

   －리스변경 시 리스개설직접원가는 발생하지 않았으므로 사용권자산은 리스부채와 일치한다.

(3) 당기순이익: ①＋②＝(−)2,514,697

① 이자비용: 6,624,301×8%＋1,267,960×10%＝656,740

② 감가상각비: (6,163,867＋1,267,960)/4＝1,857,957

(4) X3년말 리스부채, 사용권자산
① 리스부채: 1,267,960＋6,624,301＋656,740－2,400,000＝6,149,001
② 사용권자산: 6,163,867＋1,267,960－1,857,957＝5,573,870

| 회계처리 |

	차변		대변		사용권자산	리스부채
X3초	사용권자산	1,267,960	리스부채	1,267,960	7,431,827	7,892,261
X3말	감가상각비	1,857,957	사용권자산	1,857,957	5,573,870	
	이자비용	656,740	현금	2,400,000		6,149,001
	리스부채	1,743,260				

문제 10

(10점)

2024. CPA 심화

※ 다음의 각 물음은 독립적이다.

다음의 〈공통자료〉를 이용하여 각 물음에 답하시오. 단, 모든 리스는 소액자산 리스에 해당하지 않는다.

공통자료

1. 리스제공자인 ㈜민국리스는 리스이용자인 ㈜대한과 리스개시일인 20x1년 1월 1일에 기초자산인 사무실 공간 300㎡를 6년 간 리스하는 계약을 체결하였다. 기초자산의 내용연수는 7년, 내용연수 종료시점의 추정잔존가치는 없으며, 정액법으로 감가상각한다.

2. 연간 고정리스료는 매년 말에 ₩1,000,000을 지급하며, 리스기간 종료시점 이전에 ㈜대한에게 기초자산의 소유권이 이전되거나 사용권자산의 원가에 ㈜대한이 매수선택권을 행사하는 경우는 없다.

3. 리스기간 종료시점에 해당 기초자산의 잔존가치는 ₩0으로 추정되며, 사용권자산은 정액법으로 감가상각한다. 또한 ㈜대한과 ㈜민국리스가 리스계약과 관련하여 지출한 리스개설직접원가는 없다.

4. 20x1년 1월 1일에 동 리스의 내재이자율은 쉽게 산정할 수 없으며, 리스개시일에 리스이용자의 증분차입이자율은 연 7%이다.

5. 현재가치 계산 시 아래의 현가계수를 이용하고, 답안 작성 시 원 미만은 반올림한다.

기간	정상연금 ₩1의 현가계수	
	7%	8%
3	2.6243	2.5770
4	3.3872	3.3120
5	4.1002	3.9927
6	4.7665	4.6229

물음 1 상기 〈공통자료〉와 다음 〈자료 1〉을 이용하여 답하시오.

자료1

- 20X3년 1월 1일에 ㈜대한과 ㈜민국리스는 기존 리스를 수정하여 20X3년 1월 1일부터 같은 건물에 100㎡의 공간을 추가하고, 리스기간을 6년에서 5년으로 줄이기로 합의하였다. 이에 따라 ㈜대한은 총 400㎡에 대한 연간 고정리스료를 20X3년부터 20X5년까지 매년 말에 ₩1,400,000씩 지급해야 한다.
- 한편, 100㎡ 공간의 범위 확장에 대한 대가는 계약 상황을 반영하여 조정한 넓어진 범위의 개별 가격에 상응하지 않는다. 20X3년 1월 1일에 리스의 내재이자율은 쉽게 산정할 수 없으며, 리스이용자의 증분차입이자율은 연 8%이다.
- 해당 기초자산은 정액법으로 감가상각하며, 리스기간 종료시점의 잔존가치는 ₩0이다.

위 거래와 관련한 모든 회계처리가 ㈜대한의 20X3년도 포괄손익계산서의 당기순이익 감소에 미치는 영향과 20X3년 말 재무상태표에 표시되는 리스부채 및 사용권자산의 금액을 각각 계산하시오.

당기순이익 감소에 미치는 영향	①
리스부채	②
사용권자산	③

물음 2 상기 〈공통자료〉와 다음 〈자료 2〉를 이용하여 답하시오.

자료 2

- 20X3년 1월 1일에 ㈜대한과 ㈜민국리스는 기존 리스를 수정하여 기초자산 사용권의 추가없이 계약상 리스기간을 20x7년까지 추가로 1년 연장하기로 합의하였다.
- 연간 고정리스료는 변동되지 않으며, 20X3년 1월 1일에 리스의 내재이자율은 쉽게 산정할 수 없고, 리스이용자의 증분차입이자율은 연 8이다.
- 해당 기초자산은 정액법으로 감가상각하며, 리스기간 종료시점의 잔존가치는 ₩0이다.

㈜대한의 20X3년 말 재무상태표에 표시되는 리스부채 및 사용권자산의 금액을 각각 계산하시오.

리스부채	①
사용권자산	②

✏️ 해설

(물음 1)

당기순이익 감소에 미치는 영향		①1,442,425
리스부채		②2,496,424
사용권자산		③2,244,499

	사용권자산	리스부채	PL
X0	4,766,500	4,766,500	
	↓(794,417)	↓333,655	
X1	3,972,083	4,100,155	
	↓(794,417)	↓287,011	
X2	3,177,666	3,387,166	
기간 축소	↓(794,417)	↓(762,866)	(31,551)
X2	2,383,249	2,624,300	
범위 확장	↓983,500	↓983,500	
X2	3,366,749	3,607,800	
상각	↓(1,122,250)	↓288,624	
X3	2,244,499	2,496,424	

(1) X1초 리스부채: 1,000,000*4.7665=4,766,500

(2) 기간 축소로 인한 리스부채 및 사용권자산의 증감
리스부채: 1,000,000*2.6243−3,387,166=762,866 감소
사용권자산: 3,177,666/4=794,417 감소

(3) 범위 확장으로 인한 리스부채 및 사용권자산의 증감
범위 확장 후 리스부채: 1,400,000*2.577=3,607,800
리스부채 및 사용권자산의 증감: 3,607,800−2,624,300=983,500 증가

(4) 당기순이익에 미치는 영향: −31,551−288,624−1,122,250=(−)1,442,425
기간 축소 시 조정손익: −794,417+762,866=(−)31,551
이자비용: 3,607,800*8%=288,624
감가상각비: 3,366,749/3=1,122,250

(5) X3말 리스부채 및 사용권자산
리스부채: 3,607,800*1.08−1,400,000=2,496,424
사용권자산: 3,366,749−1,122,250=2,244,499

(물음 2)

리스부채	①3,312,116
사용권자산	②3,026,561

	사용권자산	리스부채	PL
X0	4,766,500	4,766,500	
	↓(794,417)	↓333,655	
X1	3,972,083	4,100,155	
	↓(794,417)	↓287,011	
X2	3,177,666	3,387,166	
기간 연장	↓605,534	↓605,534	
X2	3,783,200	3,992,700	
상각	↓(756,640)	↓319,416	
X3	3,026,560	3,312,116	

(1) 기간 연장 후 리스부채: 1,000,000*3.9927＝3,992,700

(2) 리스부채 및 사용권자산의 증감: 3,992,700－3,387,166＝605,534

(3) X3말 리스부채 및 사용권자산
리스부채: 3,992,700*1.08－1,000,000＝3,312,116
사용권자산: 3,783,200*4/5＝3,026,560

7 운용리스제공자

리스이용자는 리스가 금융리스인지, 운용리스인지 판단하지 않는다. 리스이용자는 일부 예외를 제외한 모든 리스에 대해 사용권자산과 리스부채를 인식한다. 운용리스 체결 시 회계처리가 달라지는 것은 리스 제공자이다. 운용리스제공자의 회계처리는 다음과 같다.

리스기간 개시일	유형자산	취득원가	현금	취득원가
	운용리스자산	XXX	유형자산	취득원가
			현금	리스개설직접원가
매기 말	현금	XXX	리스료수익	XXX
	미수리스료	XXX	선수리스료	XXX
	감가상각비	XXX	감가상각누계액	XXX

1. 운용리스자산=유형자산의 취득원가+리스개설직접원가

2. 리스료수익=전체 리스료/리스기간

— 정액 기준이나 다른 체계적인 기준으로 운용리스의 리스료를 수익으로 인식

- '다른 체계적인 기준이 없다' or '정액 기준으로 수익을 인식': 정액법으로 수익 인식
→ 매년 리스료가 다르더라도 매년 같은 금액을 리스료수익으로 인식

3. 감가상각비=유형자산 취득원가/내용연수+리스개설직접원가/리스기간

- 유형자산은 자산의 내용연수동안 감가상각, 리스개설직접원가는 리스기간동안 감가상각

문제 11

다음에 제시되는 물음은 독립적이다. 이자율 10%의 현재가치계수는 다음과 같다.

기간	1	2	3
단일금액 1원	0.9091	0.8265	0.7513
정상연금 1원	0.9091	1.7356	2.4869

물음 1 리스제공자인 ㈜대한은 리스이용자인 ㈜민국과 리스기간개시일이 20X1년 1월 1일인 리스계약을 체결하였다. 리스기간은 3년이며, 리스자산인 기계장치의 내용연수는 5년이다. 리스의 협상 및 계약단계에서 ㈜대한과 ㈜민국은 동 리스와 관련하여 직접 발생한 원가로 각각 ₩30,000과 ₩60,000을 지출하였다. 이러한 지출과 관련하여, ㈜대한과 ㈜민국이 20X1년에 인식할 비용에 대한 다음의 물음에 답하시오. 인식할 비용이 없는 경우에는 '0'으로 표시하시오. 2017. CPA

① 동 리스계약이 운용리스로 분류될 때, ㈜대한이 20X1년에 인식할 비용을 구하시오.

② 동 리스계약이 소유권이 이전되지 않는 금융리스로 분류되고 리스이용자가 잔존가치를 전액 보증하는 경우에, ㈜민국이 20X1년에 인식할 비용을 구하시오.

③ 동 리스계약이 판매형리스로 분류될 때, ㈜대한이 20X1년에 인식할 비용을 구하시오.

항목	㈜대한	㈜민국
운용리스 분류 시 비용 인식액	①	
금융리스 분류 시 비용 인식액		②
판매형리스 분류 시 비용 인식액	③	

물음 2 ㈜대한은 20X1년 1월 1일에 장부금액 ₩746,200인 항공기를 ㈜민국에게 동 자산의 공정가치인 ₩821,200에 처분(기업회계기준서 제1115호 상 기준서 상 '판매' 조건 충족)하고 동 일자로 금융리스계약(리스기간 3년)을 체결하였다. 정기리스료 ₩300,000은 매년말 지급하고 리스기간 종료 시 리스자산은 반환하는 조건이다. 리스기간 종료 시 예상되는 잔존가치 ₩100,000 중에서 ㈜대한은 ₩60,000을 보증하였다. ㈜대한과 ㈜민국은 모두 정액법으로 감가상각하고 있다. ㈜민국의 내재이자율은 10%이며, ㈜대한도 이를 알고 있다.
동 리스계약이 ㈜대한과 ㈜민국의 20X1년도 당기순이익에 미치는 영향을 계산하시오. 그리고 ㈜대한과 ㈜민국의 20X1년의 재무상태표에 계상될 다음 각 계정과목의 금액을 계산하시오. 단, 해당 금액이 없는 경우에는 '0'으로 표시하고, 당기순이익이 감소하는 경우에는 금액 앞에 '(−)'를 표시하시오. 2017. CPA

회계연도	내용	금액	
		㈜대한	㈜민국
20X1	당기순이익에 미치는 영향	④	⑤

회계연도	재무제표	계정과목	금액	
			㈜대한	㈜민국
20X1	재무상태표	리스채권		⑥
20X1	재무상태표	리스부채	⑦	

물음 3 물음 2)에 추가하여, 20X1년말 동 리스자산의 리스기간 종료 시 예상잔존가치가 ₩100,000에서 ₩80,000으로 하락하였다. 이에 따라 추정무보증잔존가치를 ₩40,000에서 ₩20,000으로 조정하였다. 20X1년말 ㈜민국이 인식해야 하는 금융리스채권의 손상차손 금액을 구하시오. 단, 해당 금액이 없는 경우에는 '0'으로 표시하시오.

2017. CPA

회계연도	내용	금액
20X1	리스채권 손상차손	⑧

물음 4 ㈜한국은 B리스회사와 20X1년 1월 1일에 운용리스계약을 체결하였다.

2013. CPA

- 리스개시일 : 20X1년 1월 1일
- 리스자산 : 취득원가 ₩1,200,000, 경제적 내용연수와 내용연수는 모두 5년, 추정 잔존가치 없음, 정액법 상각
- 리스기간 : 리스개시일로부터 3년
- 정기리스료 : 20X1년 12월 31일 ₩400,000
  20X2년 12월 31일 ₩300,000
  20X3년 12월 31일 ₩200,000
- B리스회사는 계약에 따른 인센티브로 ㈜한국에게 현금 ₩30,000을 리스계약일에 지급하였다.
- 20X1년 7월 1일에 ㈜한국은 리스자산의 재배치를 실시하였으며, B리스회사로부터 받은 인센티브 ₩30,000을 포함하여 총 ₩50,000을 현금으로 지출하였다.
- B리스회사의 내재이자율은 10%이며, ㈜한국도 이를 알고 있다.

1) 운용리스거래가 ㈜한국의 20X1년 당기순이익에 미치는 영향을 계산하시오. 단, 당기순이익이 감소하는 경우에는 금액 앞에 (−)를 표시하시오. 단, 현재가치 계산시 아래의 현가계수를 반드시 이용하시오.

기간	단일금액 ₩1의 현가계수	정상연금 ₩1의 현가계수
1	0.91	0.91
2	0.83	1.74
3	0.75	2.49

2) 리스자산의 사용에 따른 효익의 기간적 형태를 보다 잘 나타내는 다른 체계적인 기준은 없다고 가정하고, 운용리스거래가 B리스회사의 20X1년 당기순이익에 미치는 영향을 계산하시오.

✏️ 해설

(물음 1) 운용리스, 금융리스, 판매형리스

항목	㈜대한	㈜민국
운용리스 분류 시 비용 인식액	①10,000	
금융리스 분류 시 비용 인식액		②20,000
판매형리스 분류 시 비용 인식액	③30,000	

① 운용리스 제공자의 비용: 30,000/3＝10,000
운용리스 제공자는 정액 기준이나 다른 체계적인 기준으로 운용리스의 리스료를 수익으로 인식한다. 리스제공자는 리스료 수익 획득 과정에서 부담하는 원가(감가상각비 포함)를 비용으로 인식한다. 문제에서 체계적인 기준을 언급하지 않았으므로 원가를 정액법으로 인식한다.

② 금융리스 이용자의 비용: 사용권자산의 감가상각비＝60,000/3＝20,000
소유권이 이전되지 않는 리스이므로 리스기간인 3년간 상각한다.
－리스와 관련하여 발생한 원가(리스개설직접원가)에 대한 비용만 물었으므로 리스부채의 이자비용은 무시한다.

③ 판매형리스 제공자의 비용: 30,000
제조자 또는 판매자인 리스제공자는 금융리스 체결과 관련하여 부담하는 원가를 리스개시일에 비용으로 인식한다.

(물음 2) 판매후리스

회계연도	내용	금액	
		㈜대한	㈜민국
20X1	당기순이익에 미치는 영향	④(－)293,722	⑤82,120

회계연도	재무제표	계정과목	금액	
			㈜대한	㈜민국
20X1	재무상태표	리스채권		⑥603,320
20X1	재무상태표	리스부채	⑦520,677	

1. ㈜대한의 X1년도 당기순이익에 미치는 영향: (3)－(4)－(5)＝(－)293,722
(1) 리스부채: 300,000×2.4869＝746,070
(2) 사용권자산: BV×(리스부채＋FV－처분가액)/FV
       ＝746,200×(746,070＋821,200－821,200)/821,200＝677,932
(3) 유형자산처분이익: 821,200＋677,932－746,200－746,070＝6,862
(4) 감가상각비: 677,932/3＝225,977
(5) 이자비용: 746,070×10%＝74,607

2. X1년 말 금융리스부채: 746,070×1.1－300,000＝520,677

| ㈜대한의 회계처리 |

X1초	현금	821,200	항공기	746,200
	사용권자산	677,932	리스부채	746,070
			처분이익	6,862
X1말	감가상각비	225,977	사용권자산	225,977
	이자비용	74,607	현금	300,000
	리스부채	225,393		

3. ㈜민국의 X1년도 당기순이익에 미치는 영향: 이자수익＝821,200×10%＝82,120

(1) 리스채권: 821,200

(물음 2)에는 리스개설직접원가가 없으므로 기초자산 구입액이 곧 리스채권이 된다.

4. X1년 말 금융리스채권: 821,200×1.1－300,000＝603,320

| ㈜민국의 회계처리 |

X1초	리스채권	821,200	현금	821,200
X1말	현금	300,000	이자수익	82,120
			리스채권	217,880

(물음 3) 리스채권 손상차손

회계연도	내용	금액
20X1	리스채권 손상차손	⑧16,530

리스채권 손상차손:min[추정 잔존가치 감소액, 최초 무보증잔존가치]×단순현가계수
＝min[20,000, 40,000]×0.8265＝16,530

(물음 4) 운용리스, 인센티브

(1) (－)370,633

① 리스부채: 400,000×0.91＋300,000×0.83＋200,000×0.75＝763,000

② 사용권자산: 763,000－30,000＝733,000

　　－리스이용자는 운용리스계약에 대해서도 사용권자산과 리스부채를 인식하며, 인센티브는 사용권자산에서 차
　　감한다.

③ 이자비용: 763,000×10%＝76,300

④ 감가상각비: 733,000/3＝244,333

⑤ 재배치비용: 50,000

　　－기업의 영업 전부 또는 일부를 재배치하거나 재편성하는 과정에서 발생하는 원가는 유형자산의 장부금액에
　　포함하지 아니한다. 따라서 인센티브로 받은 현금을 지출하였다고 해서 사용권자산의 장부금액에 영향을 주
　　지 않으며, 비용으로 인식해야 한다. 현금은 어디에 쓰느냐에 따라 자산 또는 비용으로 인식하지, 어디에서
　　받았느냐에 따라 인식하는 것이 아니다.

⑥ X1년 당기순이익에 미치는 영향: −76,300−244,333−50,000=(−)370,633

(2) 50,000
① 리스료수익: (400,000+300,000+200,000)/3=300,000
② 감가상각비: 1,200,000/5=240,000
③ 인센티브비용: 30,000/3=10,000
   − 인센티브는 리스계약을 체결하기 위한 지출이므로 리스기간 동안 상각한다.
④ X1년 당기순이익에 미치는 영향: 300,000−240,000−10,000=50,000

09 충당부채

본장에서는 충당부채와 보고기간 후 사건을 다룰 것이다. 충당부채와 보고기간 후 사건 모두 회계사 및 세무사 2차 시험에서 거의 출제되지 않는 주제이다. 2차 시험 문제는 대부분 계산문제인데, 충당부채 기준서는 계산문제로 출제할 내용이 거의 없기 때문이다. 2차 수험생은 본서에 있는 기출문제를 한 번만 풀어보고 충당부채를 넘어가는 것을 추천한다.

1 충당부채 사례

1. 의무발생사건

의무발생사건이 되려면 해당 사건으로 생긴 의무의 이행 외에는 현실적인 대안이 없어야 한다. 다음은 의무발생사건의 예이다.

충당부채 O	충당부채 X
벌과금, 복구충당부채	정화'장치' 설치비용 정기적인 수선 및 검사원가
법안: 제정이 거의 확실할 때에만	미래 영업에서 생길 원가, 예상 영업손실
	예상되는 자산 처분이익

사례 A

새로운 법률에 따라 기업은 20X1년 6월까지 매연 여과장치를 공장에 설치하여야 한다. 기업은 지금까지 매연 여과장치를 설치하지 않았다.

(1) 보고기간 말인 20X0년 12월 31일 현재
매연 여과장치의 설치원가로 충당부채를 인식하지 아니한다. 그 법률에 따른 매연 여과장치의 설치원가나 벌금에 대한 의무발생사건이 없기 때문이다.

(2) 보고기간 말인 20X1년 12월 31일 현재
매연 여과장치 설치원가로 충당부채를 인식하지 아니한다. 매연 여과장치 설치원가에 대한 의무는 여전히 없기 때문이다.
그러나 공장에서 법률을 위반하는 의무발생사건이 일어났기 때문에 법률에 따른 벌과금을 내야 하는 의무가 생길 수는 있다. 벌과금이 부과될 가능성이 그렇지 않을 가능성보다 높은 경우에는 벌과금의 최선의 추정치로 충당부채를 인식한다.

사례 B

기업은 해저유전을 운영한다. 그 라이선싱 약정에 따르면 석유 생산 종료시점에는 유정 굴착장치를 제거하고 해저를 원상 복구하여야 한다. 최종 원상 복구원가의 90%는 유정 굴착장치 제거와 그 장치의 건설로 말미암은 해저 손상의 원상 복구와 관련이 있다. 나머지 10%의 원상 복구원가는 석유의 채굴로 생긴다. 보고기간 말에 굴착장치는 건설되었으나 석유는 채굴되지 않은 상태이다.

→ 유정 굴착장치 제거와 그 장치의 건설로 말미암은 손상의 원상 복구에 관련된 원가(최종 원가의 90%)의 최선의 추정치로 충당부채를 인식한다. 이 원가는 유정 굴착장치의 원가의 일부가 된다. 석유 채굴로 생기는 나머지 10%의 원가는 석유를 채굴할 때 부채로 인식한다.

사례 C

기업이 소송과 관련하여 인식할 충당부채의 최선의 추정치가 ₩1,000,000이다. 기업이 충당부채의 의무를 이행하기 위해서는 현재 보유하고 있는 유형자산(장부금액 ₩500,000)을 ₩600,000에 처분해야 한다.

→ 유형자산의 처분이익 ₩100,000은 충당부채에 영향을 주지 않으며, 충당부채로 인식할 금액은 ₩1,000,000이다.

사례 D

석유산업에 속한 기업은 오염을 일으키고 있지만 사업을 운영하는 특정 국가의 법률에서 요구하는 경우에만 오염된 토지를 정화한다. 이러한 사업이 운영되는 어떤 국가에서도 오염된 토지를 정화하도록 요구하는 법률이 제정되지 않았고, 그 기업은 몇 년 동안 그 국가의 토지를 오염시켰다. 20X0년 12월 31일 현재 이미 오염된 토지를 정화하도록 요구하는 법률 초안이 연말 후에 곧 제정될 것이 거의 확실하다.

→ 토지 정화를 요구하는 법률 제정이 거의 확실하기 때문에 토지 정화원가의 최선의 추정치로 충당부채를 인식한다.

사례 E

기술적인 이유로 5년마다 대체할 필요가 있는 내벽을 갖춘 용광로가 있다. 보고기간 말에 이 내벽은 3년 동안 사용되었다.

→ 보고기간 말에는 내벽을 교체할 의무가 기업의 미래 행위와 관계없이 존재하지 않기 때문에 내벽의 교체원가를 인식하지 아니한다. 충당부채로 인식하는 대신에 5년에 걸쳐 감가상각하는 것이 타당하다. 내벽 교체원가가 생기면 이를 자본화하고, 이후 5년에 걸쳐 감가상각한다.

> **사례 F**
>
> 항공사는 법률에 따라 항공기를 3년에 한 번씩 정밀하게 정비하여야 한다.
>
> → 사례 E에서 내벽 교체원가를 충당부채로 인식하지 않은 것과 같은 이유로 항공기 정밀 정비원가도 충당부채로 인식하지 아니한다. 정밀 정비를 하도록 한 법률 규정이 있더라도 정밀 정비원가가 부채를 생기게 하지 않는다. 이는 기업의 미래 행위와 상관없이 항공기의 정밀 정비의무가 있는 것은 아니기 때문이다.

2. 제삼자 변제

(1) 자산 계상액=min[변제 예상액, 충당부채]

충당부채를 결제하기 위하여 필요한 지출액을 제삼자가 변제할 것으로 예상되는 경우에는 '변제를 받을 것이 거의 확실하게 되는 때'에만 변제금액을 별도의 자산으로 회계처리한다.

(2) 수익-비용 상계 가능 (not 자산-부채 상계)

충당부채와 관련하여 인식한 비용은 제삼자의 변제로 인식한 수익과 상계할 수 있다.

3. 제삼자와 연대하여 의무를 지는 경우

① 우발부채: 전체 의무 중 제삼자가 이행할 것으로 예상되는 부분
② 충당부채: 해당 의무 중에서 경제적 효익이 있는 자원의 유출 가능성이 높은 부분

4. 손실부담계약

손실부담계약을 체결하고 있는 경우에는 관련된 현재의무를 충당부채로 인식하고 다음과 같이 측정한다.

> 손실충당부채＝min(①, ②)
> ① 계약을 이행하기 위하여 필요한 원가
> ② 계약을 이행하지 못하였을 때 지급하여야 할 보상금이나 위약금

5. 구조조정

(1) 충당부채 인식 시점: 당사자가 정당한 기대를 가질 때 (내부 계획만 있는 경우 충당부채 인식 X)

(2) 충당부채로 인식할 금액: 구조조정에서 생기는 직접비용
구조조정충당부채로 인식할 지출은 구조조정에서 생기는 직접비용으로서, 구조조정 때문에 반드시 생기는 지출이어야 한다.

〈구조조정충당부채에 포함되지 않는 원가〉
① 계속 근무하는 종업원에 대한 교육 훈련과 재배치
② 마케팅
③ 새로운 제도와 물류체제의 구축에 대한 투자
④ 구조조정을 완료하는 날까지 생길 것으로 예상되는 영업손실
⑤ 구조조정과 관련하여 예상되는 자산 처분이익

6. 소송충당부채: 변호사 말대로!

소송은 사용 가능한 증거(변호사의 의견)에 따라 충당부채를 설정한다.

 충당부채 사례 요약

제삼자 변제	자산 계상액＝min[변제 예상액, 충당부채] 수익－비용 상계 가능
연대보증	내가 갚을 부분: 충당부채, 남이 갚을 부분: 우발부채
손실부담계약	손실충당부채＝min(①, ②) ① 계약 이행 시 손실 ② 계약 미이행 시 지급할 위약금
구조조정	구조조정충당부채＝구조조정에서 생기는 직접비용
소송충당부채	충당부채＝변호사가 예측하는 배상금액

2 충당부채의 계산

1. 보증기간이 종료되지 않은 경우

(1) 제품보증비(비용): 매출이 발생할 때 당기 매출로 인해 발생할 보증액 전부를 비용처리

제품보증비＝당기 매출액×보증 설정률 or 당기 판매량×개당 예상 보증비

(2) 기말 제품보증충당부채 잔액

기말 제품보증충당부채＝제품보증비 누적액－보증 지출액 누적액

실제 보증 시에는 비용을 인식하는 것이 아니라, 기존에 인식한 제품보증충당부채를 감소시킴

2. 보증기간이 종료된 경우

(1) 제품보증충당부채환입

> 제품보증충당부채환입＝보증기간이 종료된 매출과 관련된 '제품보증비－보증 지출액 누적액'

품질보증기간이 지난 부분에 대해서는 보증의무가 사라지므로 충당부채를 환입해야 함

(2) 기말 제품보증충당부채 잔액

> 기말 충당부채＝기초 충당부채＋당기 제품보증비－당기 보증 지출액－**충당부채환입**
> ＝기말 현재 보증의무가 있는 매출에 대한 '제품보증비 누적액－보증 지출액 누적액'

3 보고기간 후 사건

	수정을 요하는 보고기간후사건	수정을 요하지 않는 보고기간후사건
비고	**보고기간말에 존재하였던 상황**에 대해 증거를 제공하는 사건	**보고기간 후에 발생한 상황**을 나타내는 사건
수정	재무제표 인식된 금액 수정 O	재무제표 인식된 금액 수정 X
사례	① 보고기간말에 존재하였던 소송 확정 ② 보고기간말에 이미 자산손상이 발생되었음을 나타내는 정보를 보고기간 후에 입수 ex 매출처 파산, 재고자산 판매: 대손충당금 및 재고자산평가충당금에 대한 정보 제공 ③ 보고기간말 이전에 구입한 자산의 취득원가나 매각한 자산의 대가를 보고기간 후에 결정 ④ 보고기간말에 종업원에게 지급하여야 할 법적 의무나 의제의무가 있는 이익분배나 상여금지급 금액을 보고기간 후에 확정	① **보고기간말과 재무제표 발행승인일 사이에 투자자산의 공정가치 하락** ② 보고기간 후에 지분상품 보유자에 대해 배당 선언

－투자자산의 공정가치 하락, 보고기간 후 배당선언을 제외하고는 전부 수정을 요하는 보고기간후사건의 예라고 기억할 것

문제 1

물음 1 ㈜한국이 20X0년 12월 31일 재무상태표에 보고한 매출채권은 ₩200,000, 대손충당금은 ₩6,000이다. 20X1년부터 20X3년까지 매출 등 관련 자료는 다음과 같다.

연도	총매출액	매출액 중 외상금액	외상대금 회수액	대손확정 금액
20X1	₩1,000,000	₩600,000	₩300,000	₩10,000
20X2	1,500,000	1,000,000	600,000	20,000
20X3	1,200,000	800,000	600,000	15,000

㈜한국은 20X1년 1월 1일부터 판매한 제품에 대해 3년간 무상으로 제품수리보증을 해주기로 경영방침을 확정하고 이러한 정책을 외부에 공표하였다. 총매출액의 5%에 해당되는 금액이 제품보증비로 발생된다고 추정하였고, 실제 지출한 제품보증비는 다음과 같다.

연도	20X1	20X2	20X3
보증비지출액	₩40,000	₩60,000	₩30,000

20X3년 ①포괄손익계산서에 충당부채와 관련하여 인식할 비용과 ②재무상태표에 보고할 충당부채 금액을 계산하시오. 단, 충당부채의 현재가치 평가는 고려하지 않는다.

2013. CPA

물음 2 다음은 ㈜세무의 결산일(20X1년 12월 31일) 이후, 이사회가 재무제표를 승인하기 전에 발생한 사건들이다. 아래의 사건들이 개별적으로 ㈜세무의 20X1년 당기순손익에 미치는 영향은 각각 얼마인가? (단, 각 사건들은 상호 독립적이고, 금액적으로 중요하며, 당기순이익을 증가시키면 '이익'으로, 감소시키면 '손실'로 표시하시오.) (4점)

2022. CTA

> 사건 1. 20X2년 1월 31일: 20X1년 말 현재 자산손상의 징후가 있었으나, 손상금액의 추정이 어려워서 자산손상을 인식하지 않았던 매출거래처 A가 파산되어 매출채권 ₩100,000의 회수가 불가능하게 되었다.
>
> 사건 2. 20X2년 2월 1일: 보유하던 기계장치(20X1년 말 장부금액 ₩500,000)가 지진으로 파손되었으며, 고철판매 등으로 ₩8,000을 회수할 수 있을 것으로 파악되었다.
>
> 사건 3. 20X2년 2월 5일: 인근 국가에서의 전쟁 발발로 환율이 비정상적으로 급등하였다. 이러한 환율변동을 20X1년 말 재무제표에 반영할 경우, ㈜세무가 추가로 인식해야 할 외환손실은 ₩300,000이다.
>
> 사건 4. 20X2년 2월 7일: ㈜세무는 소송 중이던 사건의 판결 확정으로 ₩150,000의 배상금을 지급하게 되었다. ㈜세무는 이사회 승인 전 20X1년 말 재무상태표에 동 사건과 관련하여 충당부채 ₩170,000을 계상하고 있었다.

구분	금액 및 이익/손실
사건 1	①
사건 2	②
사건 3	③
사건 4	④

해설

(물음 1) 제품보증충당부채

① 60,000 ② 55,000

1. X3년 제품보증비: 매출액×5%＝1,200,000×5%＝60,000

2. X3년말 제품보증충당부채: Σ매출액×5%－Σ보증비지출액
＝(1,000,000＋1,500,000＋1,200,000)×5%－(40,000＋60,000＋30,000)＝55,000
－보증기간이 3년이므로, X3년말까지 보증의무가 사라진 부분은 없다. 따라서 충당부채환입은 없다.

(물음 2) 보고기간 후 사건

구분	금액 및 이익/손실
사건 1	①100,000 손실
사건 2	②0
사건 3	③0
사건 4	④20,000 이익

사건 1: 보고기간말에 존재했던 상황에 대해 증거를 제공하는 사건으로서, 수정을 요하는 보고기간 후 사건이다.

사건 2: 지진은 보고기간 후에 발생한 상황이므로 수정하지 않는다.

사건 3: 전쟁으로 인한 환율변동은 보고기간 후에 발생한 상황이므로 수정하지 않는다.

사건 4: 보고기간말에 존재했던 소송이 확정된 것이므로 수정을 요하는 보고기간 후 사건이다. 충당부채가 20,000 감소하므로 당기순이익은 20,000 증가한다.

10 종업원급여

종업원급여는 1차 시험에서는 거의 매년 1문제씩 반드시 출제되는 중요 주제이지만, 세무사 2차 시험에서는 거의 출제되지 않는 주제이다. 종업원급여는 어렵지 않고, 정형화된 주제이니 가볍게 보고 넘어가자.

1 확정급여제도 풀이법 중요!

	비용	자산	부채	OCI
기초		기초 자산	기초 부채	
이자(기초 R)	XXX	기초 자산×R	기초 부채×R	
지급		(지급액)	(지급액)	
적립		적립액		
당기	당기근무원가		당기근무원가	
과거	과거근무원가		과거근무원가	
재측정 전	XXX(PL)	①XXX	①XXX	
재측정		③XXX	③XXX	④XXX
재측정 후		②자산 FV	②부채 PV	
순부채			부채−자산	

STEP 1 각 줄의 이름 쓰기

1. 문제 읽기 전에 표 왼쪽에 '이자'를 적을 것!

2. 기초 이자율 적기 (not 기말 이자율)

> 1순위: 우량회사채 시장수익률
> 2순위: 국공채 시장수익률

STEP 2 기초 자산, 부채 적기

> 순확정급여부채＝확정급여채무－사외적립자산

문제에서 순확정급여부채 금액을 주는 경우에는 기초 자산을 비우고, 기초 부채에 적기

STEP 3 이자비용 계산하기

기초 자산, 부채에 기초 이자율을 곱한 금액만큼 적고, 대차 맞추면서 비용 인식하기

STEP 4 지급 및 적립

1. 지급: 퇴직금 지급 시 같은 금액만큼 자산과 부채 감소

2. 적립(＝출연): 적립 시에는 적립액만큼 자산 증가

STEP 5 당기근무원가 및 과거근무원가

당기근무원가나 과거근무원가를 비용과 부채 아래에 적기

STEP 6 비용(PL) 총계

1. 비용 총계＝Σ비용 줄 아래에 있는 금액

2. 당기순이익에 미치는 영향＝비용 총계만큼 감소

STEP 7 재측정 및 순확정급여부채

	비용	자산	부채	OCI
재측정 전	XXX(PL)	①XXX	①XXX	
재측정		③XXX	③XXX	④XXX
재측정 후		②자산 FV	②부채 PV	
순부채			⑤부채－자산	

① 자산, 부채 아래에 있는 금액을 전부 더하면 ①재측정 전 금액을 구할 수 있다.

② 문제에서 제시한 사외적립자산 확정급여채무의 현재가치와 사외적립자산의 공정가치를 '재측정 후' 줄의 ②번 위치에 적는다.

③ 재측정 후에서 재측정 전을 차감한 금액을 '재측정' 줄의 ③번 위치에 끼워 넣는다.

④ 이때, 재측정 줄도 대차가 맞아야 한다. ③번 금액만으로는 대차가 안 맞을 것이므로, 대차가 맞도록

④번 위치에 금액을 적는다. 이자와 근무원가는 당기비용으로 인식하지만 재측정요소는 OCI로 인식한다.

⑤ 순확정급여부채는 확정급여채무에서 사외적립자산을 차감한 금액이다. 표에 표시한 '부채 PV'에서 '자산 FV'를 차감하면 된다.

 확정급여채무의 보험수리적손익과 사외적립자산의 실제수익

구분	의미	재측정 시 자산, 부채의 증감
확정급여채무의 보험수리적손익	확정급여채무에서 발생한 재측정요소	보험수리적손익만큼 확정급여채무 감소
사외적립자산의 실제수익	사외적립자산 이자수익 +사외적립자산에서 발생한 재측정요소	'실제수익－이자수익'만큼 사외적립자산 증가

확정급여채무의 보험수리적손익이란, 확정급여채무에서 발생한 재측정요소를 의미한다. 해당 금액만큼 OCI를 인식하면서 같은 금액만큼 부호만 반대로(+/－) 부채의 금액을 조정하면 된다. OCI는 이익이므로 OCI와 부채는 반비례한다. 예를 들어, 보험수리적손실 10,000이 발생했다면 확정급여채무는 10,000 증가한다.

사외적립자산 실제수익은 기초 이자율로 계산한 이자수익과 자산에서 발생한 재측정요소를 더한 금액을 의미한다. 이자수익은 우리가 계산할 수 있기 때문에 자산에서 발생한 재측정요소를 계산한 뒤, 재측정 전 자산에 더하면 자산 FV를 구할 수 있다.

문제1

각 물음은 각각 독립적인 상황이다. 물음에 답하시오.

물음 1 ㈜세무의 확정급여제도와 관련된 〈자료〉는 다음과 같다. (단, 20X1년 초 우량회사채의 시장수익률은 연 10 %이며, 확정급여채무의 할인율로 사용하고 변동은 없다.) (12점)

2021. CTA

- 20X1년 초 확정급여채무의 현재가치는 ₩100,000이다.
- 20X1년 초 사외적립자산의 공정가치는 ₩80,000이다.
- 20X1년도 당기 근무원가는 ₩120,000이다.
- 20X1년 말 퇴직종업원에게 ₩10,000의 현금을 사외적립자산에서 지급하였다.
- 20X1년 말 사외적립자산에 ₩70,000을 현금으로 출연하였다.

(1)과 (2)는 각각 독립적인 상황이다.

1) ㈜세무의 확정급여제도와 관련하여 20X1년 말 현재 사외적립자산의 공정가치는 ₩150,000이고, 보험수리적 가정의 변동을 반영한 20X1년 말 확정급여채무는 ₩230,000일 때, ① 20X1년도 포괄손익계산서에 표시될 퇴직급여 금액과 ② 20X1년 말 현재 재무상태표에 표시될 재측정요소(기타포괄손익)을 계산하시오. (단, 기타포괄손익에 포함되는 재측정요소의 경우 재무상태표에 통합하여 표시하며, 기타포괄손실인 경우에는 괄호안에 금액을 표시하시오.)

20X1년도 포괄손익계산서에 표시될 퇴직급여 금액	①
20X1년 말 현재 재무상태표에 표시될 재측정요소(기타포괄손익)	②

2) ㈜세무의 확정급여제도와 관련하여 20X1년 말 현재 사외적립자산의 공정가치는 장부금액과 동일하고 보험수리적 가정의 변동은 없을 때, ① 20X1년 말 현재 재무상태표에 표시될 순확정급여부채(자산)의 장부금액을 계산하시오. (단, 순확정급여자산인 경우에는 괄호안에 금액을 표시하시오.)

20X1년 말 현재 재무상태표에 표시될 순확정급여부채(자산)	①

물음 2 ㈜대한의 확정급여제도와 관련된 자료는 다음과 같다.

관련자료

1. 20X1년 1월 1일 확정급여채무 현재가치는 ₩90,000이다.
2. 20X1년 1월 1일 사외적립자산의 공정가치는 ₩88,000이다.
3. 20X1년말에 퇴직종업원에게 ₩2,000의 현금이 사외적립자산에서 지급되었다.
4. 20X1년 당기근무원가는 ₩105,000이다.
5. 20X1년말에 제도 개정으로 인한 과거근무원가는 ₩20,000이다.
6. 20X1년말에 사외적립자산에 ₩70,000을 현금으로 출연하였다.
7. 20X1년 확정급여채무에서 발생한 보험수리적손실(재측정요소)은 ₩8,000이다.
8. 20X1년 사외적립자산의 실제수익은 ₩14,000이다.
9. 보험수리적 가정의 변동을 반영한 20X1년말 확정급여채무는 ₩230,000이다.

이와 관련하여 ① ㈜대한이 확정급여채무의 이자원가 계산에 적용한 할인율을 계산하시오. ② 확정급여제도가 ㈜대한의 20X1년 당기순이익에 미친 영향을 계산하시오. 단, 감소의 경우에는 금액 앞에 '(−)'를 표시하시오. ③ 20X1년 12월 31일 사외적립자산의 공정가치를 계산하시오. 2016. CPA

확정급여채무의 이자원가 계산에 적용한 할인율	①
당기순이익에 미친 영향	②
20X1년말 사외적립자산의 공정가치	③

해설 확정급여제도

(물음 1)

(1)

| 20X1년도 포괄손익계산서에 표시될 퇴직급여 금액 | ①122,000 |
| 20X1년 말 현재 재무상태표에 표시될 재측정요소(기타포괄손익) | ②(8,000) |

	비용	자산	부채	OCI
기초		80,000	100,000	
이자(10%)	2,000	8,000	10,000	
당기	120,000		120,000	
지급		(10,000)	(10,000)	
출연		70,000		
재측정 전	①122,000	148,000	220,000	
재측정		2,000	10,000	②(8,000)
재측정 후		150,000	230,000	

(2)

| 20X1년 말 현재 재무상태표에 표시될 순확정급여부채(자산) | ①72,000 |

	비용	자산	부채	OCI
기초		80,000	100,000	
이자(10%)	2,000	8,000	10,000	
당기	120,000		120,000	
지급		(10,000)	(10,000)	
출연		70,000		
재측정 전	122,000	148,000	220,000	
재측정		—	—	
재측정 후		148,000	220,000	
순부채			72,000	

사외적립자산의 공정가치가 장부금액과 동일하고 보험수리적 가정의 변동은 없다는 것은 각각 자산과 부채의 재측정 후가 재측정 전과 동일하다는 의미이다.

(물음 2)

확정급여채무의 이자원가 계산에 적용한 할인율	①10%
당기순이익에 미친 영향	②(−)125,200
20X1년말 사외적립자산의 공정가치	③170,000

	비용	자산	부채	OCI
기초		88,000	90,000	
이자(10%)	②200	8,800	①9,000	
지급		(2,000)	(2,000)	
당기	105,000		105,000	
과거	20,000		20,000	
출연		70,000		
재측정 전	③125,200	④164,800		
재측정			8,000	(8,000)
		⑤5,200		5,200
재측정 후		⑥170,000	230,000	(2,800)

① 기초 부채에서 기말 부채까지 증감을 전부 반영하면 9,000 증가가 빈다. 따라서 부채에서 발생한 이자비용은 9,000이며, 할인율은 10%이다.

② 할인율이 10%이므로 자산은 이자수익을 8,800 인식하며, 순이자비용은 200이다.

③ 순이자비용에 근무원가를 반영하면 퇴직급여는 125,200이다.

④ 기초 자산에서 증감을 반영하면 재측정 전은 164,800이다.

⑤ 사외적립자산의 재측정요소: 실제수익−기초 사외적립자산×이자율
   =14,000−88,000×10%=5,200

⑥ 사외적립자산의 재측정요소가 5,200이므로 재측정 후 사외적립자산의 공정가치는 170,000이다.

1. 할인율: 이자비용/기초 확정급여부채=9,000/90,000=**10%**

2. 당기순이익에 미치는 영향: **(−)125,200**
   − 퇴직급여: (90,000−88,000)×10%+105,000+20,000=125,200

3. X1년말 사외적립자산의 공정가치: 88,000×1.1−2,000+70,000+5,200=**170,000**

2 적립 및 지급이 기중에 이루어지는 경우

우리는 지금까지 이자수익, 이자비용을 계산할 때 기초 자산, 부채에 이자율을 곱했다. 이 금액은 기초 자산, 부채가 기말까지 유지된다고 가정하고 계산한 이자손익이다. 하지만 적립이나 지급이 기중에 이루어져 기초 자산, 부채가 기말까지 유지되지 않는다면 다음과 같이 이자를 계산해야 한다. 다음 사례를 참고하자.

사례

20X1년 9월 1일 퇴직한 종업원에게 ₩90,000의 퇴직급여가 사외적립자산에서 지급되었으며, 20X1년 10월 1일 사외적립자산에 대한 기여금 ₩60,000을 납부하였다. 단, 우량회사채의 시장수익률은 연 10%이고, 이자 원가 및 이자수익은 월할계산한다.

1. 사외적립자산의 기중 적립: 퇴직급여 감소

	비용	자산	부채	OCI
적립(10.1)		60,000		
－이자 월할	(1,500)	1,500		

－이자수익: 60,000×10%×3/12＝1,500
사외적립자산을 10.1에 적립하였으므로 3개월치 이자수익이 붙는다. 1,500만큼 사외적립자산을 증가시키면서 퇴직급여를 감소시킨다.

2. 퇴직금의 기중 지급: 퇴직급여 불변

	비용	자산	부채	OCI
지급(9.1)		(90,000)	(90,000)	
－이자 월할		(3,000)	(3,000)	

－이자손익: 90,000×10%×4/12＝3,000
퇴직금을 기중에 지급하였으므로 9.1 이후 4개월간의 이자손익은 과대계상되어있는 상태이다. 따라서 자산, 부채를 감소시키면서 이자손익도 감소시켜야 한다. 그런데 퇴직금 지급으로 인한 자산의 감소액과 부채의 감소액은 일치하므로, 이자손익 감소액도 3,000으로 일치한다. 따라서 퇴직금을 기중에 지급한 경우에 퇴직급여는 건드릴 필요 없이 자산, 부채만 3,000씩 감소시키면 된다.

3 자산인식상한

1. 자산인식상한과 자산인식상한효과

> 자산인식상한＝사외적립자산－확정급여채무－자산인식상한효과
> →자산인식상한효과＝사외적립자산－확정급여채무－자산인식상한

ex X1년 말 확정급여채무의 현재가치 20,000, 사외적립자산의 공정가치 30,000, 자산인식상한 6,000
→ 자산인식상한효과＝4,000

X1	비용	자산	상한효과	부채	OCI
재측정 후		30,000		20,000	6,000
상한효과			(4,000)		(4,000)
인식 후		30,000	(4,000)	20,000	2,000

2. 기초에 자산인식상한효과가 존재하는 경우

ex X2년 말 확정급여채무의 현재가치 21,000, 사외적립자산의 공정가치 32,000, 자산인식상한 7,000
→ X2년 말 자산인식상한효과＝4,000

X2	비용	자산	상한효과	부채	OCI
기초		30,000	(4,000)	20,000	2,000
이자(10%)	(600)	3,000	(400)	2,000	
당기	6,000			6,000	
지급		(5,000)		(5,000)	
적립		7,000			
재측정 전	5,400	35,000	(4,400)	23,000	2,000
재측정		(3,000)		(2,000)	(1,000)
재측정 후		32,000	(4,400)	21,000	1,000
자산인상효과			400		400
인식 후		32,000	(4,000)	21,000	1,400

> **STEP 1** 이자비용 📊

기초에 존재하는 상한효과도 자산, 부채와 같이 이자비용 인식 (자산)부채이므로 비용 감소)

> **STEP 2** 기말 자산인식상한효과 검토 📊

(1) 자산, 부채 재측정
－X2년에도 문제에서 제시한 자산의 FV와 부채의 PV를 이용하여 재측정
－재측정 시 상한효과는 무시하고, 상한효과는 (4,400) 그대로 내려옴

(2) 자산인식상한효과 잔액 계산

> X2년 말 자산인식상한효과: 사외적립자산－확정급여채무－자산인식상한
> ＝32,000－21,000－7,000＝4,000

(3) 자산인식상한효과 조정

상한효과가 4,400에서 4,000이 되어야 하므로 400 감소, 같은 금액을 재측정요소로 인식

> **참고** X2년도의 기타포괄손익
>
> X2년도 기타포괄손익(변동분): －1,000＋400＝(－)600
> X2년말 기타포괄손익누계액(잔액): 기초＋변동분＝2,000－600＝1,400

문제 2

20X1년 1월 1일 설립된 ㈜대한은 퇴직급여제도로 확정급여제도를 채택하고 있으며, 관련된 자료는 〈자료 2〉와 같다. 순확정급여부채(자산) 계산 시 적용한 할인율은 연 8%로 변동이 없으며, 모든 거래는 기말에 발생하고, 퇴직금은 사외적립자산에서 지급한다. 단, 과거근무원가는 고려하지 않는다.

> ### 자료 2
>
> 1. 20X1년
>   - 20X1년 말 사외적립자산의 공정가치는 ₩1,350,000이다.
>   - 보험수리적가정의 변동을 고려한 20X1년 말 확정급여채무는 ₩1,200,000이다.
>
> 2. 20X2년
>   - 20X2년 당기근무원가는 ₩200,000이다.
>   - 20X2년 말에 일부 종업원의 퇴직으로 ₩180,000을 사외적립자산에서 현금으로 지급하였다.
>   - 20X2년 말에 ₩250,000을 현금으로 사외적립자산에 출연하였다.
>   - 20X2년 말 사외적립자산의 공정가치는 ₩1,828,000이다.
>   - 보험수리적가정의 변동을 고려한 20X2년 말 확정급여채무는 ₩1,550,000이다.
>   - 자산인식상한은 ₩50,000이다.

물음 1 확정급여제도 적용이 ㈜대한의 20X2년도 포괄손익계산서 상 당기순이익 및 기타포괄이익에 미치는 영향을 각각 계산하시오. 단, 당기순이익 및 기타포괄이익이 감소하는 경우 금액 앞에 (－)를 표시하시오.

2023. CPA

당기순이익에 미치는 영향	①
기타포괄이익에 미치는 영향	②

✏️ 해설 자산인식상한

당기순이익에 미치는 영향	①(−)188,000
기타포괄이익에 미치는 영향	②(−)162,000

	비용	자산	상한효과	부채	OCI
기초		1,350,000		1,200,000	
이자(8%)	(12,000)	108,000		96,000	
당기	200,000			200,000	
지급		(180,000)		(180,000)	
출연		250,000			
재측정 전	188,000	1,528,000		1,316,000	
재측정		300,000		234,000	66,000
재측정 후		1,828,000		1,550,000	
상한효과			(228,000)		(228,000)
인식 후	1,828,000		(228,000)	1,550,000	(−)162,000
순자산		50,000			

4 확정급여제도의 정산 2차

제도의 정산이란 확정급여제도에 따라 생긴 급여의 전부나 일부에 대한 법적의무나 의제의무를 기업이 더 이상 부담하지 않기로 하는 거래를 의미한다. 정산이 일어나는 때에 확정급여부채와 사외적립자산을 감소시키면서, 확정급여제도의 정산 손익을 인식한다. 정산손익은 다음과 같이 계산하며 퇴직급여로 인식한다.

> 정산손익(퇴직급여)
> =정산가격(사외적립자산 감소액＋현금 지급액)−정산일에 결정되는 확정급여채무의 현재가치

사례

㈜김수석은 확정급여제도 정산을 실시하였으며, 정산일에 결정되는 확정급여채무의 현재가치는 ₩50,000, 정산가격은 ₩60,000(이전되는 사외적립자산 ₩55,000, 정산 관련 기업 직접 지급액 ₩5,000)이다.

|정산 시 회계처리|

확정급여채무	50,000	사외적립자산	55,000
[1]퇴직급여	10,000	현금	5,000

[1]정산손익(퇴직급여)=60,000−50,000=(55,000＋5,000)−50,000

문제 3

(12점)

※ 다음의 각 물음은 독립적이다.

20X1년 1월 1일에 설립된 ㈜대한은 20X1년 말에 확정급여제도를 도입하였으며, 이와 관련된 〈자료〉는 다음과 같다. 단, 20X1년도 확정급여채무 계산 시 적용한 할인율은 연 10%이며, 20X1년 이후 할인율의 변동은 없다.

자료

〈20X1년〉
1. 20X1년 말 확정급여채무 장부금액은 ₩80,000이다.
2. 20X1년 말에 사외적립자산에 ₩79,000을 현금으로 출연하였다.

〈20X2년〉
1. 20X2년 6월 30일에 퇴직종업원에게 ₩1,000의 현금이 사외적립자산에서 지급되었다.
2. 20X2년 11월 1일에 사외적립자산에 ₩81,000을 현금으로 출연하였다.
3. 당기근무원가는 ₩75,000이다.
4. 20X2년 말 현재 사외적립자산의 공정가치는 ₩171,700이며, 보험수리적 가정의 변동을 반영한 확정급여채무는 ₩165,000이다.
5. 자산인식상한은 ₩5,000이다.

〈20X3년〉
1. 20X3년 말에 퇴직종업원에게 ₩2,000의 현금이 사외적립자산에서 지급되었다.
2. 20X3년 말에 사외적립자산에 ₩80,000을 현금으로 출연하였다.
3. 당기근무원가는 ₩110,000이다.
4. 20X3년 말에 제도 정산이 이루어졌으며, 정산일에 결정되는 확정급여채무의 현재가치는 ₩80,000, 정산가격은 ₩85,000(이전되는 사외적립자산 ₩60,000, 정산 관련 기업 직접 지급액 ₩25,000)이다.
5. 20X3년 말 제도 정산 직후 사외적립자산의 공정가치는 ₩220,000이며, 보험수리적 가정의 변동을 반영한 확정급여채무는 ₩215,000이다.
6. 자산인식상한은 ₩3,500이다.

물음 1 ㈜대한의 확정급여제도와 관련하여 20X2년 말 현재 재무상태표에 표시될 ① 순확정급여부채(자산)와 20X2년도 포괄손익계산서 상 ② 기타포괄이익에 미치는 영향 및 ③ 당기순이익에 미치는 영향을 각각 계산하시오. 단, 순확정급여자산인 경우에는 괄호 안에 금액(예시: (1,000))을 표시하고, 기타포괄이익이나 당기순이익이 감소하는 경우에는 금액 앞에 (－)를 표시하시오. 2021. CPA

순확정급여부채(자산)	①
기타포괄이익에 미치는 영향	②
당기순이익에 미치는 영향	③

물음 2 ㈜대한의 확정급여제도와 관련하여 20X3년 말 현재 재무상태표에 표시될 ① 순확정급여부채(자산), ② 기타포괄손익누계액 및 20X3년도 포괄손익계산서 상 ③ 당기순이익에 미치는 영향을 계산하시오. 단, 기타포괄손익에 포함되는 재측정요소의 경우 재무상태표에 통합하여 표시하며, 순확정급여자산인 경우

와 기타포괄손익누계액이 차변 잔액일 경우에는 괄호 안에 금액(예시: (1,000))을 표시하고, 당기순이익이 감소하는 경우에는 금액 앞에 (−)를 표시하시오.

2021. CPA

순확정급여부채(자산)	①
기타포괄손익누계액	②
당기순이익에 미치는 영향	③

해설

(물음 1) 자산인식상한, 기중 지급 및 출연

순확정급여부채(자산)	①(5,000)
기타포괄이익에 미치는 영향	②(−)1,250
당기순이익에 미치는 영향	③(−)73,750

1. 순확정급여부채(자산): $165,000-171,700+1,700=(-)5,000$
 −순확정급여자산이므로 음수로 적었다.

2. 기타포괄이익에 미치는 영향: $450-1,700=(-)1,250$

3. 당기순이익에 미치는 영향: (−)73,750 (비용)

	비용	자산	상한효과	부채	OCI
기초		79,000		80,000	
이자(10%)	100	7,900		8,000	
지급		(1,000)		(1,000)	
−이자 월할		(50)[1]		(50)	
출연		81,000			
−이자 월할	(1,350)	1,350[2]			
당기	75,000			75,000	
재측정 전	73,750	168,200		161,950	
재측정		3,500		3,050	450
재측정 후		171,700		165,000	
상한효과			(1,700)[3]		(1,700)
인식 후		171,700	(1,700)	165,000	(1,250)
순자산		5,000			

[1]퇴직금 지급 시 이자 월할: $1,000\times10\%\times6/12=50$
[2]사외적립자산 출연 시 이자 월할: $81,000\times10\%\times2/12=1,350$
[3]자산인식상한효과: $171,700-165,000-5,000=1,700$

(물음 2) X2년도 확정급여제도, 정산

순확정급여부채(자산)	①(3,500)
기타포괄손익누계액	②6,750
당기순이익에 미치는 영향	③(−)114,500

1. 순확정급여부채(자산): 215,000−220,000+1,500=(−)3,500
2. X3년말 기타포괄손익누계액: (−)1,250+7,630+370=6,750
3. 당기순이익에 미치는 영향: (−)114,500 (비용)

	비용	자산	상한효과	부채	OCI
기초		171,700	(1,700)	165,000	(1,250)
이자(10%)	(500)	17,170	(170)	16,500	
지급		(2,000)		(2,000)	
출연		80,000			
당기	110,000			110,000	
정산	5,000[1]	(60,000)		(80,000)	
재측정 전	114,500	206,870	(1,870)	209,500	
재측정		13,130		5,500	7,630
재측정 후		220,000		215,000	6,380
상한효과			370		370
인식 후		220,000	(1,500)	215,000	6,750
순자산		3,500			

[1]정산 비용: 자산 감소액+현금 지급액−부채 감소액=60,000+25,000−80,000=5,000

|정산 시 회계처리|

X3말	확정급여채무	80,000	사외적립자산	60,000
	퇴직급여	5,000	현금	25,000

문제 4

(9점)

2024. CPA

※ 다음의 각 물음은 독립적이다.

물음 1 다음의 〈자료 1〉을 이용하여 물음에 답하시오.

자료 1

㈜대한은 퇴직급여제도로 확정급여제도를 도입·운영하고 있으며 20X1년 말 순확정급여부채는 ₩20,000(확정급여채무 ₩120,000, 사외적립자산 ₩100,000)이다. 20X2년 퇴직급여와 관련한 정보는 다음과 같다.

1. 20X2년 초 확정급여채무의 현재가치 계산 시 적용할 할인율을 연 10%로 결정하였다.

2. 20X2년 7월 1일에 보험계약의 체결을 통해 일부 종업원에 대한 유의적인 확정급여채무와 사외적립자산을 보험회사에 일시에 이전하였다. 이전된 확정급여채무의 현재가치와 사외적립자산은 각각 ₩20,000과 ₩15,000이다. 또한 ㈜대한은 이러한 제도의 일부 정산과 관련하여 보험회사에 현금 ₩7,000을 추가로 지급하였다. 정산 시점에 할인율과 보험수리적 가정 및 사외적립자산의 공정가치 변동은 없다.

3. 20X2년 10월 1일 확정급여제도의 일부를 개정(지급될 급여 증가)하여 20X2년 10월 1일 현재 할인율을 연 8%로 다시 결정하였고, 할인율 이외의 보험수리적 가정도 일부 변경하였다.

4. 20X2년 10월 1일 현재 보험수리적 가정의 변동을 반영한 제도 개정 전 확정급여채무는 ₩120,000이고, 여기에 제도 개정을 반영한 확정급여채무는 ₩130,000이다. 한편, 20X2년 10월 1일 현재 사외적립자산의 공정가치는 ₩97,000이다.

5. 20X2년 10월 1일 제도 개정 이전 기간에 인식한 당기근무원가는 ₩7,500이며, 이후 기간에 인식한 당기근무원가는 ₩3,000이다.

6. 20X2년 말 현재 사외적립자산의 공정가치는 ₩145,000이며, 보험수리적 가정의 변동을 반영한 확정급여채무는 ₩140,000이다.

7. 자산인식상한은 ₩3,000이다.

㈜대한이 20X2년도에 확정급여제도와 관련하여 인식할 ① 순이자비용을 계산하고, 동 제도와 관련한 회계처리가 20X2년도 포괄손익계산서 상 ② 당기순이익과 ③ 기타포괄이익에 미치는 영향을 각각 계산하시오. 단, 당기순이익이나 기타포괄이익이 감소하는 경우에는 금액 앞에 (−)를 표시하시오.

순이자비용	①
당기순이익에 미치는 영향	②
기타포괄이익에 미치는 영향	③

물음 2 다음의 〈자료 2〉를 이용하여 물음에 답하시오.

자료 2

1. ㈜대한은 20X1년 말 A사업부의 폐쇄 및 이전(구조조정)에 대한 구체적인 계획을 수립하고 이를 종업원 등의 이해관계자들에게 공표한 후 즉시 이행하였다. A사업부에 대한 구조조정은 20X3년 말에 완료될 것으로 예상된다.

2. 20X1년 말 현재 구조조정과 관련하여 발생할 것으로 예상되는 항목별 금액은 다음과 같다. 단, A사업부에 대한 외부 컨설팅은 구조조정을 위한 필수적 활동이며, 아래 표에 제시된 지출과 손익은 모두 해당 연도의 기말에 발생한 것으로 가정한다.

구분	20X2년 말	20X3년 말
A사업부 종업원 해고급여	₩100,000	₩200,000
A사업부 외부 컨설팅비	80,000	50,000
A사업부 예상 영업손실	10,000	12,000
기존 직원 교육훈련비	20,000	30,000
구조조정 관련 자산 처분이익	3,000	2,000

3. 20X1년 말 충당부채 계산 시 적용할 할인율은 연 10이며, 이후 할인율의 변동은 없다. 관련 현가계수는 아래와 같으며, 답안 작성 시 원 미만은 반올림한다.

기간	1	2
단일금액 ₩1의 현가계수	0.9091	0.8265

4. 구조조정과 관련한 모든 지출과 손익은 예상과 동일하게 발생하였다.

A사업부 구조조정과 관련한 회계처리가 ㈜대한의 ① 20X1년도 당기순이익과 ② 20X2년도 당기순이익에 미치는 영향을 각각 계산하시오. 단, 당기순이익이 감소하는 경우에는 금액 앞에 (−)를 표시하시오.

20X1년도 당기순이익에 미치는 영향	①
20X2년도 당기순이익에 미치는 영향	②

✏️ 해설

(물음 1)

순이자비용	①2,035
당기순이익에 미치는 영향	②(−)24,535
기타포괄이익에 미치는 영향	③40,535

	비용	자산	상한효과	부채	OCI
기초		100,000		120,000	
이자(10%, 9개월)	1,500	7,500		9,000	
정산¹(7.1)	2,000	(15,000)		(20,000)	
−이자 월할상각	(125)	(375)		(500)	
과거근무원가	10,000			10,000	
당기근무원가	7,500			7,500	
재측정 전(10.1)	20,875	92,125		126,000	
재측정		4,875		4,000	875
재측정 후(10.1)	20,875	97,000		130,000	875
이자(8%, 3개월)	660	1,940		2,600	
당기근무원가	3,000			3,000	
재측정 전(12.31)	24,535	98,940		135,600	875
재측정		46,060		4,400	41,660
재측정 후(12.31)		145,000		140,000	42,535
자산인식상한			(2,000)		(2,000)
기말		145,000	(2,000)	140,000	40,535

¹정산손익: 20,000−15,000−7,000=(−)2,000

|정산 회계처리|

확정급여채무	20,000	사외적립자산	15,000
퇴직급여	2,000	현금	7,000

(1) 순이자비용: 1,500−125+660=2,035

① 기초 자산, 부채에 대한 순이자비용: (120,000−100,000)×10%×9/12=1,500

② 정산으로 인한 순이자비용 조정: (15,000−20,000)×10%×3/12=(−)125

    −정산으로 인해 자산, 부채가 기중에 변화하였으므로 순이자비용을 조정해야 한다.

③ 재측정 후 순이자비용: (130,000−97,000)×8%×××××3/12=660

(물음 2)

20X1년도 당기순이익에 미치는 영향	①(−)370,263
20X2년도 당기순이익에 미치는 영향	②(−)64,026

	X1	X2
구조조정손실	(370,263)	
예상 영업손실		(10,000)
교육훈련비		(20,000)
자산 처분이익		3,000
이자비용		(37,026)
계	(370,263)	(64,026)

(1) X1말 구조조정 충당부채: 180,000×0.9091+250,000×0.8265=370,263

　　−해고급여는 구조조정 계획을 종업원에게 공표하였고, 외부 컨설팅비는 구조조정과 필수적 활동이므로 충당
부채로 인식해야 한다.

(2) X2년도 이자비용: 370,263×10%=37,026

　　−구조조정충당부채를 현재가치로 계상했으므로 이후에 유효이자율 상각을 해야 한다.

|회계처리|

X1.12.31	구조조정손실	370,263	구조조정충당부채	370,263
X2.12.31	비용	30,000	현금	30,000
	현금	3,000	처분이익	3,000
	이자비용	37,026	구조조정충당부채	37,026
	구조조정충당부채	100,000	현금	100,000

11 자본

자본은 회계사 2차 시험에 22년부터 24년까지 3년 연속으로 출제될 만큼 빈출주제이다. 자본에서 주로 출제되는 유형은 1) 자본거래를 제시한 뒤 각 자본요소별 잔액을 묻는 유형, 2) 보통주와 우선주에 배분할 배당금을 묻는 유형, 3) 전환우선주 및 상환우선주 유형이다. 자본은 출제 유형이 정형화되어 있으며, 다른 주제에 비해 난이도가 낮은 편이므로 본 장에 있는 기출문제를 잘 연습해서 꼭 맞히자.

1 자본의 구성요소

1. 한국채택국제회계기준에 따른 자본의 구성요소

납입자본	자본금, 주식발행초과금
이익잉여금	법정적립금, 임의적립금, 미처분이익잉여금
기타자본구성요소	납입자본과 이익잉여금이 아닌 자본요소

K−IFRS에서는 자본의 구성요소를 납입자본, 이익잉여금 및 기타자본구성요소로 구분하고 있다. 다만, K−IFRS에서는 납입자본의 정의를 명확하게 규정하고 있지 않다. 일반적으로 납입자본은 자본금과 주식발행초과금의 합을 의미한다. 기타자본구성요소는 납입자본과 이익잉여금이 아닌 자본요소이다.

2. 일반기업회계기준에 따른 자본의 구성요소

K−IFRS에서 자본의 구성요소를 구체적으로 서술하지 않으므로 일반기업회계기준에 따른 자본의 구성요소를 바탕으로 문제를 출제하기도 한다. 이 구분법도 반드시 기억해두자.

자본금		보통주 자본금, 우선주 자본금
자본잉여금		주식발행초과금, 자기주식처분이익, 감자차익 등
자본조정	차감	주식할인발행차금, 자기주식처분손실, 감자차손, 자기주식 등
	가산	주식선택권, 미교부주식배당금 등
기타포괄손익누계액(OCI)		재평가잉여금, FVOCI 금융자산 평가손익, 재측정요소 등
이익잉여금		법정적립금, 임의적립금, 미처분이익잉여금

3. 기타포괄손익누계액: 잉지재부, 채해위, XO

한 기간에 인식되는 모든 수익과 비용 항목은 한국채택국제회계기준이 달리 정하지 않는 한 당기손익으로 인식한다. 기준서에서 나열하고 있는 기타포괄손익은 다음과 같다.

구분	설명	재분류조정
① 재평가잉여금	유·무형자산의 재평가모형 적용 시 평가이익	X (이익잉여금 대체 가능)
② FVOCI 금융자산 (지분상품) 평가손익	FVOCI 금융자산(지분상품)의 공정가치 평가손익	
③ 재측정요소	확정급여제도 적용 시 확정급여부채 및 사외적립자산의 평가손익	
④ FVPL 지정 금융부채 평가손익	FVPL 지정 금융부채의 신용위험 변동에 따른 공정가치 평가손익	
⑤ FVOCI 금융자산 (채무상품) 평가손익	FVOCI 금융자산(채무상품)의 공정가치 평가손익	O
⑥ 해외사업장환산차이	기능통화로 작성된 재무제표를 표시통화로 환산하는 과정에서 발생하는 외환차이	
⑦ 위험회피적립금	파생상품에 대해 현금흐름위험회피회계를 적용하는 경우 파생상품 평가손익 중 효과적인 부분	
⑧ 지분법자본변동	관계기업이 인식한 기타포괄손익 중 지분율에 비례하는 부분	△

2 유상증자

1. 증자와 감자

	증자: 자본금 증가	감자: 자본금 감소
유상: 자본 변동 O	유상증자	유상감자
무상: 자본 변동 X	무상증자	무상감자

(1) 유상증자: 대가를 받고 자본금을 증가시키는 자본거래 (=실질적 증자)

　ex 현금출자, 현물출자, 출자전환

(2) 무상증자: 대가 없이 자본금을 증가시키는 자본거래 (=형식적 증자)

2. 현금출자

현금	발행금액		자본금	액면금액
주식할인발행차금	XXX	or	주식발행초과금	XXX
주발초 or 주할차	발행원가		현금	발행원가

(1) 자본금 증가액=액면금액×증자 주식 수

(2) 주식발행초과금 증가액=발행금액-액면금액-주식할인발행차금-발행원가

(3) 자본 증가액=현금 순유입액=발행금액-발행원가

3. 현물출자 vs 출자전환

주식의 발행금액	현물출자	출자전환
1순위	자산의 공정가치	주식의 공정가치
2순위	주식의 공정가치	부채의 공정가치

3 자기주식

유상취득	자기주식	취득원가	현금	취득원가
무상취득	-회계처리 없음-			

1. 유상취득: 자기주식은 취득원가로 계상

—자기주식은 취득원가로 계상한 뒤, 공정가치 평가 X

2. 무상취득: 회계처리 X (자기주식의 취득원가는 0)

—무상으로 취득한 자기주식은 0(not 공정가치)으로 계상 → 회계처리 X

3. 자기주식의 처분 (=자기주식의 재발행)

현금	처분가액		자기주식	취득원가
자기주식처분손실	XXX	or	자기주식처분이익	XXX

4. 자기주식 소각

자본금	액면금액		자기주식	취득원가
감자차손	XXX	or	감자차익	XXX

 자본잉여금 vs 자본조정: 동시 계상 불가 ★중요!

	구분	증자	자기주식 처분	감자
이익	자본잉여금	주식발행초과금	자기주식처분이익	감자차익
손실	자본조정	주식할인발행차금	자기주식처분손실	감자차손

증자, 자기주식 처분, 감자 시에는 상대 부호 계정이 있는지 반드시 확인하자. 상대 부호 계정이 있는데 추가로 계정을 설정하면 자본잉여금 또는 자본조정 금액을 물었을 때 틀릴 수 있다.

4 감자

1. 유상감자

자기주식 취득	자기주식	취득원가		현금	취득원가
자기주식 소각	자본금	액면금액		자기주식	취득원가
	감자차손	XXX	or	감자차익	XXX

2. 무상감자

자본금	액면금액		이월결손금	결손금
			감자차익	XXX

－무상감자 시에는 감자차익만 발생할 수 있고, 감자차손은 발생할 수 없음

5 | 자본이 불변인 자본거래

1. 무상증자 vs 주식배당

: 재원 이외에 무상증자와 주식배당의 효과 동일, 둘 다 액면발행임 (주발초 발생 X)

(1) 무상증자

자본잉여금 or 법정적립금	XXX	자본금	XXX

－자본금 증가액＝(발행주식 수－자기주식 수)×액면금액×무상증자율

(2) 주식배당

미처분이익잉여금	XXX	자본금	XXX

2. 주식병합 vs 주식분할

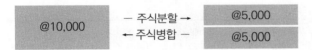

주식 수와 액면가만 달라질 뿐 자본총계와 자본금 모두 불변
→ 주식분할과 주식병합은 회계처리 X

문제 1

(30점)

㈜세무의 20×0년 말 재무상태표에서 확인한 자본계정은 다음과 같다. 물음에 답하시오.

2018. CTA

〈자 본〉

Ⅰ. 자본금*
  1. 보통주자본금 ₩50,000,000 (총 10,000주)
  2. 우선주자본금** ₩50,000,000 (총 10,000주)

Ⅱ. 자본잉여금
  1. 주식발행초과금 ₩70,000,000
  2. 감자차익 ₩6,000,000
  3. 자기주식처분이익 ₩2,000,000

Ⅲ. 이익잉여금
  1. 이익준비금 ₩10,000,000
  2. 이월이익잉여금 ₩12,000,000

자본총계 : ₩200,000,000

---

* 보통주와 우선주의 1주당 액면가액은 동일하며, 20X1년에 배당 결의와 배당금 지급은 없었다.

** 우선주는 20×0년 1월 1일 발행된 전환우선주로, 전환우선주 1주를 보통주 1주로 전환할 수 있고, 누적적, 비참가적 우선주이며 액면금액을 기준으로 연 배당률은 6%이다. 해당 우선주는 최초 발행 이후 추가로 발행되거나 전환되지 않았다.

물음 1 ㈜세무는 20X1년 1월 1일 다음 조건의 신주인수권부사채를 액면금액(₩1,000,000)으로 발행하였다. 신주인수권부사채의 만기는 3년(만기일: 20X3년 12월 31일)이고 표시이자율은 연 5%이며, 이자는 매 연도 말 지급한다. (4점)

2018. CTA

- 행사비율: 사채권면액의 100%

- 행사금액: 사채액면금액 ₩1,000당 현금 ₩10,000을 납입하고 보통주 1주(액면가액:₩5,000)를 인수할 수 있음

- 행사기간: 발행일 이후 1개월이 경과한 날로부터 상환기일 30일 전까지 행사가능

- 원금상환방법: 만기에 액면금액의 100%를 상환함. 신주인수권이 행사되지 않더라도 상환할증금은 지급하지 않음

(단, 신주인수권부사채 발행시점(20X1년 1월 1일)에 신주인수권은 없으나 다른 조건은 모두 동일한 일반사채의 시장이자율은 연 10%이다. 현재가치 계산 시 아래의 현가계수를 이용하며, 금액은 소수점 첫째자리에서 반올림하여 계산한다. [예: ₩5,555.55.. → ₩5,556])

연간이자율 및 기간	단일금액 ₩1의 현가계수	정상연금 ₩1의 현가계수
5%, 3기간	0.86384	2.72325
10%, 3기간	0.75131	2.48685

1) 20X1년 1월 1일 신주인수권부사채를 발행한 시점에 동 신주인수권부사채와 관련하여 ㈜세무의 자산과 부채 및 자본이 얼마큼 변동했는지 금액을 각각 계산하시오. (단, 각 항목이 감소했으면 금액 앞에 (−) 표시를 하고 변동이 없으면 0으로 표시하시오.)

구분	20X1년 1월 1일 변동한 금액
자산	①
부채	②
자본	③

2) ㈜세무가 신주인수권부사채와 관련하여 20X1년 포괄손익계산서에 인식할 이자비용을 계산하시오.

물음 2 ㈜세무의 20X1년 자본 변동과 관련한 사항은 다음과 같다. (10점) 2018. CTA

- 1월 1일: ㈜세무는 물음 1)의 조건대로 신주인수권부사채를 발행하였다.

- 1월 1일: ㈜세무는 최고경영자인 나세무씨에게 주식선택권 10,000개(개당 행사가격 ₩14,000)를 부여하고 3년간 용역제공조건을 부여하였다. 용역제공조건 기간이 종료한 후 나세무씨는 주식선택권 1개당 보통주 1주로 행사가능하며, 주식선택권의 단위당 공정가치는 ₩1,800이다. ㈜세무는 나세무씨가 해당 주식선택권을 가득할 것으로 기대한다.

- 7월 1일: ㈜세무는 보통주 5,000주 유상증자를 실시하였다. 납입금액은 주당 ₩11,000이고 유상증자 직전 보통주의 주당 공정가치는 ₩22,000이다.

- 9월 1일: ㈜세무는 자기주식(보통주)을 주당 ₩8,000에 3,000주 취득하였다.

- 10월 1일: ㈜세무는 자기주식(보통주)을 주당 ₩6,000에 1,200주 처분하였다.

- 11월 1일: ㈜세무는 자기주식(보통주)을 주당 ₩15,000에 900주 처분하였다.

- 12월 31일: ㈜세무는 작년(20×0년 4월 1일 취득)에 구입한 토지(취득가액: ₩10,000,000)를 취득시점에 유형자산으로 분류했으며, 변경사항은 없다. 토지의 측정방법은 취득시점부터 재평가모형을 적용하고 있다. 20×0년 12월 31일 동 토지의 공정가치는 ₩8,000,000이며, 20X1년 12월 31일의 공정가치는 ₩15,000,000이다.

- 12월 31일: ㈜세무가 20X1년도에 보고한 당기순이익*은 ₩54,800,000이다.

* 해당 당기순이익은 20X1년 발생한 ㈜세무의 모든 당기손익을 반영한 금액임.

1) ㈜세무는 자기주식 회계처리에 대해 원가법을 적용하고 있으며, 자기주식처분이익과 자기주식처분손실은 우선적으로 서로 상계처리 한다. 20X1년 10월 1일 ㈜세무가 자기주식 처분과 관련하여 수행해야 할 회계처리를 제시하시오.

(차변) ①	(대변) ②

2) ㈜세무가 20X1년 1월 1일 발행한 주식선택권과 관련하여 20X1년 말에 수행해야 할 회계처리를 제시하시오.

(차변) ①	(대변) ②

3) ㈜세무는 신주인수권부사채 발행과 관련하여 발생한 자본요소를 자본잉여금으로 분류하며, 자기주식과 주식선택권은 자본조정으로 분류한다. ㈜세무가 20X1년 말 재무상태표에 보고할 다음의 각 항목을 계산하시오. (단, 각 항목이 음의 값을 갖는 경우 금액 앞에 (−) 표시를 하고 보고할 금액이 없으면 0으로 표시하시오.)

구분	20X1년 말 자본 구성항목의 금액
자본잉여금	①
기타포괄손익누계액	②
자본조정	③

물음 3 ㈜세무의 20X1년 보통주 시가평균은 ₩16,000이다. 당해 중단사업손익은 없으며, 법인세율은 단일세율로 20%이다. (단, 해당 세율을 이용한 법인세효과는 물음 3)의 희석효과 및 희석주당이익 계산에만 고려하고, 주당이익은 원 단위로 소수점 첫째자리에서 반올림하여 계산한다. [예: ₩555.555.. → ₩556]) (12점)   2018. CTA

1) 다음 절차에 따라 ㈜세무의 20X1년 기본주당이익을 계산하시오. (단, 가중평균 유통보통주식수는 월할계산한다.)

20X1년의 가중평균유통보통주식수	①
20X1년의 기본주당이익	②

2) 20X1년 말 ㈜세무가 보유한 잠재적 보통주식은 전환우선주와 신주인수권부사채 및 주식선택권이 있다. 셋 중 어떤 항목이 가장 희석효과가 높은지 기술하고 그 이유를 기재하시오.

3) ㈜세무의 20X1년 희석주당이익을 계산하시오. (단, (1)과 상관없이 20X1년의 가중평균유통보통주식수는 10,000주이고 기본주당이익은 주당 ₩5,000으로 가정한다. 또한, 잠재적보통주식수의 가중평균은 월할계산한다.)

4) 20X1년 초 발행한 ㈜세무의 신주인수권부사채가 모든 조건(액면금액, 이자지급조건, 이자율, 만기 등)이 동일한 전환사채라고 가정하자. 단, 전환사채는 전환권 행사 시 사채액면금액 ₩1,000당 보통주 1주(액면가액: ₩5,000)로 전환가능하다. 이 경우 ㈜세무의 20X1년 희석주당이익을 계산하시오. (단, (1)과 상관없이 20X1년의 가중평균유통보통주식수는 10,000주이고 기본주당이익은 주당 ₩5,000으로 가정한다. 또한, 잠재적보통주식수의 가중평균은 월할계산한다.)

물음 4 ㈜세무가 20X1년 1월 1일 발행한 신주인수권부사채의 액면금액 중 ₩500,000에 해당하는 신주인수권이 20X2년 1월 1일에 행사되었다. (4점)

2018. CTA

1) 20X2년 1월 1일 신주인수권이 행사된 시점에 동 신주인수권 행사와 관련하여 ㈜세무의 자산과 부채 및 자본이 얼마큼 변동했는지 금액을 각각 계산하시오. (단, 각 항목이 감소했으면 금액 앞에 (−) 표시를 하고 변동이 없으면 0으로 표시하시오.)

구분	20X2년 1월 1일 변동한 금액
자산	①
부채	②
자본	③

2) ㈜세무가 신주인수권부사채와 관련하여 20X2년 포괄손익계산서에 인식할 이자비용을 계산하시오.

해설

(물음 1) 전환사채의 발행

(1)

구분	20X1년 1월 1일 변동한 금액
자산	①1,000,000
부채	②875,653
자본	③124,347

1. 상환할증금: 없음

2. 발행가액 분석

액면사채	$1,000,000 \times 0.75131 + 50,000 \times 2.48685$	=①875,653
할증금		②0
자본		④124,347
계		③1,000,000

|20X1.1.1 회계처리|

현금	①1,000,000	신주인수권부사채	②875,653
		신주인수권대가	③124,347

(2) 87,565

X1년 이자비용: $875,653 \times 10\% = \mathbf{87,565}$

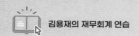

(물음 2) 자본거래

(1)

(차변) ① 현금	7,200,000	(대변) ② 자기주식	9,600,000
자기주식처분이익	2,000,000		
자기주식처분손실	400,000		

10.1에 처분한 자기주식의 취득원가: 1,200주×@8,000＝9,600,000

자기주식처분손익: 1,200주×@6,000－9,600,000＝(－)2,400,000 손실

－x0년 말 재무상태표 상에 2,000,000의 자기주식처분이익이 있으므로 자기주식처분이익을 먼저 제거한 뒤, 초과분 400,000만 자기주식처분손실로 인식한다.

(2)

(차변) ① 주식보상비용	6,000,000	(대변) ② 주식선택권	6,000,000

	명수	×개수	×금액	×1/n	＝누적액	비용
X1	1명	10,000	1,800	1/3	6,000,000	6,000,000

(3)

구분	20X1년 말 자본 구성항목의 금액
자본잉여금	①112,024,347
기타포괄손익누계액	②5,000,000
자본조정	③(－)1,200,000

	자본잉여금	기타포괄손익누계액	자본조정
기초	78,000,000	—	—
BW 발행	124,347 (신주인수권대가)		
유상증자	30,000,000 (주식발행초과금)		
자기주식 취득			(24,000,000) (자기주식)
자기주식 처분	3,900,000 (자기주식처분이익)		16,800,000 (자기주식)
토지 재평가		5,000,000 (재평가잉여금)	
주식기준보상			6,000,000 (주식선택권)
기말	112,024,347	5,000,000	(1,200,000)

주식발행초과금: (11,000－5,000)×5,000주＝30,000,000

자기주식처분이익: −2,400,000＋6,300,000＝3,900,000
－10.1 자기주식처분손익: (6,000−8,000)×1,200주＝(−)2,400,000 손실
－11.1 자기주식처분손익: (15,000−8,000)×900주＝6,300,000 이익
－기초에 자기주식처분이익이 있는 상태에서 자기주식처분이익이 더 발생하므로 자본잉여금은 증가한다.
재평가잉여금: 15,000,000−10,000,000＝5,000,000

(물음 3)
(1)

20X1년의 가중평균유통보통주식수	①12,950주
20X1년의 기본주당이익	②4,000

	1.1	7.1	9.1	10.1	11.1	계
무상증자 가중평균	10,000 ×1.2 ×12/12	2,500 ×1.2 ×6/12	(3,000) ×4/12	1,200 ×3/12	900 ×2/12	
	12,000	1,500	(1,000)	300	150	①12,950

무상증자로 보는 주식 수: 5,000주×(22,000−11,000)/22,000＝2,500주
무상증자율: 2,500/(10,000＋2,500)＝20%

우선주 배당금: 50,000,000×6%＝3,000,000

X1년도 기본EPS: (54,800,000−3,000,000)/12,950＝②4,000

(2) 신주인수권부사채, 상환할증금이 없어 주당순이익 계산 시 분자에 가산할 금액이 없기 때문이다.

(3) 2,601

	분자	분모	EPS	희석여부
기본 BW	50,000,000 0	10,000 375	0	O
계 전환우선주	50,000,000 3,000,000	10,375 10,000	4,819 300	O
계 주식선택권	53,000,000 4,800,000	20,375 500	2,601 9,600	X

BW 분모 가산액: 1,000주×(16,000−10,000)/16,000＝375
전환우선주 분모 가산액: 10,000주×1/1＝10,000
주식선택권 분자 가산액: 6,000,000×(1−20%)＝4,800,000
주식선택권 분모 가산액: 10,000개×(16,000−15,200)/16,000＝500
－조정 행사가: 14,000＋1,800×2/3(잔여보상비용)＝15,200
－X1년말의 희석 EPS를 계산하는 것이므로 잔여보상비용은 X2년과 X3년에 인식할 보상비용이다.

(4) 2,527

	분자	분모	EPS	희석여부
기본	50,000,000	10,000		
CB	70,052	1,000	70	O
계	50,070,052	11,000	4,552	
전환우선주	3,000,000	10,000	300	O
계	53,070,052	21,000	2,527	
주식선택권	4,800,000	500	9,600	X

CB 분자 가산액: 87,565(X1년도 이자비용)×(1−20%)=70,052
CB 분모 가산액: 1,000주

(물음 4)
(1)

구분	20X2년 1월 1일 변동한 금액
자산	①5,000,000
부채	②0
자본	③5,000,000

자산 및 자본 증가액(=현금 수령액): 500,000/1,000×10,000=5,000,000
−상환할증금이 없으므로 BW 행사 시 부채 감소액은 없다.

(2) 91,322
X2년 이자비용: (875,653×1.1−50,000)×10%=**91,322**

문제 2 ────────────────────────────────────── **(30점)**

※ 다음의 각 물음은 독립적이다.

2024. CPA

다음의 〈자료 1〉을 이용하여 (물음 1)부터 (물음 3)까지 답하시오.

자료 1

㈜대한은 다음 조건의 사채를 20X1년 4월 1일 ㈜민국에게 발행(판매)하였다.

1. 사채의 액면금액은 ₩2,000,000이며, 사채 권면상의 발행일은 20X1년 1월 1일, 표시이자율은 연 5% 이자지급시기는 매년 12월 31일이다.

2. 사채의 액면금액은 분할상환하며, 분할상환 내역은 다음과 같다.

20X1년 말	20X2년 말	20X3년 말
₩600,000	₩600,000	₩800,000

3. 사채 발행 시 거래원가는 발생하지 않았으며, 사채발행일의 시장(유효)이자율은 연 9%이다. ㈜대한은 동 사채를 상각후원가로 측정하는 금융부채로 분류하였다.

4. 사채의 잔여 계약상 현금흐름을 현행 시장이자율로 할인한 현재가치는 공정가치와 동일하다.

5. 현재가치 계산 시 아래의 현가계수를 이용하고, 답안 작성 시 원 미만은 반올림한다.

기간	단일금액 ₩1의 현가계수		정상연금 ₩1의 현가계수	
	7%	9%	7%	9%
1	0.9346	0.9174	0.9346	0.9174
2	0.8734	0.8417	1.8080	1.7591
3	0.8163	0.7722	2.6243	2.5313

물음 1 ㈜대한이 발행한 ① 사채의 발행금액과 동 사채와 관련하여 ㈜대한이 20X1년도에 인식해야 하는 ② 이자비용을 각각 계산하시오.

사채발행금액	①
이자비용	②

물음 2 ㈜대한은 20X2년 7월 1일에 위 사채 전부를 공정가치로 재취득(매입)하여 자기사채로 처리한 후 즉시 소각하였다. 재취득(매입) 시점의 현행 시장이자율은 연 7%이다. ㈜대한이 자기사채를 취득하기 위해 지급해야 하는 ① 총금액과 동 사채와 관련한 회계처리가 ㈜대한의 20X2년도 포괄손익계산서 상 ② 당기순이익에 미치는 영향을 각각 계산하시오. 단, 당기순이익이 감소하는 경우에는 금액 앞에 (−)를 표시하시오.

자기사채 취득 시 지급해야 할 총금액	①
당기순이익에 미치는 영향	②

물음 3 (물음 2)와 관계없이 ㈜대한이 20X3년 1월 1일에 자사의 주식(액면총액 ₩500,000)을 발행하여 위 사채 전부를 중도 상환(출자전환)하였다고 가정한다. 아래 각 요구사항에 답하시오. 단, 〈요구사항〉은 독립적이다.

요구사항 1

사채의 중도 상환 시 발행한 주식의 공정가치는 ₩700,000이고, 20X3년 1월 1일 현행 시장이자율은 연 7%일 경우, ㈜대한이 사채의 중도 상환으로 인해 인식할 ① 주식발행초과금의 증가액과 ② 사채상환손익을 각각 계산하시오. 단, 사채상환손실이 발생하는 경우에는 금액 앞에 (−)를 표시하시오.

주식발행초과금 증가액	①
사채상환손익	②

요구사항 2

사채의 중도 상환 시 발행한 주식의 공정가치를 신뢰성있게 측정할 수 없는 경우, ㈜대한이 사채의 중도 상환으로 인해 인식할 ① 주식발행초과금의 증가액과 ② 사채상환손익을 각각 계산하시오.

단, 20X3년 1월 1일 현행 시장이자율은 연 7%이며, 사채상환손실이 발생하는 경우에는 금액 앞에 (−)를 표시하시오.

주식발행초과금 증가액	①
사채상환손익	②

해설

(물음 1)

사채발행금액	①1,871,499
이자비용	②125,197

(1) 연도별 현금흐름

	x1말	x2말	x3말
액면금액	600,000	600,000	800,000
액면이자	2,000,000×5% =100,000	1,400,000×5% =70,000	800,000×5% =40,000
계	700,000	670,000	840,000

(2) 유효이자율 상각표

	유효이자(9%)	상환금액	장부금액
X0	700,000×0.9174+670,000×0.8417+840,000×0.7722		=1,854,767
X1.4.1	41,732		
X1	166,929	(700,000)	1,321,696

(3) 사채발행금액: 1,854,767＋41,732－100,000×3/12＝1,871,499

－발행금액은 장부금액과 같은 금액이며, 미지급이자를 제외한 금액을 의미한다.

(4) 이자비용: 166,929×9/12＝125,197

(물음 2)

자기사채 취득 시 지급해야 할 총금액	①1,407,432
당기순이익에 미치는 영향	②(－)85,736

1. 자기사채 취득 시 지급액: 1,359,838×(1＋7%×6/12)＝1,407,432
(1) X2초 현재가치(r＝7%, 만기＝2년): 670,000×0.9346＋840,000×0.8734＝1,359,838

2. 당기순이익에 미치는 영향: －59,476－26,260＝(－)85,736
(1) 이자비용: 1,321,696×9%×6/12＝59,476
(2) 상환손익: 1,321,696×(1＋9%×6/12)－1,407,432＝(－)26,260

빠른 풀이〉 당기순이익＝기초 사채 BV－상환액＝1,321,696－1,407,432＝(－)85,736

(물음 3)
|요구사항 1|

주식발행초과금 증가액	①200,000
사채상환손익	②70,642

|요구사항 2|

주식발행초과금 증가액	①285,047
사채상환손익	②(－)14,405

출자전환 시 주식의 발행금액은 발행한 주식의 공정가치로 한다. (요구사항 1) 단, 주식의 공정가치를 신뢰성 있게 측정할 수 없는 경우 상환되는 사채의 공정가치로 한다. (요구사항 2)

|회계처리|

요구사항 1	사채	770,642[1]	자본금	500,000
			주발초	200,000
			사채상환이익	70,642
요구사항 2	사채	770,642[1]	자본금	500,000
	사채상환손실	14,405	주발초	285,047[2]

[1]X3초 사채 장부금액: 840,000/1.09＝770,642
[2]주발초: 사채 공정가치－액면금액＝785,047－500,000＝285,047
－X3초 사채 공정가치: 840,000/1.07＝785,047

6 이익잉여금의 구성

이익잉여금	기처분이익잉여금 (적립금 등)	법정적립금
		임의적립금
	미처분이익잉여금	

1. 법정적립금(=이익준비금)

이익준비금 적립액＝이익배당액(중간배당, 현물배당 포함, 주식배당 제외)×10%

2. 임의적립금: 기업의 목적에 따라 임의로 적립한 이익잉여금

3. 미처분이익잉여금: 당기순이익으로 누적된 이익잉여금 중 아직 처분되지 않은 금액

7 이익잉여금의 처분

: 주주총회에서 미처분이익잉여금의 사용 목적을 결정하여 미처분이익잉여금을 감소시키는 것

1. 적립금의 적립 및 이입

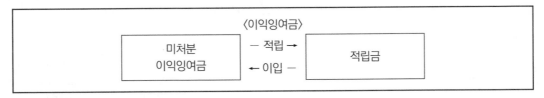

－적립금의 적립 및 이입이 이루어지더라도 이익잉여금 및 자본은 불변

2. 배당: 현금배당, 현물배당, 주식배당

(1) 현금배당

결의 시	미처분이익잉여금	×××	미지급배당금(부채)	×××
지급 시	미지급배당금	×××	현금	×××

(2) 현물배당 **2차**

결의 시	미처분이익잉여금	결의 시 자산의 FV	미지급배당금	결의 시 자산의 FV
12.31	미처분이익잉여금	자산의 FV 증감	미지급배당금	자산의 FV 증감
지급 시	미처분이익잉여금	자산의 FV 증감	미지급배당금	자산의 FV 증감
	미지급배당금	지급 시 자산의 FV	자산	BV
		처분손익(PL) XXX		

(3) 주식배당

결의 시	미처분이익잉여금	XXX	미교부주식배당금(자본조정)	XXX
지급 시	미교부주식배당금	XXX	자본금	XXX

3. 자본조정의 상각

자본거래 결과 자본의 차감 항목(주할차, 자처손, 감자차손)이 재무상태표에 남아있다면 이익잉여금 처분을 통해 이익잉여금과 상계 가능 (강제 사항 X, 문제에서 시키면 하면 됨)

4. 이익잉여금처분계산서

X1.01.01	기초 미처분이익잉여금
X0년 주총 (X1년 3월 경)	(X0년 처분)
X0 차기이월미처분이익잉여금＝	X1 전기이월미처분이익잉여금
	(중간배당)
	OCI의 직접 대체 등
	X1 당기순이익
X1.12.31	기말 미처분이익잉여금
X1년 주총 (X2년 3월 경)	(X1년 처분)
X2 전기이월미처분이익잉여금＝	X1 차기이월미처분이익잉여금

(1) 기초, 기말의 기준일: 회계기간 종료일(12.31)

(2) 전기이월, 차기이월의 기준일: 주주총회 결의일

 －주총 처분 사항은 기말(12.31) 이익잉여금에 반영 X

8 배당금의 배분 ★중요!

우선주	보통주
①우선주자본금×배당률×횟수	②보통주자본금×배당률
③남은 배당금 안분	③남은 배당금 안분
④합계	④합계

STEP 1 누적적/비누적적 고려하여 우선주 배당금 구하기

(1) 누적적 우선주: 우선주 배당금=우선주자본금×배당률×**누적 횟수**
(2) 비누적적 우선주: 우선주 배당금=우선주자본금×배당률

STEP 2 보통주 배당금 구하기=<u>보통주 자본금</u>×배당률

─보통주 배당률을 제시하지 않은 경우: 우선주 배당률 이용

STEP 3 잔여 배당금 분배하기-완전참가적/비참가적/부분참가적

(1) 완전참가적 우선주: 남은 배당액을 우선주 자본금 대 <u>보통주 자본금</u> 비율로 배분

(2) 비참가적 우선주: 남은 배당액은 전부 보통주에게 지급

(3) 부분참가적 우선주: min[①, ②] 추가 수령
 ① 우선주 자본금×(부분참가율−우선주 배당률)
 ② 남은 배당×우선주 자본금/(<u>보통주 자본금</u>+우선주 자본금)

주의 ⚠ 자기주식이 있는 경우 보통주 배당금

발행한 보통주 중 일부를 자기주식으로 보유하는 경우 자기주식에 대해서는 보통주 배당금을 지급하지 않는다. 구체적으로 Step 2에서 보통주 배당금을 구할 때와 Step 3에서 잔여 배당금을 분배할 때 자기주식에 대해서는 배당금을 지급하지 않는다. 따라서 '자기주식 수×보통주 액면가'를 위 식에서 밑줄 친 보통주 자본금에서 차감해야 한다.

9 우선주의 종류

1. 전환우선주: 보유자가 전환권을 행사하면 보통주를 발행하는 우선주

－전환 후 보통주의 발행가액＝전환 전 우선주의 발행가액

우선주자본금	우선주 수×우선주 액면금액	보통주자본금	보통주 수×보통주 액면금액
	주식발행초과금 XXX		

상법상 전환으로 발행하는 주식의 발행가액은 전환 전의 주식의 발행가액으로 한다. 자본금은 보통주자본금과 우선주자본금으로 나뉘지만, 주식발행초과금은 하나의 계정을 쓴다. 따라서 주식발행초과금은 상계되며, 감소하는 우선주자본금과 증가하는 보통자본금의 차이를 주식발행초과금으로 계상하면 된다.

2. 상환우선주

(1) 상환우선주의 분류

	분류	배당금		부채의 발행금액
의무 상환 or 보유자 요구 시 상환	부채	누적적	이자	상환금액×단순현가＋배당금×연금현가
		비누적적	배당	상환금액×단순현가
발행자 임의 상환	자본	무조건 배당		0 (액면금액만큼 우선주자본금 계상)

(2) 상환우선주의 취득 및 소각

	부채로 분류	자본으로 분류
취득	부채 / 현금	자기주식 / 현금
소각	회계처리 없음	이익잉여금 / 자기주식

① 부채로 분류되는 상환우선주
부채로 분류되는 상환우선주를 취득한 경우 자기사채의 취득(＝사채 상환)으로 본다. 따라서 이후에 상환우선주를 소각하더라도 회계처리는 없다.

② 자본으로 분류되는 상환우선주
자본으로 분류되는 상환우선주를 취득한 경우 자기주식의 취득으로 본다. 이후에 상환우선주를 소각할 수 있는데 일반적인 주식의 소각과 달리 상법상 상환우선주는 이익잉여금으로 소각할 수 있다. 따라서 우선주자본금이 감소하는 것이 아니라, 이익잉여금을 감소시킨다.

문제 3

다음의 〈자료〉를 이용하여 각 물음에 답하시오. 제시된 물음은 독립적이다. 2020. CPA

자료

1. ㈜대한은 20X1년 초에 설립되었으며, 20X3년 1월 1일 현재 자본부분은 다음과 같다.

Ⅰ. 자본금		₩7,500,000
1. 보통주자본금	₩5,000,000	
2. 우선주자본금	2,500,000	
Ⅱ. 자본잉여금		1,500,000
1. 보통주주식발행초과금	1,500,000	
Ⅲ. 기타포괄손익누계액		(20,000)
1. 금융자산평가손익	(20,000)	
Ⅳ. 이익잉여금		3,000,000
1. 이익준비금	1,000,000	
2. 미처분이익잉여금	2,000,000	
자본총계		₩11,980,000

2. ㈜대한의 자본금은 설립 이후 20X3년 초까지 변화가 없었으며, 보통주와 우선주의 1주당 액면금액은 각각 ₩1,000과 ₩2,000이다.

3. ㈜대한은 20X2년 경영성과에 대해 20X3년 3월 25일 주주총회에서 현금배당 ₩1,050,000을 원안대로 승인하고 지급하였으며, 이익준비금은 상법 규정에 따라 최소 금액만을 적립하기로 결의하였다.

4. ㈜대한은 20X3년 4월 1일 보통주 5,000주를 1주당 ₩950에 현금 발행하였다.

5. ㈜대한은 20X3년 5월 1일 주가 안정화를 위해 현재 유통 중인 보통주 1,000주를 1주당 ₩900에 취득하였으며, 자본조정으로 분류한 자기주식의 취득은 원가법으로 회계처리하였다.

6. ㈜대한은 20X3년 7월 1일 자본잉여금 ₩1,000,000과 이익준비금 ₩500,000을 재원으로 하여 보통주에 대한 무상증자를 실시하였다.

7. ㈜대한은 20X3년 10월 1일 보유 중인 자기주식 500주를 1주당 ₩1,300에 재발행하였다.

8. ㈜대한의 20X3년도 당기순이익은 ₩1,200,000이다.

물음 1 ㈜대한의 20X3년 말 재무상태표에 표시되는 자본금, 자본잉여금, 자본조정 및 이익잉여금의 금액을 계산하시오. 단, 음의 값은 (−)를 숫자 앞에 표시하시오

자본금	①
자본잉여금	②
자본조정	③
이익잉여금	④

물음 2 20X3년 3월 25일 주주총회에서 지급된 현금배당과 관련하여, 우선주가 누적적·완전참가적 우선주인 경우와 누적적·비참가적 우선주인 경우 각각에 대해서 보통주의 배당금지급액을 계산하시오. 단, 우선주 배당률은 연 6%이고, 1년분의 배당금이 연체되어 있다.

누적적·완전참가적 우선주인 경우	①
누적적·비참가적 우선주인 경우	②

✏️ 해설 자본거래

(물음 1) 자본거래

자본금	①14,000,000
자본잉여금	②450,000
자본조정	③(−)450,000
이익잉여금	④2,650,000

	자본금	자본잉여금	자본조정	이익잉여금
기초	7,500,000	1,500,000	−	3,000,000
현금배당				(1,050,000)
현금출자	5,000,000	(250,000)		
자기주식 취득			(900,000)	
무상증자	1,500,000	(1,000,000)		(500,000)
자기주식 처분		200,000	450,000	
당기순이익				1,200,000
기말	14,000,000	450,000	(450,000)	2,650,000

| 회계처리 |

3.25	미처분이익잉여금	1,155,000	현금 이익준비금	1,050,000 105,000
4.1	현금 주식발행초과금	4,750,000 250,000	보통주자본금	5,000,000
5.1	자기주식	900,000	현금	900,000
7.1	주식발행초과금 이익준비금	1,000,000 500,000	보통주자본금	1,500,000
10.1	현금	650,000	자기주식 자기주식처분이익	450,000 200,000
12.31	집합손익	1,200,000	미처분이익잉여금	1,200,000

(1) 4.1 현금출자: 주식을 할인발행하고 있는데, 기존에 주식발행초과금이 계상되어 있으므로 주식할인발행차금을 증가시키는 것이 아니라, 주식발행초과금을 감소시킨다.

(물음 2) 배당금의 배분

| 누적적·완전참가적 우선주인 경우 | ①600,000 |
| 누적적·비참가적 우선주인 경우 | ②750,000 |

보통주의 배당률은 문제에서 제시하지 않았으므로 우선주의 배당률인 6%를 쓴다.

1. 누적적·완전참가적 우선주인 경우

	우선주	보통주	계
누적적	2,500,000×6%×2회=300,000	5,000,000×6%=300,000	600,000
완전참가적	450,000×25/75=150,000	450,000×50/75=300,000	450,000
계	450,000	600,000	1,050,000

2. 누적적·비참가적 우선주인 경우

	우선주	보통주	계
누적적	2,500,000×6%×2회=300,000	5,000,000×6%=300,000	600,000
비참가적	—	450,000	450,000
계	300,000	750,000	1,050,000

문제 4

다음은 ㈜한국의 20X3년 1월 1일 자본구성을 보고하고 있는 부분재무상태표이다. ㈜한국은 자본을 다음의 양식으로 보고하고 있다.

〈부분재무상태표〉

Ⅰ. 자본금		₩6,000,000
1. 보통주자본금	₩5,000,000	
2. 우선주자본금	1,000,000	
Ⅱ. 자본잉여금		46,000,000
1. 주식발행초과금	45,000,000	
2. 감자차익	300,000	
3. 자기주식처분이익	700,000	
Ⅲ. 자본조정		(3,500,000)
1. 자기주식(보통주)	(3,500,000)	
Ⅳ. 기타포괄손익누계액		1,500,000
1. 기타포괄손익공정가치측정		
금융자산평가손익	(1,500,000)	
2. 재평가잉여금	3,000,000	
Ⅴ. 이익잉여금		13,000,000
1. 이익준비금	2,000,000	
2. 임의적립금	3,200,000	
3. 미처분이익잉여금	7,800,000	
자본 합계		₩63,000,000

추가자료

1. 보통주는 20X3년 1월 1일 현재 10,000주가 발행되었으며 주당 발행가는 ₩5,000이었고, 주당 액면금액은 ₩500이다. 우선주는 20X3년 1월 1일 현재 1,000주가 발행되었으며 주당 액면금액은 ₩1,000이다.

2. 우선주는 1종류만 발행되었으며, 배당율은 연 5%이다. 우선주는 누적적 우선주로 12%까지 부분참가적 우선주이다.

3. 주식의 발행시 주식발행초과금과 주식할인발행차금은 우선적으로 서로 상계처리한다.

4. ㈜한국이 20X3년 1월 1일 현재 보유하고 있는 자기주식의 수량은 500주이다. 자기주식의 취득은 원가법으로 처리하며 자기주식의 처분시 취득원가의 배분은 평균법으로 계산한다. 자기주식을 소각하는 경우 감자되는 금액은 소각되는 주식 수에 비례하는 자본금만을 감소시키며, 감자차익과 감자차손은 우선적으로 서로 상계처리한다.

다음의 물음에 답하시오. 단, 각 물음은 독립적인 상황이다.

물음 1 ㈜한국은 사업확장을 위하여 20X3년 1월 15일에 ㈜민국으로부터 공정가치가 ₩1,200,000인 공장부지를 수취하고 보통주 3,000주를 발행하여 지급하였다. ㈜한국의 동 발행 보통주 신주의 공정가치는 ₩1,800,000으로 추정된다. 이상의 보통주 신주발행 직후 ㈜한국의 자본금과 자본잉여금을 각각 계산하시오.

2013. CPA

항목	금액
자본금	①
자본잉여금	②

물음 2 ㈜한국은 보유하고 있는 자기주식 중 20X3년 3월 5일에 100주를 소각하였으며, 20X3년 3월 15일에 200주를 주당 ₩8,000에 재발행하였다.

㈜한국은 주주총회에서 감자차손을 이익잉여금에서 처분하기로 의결하였다. 이상의 자기주식과 관련된 일련의 거래 후 이 거래가 ㈜한국의 자본잉여금과 이익잉여금에 미친 영향을 각각 계산하시오. 단, 감소의 경우에는 금액 앞에 (−)를 표시하고, 변동이 없으면 '변동없음'으로 표시하시오.

2013. CPA

항목	금액
자본잉여금	①
이익잉여금	②

물음 3 ㈜한국은 20X0년 1월 1일에 설립되었으며, ㈜한국의 보통주와 우선주는 설립과 동시에 발행되었다. ㈜한국은 설립 이래 처음으로 20X3년 4월 20일에 20X2년 12월 31일을 기준일로 하는 ₩700,000의 현금배당을 선언하였다. ㈜한국의 우선주와 보통주에 각각 배분되는 배당금을 계산하시오.

2013. CPA

항목	금액
우선주	①
보통주	②

✏️ **해설**

(물음 1) 현물출자

항목	금액
자본금	①7,500,000
자본잉여금	②45,700,000

1. 자본금: 6,000,000 + 1,500,000 = 7,500,000
2. 자본잉여금: 46,000,000 − 300,000 = 45,700,000

| 회계처리 |

토지	1,200,000	보통주자본금	1,500,000
주식발행초과금	300,000		

현물출자 시 주식의 발행금액은 원칙적으로 취득한 자산의 공정가치로 한다. 현물출자 전 장부상에 주식발행초과금이 있으므로 주식발행초과금을 감소시킨다.

(물음 2)

항목	금액
자본잉여금	①(-)100,000
이익잉여금	②(-)350,000

1. 자본잉여금: (-)300,000(감자차익)+200,000(자처익)=(-)100,000
2. 이익잉여금: (-)350,000(감자차손 상계액)

| 회계처리 |

자본금	50,000	자기주식	700,000
감자차익	300,000		
감자차손	350,000		
현금	1,600,000	자기주식	1,400,000
		자기주식처분이익	200,000
이익잉여금	350,000	감자차손	350,000

— 자기주식 소각 전에 감자차익이 재무상태표에 계상되어 있으므로, 감자차익을 먼저 제거하고 초과분만 감자차손으로 인식해야 한다. 따라서 이익잉여금 상계액도 650,000이 아닌 350,000이 된다.

(물음 3)

항목	금액
우선주	①204,348
보통주	②495,652

	우선주	보통주	계
누적적	1,000,000×5%×3회 =150,000	(10,000주-500주)×500×5% =237,500	387,500
부분참가적 (12%)	min[①,②]=54,348 ① 1,000,000×(12%-5%)=70,000 ② 312,500×1,000,000/5,750,000=54,348	312,500-54,348=258,152	312,500
계	204,348	495,652	700,000

자기주식 500주는 배당을 지급받지 못하므로 1차 보통주 배당금과 2차 참가적 배당금 계산 시 자기주식에 해당하는 부분은 제외해야 한다.

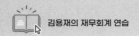

문제 5

※ 다음의 각 물음은 독립적이다.

다음의 〈자료 1〉을 이용하여 물음 1)부터 물음 2)까지 답하시오.　　　　　2023. CPA

자료

1. ㈜대한은 20X1년 1월 1일에 설립되었으며, 보통주와 우선주는 설립과 동시에 발행되었다.

2. 다음은 ㈜대한의 20X2년 1월 1일의 〈부분 재무상태표〉이다.

〈부분 재무상태표〉

(단위: ₩)

자본금		6,000,000
1. 보통주자본금	4,000,000	
2. 우선주자본금	2,000,000	
자본잉여금		20,500,000
1. 주식발행초과금	20,000,000	
2. 감자차익	500,000	
자본조정		(1,000,000)
1. 자기주식(보통주)	(1,000,000)	
기타포괄손익누계액		2,000,000
1. 재평가잉여금	2,000,000	
이익잉여금		9,000,000
1. 이익준비금	3,000,000	
2. 임의적립금	2,000,000	
3. 미처분이익잉여금	4,000,000	
자본총계		36,500,000

3. ㈜대한의 20X2년 1월 1일 현재 발행된 보통주는 8,000주이며, 주당 발행금액은 ₩2,000이고, 주당 액면금액은 ₩500이다. ㈜대한의 20X2년 1월 1일 현재 발행된 우선주는 4,000주이며, 주당 액면금액은 ₩500이다.

4. 우선주는 한 종류만 발행되었으며 보통주 배당률은 연 4%, 우선주 배당률은 연 6%이다.

5. ㈜대한이 20X2년 1월 1일 현재 보유하고 있는 자기주식의 수량은 1,000주이다. 자기주식의 취득은 원가법으로 처리하며, 자기주식의 처분 시 단가산정은 가중평균법에 의한다.

6. ㈜대한의 20X2년 매출액은 ₩100,320,000이고, 당기순이익은 ₩1,950,000이다.

물음 1　㈜대한은 설립 이래 처음으로 20X3년 3월 말에 20X2년 말을 기준일로 하는 ₩500,000의 현금배당을 선언하였다. 아래의 각 사례에 대응하여 ㈜대한의 우선주와 보통주에 각각 배분되는 배당금을 계산하시오. 단, 답안 작성 시 원 이하는 반올림한다.

사례	우선주 금액	보통주 금액
(사례 1) 우선주는 누적적 우선주로 완전참가적 우선주	①	②
(사례 2) 우선주는 누적적 우선주로 7.5%까지 부분참가적 우선주	③	④

물음 2 ㈜대한은 공장을 증설하기 위하여 20X2년 12월 말에 ㈜민국으로부터 공정가치가 ₩1,550,000인 공장부지를 취득하고 보통주 3,500주를 발행하여 지급하였다. 또한 ㈜대한은 20X2년 12월 말에 주식발행초과금을 재원으로 보통주 200주를 무상증자하였다.

요구사항 1

상기의 보통주 신주 발행 및 무상증자 직후 20X2년 12월 말 ㈜대한의 보통주자본금과 자본잉여금을 각각 계산하시오.

보통주자본금	①
자본잉여금	②

요구사항 2

㈜대한의 20X2년 말의 부채비율이 120%라고 할 때, ㈜대한의 20X2년 기말 총자산회전율을 계산하시오. 단, 총자산회전율은 [(매출액/기말 자산)×100], 부채비율은 [(기말 부채/기말 자본)×100]을 사용하며, 계산 결과(%)는 소수점 첫째 자리에서 반올림한다(예를 들어 53.2%는 53%로 계산).

기말 총자산회전율	①

📝 **해설**

(물음 1) 배당금의 배분

사례	우선주 금액	보통주 금액
(사례 1)	①283,636	②216,364
(사례 2)	③270,000	④230,000

(사례 1)

	우선주	보통주	계
누적적	2,000,000×6%×2회 =240,000	(8,000주−1,000주) ×@500×4%=140,000	380,000
완전참가적	120,000×2,000,000/5,500,000 =43,636	120,000×3,500,000/5,500,000 =76,364	120,000
계	283,636	216,364	500,000

(사례 2)

	우선주	보통주	계
누적적	2,000,000×6%×2회 ＝240,000	(8,000주－1,000주) ×@500×4%＝140,000	380,000
부분참가적	min[①, ②]＝30,000 ① 2,000,000×(7.5%－6%)＝30,000 ② 120,000×2,000,000/5,500,000 ＝43,636	120,000－30,000 ＝90,000	120,000
계	270,000	230,000	500,000

(물음 2) 현물출자 및 무상증자
|요구사항 1|

보통주자본금	①5,850,000
자본잉여금	②20,200,000

	보통주자본금	자본잉여금
기초	4,000,000	20,500,000
현물출자	1,750,000	(200,000)
무상증자	100,000	(100,000)
기말	5,850,000	20,200,000

|회계처리|

토지	1,550,000	보통주자본금	1,750,000
주식발행초과금	200,000		
주식발행초과금	100,000	보통주자본금	100,000

무상증자액: 200주×@500＝100,000

|요구사항 2|

기말 총자산회전율	①114%

기말 자본: 36,500,000(기초 자본)＋1,550,000(현물출자 시 자본 증가액)＋1,950,000(당기순이익)
　　　＝40,000,000
기말 부채: 40,000,000×120%＝48,000,000
기말 자산: 기말 자본＋기말 부채＝88,000,000

총자산회전율: 100,320,000/88,000,000×100＝**114%**

문제 6

(10점)

※ 다음의 각 물음은 독립적이다.

다음은 ㈜대한의 자료이고, 각 물음에 답하시오.

> **공통자료**

1. 다음은 20X4년 1월 1일 ㈜대한의 부분 재무상태표이다.

〈부분 재무상태표〉

자본금		₩6,000,000
1. 보통주자본금	₩4,000,000	
2. 우선주자본금	2,000,000	
자본잉여금		9,800,000
1. 주식발행초과금	6,800,000	
2. 감자차익	3,000,000	
자본조정		(1,000,000)
1. 자기주식(보통주)	(1,000,000)	
기타포괄손익누계액		4,000,000
1. 재평가잉여금	4,000,000	
이익잉여금		8,000,000
1. 이익준비금	3,000,000	
2. 미처분이익잉여금	5,000,000	
자본총계		₩26,800,000

2. 20X4년 1월 1일 자본의 구성항목은 다음과 같다.
- 20X4년 1월 1일 현재 발행된 보통주(주당 액면금액: ₩5,000, 주당 발행금액: ₩10,000)는 800주이고, 우선주(주당 액면금액: ₩5,000, 주당 발행금액: ₩12,000)는 400주이다.
- 우선주는 20X4년 1월 1일 현재 한 종류만 발행되었으며, 우선주는 누적적 우선주로 10%까지 부분참가적 우선주이다.
- 보통주배당률은 연 3%이고, 우선주배당률은 연 4%이다.
- ㈜대한이 20X4년 1월 1일 현재 보유하고 있는 자기주식의 수량은 100주이다.

물음 1 〈공통자료〉와 〈추가자료 1〉을 활용하여 물음에 답하시오.

추가자료1

1. ㈜대한은 자본금을 확충하기 위하여 20X4년 2월 1일에 주식발행초과금을 재원으로 하여 현재 유통중인 보통주를 대상으로 20%의 무상증자를 실시하였다.

2. ㈜대한은 유상증자로 보통주 신주(주당 액면금액: ₩5,000, 주당 신주발행금액: ₩12,000) 105주를 발행하기로 하고, 20X4년 2월 15일에 청약증거금 ₩250,000을 수령하였다. 20X4년 4월 1일 신주발행관련 직접비용 ₩200,000을 현금지급하고 나머지 유상증자대금을 전액 납입 받아 유상증자를 완료하였다.

3. ㈜대한은 재무전략의 일환으로 20X4년 9월 1일에 보통주 200주(주당 액면금액: ₩5,000)를 발행하고 그 대가로 공정가치가 ₩1,200,000인 토지를 취득하였다. 단, 현물출자로 인한 자산의 취득원가는 해당 자산의 공정가치로 한다.

4. ㈜대한의 20X4년 당기순이익은 ₩1,500,000이다. ㈜대한은 20X4년 경영성과에 대해서 20X5년 2월 15일 주주총회에서 20X4년도 재무제표에 대한 결산승인을 수행하였으며 현금배당(₩500,000), 이익준비금 적립(₩500,000)을 원안대로 승인하고 이를 지급하였다.

㈜대한의 20X4년 말 재무상태표에 표시되는 자본금, 자본잉여금 그리고 이익잉여금의 금액을 각각 계산하시오.

2022. CPA

자본금	①
자본잉여금	②
이익잉여금	③

물음 2 〈공통자료〉와 〈추가자료 2〉를 활용하여 다음의 〈요구사항〉에 답하시오. 단, 회계처리는 대한민국의 상법 규정에 근거하여 수행하였다.

2022. CPA

추가자료2

1. ㈜대한은 20X4년 3월 1일 지분상품으로 분류되는 전환우선주 100주(주당 액면금액: ₩5,000, 주당 발행가액: ₩12,000)를 유상증자하였다. 유상증자 시 신주발행관련 직접비용 ₩10,000이 발생하였다. 전환우선주는 발행일로부터 3개월이 경과한 후부터 보통주로 전환이 가능하며, 우선주 1주가 보통주 1.4주(주당 액면금액: ₩5,000)로 전환되는 조건이다.

2. ㈜대한이 20X4년 3월 1일 발행한 전환우선주 중 40주가 20X4년 9월 1일 보통주로 전환되었다.

3. ㈜대한은 20X4년 4월 1일에 지분상품으로 분류되는 상환우선주 100주(주당 액면금액: ₩5,000)를 주당 ₩12,500에 발행하였다.

4. 20X4년 6월 1일에 지분상품으로 분류되는 상환우선주 100주를 주당 ₩13,000에 취득하였다.

5. 20X4년 8월 1일에 20X4년 6월 1일에 취득한 상환우선주를 소각하였다. ㈜대한은 상환우선주의 상환을 위하여 별도의 임의적립금을 적립하지 않았다.

요구사항 1

㈜대한의 20X4년 9월 1일 전환우선주 전환과 관련된 회계처리를 수행하시오.

요구사항 2

㈜대한의 20X4년 말 재무상태표에 표시되는 자본금과 자본잉여금의 금액을 각각 계산하시오.

자본금	①
자본잉여금	②

물음 3 ㈜대한은 20X1년 1월 1일 설립되었으며, ㈜대한의 보통주와 우선주는 설립과 동시에 발행되었다. ㈜대한은 설립 이래 배당금을 지급하지 못하다가 처음으로 20X4년 4월 1일에 20X3년 12월 31일을 기준으로 하는 ₩500,000의 현금배당을 선언하였다. ㈜대한의 우선주와 보통주에 배분되는 배당금을 각각 계산하시오. 단, 답안 작성 시 원 이하는 반올림한다. 2022. CPA

우선주에 배분되는 배당금	①
보통주에 배분되는 배당금	②

✎ 해설

(물음 1) 자본거래 회계처리

자본금	①8,225,000
자본잉여금	②9,835,000
이익잉여금	③9,500,000

	자본금	자본잉여금	이익잉여금
기초	6,000,000	9,800,000	8,000,000
무상증자	700,000	(700,000)	
유상증자	525,000	535,000	
현물출자	1,000,000	200,000	
당기순이익			1,500,000
기말	8,225,000	9,835,000	9,500,000

(1) 무상증자 금액: (800주−100주)×5,000×20%=700,000
 −유통중인 보통주에 대해서 무상증자를 실시하였으므로, 자기주식은 제외한다.

(2) 유상증자
자본금 증가액: 5,000×105주=525,000
주발초 증가액: (12,000−5,000)×105주−200,000=535,000
 − 유상증자대금을 한 번에 납입하든, 나누어 납입하든 X4년에 전부 납입되었으므로 자본금 및 주발초에 미치는 영향은 없다.

(3) 현물출자

자본금 증가액: 5,000×200주=1,000,000

주발초 증가액: 1,200,000−1,000,000=200,000

(4) 현금배당 및 이익준비금 적립

주주총회는 X5년에 이루어지므로, X4년 말 재무상태표에는 반영되지 않는다.

| 회계처리 |

1. 무상증자	(차)	주식발행초과금	700,000	(대)	보통주자본금	700,000
2. 유상증자	(차)	현금	250,000	(대)	청약증거금(자본)	250,000
	(차)	청약증거금(자본)	250,000	(대)	보통주자본금	525,000
		현금	1,010,000		주식발행초과금	735,000
		주식발행초과금	200,000		현금	200,000
3. 현물출자	(차)	토지	1,200,000	(대)	보통주자본금	1,000,000
					주식발행초과금	200,000
4. 당기순이익	(차)	집합손익	1,500,000	(대)	이익잉여금	1,500,000

(물음 2) 전환우선주, 상환우선주

| 요구사항 1 |

| 회계처리 |

(차)	우선주자본금	200,000	(대)	보통주자본금	280,000
	주식발행초과금	80,000			

전환으로 감소하는 우선주 자본금: 40주×@5,000=200,000

전환으로 증가하는 보통주식 수: 40주×1.4=56주

전환으로 증가하는 보통주 자본금: 56주×@5,000=280,000

| 참고 |

(차)	우선주자본금	200,000	(대)	보통주자본금	280,000
	주식발행초과금	276,000		주식발행초과금	196,000

원래 전환 시 회계처리는 위와 같다. 상법상 전환으로 발행하는 주식의 발행가액은 전환 전의 주식의 발행가액으로 한다.

우선주의 총 발행가액: 12,000×100주−10,000=1,190,000

전환으로 감소하는 우선주의 발행가액: 1,190,000×40%=476,000

자본금은 보통주자본금과 우선주자본금으로 나뉘지만, 주식발행초과금은 하나의 계정을 쓴다. 따라서 대차에 있는 주식발행초과금을 상계하면 첫 번째 회계처리가 된다.

| 요구사항 2 |

자본금	①7,080,000
자본잉여금	②11,160,000

	자본금	자본잉여금
기초	6,000,000	9,800,000
전환우선주 발행	500,000	690,000
전환	80,000	(80,000)
상환우선주 발행	500,000	750,000
기말	7,080,000	11,160,000

| 회계처리 |

1. 전환우선주	(차)	현금	1,200,000	(대)	우선주자본금	500,000
					주식발행초과금	700,000
		주식발행초과금	10,000		현금	10,000
	(차)	우선주자본금	200,000	(대)	보통주자본금	280,000
		주식발행초과금	80,000			
2. 상환우선주	(차)	현금	1,250,000	(대)	우선주자본금	500,000
					주식발행초과금	750,000
	(차)	자기주식	1,300,000	(대)	현금	1,300,000
	(차)	이익잉여금	1,300,000	(대)	자기주식	1,300,000

상법상 상환우선주는 이익잉여금으로 소각할 수 있다. 따라서 우선주자본금이 감소하는 것이 아니라, 이익잉여금으로 감소시킨다.

(물음 3) 배당

우선주에 배분되는 배당금	①296,364
보통주에 배분되는 배당금	②203,636

	우선주	보통주	계
누적적	400주×@5,000×4%×3회 =240,000	(800주-100주)×@5,000×3% =105,000	345,000
부분참가적	min[①,②]=56,364 ① 400주×@5,000×(10%-4%) =120,000 ② 155,000×2,000/5,500=56,364	155,000-56,364=98,636	155,000
계	296,364	203,636	500,000

X4년 말이 아니라, X3년 말 자본금을 기준으로 배당을 지급하는 것을 주의하자.
자기주식에 대해서는 보통주 배당금을 지급하지 않으며, 참가적 우선주에 대한 추가 배당금을 계산할 때에도 자기주식의 자본금은 제외하고 안분한다.

문제 7

(10점)

2024. CPA

※ 다음의 각 물음은 독립적이다.

다음 〈자료〉를 이용하여 물음에 답하시오.

자료 1

- ㈜대한은 20X0년 1월 1일에 설립되었으며, ㈜대한의 보통주와 우선주는 설립과 동시에 발행되었다.
- 다음은 ㈜대한의 20X2년 1월 1일의 〈부분 재무상태표〉이다.

〈부분재무상태표〉

자본금		₩6,000,000
1. 보통주자본금	₩4,000,000	
2. 우선주자본금	2,000,000	
자본잉여금		5,400,000
1. 주식발행초과금	5,000,000	
2. 감자차익	400,000	
자본조정		(1,375,000)
1. 자기주식(보통주)	(1,375,000)	
기타포괄손익누계액		4,000,000
1. 재평가잉여금	4,000,000	
이익잉여금		10,000,000
1. 이익준비금	4,000,000	
2. 미처분이익잉여금	6,000,000	
자본총계		₩24,025,000

- ㈜대한의 20X2년 1월 1일 현재 발행된 보통주는 800주이며, 1주당 발행금액은 ₩6,000이고, 1주당 액면금액은 ₩5,000이다. ㈜대한의 20X2년 1월 1일 현재 발행된 우선주는 400주이며, 1주당 액면금액은 ₩5,000이다.
- ㈜대한의 20X2년 1월 1일 현재 우선주는 한 종류만 발행되었으며 보통주 배당률은 연 4%, 우선주 배당률은 연 6%이다. 해당 누적적 우선주는 12%까지 부분참가적 우선주이다.
- ㈜대한이 20X2년 1월 1일 현재 보유하고 있는 자기주식의 수량은 250주이다. 자기주식의 취득은 원가법으로 처리하며, 자기주식의 처분 시 단가산정은 가중평균법에 의한다.
- 자본거래에서 발생한 차손은 이미 인식한 관련 자본잉여금과 우선 상계한다.

자료 2

- ㈜대한은 설립 이래 배당금을 지급하지 못하다가 20X1년 경영성과에 대해 20X2년 2월 15일 주주총회에서 설립 후 처음으로 현금배당 ₩500,000을 원안대로 승인하고 이를 지급하였다.
- ㈜대한은 사업확장을 위하여 20X2년 3월 1일에 보통주 300주(1주당 액면금액: ₩5,000)를 발행하고 그 대가로 공정가치가 ₩1,300,000인 토지를 취득하였다. 단, 현물출자로 인한 자산의 취득원가는 해당 자산의 공정가치로 한다.
- ㈜대한은 20X2년 3월 1일 지분상품으로 분류되는 전환우선주 100주(1주당 액면금액: ₩5,000, 1주당 발행금액: ₩6,000)를 유상증자하였다. 유상증자 시 신주발행 관련 직접비용 ₩10,000이 발생하였다. 전환우선주는 발행일로부터 3개월이 경과한 후부터 보통주로 전환이 가능하며, 우선주 1주가 보통주 1.15주(1주당 액면금액: ₩5,000)로 전환되는 조건이다.
- ㈜대한이 20X2년 3월 1일 발행한 전환우선주 중 40주가 20X2년 9월 1일 보통주로 전환되었다. ㈜대한은 관련 회계처리를 대한민국의 상법규정에 근거하여 수행하였다.
- ㈜대한은 보유하고 있는 자기주식 중 20주를 20X2년 7월 1일에 1주당 ₩6,500에 재발행하였다.
- ㈜대한은 20X2년 11월 1일 자본잉여금 ₩500,000과 이익준비금 ₩500,000을 재원으로 하여 보통주에 대한 무상증자를 실시하였다.
- ㈜대한의 20X2년도 당기순이익은 ₩1,000,000이다.
- ㈜대한은 20X2년 중에 중간배당(현금배당) ₩400,000을 지급하였으며, 20X2년 말 이사회결의 전 결산배당으로 ₩600,000(현금배당 ₩400,000과 주식배당 ₩200,000)을 책정하였다. ㈜대한의 주주총회 예정일은 20X3년 2월 15일이다.

물음 1 ㈜대한의 20X2년 말 재무상태표에 표시되는 자본금, 자본잉여금, 자본조정 및 이익잉여금의 금액을 각각 계산하시오. 단, 음의 값은 금액 앞에 (−)를 표시하시오.

자본금	①
자본잉여금	②
자본조정	③
이익잉여금	④

물음 2 ㈜대한의 20X2년 2월 15일 주주총회에서 지급된 현금배당과 관련하여, ㈜대한의 우선주와 보통주에 배분되는 배당금을 각각 계산하시오. 단, 답안 작성 시 원 미만은 반올림한다.

우선주에 배분되는 배당금	①
보통주에 배분되는 배당금	②

✏️ 해설

(물음 1)

자본금	①9,030,000
자본잉여금	②4,780,000
자본조정	③(−)1,265,000
이익잉여금	④9,600,000

	자본금	자본잉여금	자본조정	이익잉여금
기초	6,000,000	5,400,000	(1,375,000)	10,000,000
배당				(500,000)
현물출자	1,500,000	(200,000)		
유상증자	500,000	90,000		
우선주 전환	30,000	(30,000)		
자기주식 처분		20,000	110,000	
무상증자	1,000,000	(500,000)		(500,000)
NI				1,000,000
중간배당				(400,000)
기말	9,030,000	4,780,000	(1,265,000)	9,600,000

| 회계처리 |

x2.2.15	미처분이익잉여금	500,000	현금	500,000
x2.3.1	토지	1,300,000	보통주자본금	1,500,000
	주식발행초과금	200,000		
x2.3.1	현금	590,000	우선주자본금	500,000
			주식발행초과금	90,000
x2.9.1	우선주자본금	200,000	보통주자본금	230,000
	주식발행초과금	30,000		
x2.7.1	현금	130,000	자기주식	110,000
			자기주식처분이익	20,000
x2.11.1	자본잉여금	500,000	보통주자본금	1,000,000
	이익준비금	500,000		
x2.12.31	집합손익	1,000,000	이익잉여금	1,000,000
중간배당	미처분이익잉여금	400,000	현금	400,000

중간배당은 기중에 이루어지지만, 결산배당은 주주총회에서 이루어지므로 x2년도에 회계처리가 없다. 이사회에서 책정했다고 하더라도 이는 내부 계획일 뿐, 외부에 공표된 것이 아니라서 배당을 지급할 의무가 존재하지 않는다.

(물음 2)

우선주에 배분되는 배당금	①303,158
보통주에 배분되는 배당금	②196,842

	우선주	보통주	계
누적적	400주×5,000×6%×2회 =240,000	(800주-250주)×5,000×4% =110,000	350,000
12% 부분참가적	min[①, ②]=63,158 ① 400주×5,000×(12%-6%) =120,000 ② 150,000×400주/950주 =63,158	150,000-63,158=86,842	150,000
계	303,158	196,842	500,000

문제 8

(12점)

다음에 제시되는 (물음)은 각각 독립된 상황이다.

공통자료

1. ㈜민국의 상환우선주 발행 및 상환 등에 관련된 거래는 아래와 같다.
   - 20X1년 4월 1일: 우선주 100주 발행
     (주당 액면금액 ₩5,000, 주당 발행금액 ₩13,350)
   - 20X2년 3월 31일: 우선주에 대한 배당금 지급
   - 20X3년 3월 31일: 우선주에 대한 배당금 지급
   - 20X3년 4월 1일: 우선주에 대한 상환 절차 완료
     (주당 상환금액 ₩15,000)

2. 우선주 발행시 유효이자율: 연 6%

3. ㈜민국의 주주총회는 매년 3월 31일에 열리며, 위 우선주의 연 배당률은 4%로 고정되어 있고 주주총회에서 배당결의 후 즉시 배당금을 지급한다.

물음 1 ㈜민국이 발행한 우선주는 <u>비누적적 우선주</u>이며 우선주의 보유자가 20X3년 4월 1일에 상환을 청구할 수 있는 권리를 가지고 있다.
2014. CPA

1) ㈜민국이 <u>20X1년</u>에 해야 할 모든 회계처리(분개)를 하시오.

2) ㈜민국의 <u>20X3년도</u> 재무상태표의 자본에 영향을 미치는 금액을 구하시오. 단, 감소의 경우에는 금액 앞에 (−)를 표시하시오.

물음 2 ㈜민국이 발행한 우선주는 <u>누적적 우선주</u>이며 발행자인 ㈜민국이 <u>20X3년 4월 1일까지 상환할 수 있는 권리를 가지고 있다.</u>
2014. CPA

1) ㈜민국이 <u>20X1년</u>에 해야 할 모든 회계처리(분개)를 하시오.

2) ㈜민국의 <u>20X3년도</u> 재무상태표의 자본에 영향을 미치는 금액을 구하시오. 단, 감소의 경우에는 금액 앞에 (−)를 표시하시오.

물음 3 어떤 금융상품의 경우 지분상품의 형식을 가지고 있지만 경제적 실질에 따라 금융부채로 보고된다. 상환우선주가 금융부채로 분류되는 조건을 제시하시오.
2013. CPA

물음 4 상환우선주에 대해서 ① 주주가 상환권을 갖는 경우와 ② 발행회사가 상환권을 갖는 경우에 대해 한국채택국제회계기준 상의 분류 측면에서 이를 각각 서술하시오.
2023. CPA

✎ 해설 상환우선주

(물음 1)
(1) 회계처리

X1.4.1	현금	1,335,000	금융부채	1,500,000
	현재가치할인차금	165,000		
X1.12.31	이자비용	60,075	현재가치할인차금	60,075

① 우선주의 현재가치: 100주×15,000/1.06²=1,334,995(≒1,335,000)
  － 보유자가 상환을 청구할 수 있으므로 우선주는 부채로 분류된다. 비누적적이므로 배당은 이자비용으로 보지
    않는다.
  － 주당 발행금액이 13,350으로 현재가치와 동일하다.
② X1년도 이자비용: 1,335,000×6%×9/12=60,075

(2) X3년도 자본에 미치는 영향: ①+②=(−)41,226
① 이자비용: 1,415,094×6%×3/12=21,226
  － X2.4.1 금융부채의 장부금액: 1,500,000/1.06=1,415,094
② 배당 지급액: 5,000×100주×4%=20,000

X3.3.31	이자비용	21,226	현재가치할인차금	21,226
	미처분이익잉여금	20,000	현금	20,000
X3.4.1	금융부채	1,500,000	현금	1,500,000

(물음 2)
(1) 회계처리

X1.4.1	현금	1,335,000	우선주자본금	500,000
			주식발행초과금	835,000

－발행자가 상환할 수 있는 권리가 있으므로 우선주는 자본으로 분류된다. X1.12.31에는 회계처리가 없다.

(2) (−)1,520,000

X3.3.31	미처분이익잉여금	20,000	현금	20,000
X3.4.1	미처분이익잉여금	1,500,000	현금	1,500,000

자본으로 분류되는 상환우선주는 이익잉여금으로 상환할 수 있다.

(물음 3)
① 발행자에게 상환의무가 있는 경우
② 보유자가 상환청구권을 갖는 경우

(물음 4)
① 금융부채로 분류한다.
② 자본으로 분류한다.

12 수익

	18	19~21	22~23	24
CPA 2차	O	O	X	O
CTA 2차	O	X	X	O

수익은 2018년에 기준서가 개정된 이후로 회계사 2차 시험에 거의 매년 출제되고 있다. 회계사 2차 시험에는 수익이 출제된다고 보고 대비하는 것이 좋아보인다.

한편, 세무사 2차 시험은 2문제밖에 출제되지 않으므로 수익의 출제 가능성이 작다. 24년에 출제되었으니, 당분간은 출제 가능성이 낮다고 보인다.

0 수익의 의의

1. 수익의 정의

수익은 자산의 유입 또는 가치 증가나 부채의 감소 형태로 자본의 증가를 가져오는, 특정 회계기간에 생긴 경제적 효익의 증가로서, 지분참여자의 출연과 관련된 것은 제외한다.

2. 수익 인식 5단계: 계의산배수

> 1단계-계약의 식별
> 2단계-수행의무의 식별
> 3단계-거래가격의 산정
> 4단계-거래가격의 배분
> 5단계-수익인식

1 | 1단계-계약의 식별

1. 계약의 식별 조건

다음 기준을 모두 충족하는 때에만 고객과의 계약으로 회계처리한다.

계약 승인 및 의무 확약	계약 당사자들이 계약을 (서면으로, 구두로, 그 밖의 사업 관행에 따라) 승인하고 각자의 의무를 수행하기로 확약한다.
권리 식별	각 당사자의 권리를 식별할 수 있다.
지급조건 식별	이전할 재화나 용역의 지급조건을 식별할 수 있다.
상업적 실질	계약에 상업적 실질이 있다.
회수가능성	이전할 재화나 용역에 대한 대가의 회수 가능성이 높다.

2. 계약의 식별 조건을 충족하지 못하는 경우

고객에게서 대가를 받았지만 계약의 식별 조건을 충족하지 못하는 경우에는 고객에게서 받은 대가는 환불되지 않는 경우에만 받은 대가를 수익으로 인식한다. 고객에게서 받은 대가가 환불되지 않거나 계약의 식별 조건이 나중에 충족되기 전까지는 고객에게서 받은 대가를 부채로 인식한다.

2 | 2단계-수행의무의 식별

1. 수행의무의 정의

수행의무란 고객과의 계약에서 다음의 어느 하나를 고객에게 이전하기로 한 각 약속을 말한다.

> (1) 구별되는 재화나 용역 (또는 재화나 용역의 묶음)
> (2) 실질적으로 서로 같고 고객에게 이전하는 방식도 같은 일련의 구별되는 재화나 용역

2. 고객과의 계약으로 한 약속

(1) 의제의무: 수행의무 O

일반적으로 고객과의 계약에는 기업이 고객에게 이전하기로 약속하는 재화나 용역을 분명히 기재한다. 그러나 고객과의 계약에서 식별되는 수행의무는 계약에 분명히 기재한 재화나 용역에만 한정되지 않을 수 있다.

(2) 준비활동: 수행의무 X ⭐중요!

계약을 이행하기 위해 해야 하지만 고객에게 재화나 용역을 이전하는 활동이 아니라면 그 활동은 수행의무에 포함되지 않는다.

3. 구별되는 재화나 용역

하나의 계약은 고객에게 재화나 용역을 이전하는 여러 약속을 포함한다. 그 재화나 용역들이 구별된다면 약속은 수행의무이고 별도로 회계처리한다.

(1) 구별되는 수행의무 (여러 개)	(2) 구별되지 않는 수행의무 (한 개)
① 그 자체로, 혹은 다른 자원과 함께하여 효익을 얻을 수 있다. ② 계약 내에서 별도로 식별할 수 있다.	① 통합, 결합산출물 ② 고객맞춤화 ③ 상호의존도, 상호관련성이 매우 높다

3 3단계-거래가격의 산정

1. 거래가격에 제삼자를 대신해서 회수한 금액은 제외한다. ★중요!

2. 변동대가 ★중요!

(1) 변동대가 추정 방법

① 특성이 비슷한 계약이 많은 경우	기댓값
② 가능한 결과치가 두 가지뿐일 경우	가능성이 가장 높은 금액

(2) 변동대가 추정치의 제약: 거래가격에서 제외

(3) 변동대가와 관련된 불확실성 해소 시 거래가격에 포함

변동대가와 관련된 불확실성이 해소될 때, 이미 인식한 누적 수익 금액 중 유의적인 부분을 되돌리지 않을 가능성이 '매우 높은' 정도까지만 거래가격에 포함

(4) 변동대가와 관련된 불확실성 평가

변동대가와 관련된 불확실성이 나중에 해소될 때, 이미 인식한 누적 수익 금액 중 유의적인 부분을 되돌리지 않을 가능성이 매우 높을지를 평가할 때는 수익의 환원 가능성 및 크기를 모두 고려한다. 수익 환원 가능성을 높이거나 그 크기를 크게 할 수 있는 요인에는 다음 항목이 포함되나 이에 한정되지는 않는다.

> ① 대가(금액)가 기업의 영향력이 미치지 못하는 요인에 매우 민감하다. 그 요인에는 시장의 변동성, 제삼자의 판단이나 행동, 날씨 상황, 약속한 재화나 용역의 높은 진부화 위험이 포함될 수 있다.
> ② 대가(금액)에 대한 불확실성이 장기간 해소되지 않을 것으로 예상된다.
> ③ 비슷한 유형의 계약에 대한 기업의 경험(또는 그 밖의 증거)이 제한적이거나, 그 경험(또는 그 밖의 증거)은 제한된 예측치만 제공한다.
> ④ 폭넓게 가격할인(price concessions)을 제공하거나, 비슷한 상황에 있는 비슷한 계약의 지급조건을 변경하는 관행이 있다.
> ⑤ 계약에서 생길 수 있는 대가가 다수이고 그 범위도 넓다.

3. 유의적인 금융요소

(1) 고객에게 재화나 용역을 이전하면서 유의적인 금융 효익이 제공되는 경우: **화폐의 시간가치를 반영하여 대가를 조정**

(2) 유의적인 금융요소를 반영하기 위해 사용하는 할인율
① 계약 개시시점에 기업과 고객이 별도 금융거래를 한다면 반영하게 될 할인율
② 계약 개시 후에는 할인율을 새로 수정하지 않음

(3) 기업이 재화나 용역 이전 시점과 대가 지급 시점 간의 기간이 1년 이내라면
: 유의적인 금융요소를 반영하지 않는 실무적 간편법 사용 가능

4. 비현금 대가: 공정가치 측정

5. 고객에게 지급할 대가 ⭐중요!

기업에게 이전하는 재화나 용역의 대가 X		거래가격에서 차감
기업에게 이전하는 재화나 용역의 대가 O		다른 공급자에게 구매한 것처럼
	FV 초과	거래가격에서 차감
	FV 추정 X	

---

4 4단계-거래가격의 배분

1. 거래가격의 배분 기준: 상대적 개별 판매가격

2. 개별 판매가격 추정방법

> (1) 시장평가 조정 접근법: 재화와 용역을 판매하는 시장의 가격을 추정
> (2) 예상원가 이윤 가산 접근법: 예상원가를 예측하고, 적정 이윤을 더함
> (3) 잔여접근법: 총 거래가격에서 다른 재화나 용역의 개별 판매가격을 차감하여 추정

3. 할인액의 배분

(1) 기업이 재화나 용역의 묶음을 보통 따로 판매하고 & 그 묶음의 할인액이 계약의 전체 할인액과 같은 경우

: 할인액을 일부 수행의무들에만 배분

(2) 할인액 전체가 일부 수행의무에만 관련된다는 증거가 없는 경우

: 할인액을 모든 수행의무에 배분

4. 거래가격의 변동 ★중요!

: 거래가격의 후속 변동은 계약 개시시점과 같은 기준으로 계약상 수행의무에 배분
→ 계약을 개시한 후의 개별 판매가격 변동을 반영하기 위해 거래가격을 다시 배분 X

5 5단계–수익의 인식

1. 수익 인식 시점: 자산을 이전할 때

2. 기간에 걸쳐 이행 vs 한 시점에 이행 ★중요!

(1) 기간에 걸쳐 이행하는 수행의무

> ① 기업이 수행하여 만든 자산이 기업 자체에는 대체 용도가 없고, 지금까지 수행을 **완료한 부분에 대해 집행 가능한 지급청구권**이 기업에 있다.
> ② 기업이 수행하여 만들어지거나 가치가 높아지는 **대로** 고객이 통제하는 자산(예: 재공품)을 기업이 만들거나 그 자산 가치를 높인다.
> ③ 고객은 기업이 수행하는 **대로** 기업의 수행에서 제공하는 효익을 동시에 얻고 소비한다

(2) 한 시점에 이행하는 수행의무: 인도기준

> ① 기업은 자산에 대해 **현재 지급청구권**이 있다.
> ② 자산의 소유에 따른 유의적인 위험과 보상이 **고객에게** 있다.
> ③ 기업이 자산의 물리적 점유를 이전하였다.
> ④ 고객이 자산을 인수하였다.
> ⑤ 고객에게 자산의 법적 소유권이 있다.

문제 1

※ 다음의 각 물음은 독립적이다.

물음 1 다음의 〈자료 1〉을 이용하여 〈요구사항〉에 답하시오. 2020. CPA

자료1

1. ㈜대한은 20X1년 4월 1일에 만성질환을 치료하는 A약에 대한 특허권을 고객에게 20X1년 9월 1일부터 1년 동안 라이선스하고 약의 제조도 약속하는 계약을 체결한 후 ₩800,000을 받았다. 고객에게 제공하는 A약의 제조과정이 유일하거나 특수하지 않고 몇몇 다른 기업도 고객을 위해 약을 제조할 수 있다. 특허권을 라이선스하는 약속과 제조용역을 제공하기로 하는 약속은 계약상 구별된다. 유의적인 금융요소에 대해서는 고려하지 않는다.

2. A약은 성숙기 제품으로 성숙기 제품의 경우에 기업의 사업관행은 약에 대한 어떠한 지원활동도 하지 않는다. A약은 유의적인 개별 기능성이 있으며, 고객은 기업의 계속적인 활동이 아닌 기능성에서 약품 효익의 상당부분을 얻는다.

3. ㈜대한이 특허권 라이선스와 제조용역을 별도로 판매하는 경우, 특허권 라이선스와 제조용역의 개별 판매가격은 각각 ₩550,000과 ₩450,000이다. 한편, 특허권 라이선스와 제조용역 제공과 관련하여 총 ₩500,000의 원가가 발생할 것으로 예상하였으며, 실제 발생원가는 다음과 같다. 제조용역은 기간에 걸쳐서 이행하는 수행의무이며 투입된 원가에 기초하여 진행률을 측정한다.

구분	총 예상원가	실제 발생원가	
		20X1년	20X2년
특허권 라이선스	₩300,000	₩300,000	—
제조용역	200,000	60,000	₩140,000
합계	500,000	360,000	140,000

요구사항 1

㈜대한이 20X1년과 20X2년 인식할 수익을 계산하시오.

20X1년 수익	①
20X2년 수익	②

요구사항 2

고객에게 제공하는 A약의 제조과정이 매우 특수하기 때문에 A약을 제조할 수 있는 다른 기업이 없다고 가정하는 경우, ㈜대한이 20X1년과 20X2년 인식할 수익을 계산하시오. 단, ㈜대한이 고객에게 제공하는 재화와 용역은 고객에게 특정된 사실 및 상황에 관련되기 때문에 다른 고객에게 쉽게 이전할 수 없다.

20X1년 수익	①
20X2년 수익	②

물음 2 다음의 〈자료 2〉를 이용하여 〈요구사항〉에 답하시오. 2020. CPA

자료2

㈜민국은 다음의 제품들을 생산하여 고객에게 판매한다. 20X1년 각 제품과 관련된 거래는 다음과 같다.

1. 제품A
   * ㈜민국은 20X1년 12월 1일 제품A를 ₩500,000에 고객에게 판매하기로 계약을 체결하였다.
   * 이 계약의 일부로 ㈜민국은 제품A에 대한 통제권 이전 후 30일 이내에 ₩500,000 한도의 구매에 대해 62.5%의 할인권을 고객에게 주었다.
   * ㈜민국은 고객이 추가제품을 평균 ₩250,000에 구매하고 할인권의 행사가능성을 80%로 추정한다. 할인권은 고객에게 중요한 권리를 제공한다.
   * 20X1년 12월 31일 제품A에 대한 통제권을 고객에게 이전하고 현금을 수령하였다.

2. 제품B
   * ㈜민국은 20X1년 7월 1일 제품B를 ₩700,000에 판매하고 고객에게 청소용역을 3개월간 제공받는 계약을 체결하였다.
   * ㈜민국은 청소용역에 대한 대가로 ₩300,000을 지급하기로 하였다. 청소용역의 공정가치는 ₩200,000이다.
   * ㈜민국은 20X1년 8월 1일 제품B를 인도하고 현금 ₩700,000을 받았으며, 고객으로부터 20X1년 8월 1일부터 20X1년 10월 31일까지 청소용역을 제공받고 현금 ₩300,000을 지급하였다.

3. 제품C와 제품D
   * ㈜민국은 20X1년 6월 1일 제품C와 제품D를 이전하기로 약속하였다.
   * 제품C는 계약 개시시점에 고객에게 이전하고, 제품D는 20X2년 2월 1일에 이전한다.
   * 고객이 약속한 대가는 고정대가 ₩300,000과 ₩50,000으로 추정되는 변동대가를 포함하며, 대금은 제품D가 이전되는 시점에 받기로 하였다. 변동대가 추정액은 변동대가 추정치의 제약이 고려된 후의 금액이며, 변동대가는 제품C와 제품D에 모두 배분한다.
   * ㈜민국은 20X1년 12월 31일 변동대가 추정치 및 추정치의 제약을 재검토한 결과 변동대가를 ₩60,000으로 추정하였다.
   * 제품C와 제품D의 날짜별 개별 판매가격은 다음과 같다.

구분	20X1년 6월 1일	20X1년 12월 31일
제품C	₩300,000	₩280,000
제품D	100,000	120,000

요구사항

㈜민국이 각 제품의 판매로 20X1년 인식해야 할 수익을 계산하시오.

제품A	제품B	제품C	제품D
①	②	③	④

물음 3 다음의 〈자료 3〉을 이용하여 〈요구사항〉에 답하시오.

자료3

4. 제품E
- ㈜대한은 통신장비인 제품E의 판매와 통신서비스를 모두 제공하고 있다. ㈜대한은 통상적으로 제품E를 한 대당 ₩300,000에 현금 판매하고, 통신서비스는 월 ₩2,500씩 24개월에 총 ₩60,000의 약정으로 제공하고 있다.
- ㈜대한은 신규 고객 유치를 위한 특별 행사로 20X1년 9월 1일부터 20X1년 12월 31일까지 제품 E와 통신서비스를 결합하여 이용하는 고객에게는 현금보조금 ₩43,200을 계약체결일에 지급하고 있다.
- 이 결합상품은 20X1년 10월 1일과 12월 1일에 각각 10명과 20명의 고객에게 1인당 1개씩 판매되었다.

㈜대한이 20X1년에 특별행사로 판매한 제품E와 통신서비스의 결합상품 판매로 인해 20X1년도와 20X2년도에 수익으로 인식할 금액을 각각 계산하시오.

2021. CPA

20X1년 수익	①
20X2년 수익	②

물음 4 다음의 〈자료 4〉을 이용하여 답하시오.

자료4

1. ㈜대한은 20X1년 1월 1일에 제품 B를 판매하기로 고객과 계약을 체결하였다. 제품 B에 대한 통제는 20X2년 말 시점에 고객에게 이전되었으며, 이때 제품 B의 원가는 ₩800,000이다. 동 계약에 따르면 고객은 20X1년 1월 1일 계약에 서명할 때 현금 ₩1,000,000을 지급하거나, 2년 경과 후 제품 B를 통제할 때 현금 ₩1,210,000을 지급하는 두 가지 지급 방법 중에서 선택할 수 있다.

2. 고객은 계약에 서명할 때 현금 ₩1,000,000을 지급하기로 선택하였다. 두 가지 대체 지급 선택권을 경제적으로 동등하게 하기 위해 필요한 거래의 내재이자율은 연 10%이다.

3. 동 계약에는 유의적인 금융요소가 포함되어 있으며, 계약 개시시점에 ㈜대한과 고객이 별도 금융거래를 한다면 반영하게 될 할인율은 연 8%이다. 이에 따라, ㈜대한은 약속한 대가를 조정하기 위해 할인율 연 8%를 사용하였다.

제품 B와 관련하여 ㈜대한의 20X1년 말 재무상태표에 표시되는 부채의 금액과 20X2년도 포괄손익계산서의 당기순이익에 미치는 영향을 각각 계산하시오. 단, 당기순이익이 감소하는 경우 금액 앞에 (─)를 표시하시오.

2024. CPA

20X1년 말 부채	①
20X2년도 당기순이익에 미치는 영향	②

해설

(물음 1) 별개의 수행의무 VS 단일의 수행의무

|요구사항 1|

20X1년 수익	①548,000
20X2년 수익	②252,000

(1) 거래가격 배분

'계약상 구별된다'라는 단서가 있으므로 라이선스와 제조용역은 별개의 수행의무이다.

① 라이선스: 800,000×550,000/1,000,000=440,000
② 제조용역: 800,000×450,000/1,000,000=360,000

(2) 연도별 수익 배분

	라이선스	제조용역	계
X1	440,000	360,000×60/200=108,000	**548,000**
X2	—	360,000×140/200=252,000	**252,000**
거래가격	440,000	360,000	800,000

라이선스는 X1년에 예상원가를 전부 투입했으므로 X1년에 수익을 전부 인식하지만, 제조용역은 X1년과 X2년에 걸쳐서 원가를 투입했으므로 진행률에 따라 수익을 인식한다.

|요구사항 2|

20X1년 수익	①576,000
20X2년 수익	②224,000

약 제조를 다른 기업이 할 수 없으므로 라이선스와 제조용역은 단일의 수행의무이다.

	라이선스＋제조용역
X1	800,000×360/500=**576,000**
X2	800,000×140/500=**224,000**
거래가격	800,000

(물음 2) 할인, 고객에게 지급한 대가, 변동대가 추정치의 제약

제품A	제품B	제품C	제품D
①400,000	②600,000	③270,000	④0

1. 제품 A

제품 A와 할인권을 같이 판매한 것이므로 거래가격을 개별 판매가격 기준으로 안분한다.

제품 A	500,000×500,000/625,000=	**400,000**
할인권	500,000×125,000/625,000=	100,000
계		500,000

할인권의 개별 판매가격: 250,000×62.5%×80%＝125,000

－12.31에 판매하여 X1년에는 할인권이 행사되지 않으므로 100,000중에서는 X1년 수익에 포함될 금액이 없다.

2. 제품 B: 700,000－(300,000－200,000)＝600,000

고객에게 지급할 대가가 고객에게서 받은 구별되는 재화나 용역의 공정가치를 초과하므로 초과액을 거래가격에서 차감한다.

3. 제품 C, D

제품 C	360,000×3/4＝	270,000
제품 D	360,000×1/4＝	90,000
계		360,000

－ 변동대가 추정치가 변동하였으므로 변동대가를 60,000으로 본다.

－ 거래가격의 후속 변동은 계약 개시시점(X1.6.1)과 같은 기준으로 계약상 수행의무에 배분한다. 계약을 개시한 후(X1.12.31)의 개별 판매가격 변동을 반영하기 위해 거래가격을 다시 배분하지는 않는다.

－ 제품 D는 X2년에 이전하므로 X1년에 수익을 인식하지 않는다.

(물음 3)

20X1년 수익	①8,030,000
20X2년 수익	②792,000

	제품E	통신서비스	계
개별 판매가격	300,000	60,000	360,000
거래가격	264,000	52,800 (2,200/월)	316,800
X1년 수익	264,000×30명	2,200×(10명×3개월＋20명×1개월)	8,030,000
X2년 수익	－	2,200×(10명＋20명)×12개월	792,000

제품E와 통신서비스를 결합하여 할인이 제공되었으므로, 개별 판매가격을 기준으로 할인액을 배분한다. 할인액을 반영한 거래가격은 제품E 264,000, 통신서비스 52,800이다. 제품E는 고객에게 이전하는 시점에 수익을 인식하고, 통신서비스는 24개월에 걸쳐서 수익을 인식한다.

(1) 제품E

X1년에 총 30명의 고객에게 결합상품을 판매하였으므로 264,000에 30명을 곱한만큼 수익을 인식한다.

(2) 통신서비스

X1년과 X2년에 제공하는 개월 수에 따라 수익을 인식한다. 1개월당 배분되는 거래가격은 2,200(＝52,800/24개월)이다. X1.10.1에 판매한 10명은 X1년에 3개월을, X1.12.1에 판매한 20명은 X1년에 1개월을 사용하므로 2,200에 50개월을 곱하면 X1년도 수익을 계산할 수 있다.

통신서비스 제공기간이 24개월이므로 X2년에는 모든 고객이 12개월 전부 사용한다. 따라서 2,200에 360개월을 곱하면 X2년도 수익을 계산할 수 있다.

(물음 4)

20X1년 말 부채	①1,080,000
20X2년도 당기순이익에 미치는 영향	②280,000

(1) X1말 부채: 1,000,000×1.08=1,080,000
－유의적인 금융요소를 반영하여 약속한 대가(금액)를 조정할 때에는 계약 개시시점에 **기업과 고객이 별도 금융거래를 한다면 반영하게 될 할인율**을 사용한다. 문제에서도 '대가를 조정하기 위해 할인율 연 8%를 사용하였다'는 단서를 제시하였으므로 8%로 유효이자율 상각을 한다.

(2) X2년도 당기순이익: 1,166,400－800,000－86,400=280,000
매출액: 1,000,000×1.08²=1,166,400
매출원가: 800,000
이자비용: 1,080,000×8%=86,400

| 회계처리 |

X1.1.1	현금	1,000,000	계약부채	1,000,000
X1.12.31	이자비용	80,000	계약부채	80,000
X2.12.31	이자비용	86,400	계약부채	86,400
	계약부채	1,166,400	매출	1,166,400
	매출원가	800,000	제품	800,000

6 계약변경 ⚫중요

개별 판매가격을 반영	별도 계약에 해당하지 않는 경우	
	기존과는 구별되는 경우	기존과도 구별되지 않는 경우
기존 / 잔여 / 추가	기존 / 잔여 / 추가	기존 / 잔여 / 추가
별도 계약으로	기존 계약을 종료하고 새로운 계약을 체결한 것처럼	기존 계약의 일부인 것처럼 (누적효과 일괄조정기준)

1. 별도 계약으로 보는 경우: '개별 판매가격' 반영

> (1) 구별되는 약속한 재화나 용역이 추가되어 계약의 범위가 확장된다.
> (2) 계약가격이 추가로 약속한 재화나 용역의 **개별 판매가격을 반영**하여 적절히 상승한다.

2. 계약변경이 별도 계약에 해당하지 않는 경우

(1) 나머지 재화나 용역이 그 전에 이전한 재화나 용역과 구별되는 경우: 기존 계약을 종료하고 새로운 계약을 체결한 것처럼 회계처리 ⭐중요

   ① '기존'에 배부된 대가 수정 X

   ② ('잔여'에 배부된 대가+계약가격 증가분)을 계약 변경일의 개별 판매가격 비율로 '잔여'와 '추가'에 배분

   ③ 변동대가 추정치 변경 시 모든 변동대가('기존' 포함)에 증감율 곱하기

   ④ 결함으로 인한 할인: 결함이 있는 제품의 거래가격에서 차감

(2) 나머지 재화나 용역이 그 전에 이전한 재화나 용역과 구별되지 않는 경우: 기존 계약의 일부인 것처럼 회계처리 (누적효과 일괄조정기준으로 조정)

문제 2

다음에 제시된 〈자료〉는 독립적이며 각 〈자료〉에 대한 물음에 답하시오.

자료 1

1. ㈜대한은 20X0년 5월 1일에 구별되는 제품 X와 Y를 고객에게 이전하기로 계약하였다. 제품 X는 계약 개시시점에 고객에게 이전하고 제품 Y는 20X0년 12월 1일에 이전한다. 고객이 약속한 대가는 고정대가 ₩200,000과 변동대가 ₩40,000으로 구성된다. ㈜대한은 거래가격에 변동대가 추정치를 포함한다. 두 제품의 개별 판매가격은 같다.

2. 20X0년 10월 30일에 고객에게 인도하지 않은 제품 Y에 추가하여 제품 Z를 20X1년 3월 30일에 이전하기로 한 약속을 포함하도록 계약의 범위를 변경하였다. 이 계약변경으로 계약가격을 ₩60,000(고정대가)만큼 증액하였는데, 이 금액이 제품 Z의 개별 판매가격을 나타내지는 않는다. 제품 Z의 개별 판매가격은 제품 X와 Y의 개별 판매가격과 같다.

3. ㈜대한은 계약변경을 하면서 변동대가 추정치를 ₩40,000에서 ₩48,000으로 수정하였다. ㈜대한은 변동대가 추정치 변경 분을 거래가격에 포함하였다.

물음 1 〈자료 1〉에서 ㈜대한이 변동대가를 거래가격에 포함할 수 있다고 판단한 근거가 무엇인지 간략히 서술하시오.
2019. CPA

물음 2 〈자료 1〉에서 20X0년 10월 30일 계약변경이 별도계약인지 여부를 판단하고, 그 근거가 무엇인지 간략히 서술하시오.
2019. CPA

물음 3 〈자료 1〉에서 ㈜대한은 제품 X, Y, Z를 약속시점에 고객에게 이전하였다. ㈜대한이 ① 20X0년과 ② 20X1년에 인식할 수익금액을 각각 계산하시오.
2019. CPA

자료 2

1. ㈜민국은 20X1년 3월 1일 구별되는 제품A와 제품B를 고객에게 이전하기로 계약하였다. 제품A는 계약 시점에, 제품B는 20X1년 10월 1일에 각각 고객에게 이전하기로 하였다. 고객이 약속한 대가는 총 ₩15,000으로, 여기에는 고정대가 ₩12,000과 불확실성이 해소될 때 이미 인식한 누적 수익금액 중 유의적인 부분을 되돌리지 않을 가능성이 매우 높다고 판단한 변동대가 ₩3,000이 포함되어 있다.

2. ㈜민국은 20X1년 7월 1일에 아직 고객에게 인도하지 않은 제품B에 추가하여 또 다른 제품C를 20X1년 12월 1일에 이전하기로 계약의 범위를 변경하고, 계약가격 ₩4,000(고정대가)을 증액하였는데, 이 금액이 제품C의 개별 판매가격을 나타내지는 않는다.

3. ㈜민국은 20X1년 8월 1일에 권리를 갖게 될 것으로 예상한 변동대가의 추정치와 추정치의 제약을 재검토하여 변동대가를 ₩3,000에서 ₩4,200으로 수정하였다. ㈜민국은 이러한 변동대가 추정치 변경분을 거래가격에 포함할 수 있다고 결론지었다.

4. ㈜민국은 20X1년 9월 1일에 이미 이전한 제품A에 사소한 결함이 있다는 것을 알게 되어 고객과 합의하여 고정대가를 ₩1,000만큼 할인해 주기로 하였다.

5. 제품A, 제품B, 제품C의 일자별 개별 판매가격은 다음과 같다.

구분	20X1년 3월 1일	20X1년 7월 1일	20X1년 8월 1일	20X1년 9월 1일
제품A	₩8,000	₩8,000	₩9,000	₩8,500
제품B	7,000	6,000	6,000	6,000
제품C	5,000	6,000	5,000	5,500

물음 4 〈자료 2〉에서 ㈜민국이 제품A, B, C를 약속시점에 모두 고객에게 이전하였다고 할 때, 20X1년 ㈜민국이 각 제품과 관련하여 수익으로 인식할 금액을 계산하시오.

2021. CPA

구분	제품A	제품B	제품C
수익	①	②	③

해설 변동대가, 계약변경

(물음 1) 변동대가와 관련된 불확실성이 나중에 해소될 때, 이미 인식한 누적 수익 금액 중 유의적인 부분을 되돌리지 않을 가능성이 매우 높기 때문이다.

— 문제에 변동대가를 거래가격에 포함시킨 근거가 명확히 제시되지 않았다. 변동대가는 변동대가와 관련된 불확실성이 나중에 해소될 때, 이미 인식한 누적 수익 금액 중 유의적인 부분을 되돌리지 않을 가능성이 매우 높은 부분까지만 변동대가를 거래가격에 포함한다. 따라서 이것이 근거라고 할 수 있을 것이다.

(물음 2) 별도계약에 해당하지 않는다. 계약변경으로 인한 거래가격 증가분(60,000)이 제품 Z의 개별 판매가격을 나타내지 않기 때문이다.

(물음 3)
① 20X0년 수익: 216,000
② 20X1년 수익: 92,000

1. X0.5.1

	고정대가	변동대가	계
X	100,000	20,000	120,000
Y	100,000	20,000	120,000
계	200,000	40,000	240,000

2. X0.10.30 (계약변경)

	고정대가	변동대가	계
X	100,000	20,000	120,000
Y	160,000 ⟨ 80,000	20,000 ⟨ 10,000	90,000
Z	80,000	10,000	90,000
계	260,000	40,000	300,000

〈자료 1〉에 첫 번째 줄을 보면 '구별되는 제품 X와 Y를'이라는 표현이 등장한다. 따라서 별도계약은 아니지만, X가 구별되므로 기존계약을 종료하고 새로운 계약을 체결한 것처럼 회계처리해야 한다. 고정대가 160,000(=100,000+60,000)과 변동대가 20,000을 Y와 Z에 배분해야 한다. Z의 개별 판매가격이 Y와 같으므로 반반 배분하면 된다.

3. X0.10.30 (변동대가 추정치 수정)

	고정대가	변동대가	계
X	100,000	24,000	124,000
Y	160,000 ⟨ 80,000	24,000 ⟨ 12,000	92,000
Z	80,000	12,000	92,000
계	260,000	48,000	308,000

변동대가 추정치가 20% 증가했으므로 변동대가가 배분된 금액을 전부 20% 증가시키면 된다. 거래가격이 변동하였지만 계약 개시시점과 같은 기준으로 배분하므로 기존 변동대가의 비율대로 상승분을 안분하면 된다.

4. 연도별 수익

	X0년	X1년
X	124,000	
Y	92,000	
Z		92,000
계	216,000	92,000

수익은 제품을 이전할 때 인식한다.

(물음 4)

구분	제품A	제품B	제품C
수익	①7,640	②5,780	③5,780

1. X1.3.1

	제품A	제품B	계
고정대가	6,400	5,600	12,000
변동대가	1,600	1,400	3,000
계	8,000	7,000	15,000

수행의무가 2개이므로, X1.3.1의 개별 판매가격 비율로 고정대가와 변동대가를 배분한다.

2. X1.7.1

	제품A	제품B	제품C	계
고정대가	6,400	4,800	4,800	16,000
변동대가	1,600	700	700	3,000
계	8,000	5,500	5,500	19,000

└ 11,000 ┘

계약변경을 통해 계약범위가 확장되었는데, 추가된 재화가 개별 판매가격을 반영하지 못한다. 대신, A가 B와 구별되므로 기존 계약을 종료하고 새로운 계약을 체결한 것처럼 회계처리한다. 고정대가 9,600(=5,600+4,000)과 변동대가 1,400을 B와 C의 X1.7.1의 개별 판매가격 비율로 배분한다. C의 개별 판매가격이 B와 같으므로 반반 배분하면 된다.

3. X1.8.1

	제품A	제품B	제품C	계
고정대가	6,400	4,800	4,800	16,000
변동대가	2,240	980	980	4,200
계	8,640	5,780	5,780	20,200

변동대가가 40%(=4,200/3,000-1) 상승하였다. 따라서 각 제품에 배분되는 변동대가는 각각 40%씩 상승한다. 거래가격이 변동하였지만 계약 개시시점과 같은 기준으로 배분하므로 기존 변동대가의 비율대로 상승분을 안분하면 된다.

4. X1.9.1

	제품A	제품B	제품C	계
고정대가	5,400	4,800	4,800	15,000
변동대가	2,240	980	980	4,200
계	7,640	5,780	5,780	19,200

A에 대한 결함으로 인해 고정대가를 할인해 주었으므로, A의 고정대가에서 1,000을 차감해야 한다.

7 수취채권, 계약자산 및 계약부채 ⭐중요!

1. 수취채권: 돈 받기로 한 날 못 받은 돈 (≒매출채권)

    — 대가를 받을 무조건적인 권리
    — 계약상 약정일이 도래하면 수취채권 계상

2. 계약자산: 돈 받기로 한 날 전에 물건 먼저 보낸 것

    — 재화나 용역을 이전하고 고객에게서 대가를 받을 권리
    — 재화를 이전하여 수익은 인식했는데 계약상 약정일이 도래하지 않아 수취채권을 못 잡을 때 인식

3. 수익: 재화를 이전할 때 인식 (not 현금 수령 시)

4. 계약부채: 자산 인식했는데, 재화를 이전하기 전이라 수익 인식 못 할 때 인식

    — 기업이 고객에게서 이미 받은 대가(현금), 또는 지급기일이 된 대가(수취채권)에 상응하여 고객에게 재화나 용역을 이전하여야 하는 기업의 의무
    — 현금을 받았거나, 약정일이 도래하여 수취채권을 잡았는데 재화를 이전하기 전이어서 수익을 인식하지 못할 때 계상

 김수석의 꿀팁! 수취채권, 계약자산, 계약부채의 진화 과정 ⭐중요!

차변	대변
계약자산 ↓ 수취채권 ↓ 현금	계약부채 ↓ 수익

	재화 이전하기 전: 계약부채	재화 이전한 후: 수익
약정일 이전: 계약자산	—	계약자산 / 수익
약정일 도래: 수취채권	수취채권 / 계약부채	수취채권 / 수익
현금 수령: 현금	현금 / 계약부채	현금 / 수익

문제 3

㈜대한은 20X1년 1월 1일 ㈜민국과 자동화 설비장치인 시스템A를 판매하는 계약을 체결하였으며 주요 계약 내용은 다음과 같다.

〈주요 계약 내용〉

- ㈜대한은 ㈜민국에게 시스템A를 20X2년 12월 31일까지 이전한다.

- 시스템A는 자동화설비 로봇과 로봇의 작동을 위한 소프트웨어를 포함한다.

- ㈜민국은 ㈜대한에게 대가를 20X1년 1월 1일 계약 체결 시점에 ₩1,000,000을 지급하거나 20X2년 12월 31일 제품 이전 시점에 ₩1,210,000을 지급하는 방안 중 하나를 선택할 수 있다.

㈜대한은 로봇과 소프트웨어 제작 및 개발 프로젝트 전체를 책임지고 있다. ㈜대한이 개발하는 소프트웨어는 시스템A의 로봇에서만 사용가능하며 또한 해당 로봇은 ㈜대한이 개발하는 소프트웨어가 아니면 작동하지 않는다.

시스템A의 제작에 2년이 소요되며, ㈜대한은 총 ₩800,000의 제작원가 중 개발 1년차에 60%(₩480,000), 2년차에 40%(₩320,000)가 투입될 것으로 예상한다. 로봇 제작 원가와 소프트웨어 개발 원가의 비율은 50% 대 50%이다. 20X1년도에 예상대로 원가가 발생하였다.

㈜대한은 ㈜민국이 주문한 제품과 동일한 시스템A 여러 대를 제작 중이며 ㈜민국이 주문한 제품은 특정되지 않는다. 계약체결 시점에 ㈜대한과 ㈜민국의 신용 특성을 반영하는 계약 이자율은 10%이다.

다음의 각 물음은 독립적이다.

2018. CPA

물음 1 20X1년 1월 1일 ㈜대한이 식별해야 할 ㈜민국과의 계약에 의한 수행의무와 수행의무 이행에 따른 수익을 어떻게 인식할지를 간략하게 설명하시오.

물음 2 ㈜민국이 20X1년 1월 1일 계약 체결 시점에 대가 ₩1,000,000을 ㈜대한에게 지급하기로 결정했다면, ㈜대한이 20X1년 12월 31일에 수행해야 할 회계처리를 제시하고 그 이유를 간략하게 설명하시오.

물음 3 ㈜민국이 20X2년 12월 31일 시스템A 이전 시점에 대가 ₩1,210,000을 ㈜대한에게 지급하기로 결정했다면, ㈜대한이 20X1년 12월 31일에 수행해야 할 회계처리를 제시하고 그 이유를 간략하게 설명하시오.

물음 4 ㈜민국은 20X3년 3월 1일 ㈜만세와 포장시스템을 구매하는 별도의 계약을 체결하였다. 해당 계약은 취소 불가능하다. 계약에 의하면 ㈜민국은 20X3년 5월 1일까지 ㈜만세에게 대가 ₩500,000을 지급하여야 하며, ㈜만세는 20X3년 12월 31일까지 포장시스템을 이전해야 한다. ㈜민국은 20X3년 6월 15일에 ㈜만세에게 ₩500,000을 지급하였다.
㈜만세가 포장시스템 계약에 대해 20X3년 5월 1일에 수행해야 할 회계처리를 제시하고 그 이유를 간략하게 설명하시오.

✎ 해설

(물음 1)

(1) 수행의무: 로봇과 소프트웨어는 서로 분리가능하지 않으므로 하나의 수행의무로 보아 수익을 인식한다.

(2) 수익 인식: ㈜민국이 주문한 제품은 특정되지 않으므로 고객이 통제하는 자산이 아니다. 따라서 수행의무는 한 시점에 이행하는 수행의무이며, ㈜대한은 제품을 이전할 때 수익을 인식한다.

(물음 2)

X1.12.31	이자비용	100,000	계약부채	100,000
	재공품	480,000	현금	480,000

이유: 계약체결 시점에 받은 1,000,000은 제품 이전 시점에 받을 금액 1,210,000보다 적은 금액이므로 유의적인 금융요소가 포함되어 있다. 따라서 두 금액의 차이는 이자비용으로 인식하고 제품 제작에 들어간 지출은 재공품으로 인식한다. (출제자가 재공품 회계처리까지 의도하고 출제한 것 같지는 않다.)

(물음 3)

X1.12.31	재공품	480,000	현금	480,000

이유: 한 시점에 이행하는 수행의무이므로 수익 인식 시점이 도래하지 않았다. 따라서 X1년에 인식할 수익이 없으며, 제품 제작 지출만 인식한다.

(물음 4)

X3.5.1	수취채권	500,000	계약부채	500,000

X3.5.1에 대가를 받을 무조건적인 권리가 있으므로 수취채권을 인식하지만, 포장시스템은 아직 이전하지 않았으므로 수익을 인식하지 못하며, 계약부채를 인식한다.

문제 4 **(16점)**

다음 〈자료〉를 이용하여 각 물음에 답하시오.

기준서 사례 수정

자료

1. 제품 A
㈜대한은 20X2년 3월 31일에 고객에게 제품 A를 이전하는 취소 불가능 계약을 20X1년 9월 1일에 체결하였다.
계약에 따라 고객은 20X1년 12월 1일에 대가 ₩1,200을 전액 미리 지급하여야 한다.
하지만 고객은 20X1년 12월 1일에 ₩800만 지급하였고, 나머지 ₩400은 20X2년 2월 1일에 지급하였다. ㈜대한은 계약에 따라 20X2년 3월 31일에 고객에게 제품 A를 이전하였다.

2. 제품 B와 제품 C
㈜대한은 고객에게 제품 B와 C를 이전하고 그 대가로 ₩1,000을 받기로 20X1년 10월 1일에 계약을 체결하였다. 계약에서는 제품 B를 먼저 인도하도록 요구하고, 제품 B의 인도 대가는 제품 C의 인도를 조건으로 한다고 기재되어 있다. ㈜대한은 제품 B와 C를 이전하기로 한 약속을 수행의무로 식별하고, 제품의 상대적 개별 판매가격에 기초하여 제품 B에 대한 수행의무에 ₩400을, 제품 C에 대한 수행의무에 ₩600을 배분한다. ㈜대한은 제품에 대한 통제를 고객에게 이전할 때 각 수행의무에 대한 수익을 인식한다. ㈜대한은 고객에게 제품 B를 20X1년 11월 17일에, 제품 C를 20X2년 5월 28일에 각각 이전하였다.

물음 1 ㈜대한의 20X1년 말 재무상태표에 표시되는 다음 금액을 계산하시오.

계약자산	①
수취채권	②
계약부채	③

물음 2 ㈜대한이 20X1년과 20X2년 인식할 수익을 계산하시오.

20X1년 수익	①
20X2년 수익	②

✏️ 해설

(물음 1)

계약자산	①400
수취채권	②400
계약부채	③1,200

(물음 2)

20X1년 수익	①400
20X2년 수익	②1,800

|회계처리|

제품 A	X1.12.1	수취채권 현금	400 800	계약부채	1,200
	X2.2.1	현금	400	수취채권	400
	X2.3.31	계약부채	1,200	수익	1,200
제품 B	X1.11.17	계약자산	400	수익	400
	X2.5.28	수취채권	400	계약자산	400
제품 C	X2.5.28	수취채권	600	수익	600

8 재매입 약정

재매입 가격		원래 판매가격보다	
		높은 금액	낮은 금액
(1) 기업이 선도 or CALL 보유		금융약정	리스
(2) 고객이 PUT 보유		높은 금액	낮은 금액
행사할 유인	유의적	금융약정	리스
	유의적X	반품가능판매	

> **주의** ⓘ 기업이 콜옵션을 갖는 경우 반품가능판매 없음!

1. 금융약정

최초 판매 시	현금	판매금액	부채	판매금액
판매~행사 전	이자비용	재매입가격－판매금액	부채	재매입가격－판매금액
옵션 포기 시	부채	재매입가격	매출	재매입가격
	매출원가	원가	재고자산	원가
옵션 행사 시	부채	재매입가격	현금	재매입가격

2. 반품가능판매 ★중요!

판매 시	현금	총 판매 수량×매가	환불부채	예상 반품 수량×매가
			매출	예상 매출 수량×매가
	회수권	예상 반품 수량×원가	재고자산	총 판매 수량×원가
	매출원가	예상 매출 수량×원가		
반품 시	환불부채	잡은 거 전부 제거	현금	반품 수량×매가
			매출	추가 매출 수량×매가
	재고자산	반품 수량×원가	회수권	잡은 거 전부 제거
	매출원가	추가 매출 수량×원가		

 김용재의 재무회계 연습

환불부채와 회수권의 제거 요약 ★중요!

판매 시	반품 시	
	반품 O	반품 X
환불부채	현금 감소	매출
회수권	재고자산	매출원가

(1) 반환 시 예상되는 비용이 있는 경우

판매 시	회수권	예상 반품 수량× (원가−단위당 예상 비용)	재고자산	총 판매 수량×원가
	비용	예상 반품 수량 ×단위당 예상 비용		
	매출원가	예상 매출 수량×원가		
반품 시	재고자산	반품된 자산의 실제 가치	회수권	잡은 거 전부 제거
			현금	실제 지출액
		PL XXX		

388 PART 1 중급회계

문제 5

자료1

㈜대한은 다음의 제품들을 생산하여 고객에게 판매한다. ㈜대한은 재고자산에 대해 계속기록법을 적용하여 회계처리하고 있으며, 20X1년 각 제품과 관련된 고객과의 거래는 다음과 같다.

1. 제품A
   - ㈜대한은 20X1년 12월 31일에 제품A를 1개월 이내에 반품을 허용하는 조건으로 ₩150,000(매출원가율 70%)에 판매하였다.
   - ㈜대한은 과거 경험에 따라 이 중 5%가 반품될 것으로 예상하며, 이러한 변동대가의 추정치와 관련된 불확실성이 해소될 때(즉, 반품기한이 종료될 때) 이미 인식한 누적 수익금액 중 유의적인 부분을 되돌리지 않을 가능성이 높다고 판단하였다.
   - 반품된 제품A는 일부 수선만 하면 다시 판매하여 이익을 남길 수 있다. ㈜대한은 제품A가 반품될 경우 회수 및 수선을 위해 총 ₩200이 지출될 것으로 예상하였다.
   - 20X1년 12월 31일 매출 중 20X2년 1월 말까지 실제 반품된 제품A의 판매가격 합계는 ₩8,000이며, 반품된 제품A의 회수 및 수선을 위해 총 ₩250이 지출되었다.

2. 제품B
   - ㈜대한은 20X1년 11월 1일 ㈜독도에 제품B를 ₩50,000(원가 ₩48,000)에 현금 판매하였다.
   - 계약에 따르면 ㈜대한이 ㈜독도의 요구에 따라 20X2년 4월 30일에 제품B를 ₩54,800에 다시 매입해야 하는 풋옵션이 포함되어 있다.
   - 20X1년 11월 1일에 추정한 20X2년 4월 30일의 제품B에 대한 예상시장가격은 ₩52,000이며, 이러한 추정에 변동은 없다.
   - 20X2년 4월 30일 현재 제품B의 실제 시장가격은 예상과 달리 ₩60,000으로 형성되어 있으며, 따라서 해당 풋옵션은 만기에 행사되지 않고 소멸되었다.

물음 1 ㈜대한이 20X1년에 고객에게 판매한 제품A와 제품B에 관련된 회계처리가 ㈜대한의 20X1년도와 20X2년도 포괄손익계산서 상 당기순이익에 미치는 영향을 각각 계산하시오. 단, 당기순이익이 감소하는 경우에는 금액 앞에 (−)를 표시하시오.

2021. CPA

제품	구분	금액
제품A	20X1년 당기순이익에 미치는 영향	①
	20X2년 당기순이익에 미치는 영향	②
제품B	20X1년 당기순이익에 미치는 영향	③
	20X2년 당기순이익에 미치는 영향	④

물음 2 ㈜세무는 20×1년 3월 1일에 개당 원가 ₩10,000의 제품 200개를 고객에게 개당 ₩15,000에 현금 판매하였다. 계약에 따르면, 고객은 20×1년 4월 30일에 해당 제품을 개당 ₩15,300의 행사가격으로 ㈜세무에게 판매할 수 있는 풋옵션을 보유한다. 고객은 20×1년 4월 30일 제품 20개에 대하여 풋옵션을 행사하였으며, 나머지 수량에 대한 풋옵션은 행사되지 않은 채 소멸하였다. 다음을 읽고 답하시오. (12점)

2024. CTA

제품	구분	금액
제품A	20X1년 당기순이익에 미치는 영향	①
	20X2년 당기순이익에 미치는 영향	②
제품B	20X1년 당기순이익에 미치는 영향	③
	20X2년 당기순이익에 미치는 영향	④

(1) 제품 판매 당시 풋옵션을 행사할 경제적 유인이 유의적인 것으로 판단한 경우, 동 거래에서 ㈜세무가 20X1년 인식할 당기 매출액과 당기 손익을 계산하시오. (단, 당기 손익이 손실에 해당하는 경우 금액 앞에 '(−)'를 표시하시오.)

20X1년 인식할 당기 매출액	①
20X1년 인식할 당기 손익	②

(2) 제품 판매 당시 풋옵션을 행사할 경제적 유인이 유의적이지 않은 것으로 판단한 경우, 동 거래에서 ㈜세무가 20X1년 인식할 당기 매출액과 당기 손익을 계산하시오. 고객의 풋옵션 행사로 인해 제품이 반품될 확률은 10%이며, 최초 판매가격과 풋옵션 행사가격의 차액(개당 ₩300)은 제품 회수에 소요되는 원가로 간주한다. 또한 회수된 제품의 가치하락은 없는 것으로 가정한다. (단, 당기 손익이 손실에 해당하는 경우 금액 앞에 '(−)'를 표시하시오.)

20X1년 인식할 당기 매출액	①
20X1년 인식할 당기 손익	②

물음 3 기업회계기준서 제1115호 「고객과의 계약에서 생기는 수익」 중 재매입약정은 자산을 판매하고, 같은 계약이나 다른 계약에서 그 자산을 다시 사기로 약속하거나 다시 살 수 있는 선택권을 갖는 계약이다. ㈜대한이 판매한 자산을 다시 살 수 있는 권리(콜옵션)를 포함한 계약을 고객과 체결한 경우, 다음 조건에 따라 ㈜대한의 회계처리 방법을 각각 서술하시오.

2024. CTA

재매입가격이 원래 판매가격보다 높은 경우	①
재매입가격이 원래 판매가격보다 낮은 경우	②

해설 재매입 약정

(물음 1)

제품	구분	금액
제품A	20X1년 당기순이익에 미치는 영향	①42,550
	20X2년 당기순이익에 미치는 영향	②(-)200
제품B	20X1년 당기순이익에 미치는 영향	③(-)1,600
	20X2년 당기순이익에 미치는 영향	④3,600

1. 제품 A (반품가능판매)

X1.12.31	현금	150,000	매출	**142,500**	
			계약부채	7,500	
	매출원가	99,750	제품	105,000	
	반품비용	200			
	회수권	5,050			
X2.1.31	계약부채	7,500	현금	8,000	
	매출	500			
	제품	5,600	회수권	5,050	
	반품비용	50	현금	250	
			매출원가	350	

(1) X1년도 당기순이익: ①-②=**42,550**
① 수익: 150,000×(1-5%)=142,500
② 비용: 매출원가+반품비용=99,950
　㉠ 매출원가: 105,000×(1-5%)=99,750
　㉡ 반품비용: 200

(2) X2년도 당기순이익: ①-②=(-)500+300=**(-)200**
① 매출: 7,500-8,000=(-)500 감소
　─예상한 반품액보다 더 많이 반품이 되었는데, 회계추정의 변경이므로 이익잉여금을 감소시키는 것이 아니라 X2년도 매출을 감소시킨다.
② 비용: 매출원가+반품비용=(-)350+50=(-)300
　㉠ 매출원가: 매출×원가율=(-)500×70%=(-)350 감소
　㉡ 반품비용: 실제 비용-예상 비용=250-200=50

2. 제품 B (금융약정)

고객에게 풋옵션이 부여되어 있으며, 만기의 예상시장가격이 행사가격보다 낮으므로 풋옵션의 행사가능성은 유의적이다. 따라서 본 판매는 금융약정으로 분류한다.

X1.11.1	현금	50,000	차입금	50,000
X1.12.31	이자비용	1,600	차입금	1,600
X2.4.30	이자비용	3,200	차입금	3,200
	차입금	54,800	매출	54,800
	매출원가	48,000	제품	48,000

(1) X1년도 당기순이익: 이자비용=(−)1,600
−이자비용: (54,800−50,000)×2/6=1,600
(2) X2년도 당기순이익: −이자비용+매출−매출원가=−3,200+54,800−48,000=3,600 증가
−이자비용: (54,800−50,000)×4/6=3,200
−매출: 54,800, 매출원가: 48,000

참고〉 만기의 예상시장가격
재무관리 이론에 따르면 옵션의 행사가능성은 만기의 예상시장가격과 행사가격을 비교해서 판단해야 한다. 그래서 본 문제에서는 예상시장가격을 제시하였다. 그런데 1차 기출에서는 예상시장가격을 제시하지 않았기 때문에 그동안 김수석은 '원래 판매가격'과 행사가격을 비교해서 행사가능성을 판단한 것이다. 이론상으로는 예상시장가격이 맞다. 예상시장가격을 문제에서 제시하면 사용하고, 그렇지 않다면 원래 판매가격과 비교하자.

(물음 2)
(1)

20X1년 인식할 당기 매출액	①2,754,000
20X1년 인식할 당기 손익	②894,000

풋옵션을 행사할 경제적 유인이 유의적인 것으로 판단하면, 금융약정으로 본다.

x1.3.1	현금	3,000,000	금융부채	3,000,000
x1.4.30	이자비용	60,000	금융부채	60,000
	금융부채	306,000	현금	306,000
	금융부채	2,754,000	매출	2,754,000
	매출원가	1,800,000	제품	1,800,000

매출액: 180개×@15,300=2,754,000
당기순이익: 2,754,000−1,800,000−60,000=894,000

(2)

20×1년 인식할 당기 매출액	①2,700,000
20×1년 인식할 당기 손익	②894,000

풋옵션을 행사할 경제적 유인이 유의적이지 않은 것으로 판단하면, 반품가능판매로 본다.

x1.3.1	현금	3,000,000	매출	2,700,000
			계약부채	300,000
	매출원가	1,806,000	제품	2,000,000
	회수권	194,000		
x1.4.30	계약부채	300,000	현금	300,000
	제품	200,000	회수권	194,000
			현금	6,000

매출액: 3,000,000×90%＝**2,700,000**
계약부채: 3,000,000×10%＝300,000
회수권: 2,000,000×10%－200개×10%×300＝194,000
당기순이익: 2,700,000－1,806,000＝**894,000**

(물음 3)
(1)

| 재매입가격이 원래 판매가격보다 높은 경우 | ①금융약정으로 회계처리한다. |
| 재매입가격이 원래 판매가격보다 낮은 경우 | ②리스로 회계처리한다. |

9 고객충성제도

판매 시	현금	수령액	계약부채 매출	계약부채 XXX
X1말	계약부채	XXX	(포인트) 매출	X1년 포인트 매출 누적액
X2말	계약부채	XXX	(포인트) 매출	X2년 포인트 매출 누적액 −X1년 포인트 매출 누적액

STEP 1 계약부채

$$계약부채 = 수령액 \times \frac{포인트의\ 개별\ 판매가격}{제품의\ 개별\ 판매가격 + 포인트의\ 개별\ 판매가격}$$

STEP 2 매출 = 현금 수령액 − 계약부채

STEP 3 X1년 포인트 매출 = X1년 포인트 매출 누적액

$$포인트\ 매출\ 누적액 = 최초\ 계약부채 \times \frac{누적\ 포인트\ 사용액}{총\ 예상\ 포인트\ 사용액}$$

STEP 4 X2년 포인트 매출 = X2년 포인트 매출 누적액 − X1년 포인트 매출 누적액

주의 ⚠ 총 예상 포인트 사용액이 바뀌더라도 최초 계약부채를 수정하지 않음!

10 | 보증

구분	수행의무	거래가격 배분	처리 방법
확신 유형의 보증	X	X	보증비 XXX / 충당부채 XXX
용역 유형의 보증	O	O	현금 XXX / 계약부채 XXX

1. 확신 유형의 보증: 수행의무 X→거래가격 배분 X, 수익 인식 X

매출 시	현금	XXX	매출	XXX
	제품보증비	XXX	제품보증충당부채	XXX
보증 시	제품보증충당부채	XXX	현금	XXX

2. 용역 유형의 보증: 수행의무 O→거래가격 배분 O, 수익 인식 O

매출 시	현금	XXX	매출	XXX
			계약부채	XXX
보증 시	계약부채	XXX	수익	XXX
	제품보증비	XXX	현금	XXX

3. 확신 유형의 보증 vs 용역 유형의 보증

기준	수행의무	보증의 유형
① 법률에서 보증을 요구하면	No	확신 유형의 보증
② 보증기간이 길수록	Yes	용역 유형의 보증
③ 제품이 합의된 규격에 부합한다는 확신을 주기 위해 기업이 정해진 업무를 수행할 필요가 있다면	No	확신 유형의 보증

11 | 라이선스

(1) 접근권: **기간에 걸쳐 이행**하는 수행의무 (ex 가입비)
(2) 사용권: **한 시점에 이행**하는 수행의무 (ex 매달 통신비)
(3) 판매 또는 사용기준 로열티: 수익 인식의 예외 (불확실성 해소 시까지 수익 인식 X)

문제 6

다음에 제시된 〈자료〉는 독립적이며 각 〈자료〉에 대한 물음에 답하시오.

자료1

1. ㈜한국은 원가 ₩1,000,000의 안마기(제품)를 1대당 ₩2,000,000에 판매하며 1년간 무상으로 품질보증을 실시하기로 하였다. 이러한 보증은 제품이 합의된 규격에 부합한다는 확신을 고객에게 제공한다. 또한 ㈜한국은 고객들에게 2년간 총 8회 안마기 기능 업그레이드를 위한 방문서비스를 제공하기로 하였다. 방문서비스 당 개별 판매가격은 ₩45,000이고 안마기 판매가격에 포함되어 있다.

2. ㈜한국은 안마기 판매가격 ₩1,000당 10포인트를 적립하는 고객충성제도를 운영한다. 고객은 포인트를 사용하여 ㈜한국 제품의 구매대금을 결제할 수 있다. 포인트의 개별 판매가격은 포인트 당 ₩10이고 포인트 중 70%가 사용될 것으로 예상한다. 즉, 교환될 가능성에 기초한 포인트 당 개별 판매가격은 ₩7으로 추정한다. 안마기의 개별 판매가격은 한 대당 ₩2,000,000이다. ㈜한국은 안마기를 20X0년 10대, 20X1년 15대 판매하였으며, ㈜한국의 교환예상 총 포인트와 교환된 누적 포인트는 다음과 같다.

구 분	20X0년	20X1년
교환된 누적포인트	70,000포인트	280,000포인트
교환예상 총포인트	140,000포인트	350,000포인트

3. 20X0년과 20X1년 판매된 안마기에 대한 방문서비스는 다음과 같이 고객에게 제공되었다.

구 분	20X0년	20X1년	20X2년	20X3년	합계
20X0년 판매분	28회	30회	22회	—	80회
20X1년 판매분	—	42회	50회	28회	120회

4. 판매된 안마기와 관련하여 20X0년과 20X1년의 예상 품질보증비용(매출액의 5%)과 실제 발생한 품질보증비용은 다음과 같다.

구 분		20X0년	20X1년
예상 품질보증비용		₩1,000,000	₩1,500,000
실제 보증비용 발생액	20X0년 판매분	550,000	300,000
	20X1년 판매분	—	750,000

물음 1 〈자료 1〉에서 ㈜한국의 20X0년도와 20X1년도 포괄손익계산서와 20X0년 말과 20X1년 말 재무상태표에 인식될 다음의 금액을 계산하시오.

2019. CPA

구 분	제품 매출	포인트 매출	방문서비스 수익	품질보증 충당부채
20X0년	①			
20X1년		②	③	④

물음 2 〈자료 2〉에서 ㈜민국의 20X0년도 당기순이익에 미치는 영향을 계산하시오. 단, 당기순이익이 감소하는 경우에는 (−)를 숫자 앞에 표시하시오.

2019. CPA

물음 3 〈자료 2〉에서 프랜차이즈 라이선스가 라이선스를 부여한 시점에 존재하는 대로 지적재산을 사용할 권리를 고객에게 부여하는 것이라고 가정한다. 이 경우 ㈜민국의 20X0년도 당기순이익에 미치는 영향을 계산하시오. 단, 당기순이익이 감소하는 경우에는 (−)를 숫자 앞에 표시하시오.

2019. CPA

✎ 해설 고객충성제도, 확신유형의 보증

(물음 1)

구 분	제품 매출	포인트 매출	방문서비스 수익	품질보증 충당부채
20X0년	①16,000,000			
20X1년		②1,680,000	③2,592,000	④750,000

1. X0년 제품 매출: 1,600,000×10대＝1,600,000

	개별 판매가격	거래가격 배분액
안마기	2,000,000	1,600,000
포인트	2,000,000/1,000×10×7＝140,000	112,000
방문서비스	45,000×8회＝360,000	288,000
계	2,500,000	2,000,000

품질보증은 확신유형의 보증이므로 거래가격을 배분하지 않는다.

2. X1년 포인트 매출: (1)−(2)=**1,680,000**
(1) X1년 누적 포인트 매출: 25대×112,000×280,000/350,000=2,240,000
(2) X0년 포인트 매출: 10대×112,000×70,000/140,000=560,000

3. X1년 방문서비스 수익: 36,000×(30회+42회)=**2,592,000**
ㅡ회당 방문서비스 수익: 288,000/8회=36,000

4. X1년 품질보증충당부채: 2,000,000×15대×5%−(1,500,000−750,000)=**750,000**
무상보증기간이 1년이므로, X0년 판매분에 대해 설정한 품질보증충당부채는 X1년말에 계상되지 않는다. 따라서 X1년 판매분에 대한 품질보증충당부채만 X1년말 재무상태표에 표시된다.

| 충당부채를 제외한 회계처리 |

X0년	현금	20,000,000	제품 매출	16,000,000
			계약부채(포인트)	1,120,000
			계약부채(방문)	2,880,000
	매출원가	10,000,000	제품	10,000,000
	계약부채(포인트)	560,000	포인트 매출	560,000
	계약부채(방문)	1,008,000	방문 매출	1,008,000
X1년	현금	30,000,000	제품 매출	24,000,000
			계약부채(포인트)	1,680,000
			계약부채(방문)	4,320,000
	매출원가	15,000,000	제품	15,000,000
	계약부채(포인트)	1,680,000	포인트 매출	1,680,000
	계약부채(방문)	2,592,000	방문 매출	2,592,000

| 충당부채 회계처리 |

X0년	품질보증비	1,000,000	충당부채	1,000,000
	충당부채	550,000	현금	550,000
X1년	품질보증비	1,500,000	충당부채	1,500,000
	충당부채	1,050,000	현금	1,050,000
X1.12.31	충당부채	150,000	충당부채환입	150,000

해설 라이선스

(물음 2) 72,062

1. X0년도 당기순이익: (1)+(2)=72,062

(1) 라이선스: ①+②=11,500

　① 고정대가: 200,000×3개월/60개월=10,000

　　라이선스는 문제의 가정에 따라 접근권이므로 기간에 걸쳐 이행하는 수행의무이다.

　② 판매기준 로열티: 30,000×5%=1,500

(2) 기계설비: ①−②+③=60,562

　① 매출액: 50,000×2.4869=124,345

　② 매출원가: 70,000

　③ 이자수익: 124,345×10%×6/12=6,217

|라이선스 회계처리|

X0.6.1	현금	200,000	계약부채	200,000
X0.12.31	계약부채	10,000	라이선스수익	10,000
	수취채권	1,500	라이선스수익	1,500

|기계설비 회계처리|

X0.7.1	계약자산	124,345	매출	124,345
	매출원가	70,000	재고자산	70,000
X0.12.31	계약자산	6,217	이자수익	6,217

(물음 3) 262,062

1. X0년도 당기순이익: (1)+(2)=262,062

(1) 라이선스: ①+②=201,500

　① 고정대가: 200,000

　　라이선스가 사용권이라고 가정하였으므로 한 시점에 이행하는 수행의무이다.

　② 판매기준 로열티: 30,000×5%=1,500

　　−판매기준 로열티는 수익 인식의 예외를 적용하여 고객의 매출이 확정될 때 수익을 인식한다. 라이선스가
　　사용권이더라도 한 시점에 수익을 인식하지 않는다.

(2) 기계설비: 60,562 (물음 2 참고)

|라이선스 회계처리|

X0.6.1	현금	200,000	라이선스수익	200,000
X0.12.31	수취채권	1,500	라이선스수익	1,500

문제 7

※ 다음의 물음은 독립적이다.

물음 1 20X1년에 영업을 시작한 ㈜세무는 당해 연도 12월 31일 로봇청소기 1,000대를 대당 ₩20,000에 판매하였다. ㈜세무의 보증정책 및 관련 자료는 다음과 같다. 다음을 읽고 답하시오. (10점)　　2024. CTA

> • ㈜세무는 판매한 제품에 대하여 무상보증서비스를 기본 1년간 제공하고 있으며, 고객이 대당 ₩2,000을 추가 지불할 경우 무상보증서비스 제공기간은 2년 연장되어 총 3년이 된다.
> 여기서, 기본 1년간 제공하는 무상보증서비스는 확신유형의 보증에 해당하며, ⓐ고객이 추가 지불하는 금액 대당 ₩2,000은 무상보증기간 연장 조건에 대한 개별 판매가격을 반영한다.
> • 20X1년 12월 31일 판매한 로봇청소기 1,000대 가운데 400대에 대해서 무상보증기간 연장 조건이 추가로 판매되었다.
> • ㈜세무는 기본 무상보증기간과 연장 무상보증기간(추가 2년)에 보증활동을 위해 각각 ₩500,000과 ₩700,000을 지출할 것으로 추정하였다. 추정 시점은 20X1년 12월 31일이며, 이후 추정의 변경은 없었다.
> • ㈜세무가 매년 실제로 지출한 총 보증비용은 다음과 같다.
>
> | 연도 | 20X2년 | 20X3년 | 20X4년 |
> |---|---|---|---|
> | 실제 지출
총 보증비용 | ₩520,000 | ₩245,000 | ₩480,000 |

(1) 동 거래에서 ㈜세무가 20X1년 말 인식하는 부채의 세부 계정과 금액을 기재하시오. (단, 항목이 2개 이상인 경우 모든 항목을 구분하시오.)

(2) 동 거래에서 ㈜세무가 20X2년과 20X3년에 인식하는 당기 손익을 계산하시오. ㈜세무는 보증용역에 대한 대가를 기간에 걸쳐 수익으로 인식하기 위하여 발생원가를 이용하여 수행의무의 이행정도를 측정한다. (단, 당기 손익이 손실에 해당하는 경우 금액 앞에 '(−)'를 표시하시오.)

20X2년 인식할 당기 손익	①
20X3년 인식할 당기 손익	②

(3) 위 자료의 조건 ⓐ와 관련하여 고객의 추가 지불 금액 대당 ₩2,000이 무상보증기간 연장 조건의 개별 판매가격을 반영하지 못했을 경우, 로봇청소기 판매 시점에 (주)세무가 인식하는 재화판매 수익을 계산하시오. 무상보증기간 연장 조건의 개별 판매가격은 ₩5,000으로 가정한다.

물음 2 ㈜세무는 20X1년 7월 1일 고객에게 두 가지 지적재산 라이선스(라이선스 X와 라이선스 Y)에 대해 고객과 계약을 체결하였고, 이는 한 시점에 각각 이행되는 두 가지 수행의무를 나타낸다고 판단한다. 거래조건과 대금수취에 관한 자료는 다음과 같다.

〈라이선스 X〉
• 개별 판매가격: ₩700,000
• 계약 상 거래가격: 고객이 라이선스 X를 이용하여 생산한 재화의 3개월 판매금액에 대하여 5%를 수취하며, 계약일 기준 ₩300,000으로 추정된다.
• 이전 시점: 20X1년 7월 1일
• 대금수취: 20X1년 9월 30일에 고객의 3개월 판매실적에 근거하여 현금 ₩400,000을 수취하였다.

〈라이선스 Y〉
• 개별 판매가격: ₩300,000
• 계약 상 거래가격: 고정대가 ₩500,000으로 개별 판매가격을 반영하지 못한다.
• 이전 시점: 20X1년 9월 30일
• 대금수취: 20X1년 8월 15일에 현금 ₩500,000을 수취하였다.

동 거래에서 (주)세무가 20×1년에 월별로 인식하는 매출액을 계산하시오. (8점)　　　2024. CTA

7월 매출액	8월 매출액	9월 매출액
①	②	③

해설 보증, 라이선스

(물음 1)
(1) 제품보증충당부채: 500,000, 계약부채: 800,000
① 확신유형의 보증(제품보증충당부채): 500,000 (=무상보증기간 예상 지출액)
② 용역유형의 보증(계약부채): 400대×@2,000=800,000

(2)

20X2년 인식할 당기 손익	①(−)20,000
20X3년 인식할 당기 손익	②35,000

① X2년 당기손익(무상보증기간)
: 500,000−520,000=(−)20,000
충당부채 잔액보다 더 큰 지출액이 발생하였으므로 초과분을 비용으로 인식해야 한다.

② X3년 당기손익(연장보증기간): 35,000

	X3
진행률	245,000/700,000=35%
보증수익	800,000×35%=280,000
보증비용	(245,000)
보증손익	35,000

보증용역에 대한 대가를 기간에 걸쳐 수익으로 인식하기 위하여 발생원가를 이용하여 수행의무의 이행정도를 측정하므로, 다음과 같이 진행률을 측정한다.

|회계처리|

X1.12.31	현금	20,000,000	매출	20,000,000
	현금	800,000	계약부채	800,000
	제품보증비	500,000	제품보증충당부채	500,000
X2.12.31	제품보증충당부채	500,000	현금	520,000
	제품보증비	20,000		
X3.12.31	계약부채	280,000	보증수익	280,000
	보증원가	245,000	현금	245,000

(3) 재화판매수익: 19,040,000＝20,000×600대＋17,600×400대
－재화 1,000대 중 400대만 연장조건이 추가로 판매되었으므로 600대와 400대에 대한 거래가격은 다르다.

① 재화만 판매된 경우 대당 재화판매수익: 20,000
② 연장조건이 추가로 판매된 경우 대당 재화판매수익: 17,600

	개별 판매가격	거래가격 배분
재화	20,000	17,600
보증기간 연장	5,000	4,400
계	25,000	22,000

(물음 2)

7월 매출액	8월 매출액	9월 매출액
①350,000	②0	③550,000

(1) 거래가격의 배분

	라이선스 X	라이선스 Y	계
변동대가	280,000	120,000	400,000
고정대가	350,000	150,000	500,000

거래가격으로 변동대가 400,000(판매금액의 5%)와 고정대가 500,000을 수취하였다. 수행의무가 둘이므로 거래가격을 상대적 개별 판매가격(7:3)을 기준으로 배분한다.

(2) 수익 인식

		7월 매출액	8월 매출액	9월 매출액
라이선스 X	변동대가			280,000
	고정대가	350,000		
라이선스 Y	변동대가			120,000
	고정대가			150,000
		350,000	0	550,000

문제에서 라이선스는 한 시점에 이행되는 수행의무라고 판단하였으므로, 고정대가는 이전 시점(X는 7월, Y는 9월)에 수익을 인식한다. 단, 판매기준 로열티는 수익 인식의 예외를 적용하여 판매금액이 확정된 9월에 수익을 인식한다.

문제 8

(7점)

20X1년 ㈜세무는 반려로봇사업을 개시하였다. ㈜세무는 반려로봇과 반려로봇의 인공지능 소프트웨어를 1년간 사용할 수 있는 사용권을 판매한다. 개별적으로 판매할 경우 반려로봇은 개당 ₩80,000에 판매하고, 1년간 사용할 수 있는 인공지능 소프트웨어 사용권은 ₩10,000에 판매한다. 반려로봇을 구입한 고객은 인공지능 소프트웨어 사용권을 연간 ₩10,000에 갱신가능하다. 20X1년 9월 1일 ㈜세무는 반려로봇사업의 개시 기념으로 반려로봇과 1년간 사용할 수 있는 소프트웨어 사용권을 고객에게 패키지 형태의 방식으로 패키지당 ₩72,000에 총 60개를 판매하고, 대금은 현금으로 수취하였다. 물음에 답하시오.

2018. CTA **2차**

물음 1 ㈜세무가 20X1년 9월 1일 패키지 판매와 관련하여 수행해야 할 회계처리를 제시하시오.

(차변) ①	(대변) ②

물음 2 ㈜세무가 20X1년 패키지 판매와 관련하여 20X1년 포괄손익계산서에 인식할 총수익을 계산하시오.

물음 3 2018년 초부터 적용되는 한국채택국제회계기준(K-IFRS) 제1115호 '고객과의 계약에서 생기는 수익'에서는 수익인식을 위해 총 5단계의 과정을 거치도록 되어 있다. 수익인식의 5단계 과정을 순서대로 쓰시오.

물음 4 다음은 한국채택국제회계기준(K-IFRS) 제1115호 '고객과의 계약에서 생기는 수익'에 대한 설명이다. 각각의 항목이 옳으면 O, 옳지 않으면 X로 기재하시오.

1) 어떠한 상황에서는 수익인식의 5단계가 동시에 이루어질 수 있다.

2) 제공하기로 한 재화 또는 용역이 뚜렷함과 동시에 계약 내의 다른 재화 또는 용역과 구분 가능한 경우 수행의무는 별도로 존재하는 것으로 본다.

해설

문제가 다소 애매하다. 소프트웨어 사용권은 기준서 상 '라이선스'에 해당한다. 라이선스는 사용권이라면 한 시점에, 접근권이라면 기간에 걸쳐 수익을 인식한다. 그런데 문제에 본 소프트웨어 사용권이 기준서 상 '사용권'인지 '접근권'인지를 판단할 수 있는 정보가 제시되지 않았다.

단순하게 소프트웨어 '사용권'이므로 사용권으로 보게 된다면 한 시점에 수익을 인식하므로 9.1에 총 현금 수령액 4,320,000(=72,000×60개)를 전부 수익으로 인식하면 된다. 하지만 9.1의 회계처리와 X1년 총수익을 모두 물어본 것으로 보아 출제진은 접근권으로 의도하고 낸 듯하다. 본서에서는 두 경우 모두에 대한 해설을 수록하겠다.

(물음 1)

1. 소프트웨어 사용권을 접근권으로 보는 경우

(차변) ① 현금	4,320,000	(대변) ② 매출 계약부채	3,840,000 480,000

수행의무는 반려로봇과 소프트웨어 사용권이다. 따라서 상대적 개별 판매가격을 기준으로 거래가격을 배분한다. 사용권은 1년 후에 갱신할 수 있지만, 아직 대가를 받지 않았으므로 1년 이후의 사용권에 대해서는 회계처리가 없다.

매출: 4,320,000×80,000/(80,000+10,000)=3,840,000
계약부채: 4,320,000×10,000/(80,000+10,000)=480,000

2. 소프트웨어 사용권을 사용권으로 보는 경우

(차변) ① 현금	4,320,000	(대변) ② 매출	4,320,000

(물음 2)

1. 소프트웨어 사용권을 접근권으로 보는 경우 총수익: ①+②=4,000,000
① 반려로봇 매출액: 3,840,000
② 소프트웨어 매출액: 480,000×4개월/12개월=160,000
　－소프트웨어를 1년간 사용할 수 있는데, X1년에는 9.1부터 4개월을 사용하였으므로 1/3만 수익으로 인식한다.(금액이 4백만원으로 딱 떨어지는 것으로 보아 이 풀이를 가정하고 낸 듯 하다.)

2. 소프트웨어 사용권을 사용권으로 보는 경우 총수익: 4,320,000

(물음 3)

1단계－계약의 식별
2단계－수행의무의 식별
3단계－거래가격의 산정
4단계－거래가격의 배분
5단계－수익의 인식

(물음 4)

① O
간단한 형태의 거래의 경우 복잡하게 1~5단계를 거치지 않고도 거래를 하면서 동시에 수익을 인식할 수 있다.

② O
2단계: 수행의무를 식별. 하나의 계약은 고객에게 재화나 용역을 이전하는 여러 약속을 포함한다. 그 재화나 용역들이 구별된다면 약속은 수행의무이고 별도로 회계처리한다. 고객이 재화나 용역 그 자체에서나 쉽게 구할 수 있는 다른 자원과 함께하여 효익을 얻을 수 있고, 그 약속을 계약 내의 다른 약속과 별도로 식별해 낼 수 있다면 재화나 용역은 구별된다.

12 본인-대리인

1. 본인

(1) 인식 요건: 통제 O

고객에게 재화나 용역이 이전되기 전에 기업이 그 정해진 재화나 용역을 통제한다면 이 기업은 본인이다.

> 〈기업이 그 정해진 재화나 용역을 통제함(본인임)을 나타내는 지표의 사례〉
> ① 정해진 재화나 용역을 제공하기로 하는 약속을 이행할 주된 책임(예: 재화나 용역을 고객의 규격에 맞출 주된 책임)이 이 기업에 있다.
> ② 정해진 재화나 용역이 고객에게 이전되기 전이나, 후에 재고위험이 이 기업에 있다(예: 고객에게 반품권이 있는 경우).
> ③ 정해진 재화나 용역의 가격 결정권이 기업에 있다.

(2) 총액을 수익으로 인식

2. 대리인

(1) 인식 요건: 통제 X

기업의 수행의무가 다른 당사자가 정해진 재화나 용역을 제공하도록 주선하는 것이라면 이 기업은 대리인이다. 기업이 대리인인 경우에 다른 당사자가 공급하는 정해진 재화나 용역이 고객에게 이전되기 전에 기업이 그 정해진 재화나 용역을 통제하지 않는다.

(2) 순액(or 보수나 수수료 금액)으로 수익 인식

13 수익 인식의 다양한 사례

1. 계약원가

(1). 계약체결 증분원가

: 고객과 계약을 체결하기 위해 들인 원가로서 계약을 체결하지 않았다면 들지 않았을 원가(예: 판매수수료)

회수 예상	자산 (상각기간이 1년 이하: 비용)
계약 체결 여부와 무관하게 발생	비용 (고객에게 명백히 청구 가능: 자산)

(2) 계약이행원가

: 직접노무원가, 직접재료원가, 기업이 계약을 체결하였기 때문에 드는 원가 등

① 다른 기준서의 적용범위에 포함 O: 그 기준서에 따라 회계처리
② 다른 기준서의 적용범위에 포함 X: 조건부 자산화

2. 위탁약정

(1) 위탁약정: 최종 고객에게 판매하기 위해 기업이 제품을 다른 당사자(예: 중개인이나 유통업자)에게 인도하였는데, 다른 당사자가 그 제품을 통제하지 못하는 경우

→제품을 다른 당사자에게 인도할 때 수익 인식 X

<위탁약정이라는 지표>
① 정해진 사건이 일어날 때까지(예: 중개인의 고객에게 자산을 판매하거나 정해진 기간이 만료될 때까지) 기업이 자산을 통제한다.
② 기업은 제품의 반환을 요구하거나 제품을 제삼자(예: 다른 중개인)에게 이전할 수 있다.
③ 중개인은 제품에 대해 지급해야 하는 무조건적인 의무는 없다.

3. 미인도청구약정

(1) 미인도청구약정: 기업이 고객에게 제품의 대가를 청구하지만 미래 한 시점에 고객에게 이전할 때까지 기업이 제품을 물리적으로 점유하는 계약

(2) 고객이 미인도청구약정에서 제품을 통제하기 위한 기준

고객이 미인도청구약정에서 제품을 통제하기 위해서는 다음 기준을 모두 충족해야 한다.

① 미인도청구약정의 이유가 실질적이어야 한다(예: 고객이 그 약정을 요구하였다).
② 제품은 고객의 소유물로 구분하여 식별되어야 한다.
③ 고객에게 제품을 물리적으로 이전할 준비가 현재 되어 있어야 한다.
④ 기업이 제품을 사용할 능력을 가질 수 없거나 다른 고객에게 이를 넘길 능력을 가질 수 없다.

(3) 미인도청구약정에서는 기업이 고객 자산을 보관하는 용역을 고객에게 제공

→기업이 이행하는 수행의무는 제품과 보관용역이므로 거래가격을 각 수행의무에 배분

4. 고객이 행사하지 아니한 권리

(1) 선수금: 계약부채로 인식 후 수행의무 이행 시 수익으로 인식

수령 시	현금	XXX	계약부채	XXX
수행의무 이행 시	수익	XXX	현금	XXX

(2) 환불받을 수 없는 선급금

고객이 환불받을 수 없는 선급금을 기업에 지급하면 고객은 미래에 재화나 용역을 받을 권리를 기업에서 얻게 된다. 그러나 고객은 자신의 계약상 권리를 모두 행사하지 않을 수 있다. 그 행사되지 않은 권리를 흔히 미행사 부분이라고 부른다.

① 기업이 미행사 금액을 받을 권리를 갖게 될 것으로 예상 O: 고객이 권리를 행사하는 방식에 따라 그 예상되는 미행사 금액을 수익으로 인식

② 기업이 미행사 금액을 받을 권리를 갖게 될 것으로 예상 X: 고객이 그 남은 권리를 행사할 가능성이 희박해질 때 예상되는 미행사 금액을 수익으로 인식

기업이 미행사 금액을 받을 권리를 갖게 될 것으로 예상되는지를 판단하기 위해, 변동대가 추정치의 제약을 적용한다. 고객이 권리를 행사하지 아니한 대가를 다른 당사자(예: 미청구 자산에 관한 관련 법률에 따른 정부기관)에게 납부하도록 요구받는 경우에는 받은 대가를 수익이 아닌 부채로 인식한다.

5. 환불되지 않는 선수수수료

기업이 환불되지 않는 선수수수료를 고객에게 부과한 계약에서 수행의무를 식별하기 위해 수수료가 약속한 재화나 용역의 이전에 관련되는지를 판단한다.

환불되지 않는 선수수수료가	사례	별도 수행의무	수익 인식 방법
미래 재화나 용역에 대한 선수금인 경우	가입비	X	미래 재화나 용역을 제공할 때 수익 인식 (ex)발생주의)
재화나 용역에 관련된 경우	다른 재화의 할인권	O	재화나 용역 제공 시 수익 인식

6. 추가 재화나 용역에 대한 고객의 선택권

(1) 계약을 체결하지 않으면 받을 수 없는 경우에만 선택권은 수행의무임

ex〉이 재화나 용역에 대해 그 지역이나 시장의 해당 고객층에게 일반적으로 제공하는 할인의 범위를 초과하는 할인

(2) 수익 인식 시점: 미래 재화나 용역이 이전되거나 선택권이 만료될 때

(3) 거래가격 배분 기준: 선택권의 상대적 개별 판매가격

(4) 개별 판매가격을 직접 관측할 수 없는 경우 추정하는 방법

고객이 선택권을 행사할 때 받을 할인을 반영하되, ① 고객이 선택권을 행사하지 않고도 받을 수 있는 할인액과 ② 선택권이 행사될 가능성을 모두 조정

문제 9

다음의 〈자료〉를 이용하여 답하시오.

자료

1. ㈜대한은 20X1년 말에 제품 A를 ₩4,500,000에 판매하기로 고객과 계약을 체결하고 제품 A에 대한 통제를 고객에게 이전하였다. 이 계약의 일부로 ㈜대한은 앞으로 50일 이내에 ₩4,500,000 한도의 구매에 대해 45% 할인권을 고객에게 주었다.

2. ㈜대한은 판촉활동의 일환으로 앞으로 50일 동안 모든 판매에 5% 할인을 제공할 계획이다. 5% 할인은 45% 할인권에 추가하여 사용할 수 없다. 따라서 제품 A의 판매 계약에서 증분할인을 제공하는 ㈜대한의 약속은 고객에게 중요한 권리를 제공하는 수행의무이다.

3. 20X1년 말 ㈜대한은 20X2년 중에 고객의 50%가 할인권을 사용하고 추가 제품을 평균 ₩2,500,000에 구매할 것으로 보고 할인권의 개별 판매가격을 추정하였으며, 예상한 대로 변동 없이 할인권이 사용되었다.

물음 1 ㈜대한이 제품 A와 관련하여 20X1년도 포괄손익계산서 상 수익으로 인식할 금액을 계산하시오. 2024. CPA

20X1년도 수익	①

✎ **해설** 할인권

(물음 1)

20X1년도 수익	①4,050,000

(1) 거래가격 배분

제품 A	$4,500,000 \times 4,500,000/(4,500,000+500,000)=\mathbf{4,050,000}$
할인권	$4,500,000 \times 500,000/(4,500,000+500,000)=450,000$
계	4,500,000

－할인권의 개별 판매가격: $2,500,000 \times 50\% \times (45\%-5\%)=500,000$

(2) X1년도 수익: 4,050,000

할인권은 X1년 말에 제공되어 X1년에 전혀 사용되지 않은 반면, 제품 A에 대한 통제는 X1년 말에 고객에게 이전하였으므로 제품 A에 배분된 거래가격만큼 수익으로 인식한다.

14 건설계약

1. 건설계약-일반형

	X1년	X2년
진행률	누적발생원가/총예상원가	누적발생원가/총예상원가
누적계약수익	계약대금×진행률	계약대금×진행률
계약수익	X1년 누적계약수익	X2년 누적계약수익－X1년 누적계약수익
계약원가	X1년 지출액	X2년 지출액
공사손익	계약수익－계약원가	계약수익－계약원가

STEP 1 진행률=누적발생원가/총예상원가 (단, 총예상원가=누적발생원가+추가예상원가)

STEP 2 누적계약수익=계약대금×진행률

STEP 3 계약수익=당기 누적계약수익－전기 누적계약수익

STEP 4 공사손익=계약수익－계약원가 (단, 계약원가=당기발생원가)

STEP 5 회계처리

지출 시	계약원가	지출액	현금	지출액
기말	미성공사	수익	계약수익	수익
청구 시	공사미수금	청구액	진행청구액	청구액
수령 시	현금	수령액	공사미수금	수령액
공사 종료 시	진행청구액	계약금액	미성공사	계약금액

STEP 6 계정별 잔액

계정과목		누적 수익		누적 청구액		누적 수령액
미청구공사(초과청구공사)	=	미성공사	－	진행청구액		
공사미수금	=			진행청구액	－	누적 수령액
현금	=					누적 수령액
계		미성공사				

(1) 미성공사 및 진행청구액

미성공사＝Σ(발생원가＋공사손익)＝Σ(계약원가＋공사손익)＝Σ계약수익
진행청구액＝Σ대금 청구액

(2) 미청구공사 및 초과청구공사 ★중요!

미청구공사＝미성공사－진행청구액＝누적수익－누적 청구액
단, 음수인 경우 초과청구공사

(3) 공사미수금=누적청구액-누적수령액

 미성공사=미청구공사+공사미수금+현금 수령액

|참고| 개정된 수익 기준서에 따른 계정별 명칭

개정 전 건설계약 기준서	개정 후 수익 기준서
미청구공사	계약자산
초과청구공사	계약부채
공사미수금	수취채권

2. 손실이 예상되는 경우

	X1년	X2년(손실 예상)	총금액
진행률 누적계약수익	누적발생원가/총예상원가 계약대금×진행률	누적발생원가/총예상원가 계약대금×진행률	
계약수익	X1년 누적계약수익	X2년 누적계약수익 －X1년 누적계약수익	총 계약금액
계약원가	X1년 지출액	③계약수익－X2년 공사손실	총 계약원가
공사손익	X1년 공사이익	**②예상손실－X1년 공사이익**	①예상손실

STEP 1 예상손실=총 계약원가-총 계약금액

STEP 2 X2년 공사손실=예상손실-X1년 공사이익 ★중요!

STEP 3 계약원가=계약수익-공사손익

|참고| 계약원가＝당기 공사 지출액＋손실충당부채

손실충당부채＝예상손실×(1－진행률)

STEP 4 손실이 예상된 다음 해의 공사손익=총 계약원가 변동액

3. 계약금액의 변경: 변경된 계약금액을 변경 시점부터 반영 (회계추정의 변경 → 전진법 적용)

4. 진행률을 합리적으로 측정할 수 없는 경우

(1) 원가의 회수 가능성이 높은 경우: 회수가능한 범위 내에서만 수익 인식

(2) 원가의 회수 가능성이 높지 않은 경우: 수익 인식 X, 투입한 원가만큼 비용만 인식

(3) 진행률을 다시 합리적으로 추정 가능한 경우: 진행률 적용 (회계추정의 변경 → 전진법 적용)

문제 10

(12점)

다음에 제시되는 물음은 각각 독립된 상황이다.

12월말 결산법인인 ㈜한국은 20X1년 5월 1일에 ㈜대한으로부터 도로건설을 수주하였다. 공사계약기간은 20X1년 7월 1일부터 20X3년 6월 30일까지이고, 공사계약금액은 ₩1,800,000이다. 진행기준 적용시 진행률은 총추정원가 대비 현재까지 발생한 누적원가의 비율을 사용하고, 관련 〈기본자료〉는 아래와 같다.

기본자료

(단위 : 원)

	20X1	20X2	20X3
당기 발생 계약원가	260,000	892,000	288,000
완성시까지 추가 계약원가 예상액	1,040,000	288,000	—
계약대금 청구액	400,000	900,000	500,000
계약대금 회수액	300,000	900,000	600,000

물음 1 건설계약과 관련하여 20X1년부터 20X3년까지 매년 포괄손익계산서에 인식할 ①~③의 금액을 구하시오. 단, 손실의 경우에는 금액 앞에 (−)로 표시하고, 항목별로 해당 금액이 없는 경우에는 "0"으로 표시한다.
2012. CPA

		20X1	20X2	20X3
포괄손익계산서	계약수익		②	
	계약비용			
	계약손익	①	③	
재무 상태표	미청구공사		④	
	초과청구공사		⑤	

물음 2 20X2년말 건설자재 가격이 급등하여 추가 소요원가가 ₩288,000에서 ₩848,000으로 증가할 것으로 예상된다. 그 외의 조건은 〈기본자료〉와 동일하다. 20X2년도 포괄손익계산서에 인식할 ① 계약수익과 ② 계약손익을 구하시오. 단, 손실의 경우에는 금액 앞에 (−)로 표시한다.
2012. CPA

물음 3 20X1년의 자료는 〈기본자료〉와 동일하다. 20X2년초부터 ㈜대한의 재무상태 악화로 인하여 미회수 계약대금 중 회수가능성이 높은 금액은 20X2년말 현재 ₩500,000이다. 20X2년 발생원가는 ₩892,000이고, 건설자재 가격의 변동이 심하여 공사에 추가적으로 소요되는 금액을 20X2년말 현재 신뢰성 있게 추정할 수 없다. 20X2년도 포괄손익계산서에 인식할 계약손익을 구하시오. 단, 손실의 경우에는 금액 앞에 (−)로 표시한다.
2012. CPA

물음 4 수익인식기준으로 진행기준과 인도기준이 있다. 건설계약의 경우 현행 회계기준에서 진행기준을 원칙으로 하는 이유를 2줄 내외로 설명하시오.

2012. CPA

해설 건설계약

(물음 1)

		20X1	20X2	20X3
포괄손익 계산서	계약수익		②1,080,000	
	계약비용			
	계약손익	①100,000	③188,000	
재무 상태표	미청구공사		④140,000	
	초과청구공사		⑤0	

	X1	X2
진행률	260/1,300＝20%	1,152/1,440＝80%
누적계약수익	1,800,000×20%＝360,000	1,800,000×80%＝1,440,000
계약수익	360,000	②1,080,000
계약비용	(260,000)	(892,000)
계약손익	①100,000	③188,000

X2년말 미청구공사: 1,440,000－1,300,000＝④140,000

계정과목		누적 수익		누적 청구액		누적 수령액
미청구공사	＝	1,440,000	－	1,300,000		
공사미수금	＝			1,300,000	－	1,200,000
현금	＝					1,200,000
계		1,440,000				

(물음 2) ① 676,800 ② (－)300,000

	X1	X2	누적액
진행률	260/1,300＝20%	1,152/2,000＝57.6%	
누적계약수익	1,800,000×20%＝360,000	1,800,000×57.6%＝1,036,800	
계약수익	360,000	①676,800	1,800,000
계약비용	(260,000)	(976,800)	2,000,000
계약손익	100,000	②(300,000)	(200,000)

총 예상원가: 260,000＋892,000＋848,000＝2,000,000
－총 예상원가가 증가하므로 X2년의 진행률도 바뀐다.

(물음 3) (−)452,000

	X1	X2
진행률	260/1,300＝20%	?
누적계약수익	1,800,000×20%＝360,000	300,000＋500,000＝800,000
계약수익	360,000	440,000
계약비용	(260,000)	(892,000)
계약손익	100,000	(452,000)

추가 예상원가를 추정할 수 없으므로 진행률을 알 수 없다. 계약대금을 전부 회수할 수는 없을 것으로 예상되므로, 누적계약수익은 총 예상 회수액이 된다. 이미 300,000은 회수하였으므로 추가 회수 예상액 500,000을 더하면 총 예상 회수액은 800,000이다.

(물음 4) 건설계약은 기간에 걸쳐 이행하는 수행의무이므로 진행률을 계산하여 진행기준에 따라 수익을 인식한다.

㈜대한은 20X1년 5월 1일에 ₩900,000의 약속된 대가로 고객에게 고객 소유의 토지에 상업용 건물을 건설해주고, 그 건물을 20개월 이내에 완성할 경우에는 ₩50,000의 보너스를 받는 계약을 체결하였다. 다음의 〈자료〉를 이용하여 물음에 답하시오.

> **자료**
>
> 1. 고객은 건설기간동안 건물을 통제하므로 약속된 재화와 용역의 묶음을 기간에 걸쳐 이행하는 단일 수행의무로 회계처리한다. 계약 개시시점에 ㈜대한은 다음과 같이 예상하였다.
>
> | 거래가격 | ₩900,000 |
> |---|---|
> | 총계약원가 추정액 | 700,000 |
>
> 2. 건물의 완공은 날씨와 규제 승인을 포함하여 ㈜대한의 영향력이 미치지 못하는 요인에 매우 민감하고, ㈜대한은 비슷한 유형의 계약에 대한 경험도 적다. ㈜대한은 발생원가에 기초한 투입측정법이 수행의무의 적절한 진행률이 된다고 판단하였다. 20X1년 말 ㈜대한은 변동대가를 다시 평가하고 변동대가 추정치에 여전히 제약이 있는 것으로 결론지었다.
>
> 3. 20X2년도 1분기에 ㈜대한과 고객은 건물의 평면도를 바꾸는 계약변경에 합의하였다. 계약변경으로 고정대가는 ₩100,000, 총계약원가는 ₩400,000이 증액되었으며 보너스 획득 허용 기간은 최초 계약 개시시점부터 36개월로 16개월 연장되었다. 계약 변경일에 ㈜대한은 그 동안의 경험과 수행할 나머지 업무를 고려할 때 변동대가 추정치에 제약이 없는 것으로 판단하였다.
>
> 4. ㈜대한이 각 회계연도에 지출한 누적계약원가와 총계약원가 추정액을 정리하면 다음과 같으며 이러한 금액에는 자본화 차입원가가 포함되어 있지 않다. 건물은 20X4년 4월 30일에 완공되었다.
>
> | 구 분 | 20X1년 | 20X2년 | 20X3년 |
> |---|---|---|---|
> | 누적 계약원가 | ₩420,000 | ₩715,000 | ₩1,035,000 |
> | 총계약원가 추정액 | 700,000 | 1,100,000 | 1,150,000 |
>
> 5. 각 회계연도 계약원가에 포함될 차입원가는 다음과 같이 계산되었다.
>
> | 구분 | 20X1년 | 20X2년 | 20X3년 |
> |---|---|---|---|
> | 자본화 차입원가 | ₩1,000 | ₩3,000 | ₩1,000 |
>
> 6. 20X3년까지 ㈜대한의 건설 계약대금 청구액과 계약대금 회수액은 다음과 같다.
>
> | 구분 | 20X1년 | 20X2년 | 20X3년 |
> |---|---|---|---|
> | 계약대금 청구액 | ₩400,000 | ₩300,000 | ₩200,000 |
> | 계약대금 회수액 | 400,000 | 200,000 | 100,000 |

물음 1 20X2년도 1분기 계약변경에 대해 ㈜대한이 수행해야 할 회계처리를 설명하고 그 근거를 간략히 서술하시오.

2019. CPA

물음 2 ㈜대한의 20X2년과 20X3년의 계약손익 금액을 계산하시오. 단, 계약손실인 경우에는 (−)를 숫자 앞에 표시하시오.

2019. CPA

	20X2년	20X3년
계약손익	①	②

물음 3 ㈜대한의 20X2년과 20X3년 말 계약자산(미청구공사) 또는 계약부채(초과청구공사)를 각각 구하시오. 단, ㈜대한은 손실부담계약에 해당되는 경우 예상손실을 미성공사에서 차감하는 방법을 사용한다.

2019. CPA

📝 해설 계약변경−누적효과일괄조정기준

(물음 1)

계약의 범위가 확대되지 않으므로 별도계약으로 볼 수 없다. 또한, 이전에 이전된 건설용역과 이후에 이전될 건설용역이 구별되지 않으므로, 기존계약의 일부인 것처럼 회계처리한다. 기업은 진행률을 수정하고, 누적효과 일괄조정 기준으로 추가수익을 인식한다.

(물음 2)

	20X2년	20X3년
계약손익	①(−)173,000	②(−)51,000

1. X2년 계약손익: (−)173,000

	X1년	X2년(손실 예상)	총금액
진행률	420,000/700,000=60%	715,000/1,100,000=65%	
누적계약수익	900,000×60%=540,000	1,050,000×65%=682,500	
계약수익	540,000	682,500−540,000=142,500	1,050,000
계약원가	420,000+1,000	③(315,500)	1,100,000+4,000
계약손익	119,000	②(173,000)	①(54,000)

(1) 진행률

차입원가는 진행률에 포함하지 않는다. 진행률 계산 시에는 누적계약원가를 총예상원가로 나누게 되는데, 미래에 발생할 차입원가 자본화 금액을 예상할 수 없기 때문이다. 차입원가는 연도별로 발생할 때 계약원가에 포함시킨다.

(2) 총 거래가격: 900,000+100,000+50,000=1,050,000

50,000의 보너스에 대해서는 X1년말 현재 변동대가 추정치에 제약이 있으므로, 거래가격은 900,000이다. 하지만 X2년도 계약변경으로 고정대가가 100,000 증가하였으며, 변동대가 추정치에 제약이 없으므로 50,000을 포함시켜야 한다.

(3) 총 계약원가 추정액

총 계약손익에서 차감할 계약원가에는 X2년도 자본화 차입원가까지만 포함한다. X3년에 발생할 차입원가 자본화 금액을 X2년에는 예상할 수 없기 때문이다.

2. X3년 계약손익: (−)173,000

	X1년	X2년	X3년	총금액
진행률 누적계약수익			1,035,000/1,150,000=90% 1,050,000×90%=945,000	
계약수익 계약원가			262,500 ③313,500	1,050,000 1,150,000+5,000
계약손익	119,000	(173,000)	②(51,000)	①(105,000)

(물음 3) X2년 말 계약부채: 35,000, X3년 말 계약자산: 35,000

1. X2년 말 계약부채: (1)+(2)=35,000

문제에서 손실충당부채를 별도로 인식하는 것이 아니라, 미성공사에서 차감하라고 하고 있다. 따라서 손실충당부채만큼 계약부채(초과청구공사)가 증가한다.

(1) 초과청구공사(손실충당부채 차감 전): 17,500

계정과목	누적 수익		누적 청구액		누적 수령액		잔액
미청구공사	682,500	−	700,000			=	(−)17,500
공사미수금			700,000	−	600,000	=	100,000
현금					600,000	=	600,000
계	682,500					=	682,500

(2) 손실충당부채: (1,050,000−1,100,000)×(1−65%)=17,500

일반적으로 손실충당부채는 예상손실×(1−진행률)의 방식으로 구한다. 이 경우 손실충당부채는 '54,000×(1−65%)=18,900'으로 계산된다. 하지만 진행률 계산 시 자본화 차입원가를 제외하고 계산했으므로, 예상손실에도 자본화 차입원가가 제외되어야 한다.

참고〉 X2년도 계약원가=X2년 계약원가 지출액+X2년 자본화 차입원가+X2년 말 손실충당부채

=315,500=295,000+3,000+17,500

계약원가의 구성내용을 분석해보더라도 17,500이 된다는 것을 확인할 수 있다.

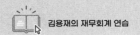

2. X3년 말 계약자산: (1)−(2)=35,000

(1) 미청구공사(손실충당부채 차감 전): 45,000

계정과목	누적 수익		누적 청구액		누적 수령액		잔액
미청구공사	945,000	−	900,000			=	45,000
공사미수금			900,000	−	700,000	=	200,000
현금					700,000	=	700,000
계	945,000					=	700,000

(2) 손실충당부채: (1,050,000−1,150,000)×(1−90%)=10,000

참고〉 X3년도 계약원가=X3년 계약원가 지출액+X3년 자본화 차입원가−X3년 말 손실충당부채 감소액
   =313,500=320,000+1,000−(17,500−10,000)

문제 12

물음 다음의 〈자료〉를 이용하여 답하시오.

> **자료**
>
> 1. ㈜대한은 20X1년 1월 1일에 계약당 현금 ₩20,000을 받고 1년 동안 유지보수용역을 제공하기로 100명의 고객들과 1건씩 별도 계약을 체결하였다. 계약 조건에는 20X1년 말에 각 고객이 현금 ₩20,000을 추가 지급하면 20X2년의 유지보수용역 계약을 갱신할 수 있는 선택권이 규정되어 있다. 또한 20X2년에 갱신하는 각 고객은 현금 ₩20,000에 20X3년에 대한 갱신 선택권을 받는다. 각 고객이 지급하는 금액은 환불되지 않는다.
>
> 2. ㈜대한은 고객이 처음에 용역을 구매하지 않거나 용역계약이 소멸되도록 한 경우에는 연간 유지보수용역에 대해 20X2년과 20X3년에 각각 ₩80,000과 ₩120,000의 유의적으로 높은 가격을 부과한다. 따라서 갱신 선택권을 제공하는 ㈜대한의 약속은 고객에게 중요한 권리를 제공하는 수행의무이다.
>
> 3. ㈜대한은 갱신 선택권의 개별 판매가격을 직접 산정하는 대신에, 제공할 것으로 예상하는 모든 용역에 대하여 받을 것으로 예상하는 대가를 산정하여 거래가격을 배분한다. ㈜대한은 20X1년 말에 고객 80명(판매된 계약의 80%)이 갱신할 것으로 예상하고, 20X2년 말에 고객 64명(20X1년 말에 갱신한 고객 80명 중 80%)이 갱신할 것으로 예상하였다. 실제로 매 연도에 ㈜대한의 예상에는 변동이 없었으며, 예상한 대로 고객이 계약을 갱신하였다.
>
> 4. ㈜대한은 총 예상원가 대비 발생원가에 기초한 수익인식이 고객에게 이전하는 용역을 반영한다고 판단하였다. 3개 연도 각 계약의 추정 및 실제 원가는 다음과 같으며, 매 연도에 변동이 없다.
>
> | 20X1년 | 20X2년 | 20X3년 |
> |---|---|---|
> | ₩10,000 | ₩15,000 | ₩20,000 |
>
> 5. 계산 시 원 미만과 %는 소수점 둘째자리에서 반올림한다(예: 32.58%는 32.6%로 계산). 또한 유의적인 금융요소에 대해서는 고려하지 않는다.

위 거래와 관련하여 ㈜대한이 20X2년도 포괄손익계산서에 수익으로 인식할 금액과 20X2년 말 재무상태표에 표시할 부채의 금액을 각각 계산하시오.

20X2년도 수익	①
20X2년 말 부채	②

해설

(물음)

20X2년도 수익	①1,683,600
20X2년 말 부채	②1,795,840

수익 기준서에 있는 사례를 출제한 문제이다. 기준서에서는 본 사례를 하나의 수행의무로 보고 3년간의 총 예상원가 대비 발생원가에 기초한 진행률로 수익을 인식하였다. 따라서 이러한 기준서의 관점을 바탕으로 문제를 풀면 다음과 같다.

(1) 3년간 예상되는 총수익: $20,000 \times 100$명$+20,000 \times 80$명$+20,000 \times 64$명$=4,880,000$

(2) 3년간 예상되는 총비용: $10,000 \times 100$명$+15,000 \times 80$명$+20,000 \times 64$명$=3,480,000$

(3) 연도별 수익

	X1	X2
진행률	$1,000,000/3,480,000=28.7\%$	$2,200,000/3,480,000=63.2\%$
누적수익	$4,880,000 \times 28.7\%=1,400,560$	$4,880,000 \times 63.2\%=3,084,160$
계약수익	1,400,560	1,683,600

(4) X2말 부채: $4,880,000 \times (1-63.2\%)=1,795,840$

|회계처리|

X1.1.1	현금	2,000,000	계약부채	2,000,000
X1.12.31	계약부채	1,400,560	수익	1,400,560
	현금	1,600,000	계약부채	1,600,000
X2.12.31	계약부채	1,683,600	수익	1,683,600
	현금	1,280,000	계약부채	1,280,000

X2말 부채: $2,000,000+1,600,000+1,280,000-1,400,560-1,683,600=1,795,840$

5. 미사용원가

다음과 같이 원가는 발생했지만 사용하지 않은 원가에 대해서는 진행률의 분모에 오는 누적발생원가에 포함시키지 않는다.

> ① 현장에 인도되었거나 계약상 사용을 위해 준비되었지만 아직 계약공사를 위해 설치, 사용 또는 적용이 되지 않은 재료의 원가와 같은 계약상 미래 활동과 관련된 계약원가. 단, 재료가 계약을 위해 별도로 제작된 경우는 제외
> ② 하도급계약에 따라 수행될 공사에 대해 하도급자에게 선급한 금액

6. 기업의 수행 정도를 나타내지 못하는 원가

고객에게 재화나 용역에 대한 통제를 이전하는 과정에서 기업의 수행 정도를 나타내지 못하는 투입물의 영향은 투입법에서 제외한다.

(1) 발생원가가 기업이 수행의무를 이행할 때 그 진척도에 이바지하지 않는 경우

계약가격에 반영되지 않았고 기업의 수행상 유의적인 비효율 때문에 든 원가(예: 수행의무를 이행하기 위해 들였으나 예상 밖으로 낭비된 재료원가, 노무원가, 그 밖의 자원의 원가)에 기초하여 수익을 인식하지 않는다.

(2) 발생원가가 기업이 수행의무를 이행할 때 그 진척도에 비례하지 않는 경우

발생원가를 진행률의 분자, 분모 모두에 포함시키지 않고, 실제로 발생 시 비용 처리하고, 그 비용만큼만 수익 인식

> **사례**
>
> 기업은 총 대가 ₩5,000,000에 3층 건물을 개조하고 새 엘리베이터를 설치하기로 20X2년 11월에 고객과 계약하였다. 엘리베이터 설치를 포함하여 약속된 개조 용역은 기간에 걸쳐 이행하는 단일 수행의무이다. 총 예상원가는 엘리베이터 ₩1,500,000을 포함하여 ₩4,000,000이다. 기업은 엘리베이터에 대한 통제를 고객에게 이전하기 전에 획득하기 때문에 본인으로서 행동한다고 판단한다.
> 기업은 수행의무의 진행률 측정에 발생원가에 기초한 투입법을 사용한다. 기업은 엘리베이터를 조달하기 위해 들인 원가가 수행의무를 이행할 때 기업의 진행률에 비례적이지 않다고 판단한다. 엘리베이터가 20X3년 6월까지 설치되지 않더라도, 20X2년 12월에 현장으로 인도될 때 고객은 엘리베이터를 통제한다. 20X2년 12월 31일 현재 엘리베이터를 제외한 발생원가가 ₩500,000이라고 할 때, 기업이 20X2년에 인식할 이익은? ~~기준서 사례 수정~~
>
> 답 200,000

	X2년
진행률	500,000/2,500,000=20%
누적계약수익	3,500,000×20%=700,000
계약수익	700,000+1,500,000=2,200,000
계약원가	500,000+1,500,000=2,000,000
계약손익	200,000

예상원가는 엘리베이터 원가 1,500,000와 그 이외의 원가 2,500,000으로 구성된다. 엘리베이터 원가가 진행률에 비례적이지 않다고 판단하였으므로, 엘리베이터 원가를 제외하여 진행률을 조정한다. 따라서 진행률은 500,000/2,500,000=20%가 된다. 또한, 기업은 엘리베이터 이전에 따른 수익을 엘리베이터 조달원가와 동일한 금액(1,500,000)으로 인식한다.

문제 13

(13점)

㈜한국건설은 20X1년 5월 1일에 ₩180,000에 학교건물을 건설하는 정액계약을 체결하였다. 건물의 완공에는 2년이 소요될 예정이다. 이 회사는 수행한 공사에 대하여 발생한 누적계약원가를 추정총계약원가로 나눈 비율을 계산하여 계약진행률을 결정한다. 다음은 건설기간 동안 계약수익 및 계약원가와 관련된 자료이다.

공통자료

1. 최초에 합의한 계약수익은 ₩180,000이지만 20X2년도에 발주자가 공사변경을 승인하여 계약수익이 ₩4,000만큼 증가하였다.

2. 이 회사가 최초에 추정한 총계약원가는 ₩160,000이며, 20X1년 말에 추정한 총계약원가는 ₩161,000으로 증가하였다.

3. 20X2년 말에 발생한 계약원가에는 20X3년에 공사완료를 위해 사용할 ₩2,000만큼의 현장보관 표준자재가 포함되어 있다.

4. 위 1부터 3까지 반영된 건설기간 동안의 요약재무정보는 다음과 같다.

구분	20X1	20X2	20X3
최초의 계약수익	₩180,000	₩180,000	₩180,000
공사변경 계약수익	–	4,000	4,000
총계약수익	**180,000**	**184,000**	**184,000**
당기발생 계약원가	41,860	81,500	40,640
누적발생 계약원가	41,860	123,360	164,000
추정 추가발생 계약원가	119,140	40,640	–
추정 총계약원가	**161,000**	**164,000**	**164,000**

5. 위 4에서 제시된 계약원가에는 다음 두 개의 항목이 반영되어 있지 않다.
   ① 계약수익의 2.5%를 하자보수원가로 추정하고 매회계연도말에 충당부채로 설정하기로 하였다.
   ② 공사계약을 수주하기 위해 공사계약체결 전에 발생한 수주비는 ₩5,000이다.

6. 공사대금청구액과 수취액은 다음과 같다.

연도	20X1	20X2	20X3
공사대금 청구액	₩40,000	₩100,000	₩44,000
공사대금 수취액	35,000	85,000	64,000

물음 1 20X2년의 ① 계약진행률 산출을 위한 누적 발생계약원가와 ② 누적 계약진행률을 구하시오. 2015. CPA

누적 발생계약원가	①
누적 계약진행률	②

물음 2 20X2년의 ① 하자보수비, ② 수주비 및 ③ 당기 발생계약원가를 구하시오. 2015. CPA

하자보수비	①
수주비	②
당기 발생계약원가	③

물음 3 20X1년과 20X2년의 초과청구공사 또는 미청구공사를 구하시오. 2015. CPA

물음 4 〈공통자료〉 5와 6에서 제시된 내용을 무시하고 20X2년 말에 추정되는 20x3년도 추가 발생 계약원가가 ₩78,640(공통자료 3이 반영된 금액)이라고 가정하자. 이 경우에 20X2년도 ① 누적계약진행률과 ② 계약손익을 구하시오. 이 가정과는 달리 20x3년에 실제 발생한 계약원가가 ₩80,640일 경우에 ③ 20x3년도 계약손익을 구하시오. 단, ②와 ③에서 계산된 금액을 소수점 첫째 자리에서 반올림하고, 계약손실일 경우 금액 앞에 '(−)'를 표시하시오. 2015. CPA

20X2년도 누적계약진행률	①
20X2년도 계약손익	②
20x3년도 계약손익	③

물음 5 건설공사의 계약수익을 인식하기 위한 계약진행률 계산에서 당기 발생계약원가 대신 누적발생계약원가를 추정총계약원가로 나누어 구하는 이유를 오류수정과 회계추정의 관점에서 설명하시오(5줄 이내). 2015. CPA

✏️ **해설** 건설계약

(물음 1)

누적 발생계약원가	①121,360
누적 계약진행률	②74%

1. 누적 발생계약원가: 123,360 − 2,000

(1) 현장보관 표준자재: X3년도에 사용할 것이므로 X2년 누적 원가에서 제외해야 한다.

(2) 하자보수원가: 계약수익의 2.5%를 하자보수원가로 추정하므로 계약수익이 확정되어야 하자보수원가를 인식할 수 있다. 하자보수원가를 진행률 계산 시 포함시키면 계약수익이 다시 변동하므로 순환문제가 발생한다. 따라서 하자보수원가는 계약원가에 포함시키지 않는다.

(3) 수주비: 공사계약 체결 전에 발생한 원가로, 건설계약의 수행과 직접적으로 관련된 원가가 아니므로 진행률 산정 시에는 계약원가로 보지 않는다. 수주비는 진행률에 따라 각 연도의 계약원가로 인식한다.

2. 누적 계약진행률: 121,360/(121,360＋40,640＋2,000)＝**74%**

현장보관 표준자재는 X3년도에 사용할 것이므로 추가 계약원가에 포함해야 한다.

(물음 2)

하자보수비	①2,234
수주비	②2,400
당기 발생계약원가	③84,134

1. 진행률 및 계약수익

	X1년	X2년
진행률	41,860/161,000＝26%	74%
누적계약수익	180,000×26%＝46,800	184,000×74%＝136,160
계약수익	46,800	136,160−46,800＝89,360
계약원가	(41,860)	81,500−2,000＝(79,500)
계약손익	4,940	9,860

2. 하자보수비: 계약수익×2.5%＝89,360×2.5%＝**2,234**

3. 수주비: 5,000×(X2년 진행률−X1년 진행률)＝5,000×48%＝**2,400**

4. 당기 발생계약원가: 하자보수비＋수주비＋진행률 산정 시 포함한 계약원가
   : 2,234＋2,400＋79,500＝**84,134**

(물음 3) 20X1년 미청구공사: 6,800, 20X2년 초과청구공사: 3,840

1. X1년 미청구공사: **6,800**

계정과목	누적 수익		누적 청구액		누적 수령액		잔액
미청구공사	46,800	−	40,000			=	6,800
공사미수금			40,000	−	35,000	=	5,000
현금					35,000	=	35,000
계	46,800					=	46,800

2. X2년 초과청구공사: **3,840**

계정과목	누적 수익		누적 청구액		누적 수령액		잔액
미청구공사	136,160	−	140,000			=	(−)3,840
공사미수금			140,000	−	120,000	=	20,000
현금					120,000	=	120,000
계	136,160					=	136,160

(물음 4) 손실이 예상되는 경우

20X2년도 누적계약진행률	①60.68%
20X2년도 계약손익	②(－)20,940
20x3년도 계약손익	③(－)2,000

1. X2년

진행률: 60.68%

계약손익: －16,000－4,940＝(－)20,940

	X1년	X2년(손실예상)	총 금액
진행률	41,860/161,000＝26%	121,360/200,000＝60.68%	
누적계약수익	180,000×26%＝46,800	184,000×60.68%＝111,651	
계약수익	46,800	111,651－46,800＝64,851	184,000
계약원가	(41,860)	③(85,791)	(200,000)
계약손익	4,940	②(20,940)	①(16,000)

2. X3년 계약손익: (－)2,000

손실예상 이후 연도의 계약손익은 추가 발생 계약원가의 증감과 일치한다. 예상 계약원가에 비해 2,000을 추가로 지출하였으므로 계약손실 2,000이 발생한다.

	X2년(손실예상)	X3년
진행률	121,360/200,000＝60.68%	
누적계약수익	184,000×60.68%＝111,651	
계약수익	111,651－46,800＝64,851	72,349
계약원가	(85,791)	(74,349)
계약손익	(20,940)	78,640－80,640＝(2,000)

참고〉 계약원가의 구성

X2년: 발생원가＋손실충당부채＝79,500＋16,000×(1－60.68%)＝85,791

X3년: 발생원가－손실충당부채환입＝80,640－16,000×(1－60.68%)＝74,349

(물음 5)

계약원가와 계약수익의 변경은 회계추정의 변경에 해당한다. 당기 발생계약원가를 기준으로 진행률을 산정하는 경우에는 각 회계연도 진행률의 합계금액이 100%가 되지 않아 건설계약이 완료되는 시점에 전체 계약수익과 계약원가가 인식되지 않는다. 따라서 누적발생계약원가를 기준으로 누적진행률을 사용한다.

7. 진행률을 원가 이외의 기준으로 측정하는 경우

	원가기준	원가 이외의 기준
진행률	누적발생원가/총예상원가	누적기준/총예상기준
누적계약원가	누적지출액	총계약원가×진행률
계약원가	당기 누적계약원가−전기 누적계약원가	
계약원가	=당기 발생원가	≠당기 발생원가
미성공사	Σ(발생원가+공사손익)	
미성공사	=Σ계약수익	≠Σ계약수익

(1) 진행률 및 계약원가

　① 진행률: 문제에서 제시한 기준으로 계산

　② 계약원가: 당기 누적계약원가를 구한 뒤, 전기 누적계약원가를 차감 (=계약수익)

(2) 미성공사=Σ(발생원가+공사손익)≠Σ계약수익 (∵발생원가≠계약원가)

13 주식기준보상

주식기준보상은 회계사 2차 시험에 2019년부터 2022년까지 4년 연속으로 출제될만큼 중요한 주제이다. 위 4년간의 시험에서는 가득 조건, 조건변경, 선택형 주식기준보상이 주로 출제되었다.

1 주식결제형 주식기준보상 (=주식선택권)

	명수	×개수	×금액	×1/n	=누적액	비용
X1	재직 예상인원	개수	부여일의 FV	1/3	A	A
X2	재직 예상인원	개수	부여일의 FV	2/3	B	B−A
X3	재직 예상인원	개수	부여일의 FV	3/3	C	C−B

1. 명수 (재직 예상인원)

최초 재직 인원			
−전기까지 누적 퇴사	−당기 퇴사	−차기부터 예상 퇴사	재직 예상인원
−당기까지 누적 퇴사		−차기부터 예상 퇴사	재직 예상인원
−가득 기간 총 예상 퇴사			재직 예상인원

　−명수: 가득 시점에 재직할 것으로 예상하는 인원
　−예상을 하는 시점: '매기 말' (X1초에 예상하는 재직 인원 대입 X)

2. 개수: 1인당 부여한 주식선택권 개수

3. 금액: 주식결제형 주식선택권은 부여일의 공정가치로 평가 (X1초의 공정가치)

4. 1/n: 주식선택권 가득에 필요한 연수를 '1/n, 2/n, 3/n …'과 같은 방식으로 채우기
　ex 가득 기간 3년: 1/3, 2/3, 3/3

5. 누적액 (주식선택권 기말 잔액)=명수×개수×금액×1/n

6. 비용 (주식보상비용)=당기 누적액−전기 누적액

주식보상비용(PL)	XXX	주식선택권(자본조정)	XXX

7. 행사 시 회계처리

(1) 신주 발행 시				(2) 구주(자기주식) 지급 시			
현금	행사가	자본금	액면가	현금	행사가	자기주식	자기주식 BV
SO	부여일의 FV	주발초	XXX	SO	부여일의 FV		
					자기주식처분손익 XXX		

2 현금결제형 주식기준보상 (=주가차액보상권) 중요!

	명수	×개수	×금액	×1/n	=누적액	비용
X1	재직 예상인원	개수	X1말 FV	1/3	A	A
X2	재직 예상인원	개수	X2말 FV	2/3	B	B−A
X3	가득 인원	개수	X3말 FV	3/3	C	C−B
	(가득 인원−X3 행사 인원)	개수	X3말 FV	−	D	(환입)
X4	(가득 인원−X3 행사 인원)	개수	X4말 FV	−	E	E−D
	(가득 인원−X3, X4 행사 인원)	개수	X4말 FV	−	F	(환입)

1. 명수 (재직 예상인원)

(1) 가득 전: 주식결제형과 같은 방식으로 적기

(2) 가득 이후: 가득 인원−누적 행사 인원

2. 개수: 1인당 부여한 주가차액보상권 개수

3. 금액

: 부채가 결제될 때까지 매기 말 주가차액보상권의 공정가치(not 주식의 공정가치)로 평가

4. 1/n

(1) 가득 전: 주식결제형과 같은 방식으로 적기

(2) 가득 이후: 1이므로 비워두기

5. 누적액 (부채 기말 잔액)=명수×개수×금액×1/n

6. 평가 비용 (주식보상비용)

(1) 가득 전=당기 누적액−전기 누적액

주식보상비용(PL)	XXX	장기미지급비용(부채)	XXX

(2) 가득 이후: 현금결제형은 가득 이후에도 매기 말 공정가치로 평가

전기말까지 행사한 누적 인원을 차감한 부채 잔액(D)을 계산한 뒤, 당기에는 공정가치만 바꿔서 부채 잔액(E)을 다시 계산한다. 이 두 금액의 차이(E−D)를 당기(X4년) 비용으로 인식한다.

7. 행사 시 회계처리 중요!

: 부채는 FV로 계상하지만, 현금은 내재가치만큼 지급

장기미지급비용	②주가차액보상권의 FV	현금 주식보상비용	①내재가치 ③XXX

① 내재가치＝주식의 공정가치−행사가격
② 현금결제형은 매기말 FV로 평가하였으므로, 행사 시 FV만큼 부채(장기미지급비용)를 제거
③ 대차차액은 주식보상비용환입(PL)으로 인식

주식보상비용환입＝행사 명수×(공정가치−내재가치)×개수

 행사하는 해의 비용=FV 평가 시 보상비용−행사 시 보상비용환입 중요!

문제 1

물음 1), 물음 2)는 각각 독립적인 상황이다. 물음에 답하시오.

물음 1 다음 물음에 답하시오. (18점) 2021. CTA

㈜세무는 20X1년 1월 1일 종업원 100명에게 앞으로 3년간 근무할 것을 조건으로 각각 현금결제형 주가차액보상권을 10개씩 부여하였다. 다음은 각 회계연도의 실제 퇴사 종업원 수와 각 회계연도 말 추정 퇴사 종업원 수에 대한 자료이다.

구 분	실제 퇴사 종업원 수	회계연도 말 추정 퇴사 종업원 수
20X1년	3명	20X2년과 20X3년에 7명이 퇴사할 것으로 추정
20X2년	4명	20X3년에 3명이 퇴사할 것으로 추정
20X3년	3명	—

20X3년 말 계속근무자 90명은 부여받았던 주가차액보상권을 모두 가득하였으며, 각 회계연도 말 주가차액보상권을 행사한 종업원 수에 대한 자료는 다음과 같다.

구 분	주가차액보상권 행사 종업원 수
20X3년	30명
20X4년	30명
20X5년	30명

㈜세무가 매 회계연도 말에 추정한 주가차액보상권의 공정가치와 주가차액보상권의 내재가치(현금지급액)에 대한 자료는 다음과 같다.

연도	공정가치	내재가치(현금지급액)
20X1년	₩144	
20X2년	155	
20X3년	182	₩150
20X4년	214	200
20X5년	250	250

1) ① 20X1년도에 인식할 비용과 ② 20X2년 말 부채장부금액을 계산하시오.

20X1년도에 인식할 비용	①
20X2년 말 부채장부금액	②

2) ① 20X3년도에 인식할 비용과 ② 20X3년 말 부채장부금액을 계산하시오.

20X3년도에 인식할 비용	①
20X3년 말 부채장부금액	②

3) ① 20X4년도에 인식할 비용과 ② 20X4년 말 부채장부금액을 계산하시오.

20X4년도에 인식할 비용	①
20X4년 말 부채장부금액	②

물음 2 ㈜개신은 20X1년 1월 1일에 종업원 100명에게 각각 현금결제형 주가차액보상권 100개를 부여하고, 3년의 용역조건을 부여하였다. 〈관련자료〉는 다음과 같다.

관련자료

1. 20X1년 중에 5명이 퇴사하였으며, 회사는 20X2년과 20X3년에 걸쳐 추가로 7명이 퇴사할 것으로 추정하였다. 20X2년에는 실제로 3명이 퇴사하였고, 회사는 20X3년에 추가로 2명이 퇴사할 것으로 추정하였다. 20X3년에 실제로 3명이 퇴사하여 20X3년 12월 31일자로 89명이 주가차액보상권을 가득하였다.

2. 20X3년 12월 31일에 20명이 주가차액보상권을 행사하였고, 20X4년 12월 31일에 30명이 주가차액보상권을 행사하였으며, 나머지 39명은 20X5년 12월 31일에 주가차액보상권을 행사하였다.

3. ㈜개신이 매 회계연도 말에 추정한 주가차액보상권의 공정가치와 20X3년, 20X4년 및 20X5년 말에 행사된 주가차액보상권의 내재가치(현금지급액)는 아래 표와 같다.

회계연도	공정가치	내재가치 (현금지급액)
20X1	₩144	—
20X2	155	—
20X3	182	₩150
20X4	214	200
20X5	250	250

이와 관련하여 ① 20X3년도에 인식할 보상비용 및 ② 20X5년도에 인식해야 할 보상비용을 각각 구하시오.

2015. CPA

20X3년도에 인식할 보상비용	①
20X5년도에 인식할 보상비용	②

✎ 해설 **현금결제형 주식기준보상**

(물음 1)

(1)

20X1년도에 인식할 비용	①43,200
20X2년 말 부채장부금액	②93,000

(2)

20X3년도에 인식할 비용	①61,200
20X3년 말 부채장부금액	②109,200

(3)

20X4년도에 인식할 비용	①15,000
20X4년 말 부채장부금액	②64,200

	명수	×개수	×금액	×1/n	=누적액	비용
X1	(100−3−7)	10	144	1/3	43,200	①43,200
X2	(100−3−4−3)	10	155	2/3	②93,000	49,800
X3	(100−10)	10	182	3/3	163,800	70,800
	(100−10−30)	10	182		②109,200	(9,600)
X4	(100−10−30)	10	214		128,400	19,200
	(100−10−30−30)	10	214		②64,200	(4,200)
X5	(100−10−30−30)	10	250		75,000	10,800
	0	10	250		0	(0)

(2) X3년도 보상비용: ①−②=70,800−9,600=**61,200**

① 평가 시 주식보상비용: 163,800−93,000=70,800

② 행사 시 주식보상비용환입: 30명×10개×(182−150)=9,600

(3) X4년도 보상비용: ①−②=19,200−4,200=**15,000**

① 평가 시 주식보상비용: 128,400−109,200=19,200

② 행사 시 주식보상비용환입: 30명×10개×(214−200)=4,200

|X3년, X4년 회계처리|

X3.12.31	주식보상비용	70,800	장기미지급비용	70,800
	장기미지급비용	54,600	현금	45,000
			주식보상비용	9,600
X4.12.31	주식보상비용	19,200	장기미지급비용	19,200
	장기미지급비용	64,200	현금	60,000
			주식보상비용	4,200

(물음 2)

20X3년도에 인식할 보상비용	①625,800
20X5년도에 인식할 보상비용	②140,400

	명수	×개수	×금액	×1/n	=누적액	비용
X1	(100−5−7)	100	144	1/3	422,400	422,400
X2	(100−5−3−2)	100	155	2/3	930,000	507,600
X3	89	100	182	3/3	1,619,800	689,800
	(89−20)	100	182		1,255,800	(64,000)
X4	(89−20)	100	214		1,476,600	220,800
	(89−20−30)	100	214		834,600	(42,000)
X5	39	100	250		975,000	140,400
	0	100	250		0	—

1. X3년도 보상비용: (1)−(2)=**625,800**
(1) 평가 시 주식보상비용: 1,619,800−930,000=689,800
(2) 행사 시 주식보상비용환입: 20명×100개×(182−150)=64,000

2. X5년도 보상비용: (1)−(2)=**140,400**
(1) 평가 시 주식보상비용: 975,000−834,600=140,400
(2) 행사 시 주식보상비용환입: 39명×100개×(250−250)=0

|X3년, X5년 회계처리|

X3.12.31	주식보상비용	689,800	장기미지급비용	689,800
	장기미지급비용	364,000	현금	300,000
			주식보상비용	64,000
X5.12.31	주식보상비용	140,400	장기미지급비용	140,400
	장기미지급비용	975,000	현금	975,000

참고〉 주가 정보
(물음 1)과 (물음 2)는 각각 다른 해에 치러진 세무사와 회계사 기출문제이다. 그런데 주가가 같다. 김수석이 기출문제를 잘못 갖고 온 것이 아니라, 실제로 정보가 같다. (물음 1)의 출제진이 (물음 2)의 숫자를 그대로 베껴서 출제했다. 이처럼 기출문제는 매우 중요하니 잘 반복하자.

3 가득조건

가득조건		설명
용역제공조건		근무기간 채우면 가득
성과조건	시장조건	목표주가 달성하면 가득
	비시장조건	주가 이외의 조건 달성하면 가득

1. 용역제공조건

: 상대방이 특정기간동안 용역을 제공할 경우 지분상품 또는 현금을 획득할 수 있는 조건

2. 성과조건

: 상대방이 특정기간동안 용역을 제공하는 것에 추가로 특정 성과목표를 달성해야 지분상품 또는 현금을 획득할 수 있는 조건

(1) 시장조건(=주가조건): 조건 달성 여부와 관계없이 계산식 수정 X

→ 퇴사자를 반영하면서 명수만 수정

(2) 비시장조건: 조건 달성 여부에 따라 계산식 수정 O

문제 2

㈜대한은 종업원 100명에게 앞으로 3년간 근무하고 기업의 매출액이 3차년도 말까지 목표액 5억원을 달성하는 조건으로 종업원 1인당 현금결제형 주가차액보상권을 100개씩 부여하였다. 다음의 〈자료〉를 이용하여 각 물음에 답하며, 각 물음은 독립적이다. 답안 작성 시 원 이하는 반올림한다.

자료

1. 1차년도 말에 ㈜대한은 3차년도 말까지 목표 매출액을 달성하지 못할 것으로 예상하였다.

2. 2차년도에 ㈜대한의 매출액이 유의적으로 증가하였고, 계속 증가할 것으로 예상되었다. 따라서 2차년도 말에 ㈜대한은 3차년도 말까지 목표 매출액을 달성할 것으로 예상하였다.

3. 3차년도 말에 목표 매출액을 달성하여, 주가차액보상권의 가득요건이 충족되었고, 20명의 종업원이 주가차액보상권을 행사하였다. 4차년도 말에 추가로 20명의 종업원이 주가차액보상권을 행사하였고, 나머지 60명은 5차년도 말에 주가차액보상권을 행사하였다.

4. 매 회계연도 말에 추정한 주가차액보상권의 공정가치와 행사일의 주가차액보상권 내재가치(현금지급액과 일치)는 다음과 같다.

연도	공정가치	내재가치
1차	₩120	―
2차	150	―
3차	160	₩150
4차	180	170
5차	200	200

5. 요구사항의 적용

연도	용역제공조건을 충족할 것으로 예상되는 종업원 수	매출액 목표의 달성 여부에 대한 최선추정
1차	100명	미달성으로 예측
2차	100명	달성으로 예측
3차	100명	실제로 달성

물음 위의 주식기준보상과 관련하여 ㈜대한이 ① 4차년도 말 금융부채로 표시할 금액과 ② 5차년도에 인식할 보상비용을 각각 계산하시오.

2019. CPA

해설 가득조건-비시장조건

(물음)
① 4차년도 말 금융부채: 1,080,000
② 5차년도 보상비용: 120,000

	명수	×개수	×금액	×1/n	=누적액	비용
X1					0	0
X2	100명	100개	150	2/3	1,000,000	1,000,000
X3	100명	100개	160	3/3	1,600,000	600,000
	(100−20)	100개	160		1,280,000	(20,000)
X4	(100−20)	100개	180		1,440,000	160,000
	(100−20−20)	100개	180		1,080,000	(20,000)
X5	(100−20−20)	100개	200		1,200,000	120,000
	0				0	0

1차년도 말에는 목표 매출액을 달성하지 못할 것으로 예상하므로 주식보상비용을 인식하지 않는다.
5차년도 말에는 행사를 하지만 공정가치와 내재가치가 같으므로 주식보상비용환입이 발생하지 않는다.

| 회계처리 |

X1.12.31	−회계처리 없음−			
X2.12.31	주식보상비용	1,000,000	장기미지급비용	1,000,000
X3.12.31	주식보상비용	600,000	장기미지급비용	600,000
	장기미지급비용	320,000	현금	300,000
			주식보상비용	20,000
X4.12.31	주식보상비용	160,000	장기미지급비용	160,000
	장기미지급비용	360,000	현금	340,000
			주식보상비용	20,000
X5.12.31	주식보상비용	120,000	장기미지급비용	120,000
	장기미지급비용	1,200,000	현금	1,200,000

4 조건변경

1. 주식선택권의 조건변경은 종업원에게 '유리한' 조건변경만 인식 ★중요!

→ 종업원에게 불리한 조건변경은 무시함

2. 행사가격의 변동

	명수	×개수	×금액	×1/n	=누적액	비용
X1	재직 예상인원	개수	부여일의 FV	1/3	A	A
X2	재직 예상인원	개수	부여일의 FV	2/3	B	B+C−A
X2	재직 예상인원	개수	증분공정가치	1/2	C	B+C−A
X3	재직 예상인원	개수	부여일의 FV	3/3	D	D+E−(B+C)
X3	재직 예상인원	개수	증분공정가치	2/2	E	D+E−(B+C)

STEP 1 조건변경일의 증분공정가치

> 증분공정가치=조건변경 후 주식선택권의 FV−조건변경 전 주식선택권의 FV
> (조건변경 전과 조건변경 후 공정가치 모두 조건변경일의 공정가치 이용)

STEP 2 증분공정가치를 '전진적으로' 인식

Step 1에서 계산한 증분공정가치를 조건변경일부터 남은 기간에 걸쳐 '전진적으로' 인식

ex 가득 조건이 3년인 주식선택권에 대해 1년 경과 후 조건변경
 : 부여일의 공정가치만큼은 1/3, 2/3, 3/3을, 증분공정가치는 X2년부터 1/2, 2/2를 곱하기

STEP 3 누적액 및 비용

(1) X2년 말 누적액(주식선택권): B+C
(2) X3년 말 누적액(주식선택권): D+E
(3) X3년도 주식보상비용: D+E−(B+C)

3. 행사수량의 변동

(1) 행사수량의 증가: 유리한 조건변경

　행사수량 증가분을 조건변경일부터 남은 기간동안 전진적으로 인식

(2) 행사수량의 감소 **2차**

　① 중도청산으로 봄→감소된 수량만큼 연수에 1(=n/n)을 곱함

　② 명수 계산 시 주의사항: 조건변경일까지 퇴사한 사람만 차감

　　－ 조건변경일~가득일까지 예상 퇴사자는 차감 X

4. 현금결제형 주식기준보상을 주식결제형으로 변경하는 경우 **2차**

현금결제형 주식기준보상을 주식결제형으로 변경하는 경우 조건변경일부터 주식결제형으로 다음과 같이 회계처리한다.

장기미지급비용	②조건변경일의 BV	주식선택권	①조건변경일의 FV
주식보상비용	③XXX		

STEP 1 주식결제형 계상

(1) 금액: 조건변경일의 FV

　주식결제형 주식기준보상거래는 조건변경일에 부여된 지분상품의 공정가치에 기초하여 측정

(2) 1/n: 최초부터 있었던 것처럼 계산

　주식결제형 주식기준보상거래는 재화나 용역을 기존에 제공받은 정도까지 조건변경일에 자본으로 인식

　ex 3년 근무조건으로 현금결제형 부여 후 2년 뒤 주식결제형으로 변경: 1/n=2/3

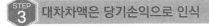 **STEP 2** 조건변경일 현재 현금결제형 관련 부채 제거

STEP 3 대차차액은 당기손익으로 인식

문제 3

※ 다음의 각 물음은 독립적이다.

물음 1 주식결제형 주식기준보상거래와 관련된 다음의 〈자료 1〉을 이용하여 〈요구사항〉에 답하시오. 단, 각 〈요구사항〉은 독립적이다.

2021. CPA

자료 1

1. ㈜대한은 20X1년 1월 1일에 임원 50명에게 각각 주식선택권 10개를 부여하고, 20X3년 12월 31일까지 근무하면 가득하는 조건을 부과하였다.

2. 각 임원이 부여받은 주식선택권은 20X3년 말 ㈜대한의 주가가 ₩1,000 이상으로 상승하면 20X6년 말까지 언제든지 행사할 수 있으나, 20X3년 말 ㈜대한의 주가가 ₩1,000 미만이 될 경우 부여받은 주식선택권을 행사할 수 없다.

3. ㈜대한은 주식선택권의 공정가치를 측정할 때 이항모형을 적용하였으며, 모형 내에서 20X3년 말에 ㈜대한의 주가가 ₩1,000 이상이 될 가능성과 ₩1,000 미만이 될 가능성을 모두 고려하여 부여일 현재 주식선택권의 공정가치를 단위당 ₩300으로 추정하였다.

4. 임원의 연도별 실제 퇴사인원과 연도 말 퇴사 추정인원은 다음과 같다.
   • 20X1년도: 실제 퇴사인원 3명, 20X3년 말까지 추가 퇴사 추정인원 2명
   • 20X2년도: 실제 퇴사인원 2명, 20X3년 말까지 추가 퇴사 추정인원 25명
   • 20X3년도: 실제 퇴사인원 5명
5. 20X1년 초, 20X1년 말 및 20X2년 말 ㈜대한의 주가는 다음과 같다.

20X1년 1월 1일	20X1년 12월 31일	20X2년 12월 31일
₩700	₩1,050	₩950

요구사항 1

㈜대한의 20X3년 말 현재 주가가 ₩1,100일 때, 20X1년부터 20X3년까지 인식해야 할 연도별 당기보상비용(또는 보상비용환입) 금액을 각각 계산하시오. 단, 보상비용환입의 경우에는 괄호 안에 금액(예시: (1,000))을 표시하시오.

20X1년 당기보상비용(환입)	①
20X2년 당기보상비용(환입)	②
20X3년 당기보상비용(환입)	③

요구사항 2

㈜대한은 〈자료 1〉의 2번 사항인 주식선택권 행사 가능여부 판단기준을 주가 ₩1,000에서 ₩950으로 20X1년 말에 변경하였다. 이러한 조건변경으로 인하여 주식선택권의 단위당 공정가치는 ₩10 증가하였다. ㈜대한의 20X3년 말 현재 주가가 ₩900일 때, 20X1년부터 20X3년까지 인식해야 할 연도별 당기보상비용(또는 보상비용환입) 금액을 각각 계산하시오. 단, 보상비용환입의 경우에는 괄호 안에 금액(예시: (1,000))을 표시하시오.

20X1년 당기보상비용(환입)	①
20X2년 당기보상비용(환입)	②
20X3년 당기보상비용(환입)	③

물음 2 현금결제형 주식기준보상거래에서 주식결제형 주식기준보상거래로 분류를 변경하는 경우, 해당 조건 변경이 재무상태표와 포괄손익계산서에 미치는 영향에 대해서 간략히 서술하시오. 2019. CPA **2차**

물음 3 현금결제형 주식기준보상거래와 관련된 다음의 〈자료 2〉를 이용하여 〈요구사항〉에 답하시오. 2021. CPA **2차**

자료2

1. ㈜대한은 20X1년 1월 1일에 종업원 50명에게 20X3년 12월 31일까지 근무하는 것을 조건으로 각각 현금결제형 주가차액보상권 10개를 부여하였다. 주가차액보상권은 행사가격 ₩500과 행사시점의 ㈜대한의 주가와의 차액을 현금으로 지급하는 계약이다.

2. 종업원의 연도별 실제 퇴사인원과 연도 말 퇴사 추정인원은 다음과 같다.
   • 20X1년도: 실제 퇴사인원 3명, 20X3년 말까지 추가 퇴사 추정인원 2명
   • 20X2년도: 실제 퇴사인원 3명, 20X3년 말까지 추가 퇴사 추정인원 2명
   • 20X3년도: 실제 퇴사인원 4명

3. 매 회계연도 말에 추정한 주가차액보상권의 단위당 공정가치는 다음과 같다.
   • 20X1년: ₩100
   • 20X2년: ₩150

요구사항

㈜대한은 20X2년 말에 기존의 주가차액보상권을 모두 취소하는 대신 20X4년 말까지 계속 근무할 것을 조건으로 종업원 각각에게 주식선택권 8개를 부여하는 것으로 변경하였다. 20X2년 말 현재 주식선택권의 단위당 공정가치는 ₩130이다. 20X2년 말 주식기준보상거래의 회계처리에 따른 20X2년도 포괄손익계산서 상 ① 당기순이익에 미치는 영향과 20X2년 말 재무상태표 상 ② 주식선택권의 금액을 계산하시오. 단, 당기순이익이 감소하는 경우 금액 앞에 (−)를 표시하시오.

당기순이익에 미치는 영향	①
주식선택권 금액	②

물음 4 (주)세무는 20X1년 초 종업원 100명에게 향후 4년간 근무할 것을 조건으로 주가차액보상권을 1인당 40개씩 부여하였다. 주가차액보상권의 단위당 공정가치는 20X1년 말 ₩1,000, 20X2년 말 ₩1,100이다. (주)세무는 20X2년 말 기존 주가차액보상권을 모두 취소하고, 당일 현재 재직 중인 종업원 100명에게 향후 2년을 계속 근무하는 조건(즉, 당초 가득기간에는 변동 없음)으로 주식선택권을 1인당 40개씩 부여하였다. 주식선택권의 단위당 공정가치는 20X2년 말 현재 ₩1,150이다. 20X1년 초부터 20X4년 말까지 퇴사자는 없을 것으로 예상되었으며 실제도 이와 같았다. (주)세무가 주식기준보상과 관련하여 ① 20X2년에 인식할 비용과 ② 20X2년 말 주식선택권 잔액으로 표시할 금액을 각각 계산하시오. (6점) 2024. CTA

20X2년도에 인식할 비용	①
20X2년 말 주식선택권 잔액	②

✏️ **해설**

(물음 1)

|요구사항 1 | 시장조건

20X1년 당기보상비용(환입)	①45,000
20X2년 당기보상비용(환입)	②(5,000)
20X3년 당기보상비용(환입)	③80,000

	명수	×개수	×금액	×1/n	=누적액	비용
X1	(50-3-2)	10	300	1/3	45,000	45,000
X2	(50-3-25-2)	10	300	2/3	40,000	(5,000)
X3	(50-3-2-5)	10	300	3/3	120,000	80,000

주가에 따라 가득 여부가 결정되므로 시장조건에 해당한다. 시장조건은 조건 충족 여부와 관계없이 주식보상비용을 인식하면 된다. (X3년말까지 추가 퇴사 추정인원 25명이 오타가 아니라 실제 문제였다.)

|요구사항 2 | 조건변경

20X1년 당기보상비용(환입)	①45,000
20X2년 당기보상비용(환입)	②(4,000)
20X3년 당기보상비용(환입)	③83,000

	명수	×개수	×금액	×1/n	=누적액	비용
X1	(50-3-2)	10	300	1/3	45,000	45,000
X2	(50-3-25-2)	10	300	2/3	40,000	(4,000)
	(50-3-25-2)	10	10	1/2	1,000	
X3	(50-3-2-5)	10	300	3/3	120,000	83,000
	(50-3-2-5)	10	10	2/2	4,000	

목표 주가를 낮춰준 것은 종업원에게 유리한 조건변경이므로 조건변경을 인식한다. 조건변경으로 인한 증분공정가치를 남은 기간에 걸쳐 전진적으로 인식한다. X1년말에 조건을 변경하였으므로 X2년부터 2년에 걸쳐 비용을 인식한다.

(물음 2)

기존에 현금결제형과 관련하여 인식한 부채는 제거하고, 분류 변경일 현재 주식결제형의 공정가치를 기준으로 자본을 인식하며, 대차차액은 당기손익으로 인식한다.

(물음 3) 현금결제형으로 주식결제형으로 분류를 바꾸는 조건변경

당기순이익에 미치는 영향	①(-)6,840
주식선택권 금액	②21,840

1. 현금결제형 (주가차액보상권)

	명수	×개수	×금액	×1/n	=누적액	비용
X1	(50−3−2)	10	100	1/3	15,000	15,000
X2	(50−3−3−2)	10	150	2/3	42,000	27,000

2. 주식결제형 (주식선택권)
X2년말 주식선택권: 21,840

	명수	×개수	×금액	×1/n	=누적액
X2	(50−3−3−2)	8	130	2/4	21,840

－X2년에 예상하는 X4년 퇴사 추정인원까지 차감해야 하나, 문제에 제시되지 않아서 X3년 말까지 퇴사 추정인원만 차감하였다.

| 회계처리 |

X2말	주식보상비용	27,000	장기미지급비용	27,000
	장기미지급비용	42,000	주식선택권	21,840
			주식보상비용	20,160

3. 당기순이익에 미치는 영향: 20,160−27,000=(−)6,840

(물음 4)

20X2년도에 인식할 비용	①1,300,000
20X2년 말 주식선택권 잔액	②2,300,000

	명수	×개수	×금액	×1/n	=누적액	비용
X1	100	40	1,000	1/4	1,000,000	1,000,000
X2	100	40	1,100	2/4	2,200,000	1,200,000
X2	100	40	1,150	2/4	2,300,000	100,000

현금결제형 주식기준보상거래를 주식결제형으로 변경하는 경우 조건변경일 이전까지 인식한 부채를 제거하고, 조건변경일에 부여된 주식결제형의 공정가치(1,150)로 자본으로 인식한다. 부채와 자본의 차이는 당기손익으로 인식한다. 1/n은 최초부터 있었던 것처럼 계산하므로 2/4가 온다.

|X5년 회계처리|

X2말	주식보상비용	1,200,000	장기미지급비용	1,200,000
	장기미지급비용	1,300,000	주식선택권	2,300,000
	주식보상비용	100,000		

주식보상비용: 1,200,000+100,000=1,300,000

5 주식선택권의 공정가치를 신뢰성 있게 측정할 수 없는 경우 2차

	명수	×개수	×금액	×1/n	=누적액	비용
X1	재직 예상인원	개수	X1말 내재가치	1/3	A	A
X2	재직 예상인원	개수	X2말 내재가치	2/3	B	B−A
X3	가득 인원	개수	X3말 내재가치	3/3	C	C−B
	(가득 인원−X3 행사 인원)	개수	X3말 내재가치	−	D	
X4	(가득 인원−X3 행사 인원)	개수	X4말 내재가치	−	E	E−D
	(가득 인원−X3, X4 행사 인원)	개수	X4말 내재가치	−	F	

주식결제형 주식기준보상(주식선택권)은 부여일의 공정가치로 측정한다. 하지만 부여일의 공정가치를 신뢰성 있게 측정할 수 없을 수도 있다. 이 경우 주식선택권을 매 보고기간 말과 결제일에 내재가치로 측정하고 내재가치 변동액은 당기손익으로 인식한다.

	주식결제형		현금결제형
	일반형	신뢰성 있는 측정 X	
측정일	부여일	매 보고기간 말＋결제일	
금액	공정가치	내재가치	공정가치

부여일의 공정가치로 측정한 뒤 공정가치 변동을 인식하지 않는 일반적인 주식결제형과 달리, 공정가치를 신뢰성 있게 측정할 수 없는 경우 금액을 계속 바꿔줘야 한다. 따라서 가득되었다고 해서 측정이 끝나는 것이 아니라, 결제가 될 때까지 계속해서 재측정해야 한다. 주식결제형이지만 현금결제형과 비슷하다고 기억하면 될 것이다.

현금결제형과의 차이점은 크게 2가지이다. 첫째, 현금결제형은 공정가치로 평가하나, 공정가치를 신뢰성 있게 측정할 수 없는 경우 내재가치로 평가한다는 점이다. 부여일의 공정가치를 추정할 수 없으니, 대용치로 내재가치를 이용하는 것이다. 둘째, 현금결제형은 행사 시 주식보상비용환입이 발생하나, 공정가치를 신뢰성 있게 측정할 수 없는 경우에는 주식결제형이므로 행사 시에 주식보상비용환입이 발생하지 않는다.

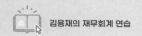

문제 4

(9점)

※ 다음의 각 물음은 독립적이다.

주식결제형 주식기준보상거래와 관련된 다음의 〈자료〉를 이용하여 각 물음에 답하시오. **2차**

> **자료**
>
> 1. ㈜대한은 20X1년 1월 1일에 종업원이 20X3년 12월 31일까지 근무하면 가득하는 조건으로 종업원 100명에게 각각 주식선택권 10개를 부여하였다.
>
> 2. 주식선택권의 만기는 5년, 주식선택권의 단위당 행사가격은 ₩1,000이고, 부여일 현재 ㈜대한의 1주당 주가 (액면금액 ₩500)는 ₩1,000이다.
>
> 3. 20X4년부터 20X5년까지 행사된 주식선택권의 수량은 다음과 같다. 한편 행사된 주식선택권은 모두 회계연도 말에 행사되었다.
>
> | 회계연도 | 행사된 주식선택권 수량(개) |
> |---|---|
> | 20X4년 | 300 |
> | 20X5년 | 550 |
>
> 4. 20X1년 12월 31일 현재 이미 6명이 퇴사하였으며, ㈜대한은 20X2년과 20X3년에 추가로 총 4명이 퇴사할 것으로 추정하였다. 따라서 부여한 주식선택권의 90%가 가득될 것으로 추정되었다.
>
> 5. 20X2년도에 실제로 4명이 퇴사하였고, ㈜대한은 미래에 가득될 것으로 기대되는 주식선택권의 비율을 85% 로 재추정하였다.
>
> 6. 20X3년도에 실제로 5명이 퇴사하였고, 20X3년 12월 31일 현재 총 850개의 주식선택권이 가득되었다.

물음 1 ㈜대한은 주식선택권 부여일 현재 주식선택권의 공정가치를 신뢰성 있게 측정할 수 없다고 판단하였다. 20X1년부터 20X5년까지 ㈜대한의 1주당 주가는 다음과 같다.

회계연도	회계연도 말 주가(1주당)
20X1년	₩1,100
20X2년	1,300
20X3년	1,250
20X4년	1,150
20X5년	1,350

㈜대한은 주식선택권 행사 시 자본항목으로 자본금, 주식발행초과금, 주식선택권을 사용하는데, 주식발행가액 중 주식의 액면금액은 '자본금', 액면금액 초과액은 '주식발행초과금'으로 표시한다. 주식선택권을 행사 시에 주식발행초과금으로 대체하는 경우, 20X4년과 20X5년의 주식선택권 행사 시 인식할 주식발행초과금의 금액을 각각 계산하시오.

2020. CPA

20X4년 행사 시 인식할 주식발행초과금	①
20X5년 행사 시 인식할 주식발행초과금	②

물음 2 ㈜대한은 주식선택권 부여일 현재 주식선택권의 단위당 공정가치를 ₩300으로 신뢰성 있게 측정할 수 있다고 판단하였다. ㈜대한은 20X2년 12월 31일에 다음과 같은 두 가지의 조건변경을 고려하고 있다.

| 조건변경1 | 주식선택권의 행사가격을 인하하는 조건변경으로 인해 주식선택권의 단위당 공정가치가 ₩100 증가 |
| 조건변경2 | 주식선택권의 행사가격을 인상하는 조건변경으로 인해 주식선택권의 단위당 공정가치가 ₩100 감소 |

주식선택권과 관련한 모든 회계처리로 ㈜대한이 20X3년도에 인식할 보상비용(또는 보상비용환입)의 금액을 각각 계산하시오. 단, 보상비용환입의 경우에는 (−)를 숫자 앞에 표시하시오.   2020. CPA

구분	20X3년	
	조건변경1	조건변경2
보상비용(또는 보상비용환입)	①	②

📝 해설

(물음 1) 주식선택권의 공정가치를 신뢰성 있게 측정 불가—내재가치로 평가

20X4년 행사 시 인식할 주식발행초과금	①195,000
20X5년 행사 시 인식할 주식발행초과금	②467,500

주식선택권의 공정가치를 신뢰성 있게 측정할 수 없다면 각 연도말 내재가치로 측정한다.

	명수	×개수	×금액	×1/n	=누적액	비용
X1	100×90%	10개	100	1/3	30,000	30,000
X2	100×85%	10개	300	2/3	170,000	140,000
X3	100×85%	10개	250	3/3	212,500	42,500
X4	850개		150		127,500	(85,000)
	(850개−300개)		150		82,500	
X5	(850개−300개)		350		192,500	110,000

| 회계처리 |

X4말	주식선택권	85,000	주식보상비용	85,000
	현금	300,000	자본금	150,000
	주식선택권	45,000	주식발행초과금	195,000
X5말	주식보상비용	110,000	주식선택권	110,000
	현금	550,000	자본금	275,000
	주식선택권	192,500	주식발행초과금	467,500

(물음 2) 조건변경

구분	20X3년	
	조건변경1	조건변경2
보상비용(또는 보상비용환입)	①170,000	②85,000

1. 조건변경1

	명수	×개수	×금액	×1/n	=누적액	비용
X1	100×90%	10개	300	1/3	90,000	90,000
X2	100×85%	10개	300	2/3	170,000	80,000
X3	100×85%	10개	300	3/3	340,000	170,000
	100×85%	10개	100	1/1		

증분공정가치를 잔여가득기간에 걸쳐 주식보상비용으로 인식한다.

2. 조건변경2

	명수	×개수	×금액	×1/n	=누적액	비용
X1	100×90%	10개	300	1/3	90,000	90,000
X2	100×85%	10개	300	2/3	170,000	80,000
X3	100×85%	10개	300	3/3	255,000	85,000

종업원에게 불리한 조건변경이므로 조건변경을 무시한다.

문제 5
(12점)

2024. CTA

다음 각 물음을 읽고 답하시오.

(주)세무는 20X1년 초 종업원 100명에게 앞으로 4년간 근무할 것을 조건으로 주식선택권을 1인당 100개씩 부여하였다. 주식선택권의 만기는 8년이고, 행사가격은 단위당 ₩1,000이며, 부여일 현재 (주)세무의 주가도 1주당 ₩1,000이다. 부여일 현재 (주)세무는 주식선택권의 공정가치를 신뢰성 있게 측정할 수 없다고 판단하였다. 각 회계연도의 실제 퇴사한 종업원 수와 각 회계연도 말 추정 추가퇴사 종업원 수에 대한 자료는 다음과 같다.

연도	실제 퇴사인원	20X4년 말까지 추가퇴사 예상인원
20X1년	0명	15명
20X2년	6명	10명
20X3년	7명	5명
20X4년	7명	–

20X4년 말 계속하여 근무한 종업원 80명은 주식선택권을 모두 가득하였으며, 20X4년 말 행사된 주식선택권은 2,000개이고, 20X5년 말 행사된 주식선택권은 3,000개이다. 각 회계연도 말 1주당 주가는 다음과 같으며, 1주당 액면금액은 ₩500이다.

일자	20X1년 말	20X2년 말	20X3년 말	20X4년 말	20X5년 말
1주당 주가	₩1,100	₩1,150	₩1,180	₩1,200	₩1,230

물음 1 (주)세무가 주식기준보상과 관련하여 ① 20X3년도에 인식할 비용과 ② 20X3년 말 주식선택권 잔액으로 표시할 금액을 각각 계산하시오.

20X3년도에 인식할 비용	①
20X3년 말 주식선택권 잔액	②

물음 1 (주)세무가 주식기준보상과 관련하여 ① 20X5년도에 인식할 비용과 ② 20X5년 주식선택권 행사시 인식할 주식발행초과금을 각각 계산하시오.

20X5년도에 인식할 비용	①
20X5년 주식선택권 행사시 인식할 주식발행초과금	②

✏️ 해설 주식선택권의 공정가치를 신뢰성 있게 측정할 수 없는 경우

(물음 1)

20X3년도에 인식할 비용	①477,000
20X3년 말 주식선택권 잔액	②1,107,000

(물음 2)

20X5년도에 인식할 비용	①180,000
20X5년 주식선택권 행사시 인식할 주식발행초과금	②2,190,000

	명수	×개수	×금액	×1/n	=누적액	비용
X1	(100－15)	100	100	1/4	212,500	212,500
X2	(100－6－10)	100	150	2/4	630,000	417,500
X3	(100－6－7－5)	100	180	3/4	1,107,000	477,000
X4	80	100	200	4/4	1,600,000	493,000
	6,000		200	4/4	1,200,000	
X5	6,000		230		1,380,000	180,000
X5	3,000		230		690,000	

|X5년 회계처리|

	주식보상비용	180,000	주식선택권	180,000
X5말	현금	3,000,000	자본금	1,500,000
	주식선택권	690,000	주식발행초과금	2,190,000

현금 유입액: 3,000개×@1,000＝3,000,000
주식발행초과금: (1,000＋230－500)×3,000개＝2,190,000

6 선택형 주식기준보상

1. 거래상대방(종업원)이 결제방식을 선택할 수 있는 경우

STEP 1 총 가치 분석

	명수	×개수	×금액	=가치
부채	명수	개수	부여일의 주가	②XXX
자본				③XXX
총 가치	명수	개수	부여일 주식선택권의 공정가치	①XXX

① 총 가치＝주식 결제 시 받는 주식 수×부여일 주식선택권의 공정가치
② 부채의 가치＝현금 결제 시 받는 주식 수×부여일의 주가
③ 자본의 가치＝총 가치－부채의 가치

거래상대방에게 주식기준보상거래를 현금이나 주식 발행으로 결제 받을 수 있는 선택권을 부여한 때에는, 복합금융상품을 부여한 것이다. 선택형 주식기준보상은 주식을 지급하거나, 주가에 해당하는 현금을 지급하므로, 행사가격이 없다. 따라서 부채를 주가차액보상권의 공정가치가 아니라, 주가로 평가한다.

STEP 2 매 기말

X1말	비용	③자본/3	SO	③자본/3
	비용	X1말 부채	부채	X1말 부채
X2말	비용	③자본/3	SO	③자본/3
	비용	X2말 부채－X1말 부채	부채	X2말 부채－X1말 부채

(1) SO(자본) 증가
Step 1에서 계산한 ③자본 금액을 가득 기간으로 나눈 만큼 주식선택권 증가

(2) 부채 평가

X1년말 부채＝명수×개수×X1말 FV×1/3
X2년말 부채＝명수×개수×X2말 FV×2/3
X2년도 비용＝X2년말 부채－X1년말 부채

현금 결제 시 (선택 분개)	부채	결제 시 주식의 FV	현금	결제 시 주식의 FV
	(SO	자본	자본요소	자본)

주식 결제 시	부채	행사가 느낌	자본금	액면가
	SO	자본	주발초	XXX

(1) 현금 결제 시: 비용 없음!
   - 선택형 주식기준보상은 행사가격이 없으므로, 부채와 현금 모두 주식의 공정가치
   → 일반적인 현금결제형 주식기준보상과 달리 행사 시 주식보상비용환입 X
   - 기존에 인식한 주식선택권은 자본요소로 대체 가능 (생략 가능)

(2) 주식 결제 시: 현금 자리에 부채가 옴!
   - 선택형 주식선택권을 주식 결제 시에는 주식결제형 행사 시와 매우 유사
   - 선택형은 현금이 납입되지 않지만, 향후 현금을 지급할 의무가 사라지므로 부채를 제거

2. 기업이 결제방식을 선택할 수 있는 경우

〈자산, 부채 안분 없이 둘 중 하나로!〉
현금 지급 의무 O: **현금결제형**으로 회계처리
현금 지급 의무 X: **주식결제형**으로 회계처리

물음 1 (주)세무는 20X1년 초 종업원이 결제방식을 선택할 수 있는 주식기준보상을 종업원 A에게 부여하였다. 종업원 A는 결제방식으로 가상주식 90주(주식 90주에 상당하는 현금지급에 대한 권리) 또는 주식 120 주를 선택할 수 있고, 각 권리는 종업원 A에게 향후 3년간 근무할 것을 조건으로 한다. (주)세무는 종업원 A가 20X3년 말까지 근무할 것으로 예상하였으며, 실제도 이와 같았다. 종업원 A가 주식 120주를 제공받는 결제방식을 선택하는 경우에는 주식을 가득일 이후 3년간 보유하여야 하는 제한이 있다. (주)세무는 부여일 이후 3년 동안 배당을 지급하지 않을 것으로 예상하며, 가득 이후 양도제한의 효과를 고려할 때 주식 120주를 제공받는 결제방식의 부여일 공정가치가 주당 ₩950이라고 추정하였다. ㈜세무의 1주당 주가는 다음과 같으며, 1주당 액면금액은 ₩500이다.

일자	20X1년 초	20X1년 말	20X2년 말	20X3년 말
1주당 주가	₩1,000	₩1,020	₩1,050	₩1,100

종업원 A는 가득요건을 충족한 20X3년도 말에 120주를 제공받는 결제방식을 선택하였으며, 선택 즉시 신주를 수령하였다. (주)세무가 주식기준보상과 관련하여 ① 20X3년도에 인식할 비용과 ② 20X3년도 주식발행시 인식할 주식발행초과금을 각각 계산하시오. (6점)

2024. CTA

20X3년도에 인식할 비용	①
20X3년 주식발행시 인식할 주식발행초과금	②

물음 2 종업원 주식기준보상약정에는 주식기준보상거래의 결제방법을 권리 행사 시 선택할 수 있는 선택형 주식기준보상거래가 있다. 결제방법의 선택권이 종업원에게 있는 경우와 기업에 있는 경우로 구분하여 관련 회계처리 방법을 3줄 이내로 기술하시오.

2024. CPA

✏️ **해설** 선택형 주식기준보상

(물음 1)

20X3년도에 인식할 비용	①44,000
20X3년 주식발행시 인식할 주식발행초과금	②63,000

(1) 총 가치 분석

	명수	×개수	×금액	=가치
부채		90주	1,000	②90,000
자본				③24,000
총 가치		120주	950	①114,000

(2) 자본 및 부채 평가

	자본		부채	
	누적액	비용	누적액	비용
x1	24,000×1/3=8,000	8,000	90×1,020×1/3=30,600	30,600
x2	24,000×2/3=16,000	8,000	90×1,050×2/3=63,000	32,400
x3	24,000×3/3=24,000	8,000	90×1,100×3/3=99,000	36,000

(3) X3년도 비용: 8,000+36,000=44,000

(4) 회계처리

X1말	주식보상비용	8,000	주식선택권	8,000
	주식보상비용	30,600	장기미지급비용	30,600
X2말	주식보상비용	8,000	주식선택권	8,000
	주식보상비용	32,400	장기미지급비용	32,400
X3말	주식보상비용	8,000	주식선택권	8,000
	주식보상비용	36,000	장기미지급비용	36,000
	장기미지급비용	99,000	자본금	60,000
	주식선택권	24,000	주식발행초과금	63,000

X3년도 주식발행초과금: 99,000+24,000−120주×@500=63,000

(물음 2)
종업원에게 선택권이 있는 경우에는 복합금융상품으로 회계처리한다. 기업에게 선택권이 있는 경우에는 현금결제의무가 있다면 현금결제형으로, 현금결제의무가 없다면 주식결제형으로 회계처리한다.

3. 현금결제선택권이 후속적으로 추가된 경우

	자본	부채	계	비용
X1말	명수×개수×X1초 주가×1/3＝A		A	A
X2말	명수×개수×(X1초 주가−X2말 주가)×2/3＝B	명수×개수×X2말 주가×2/3＝C	B+C	B+C−A
X3말	명수×개수×(X1초 주가−X2말 주가)×3/3＝D	명수×개수×X3말 주가×3/3＝E	D+E	D+E−B−C

X1말	비용	A	SO	A
X2말 (추가 시)	비용 SO	B+C−A A−B	부채	C
X3말	비용	D+E−B−C	부채 SO	E−C D−B

STEP 1 X1년 주식선택권 인식

－최초에는 현금결제선택권이 없으므로 X1년에는 주식결제형임
－주식결제형 계산식 이용하여 비용과 자본 인식

STEP 2 X2년 주식선택권을 자본과 부채로 찢기

(1) X2년 말 부채＝명수×개수×X2말 주가×2/3

　　소급법 적용: '처음부터 현금결제형이었던 것처럼' 연수 계산 시 2/3을 곱하기
　　(↔ '유리한 조건 변경': 전진법 적용, 증분공정가치에 1/2을 곱하기)

(2) X2년 말 자본＝명수×개수×(X1초 주가−X2말 주가)×2/3
　　－주식선택권을 자본과 부채로 '찢기'
　　－부여일의 공정가치(X1초 주가) 중 X2말 주가는 부채로 계상하였으므로 나머지 부분만 자본으로 계상

STEP 3 X3년 자본과 부채 추가 인식

(1) X3년 말 부채＝명수×개수×X3말 주가×3/3
　　－현금결제형은 매기 말 공정가치로 평가

(2) X3년 말 자본＝명수×개수×(X1초 주가−X2말 주가)×3/3
　　－자본은 X2년에 찢은 금액 그대로 연수만 3/3으로 바꾸기

문제 7

부여한 주식에 현금결제선택권이 후속적으로 추가된 경우와 관련된 다음의 〈자료〉를 이용하여 물음 1과 물음 2에 답하시오.

> **자료**
>
> 1. ㈜대한은 20X1년 초에 영업부서 직원이 20X4년 말까지 근무하면 가득하는 조건으로 영업부서 직원 10명에게 공정가치가 주당 ₩600인 주식을 각각 200주씩 부여하였다.
> 2. ㈜대한은 20X3년 말에 주식의 공정가치가 주당 ₩540으로 하락함에 따라 동일자로 당초 부여한 주식에 현금결제선택권을 추가하였다. 이에 따라 영업부서 직원은 가득일에 선택적으로 주식 200주를 수취하거나 200주에 상당하는 현금을 수취할 수 있게 되었다.
> 3. ㈜대한은 20X3년 말에 현금결제선택권이 추가됨에 따라 현금으로 결제할 의무를 부담하게 되었다. 따라서 ㈜대한은 20X3년 말 현재 주식의 공정가치와 당초 특정된 근무용역을 제공받은 정도에 기초하여 20X3년 말에 현금으로 결제될 부채를 인식하였다. 또한 ㈜대한은 20X4년 말에 부채의 공정가치를 재측정하고 그 공정가치 변동을 그 기간의 당기손익으로 인식하였다.
> 4. ㈜대한은 모든 가득기간에 걸쳐 퇴사할 영업부서 직원은 없을 것으로 계속 추정하였으며, 실제로도 가득기간까지 퇴사한 영업부서 직원은 없었다.
> 5. 20X4년 말 현재 ㈜대한 주식의 공정가치는 주당 ₩500이다.

물음 1 ㈜대한이 20X2년~20X4년도 포괄손익계산서에 인식할 연도별 당기보상비용을 각각 계산하시오.

2022. CPA

20X2년도 당기보상비용	①
20X3년도 당기보상비용	②
20X4년도 당기보상비용	③

물음 2 ㈜대한이 20X3년과 20X4년 말 재무상태표에 표시할 현금결제선택권과 관련된 부채의 금액을 각각 계산하시오.

2022. CPA

20X3년 말 부채	①
20X4년 말 부채	②

(물음 1)

20X2년도 당기보상비용	①300,000
20X3년도 당기보상비용	②300,000
20X4년도 당기보상비용	③220,000

(물음 2)

20X3년 말 부채	①810,000
20X4년 말 부채	②1,000,000

	자본	부채	비용
X1	10명×200개×600×1/4=300,000		300,000
X2	10명×200개×600×2/4=600,000		300,000
X3	10명×200개×(600−540)×3/4=90,000	10명×200개×540×3/4=810,000	300,000
X4	10명×200개×(600−540)×4/4=120,000	10명×200개×500×4/4=1,000,000	220,000

| 회계처리 |

X1말	주식보상비용	300,000	주식선택권	300,000
X2말	주식보상비용	300,000	주식선택권	300,000
X3말	비용	300,000	장기미지급비용	810,000
	주식선택권	510,000		
X4말	비용	220,000	장기미지급비용	190,000
			주식선택권	30,000

7 주식기준보상의 중도청산

잔여 비용	주식보상비용	잔여 비용	주식선택권	잔여 비용
청산	주식선택권	가득 시 SO 잔액	현금	지급액
	자본	청산일의 FV −가득 시 SO 잔액		
	주식보상비용	XXX		

 STEP 1 청산 전 SO 잔액 구하기

청산 전 SO 잔액: 청산일까지 주식결제형 계산식을 이용하여 계산된 주식선택권 잔액

 STEP 2 잔여 비용 인식하면서 가득 시 SO 잔액으로 키우기

가득 시 SO 잔액=(총인원−청산일까지 퇴사한 인원)×개수×부여일의 FV×n/n
잔여비용=가득 시 SO 잔액−청산 전 SO 잔액

− 청산일에 가득 되었다고 보고 연도를 1(=n/n)로 키우기
− 가득 시 SO 잔액 계산 시 주의사항: 청산일까지 퇴사한 사람만 차감할 것!
(↔ 중도청산을 하지 않는다면: 가득일까지 예상 퇴사자도 차감)

STEP 3 청산손실 계산

(1) 자본=청산일의 SO 공정가치−가득 시 SO 잔액
(2) 비용=현금 지급액−청산일의 SO 공정가치(단, 비용≥0)

 STEP 4 중도청산 시 총비용=잔여 비용+청산 비용

 STEP 5 중도청산으로 인해 자본에 미치는 영향: 현금 지급액만큼 감소!

 SO 중도청산 VS CB 조기상환

〈SO 중도청산〉	〈CB 조기상환〉		
비용	자본		총지급액
	전환권대가		
자본	비용	FV	
가득 시 SO 잔액	CB 장부금액		

SO 중도청산: FV까지 자본, 나머지는 비용
CB 조기상환: FV까지 비용, 나머지는 자본

문제 8

부여한 주식선택권의 중도청산과 관련된 다음의 〈자료〉를 이용하여 물음에 답하시오. 각 물음은 독립적이다.   2022. CPA

자료

1. ㈜민국은 20X1년 초에 마케팅부서 직원 10명에게 주식선택권을 각각 20개씩 부여하고, 20X4년 말까지 근무하면 가득하는 조건을 부과하였다. 부여일 현재 주식선택권의 공정가치는 단위당 ₩900이다.

2. ㈜민국은 20X3년 초에 마케팅부서 직원 10명에게 부여한 주식선택권 전부를 중도청산하였는데, 주식선택권에 대해 개당 ₩1,200씩 현금으로 지급하였다.

3. ㈜민국은 모든 가득기간에 걸쳐 퇴사할 마케팅 부서 직원은 없을 것으로 계속 추정하였으며, 실제로도 중도청산일까지 퇴사한 마케팅부서 직원은 없었다.

물음 1 중도청산일에 주식선택권의 공정가치가 단위당 ₩1,200인 경우, 중도청산이 ㈜민국의 20X3년도 포괄손익계산서 상 당기순이익에 미치는 영향을 계산하시오. 단, 당기순이익이 감소하는 경우 금액 앞에 (−)를 표시하시오.

20X3년도 당기순이익에 미치는 영향	①

물음 2 중도청산일에 주식선택권의 공정가치가 단위당 ₩1,000인 경우, 중도청산이 ㈜민국의 20X3년도 포괄손익계산서 상 당기순이익에 미치는 영향을 계산하시오. 단, 당기순이익이 감소하는 경우 금액 앞에 (−)를 표시하시오.

20X3년도 당기순이익에 미치는 영향	①

물음 3 중도청산이 이루어지기 직전인 20X3년 초에 마케팅부서 직원 10명이 모두 퇴사하였다고 가정한다. 동 사건이 ㈜민국의 20X3년도 포괄손익계산서 상 당기순이익에 미치는 영향을 계산하시오. 단, 당기순이익이 감소하는 경우 금액 앞에 (−)를 표시하시오.

20X3년도 당기순이익에 미치는 영향	①

✏️ **해설** 중도청산, 퇴사로 미가득

(물음 1)

20X3년도 당기순이익에 미치는 영향	①(−)90,000

	명수	×개수	×금액	×1/n	=누적액	비용
X1	10명	20개	900	1/4	45,000	45,000
X2	10명	20개	900	2/4	90,000	45,000

| 청산 시 회계처리 |

주식보상비용	90,000	주식선택권	90,000
주식선택권	180,000	현금	240,000
자본	60,000		

총 현금 지급액: 10명×20개×@1,200=240,000
자본: 주식선택권 장부금액−주식선택권 공정가치=(900−1,200)×200개=(−)60,000
공정가치 초과분 주식보상비용: 청산금액−공정가치=(1,200−1,200)×200개=0

(물음 2)

20X3년도 당기순이익에 미치는 영향	①(−)130,000

| 청산 시 회계처리 |

주식보상비용	90,000	주식선택권	90,000
주식선택권	180,000	현금	240,000
자본	20,000		
주식보상비용	40,000		

자본: 주식선택권 장부금액−주식선택권 공정가치=(900−1,000)×200개=(−)20,000
공정가치 초과분 주식보상비용: 청산금액−공정가치=(1,200−1,000)×200개=40,000

(물음 3)

20X3년도 당기순이익에 미치는 영향	①90,000

	명수	×개수	×금액	×1/n	=누적액	비용
X1	10명	20개	900	1/4	45,000	45,000
X2	10명	20개	900	2/4	90,000	45,000
X3	0명				0	(90,000)

| 퇴사 시 회계처리 |

주식선택권	90,000	주식보상비용	90,000

주식선택권이 가득되기 전에 전부 퇴사함으로써 주식선택권 잔액이 0이 되므로 주식보상비용을 환입해야 한다.

문제 9

다음은 ㈜세무의 주식기준보상 관련 자료이다.

- ㈜세무는 20X1년 초 종업원 90명에게 주식선택권을 1인당 100개씩 부여하였다.
- 동 주식선택권은 종업원이 향후 3년간 용역을 제공할 경우 가득된다. ㈜세무는 종업원 90명이 20X3년 말까지 용역을 제공할 것으로 예상하였으며, 실제도 이와 같았다.
- 20X2년 7월 1일 ㈜세무는 종업원과 합의하에 현금을 지급하여 주식선택권을 모두 중도청산하였으며, 주식선택권의 단위당 공정가치는 다음과 같다.

일자	20X1년 초	20X1년 말	20X2년 7월 1일
주식선택권의 단위당 공정가치	₩100	₩110	₩120

㈜세무가 중도청산시 지급한 현금이 ① 주식선택권 단위당 ₩110일 경우와 ② 주식선택권 단위당 ₩150일 경우 주식기준보상과 관련하여 20X2년도에 인식할 비용을 각각 계산하시오. (6점) 2024. CTA

중도청산시 지급한 현금	주식기준보상과 관련하여 20X2년도에 인식할 비용
주식선택권 단위당 ₩110일 경우	①
주식선택권 단위당 ₩150일 경우	②

중도청산시 지급한 현금	주식기준보상과 관련하여 20X2년도에 인식할 비용
주식선택권 단위당 ₩110일 경우	①600,000
주식선택권 단위당 ₩150일 경우	②870,000

1. 잔여비용: 600,000

	명수	×개수	×금액	×1/n	=누적액	비용
X1	90	100	100	1/3	300,000	300,000
X2	90	100	100	3/3	900,000	600,000

2. X2년도 총 비용

(1) 주식선택권 단위당 ₩110일 경우: 600,000

주식보상비용	600,000	주식선택권	600,000
주식선택권	900,000	현금	990,000
자본[1]	90,000		

[1]110×9,000개−900,000

—주식선택권의 중도청산 시 종업원에게 지급하는 금액은 자본에서 차감한다.

(2) 주식선택권 단위당 ₩150일 경우: 600,000+270,000=870,000

주식보상비용	600,000	주식선택권	600,000
주식선택권	900,000	현금	1,350,000
자본[1]	180,000		
주식보상비용[2]	270,000		

[1]120×9,000개−900,000

—주식선택권의 중도청산 시 종업원에게 지급하는 금액은 자본에서 차감한다.

[2](150−120)×9,000개

—주식선택권의 재매입일 현재 공정가치를 초과하여 지급하는 금액은 비용으로 인식한다.

14 주당순이익

1 기본주당순이익

기본 EPS＝보통주 귀속 당기순이익/가중평균유통보통주식수
(보통주 귀속 당기순이익＝NI－우선주 배당금)

1. 가중평균유통보통주식수(n)

	기초 1.1	유상증자 3.1	자기주식 취득 7.1	자기주식 처분 9.1	계
주식수	XXX	XXX	(XXX)	XXX	
무상증자 등	×1.1	×1.1	×1.1		
가중평균	×12/12	×10/12	×6/12	×4/12	
계	XXX	XXX	(XXX)	XXX	n

STEP 1 일자별 주식 수 변동 기재

유통주식수＝발행주식수－자기주식 수

(1) 기초 유통주식수 기재
1.1을 적은 뒤, 문제에 제시된 기초 유통주식수를 그 아래에 적는다.

(2) 유상증자: 유통주식수 증가

(3) 자기주식 거래
① 자기주식 취득: 유통주식수 감소
② 자기주식 처분(＝자기주식 재발행): 유통주식수 증가
③ 자기주식 소각: 유통주식수 불변

(4) 전환우선주, 전환사채: 전환일에 유통주식수 증가
① 전환우선주 전환으로 발행되는 보통주
＝전환된 우선주/보통주 1주로 전환하기 위해 필요한 우선주 주식 수

② 전환사채 전환으로 발행되는 보통주
    = 전환사채 액면금액/보통주 1주로 전환하기 위해 필요한 전환사채 액면금액 × 전환비율

> **STEP 2** 자본이 불변인 자본거래: 소급적용

자본이 불변인 자본거래: 무상증자, 주식배당, 주식분할, 주식병합
소급적용: 자본거래 이전에 발생한 주식 변동에 주식 변동비율 곱하기

> **STEP 3** n(가중평균유통보통주식수) 구하기

: 유통일을 기준으로 월할 가중평균
  계산기 사용법〉M+로 메모리에 넣어놓고, 12는 맨 마지막에 나누자!

2. 공정가치 미만 유상증자 ★중요!

> **STEP 1** 공정가치 미만 유상증자 시 무상증자로 보는 주식 수

무상증자로 보는 주식 수 = **증자 주식 수 × (공정가치 − 발행가액)/공정가치**
유상증자로 보는 주식 수 = **전체 유상증자 주식 수 − 무상증자로 보는 주식 수**

> **STEP 2** 무상증자율

무상증자율 = 무상증자로 보는 주식 수/(유상증자 전 주식 수 + 유상증자로 보는 주식 수)

무상증자로 보는 주식 수는 유상증자 전에 있던 주식과 유상증자로 보는 주식 수에 비례 배분

3. 우선주배당금

(1) 누적적 우선주와 비누적적 우선주: 누적적, 비누적적 모두 1년치만 차감

> ① 당해 회계기간과 관련하여 '배당결의된' **비누적적** 우선주에 대한 세후 배당금
> ② '배당결의 여부와 관계없이' 당해 회계기간과 관련한 **누적적** 우선주에 대한 세후배당금

(2) 기중에 발행한 우선주

> ① 기산일이 기초: 1년치 배당금 전부 지급
> ② 배당의 기산일은 납입일이며, 무상신주 등은 원구주를 따른다: 우선주 배당금 월할상각

(3) 우선주 재매입: BV보다 더 준 금액은 우선주 배당금

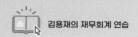

문제 1

(11점)

다음은 ㈜대한의 20X2년 1월 1일의 〈부분 재무상태표〉이다.

〈부분 재무상태표〉

자본금		₩8,000,000
1. 보통주자본금	₩6,000,000	
2. 우선주자본금	2,000,000	
자본잉여금		30,500,000
1. 주식발행초과금	30,000,000	
2. 감자차익	500,000	
자본조정		(1,000,000)
1. 자기주식(보통주)	(1,000,000)	
기타포괄손익누계액		2,000,000
1. 재평가잉여금	2,000,000	
이익잉여금		11,000,000
1. 이익준비금	5,000,000	
2. 미처분이익잉여금	6,000,000	
자본총계		₩50,500,000

다음의 〈자료〉를 이용하여 각 물음에 답하며, 각 물음은 독립적이다.

자료

1. ㈜대한은 20X1년 1월 1일에 설립되었으며, ㈜대한의 보통주와 우선주는 설립과 동시에 발행되었다.
2. ㈜대한의 20X2년 1월 1일 현재 발행된 보통주는 12,000주이며, 주당 발행금액은 ₩2,000이고, 주당 액면금액은 ₩500이다. ㈜대한의 20X2년 1월 1일 현재 발행된 우선주는 1,000주이며, 주당 액면금액은 ₩2,000이다.
3. 우선주는 누적적, 비참가적 우선주 한 종류만 발행되었으며, 배당률은 연 6%이다.
4. ㈜대한이 20X2년 1월 1일 현재 보유하고 있는 자기주식의 수량은 500주이다. 자기주식의 취득은 원가법으로 처리하며, 자기주식의 처분 시 단가산정은 가중평균법에 의한다.
5. ㈜대한은 자본금을 확충하기 위하여 20X2년 2월 1일에 주식발행초과금을 재원으로 하여 현재 유통중인 보통주를 대상으로 15%의 무상증자를 실시하였다.
6. ㈜대한은 20X1년 경영성과에 대해서 20X2년 2월 15일 주주총회에서 현금배당(₩1,000,000)을 원안대로 승인하고 이를 지급하였다.
7. ㈜대한은 경영전략 상의 계획에 의하여 20X2년 3월 1일에 보통주 1,200주를 발행하고 그 대가로 공정가치가 ₩1,000,000인 토지를 취득하였다. 단, 현물출자로 인한 자산의 취득원가는 해당 자산의 공정가치로 한다.
8. ㈜대한은 보유하고 있는 자기주식 중 100주를 20X2년 7월 1일에 주당 ₩2,500에 재발행하였으며, 20X2년 10월 1일에 200주를 소각하였다.
9. ㈜대한은 20X2년 중에 중간배당(현금배당) ₩500,000을 지급하였으며 20X2년 기말에 결산배당으로 ₩700,000(현금배당 ₩500,000과 주식배당 ₩200,000)을 책정하였다. ㈜대한의 주주총회 예정일은 20X3년 2월 15일이다.
10. ㈜대한의 20X2년 당기순이익은 ₩2,000,000이다.

물음 1 ㈜대한의 20X2년 말 재무상태표에 표시되는 자본금, 자본잉여금, 자본조정 그리고 이익잉여금의 금액을 각각 계산하시오. 단, 음의 값은 (−)를 숫자 앞에 표시하시오. 2019. CPA **2차**

항 목	금 액
자본금	①
자본잉여금	②
자본조정	③
이익잉여금	④

물음 2 ㈜대한의 20X2년의 ① 가중평균유통보통주식수, ② 기본주당순이익을 각각 계산하시오. 단, 주식 수는 월할 기준으로 계산한다. 답안 작성 시 원 이하는 반올림한다. 2019. CPA

물음 3 ㈜대한의 20X2년 기말 총자산이익률이 2%일 때 20X2년 말의 부채비율을 계산하시오. 단, 총자산이익률은 [(당기순이익/기말 자산)×100], 부채비율은 [(기말 부채/기말 자본)×100]을 사용하며, 계산 결과(%)는 소수점 첫째자리에서 반올림한다. 2019. CPA **2차**

✏️ **해설**

(물음 1)

항 목	금 액
자본금	①9,362,500
자본잉여금	②29,787,500
자본조정	③(−)400,000
이익잉여금	④11,500,000

	자본금	자본잉여금	자본조정	이익잉여금
x2초	8,000,000	30,500,000	(1,000,000)	11,000,000
무상증자	862,500	(862,500)		
현금배당				(1,000,000)
현물출자	600,000	400,000		
자기주식 재발행		50,000	200,000	
자기주식 소각	(100,000)	(300,000)	400,000	
중간배당				(500,000)
당기순이익				2,000,000
x2말	9,362,500	29,787,500	(400,000)	11,500,000

|회계처리|

X2.2.1	주식발행초과금	862,500	자본금	862,500
X2.2.15	미처분이익잉여금	1,000,000	현금	1,000,000
X2.3.1	토지	1,000,000	자본금	600,000
			주식발행초과금	400,000
X2.7.1	현금	250,000	자기주식	200,000
			자기주식처분이익	50,000
X2.10.1	자본금	100,000	자기주식	400,000
	감자차익	300,000		
중간배당	미처분이익잉여금	500,000	현금	500,000
X2.12.31	집합손익	2,000,000	미처분이익잉여금	2,000,000

(1) 무상증자: (12,000주－500주)×@500×15%＝862,500
 － '유통중인' 보통주를 대상으로 무상증자를 실시하였으므로 자기주식에 대해서는 무상주를 지급하지 않는다.

(2) 자기주식처분손익: (2,500－2,000)×100주＝50,000 이익
 － 자기주식의 주당 취득원가: 1,000,000/500주＝@2,000

(3) 감자차손익: (500－2,000)×200주＝(－)300,000 손실
 － 감자차손이 발생하나, 재무상태표에 감자차익이 계상되어 있으므로 감자차익을 감소시킨다.

(4) 배당
 － 이익준비금 적립: 문제에서 이익준비금을 적립한다는 언급이 없으므로 회계처리에서 생략하였다. 이익준비금이 자본금의 1/2을 초과하므로 적립할 필요가 없으며, 적립하더라도 이익잉여금에 미치는 영향이 없다.
 － X2년 결산배당: 주주총회가 X3년에 이루어지므로 X2년 자본 변동에 반영되지 않는다.

(물음 2)
① 가중평균유통보통주식수: 14,275
② 기본주당순이익: 132

1. 가중평균유통보통주식수(n)

	1.1	3.1	7.1	n
주식수 변동 무상증자 가중평균	11,500[1] ×1.15 ×12/12	1,200 ×10/12	100 ×6/12	
계	13,225	1,000	50	14,275

[1]기초 유통보통주식수: 발행보통주식수－자기주식수＝12,000－500＝11,500주

2. 기본 EPS: (NI－우선주배당금)/n＝(2,000,000－120,000)/14,275＝132
－우선주배당금: 1,000주×@2,000×6%＝120,000

(물음 3) 20X2년 말의 부채비율: 91%

(1) 기말 자산: 2,000,000/2%＝100,000,000

(2) 기말 자본: 52,250,000 (물음 1 참고)

자본금	9,362,500
자본잉여금	29,787,500
자본조정	(－)400,000
기타포괄손익누계액	2,000,000
이익잉여금	11,500,000
자본 총계	52,250,000

－물음 1에서는 기타포괄손익누계액을 묻지 않았지만 기말 자본에 포함시켜야 함을 주의하자.

(3) 기말 부채: 기말 자산－기말 자본＝47,750,000

(4) 기말 부채비율: 47,750,000/52,250,000＝91%

2 희석주당순이익

$$희석\ EPS = \frac{NI - 우선주\ 배당금 + 조정\ 사항}{n + 조정\ 사항}$$

|잠재적 보통주로 인한 분자, 분모 조정 사항| ★중요!

	분모	분자
전환우선주	기초(or 발행일) 전환 가정 (전환가정법)	전환 가정시 안 주는 배당금
전환사채		이자비용×(1−t)
신주인수권	권리 행사 시 증가 주식 수× (평균시가−행사가)/평균시가 (자기주식법)	ZERO(0)
신주인수권부사채		'할증금' 상각액×(1−t) or 0
주식선택권		주식보상비용×(1−t)

(t=법인세율)

1. 전환우선주 및 전환사채

(1) 분모 조정 사항: 전환가정법

    ① 기초부터 있었다면: 기초에 전환하였다고 가정
    ② 기중에 발행했다면: 발행하자마자 전환하였다고 가정

(2) 분자 조정 사항

    ① 전환우선주: 전환 가정 시 안 주는 배당금
    ② CB: 이자비용×(1−t)

2. 신주인수권, BW, SO

(1) 분모 조정 사항: 자기주식법

    분모에 가산하는 주식 수=권리 행사 시 증가 주식 수×(평균시가−행사가)/평균시가
                    −기말 시가는 사용 안 함

 김수석의 핵심록! 신주인수권, BW, SO vs 공정가치 미만 유상증자

신주인수권, BW, SO 존재 시 희석 EPS 분모에 가산할 주식 수	공정가치 미만 유상증자 시 무상증자로 보는 주식 수
권리 행사 시 증가 주식 수 ×(평균시가−행사가)/평균시가	증자 주식 수 ×(공정가치−발행가액)/공정가치

−평균시가 및 공정가치가 분모와 분자에 옴

① 신주인수권: '평균시가>행사가'인 경우에만 반영
② 주식선택권: '조정'행사가 이용

조정행사가＝행사가＋잔여가득기간에 인식할 '선택권 1개 당' 보상비용

(2) 분자 조정 사항

① 신주인수권: ZERO(0)
② BW: '할증금' 상각액$\times(1-t)$ (할증금이 없다면 0)
③ SO: 주식보상비용$\times(1-t)$

추의 ⓘ 잠재적보통주는 기중 발행인지 유의할 것!

2차 문제에서 잠재적보통주는 기중 발행으로 많이 제시된다. 이때에는 분모에 월할 상각된 금액이 가산되어야 하므로, 주의하자.

3. 기중에 일부만 전환/행사 시 분모 조정사항 **중요!**

기중에 일부만 전환 또는 행사 시에 분모에 가산하는 금액은 다음과 같이 계산한다.

(1) 전환우선주, 전환사채
  : 기초(or 발행일) 전환 시 증가 주식 수×월수/12－실제 증가 주식 수×월수/12
(2) 신주인수권, BW, SO
  : (기초(or 발행일) 행사 시 증가 주식 수×월수/12－실제 증가 주식 수×월수/12)
    ×(평균시가－행사가)/평균시가

우선 모든 잠재적보통주의 전환 또는 행사 시 증가하는 주식수에 월수/12를 곱한 뒤, 기본eps 계산 시 n에 가산한 주식 수를 차감한다. 최대한 빨리 전부 전환/행사되었다면 증가할 주식 수 중 n에 가산한 주식 수만큼은 실제로 주식이 증가했기 때문에 희석eps에는 둘의 차이만큼만 가산해야 한다. 이때, 신주인수권, BW, SO는 자기주식법을 이용하므로 마지막에 (평균시가－행사가)/평균시가를 곱해야 한다.

추의 ⓘ 잠재적 보통주는 발행 시점을 꼭 확인할 것!

잠재적보통주는 기초부터 존재했을 수 있지만, 당기에 발행했을 수도 있으므로 발행시점을 꼭 주의하자. 많은 수험생이 놓치는 부분이다.

3 잠재적보통주가 여러 개일 때 ★중요!

	분자	분모	EPS	희석여부
기본	2,000,000	10,000	200	
신주인수권	0	100	0	O
BW	2,000,000	10,100	198	
	1,400,000	10,000	140	O
전환우선주	3,400,000	20,100	169(희석 EPS)	
	720,000	750	960	X

1. 잠재적보통주가 여러 개일 때 희석 순서: 희석효과가 가장 큰 것부터!

2. 반희석 효과 발생 시 희석 중단! ★중요!

 신주인수권이 있다면 무조건 신주인수권부터 탈 것!

 희석EPS를 계산해보지 않고도 희석효과를 판단하는 방법 (가비의 리)

	분자	분모	EPS	희석여부
기본	A	B	X	X〉Y: O
잠재적 보통주	C	D	Y	X〈Y: X
	A+C	B+D	Z	

문제 2 **(16점)**

물음 1 12월말 결산법인인 ㈜여름에 관한 20X1년 자료는 다음과 같다. 2012. CPA

자료1

- 기초 보통주식수 : 100,000주 (액면금액 ₩1,000)
- 기초 우선주식수 : 10,000주 (액면금액 ₩500)
  - 비누적적, 비참가적 우선주이며, 배당률은 7%
  - 전환우선주에 해당하며, 우선주 2주당 보통주 1주로 전환가능
  - 20X1년 10월 1일에 전환우선주 40%가 보통주로 전환됨

자료2

20X1년 4월 1일에 ㈜여름은 전환사채(액면금액 ₩5,000,000)를 액면발행하였으며, 액면금액 ₩5,000당 보통주 1주로 전환가능하다. 20X1년 7월 1일 전환권 행사로 전환사채의 60%가 보통주로 전환되었다. 당기포괄손익계산서에 인식된 전환사채 관련 이자비용은 ₩300,000이다.

자료3

20X0년 4월 1일에 ㈜여름은 상환할증금을 지급하는 조건으로 행사가격이 ₩450인 신주인수권부사채를 발행하였다. 20X1년 4월 1일에 신주인수권의 50%가 행사되어 보통주 2,000주를 교부하였다. 20X1년도 ㈜여름의 보통주 주당 평균시장가격은 ₩600이다. ㈜여름이 신주인수권부사채에 대해 20X1년에 인식한 이자비용은 모두 ₩2,000,000이며, 이 중 사채상환할증금과 관련된 이자비용은 ₩100,000이다.

자료4

㈜여름의 당기순이익은 ₩50,000,000이고 법인세율(법인세에 부가되는 세액 포함)은 25%로 가정하며, 기말에 미전환된 우선주에 대해서만 배당금을 지급한다(상법의 관련규정은 무시한다). 각 물음 계산시 소수점 아래 첫째 자리에서 반올림하고(예: 12.34 → 12), 가중평균유통보통주식수의 계산과정에서 가중치는 월단위로 계산한다.

1) ㈜여름의 20X1년도 기본주당이익을 계산하시오.

2) 다음은 ㈜여름의 20X1년도 희석주당이익을 계산하기 위하여 희석효과를 분석하는 표이다. ①~⑦을 구하시오.

구분	분자요소	분모요소	주당효과
전환우선주	①	②	?
전환사채	③	④	⑤
신주인수권부사채	⑥	⑦	?

3) ㈜여름의 20X1년도 희석주당이익은 얼마인지 계산하시오.

물음 2 잠재적보통주가 존재할 때, 기본주당이익과 별도로 희석주당이익을 공시하도록 규정하고 있다. 그 이유를 3줄 이내로 서술하시오. 2012. CPA

해설 기본 EPS와 희석 EPS

(물음 1)

(1) 487

기본 EPS: 49,790,000/102,300 = **487**

① n: 102,300

	1.1	4.1	7.1	10.1
주식수 가중평균	100,000 ×12/12	2,000 ×9/12	[1]600 ×6/12	[2]2,000 ×3/12
계	100,000	1,500	300	500

[1]전환사채 전환 주식 수: 5,000,000/5,000×60%=600주
[2]전환우선주 전환 주식 수: 10,000/2×40%=2,000주

② 당기순이익−우선주 배당금: 50,000,000−6,000주×500×7%=49,790,000
−기말에 미전환된 우선주에 대해서만 배당금을 지급하므로 6,000주에 대해서만 우선주 배당금을 지급한다.

(2)

구분	분자요소	분모요소	주당효과
전환우선주	①210,000	②4,500	47
전환사채	③225,000	④450	⑤500
신주인수권부사채	⑥75,000	⑦625	120

1) 전환우선주
① 분자요소: 전환 시 안 주는 우선주 배당금=6,000주×500×7%=210,000
② 분모요소: 5,000주−2,000주×3/12=4,500주
　－전환된 우선주와 미전환된 우선주 모두 1.1에 전환되었다고 가정한다.

2) 전환사채
③ 분자요소: 세후이자비용=300,000×0.75=225,000
④ 분모요소: 1,000주×9/12−600주×6/12=450주
　－전환된 전환사채와 미전환된 전환사채 모두 4.1(발행일)에 전환되었다고 가정한다. 전환사채가 당기에 발행되었으므로 전환우선주와 달리 1.1에 전환되었다고 가정할 수 없다.
⑤ 주당효과: 225,000/450=500

3) 신주인수권부사채
⑥ 분자요소: 100,000×0.75=75,000
⑦ 분모요소: (4,000주−2,000주×9/12)×(600−450)/600=625주

(3) 466

	분자	분모	EPS	희석여부
기본	49,790,000	102,300	487	
1순위: 전환우선주	210,000	4,500	47	O
계	50,000,000	106,800	468	
2순위: 신주인수권부사채	75,000	625	120	O
계	50,075,000	107,425	466	
3순위: 전환사채	225,000	450	500	X

희석효과가 가장 큰 (EPS가 가장 작은) 잠재적보통주부터 순서대로 희석하며, 전환사채는 EPS가 전환사채 희석 전 EPS보다 크므로 반희석 효과가 생긴다.

(물음 2)
희석효과가 있는 잠재적보통주가 존재한다면 주당이익이 낮아질 가능성이 있다. 기본주당이익만을 공시한다면 정보이용자가 기본주당이익만을 보고 투자하였다가 이후에 보통주가 증가할 경우 주당이익이 예상한 것보다 하락하여 피해를 입을 수 있기 때문이다.

문제 3

(18점)

다음에 제시되는 물음은 각각 독립된 상황이다.

물음 1 ㈜내수의 20X1년 초 유통보통주식수는 100,000주이고 유통우선주식수는 12,000주(전환우선주, 액면금액 ₩1,000, 우선주 2주당 보통주 1주로 전환, 배당률 5%)이다. 20X1년 4월 1일에 ㈜내수는 전환사채(액면금액 ₩10,000,000)를 액면발행하였으며, 전환사채 액면금액 ₩10,000당 보통주 1주로 전환이 가능하다. 당기 전환사채 이자비용은 ₩800,000이다. 한편 ㈜내수의 당기순이익은 ₩53,000,000이고, 한계세율은 30%이다. 상기 전환우선주 및 전환사채는 당기말까지 보통주로 전환되지 않았다. 당기 ① 기본주당이익, ② 희석주당이익을 계산하시오. 단, 전환우선주는 비누적적 우선주이며 당기 배당을 지급하기로 결의했다고 가정한다. 계산된 금액은 소수점 둘째자리에서 반올림한다. 2015. CPA

기본주당이익	①
희석주당이익	②

물음 2 ㈜상당의 결산일은 12월 31일이며, 20X1년 초 현재 유통 보통주는 10,000주이다. 20X1년 7월 1일 전기에 발행한 주식매입권(행사가격 ₩2,000) 중 50%가 행사되어 보통주 5,000주가 발행·교부되었다. 20X1년 초에 종업원에게 100개의 주식선택권을 부여하였다. 부여일 현재 가득되지 못한 주식선택권 행사가격은 ₩1,500이며 성과조건이 부여되어 있지 않고, 잔여가득기간에 인식할 보상원가는 ₩50,000이다. 20X1년 ㈜상당의 보통주 평균시장가격은 주당 ₩2,500이고, 기말종가는 ₩3,000이다. 20X1년도 희석주당이익 산정을 위한 ① 주식매입권의 잠재적 보통주식수, ② 주식선택권의 잠재적 보통주식수를 각각 구하시오. 2015. CPA

주식매입권의 잠재적 보통주식수	①
주식선택권의 잠재적 보통주식수	②

✎ 해설

(물음 1) 희석주당이익

기본주당이익	①524
희석주당이익	②500

1. 보통주 귀속 당기순이익: 당기순이익−우선주 배당금=53,000,000−600,000=52,400,000

(1) 우선주 배당금: 12,000주×1,000×5%=600,000

2. 가중평균유통보통주식수: 100,000 (전환우선주 및 전환사채 미전환)

3. 기본 EPS: 52,400,000/100,000=**524**

4. 희석 EPS: 500

	분자	분모	EPS	희석여부
기본	52,400,000	100,000	524	
전환우선주	600,000	6,000	100	O
희석 EPS	53,000,000	106,000	500	
전환사채	560,000	750	747	X

전환우선주까지 희석했을 때의 EPS가 500인데, 전환사채의 EPS 효과가 747로 더 크므로, 반희석 효과가 발생한다. 따라서 전환사채는 희석하지 않는다.

(1) 전환우선주
① 분자 효과: 우선주 배당금＝600,000 (1. 보통주 귀속 당기순이익 참고)
② 분모 효과: 12,000/2＝6,000주
③ EPS 효과: 600,000/6,000＝100 (1순위)

(2) 전환사채
① 분자 효과: 세후이자비용: 800,000×70%＝560,000
  — 한계세율만 제시하였으므로 한계세율을 이용하였다. 기준서에 어느 세율을 사용해야 하는지는 언급이 없다.
    참고로, 법인세회계에서 이연법인세자산/부채를 계산할 때는 '평균'세율을 사용한다.
② 분모 효과: 10,000,000/10,000×9/12＝750주
③ EPS 효과: 560,000/750＝747 (2순위)

(물음 2) 잠재적 보통주

주식매입권의 잠재적 보통주식수	①1,500주
주식선택권의 잠재적 보통주식수	②20주

1. 주식매입권의 잠재적 보통주식수: (10,000주－5,000주×6/12)×(2,500－2,000)/2,500＝1,500주
— 주식매입권은 신주인수권부사채의 신주인수권(Warrant)을 의미한다. 하지만 사채가 없는 단독의 신주인수권은 신주인수권(Call)과 동일하다. 따라서 Call의 잠재적 보통주식수 공식을 이용하였다.

2. 주식선택권의 잠재적 보통주식수: 100개×(2,500－2,000)/2,500＝20주
— 조정 행사가: 1,500＋50,000/100주＝2,000

문제 4

(10점)

㈜대한의 다음 〈자료〉를 이용하여 물음에 답하시오.

자료

1. 20X1년 1월 1일 ㈜대한의 유통주식수는 다음과 같다.
   - 유통보통주식수: 5,000주(액면가 ₩1,000)
   - 유통우선주식수: 1,000주(액면가 ₩1,000)

2. 20X1년 4월 1일 보통주에 대해 10%의 주식배당을 실시하였다.

3. 우선주는 누적적, 비참가적 전환우선주로 배당률은 연 7%이다. ㈜대한은 기말에 미전환된 우선주에 대해서만 우선주배당금을 지급한다. 우선주 전환 시 1주당 보통주 1.2주로 전환 가능하며, 20X1년 5월 1일 우선주 300주가 보통주로 전환되었다.

4. 20X1년 7월 1일 자기주식 500주를 취득하고 이 중 100주를 소각하였다.

5. 20X1년 초 대표이사에게 3년 근무조건으로 주식선택권 3,000개를 부여하였다. 주식선택권 1개로 보통주 1주의 취득(행사가격 ₩340)이 가능하며, 20X1년 초 기준으로 잔여가득기간에 인식할 총보상원가는 1개당 ₩140이다. 당기 중 주식보상비용으로 인식한 금액은 ₩140,000이다.

6. ㈜대한의 20X1년도 당기순이익은 ₩500,000이며, 법인세율은 20%이다. 20X1년 보통주 1주당 평균 주가는 ₩900이다.

7. ㈜대한은 가중평균 유통보통주식수 산정 시 월할계산한다.

물음 1 ㈜대한의 20X1년도 기본주당이익을 계산하기 위한 ① 보통주 귀속 당기순이익과 ② 가중평균 유통보통주식수를 계산하시오.

2021. CPA

보통주 귀속 당기순이익	①
가중평균 유통보통주식수	②

물음 2 다음은 ㈜대한의 20X1년도 희석주당이익을 계산하기 위하여 전환우선주 및 주식선택권의 희석효과를 분석하는 표이다. 당기순이익 조정금액(분자요소)과 조정주식수(분모요소)를 각각 계산하시오. 2021. CPA

구분	당기순이익 조정금액	조정주식수
전환우선주	①	②
주식선택권	③	④

물음 3 ㈜대한의 희석주당이익은 얼마인지 계산하시오. 단, 희석주당이익 계산 시 소수점 아래 둘째자리에서 반올림하여 계산하시오(예: 4.57은 4.6으로 계산).

2021. CPA

희석주당이익	①

✏️ 해설 희석 EPS-전환우선주, 주식선택권

(물음 1)

보통주 귀속 당기순이익	①451,000
가중평균 유통보통주식수	②5,490주

1. 보통주 귀속 당기순이익: 당기순이익－우선주 배당금＝500,000－49,000＝451,000
(1) 우선주 배당금: (1,000주－300주)×@1,000×7%＝49,000
　－ 기말에 미전환된 우선주에 대해서만 우선주 배당금을 지급하는데 기중에 300주를 전환하였으므로 300주를 제외한 700주에 대해서만 우선주 배당금을 지급한다.

2. 가중평균유통보통주식수

	1.1	5.1	7.1	n
주식수 주식배당 가중평균	5,000 ×1.1 ×12/12	360 　 ×8/12	(500) 　 ×6/12	
계	5,500	240	(250)	5,490

(1) 우선주 전환으로 발행하는 보통주식 수: 300주×1.2＝360주

(물음 2)

구분	당기순이익 조정금액	조정주식수
전환우선주	①49,000	②960주
주식선택권	③112,000	④1,400주

(물음 3)

희석주당이익	①77.5

	분자	분모	EPS	희석여부
기본 전환우선주	451,000 49,000	5,490 960	82.1 51.0	 O
희석 EPS 주식선택권	500,000 112,000	6,450 1,400	77.5 80	 X

1. 전환우선주
(1) 분자 효과: 우선주 배당금＝49,000 (물음 1 해설 참고)
(2) 분모 효과: 1,000×1.2－360×8/12＝960주
(3) EPS 효과: 49,000/960＝51.0 (1순위)

2. 주식선택권
(1) 분자 효과: 세후주식보상비용＝140,000×0.8＝112,000
(2) 분모 효과: 3,000개×(900－480)/900＝1,400주
  － 조정 행사가: 행사가격＋주식선택권 1개당 잔여 보상원가＝340＋140＝480
(3) EPS 효과: 112,000/1,400＝80 (2순위)

3. 희석 EPS: 77.5
전환우선주까지 희석했을 때의 EPS가 77.5인데, 주식선택권의 EPS 효과가 80으로 더 크므로, 반희석 효과가 발생한다. 따라서 주식선택권은 희석하지 않는다.

문제 5
(15점)

※ 다음의 각 물음은 독립적이다.

㈜대한의 다음 〈공통자료〉를 이용하여 각 물음에 답하시오.　　　　2023. CPA

공통자료

1. 20X2년 1월 1일 유통주식수는 다음과 같다.

(단위: ₩)

구분	주식수	1주당 액면금액
보통주	18,000주	1,000
우선주A (비누적적, 비참가적)	2,000주	1,000
우선주B (누적적, 비참가적)	1,000주	1,000

2. 20X2년 3월 1일 보통주에 대해 주주우선배정 신주발행을 실시하여 2,400주가 증가하였다. 유상증자 시 1주당 발행가액은 ₩2,000이고, 유상증자 직전 보통주 1주당 공정가치는 ₩2,400이다. 20X2년 보통주 1주당 평균 시가는 ₩4,000이다.

3. 20X2년 9월 1일에 자기주식 1,000주를 1주당 ₩2,500에 취득하였으며, 이 중 600주를 20X2년 11월 1일에 1주당 ₩2,800에 재발행하였다.

4. 20X2년 12월 1일 공개매수 방식으로 우선주A 전부를 재매입하였으며, 우선주A 주주에게 공정가치인 1주당 ₩2,000을 지급하였다. 재매입일의 우선주A의 1주당 장부금액은 ₩1,600이다.

5. 우선주B에 대해 전기에 지급하지 못한 배당금과 당기 배당금을 모두 지급하기로 당기 중에 결의하였다. 우선주B의 배당률은 매년 연 10%이다.

6. ㈜대한의 20X2년도 당기순이익은 ₩5,000,000이며, 법인세율은 10%로 매년 동일하다.

7. 가중평균 유통보통주식수 및 이자 계산 시에는 월할계산하며, 계산과정에서 발생하는 소수점은 소수점 아래 첫째자리에서 반올림한다.

기간	단일금액 ₩1의 현가계수		정상연금 ₩1의 현가계수	
	5%	6%	5%	6%
1	0.9524	0.9434	0.9524	0.9434
2	0.9070	0.8900	1.8594	1.8334
3	0.8638	0.8396	2.7232	2.6730

물음 1 ㈜대한의 20X2년도 기본주당이익을 계산하기 위한 보통주 귀속 당기순이익과 가중평균 유통보통주식수를 각각 계산하시오.

보통주 귀속 당기순이익	①
가중평균 유통보통주식수	②

물음 2 상기 〈공통자료〉와 다음 〈추가자료 1〉을 이용하여 각 〈요구사항〉에 답하시오. 단, 〈요구사항〉은 독립적이다.

추가자료1

㈜대한은 20X1년 1월 1일 복합금융상품(상환할증금 지급조건의 비분리형 신주인수권부사채)을 액면발행 하였으며, 발행조건은 다음과 같다.

- 액면금액: ₩10,000,000
- 만기상환일: 20X3년 12월 31일
- 표시이자율: 연 3%
- 이자지급일: 매년 12월 31일(연 1회)
- 보장수익률: 연 5%
- 사채발행일 현재 동일 조건의 신주인수권이 없는 일반사채 시장수익률: 연 6%
- 신주인수권 행사가격: 사채액면 ₩2,000당 1주의 보통주
- 보통주 액면금액: 1주당 ₩1,000
- 20X2년 보통주 평균 시가: 1주당 ₩4,000

요구사항 1

다음은 ㈜대한의 20X2년도 희석주당이익을 계산하기 위하여 신주인수권의 희석효과를 분석하는 표이다. 20X2년 1월 1일에 상기 복합금융상품 중 30%의 신주인수권이 행사되어 보통주가 발행되었다고 할 때, 당기순이익 조정금액(분자요소)과 조정주식수(분모요소)를 각각 계산하시오.

구분	당기순이익 조정금액	조정주식수
신주인수권	①	②

요구사항 2

20X2년 3월 1일에 상기 복합금융상품 중 30%의 신주인수권이 행사되어 보통주가 발행되었다고 가정하는 경우, ㈜대한의 20X2년도 희석주당이익을 계산하기 위한 조정주식수(분모요소)를 계산하시오.

구분	조정주식수
신주인수권	①

물음 3 상기 〈공통자료〉와 다음 〈추가자료 2〉를 이용하여 각 〈요구사항〉에 답하시오. 단, 〈요구사항〉은 독립적이다.

> **추가자료2**
>
> ㈜대한은 20X1년 1월 1일 결제 선택권(주식결제 또는 현금결제)이 존재하는 복합금융상품(상환할증금 미지급조건의 전환사채)을 액면발행 하였으며, 발행조건은 다음과 같다.
>
> • 액면금액: ₩10,000,000
> • 만기상환일: 20X3년 12월 31일
> • 표시이자율: 연 3%
> • 이자지급일: 매년 12월 31일(연 1회)
> • 사채발행일 현재 동일 조건의 전환권이 없는 일반사채 시장수익률: 연 6%
> • 보통주 액면금액: 1주당 ₩1,000
> • 결제 선택권: 발행자인 ㈜대한의 선택에 의하여 사채액면 ₩2,000당 1주의 보통주로 전환하거나 액면금액의 110%에 해당하는 현금으로 결제 가능

요구사항 1

다음은 ㈜대한의 20X2년도 희석주당이익을 계산하기 위하여 전환권의 희석효과를 분석하는 표이다. 20X2년 1월 1일에 상기 복합금융상품 중 30%의 전환권이 행사되어 결제되었다고 할 때, 당기순이익 조정금액(분자요소)과 조정주식수(분모요소)를 각각 계산하시오. 단, 전환간주일은 고려하지 않는다.

구분	당기순이익 조정금액	조정주식수
전환권	①	②

요구사항 2

상기 복합금융상품의 결제 선택권(주식결제 또는 현금결제)을 발행자인 ㈜대한이 아닌 보유자가 가지고 있다고 가정하는 경우, 희석주당이익의 계산 방법을 간략히 서술하시오.

✏️ **해설** 희석 EPS-신주인수권부사채, 전환사채

(물음 1)

보통주 귀속 당기순이익	①4,100,000
가중평균 유통보통주식수	②19,827

1. 보통주 귀속 당기순이익: (1)−(2)=4,100,000

(1) 당기순이익: 5,000,000

(2) 우선주배당금: A+B=900,000

    A: (2,000−1,600)×2,000주=800,000

    B: 1,000주×@1,000×10%=100,000

2. 가중평균유통보통주식수(n)

	1.1	3.1	9.1	11.1	n
주식수 변동 무상증자 가중평균	18,000 ×1.02 ×12/12	2,000 ×1.02 ×10/12	(1,000) ×4/12	600 ×2/12	
계	18,360	1,700	(333)	100	19,827

3.1 무상증자로 보는 주식 수: 2,400주×(2,400−2,000)/2,400=400주

→ 무상증자율: 400주/(18,000+2,000)=2%

(물음 2)

|요구사항 1|

구분	당기순이익 조정금액	조정주식수
신주인수권	①21,211	②1,750

1. 분자 조정금액: 상환할증금 상각액×(1−t)=23,568×(1−10%)=21,211

상환할증금: 10,000,000×(5%−3%)×(1.05²+1.05+1)=630,500

X2년 초 상환할증금 장부금액(6%, 2기): 630,500×0.89=561,145

상환할증금 상각액: 561,145×6%×70%=23,568

−X2년 초에 30%가 행사되었으므로 70%만 남는다.

2. 분모 조정금액

: 전체 행사 주식 수×70%×(평균시가−행사가격)/평균시가

  =10,000,000/2,000×70%×(4,000−2,000)/4,000=1,750주

|요구사항 2|

구분	조정주식수
신주인수권	①1,875

조정주식수: 전체 행사 주식 수×(1−30%×10/12)×(평균시가−행사가격)/평균시가
　　　　　　＝10,000,000/2,000×(1−30%×10/12)×(4,000−2,000)/4,000＝1,875주

(물음 3)
|요구사항 1|

구분	당기순이익 조정금액	조정주식수
전환권	①357,211	②3,500

1. 분자 조정금액: 전환사채 이자비용×(1−t)＝×396,901×(1−10%)＝357,211
X2년 초 전환사채 장부금액(6%, 2기): 10,000,000×0.89＋300,000×1.8334＝9,450,020
전환사채 이자비용: 9,450,020×6%×70%＝396,901
− X2년 초에 30%가 행사되었으므로 70%만 남는다.

2. 분모 조정금액
: 10,000,000/2,000×70%＝3,500주

|요구사항 2|
보유자의 선택에 따라 보통주나 현금으로 결제하게 되는 계약의 경우에는 주식결제와 현금결제 중 희석효과가 더 큰 방법으로 결제된다고 가정하여 희석주당이익을 계산한다.

4　주당순이익의 소급 재작성 2차

상응하는 자원의 변동 없이 유통보통주식수를 변동시키는 사건을 반영하여 당해 기간 및 비교표시되는 모든 기간의 가중평균유통보통주식수를 조정한다.
무상증자와 같이 자원의 변동이 없는 자본거래가 발생한 경우 n을 계산할 때 해당 자본거래 이전에 있던 주식 수에 전부 주식 증가비율 (ex 10% 무상증자 시 1.1)을 곱했었다. 이처럼 소급적용은 당기뿐만 아니라 비교 표시되는 모든 기간에 똑같이 적용된다. 따라서 무상증자 등이 발생하면 과거 EPS도 소급 재작성해야 한다.

문제 6

(11점)

물음 ㈜한국의 20X1년과 20X2년의 유통보통주식수(주당 액면금액 ₩5,000)에 대한 〈관련 자료〉는 다음과 같다.

관련자료

1. 20X1년

날 짜	내 용	주식 수
1월 1일	유통보통주식수	5,000주
7월 1일	자기주식 취득	500주
12월 31일	유통보통주식수	4,500주

2. 20X2년

날 짜	내 용	주식 수
1월 1일	유통보통주식수	4,500주
7월 1일	보통주 유상증자 (주당 발행금액 ₩10,000) (주당 공정가치 ₩20,000)	1,000주
12월 31일	유통보통주식수	5,500주

㈜한국의 20X1년과 20X2년의 당기순이익은 각각 ₩500,000과 ₩600,000이다.

20X2년말에 20X1년 재무제표가 20X2년 재무제표와 비교표시되는 경우, ① 20X1년 기본주당이익과 ② 20X2년 기본주당이익을 계산하면 각각 얼마인가? 계산된 기본주당이익 금액은 소수점 아래 첫째 자리에서 반올림한다.

2016. CPA **2차**

20X1년 기본주당이익	①
20X2년 기본주당이익	②

해설 비교표시되는 EPS 소급적용

(물음)

20X1년 기본주당이익	①96
20X2년 기본주당이익	②115

1. X2년

X2년에 무상증자(공정가치 미만의 유상증자)가 있으므로 X2년부터 분석해야 한다.

(1) n=5,225

	1.1	7.1	n
주식수 변동 무상증자 가중평균	4,500 ×1.1 ×12/12	500 ×1.1 ×6/12	
계	4,950	275	5,225

무상증자로 보는 주식수: 1,000주×(20,000−10,000)/20,000=500주
무상증자율: 500주/(4,500주+500주)=10%

(2) 기본EPS: 600,000/5,225=114.83→115

2. X1년

(1) n=5,225

	1.1	7.1	n
주식수 변동 무상증자 가중평균	5,000 ×1.1 ×12/12	(500) ×1.1 ×6/12	
계	5,500	(275)	5,225

X2년에 무상증자가 있으므로 비교표시되는 X1년 EPS 계산 시에도 소급적용해야 한다.

(2) 기본EPS: 500,000/5,225=95.69→96

15 회계변경 및 오류수정

회계변경 및 오류수정은 회계사 및 세무사 2차 시험에 자주 출제되는 주제는 아니다. 하지만 출제되면 굉장히 어렵게 출제된다. 오류를 수정하기 위해서는 우선 올바른 회계처리를 정확히 알고 있어야 한다. 따라서 다른 장에서 배운 개별 자산, 부채의 회계처리를 정확히 숙지해야 한다. 그 이후에 문제에 제시된 회사의 회계처리를 파악하여 둘 사이의 차이를 조정해야 한다.

1 회계변경 및 오류수정

구분		처리방법
회계변경	회계추정의 변경	전진법
	회계정책의 변경	소급법
오류수정	자동조정오류	
	비자동조정오류	

1. 회계추정의 변경: 전진법

회계추정의 변경은 이전에 추정했던 사항들이 새로운 정보나 상황에 따라 변경되는 것을 말한다. 회계추정의 변경은 전진법을 적용한다. 전진법이란 과거의 회계처리는 손대지 않은 채로 변경하는 기간과 그 이후 기간에 변경사항을 반영하는 것이다. 대표적인 예로 감가상각요소(취득원가, 내용연수, 잔존가치, 상각방법)의 변경이 있다.

> **주의** ⓘ **감가상각요소의 기중 변경: 기초부터 적용**
>
> 감가상각은 기말수정분개 사항으로, 기말에 회계처리를 한다. 따라서 기중에 감가상각요소를 변경하더라도, 기초부터 수정사항을 반영한다.

2. 회계정책의 변경: 소급법

회계정책이란, 기업이 재무제표를 작성·표시하기 위하여 적용하는 구체적인 원칙, 근거, 관습, 규칙 및 관행을 의미한다. 회계정책의 변경은 기업이 적용하던 회계정책을 바꾸는 것을 의미한다. 회계정책의 변경은 원칙적으로 소급법을 적용한다.

2 유·무형자산 및 투자부동산의 평가모형 변경

유·무형자산 및 투자부동산의 평가모형 변경은 회계정책 변경에 해당한다. 정책변경은 원칙적으로 소급법을 적용해야 하나, 평가모형 변경에 대해서는 전진법을 적용하는 예외가 있다.

Before	After	처리	비고
유·무형 원가모형	유·무형 재평가모형	전진법	소급법 면제 (혜택)
유·무형 재평가모형	유·무형 원가모형	소급법	소급법 적용 (원칙)
투부 원가모형	투부 공정가치모형		

문제 1 (8점)

다음에 제시되는 물음은 각각 독립된 상황이다.

㈜세무는 20X1년 초에 건물을 ₩500,000에 취득하고 유형자산으로 분류하였다. ㈜세무는 동 건물에 대하여 내용연수는 10년, 잔존가치는 ₩0으로 추정하였으며, 정액법으로 감가상각하고 원가모형을 적용하여 회계처리하고 있다. 20X1년 말과 20X2년 말의 공정가치는 각각 ₩540,000과 ₩480,000이다. 다음 각 독립적 물음에 답하시오. (단, ㈜세무의 유형자산은 동 건물이 유일하며, 각 물음별 회계변경은 정당하고 법인세효과는 무시한다.)

물음 1 ㈜세무는 20X2년부터 동 건물에 대하여 기업회계기준서 제1016호 '유형자산'에 따라 자산을 재평가하는 회계정책을 최초로 적용하기로 하였다. 이 경우에 20X2년 말에 작성하는 비교재무제표에 표시되는 다음 ①과 ②의 금액은 얼마인가? (단, 재평가자산의 총장부금액과 감가상각누계액은 장부금액의 변동에 비례하여 수정한다.)   2022. CTA

과목	20X2년	20X1년
유형자산	?	①
감가상각누계액	②	?

물음 2 ㈜세무는 20X2년 초에 동 건물의 미래경제적 효익의 기대소비형태를 반영하여 감가상각방법을 연수합계법으로 변경하고, 잔존내용연수를 8년으로 새롭게 추정하였다. 20X2년말 작성하는 비교재무제표에 표시될 다음 ①과 ②의 금액은 얼마인가?   2022. CTA

과목	20X2년	20X1년
유형자산(순액)	①	?
감가상각비	?	②

물음 3 ㈜한영은 20X2년 7월 1일에 신축공장 건물을 10억원(내용연수 5년, 잔존가치 1억)에 취득하였다고 가정하자. ㈜한영은 이 공장건물을 연수합계법으로 감가상각하고 있다. ㈜한영이 20X4년 4월 1일에 감가상각방법을 연수합계법에서 정액법으로 변경한 경우 20X4년의 감가상각비를 구하시오. (단, 내용연수는 20X4년 4월 1일부터 7년을 더 사용할 수 있는 것으로 변경되었으며, 감가상각비는 월할계산한다.)   2013. CTA

✎ 해설 회계정책의 변경 및 회계추정의 변경

(물음 1)

과목	20X2년	20X1년
유형자산	600,000	①500,000
감가상각누계액	②120,000	50,000

X0	500,000	n=10, s=0, 정액
	↓ (50,000)	
X1	450,000	
	↓ (50,000)	
X2	400,000	— ⊕ 80,000 → 480,000

① X1년 말 유형자산: 500,000

유·무형자산에 대해 원가모형을 적용하다가 최초로 재평가모형을 적용하는 경우 회계정책의 변경에 해당하나, 소급법을 면제해준다. 따라서 비교표시되는 X1년 재무상태표 상에는 유형자산의 취득원가가 500,000으로 표시된다.

② X2년 말 감가상각누계액: 120,000

	재평가 전		재평가 후
유형자산	500,000	—×1.2→	600,000
감누	(100,000)	—×1.2→	**(120,000)**
장부금액	400,000	—×1.2→	480,000

재평가모형을 비례수정법으로 회계처리하므로 감가상각누계액에도 1.2(=480,000/400,000)를 곱해야 한다.

(물음 2)

과목	20X2년	20X1년
유형자산(순액)	①350,000	?
감가상각비	?	②50,000

X0	500,000	n=10, s=0, 정액
	↓ (50,000)	
X1	450,000	n=8, s=0, 연수합계
	↓ (100,000)	
X2	350,000	

① X2년 말 유형자산: 450,000－100,000＝350,000
X2년도 감가상각비: (450,000－0)×8/36＝100,000
감가상각 변경 후 연수합계법을 적용하므로 상각 첫 해인 것처럼 상각률을 계산한다.
－(물음 1)은 유형자산과 감누를 각각 물었지만, (물음 2)는 유형자산(순액)을 물었으므로 감누를 차감한 금액으로 답해야 한다.

② X1년도 감가상각비: 50,000
회계추정의 변경은 전진법을 적용하므로, 비교표시되는 X1년 감가상각비를 수정하지 않는다.

(물음 3) 66,206,897

X2.7.1	1,000,000,000	n=5, s=100,000,000, 연수합계법
	↓ (150,000,000)＝900,000,000×5/15×6/12	
X2	850,000,000	
	↓ (270,000,000)＝900,000,000×(5/15×6/12＋4/15×6/12)	
X3	580,000,000	n=87/12, s=100,000,000, 정액법
	↓ (66,206,897)＝480,000,000×12/87	
X4	513,793,103	

감가상각비는 기말수정분개 사항이다. 즉, 12.31에 회계처리를 한다. 기중에 감가상각요소를 변경하더라도 기초에 변경한 것으로 보고 변경된 감가상각요소로 1년치 감가상각비를 계산한다.

3 소급법 풀이법

기말 자산과 당기순이익은 비례, 기말 자산과 차기 당기순이익은 반비례

	재고자산	매출원가	당기순이익
당기	기말 재고자산 증가	감소	증가
차기	기초 재고자산 증가	증가	감소

사례. ㈜대경은 20X2년도에 재고자산평가방법을 선입선출법에서 평균법으로 변경하였다. 그 결과 20X2년도의 기초재고자산과 기말재고자산이 각각 ₩22,000과 ₩18,000만큼 감소하였다.

STEP 1 손익은 기말 자산 변동과 동일

	X1	X2	X3
X1	(22,000)		
X2		(18,000)	

STEP 2 변동액은 부호만 반대로 다음 해에 적기

	X1	X2	X3
X1	(22,000)	22,000	
X2		(18,000)	18,000

STEP 3 요구사항 구하기 ★중요!

1. 당기순이익: 해당 연도만 세로로 더하기
2. 매출원가: 당기순이익의 부호만 반대로
3. 이익잉여금: ∑당기순이익 ★중요!

	X1	X2	X3
X1	(22,000)	22,000	
X2		(18,000)	18,000
	X3 기초 이잉		X3 당기순이익
	X3 기말 이잉		

| 연도별 변동액 |

	X1	X2	X3
당기순이익	(−) 22,000	(+) 4,000	(+) 18,000
매출원가	(+) 22,000	(−) 4,000	(−) 18,000
기말 이익잉여금	(−) 22,000	(−) 22,000+4,000=(−) 18,000	(−) 22,000+4,000+18,000=0

4 자동조정오류

1. 재고자산의 오류수정: 정책변경(원가흐름의 가정 변경)과 동일

2. 발생주의 오류수정

ex 선수수익, 미수수익, 선급비용, 미지급비용에서 발생한 오류

(1) 기말 자산과 당기순이익은 비례, 차기 당기순이익은 반비례

	자산(미수수익, 선급비용)	수익	비용	당기순이익
당기	기말 자산 증가	증가	감소	증가
차기	기초 자산 증가	감소	증가	감소

(2) 기말 부채와 당기순이익은 반비례, 차기 당기순이익은 비례: 자산과 반대

	부채(선수수익, 미지급비용)	수익	비용	당기순이익
당기	기말 부채 증가	감소	증가	감소
차기	기초 부채 증가	증가	감소	증가

5 비자동조정오류

1. 감가상각자산 오류

> **사례**
>
> ㈜김수석은 X1년 1월 1일 기계장치에 대한 ₩10,000의 지출을 현금으로 지급하였다. 기계장치의 잔존내용연수는 4년, 잔존가치는 ₩0, 감가상각방법은 정액법이다. ₩10,000의 지출에 대해서 회사가 다음과 같이 처리한 뒤 오류를 X3년말에 발견하였다면, 각 상황에 해당하는 오류수정분개를 하시오.
>
> 상황 1. ₩10,000이 자본적지출이지만 지출 시 수선비로 계상한 경우
> 상황 2. ₩10,000이 수익적지출이지만 지출 시 기계장치의 장부금액에 가산한 뒤 감가상각한 경우

Step 1. 연도별 손익 변동표 그리기

구분		올바른	회사	수정분개
상황 1 자본적 지출	지출 시	자산	비용	비용 부인
	감가상각	O	X	감가상각비 인식
상황 2 수익적 지출	지출 시	비용	자산	비용 인식
	감가상각	X	O	감가상각비 부인

		X1	X2	X3	X4
상황1	올바른	(2,500)	(2,500)	(2,500)	(2,500)
	수정 전	(10,000)	—	—	—
	(1)자산화	10,000			
	(2)감가상각	(2,500)	(2,500)	(2,500)	(2,500)
상황2	올바른	(10,000)	—	—	—
	수정 전	(2,500)	(2,500)	(2,500)	(2,500)
	(1)비용화	(10,000)			
	(2)감가상각	2,500	2,500	2,500	2,500

(1) 지출 시점: 자산화 or 비용화하기
(2) 지출 이후: 감가상각비 조정

Step 2. 금액 효과 구하기

		X1	X2	X3	
상황1	(1)자산화	10,000			→ 기계장치
	(2)감가상각	(2,500)	(2,500)	(2,500)	→ 감가상각누계액
상황2	(1)비용화	(10,000)			→ 기계장치
	(2)감가상각	2,500	2,500	2,500	→ 감가상각누계액
			기초 이익잉여금	당기손익	

(1) 이익잉여금: 당기순이익의 누적액
(2) 감가상각비: '감가상각' 오른쪽, 당기 아래에 기록된 금액.
(3) 감가상각누계액: 감가상각비의 누적액
(4) 손익변동표의 부호 해석 방법

그대로	반대로
자산: 재고자산, 유형자산, 선급비용, 미수수익	부채: 감가상각누계액, 미지급비용, 선수수익
수익: 매출	비용: 매출원가, 감가상각비
당기순이익, 이익잉여금	

Step 3. 회계처리
회계처리에 표시되는 이익잉여금은 기초 이익잉여금
(∵당기의 수익, 비용이 마감되지 않았으므로)

|X3년말 수정분개|

상황1	① 기계장치	10,000	② 감가상각누계액	7,500
	③ 감가상각비	2,500	④ 이익잉여금	5,000
상황2	② 감가상각누계액	7,500	① 기계장치	10,000
	④ 이익잉여금	5,000	③ 감가상각비	2,500

－감누는 무조건 유형자산 반대에 온다.

문제 2

다음에 제시되는 물음은 각각 독립된 상황이다.

물음 1 ㈜대한이 최근 3개년에 걸쳐 보고한 당기순이익은 20X1년에 ₩25,000, 20X2년에 ₩20,000, 20X3년에 ₩30,000이었다. 그러나 기말 재고자산의 오류금액이 20X1년에 과대계상 ₩1,000, 20X3년에 과소계상 ₩3,000이었음을 20X3년 장부 마감 전에 발견하였다. 이러한 오류는 중요한 오류에 해당한다. 오류를 수정한 20X3년 당기순이익이 ₩26,000일 경우 20X2년 기말재고의 측정오류를 계산하시오. 단, '과대계상'인지 '과소계상'인지 여부를 밝히고 금액을 제시하시오.

2013. CPA

물음 2 20X1년 초 설립된 ㈜민국은 20X3년도 재무제표의 발행이 승인되기 전에 다음과 같은 중요한 오류사항을 발견하였다.

> • 20X2년 12월 28일 ㈜갑과 선적지인도조건으로 상품을 ₩500,000(원가 ₩450,000)에 판매하는 계약을 체결하였다. 해당 상품은 20X2년 12월 30일에 선적되어 20X3년 1월 5일에 ㈜갑에게 인도되었고, ㈜민국은 20X3년에 매출을 인식하였다.
> • 20X3년 10월 1일 ㈜민국은 원가 ₩1,000,000인 상품을 ㈜병에게 ₩1,000,000에 인도하면서 매출을 인식하였다. ㈜민국은 동 상품을 6개월 후 ₩1,100,000에 재구매하기로 약정하였다.
> • 20X3년 11월 10일 ㈜민국은 고객에게 상품을 인도하고 ₩250,000의 매출을 인식하였다. 이 거래는 시용판매에 해당(인도일로부터 2개월 간 구입의사 표시 가능)하며 매출총이익률은 20%이다. 20X3년 12월 31일까지 고객이 구입의사를 표시하지 않은 금액은 판매가로 ₩100,000이다.

오류 수정 전 당기순이익은 20X1년 ₩1,500,000, 20X2년 ₩3,000,000, 20X3년 ₩1,000,000이고, 20X3년 매출원가는 ₩10,000,000이다. 당기순이익 외에 이익잉여금의 변동사항은 없다. 상기 오류를 수정한 후 ㈜민국의 ① 20X3년 매출원가, ② 20X3년 당기순이익, ③ 20X3년 기말 이익잉여금을 각각 계산하시오. (7점)

2017. CTA

물음 3 주)세무는 20X3년 장부마감 전에 다음과 같은 오류를 발견하였다. 각각의 오류는 중요하며 법인세에 대한 영향을 고려하지 않는다. 각각의 오류를 수정하였을 때 20X3년 기초이익잉여금과 당기순이익의 변동금액(①~⑥)은 얼마인가? (단, 감소의 경우에는 금액 앞에 (−)로 표시하고, 영향이 없는 경우에는 '0'으로 표시하시오.) (6점)

2022. CTA

> 오류 1: 20X1년 착공하여 20X3년 초에 완성한 건물(내용연수 20년, 잔존가치 ₩0, 정액법상각)과 관련하여 자본화할 차입원가 ₩120,000을 발생기간의 이자비용 (20X1년분 ₩80,000, 20X2년분 ₩40,000)으로 처리하였으며, 취득시점에서 납부한 취득세와 등록세 ₩50,000을 일반관리비로 처리하였다.
> 오류 2: 20X1년 말, 20X2년 말, 20X3년 말 재고자산을 각각 ₩4,000 과소, ₩5,000 과대, ₩6,000 과소 계상하였다.
> 오류 3: 20X2년 7월 1일 신규 가입한 화재보험료 ₩36,000(월 ₩3,000)과 20X3년 7월 1일 갱신 보험료 ₩48,000(월 ₩4,000)을 매년 선납하면서 전액 보험료 비용으로 처리하였다.

구분	20X3년	
	기초이익잉여금	당기순이익
오류 1	①	②
오류 2	③	④
오류 3	⑤	⑥

물음 4 회계정책의 변경은 일관성과 비교가능성을 손상시킬 수 있다. 그럼에도 불구하고 한국채택국제회계기준에서 회계정책의 변경을 허용하는 경우 2가지를 기술하시오. (2점)　　2022. CTA

물음 5 위 물음과 독립적으로 ㈜대한이 20X2년 장부를 마감하기 전 재무제표에 대한 회계감사과정에서 공인회계사에게 적발된 중요한 오류는 〈추가자료〉와 같다. 이를 이용하여 물음에 답하시오.　　2024. CPA

추가자료 2

1. ㈜대한은 20X2년 1월 1일에 다음과 같은 조건의 전환사채를 액면발행하였다.

> - 액면금액: ₩1,000,000
> - 만기상환일: 20X4년 12월 31일
> - 표시이자율: 연 4%
> - 이자지급일: 매년 12월 31일
> - 사채발행일 현재 동일 조건의 전환권이 없는 일반사채 시장수익률: 연 10%
> - 만기상환: 20X4년 12월 31일에 전환권을 행사하지 않은 사채 액면금액의 110% 일시상환
> - 전환조건: 사채 액면금액 ₩10,000당 액면금액 ₩5,000 보통주로 전환
> - 사채발행과 직접적으로 관련된 비용은 없음

2. ㈜대한은 전환사채 발행 시 수령한 현금만큼 전환사채를 인식하고 전환권대가 및 사채상환할증금을 별도로 인식하지 않았으며, 지급한 이자만 이자비용으로 인식하였다.

3. 현재가치 계산 시 아래의 현가계수를 이용한다.

기간	단일금액 ₩1의 현가계수		정상연금 ₩1의 현가계수	
	8%	10%	8%	10%
1	0.9259	0.9091	0.9259	0.9091
2	0.8573	0.8265	1.7832	1.7356
3	0.7938	0.7513	2.5770	2.4869
4	0.7350	0.6830	3.3120	3.1699

상기 거래에 대한 회계처리 오류는 20X2년 장부 마감 전에 수정되었다. 해당 오류수정이 ㈜대한의 20X2년도 포괄손익계산서 상 당기순이익에 미치는 영향을 계산하시오. 단, 감소하는 경우에는 금액 앞에 (−)를 표시하시오.

당기순이익에 미치는 영향	①

✎ 해설 재고자산 오류수정

(물음 1) 과소계상 7,000

	X1	X2	X3
수정 전 X1 X2 X3	25,000 (1,000)	20,000 1,000 x	30,000 (x) 3,000
수정 후			26,000

$30,000 - x + 3,000 = 26,000$

$\rightarrow x = 7,000$

X2년 기말재고 오류: 과소계상 7,000
- X2년 당기순이익을 7,000 증가시켜야 하므로 오류는 과소계상이다.

(물음 2) ① 8,470,000 ② 880,000 ③ 5,430,000

	20X2년	20X3년
선적지인도조건 재구매조건부 시용판매	50,000	(50,000) (50,000) (20,000)
		당기순이익: (120,000)
	기말 이익잉여금: (70,000)	

선적지인도조건 판매: X2년에 선적하였으므로 X2년에 매출총이익을 인식해야 하나, X3년에 인식했으므로 X3년에 부인하고, X2년에 인식한다.
재구매조건부 판매: 매출총이익을 인식하면 안되나 어차피 0이므로 무시한다. 매출총이익을 인식하지 않는 대신, 6개월간 이자비용을 인식해야 하는데 최초 판매일이 10.1이므로 50,000의 이자비용을 인식한다.
시용판매: 구입의사를 표시하지 않은 금액의 매출총이익 20,000(=100,000×20%)을 부인한다.

① 20X3년 매출원가

	20X3년
수정 전 선적지인도조건 재구매조건부 시용판매	10,000,000 (450,000) (1,000,000) 100,000×80%=(80,000)
수정 후	8,470,000

② 20X3년 당기순이익: 1,000,000-120,000=**880,000**

③ 20X3년 기말 이익잉여금: 변경 전+수정사항
  =(1,500,000+3,000,000+1,000,000)-70,000=**5,430,000**

(물음 3)

구분	20X3년	
	기초이익잉여금	당기순이익
오류 1	①120,000	②41,500
오류 2	③(−)5,000	④11,000
오류 3	⑤18,000	⑥6,000

		X1	X2	X3
오류 1	자산화	80,000	40,000	50,000
	감가비			(8,500)
	계	기초 이익잉여금 ①120,000		당기순이익 ②41,500
오류 2	X1 재고	4,000	(4,000)	
	X2 재고		(5,000)	5,000
	X3 재고			6,000
	계	기초 이익잉여금 ③(5,000)		당기순이익 ④11,000
오류 3	X2 보험료		18,000	(18,000)
	X3 보험료			24,000
	계	기초 이익잉여금 ⑤18,000		당기순이익 ⑥6,000

1. 오류 1

자본화할 차입원가와 취득록세를 비용으로 처리하였으므로 비용을 부인하고 자산화해야 한다. 취득원가가 증가하므로 X3년 감가상각비도 더 인식해야 한다.

감가상각비 증가액: 170,000/20＝8,500

|수정분개|

건물	120,000	이익잉여금	120,000
건물	50,000	일반관리비	50,000
감가상각비	8,500	감가상각누계액	8,500

2. 오류 2

|수정분개|

이익잉여금	5,000	매출원가	5,000
재고자산	6,000	매출원가	6,000

3. 오류 3

보험료를 선납하면서 전부 비용처리하였으므로, 6개월치(X2년 18,000, X3년 24,000)를 부인한 뒤 그 다음 해에 인식해야 한다.

|수정분개|

보험료	18,000	이익잉여금	18,000
선급보험료	24,000	보험료	24,000

(물음 4)
① 한국채택국제회계기준에서 회계정책의 변경을 요구하는 경우
② 회계정책의 변경을 반영한 재무제표가 거래, 기타 사건 또는 상황이 재무상태, 재무성과 또는 현금흐름에 미치는 영향에 대하여 신뢰성 있고 더 목적적합한 정보를 제공하는 경우

(물음 5)

당기순이익에 미치는 영향	①(−)52,591

1. 올바른 회계처리
(1) 발행가액 분석

부채	1,100,000×0.7513+40,000×2.4869	=925,906
자본		74,094
계		1,000,000

 −X2년 초 발행, X4년 말 만기이므로 만기가 3년이다.

(2) X2년도 이자비용: 925,906×10%=92,591

2. 오류수정이 X2년도 당기순이익에 미치는 영향: 40,000−92,591=(−)52,591
회사가 지급한 이자만 이자비용으로 인식했으므로 액면이자를 부인하고, 올바른 이자비용을 인식하면 된다.

|수정분개|

전환사채	74,094	전환권대가	74,094
이자비용	52,591	전환사채	52,591

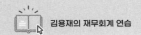

문제 3
(11점)

㈜대한은 20X1년 초에 영업을 개시하였으며, 다음은 ㈜대한의 회계담당자가 20X3년도 장부를 마감하기 전에 발견한 중요 사항들을 정리한 것이다. ㈜대한의 회계변경은 타당한 것으로 간주하고, 회계정책의 적용효과가 중요하며, 오류가 발견된 경우 중요한 오류로 간주한다. 다음 각 사항은 독립적이다.

중요사항

1. ㈜대한은 동종업계의 대손경험만을 고려하여 연도별 신용매출액의 2%를 대손상각비로 인식하고 다음과 같이 회계처리하였다. 단, 과거 3년간 ㈜대한이 대손 확정한 금액과 환입한 금액은 없다.

   20X1년 말
   (차) 대손상각비   40,000
      (대) 대손충당금   40,000

   20X2년 말
   (차) 대손상각비   50,000
      (대) 대손충당금   50,000

   20X3년 말
   (차) 대손상각비   60,000
      (대) 대손충당금   60,000

   과거 3년간 ㈜대한의 신용매출액과 매 연도 말 추정한 기대신용손실금액은 다음과 같다.

구분	20X1년	20X2년	20X3년
신용매출액	₩2,000,000	₩2,500,000	₩3,000,000
추정기대신용 손실금액	35,000	27,000	28,000

2. ㈜대한은 20X1년 7월 1일에 차입한 장기차입금의 3년간 이자 ₩36,000(20X1년 7월 1일~20X4년 6월 30일)을 동일자에 현금으로 선지급하고 전액 비용으로 처리하였다. 단, 현재가치 계산은 고려하지 않는다.

3. ㈜대한은 20X2년 초 ₩500,000에 무형자산을 취득하였다. 취득 시점에 해당 무형자산이 순현금유입을 창출할 것으로 기대되는 기간을 합리적으로 결정할 수 없어서 내용연수가 비한정(indefinite)이라고 판단하고 무형자산을 상각하지 않았다.
   20X3년 말에 해당 무형자산의 내용연수가 비한정이라는 평가가 계속하여 정당화되는지를 검토한 결과, 사건과 상황이 그러한 평가를 정당화하지 않는다고 판단하여 비한정 내용연수를 유한한 내용연수 4년(정액법 상각, 추정잔존가치 ₩0)으로 변경하고 다음과 같이 소급하여 회계처리하였다.

   20X3년 말
   (차) 전기이월이익잉여금   100,000
      무형자산상각비   100,000
      (대) 무형자산   200,000

4. ㈜대한은 20X3년 초에 특허권을 ₩1,000,000에 취득하였으며 동 특허권의 법적 권리기간은 20년이나 순현금 유입이 가능한 기간은 10년이 될 것으로 예상한다. ㈜대한은 취득가액의 60%인 ₩600,000으로 5년 후에 특허권을 구매하려는 제3자와 약정하였으며 5년 후에 특허권을 매각할 의도를 가지고 있다. 동 금액에 대한 매각 예정시점으로부터의 현재가치는 ₩550,000이다. ㈜대한은 이와 관련하여 다음과 같이 정액법을 적용하여 회계 처리하였다.

> 20X3년 초
> (차) 무형자산   1,000,000
> (대) 현금   1,000,000
>
> 20X3년 말
> (차) 무형자산상각비   100,000
> (대) 무형자산   100,000

물음 1 상기 거래들에 대한 회계처리를 올바르게 수정하였을 때 ㈜대한의 20X3년 전기이월이익잉여금 및 당기 순이익에 미치는 영향을 계산하시오. 단, 감소하는 경우에는 (−)를 숫자 앞에 표시하시오.   2018. CPA

항목	20X3년	
	전기이월 이익잉여금	당기순이익
1. 대손상각	①	②
2. 이자 지급	③	④
3. 무형자산	⑤	⑥
4. 특허권 거래		⑦

물음 2 한국채택국제회계기준(K−IFRS) 하에서 유형자산과 무형자산의 감가상각방법 변경을 회계정책의 변경이 아닌 회계추정의 변경으로 회계처리하는 이유를 간략하게 설명하시오.   2018. CPA

✏️ **해설**

(물음 1)

항목	20X3년	
	전기이월 이익잉여금	당기순이익
1. 대손상각	①63,000	②59,000
2. 이자 지급	③18,000	④(−)12,000
3. 무형자산	⑤100,000	⑥(−)25,000
4. 특허권 거래		⑦10,000

1. 대손상각

	X1	X2	X3
장부상 대손상각비	40,000	50,000	60,000
정확한 대손상각비	35,000	27,000−35,000 =(8,000)	28,000−27,000 =1,000

(1) 정확한 대손상각비: 기말 추정기대신용손실금액−기초 추정기대신용손실금액
　　기말 대손충당금은 기말 추정기대신용손실금액이 되어야 한다. 따라서 올바른 대손상각비는 추정기대신용손실의 증감이다.
(2) 수정분개: 장부상 대손상각비−정확한 대손상각비

|손익변동표|

X1	X2	X3
5,000	58,000	59,000
기초이익잉여금 63,000		당기순이익

장부상 대손상각비를 부인하면 그만큼 이익이 증가하고, 정확한 대손상각비를 인식하면 그만큼 이익이 감소한다.
X1년: 40,000−35,000=5,000
X2년: 50,000−(−)8,000=58,000
X3년: 60,000−1,000=59,000

2. 이자 지급
|손익변동표|

X1	X2	X3
30,000	(12,000)	(12,000)
기초이익잉여금 18,000		당기순이익

X1년 이자비용: 36,000×6/36=6,000
X1년도에 이자비용 30,000을 부인한 뒤, X2년부터 매년 12,000(=36,000/3)씩 이자비용으로 인식한다.

3. 무형자산
|손익변동표|

x1	x2	x3
	100,000	(25,000)
기초이익잉여금 100,000		당기순이익

비한정 내용연수를 유한 내용연수로 변경하는 것은 회계추정의 변경에 해당한다. 따라서 소급적용 회계처리를 부인해야 한다.
무형자산상각비: 500,000/4＝125,000

|올바른 회계처리|

무형자산상각비	125,000	무형자산	125,000

4. 특허권 거래
|손익변동표|

x1	x2	x3
		10,000
기초이익잉여금		당기순이익

|올바른 회계처리|

무형자산상각비	90,000	무형자산	90,000

X3년 무형자산상각비: (1,000,000－550,000)/5＝90,000
－내용연수: 5년 후에 특허권을 구매하려는 제3자와 약정하였으며 5년 후에 특허권을 매각할 의도를 가지고 있으므로 무형자산을 5년만 사용할 것이다. 내용연수는 5년이다.
－잔존가치: 기준서 사례에서 향후 매각 약정이 있는 경우 매각금액의 현재가치를 잔존가치로 보았다. 따라서 매각금액 600,000의 현재가치인 550,000을 잔존가치로 보아야 한다.

|X3년도 수정분개|

대손상각	대손충당금	122,000	이익잉여금	63,000
			대손상각비	59,000
이자지급	선급이자	6,000	이익잉여금	18,000
	이자비용	12,000		
무형자산	무형자산	75,000	이익잉여금	100,000
	무형자산상각비	25,000		
특허권	무형자산	10,000	무형자산상각비	10,000

(물음 2)
감가상각방법은 자산의 미래경제적 효익이 소비되는 형태를 반영하여 결정하므로 회계추정에 해당한다. 따라서 감가상각방법 변경은 회계추정의 변경으로 회계처리한다.

문제 4

(14점)

유통업을 영위하고 있는 ㈜대한의 당기(20X1년) 재무제표에 대한 감사를 수행하던 중 다음과 같은 오류를 발견하였다.

1) 20X1년 초에 건물이 있는 토지를 ₩10,000에 구입하였다. 구입계약서에는 토지의 가격이 ₩9,000이고 건물의 가격은 ₩1,000이다. 이 토지를 취득한 것은 인근 기존 사옥부지와 합하여 사옥을 신축하기 위해서이다. 토지에 있던 건물을 구입 즉시 철거하였는데, 철거비용 ₩500이 발생하였고 철거시에 수거한 폐자재를 ₩30에 매각하였다. 또한, 20X1년 2월 중에 사옥을 신축하기 위해 기존에 사옥으로 사용하던 건물(취득가액: ₩40,000, 감가상각누계액: ₩38,000)도 철거하였는데, 철거비용 ₩200이 발생하였고 철거시에 수거한 폐자재를 ₩10에 매각하였다. 20X1년 3월에 ㈜민국과 신사옥 건설계약을 체결하고 20X1년 말까지 공사대금으로 ₩20,000을 지급하였다. ㈜대한은 이와 관련하여 다음과 같이 회계처리하였다.

(차)	토지	9,000	(대)	현금	10,470
	건물	1,470			

(차)	건설중인자산	23,660	(대)	현금	20,190
	감가상각누계액	38,000		건물	41,470

2) 사용이 종료되면 설치지역을 원상복구 해야 하는 구축물을 20X1년 1월 1일에 ₩5,000을 지출하여 설치하였다. 설치지역을 복구하는 시점인 10년 후에 ₩5,706의 지출이 예상되며, 적절한 할인율 연 10%를 적용하였을 경우의 현재가치는 ₩2,200이다. 이 구축물의 내용연수는 10년이고, 정액법으로 감가상각하며, 잔존가치는 없다. ㈜대한은 이와 관련하여 다음과 같이 회계처리하였다.

(차)	구축물	5,000	(대)	현금	5,000
	감가상각비	500		감가상각누계액	500

3) 20X0년 말 현재 확정급여채무의 현재가치와 사외적립자산의 공정가치는 각각 ₩25,000과 ₩22,800이며, 확정급여채무를 할인하기 위해 사용한 할인율은 연 10%이다. 20X1년 12월 31일 확정급여제도와 관련하여 기여금 ₩800을 출연하고 퇴직급여 ₩1,000을 지급하였다. 20X1년 당기근무원가는 ₩3,100이다. 20X1년 말 현재 확정급여채무의 현재가치와 사외적립자산의 공정가치는 각각 ₩28,500과 ₩24,600이다. ㈜대한은 이와 관련하여 다음과 같이 회계처리하였다.

(차)	판매와관리비	3,100	(대)	현금	800
				사외적립자산	200
				확정급여채무	2,100

4) 20X0년 1월 1일에 내용연수가 10년, 잔존가치가 ₩800으로 추정되는 기계장치를 ₩10,000에 구입하였다. 이 기계를 1년간 사용한 후 보다 유용한 정보제공을 위해 20X1년 초에 감가상각방법을 정률법에서 정액법으로 변경하기로 결정하였다. ㈜대한은 이러한 감가상각방법의 변경을 반영하지 않고 20X0년과 같이 정률법으로 감가상각하여 20X1년 재무제표를 작성하였다. 내용연수 10년의 정률법에 의한 상각률은 20%로 가정한다.

아래 양식에 따라 당기 말 재무상태표와 당기 포괄손익계산서 요소에 대한 수정표를 작성하시오. 단, 사외적립자산과 확정급여채무는 각각 자산과 부채에 표시한다. 감소되어야 할 경우 금액 앞에 (−)를 표시한다. 2014. CPA **2차**

구분	자산	부채	자본	당기순이익
수정 전	₩90,000	₩50,000	₩40,000	₩10,000
1				
2				
3				
4				
수정 후				

해설

구분	자산	부채	자본	당기순이익
수정 전	₩90,000	₩50,000	₩40,000	₩10,000
1	(−)2,190		(−)2,190	(−)2,190
2	1,980	2,420	(−)440	(−)440
3	2,000	1,400	600	(−)220
4	800		800	800
수정 후	92,590	53,820	38,770	7,950

오류 1

1. 올바른 회계처리

토지	10,470	현금	10,000
		현금	470
감누	38,000	건물	40,000
처분손실	2,190	현금	190
건설중인자산	20,000	현금	20,000

2. 수정분개

토지	1,470	건물	1,470
건물	1,470	건설중인자산	3,660
처분손실	2,190		

3. 계정별 증감

(1) 자산: 1,470−1,470+1,470−3,660=(−)2,190

(2) 부채: 불변

(3) 자본(=당기순이익): (−)2,190

오류 2

1. 올바른 회계처리

구축물	7,200	복구충당부채	2,200
		현금	5,000
감가상각비	720	감가상각누계액	720
이자비용	220	복구충당부채	220

2. 수정분개

구축물	2,200	복구충당부채	2,200
감가상각비	220	감가상각누계액	220
이자비용	220	복구충당부채	220

3. 계정별 증감

(1) 자산: 2,200－220＝1,980

(2) 부채: 2,200＋220＝2,420

(3) 자본(＝당기순이익): －220－220＝(－)440

오류 3

	비용	자산	부채	자본
기초		22,800	25,000	
이자(10%)	220	2,280	2,500	
출연		800		
지급		(1,000)	(1,000)	
근무	3,100		3,100	
재측정 전	3,320	24,880	29,600	
재측정		(280)	(1,100)	820
재측정 후		24,600	28,500	

1. 올바른 회계처리

퇴직급여	2,500	확정급여채무	2,500
사외적립자산	2,280	퇴직급여	2,280
사외적립자산	800	현금	800
확정급여채무	1,000	사외적립자산	1,000
퇴직급여	3,100	확정급여채무	3,100
확정급여채무	1,100	사외적립자산	280
		재측정요소	820

2. 수정분개

퇴직급여	3,320	판매비와관리비	3,100
사외적립자산	2,000	확정급여채무	1,400
		재측정요소	820

(1) 확정급여채무 증감: 28,500−27,100=1,400 증가
 − 수정 전 확정급여채무: 25,000+2,100=27,100
(2) 사외적립자산 증감: 24,600−22,600=2,000 증가
 − 수정 전 사외적립자산: 22,800−200=22,600

3. 계정별 증감
(1) 자산: 2,000 증가
(2) 부채: 1,400 증가
(3) 자본: 자산−부채=2,000−1,400=600 증가

별해〉 PL+OCI=−220+820=600

(4) 당기순이익: 3,100(판관비 감소분)−3,320(퇴직급여 증가분)=(−)220

오류 4
1. 감가상각비 분석

W9	10,000	n=10, s=800, 정률법(r=20%)
	↓ (2,000)	
X0	8,000	n=9, s=800, 정액법
	↓ (800)=(8,000−800)/9	
X1	7,200	

(1) 회사의 감가상각비: 8,000×20%=1,600
(2) 올바른 감가상각비: 800

2. 수정분개

감가상각누계액	800	감가상각비	800

3. 계정별 증감
(1) 자산: 800 증가
(2) 부채: 불변
(3) 자본(=당기순이익): 800 증가

6 | 법인세를 고려한 소급법 2차

회계정책의 변경과 오류수정은 소급법을 적용한다. 그런데 법인세를 고려한다면 소급적용으로 인한 손익 증가분이 일부 상쇄되는 효과를 가져온다. 그동안 법인세회계와 연결회계에서 법인세는 '마찰력'이라고 설명하였다. 소급법에서도 마찬가지이다.

1. 손익변동표: 법인세는 '마찰력'이다.

손익변동표는 숫자에 전부 '1 − 법인세율'을 곱하면 된다. 법인세율을 곱한 금액만큼 이연법인세부채(자산)가 발생하면서 법인세비용이 증가(감소)하기 때문이다.

ex〉x1말 원가흐름의 가정 변경으로 재고자산 100 증가

X1	X2
100×0.9	(100)×0.9

예를 들어, 오류수정으로 이익이 100 증가하는 상황에서 세율이 10%라면 이익이 10% 감소하여 이익은 90만 증가한다.

2. 법인세가 있어도 자산, 부채 수정은 세전으로 계산

법인세를 고려하더라도 법인세효과는 법인세자산, 부채에 반영되므로, 오류가 있는 자산, 부채(ex)재고자산, 유형자산 등)의 변동은 세전으로 계산해야 한다. x1말에 수정분개를 하면 재고자산은 100 과소계상되어 있으므로, 90이 아닌 100을 증가시켜야 한다.

한편, 법인세법은 원가흐름의 가정 변경으로 인한 재고 평가증을 인정하지 않으므로 '손금산입 △유보' 세무조정이 발생하며, 법인세효과 10을 이연법인세부채로 인식해야 한다.

|수정분개|

X1년도	재고자산	100	매출원가	100
	법인세비용	10	이연법인세부채	10
X2년도	매출원가	100	이익잉여금	90
			법인세비용	10

문제 5

다음 〈자료〉를 이용하여 각 물음에 답하시오. **2차**

> **자료**
>
> 1. ㈜대한은 20X1년 초에 설립된 이후 계속적으로 가중평균법을 적용하여 재고자산을 평가하여 왔다.
> 2. 재고자산평가방법을 가중평균법으로 계속 적용할 경우, ㈜대한의 20X3년도 포괄손익계산서 상 당기순이익과 20X3년 말 재무상태표 상 이익잉여금은 각각 ₩1,000,000과 ₩2,500,000이다.
> 3. ㈜대한은 20X3년도에 재무상태 및 재무성과에 관한 정보를 신뢰성 있고 더 목적적합하게 제공하기 위하여 재고자산평가방법을 선입선출법으로 변경하였다. 재고자산의 평가방법에 따른 기말평가금액은 다음과 같다.
>
> | 평가방법 | 20X1년 말 | 20X2년 말 | 20X3년 말 |
> |---|---|---|---|
> | 가중평균법 | ₩705,000 | ₩840,000 | ₩930,000 |
> | 선입선출법 | 720,000 | 830,000 | 970,000 |

물음 1 동 회계정책의 변경을 반영하여 재무제표가 재작성될 경우, ㈜대한의 20X3년도 포괄손익계산서 상 당기순이익과 20X3년 말 재무상태표 상 이익잉여금을 계산하시오. 단, 법인세 효과는 고려하지 않는다.

2020. CPA

당기순이익	①
이익잉여금	②

물음 2 법인세 효과를 고려하는 경우와 법인세 효과를 고려하지 않는 경우 각각에 대해서 ㈜대한이 20X3년 초에 소급법을 적용하기 위한 회계처리를 제시하시오. 단, 법인세율은 30%로 가정한다.   2020. CPA

법인세 효과를 고려하는 경우	①
법인세 효과를 고려하지 않는 경우	②

✐ 해설 정책변경-법인세 효과 고려

(물음 1)

당기순이익	①1,050,000
이익잉여금	②2,540,000

당기순이익: 1,000,000＋50,000＝**1,050,000**
이익잉여금: 2,500,000＋40,000＝**2,540,000**

	X1	X2	X3
X1	15,000	(15,000)	
X2		(10,000)	10,000
X3			40,000
			NI 50,000 증가
	X3말 이익잉여금 40,000 증가		

(물음 2)

① 법인세 효과를 고려하는 경우

(차)	이익잉여금	10,000	(대)	재고자산	10,000
	이연법인세자산	3,000		이익잉여금	3,000

② 법인세 효과를 고려하지 않는 경우

(차)	이익잉여금	10,000	(대)	재고자산	10,000

1. 법인세 효과를 고려하지 않는 경우

	X1	X2	X3(당기)	누적
X1	15,000	(15,000)		x2말 재고
X2		(10,000)		10,000 감소
	x2말 이익잉여금 10,000 감소			

회계처리를 하는 것은 X3년 초이다. X3년 초에는 X2년 말 재고자산의 변동이 아직 매출원가로 손익화되기 전이므로 손익변동표를 그린다면 x3 아래에 10,000이 표시되지 않으며, 수익이나 비용에 미치는 영향이 없다.

X3년 관점에서는 X2년이 전기이므로, 모든 손익 변동이 이익잉여금으로 마감된 상태이다. 따라서 이익잉여금을 10,000 감소시킨다.

누적액은 관련 자산, 부채에 반영하는데, 전부 재고자산과 관련된 변동이므로 재고자산에 반영한다. X2년 말(=X3년 초) 재고자산은 10,000 감소한다.

2. 법인세 효과를 고려하는 경우

	X1	X2	X3(당기)	누적
X1	15,000×0.7	(15,000)×0.7		X2말 재고: 10,000 감소
X2		(10,000)×0.7		X2말 이연법인세자산: 3,000 증가
	x2말 이익잉여금 7,000 감소			

X1년 말 재고자산은 X2년에 처분되므로 평가금액과 관련된 유보가 전부 추인되고 X3년 초에는 없는 상태이다. 반면, X2년 말 재고자산은 아직 처분되기 전이므로 X3년 초에 유보 잔액이 남은 상태이다. 정책변경으로 인해 X2년 말 재고자산을 10,000 감소시키지만, 세법에서는 이를 인정하지 않으므로 '익입 10,000 유보' 세무조정이 발생한다. 이는 미래에 손금산입으로 추인되므로 이연법인세자산 3,000(=10,000×30%)이 발생한다. X2년 말에 '이연법인세자산 3,000 / 법인세비용 3,000' 회계처리가 필요한데, X3년 관점에서는 법인세비용이 이익잉여금으로 마감되어 있으므로 '이연법인세자산 3,000 / 이익잉여금 3,000'이 추가된다.

|참고| 이연법인세

	X2(30%)	X3(30%)
EBT	XXX	
재고자산	10,000	(10,000)
과세소득	XXX	
법인세부담액	XXX	(3,000)

16 법인세회계

1 법인세회계 풀이법

사례

다음은 ㈜대한의 법인세와 관련된 자료이다.

• 20X2년 세무조정내역

법인세비용차감전순이익	₩1,500,000
세무조정항목 :	
전기 감가상각비 한도초과	(90,000)
과세소득	₩1,410,000

• 세무조정항목은 모두 일시적차이에 해당하고, 이연법인세자산의 실현가능성은 거의 확실하다.
• 20X1년말 이연법인세자산과 이연법인세부채는 각각 ₩65,000과 ₩25,000이다.
• 20X2년 법인세율은 25%이고, 20X3년과 20X4년 이후의 세율은 각각 20%와 18%로 20X2년말에 입법화되었다.
• 20X2년말 현재 미소멸 일시적차이의 소멸시기는 아래와 같다.

감가상각비 한도초과와 토지 건설자금이자는 전기로부터 이월된 금액이다.

일시적차이	20X2년말 잔액	소멸시기
감가상각비 한도초과	₩170,000	20X3년 ₩90,000 소멸 20X4년 ₩80,000 소멸
토지 건설자금이자	(100,000)	20X4년 이후 전액 소멸

㈜대한의 20X2년도 포괄손익계산서에 인식할 법인세비용은?　　　　　　　2018. CPA 1차

Step 1. 연도별 세율 및 EBT 적기

	X2(25%)	X3(20%)	X4~(18%)
EBT	1,500,000		

1. 연도별 세율 표시
　─ 세율이 다른 해는 구분해서 적기
　─ 세율이 모두 같다면 '당기'와 '차기~'로만 구분 (유보가 추인되는 해는 구분해야 함)

2. EBT(법인세차감전순이익) 적기

Step 2. 세무조정

	X2(25%)	X3(20%)	X4~(18%)
EBT	1,500,000		
감가비 한도초과	(90,000)	(90,000)	(80,000)
건설자금이자			100,000

1. 당기 세무조정

2. 당기 말 유보 추인
   − 당기 말 유보 잔액의 추인을 표시
   − 당기 말 유보＝기초 유보＋유보 발생액−유보 추인액 (not 유보 발생액)

Step 3. 과세소득과 법인세부담액 계산

	X2(25%)	X3(20%)	X4~(18%)
EBT	1,500,000		
감가비	(90,000)	(90,000)	(80,000)
건설자금이자			100,000
과세소득	1,410,000		
법인세부담액	352,500		

과세소득＝EBT±세무조정
법인세부담액＝과세소득×당기 세율

Step 4. 이연법인세 자산, 부채 계산

	X2(25%)	X3(20%)	X4~(18%)
EBT	1,500,000		
감가비	(90,000)	(90,000)	(80,000)
건설자금이자			100,000
과세소득	1,410,000		
법인세부담액	352,500	(18,000)	(14,400)
			18,000

(1) 이연법인세부채＝가산할 일시적차이×소멸 시점의 세율
(2) 이연법인세자산＝차감할 일시적차이×소멸 시점의 세율
표의 양수가 부채, 음수가 자산, 유보는 자산이다.

Step 5. 법인세비용 계산 및 회계처리

1. 기초 제거	이연법인세부채	기초 부채	이연법인세자산	기초 자산
2. 기말 계상	이연법인세자산	기말 자산	이연법인세부채	기말 부채
3. 당기 부채&비용	법인세비용	XXX	당기법인세부채	법인세부담액

 **'당기에 설립한', '당기 초에 영업을 시작한'** : 기초 이연법인세 자산, 부채 0!

|사례의 법인세 회계처리| 법인세비용: 378,100

1. 기초 제거	이연법인세부채	25,000	이연법인세자산	65,000
2. 기말 계상	이연법인세자산	32,400	이연법인세부채	18,000
3. 당기 부채&비용	법인세비용	**378,100**	당기법인세부채	352,500

참고〉 중간예납세액이 있는 경우 회계처리

1. 기초 제거	이연법인세부채	기초 부채	이연법인세자산	기초 자산
2. 기말 계상	이연법인세자산	기말 자산	이연법인세부채	기말 부채
			당기법인세자산	중간예납세액
3. 당기 부채&비용	법인세비용	XXX	당기법인세부채	법인세부담액 -중간예납세액

―중간예납세액이 있더라도 법인세비용은 같음

2 법인세회계-기타 세무조정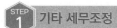

STEP 1 기타 세무조정

1. 자기주식처분손익

	X1(30%)
EBT	XXX
자처익	XXX×
자처손	(XXX)×
과세소득	XXX
법인세부담액	XXX

– 문제에 제시된 자기주식처분손익은 세무조정으로 반영하고, 숫자 옆에 *(별표)를 작게 표시

2. 기타포괄손익: 재평가잉여금 및 FVOCI 금융자산(주식) 평가손익

	X1(30%)	X2(30%)
EBT	XXX	
재평가잉여금	20,000×	
토지	(20,000)	20,000
과세소득	XXX	
법인세부담액	XXX	

– OCI(재평가잉여금, 금융자산평가이익)는 양수로 적은 뒤 *(별표)를 작게 표시
– △유보는 음수로 적은 뒤 유보 추인 시점에 양수로 적기

STEP 2 기타 세무조정 회계처리

1. 기초 제거	이연법인세부채	기초 부채	이연법인세자산	기초 자산
2. 기말 계상	이연법인세자산	기말 자산	이연법인세부채	기말 부채
3. 당기 부채&비용	법인세비용	XXX	당기법인세부채	법인세부담액
	법인세비용	XXX	자처손	발생액×당기 세율
4. 기타 세무조정	자처익	발생액×당기 세율	법인세비용	XXX
	OCI	발생액×미래 세율	법인세비용	XXX

– 기타 세무조정이 있는 경우 3. 당기 부채&비용'까지는 똑같이 하고, '4. 기타 세무조정' 추가

1. 법인세비용과 상계할 금액

자기주식처분손익	자기주식처분손익×당기 세율
OCI	OCI 발생액×미래 세율

 회계처리로 자본을 제거하기: 원래 자본이 계상된 곳과 반대쪽으로!

기중	현금	처분가액	자기주식	BV
	자처손	발생액		
상계	법인세비용	XXX	**자처손**	발생액×당기 세율
기중	현금	처분가액	자기주식	BV
			자처익	발생액
상계	**자처익**	발생액×당기 세율	법인세비용	XXX
기중	자산	발생액	OCI	발생액
상계	OCI	발생액×미래 세율	법인세비용	XXX

 법인세부담액을 제시한 경우: 유보, 기타만 보면 됨

문제에서 법인세부담액을 제시하면 과세소득을 구할 필요가 없다. 따라서 유보를 보고 기초, 기말의 이연법인세자산, 부채를 계산한 뒤, 기타 회계처리만 하면 법인세비용을 구할 수 있다.

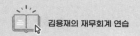

문제 1

(12점)

20X1년 초에 설립된 ㈜대한의 다음 〈자료〉를 이용하여 각 물음에 답하시오.

자료

1. 20X1년 법인세 계산 관련 자료

- ㈜대한의 20X1년도 법인세비용차감전순이익은 ₩100,000이다.
- 당기에 납부한 세법상 손금으로 인정되지 않는 벌금 ₩10,000을 당기비용으로 인식하였다.
- 당기 말에 판매보증충당부채 ₩30,000을 인식하였다. 동 판매보증충당부채는 20X2년부터 20X4년까지 매년 ₩10,000씩 소멸되었다.
- 당기 말에 당기손익－공정가치 측정 금융자산의 평가이익 ₩15,000을 당기이익으로 인식하였다. 동 당기손익－공정가치 측정 금융자산은 20X2년에 모두 처분되었다.
- 20X1년에 적용할 세율은 10%이나, 20X1년 중 개정된 세법에 따라 20X2년에 적용할 세율은 20%이고, 20X3년부터 적용할 세율은 30%이다.

2. 20X2년 법인세 계산 관련 자료

- ㈜대한의 20X2년도 법인세비용차감전순이익은 ₩200,000이다.
- 당기에 발생한 접대비한도초과액은 ₩20,000이며, 당기비용으로 인식하였다.
- 당기에 발생한 감가상각비한도초과액은 ₩60,000이며, 동 감가상각비한도초과액은 20X3년부터 20X5년까지 매년 ₩20,000씩 소멸되었다.
- 당기 중 ₩50,000에 매입한 재고자산의 당기 말 순실현가능가치가 ₩20,000으로 하락함에 따라 세법상 인정되지 않는 저가법을 적용하여 평가손실을 당기비용으로 처음 인식하였다. 동 재고자산은 20X3년에 모두 외부로 판매되었다.
- 당기 중 ₩90,000에 취득한 토지의 당기 말 공정가치가 ₩100,000으로 상승함에 따라 세법상 인정되지 않는 재평가모형을 적용하여 재평가잉여금을 자본항목으로 처음 인식하였다. 동 토지는 20X3년에 모두 외부로 처분되었다.
- 당기 중 ₩20,000에 취득한 자기주식을 당기 말에 현금 ₩40,000에 모두 처분하고 자기주식처분이익을 자본항목으로 처음 인식하였다.
- 20X2년에 적용할 세율은 20%이나, 20X2년 중 개정된 세법에 따라 20X3년에 적용할 세율은 25%이고, 20X4년부터 적용할 세율은 20%이다.

3. 이연법인세자산과 이연법인세부채는 상계하지 않으며, 이연법인세자산의 실현가능성은 매년 높다고 가정한다.

물음 1 ㈜대한이 20X1년도 포괄손익계산서에 당기손익으로 인식할 법인세비용과 20X1년 말 재무상태표에 표시할 이연법인세자산과 이연법인세부채의 금액을 각각 계산하시오.
2022. CPA

당기손익으로 인식할 법인세비용	①
이연법인세자산	②
이연법인세부채	③

물음 2 ㈜대한이 20X2년도 포괄손익계산서에 당기손익으로 인식할 법인세비용과 20X2년 말 재무상태표에 표시할 이연법인세자산과 이연법인세부채의 금액을 각각 계산하시오.

2022. CPA

당기손익으로 인식할 법인세비용	①
이연법인세자산	②
이연법인세부채	③

해설

(물음 1)

당기손익으로 인식할 법인세비용	①7,500
이연법인세자산	②8,000
이연법인세부채	③3,000

	X1(10%)	X2(20%)	X3~(30%)
EBT	100,000		
벌금	10,000		
판매보증충당부채	30,000	(10,000)	(20,000)
FVPL 금융자산	(15,000)	15,000	
과세소득	125,000	(10,000) 15,000	(20,000)
법인세부담액	12,500	(2,000) 3,000	(6,000)

X1년 말 이연법인세자산: 2,000+6,000=**8,000**

X1년 말 이연법인세부채: 3,000

| 회계처리 |

1. 기초 제거	이연법인세부채	—	이연법인세자산	
2. 기말 계상	이연법인세자산	8,000	이연법인세부채	3,000
3. 당기 부채&비용	법인세비용	7,500	당기법인세부채	12,500

X1년 초에 설립하였으므로 기초 이연법인세자산, 부채는 없다.

(물음 2) 법인세회계－OCI, 자기주식처분손익

당기손익으로 인식할 법인세비용	①43,000
이연법인세자산	②25,000
이연법인세부채	③2,500

	X2(20%)	X3(25%)	X4~(20%)
EBT	200,000		
판매보증충당부채	(10,000)	(10,000)	(10,000)
FVPL 금융자산	15,000		
접대비	20,000		
감가상각비	60,000	(20,000)	(40,000)
재고자산	30,000	(30,000)	
토지	(10,000)	10,000	
재평가잉여금	10,000×		
자기주식처분이익	20,000×		
과세소득	335,000	(60,000) 10,000	(50,000)
법인세부담액	67,000	(15,000) 2,500	(10,000)

X2년 말 이연법인세자산: 15,000＋10,000＝25,000
X2년 말 이연법인세부채: 2,500

1. 기초 제거	이연법인세부채	3,000	이연법인세자산	8,000
2. 기말 계상	이연법인세자산	25,000	이연법인세부채	2,500
3. 당기 부채&비용	법인세비용	49,500	당기법인세부채	67,000
4. 기타 세무조정	재평가잉여금	2,500	법인세비용	2,500
	자기주식처분이익	4,000	법인세비용	4,000

X2년도 법인세비용: 49,500－2,500－4,000＝43,000
－재평가잉여금 상계액: 10,000×25%＝2,500
－자기주식처분이익 상계액: 20,000×20%＝4,000

문제 2

(10점)

㈜세무의 법인세에 대한 세무조정 관련 자료는 다음과 같다. 다음 자료를 이용하여 각 물음에 답하시오. 2023. CTA

> **자료**
>
> 1. ㈜세무의 20X1년도 법인세비용차감전순이익은 ₩500,000이며, 20X1년도에 발생한 세무조정 사항은 다음과 같다.

구분	금액	비고
재고자산평가손실	₩20,000	재고자산평가손실에서 발생한 일시적차이는 20X2년도에 모두 소멸된다.
제품보증충당부채	15,000	제품보증충당부채는 20X2년부터 매년 1/3씩 소멸된다.
정기예금 미수이자	20,000	정기예금의 이자는 만기에 수취하고, 정기예금의 만기는 20X2년 3월 말이다.
국세과오납 환급금이자	5,000	—
벌금 및 과태료	10,000	—

> 2. ㈜세무의 20X2년도 법인세비용차감전순이익은 ₩700,000이며, 20X2년도에 추가로 발생한 세무조정 사항은 다음과 같다.

구분	금액	비고
당기손익―공정가치 측정 금융자산평가이익(지분상품)	₩12,000	당기손익―공정가치 측정 금융자산은 20X3년도 중에 처분될 예정이다.
감가상각비 한도초과액	40,000	감가상각비 한도초과는 20X3년부터 매년 1/4씩 소멸된다.
자기주식처분이익	8,000	20X2년도에 취득한 자기주식 처분 시 자기주식처분이익(자본잉여금)으로 처리하였다.
접대비 한도초과액	30,000	—

> 3. 20X1년도와 20X2년도에 당기법인세 계산 시 적용될 세율은 20%이며 20X1년 말 세법개정으로 미래 적용세율이 다음과 같이 변동하였고, 이후 적용세율의 변동은 없다.

연도	20X3년도	20X4년도 이후
적용세율	25%	30%

> 4. 20X1년 초 전기에서 이월된 일시적차이는 없고, 20X1년 말과 20X2년 말 각 연도의 미사용 세무상결손금과 세액공제는 없다.
>
> 5. 일시적차이가 사용될 수 있는 미래 과세소득의 발생가능성이 높으며, 이연법인세자산과 이연법인세부채는 상계하지 않는다.

물음 1 ㈜세무가 20X1년 말에 인식할 ① 이연법인세자산 ② 이연법인세부채를 계산하시오.

이연법인세자산	①
이연법인세부채	②

물음 2 ㈜세무의 법인세 관련 회계처리가 ① 20X2년도 법인세비용에 미치는 영향 ② 20X2년 말 이연법인세자산에 미치는 영향 ③ 20X2년 말 이연법인세부채에 미치는 영향을 계산하시오. (단, 법인세비용, 이연법인세자산, 이연법인세부채가 감소하는 경우 금액 앞에 '(−)'를 표시하시오.)

20X2년도 법인세비용에 미치는 영향	①
20X2년 말 이연법인세자산에 미치는 영향	②
20X2년 말 이연법인세부채에 미치는 영향	③

✏️ **해설**

(물음 1)

이연법인세자산	①7,750
이연법인세부채	②4,000

이연법인세자산: 5,000＋1,250＋1,500＝7,750
이연법인세부채: **4,000**

	X1(20%)	X2(20%)	X3(25%)	X4~(30%)
EBT	500,000			
재고자산평가손실	20,000	(20,000)		
제품보증충당부채	15,000	(5,000)	(5,000)	(5,000)
미수이자	(20,000)	20,000		
환급금이자	(5,000)			
벌금 및 과태료	10,000			
과세소득	520,000	(25,000) 20,000	(5,000)	(5,000)
법인세부담액	104,000	(5,000) 4,000	(1,250)	(1,500)

− 국세과오납 환급금이자는 '익금불산입 기타', 벌금 및 과태료는 '손금불산입 기타사외유출' 세무조정이 발생한다.

| 회계처리 |

1. 기초 제거	이연법인세부채	−	이연법인세자산	
2. 기말 계상	이연법인세자산	7,750	이연법인세부채	4,000
3. 당기 부채&비용	법인세비용	100,250	당기법인세부채	104,000

(물음 2)

20X2년도 법인세비용에 미치는 영향	①143,100
20X2년 말 이연법인세자산에 미치는 영향	②6,500
20X2년 말 이연법인세부채에 미치는 영향	③(-)1,000

법인세비용: 144,700-1,600=**143,100**
이연법인세자산에 미치는 영향: 기말-기초=14,250-7,750=**6,500**
이연법인세부채에 미치는 영향: 기말-기초=3,000-4,000=**(-)1,000**

	X2(20%)	X3(25%)	X4~(30%)
EBT	700,000		
재고자산평가손실	(20,000)		
제품보증충당부채	(5,000)	(5,000)	(5,000)
미수이자	20,000		
FVPL 금융자산	(12,000)	12,000	
감가상각비	40,000	(10,000)	(30,000)
자기주식처분이익	8,000×		
접대비	30,000		
과세소득	761,000	(15,000) 12,000	(35,000)
법인세부담액	152,200	(3,750) 3,000	(10,500)

기말 이연법인세자산: 3,750+10,500=14,250
기말 이연법인세부채: 3,000

| 회계처리 |

1. 기초 제거	이연법인세부채	4,000	이연법인세자산	7,750
2. 기말 계상	이연법인세자산	14,250	이연법인세부채	3,000
3. 당기 부채&비용	법인세비용	144,700	당기법인세부채	152,200
4. 기타 세무조정	자기주식처분이익	1,600	법인세비용	1,600

법인세비용 상계액: 8,000×20%=1,600

문제 3
(23점)

다음은 20X1년 1월 1일에 설립되어 영업을 시작한 ㈜세무의 20X1년도 법인세와 관련된 자료이다. 물음에 답하시오.

2016. CTA

1) ㈜세무의 법인세비용 세무조정을 제외한 20X1년도 세무조정사항은 다음과 같다.

〈소득금액조정합계표〉

익금산입 및 손금불산입			손금산입 및 익금불산입		
과 목	금 액	소득처분	과 목	금 액	소득처분
감가상각부인액	₩20,000	유보	미수수익	₩10,000	유보
제품보증충당부채	5,000	유보	FVOCI금융자산	5,000	유보
접대비한도초과액	10,000	기타사외유출			
FVOCI금융자산 평가이익	5,000	기타			
합 계	₩40,000		합 계	₩15,000	

2) 20X1년도 과세소득에 적용되는 법인세율은 20%이며, 차기 이후 관련 세율 변동은 없는 것으로 가정한다.

3) 20X1년도 법인세비용차감전순이익(회계이익)은 ₩120,000이다.

4) 세액공제 ₩8,000을 20X1년도 산출세액에서 공제하여 차기 이후로 이월되는 세액공제는 없으며, 최저한세와 농어촌특별세 및 법인지방소득세는 고려하지 않는다.

5) 20X1년도 법인세부담액(당기법인세)은 ₩21,000이며, 20X1년 중 원천징수를 통하여 ₩10,000의 법인세를 납부하고 아래와 같이 회계처리하였다.

(차) 당기법인세자산　　　10,000　　(대) 현금　　　　　　　　10,000

6) 당기법인세자산과 당기법인세부채는 상계조건을 모두 충족하며, 이연법인세자산과 이연법인세부채는 인식조건 및 상계조건을 모두 충족한다.

7) 포괄손익계산서 상 기타포괄손익항목은 관련 법인세 효과를 차감한 순액으로 표시하며, 법인세 효과를 반영하기 전 기타포괄이익은 ₩5,000이다.

물음 1　㈜세무의 20X1년도 포괄손익계산서와 20X1년말 재무상태표에 계상될 다음 각 계정과목의 금액을 계산하시오.

재무제표	계정과목	금 액
포괄손익계산서	법인세비용	①
	기타포괄이익	②
재무상태표	이연법인세자산	③
	이연법인세부채	④
	당기법인세부채(미지급법인세)	⑤

물음 2 ㈜세무의 20X1년도 평균유효세율(%)을 계산하시오.

물음 3 ㈜세무의 회계이익에 적용세율(20%)을 곱하여 산출한 금액과 [물음 1]에서 계산된 법인세비용 간에 차이가 발생한다. 해당 차이를 발생시키는 각 원인을 모두 수치화하여 기술하시오. **2차**

✏️ **해설**

(물음 1)

재무제표	계정과목	금 액
포괄손익계산서	법인세비용	①18,000
	기타포괄이익	②4,000
재무상태표	이연법인세자산	③2,000
	이연법인세부채	④0
	당기법인세부채(미지급법인세)	⑤11,000

	X1(20%)	X2~(20%)
EBT	120,000	
감가상각비	20,000	(20,000)
제품보증충당부채	5,000	(5,000)
접대비	10,000	
미수수익	(10,000)	10,000
FVOCI금융자산	(5,000)	5,000
평가이익(OCI)	5,000×	
과세소득	145,000	(10,000)
법인세부담액	29,000	(2,000)

③ 이연법인세자산: (25,000−15,000)×20%=**2,000**

④ 이연법인세부채: **0**
 ー 이연법인세자산, 부채가 상계조건을 충족하므로 이연법인세자산만 계상한다.

⑤ 당기법인세부채: 21,000−10,000=**11,000**
 ー산출세액이 29,000인데 세액공제 8,000을 차감하여 법인세부담액이 21,000이 된다. 이 중 10,000은 당기법인세자산으로 계상되어 있으므로 당기법인세부채는 11,000이다.

1. 기초 제거	이연법인세부채	—	이연법인세자산	—
2. 기말 계상	이연법인세자산	2,000	이연법인세부채	—
3. 당기 부채&비용	법인세비용	19,000	당기법인세자산	10,000
			당기법인세부채	11,000
4. 기타 세무조정	평가이익(OCI)	1,000	법인세비용	1,000

① 법인세비용: 19,000－1,000＝**18,000**

② 기타포괄이익: 5,000－1,000＝4,000
－법인세비용 상계액: 5,000×20%＝1,000

(물음 2) 15%
평균유효세율: 법인세비용/EBT＝18,000/120,000＝**15%**

(물음 3)

회계이익×20%	120,000×20%＝	24,000
이연법인세자산		(2,000)
기타포괄손익	5,000×20%＝	(1,000)
세무조정	(40,000－15,000)×20%＝	5,000
세액공제		(8,000)
법인세비용		18,000

문제 4

다음은 이연법인세자산과 이연법인세부채의 인식과 표시에 관한 내용이다. 물음에 답하시오. **2차**

물음 1 이연법인세자산은 차감할 일시적차이 등과 관련하여 미래 회계기간에 회수될 수 있는 법인세 금액을 말한다. 미래 과세소득의 발생가능성이 높은 경우, 차감할 일시적차이 이외에 재무상태표 상 이연법인세자산을 인식할 수 있는 항목을 모두 기술하시오.   2016. CTA

물음 2 재무상태표 상 이연법인세자산과 이연법인세부채를 상계하여 표시할 수 있는 조건을 기술하시오.   2016. CTA

물음 3 이연법인세자산 및 부채에 대해 현재가치평가를 배제하는 이유를 간략하게 설명하시오.   2017. CPA

✎ 해설 법인세회계 말문제

(물음 1) 이월결손금, 세액공제

(물음 2) 다음의 조건을 모두 충족하는 경우에만 이연법인세자산과 이연법인세부채를 상계한다.
① 기업이 당기법인세자산과 당기법인세부채를 상계할 수 있는 법적으로 집행가능한 권리를 가지고 있다.
② 이연법인세자산과 이연법인세부채가 다음의 각 경우에 동일한 과세당국에 의해서 부과되는 법인세와 관련되어 있다.
　a. 과세대상기업이 동일한 경우
　b. 과세대상기업은 다르지만 당기법인세 부채와 자산을 순액으로 결제할 의도가 있거나, 유의적인 금액의 이연법인세부채가 결제되거나 이연법인세자산이 회수될 미래의 각 회계기간마다 자산을 실현하는 동시에 부채를 결제할 의도가 있는 경우

(물음 3)
이연법인세 자산과 부채를 현재가치로 평가하기 위해서는 각 일시적차이의 소멸시점을 정확히 추정해야 한다. 하지만 소멸시점을 추정하는 것은 불확실성이 매우 높으므로 이연법인세 자산과 부채는 현재가치평가를 하지 않는다.

3 FVOCI 지분상품 vs FVOCI 채무상품

재평가잉여금과 FVOCI 금융자산(주식)의 평가손익은 재분류 조정 대상이 아니므로 법인세회계에서 처리방법이 똑같다. 반면, FVOCI 금융자산(채권)의 평가손익은 재분류 조정 대상이므로 처리방법이 조금은 다르다. 법인세 회계처리 중 '4. 기타 세무조정' 회계처리는 지분상품과 채무상품의 공정가치 평가 시와 처분 시 각각 다음과 같다.

1. FVOCI 금융자산(주식, 채권) 공정가치 평가 시 세무조정

장부상 회계처리	금융자산	평가이익	OCI	평가이익

+

익入 기타	OCI	평가이익	PL	평가이익
손入 △유보	PL	평가이익	금융자산	평가이익

⇓

세법상 회계처리	─ 회계처리 없음 ─

	X1(10%)	X2(10%)
EBT	XXX	
OCI	10,000*	
금융자산	(10,000)	10,000
과세소득	XXX	
법인세부담액	XXX	

1. 기초 제거	이연법인세부채	기초 부채	이연법인세자산	기초 자산
2. 기말 계상	이연법인세자산	기말 자산	이연법인세부채	기말 부채
3. 당기 부채&비용	법인세비용	XXX	당기법인세부채	법인세부담액
4. 기타 세무조정	OCI	발생액 × 미래 세율	법인세비용	XXX

주식, 채권 모두 공정가치로 평가하는 해에는 두 줄 세무조정이 발생하므로 당기법인세부채에는 영향을 주지 않는다. 대신 △유보가 이후에 추인되므로 이연법인세부채를 인식한다. 이연법인세부채는 유보가 추인될 것으로 예상되는 미래세율로 계산하므로 '평가이익 × 미래세율'만큼 OCI를 제거하면서 법인세비용과 상계해야 한다.

 △유보는 OCI이다.

FVOCI 금융자산의 경우 '익入 기타'와 '손入 △유보' 세무조정이 동시에 뜬다. 따라서 △유보와 OCI는 비례한다. 문제에서는 자적을표를 제시할 텐데, 이때 △유보의 증감을 보면 OCI의 증감을 파악할 수 있다.

2. 지분상품 처분 시 세무조정

장부상 회계처리	현금	처분가액	금융자산	처분가액

+

익入 유보	금융자산	평가이익	PL	평가이익

⇓

세법상 회계처리	현금	처분가액	금융자산	취득원가
			PL	처분이익

	X2(10%)
EBT	XXX
금융자산	10,000
과세소득	XXX
법인세부담액	XXX

FVOCI 금융자산(지분상품)은 처분 시 처분가액으로 평가 후 처분하며, (처분부대비용이 없는 경우) 처분 손익이 발생하지 않는다. 반면, 세법에서는 금융자산의 공정가치 평가를 인정하지 않기 때문에 취득원가를 기준으로 처분손익을 인식한다. 따라서 기존에 금융자산 평가이익에 대해 인식한 △유보만 추인하면 되며, 기타 세무조정은 발생하지 않는다. 기타 세무조정이 발생하지 않으므로 '4. 기타 세무조정' 회계처리가 필요하지 않다.

참고로, 금융자산 처분 시 평가손익(OCI)을 이익잉여금으로 직접 대체할 수 있는데, 이는 자본 내에서 계정 대체일 뿐이므로 대체하든, 말든 세무조정은 발생하지 않는다.

3. 채무상품 처분 시 세무조정

장부상 회계처리	취소	OCI	평가이익	금융자산	평가이익
	처분	현금	처분가액	금융자산	AC
				PL	처분이익

+

손入 기타	PL	평가이익	OCI	평가이익
익入 유보	금융자산	평가이익	PL	평가이익

⇓

세법상 회계처리	현금	처분가액	금융자산	AC
			PL	처분이익

FVOCI 금융자산(채무상품)은 처분 시 기존에 인식한 평가손익(OCI)을 당기손익으로 재분류 조정한다. 김수석은 이를 취소로 처리하였다. (평가를 취소하면 금융자산이 AC로 돌아가서 OCI가 처분손익에 반영됨) 반면, 세법에서는 금융자산의 공정가치 평가를 인정하지 않기 때문에 AC를 기준으로 처분손익을

인식한다. 결과적으로 세법에서는 '취소' 회계처리를 인정하지 않는 것이다. 따라서 두 줄 세무조정을 통해 '취소'를 제거하면 된다.

	X2(10%)
EBT	XXX
OCI 금융자산	(10,000)* 10,000
과세소득	XXX
법인세부담액	XXX

취소를 제거하는 과정에서 기타 세무조정이 발생하므로 채무상품 처분 시에는 '4. 기타 세무조정' 회계처리가 필요하다.

이때 '4. 기타 세무조정' 회계처리를 통해 증가시켜야 하는 OCI는 '제거액×당기 세율'이다. 채무상품 처분으로 인해 기초 이연법인세부채가 감소하는데, 기초 이연법인세부채는 당기(채무상품을 처분하는 해) 세율로 계상되어 있기 때문이다.

1. 기초 제거	이연법인세부채	기초 부채	이연법인세자산	기초 자산
2. 기말 계상	이연법인세자산	기말 자산	이연법인세부채	기말 부채
3. 당기 부채&비용	법인세비용	XXX	당기법인세부채	법인세부담액
4. 기타 세무조정	법인세비용	XXX	OCI	제거액×당기 세율

 핵심 콕! FVOCI 지분상품 vs FVOCI 채무상품

	지분상품	채무상품
평가 시	OCI 평가이익×미래세율 / 법인세비용 XXX	
처분 시	−회계처리 없음−	법인세비용 XXX / OCI 평가이익×당기세율
OCI 상계액	평가이익×미래세율	평가이익×미래세율−제거이익×당기세율

지분상품은 평가 시에만 OCI를 상계하고, 처분 시에는 상계하지 않는다. 따라서 지분상품의 처분은 고려하지 말고 당기에 발생한 평가이익에 미래세율을 곱한 만큼 법인세비용과 상계만 하면 된다.

반면, 채무상품은 평가뿐만 아니라 처분 시에도 OCI를 상계한다. 당기세율과 미래세율이 모두 같다면 단순히 'OCI 증감액×세율'만큼 법인세비용과 상계하면 된다. 하지만 세율이 달라진다면 평가이익에는 미래세율을, 처분으로 인해 제거한 이익에는 당기세율을 곱해야 한다.

문제 5 (12점)

다음에 제시되는 (물음)은 각각 독립된 상황이다.

㈜대한의 당기(20X1년) 법인세 관련 〈공통자료〉는 다음과 같다.

공통자료

1. 당기의 법인세부담액 즉, 당기법인세는 ₩23,000이다.

2. 당기 중 일시적차이의 변동 내용은 다음과 같다.

(단위 : 원)

구분	기초	감소	증가	기말
당기손익－공정가치 측정금융자산	(5,600)	(2,400)	(3,500)	(6,700)
대손충당금	13,400	3,400	2,500	12,500
계	7,800	1,000	(1,000)	5,800

주 : ( )는 가산할 일시적차이

3. 당기의 평균세율과 20X0년 말 및 20X1년 말의 일시적차이가 소멸될 것으로 예상되는 기간의 과세소득에 적용 될 것으로 예상되는 평균세율은 20%이다.

4. 전기 말과 당기 말 현재 차감할 일시적차이가 사용될 수 있는 과세소득의 발생가능성은 높다.

5. 이연법인세자산과 이연법인세부채는 상계하며, 포괄손익계산서에서 기타포괄손익은 관련 법인세효과를 차감한 순액으로 표시한다.

물음 1 당기 중 ₩9,500에 취득하였던 자기주식을 ₩10,000에 전부 처분한 경우 ① 당기 포괄손익계산서에 인 식할 법인세비용과 ② 당기 말 재무상태표에 계상할 이연법인세자산(이연법인세부채일 경우에는 금액 앞에 (－)를 표시함)을 각각 구하시오.

2014. CPA

물음 2 당기 중 일시적차이의 변동 내용은 다음과 같다.

(단위 : 원)

구분	기초	감소	증가	기말
당기손익－공정가치 측정금융자산	(5,600)	(2,400)	(3,500)	(6,700)
대손충당금	13,400	3,400	2,500	12,500
토지	(1,750)	(1,500)	(800)	(1,050)
계	6,050	(500)	(1,800)	4,750

토지 일시적차이의 기초와 당기 증가는 재평가이익(기타포괄이익)으로 발생한 것이며, 감소는 재평가한 토지의 처분에 따른 것이다. 그 외의 내용은 〈공통자료〉와 같다. 당기 포괄손익계산서에 인식할 법인세 비용을 구하시오.

2014. CPA

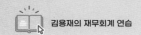

물음 3 당기 중 일시적차이의 변동 내용은 다음과 같다.

(단위 : 원)

구분	기초	감소	증가	기말
당기손익－공정가치측정 금융자산	(5,600)	(2,400)	(3,500)	(6,700)
대손충당금	13,400	3,400	2,500	12,500
기타포괄손익－공정가치측정 금융자산평가이익	(1,750)	(1,500)	(800)	(1,050)
계	6,050	(500)	(1,800)	4,750

기타포괄손익－공정가치측정금융자산평가이익과 관련된 일시적차이 감소액 ₩1,500은 당기 중 기타포괄손익－공정가치측정금융자산(채무상품) 처분에 따른 감소분 ₩1,000과 공정가치 하락에 따른 감소분 ₩500이며, 당기 중 ₩800의 기타포괄손익－공정가치측정금융자산평가이익이 발생하였다. 그 외의 내용은 〈공통자료〉와 같다. ① 당기 포괄손익계산서에 인식할 법인세비용과 ② 당기 말 재무상태표에 계상할 이연법인세자산(이연법인세부채일 경우에는 금액 앞에 (－)를 표시함)을 각각 구하시오.　2014. CPA

✏️ **해설** 법인세회계－기타 세무조정 (자처익, 재평가잉여금, FVOCI 금융자산)

(물음 1) ① 23,300 ② 1,160
(1) X1년초 이연법인세자산: 7,800×20%=1,560
－기초에 유보 잔액이 있으므로 이연법인세'자산'을 인식한다. 유보는 자산이다.

(2) X1년말 이연법인세자산: 5,800×20%=1,160
－이연법인세자산과 이연법인세부채는 상계하며, 차감할 일시적차이가 사용될 수 있는 과세소득의 발생가능성은 높으므로 이연법인세자산만 잡는다.

(3) 자기주식처분이익 감소액: 500×20%=100

(4) 법인세비용: 1,560－1,160+23,000－100=23,300

1. 기초 제거	이연법인세부채	－	이연법인세자산	1,560
2. 기말 계상	이연법인세자산	1,160	이연법인세부채	－
3. 당기 부채&비용	법인세비용	23,400	당기법인세부채	23,000
4. 기타 세무조정	자기주식처분이익	100	법인세비용	100

(물음 2) 23,100
(1) X1년초 이연법인세자산: 6,050×20%=1,210

(2) X1년말 이연법인세자산: 4,750×20%=950

(3) 재평가잉여금 감소액: 800×20%＝160

－ 토지의 재평가잉여금은 재분류조정 대상이 아니므로 이익잉여금으로 대체할 수 있다. 이익잉여금 대체 시에는 자본 내에서 분류가 바뀌는 것이므로 세무조정이 발생하지 않는다. 따라서 당기 발생분 800에 일시적차이가 소멸될 것으로 예상되는 시점의 세율을 곱한 만큼 제거한다.

(4) 법인세비용: 1,210－950＋23,000－160＝**23,100**

1. 기초 제거	이연법인세부채	—	이연법인세자산	1,210
2. 기말 계상	이연법인세자산	950	이연법인세부채	—
3. 당기 부채&비용	법인세비용	23,260	당기법인세부채	23,000
4. 기타 세무조정	재평가잉여금	160	법인세비용	160

(물음 3) ① 23,400 ② 950

(1) X1년초 이연법인세자산: 6,050×20%＝1,210

(2) X1년말 이연법인세자산: 4,750×20%＝**950**

(3) FVOCI금융자산 평가이익 증감: ①＋②＝140 증가

① 평가 시: (500－800)×20%(미래세율)＝60 감소

－ 평가이익 800과 평가손실 500이 발생했으므로 순 평가이익은 300이 발생한 것이다. 따라서 60을 감소시킨다.

② 처분 시: 1,000×20%(당기세율)＝200 증가

－ 처분 시 평가이익 재분류조정으로 인해 1,000이 감소하였으므로 200을 증가시킨다.

(4) 법인세비용: 23,260＋140＝**23,400**

1. 기초 제거	이연법인세부채	—	이연법인세자산	1,210
2. 기말 계상	이연법인세자산	950	이연법인세부채	—
3. 당기 부채&비용	법인세비용	23,260	당기법인세부채	23,000
4. 기타 세무조정	법인세비용	140	금융자산평가이익	140

별해〉 FVOCI금융자산 평가이익 증감: (1,750－1,050)×20%＝140 증가

－ 세율이 매년 일정하므로 OCI 증감에 20%를 곱하면 된다.

－ 익입 기타와 손입 △유보가 동시에 발생하므로 △유보는 OCI와 비례한다. OCI(＝△유보)가 기중에 1,750에서 1,050으로 700이 감소하였으므로 법인세 회계처리에서는 OCI를 증가시켜야 한다.

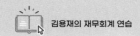

문제 6

(14점)

다음은 12월말 결산법인인 ㈜국세의 당기(20X1.1.1~12.31) 법인세 관련 자료이다.

> **자료**
>
> 1. 전기와 당기의 과세소득에 대하여 적용되는 평균세율(법인세에 부가되는 세액 포함)은 30%이며, 차기 이후 관련 세율 변동은 없는 것으로 가정한다.
>
> 2. '법인세 과세표준 및 세액조정계산서'에 기재된 내용의 일부는 다음과 같다.
>
> (단위 : 원)
>
> | 구 분 | 금 액 |
> |---|---|
> | 산출세액 | 28,300 |
> | 총부담세액 | 25,400 |
> | 기납부세액 | 13,500 |
> | 차감납부할세액 | 11,900 |
>
> 3. 세무조정시 유보잔액(일시적차이)을 관리하는 '자본금과 적립금조정명세서(을)'은 다음과 같다.
>
> (단위 : 원)
>
> | 과 목 | 기초 잔액 | 당기 중 증감 | | 기말 잔액 |
> |---|---|---|---|---|
> | | | 감 소 | 증 가 | |
> | 매출채권 대손충당금 | 5,000 | 1,000 | 3,000 | 7,000 |
> | 당기손익－공정가치 측정금융자산 | △4,000 | △4,000 | △1,000 | △1,000 |
> | 기타포괄손익－공정가치 측정금융자산[1] | △8,000 | △5,000 | 0 | △3,000 |
> | 설비자산 감가상각누계액 | 9,000 | 3,000 | 2,000 | 8,000 |
> | 토 지[2] | 0 | 0 | △24,000 | △24,000 |
> | 합 계 | 2,000 | △5,000 | △20,000 | △13,000 |
>
> 주1) 채무상품으로, 감소는 자산처분으로 인한 감소임
> 주2) 토지 재평가에 따른 재평가잉여금
> ※ △는 (-)유보 즉, 자산의 세무기준액 - 자산의 장부금액(또는 부채의 장부금액 - 부채의 세무기준액)이 음수(-)임을 나타냄
>
> 4. 전기말과 당기말 현재 이월공제가 가능한 세무상 결손금·세액공제·소득공제 등은 없으며, 차감할 일시적차이가 사용될 수 있는 과세소득의 발생가능성은 높다.
>
> 5. ㈜국세는 당기법인세자산과 당기법인세부채를 상계할 수 있는 법적으로 집행 가능한 권리를 가지고 있지 않다.
>
> 6. 법인세효과 반영 전 기타포괄이익은 ₩19,000이다.

이 경우 ㈜국세의 당기(20X1년) 포괄손익계산서와 당기말 재무상태표에 계상될 다음 각 계정과목의 금액을 계산하시오. 법인세 관련 분개도 제시하시오.

2012. CPA

재무제표	계정과목	금 액
포괄손익계산서	법인세비용	①
	기타포괄손익	②
재무상태표	이연법인세자산	③
	이연법인세부채	④

✎ 해설

재무제표	계정과목	금 액
포괄손익계산서	법인세비용	①24,200
	기타포괄손익	②13,300
재무상태표	이연법인세자산	③4,500
	이연법인세부채	④8,400

| 회계처리 |

0. 기납부세액	당기법인세자산	13,500	현금	13,500
1. 기초 제거	이연법인세부채	3,600	이연법인세자산	4,200
2. 기말 계상	이연법인세자산	4,500	이연법인세부채	8,400
	법인세비용	**29,900**	당기법인세부채	11,900
3. 당기 부채&비용			당기법인세자산	13,500
4. 기타 세무조정	법인세비용	**1,500**	FVOCI평가이익	1,500
	재평가잉여금	7,200	법인세비용	**7,200**

1. 이연법인세자산, 부채

	이연법인세자산	이연법인세부채
기초	14,000×30%=4,200	12,000×30%=3,600
기말	15,000×30%=**4,500**	28,000×30%=**8,400**

유보는 자산, △유보는 부채이다.

2. 기납부세액

기납부세액은 기중에 먼저 납부한 세액을 말한다. 기납부세액은 당기법인세자산(=선급비용)으로 계상한 뒤, 기말에 법인세비용 인식 시 제거한다. 당기에 납부해야 하는 세액은 25,400이나, 13,500을 이미 납부하였으므로 당기 법인세부채는 차감납부할세액인 11,900으로 표시된다.

3. 기타포괄손익: 19,000−7,200+1,500=**13,300**

(1) 법인세로 인한 재평가잉여금 감소액: 24,000×30%=7,200

(2) FVOCI 금융자산 평가이익 증가액: 5,000×30%=1,500

　　− 당기 중 금융자산 처분으로 인해 평가이익 5,000이 제거되는데, 이 중 당기 세율을 곱한 만큼 다시 발생시켜 주어야 한다.

| FVOCI 금융자산 관련 회계처리 |

처분 시	현금	처분가액	FVOCI	장부금액
	평가이익(OCI)	5,000		
		처분손익 XXX		
법인세회계	법인세비용	1,500	평가이익(OCI)	1,500

4. 법인세비용: 29,900−7,200+1,500=**24,200**

4 법인세회계-전환사채 **2차**

1. 전환사채 발행 시 세무조정

전환사채의 경우 발행가액을 부채와 자본으로 분리하여 인식하지만, 법인세법에서는 전환사채의 자본을 인정하지 않고, 발행가액을 전부 부채로 본다. 따라서 전환사채를 액면발행한다면 다음과 같은 세무조정이 발생한다. (전환사채는 문제에서 주로 액면발행하므로 액면발행을 가정한다.)

장부상 회계처리	현금	액면금액	부채	부채요소
			자본	자본요소

+

익入 기타	자본	자본요소	PL	자본요소
손入 △유보	PL	자본요소	부채	자본요소

⇓

세법상 회계처리	현금	액면금액	부채	액면금액

세법에서는 전환사채와 관련하여 자본요소에 해당하는 부분을 인정하지 않으므로 '익入 기타'세무조정을 통해 전환권대가를 PL로 전환한다. 또한, 세법에서는 부채를 액면금액으로 보기 때문에 '손入 △유보' 세무조정을 통해 전환권대가 금액만큼 부채 금액을 늘린다.

2. 유효이자율 상각 시 세무조정

회계기준에서는 부채를 현재가치로 표시하지만, 세법에서는 부채를 액면금액으로 보았다. 이로 인해 회계기준에 따른 이자비용은 유효이자이지만, 세법상 이자비용은 액면이자가 된다. 따라서 상각액에 해당하는 이자비용을 '손不 유보' 세무조정을 통해 제거한다. 발행 시 발생한 △유보를 추인하는 것이라고 봐도 무방하다.

장부상 회계처리	이자비용	유효이자	현금	액면이자
			부채	상각액

+

손不 유보	부채	상각액	이자비용	상각액

⇓

세법상 회계처리	이자비용	액면이자	현금	액면이자

3. 기말 이연법인세부채=(자본요소−상각액)×미래세율

	X1	X2~
EBT	XXX	
전환권대가 부채 부채	자본요소× (자본요소) 상각액	상각액
과세소득	XXX	
법인세부담액	XXX	

부채에 대한 세무조정에서 발생한 △유보로 인해 기말 이연법인세부채가 계상된다. 자본요소만큼 △유보가 발생했지만 상각액만큼 유보를 추인하였으므로, 가산할 일시적 차이(△유보 잔액)는 '자본요소−상각액'이 된다. 따라서 기말 이연법인세부채는 '자본요소−상각액'에 일시적 차이가 제거될 시점의 세율을 곱한 금액이 된다.

4. 법인세 관련 회계처리

1. 기초 제거	이연법인세부채	기초 부채	이연법인세자산	기초 자산
2. 기말 계상	이연법인세자산	기말 자산	이연법인세부채	기말 부채
3. 당기 부채&비용	법인세비용	XXX	당기법인세부채	법인세부담액
4. 기타 세무조정	전환권대가	자본요소×미래세율	법인세비용	자본요소×미래세율

전환권대가로 인해 기타 세무조정이 발생했으므로, 3번 회계처리까지는 똑같이 회계처리하고, 4번 회계처리를 추가하면 된다. **전환권대가와 법인세비용을 상계할 금액은 자본요소에 일시적 차이가 제거될 시점의 세율을 곱한 금액이다.** 기말에 상각액만큼 △유보를 추인하긴 했지만, 근본적으로 전환권대가로 인해 자본요소만큼 △유보가 발생하였으므로, 이에 대한 법인세비용은 전환권대가가 부담한다. 기말 이연법인세부채를 계산할 때에는 자본요소에서 상각액을 차감하지만, 전환권대가 상계액을 계산할 때에는 상각액을 차감하지 않는다는 점을 주의하자.

 주의 ⓘ 전환사채를 기초에 발행하더라도 기초 이연법인세부채 제거 X

전환사채를 기초에 발행하면 기초에 이연법인세부채가 생긴다. 하지만 회계처리를 통해 제거하는 기초 이연법인세자산, 부채는 전기로부터 이월된 것을 의미하므로, 전환사채로 인한 기초 이연법인세부채를 제거하면 안 되며, 기말 이연법인세부채만 인식해야 한다.

문제 7
(15점)

㈜대한의 법인세와 관련된 각 물음에 답하시오. 제시된 물음은 독립적이다. **2차**

> **공통자료**
>
> • 20X1년의 법인세부담액은 ₩38,000이며, 선급법인세자산으로 ₩11,000을 인식하였다.
>
> • 20X1년 중 일시적차이의 변동 내역은 다음과 같다.
>
> | 구분 | 기초잔액 | 감소 | 증가 | 기말잔액 |
> |---|---|---|---|---|
> | 매출채권 대손충당금 | ₩45,000 | ₩12,000 | ₩26,000 | ₩59,000 |
> | 기계장치 감가상각누계액 | 120,000 | 32,000 | 56,000 | 144,000 |
> | 연구및인력개발준비금 | (60,000) | (20,000) | — | (40,000) |
>
> ×주: ( )는 가산할 일시적차이를 의미한다.
>
> • 20X1년까지 법인세율은 30%이며, 미래에도 동일한 세율이 유지된다.
>
> • 20X0년말과 20X1년말 미사용 세무상결손금과 세액공제, 소득공제 등은 없으며, 차감할 일시적차이가 사용될 수 있는 과세소득의 발생가능성은 높다.
>
> • ㈜대한은 법인세 관련 자산과 부채를 상계하여 표시하는 것으로 가정한다.
>
> • ㈜대한은 20X2년 3월 30일에 20X1년분 법인세를 관련 세법규정에 따라 신고, 납부하였으며, 법인세에 부가되는 세액은 없는 것으로 가정한다.

물음 1 〈공통 자료〉에 추가하여, ㈜대한은 20X0년초에 건물 1동을 ₩1,000,000에 취득하고 정액법을 이용하여 감가상각하고 있다(내용연수 10년, 잔존가치 없음). ㈜대한은 동 건물에 대하여 재평가모형을 선택하였으며, 재평가이익으로 인하여 이연법인세부채에 영향을 미치는 부분은 법인세비용에 반영하지 않고 관련 법인세효과를 재평가잉여금에서 직접 차감한다. 또한, 기타포괄손익누계액에 계상된 재평가잉여금은 당해 자산을 사용하면서 일부를 이익잉여금으로 대체한다. 동 건물은 ㈜대한이 소유하고 있는 유일한 건물이며, 연도별 공정가치는 다음과 같다.

구분	20X0. 1. 1.	20X0.12.31.	20X1.12.31.
건물의 공정가치	₩1,000,000	₩1,080,000	₩960,000

㈜대한의 20X0년 및 20X1년의 포괄손익계산서와 재무상태표에 계상될 다음 각 계정과목의 금액을 계산하시오. 해당 금액이 없는 경우에는 '0'으로 표시하시오.

2017. CPA

회계연도	재무제표	계정과목	금액
20x0	포괄손익계산서	기타포괄이익(손실)	①
20X1	재무상태표	미지급법인세	②
20X1	재무상태표	이연법인세자산(부채)	③
20X1	재무상태표	기타포괄이익(손실)누계액	④
20X1	포괄손익계산서	법인세비용(수익)	⑤

물음 2 〈공통 자료〉에 추가하여, ㈜대한은 20X1년 1월 1일 액면금액이 ₩500,000인 전환사채(20X3년 12월 31일 만기, 액면상환조건)를 액면발행하였다. 전환권이 없는 동일 조건의 일반사채 유효이자율은 12%이다. 동 전환사채의 액면이자율은 10%이며, 이자지급방법은 매년말 현금지급 조건이다. 전환청구기간은 사채발행일 이후 1개월 경과일로부터 상환기일 30일전까지이며, 전환조건은 사채발행금액 ₩10,000당 주식 1주로 전환하는 조건이다. 관련 현재가치계수는 다음과 같다.

구분	10%	12%
3기간 단일금액 1원	0.7513	0.7118
3기간 정상연금 1원	2.4869	2.4018

전환사채 거래 이외에 20X2년 중 일시적차이의 변동은 없는 것으로 가정한다.

이 경우 ㈜대한의 20X1년 및 20X2년의 포괄손익계산서와 재무상태표에 계상될 다음 각 계정과목의 금액을 계산하시오. 단, 발행 이후 20X2년말까지 전환권은 행사되지 않았다고 가정한다. 모든 계산은 소수점 첫째 자리에서 반올림하며, 해당 금액이 없는 경우에는 '0'으로 표시하시오. *2017. CPA*

회계연도	재무제표	계정과목	금액
20X1	포괄 손익계산서	법인세비용(수익)	⑥
20X1	재무상태표	이연법인세자산(부채)	⑦
20X1	재무상태표	전환권대가	⑧
20X2	재무상태표	이연법인세자산(부채)	⑨

해설

(물음 1) 법인세회계 – 재평가잉여금을 사용하면서 대체하는 경우

회계연도	재무제표	계정과목	금액
20x0	포괄손익계산서	기타포괄이익(손실)	①126,000
20X1	재무상태표	미지급법인세	②27,000
20X1	재무상태표	이연법인세자산(부채)	③900
20X1	재무상태표	기타포괄이익(손실)누계액	④112,000
20X1	포괄손익계산서	법인세비용(수익)	⑤14,600

1. 건물의 평가

```
X0초      1,000,000      n＝10, s＝0, 정액법
          ↓ (100,000)
X0말       900,000   ─⊕180,000→   1,080,000   n＝9, s＝0, 정액법
                                  ↓ (120,000)
X1말                               960,000
                    ↻⊖20,000
```

2. 연도별 이연법인세자산, 부채 순액

	X1(30%)	X2~(30%)
EBT	XXX	
대손충당금	14,000	(59,000)
기계장치 감누	24,000	(144,000)
준비금	20,000	40,000
건물 감누	20,000	160,000
과세소득	XXX	
법인세부담액	38,000	

㈜대한은 법인세 관련 자산과 부채를 상계하여 표시하는 것으로 가정하므로 이연법인세자산과 부채를 상계하였다.

(1) X1년 초 이연법인세자산(부채): $(45,000＋120,000－60,000－180,000)×30\%＝(－)22,500$ 부채
X0년에 건물과 관련하여 '손입 180,000 △유보' 세무조정이 발생하므로 이연법인세부채가 증가한다.

(2) X1년 말 이연법인세자산(부채): $(59,000＋144,000－40,000－160,000)×30\%＝900$
X0년에 건물로 인해 발생한 유보 180,000을 잔존내용연수인 9년에 걸쳐 추인한다. X1년에 '익입 20,000 유보' 세무조정이 발생하므로, 건물에 대한 △유보 잔액은 160,000이다.

3. 기타포괄손익

(1) X0년도 기타포괄손익(변동분): $180,000×(1－30\%)＝126,000$
재평가잉여금 180,000이 발생할 때 '재평가잉여금 54,000 / 법인세비용 54,000' 회계처리를 하여 X0년 말 재평가잉여금은 126,000이다.

(2) X1년 말 기타포괄손익누계액(잔액): $180,000×(1－30\%)×8/9＝112,000$
X1년부터는 잔존내용연수인 9년에 걸쳐 재평가잉여금을 이익잉여금으로 대체하므로, X1년 말에는 126,000의 8/9가 남는다.

4. 회계처리

1. 기초 제거	이연법인세부채	22,500	이연법인세자산	—
2. 기말 계상	이연법인세자산	900	이연법인세부채	—
3. 당기 부채&비용	법인세비용	14,600	선급법인세자산	11,000
			미지급법인세	27,000

미지급법인세: 법인세부담액－선급법인세＝38,000－11,000＝27,000

(물음 2) 법인세회계－전환사채

회계연도	재무제표	계정과목	금액
20X1	포괄 손익계산서	법인세비용(수익)	⑥18,464
20X1	재무상태표	이연법인세자산(부채)	⑦43,833
20X1	재무상태표	전환권대가	⑧16,807
20X2	재무상태표	이연법인세자산(부채)	⑨46,225

1. 전환사채
(1) 상환할증금: 없음 (액면상환조건)

(2) 발행가액 분석

사채	500,000×0.7118＋50,000×2.4018	＝①475,990
자본		③24,010
계		②500,000

(3) X1년 말 전환권대가: 24,010×(1－30%)＝16,807

(4) 연도별 이자비용 및 상각액
① X1년도 이자비용: 475,990×12%＝57,119 (상각액: 7,119)
② X2년도 이자비용: (475,990×1.12－50,000)×12%＝57,973 (상각액: 7,973)

2. 연도별 이연법인세자산, 부채 순액

	X1(30%)	X2(30%)	X3~(30%)
EBT	XXX		
대손충당금	14,000		(59,000)
기계장치 감누	24,000		(144,000)
준비금	20,000		40,000
전환권대가	24,010*		
전환사채	(24,010)		
전환사채－상각액	7,119	7,973	8,918
과세소득	XXX		
법인세부담액	38,000		

(1) X1년 초 이연법인세자산: (45,000＋120,000－60,000)×30%＝31,500

　　건물은 (물음 1)에만 존재하므로 건물의 유보는 포함시키면 안 된다.

(2) X1년 말 이연법인세자산: (59,000＋144,000－40,000－16,891)×30%＝**43,833**

　　이연법인세자산, 부채는 유보 '잔액'에 대해 인식하는 것이므로 X3년 이후에 제거되는 유보도 X1년 말에 인식해야 한다.

(3) X2년 말 이연법인세자산: (59,000＋144,000－40,000－8,918)×30%＝**46,225**

　　전환사채 거래 이외에 20X2년 중 일시적차이의 변동은 없는 것으로 가정하였으므로, 나머지 유보는 X1년 말과 동일하다.

3. X1년도 법인세 회계처리

1. 기초 제거	이연법인세부채	－	이연법인세자산	31,500
2. 기말 계상	이연법인세자산	43,833	이연법인세부채	－
3. 당기 부채&비용	법인세비용	25,667	선급법인세자산	11,000
			미지급법인세	27,000
4. 기타 세무조정	전환권대가	7,203	법인세비용	7,203

전환권대가 감소액: 24,010×30%＝7,203

법인세비용: 25,667－7,203＝**18,464**

문제 8

(12점)

※ 다음의 각 물음은 독립적이다.

㈜대한의 당기(20X1년) 법인세 관련 〈공통자료〉를 이용하여 각 물음에 답하시오. 단, 답안 작성 시 원 이하는 반올림한다.

2023. CPA **2차**

공통자료

1. 당기(20X1년)의 법인세부담액(당기법인세)은 ₩50,000이다.

2. 다음은 당기 중 일시적차이 변동내역의 일부이다. 단, ( )는 가산할 일시적차이이다.

(단위: ₩)

구분	기초	감소	증가	기말
FVPL 금융자산	(3,500)	(3,000)	(2,500)	(3,000)
매출채권 손실충당금	12,000	2,500	1,500	11,000

3. 당기의 평균 법인세율과 전기 말 및 당기 말의 일시적차이가 소멸될 것으로 예상되는 기간의 과세소득에 적용될 것으로 예상되는 평균 법인세율은 22%이다.

4. 전기 말과 당기 말 현재 차감할 일시적차이가 사용될 수 있는 미래과세소득의 발생가능성은 높다.

5. 회계처리 수행 시 이연법인세자산과 이연법인세부채는 상계하며, 포괄손익계산서에서 기타포괄손익은 관련 법인세효과를 가감한 순액으로 표시한다.

물음 1 〈공통자료〉와 〈추가자료 1〉을 활용하여 각 〈요구사항〉에 답하시오. 단, 〈요구사항〉은 독립적이다.

추가자료1

• 당기 중 〈공통자료〉에서 제시된 일시적차이의 변동 외에 추가 변동내역은 다음과 같다. 단, ( )는 가산할 일시적차이이다.

(단위: ₩)

구분	기초	감소	증가	기말
FVOCI 금융자산 (채무상품)	(4,500)	(2,000)	(500)	(3,000)

• FVOCI금융자산과 관련된 일시적차이 감소액 ₩2,000은 당기 중 FVOCI금융자산 일부 처분에 따른 감소분이며, 일시적차이 증가액 ₩500은 당기 중 발생한 FVOCI금융자산평가이익이다.

요구사항 1

㈜대한의 당기 중 일시적차이의 변동내역을 모두 반영하여 20X1년 말 회계처리를 수행하고, 20X1년도 포괄손익계산서의 당기순이익에 미치는 영향을 계산하시오. 단, 당기순이익이 감소하는 경우 금액 앞에 (−)를 표시하시오.

20X1년 말 회계처리	①
20X1년도 당기순이익에 미치는 영향	②

요구사항 2

당기 중 ₩4,000에 취득하였던 자기주식을 당기에 ₩6,000에 처분한 경우, ㈜대한의 당기 중 일시적차이의 변동내역을 모두 반영한 20X1년도 포괄손익계산서에 인식할 법인세비용을 계산하시오.

20X1년도 법인세비용	①

물음 2 〈공통자료〉와 〈추가자료 2〉를 활용하여 물음에 답하시오.

추가자료2

• ㈜대한은 20X1년 1월 1일 액면금액이 ₩100,000인 전환사채(20X4년 12월 31일 만기, 액면상환조건)를 액면발행하였다. 전환권이 없는 동일 조건의 일반사채 시장이자율은 연 9%이다. 동 전환사채의 표시이자율은 연 7%이며, 이자는 매년 말 현금지급한다. 전환청구기간은 사채 발행일 이후 2개월 경과일로부터 상환기일 30일 전까지이며, 전환조건은 사채액면금액 ₩2,000당 주식 1주이다.

• 사채와 관련하여 이자계산 시 월할계산한다.

기간	단일금액 ₩1의 현가계수		정상연금 ₩1의 현가계수	
	7%	9%	7%	9%
1	0.9346	0.9174	0.9346	0.9174
2	0.8734	0.8417	1.8080	1.7591
3	0.8163	0.7722	2.6243	2.5313
4	0.7629	0.7084	3.3872	3.2397

㈜대한의 20X1년 말 재무상태표에 인식할 이연법인세자산(부채)와 20X1년도 포괄손익계산서에 인식할 법인세비용을 각각 계산하시오.

20X1년 말 이연법인세자산(부채)	①
20X1년도 법인세비용	②

✏️ 해설

(물음 1) 법인세회계 – 기타 세무조정

| 요구사항 1 |

20X1년 말 회계처리	이연법인세자산	220	당기법인세부채	50,000
	법인세비용	49,780		
	법인세비용	330	금융자산평가이익(OCI)	330
20X1년도 당기순이익에 미치는 영향	②(−)50,110			

1. 기초 제거	이연법인세부채	—	이연법인세자산	880
2. 기말 계상	이연법인세자산	1,100	이연법인세부채	—
3. 당기 부채&비용	법인세비용	49,780	당기법인세부채	50,000
4. 기타 세무조정	법인세비용	330	OCI	330

기초 이연법인세자산(부채): (8,500−4,500)×22%=880 자산
기말 이연법인세자산(부채): (8,000−3,000)×22%=1,100 자산

OCI 증가액: (4,500−3,000)×22%=330
 ─ 채무상품인데, 세율이 고정이므로 OCI의 증감액에 세율을 곱한 만큼 OCI를 상쇄시킨다.
 ─ 기중에 OCI가 1,500 감소(=3,000−4,500)하였으므로, 이 중 22%만큼 다시 증가시킨다.

법인세비용: 49,780+330=50,110
→ 당기순이익 50,110 감소

| 요구사항 2 |

20X1년도 법인세비용	①49,670

법인세비용: 50,110−440=49,670
─ (물음 1)에 해당하는 요구사항이므로 | 요구사항 1 |에서 자기주식처분이익만 추가로 반영하면 된다.

1. 기초 제거	이연법인세부채	—	이연법인세자산	880
2. 기말 계상	이연법인세자산	1,100	이연법인세부채	—
3. 당기 부채&비용	법인세비용	49,780	당기법인세부채	50,000
4. 기타 세무조정	법인세비용	330	OCI	330
	자기주식처분이익	440	법인세비용	440

─ 법인세비용 상계액: 2,000(자처익)×22%=440

(물음 2) 법인세회계 – 전환사채

20X1년 말 이연법인세자산(부채)	①646
20X1년도 법인세비용	②49,798

(1) 발행가액 분석

부채	$100,000 \times 0.7084 + 7,000 \times 3.2397$	=①93,518
자본		③6,482
계		②100,000

(2) 법인세 분석

	X1(22%)	X2~(22%)
EBT		
대가	6,482*	
전환사채	(6,482)	
상각액	1,417	5,065

X1년도 상각액: $93,518 \times 9\% - 7,000 = 1,417$

1. 기초 제거	이연법인세부채	—	이연법인세자산	1,870
2. 기말 계상	**이연법인세자산**	646	이연법인세부채	—
3. 당기 부채&비용	**법인세비용**	51,224	당기법인세부채	50,000
4. 기타 세무조정	전환권대가	1,426	**법인세비용**	1,426

기초 이연법인세자산(부채): $8,500 \times 22\% = 1,870$ 자산
기말 이연법인세자산(부채): $(8,000 - 5,065) \times 22\% = 646$ 자산
전환권대가 상계액: $6,482 \times 22\% = 1,426$
법인세비용: $51,224 - 1,426 = 49,798$

17 현금흐름표

1 현금흐름표의 의의

1. 현금흐름의 종류

영업활동 현금흐름	투자활동 현금흐름	재무활동 현금흐름
재화의 구입/판매 종업원 관련 지출 법인세의 납부/환급 단기매매목적 계약	유·무형자산, 금융자산의 취득/처분 선급금, 대여금 지급/회수 파생상품 관련 현금흐름	증자 자기주식 거래 사채 및 차입금의 발행/상환 리스부채 상환

2. 법인세로 인한 현금흐름: 비영업에 명백히 관련되지 않는 한 영업

법인세로 인한 현금흐름은 별도로 공시하며, 재무활동과 투자활동에 명백히 관련되지 않는 한 영업활동 현금흐름으로 분류한다.

3. 이자와 배당금의 수취 및 지급: 출제진 마음대로

이자와 배당금의 수취 및 지급에 따른 현금흐름은 각각 별도로 공시한다. 각 현금흐름은 매 기간 일관성 있게 영업활동, 투자활동 또는 재무활동으로 분류한다. 문제에서는 위 현금흐름을 주로 영업활동으로 분류한다.

4. 현금흐름에 대한 이해: 자산은 반대로, 부채는 그대로

현금흐름(CF)	=	NI	−	△자산	+	△부채

2 영업활동 현금흐름-직접법

| 영업활동 현금흐름 | = | 영업 손익 | − | △영업 자산 | + | △영업 부채 |

STEP 1 활동과 관련된 손익

수익은 (+)로, 비용은 (−)로 적기

STEP 2 활동과 관련된 자산, 부채의 증감

자산 증감액은 부호를 반대로, 부채 증감액은 그대로 적기

STEP 3 현금흐름

현금흐름이 (+)로 나오면 유입, (−)로 나오면 유출을 의미

 이연 항목들의 자산/부채 구분 방법: 계정의 의미를 생각해보자!

	의미	구분
미수수익	안 받은 돈	자산(반대로)
선수수익	먼저 받은 돈	부채(그대로)
미지급비용	안 준 돈	
선급비용	먼저 준 돈	자산(반대로)

1. 고객 및 공급자에 대한 현금흐름

영업활동 현금흐름	=	영업 손익	−	△영업 자산	+	△영업 부채
고객으로부터의 현금유입액		매출액 (대손상각비)		매출채권		선수금 대손충당금
(공급자에 대한 현금유출액)		(매출원가) (재고감모·평가손실)		재고자산 선급금		매입채무

(1) 외환차이, 외화환산손익: 손익이 발생한 계정과 관련 있는 현금흐름에 반영

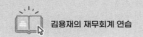

(2) 외상매출금과 외상매입금: 매출채권과 매입채무

> 매출채권＝받을어음＋외상매출금
> 매입채무＝지급어음＋외상매입금

문제에 외상매출금이나 외상매입금이 제시되면 매출채권과 매입채무로 보고 문제를 풀면 됨.

(3) 대손상각비(=매출채권손상차손) 및 대손충당금(=손실충당금)

대손충당금(or 손실충당금)이 문제에 등장했다면 대손상각비가 있는지 찾아보자. 문제에 보이지 않는다면 판매비와관리비에 묻어 들어갔을 가능성이 높다. 대손상각비가 없다고 넘어가지 않도록 주의하자.

2. 종업원에 대한 현금유출액

영업활동 현금흐름	=	영업 손익	−	△영업 자산	+	△영업 부채
(종업원에 대한 현금유출액)		(급여) (퇴직급여) 재측정요소		선급급여 사외적립자산		미지급급여 확정급여채무

(1) 재측정요소: 사외적립자산과 확정급여채무의 증감에 영향을 미치므로 손익으로 반영

(2) 주식기준보상

① 주식결제형 주식기준보상: 재무활동 현금흐름 → 주식보상비용, 주식선택권 무시
현금을 수령하고 주식을 발행하므로 일종의 유상증자(재무활동 현금흐름)나 마찬가지이다.
따라서 영업활동 현금흐름 계산 시 주식보상비용과 주식선택권은 반영하면 안 된다.

② 현금결제형 주식기준보상: 영업활동 현금흐름 → 주식보상비용, 장기미지급비용 반영
종업원에게 현금을 지급하므로 일종의 상여금(영업활동 현금흐름)이나 마찬가지이다.
따라서 영업활동 현금흐름 계산 시 주식보상비용과 장기미지급비용의 증감은 반영해야 한다.

(3) 여러 비용이 하나로 합쳐진 경우 `ex` **판매비와관리비**

문제에서 여러 비용을 하나로 합쳐서 포괄손익계산서에 제시할 수 있다. 예를 들어, 급여와 감가상각비를 합쳐서 판매비와관리비로 표시할 수 있다. 이 경우 급여와 감가상각비를 각각 구하여 급여는 종업원에 대한 현금유출액에, 감가상각비는 유형자산 관련 현금흐름에 반영해야 한다. 만약 영업활동 현금흐름 간접법 문제였다면 감가상각비만 비영업비용으로 부인해야 한다.

3. 법인세납부액

영업활동 현금흐름	=	영업 손익	−	△영업 자산	+	△영업 부채
(법인세납부액)		(법인세비용)		이연법인세자산		이연법인세부채 당기법인세부채

문제 1

물음 1 ㈜대한은 현금흐름표를 직접법으로 작성하고 있다.

자료

1. 다음은 ㈜대한의 20X2년과 20X1년 재무제표 일부이다.

(단위: ₩)

계정	20X2년 말	20X1년 말
매출채권	12,000	11,500
손실충당금(매출채권)	(1,050)	(950)
선급이자비용	1,250	870
재고자산	28,000	26,000
평가충당금(재고자산)	(1,900)	(2,300)
매입채무	25,000	17,000
미지급이자비용	2,330	3,150
미지급법인세	9,600	7,500
이연법인세부채	1,200	1,130

(단위: ₩)

계정	20X2년도	20X1년도
매출액	98,000	95,000
매출원가	49,000	48,300
이자비용	4,800	4,670
법인세비용	8,750	6,800

2. 20X2년 중 매출채권과 상계된 손실충당금은 ₩800이다.

3. 20X2년 중 매입채무와 관련하여 외환차익 ₩200과 외화환산이익 ₩400이 발생하였다.

4. 20X2년 법인세비용에는 유형자산처분이익으로 인해 추가 납부한 법인세 ₩280이 포함되어 있다.

〈자료 1〉을 이용하여 ㈜대한의 20X2년도 영업활동 현금흐름에 포함될 다음 금액을 계산하시오.   2023. CPA

고객으로부터 유입된 현금	①
공급자에게 지급한 현금	②
법인세로 납부한 현금	③
이자로 지급한 현금	④

✏️ 해설 영업활동 현금흐름-직접법

(물음 1)

고객으로부터 유입된 현금	①96,700
공급자에게 지급한 현금	②42,800
법인세로 납부한 현금	③6,300
이자로 지급한 현금	④6,000

현금흐름	=	NI	−	△자산	+	△부채
①96,700 고객		98,000 매출액 (900) 대손상각비		(500) 매출채권		100 손실충당금
②(42,800) 공급자		(49,000) 매출원가 200 외환차익 400 외화환산손익		(2,000) 재고자산		(400) 평가충당금 8,000 매입채무
③(6,300) 법인세		(8,750) 법인세비용 280 투자 관련 법인세				2,100 미지급법인세 70 이연법인세부채
④(6,000) 이자		(4,800) 이자비용		(380) 선급이자		(820) 미지급이자

대손상각비: 매출채권 상계액＋기말 손실충당금−기초 손실충당금＝800＋1,050−950＝900

투자 관련 법인세: 투자활동(유형자산처분이익)에 명백히 관련되어 있으므로 영업활동 현금흐름 계산 시 법인세비용에서 제외한다.

3 영업활동 현금흐름-간접법 ★중요!

1. 간접법 풀이법

영업활동 현금흐름	=	영업 손익		−	△영업 자산	+	△영업 부채
영업활동 현금흐름	=	NI	− 비영업 손익	−	△영업 자산	+	△영업 부채

STEP 1 투자, 재무 I/S 계정 부인

비영업인 경우 비용이면 가산해주어야 하고, 이익이면 차감해야 한다.

STEP 2 영업관련 B/S 계정 증감: 자산은 반대로, 부채는 그대로

손익 계정은 '비영업' 항목들을 제거하는 것이지만, 자산, 부채는 '영업' 항목들을 인식하는 것

> **주의** ⓘ 자본거래 손익과 기타포괄손익은 무시할 것!
>
> • 자본거래 손익: 자기주식처분손익, 감자차손익 등
> • 기타포괄손익: 재평가잉여금, FVOCI금융자산 평가손익 등
>   – 애초에 당기순이익에 포함되어 있지 않으므로 부인 X

2. 계정별 활동 구분

	영업활동	투자활동	재무활동
I/S 항목	매출액, 매출원가 대손상각비(＝매출채권손상차손) 급여 등 영업비용	감가상각비, 무형자산상각비 유형·금융자산처분손익 유형자산손상차손	사채상환손익
B/S 항목	매출채권, 대손충당금 매입채무, 재고자산 선수금, 선급금 FVPL금융자산(단기매매증권) 법인세 자산, 부채	토지, 건물, 기계장치 등 유형자산, 무형자산 금융자산, 대여금	납입자본, 자기주식 장단기차입금, 사채

계정	활동	계정	활동	영업 대응 계정
선수수익	영업	선수금	영업	N/A
선급비용		선급금		
미수수익		미수금	비영업	매출채권
미지급비용		미지급금		매입채무

(1) '~비용' 혹은 '~수익'으로 끝나는 계정과목: 선수수익, 선급비용, 미수수익, 미지급비용

영업손익(급여, 임차료, 이자수익, 이자비용 등)을 인식하면서 발생한 계정→전부 영업활동

(2) '~금'으로 끝나는 계정과목: 선수금, 선급금, 미수금, 미지급금

선은 재고자산 거래, 미는 비재고 거래→선영업, 미비영업

> **주의** ⓘ 문제에 제시된 투자·재무활동 현금흐름은 무시
>
> 유형자산의 취득, 유상증자, 배당금 지급, 차입금 차입/상환 등 투자·재무활동 현금흐름
> : '현금흐름'이지, 비영업손익이나 영업 자산·부채가 아니므로 간접법 문제 풀이 시 무시

4 영업에서 창출된 현금 ⭐중요!

: 영업활동 현금흐름 중 4가지 현금흐름(이자수취, 이자지급, 배당금수취/지급, 법인세납부)을 제외한 현금흐름

NI
투자, 재무 I/S 계정 부인   4가지 손익 부인 O
－△영업 자산＋△영업 부채   4가지 활동의 자산, 부채 안 건드림
────────────
영업에서 창출된 현금

＋이자수취

－이자지급   CF＝NI－△자산＋△부채

±배당금수취/지급
                                 4가지 활동의 손익 인식
－법인세납부   4가지 활동의 자산, 부채 반영 O
────────────
영업활동 현금흐름

1. 영업에서 창출된 현금 vs 영업활동 현금흐름 ⭐중요!

4가지 활동의	영창현	＋직접법	＝영업활동 현금흐름
관련 손익	부인 O	인식	무시
자산, 부채 증감	무시	반영 O	반영 O

(1) 영업활동 현금흐름-간접법: 4가지 현금흐름을 영업활동으로 처리!

영업CF	＝	NI	－	비영업 손익	－	△영업 자산	＋	△영업 부채
				무시		4가지 활동의 자산, 부채 증감 반영 O		

(2) 영업활동 현금흐름–영창현 표시법: 4가지 현금흐름을 **비영업활동처럼** 처리!

	=	NI	−	비영업 손익	−	△영업 자산	+	△영업 부채
영업에서 창출된 현금	=	NI		투자, 재무 손익 +아래 4개 손익		아래 자산, 부채를 제외한 영업 자산, 부채		
＋이자수취	=			이자수익		미수이자		선수이자
−이자지급	=			이자비용		선급이자		미지급이자
＋배당금수취	=			배당금수익		미수배당금		
−법인세납부	=			법인세비용		선급법인세 이연법인세자산		당기법인세부채 이연법인세부채
＝영업CF								

2. 영업에서 창출된 현금 풀이법: 4가지 활동을 '비영업활동인 것처럼' 처리!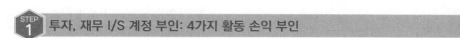

STEP 1 투자, 재무 I/S 계정 부인: 4가지 활동 손익 부인

4가지 활동과 관련된 손익도 비영업손익으로 보고 같이 부인

STEP 2 영업 관련 B/S 계정 증감: 자산은 반대로, 부채는 그대로

4가지 활동과 관련된 계정은 비영업 자산, 부채로 보고 무시

STEP 3 직접법 표시

현금흐름	=	손익	−	△자산	+	△부채
이자수취		이자수익		미수이자		선수이자
이자지급		이자비용		선급이자		미지급이자
배당금수취		배당금수익		미수배당금		
법인세납부		법인세비용		선급법인세 이연법인세자산		당기법인세부채 이연법인세부채

 영업활동 현금흐름 계산 시 EBT에 대한 이해 ★중요!

(1) 간접법: NI에서 출발

(2) 영창현: EBT(법인세비용차감전순이익)에서 출발

간접법: NI에서 출발 후 법인세비용(영업비용) 무시

→ 문제에서 EBT를 제시하면 법인세비용 차감 후 NI에서 출발

영창현: NI에서 4가지 손익(법인세비용 포함) 부인

→ 문제에서 EBT를 제시하면 그대로 두고 나머지 3가지 손익만 더 부인

	=	손익	−	비영업 손익	−	△영업 자산	+	△영업 부채
영업에서 창출된 현금	=	NI		투자, 재무 손익 이자수익, 비용 배당금수익 **+법인세비용**		4가지 활동과 관련된 자산, 부채를 제외한 영업 자산, 부채		
	=	EBT		투자, 재무 손익 이자수익, 비용 배당금수익				

5 투자활동 및 재무활동 현금흐름

1. 유·무형자산 관련 현금흐름

현금흐름	=	관련 손익	−	△관련 자산	+	△관련 부채, 자본
순현금흐름		(감가상각비) (무형자산상각비) 처분손익		유·무형자산 미수금		감가상각누계액 미지급금 납입자본

STEP 1 관련 손익 채우기

(1) 관련 손익: 감가상각비(무형자산상각비), 처분손익

(2) 감가상각비가 제시되지 않은 경우

: 아래 공식을 이용하여 감가상각비 대입 (문제에 감가상각비가 없다고 무시하면 안 됨!)

> 기초 감가상각누계액+**감가상각비**−처분 자산의 감가상각누계액=기말 감가상각누계액

자산, 부채 증감

(1) 감누는 부채로, 장부금액은 자산으로

① 감누: 자산의 차감적 평가 계정 → 양수인 부채로 보자!

ex 기초 감누 20,000, 기말 감누 30,000: 부채 아래에 10,000 적기

ex 기초 감누 (49), 기말 감누 (35): 부채 아래에 (14) 적기 (∵ 35−49=(−)14)

② 장부금액: 유형자산의 취득원가 − 감가상각누계액

장부금액에는 이미 감누가 차감되었으므로 감누를 고려하지 말고 장부금액의 증감만 반대로 적으면 된다.

(2) 미수금, 미지급금

① 유·무형자산 외상 거래: 미수금 증감은 반대로, 미지급금 증감은 그대로

② 유·무형자산 취득 시 인수한 부채: 양수로 적기

(3) 현물출자

현물출자를 통해 자산을 취득할 수 있다. 이 경우 납입자본 증가액도 현금흐름 계산 시 더해주어야 한다. 예를 들어, 공정가치가 ₩100인 유형자산을 현금 ₩70을 지급하고 나머지는 보통주를 발행하여 취득하였다고 가정하자. 이 경우 다음과 같이 표를 작성하면 되며, 현금 지급액은 ₩70이다.

현금흐름	=	관련 손익	−	△관련 자산	+	△관련 부채, 자본
(70) 취득				(100) 유형자산		30 납입자본

유형자산은 100이 증가하지만, 이 중 30은 주식을 발행한 것이므로 현금 지급액은 70이 된다. 부채 증감은 현금흐름 공식에 그대로 썼는데, 자본도 부채와 똑같이 대변에 표시되므로 자본 증감도 그대로 써야 한다. 자본이 30 증가하므로 30을 양수로 적어야 한다.

STEP 3 현금흐름

(1) 순현금흐름

'순현금흐름'만 묻는다면 대변에 손익과 자산, 부채의 증감을 대입하여 순현금흐름만 계산

(2) 개별 현금흐름: 취득원가, 처분가액, 차입액, 상환액

① 대변을 먼저 마무리해서 순현금흐름을 구하기

② 문제 제시된 일부 현금흐름을 먼저 대입

③ 순현금흐름이 되게끔 나머지 현금흐름을 끼워 넣기

주의

재무상태표가 '기초−기말' 순으로 표시되어 있는지, '기말−기초' 순으로 표시되어 있는지 확인할 것

2. 이자의 지급: 영업활동 현금흐름

이자지급액과 사채로 인한 순현금흐름 계산 시에는 사채발행차금과 상각액을 처리하는 것이 굉장히 어렵다. 이때 각 금액을 양수로 적을 건지, 음수로 적을 건지가 중요하지, 자산 밑에 적을지, 부채 밑에 적을지는 전혀 중요하지 않다. 부호만 정확하면 되며, 적는 위치는 이해하기 편한 대로 적자.

현금흐름	=	NI	−	△자산	+	△부채
(이자지급액)		(이자비용)		선급이자 사채할인발행차금 상각액		미지급이자 (사채할증발행차금 상각액)

유효이자율 상각 시 이자비용은 유효이자만큼 인식한다. 하지만 이자지급액 및 이자수취액은 액면이자만큼 발생한다. 따라서 유효이자와 액면이자의 차이인 사채 상각액은 이자손익에 가감해야 한다.

① 사채할인발행차금: 자산(=사채의 감소), 상각액은 양수로
사채할인발행차금은 사채를 감소시키는 역할을 하므로 자산으로 본다. 사채할인발행차금 상각액은 영업자산의 감소로 보아 이자 지급액 계산 시 더해야 한다.

② 사채할증발행차금: 부채(=사채의 증가), 상각액은 음수로
사채할증발행차금은 사채를 증가시키는 역할을 하므로 부채로 본다. 사채할증발행차금 상각액은 영업부채의 감소로 보아 이자 지급액 계산 시 빼야 한다.

3. 사채로 인한 순현금흐름(차입액−상환액): 재무활동 현금흐름

현금흐름	=	NI	−	△자산	+	△부채
차입액 (상환액)		사채상환손익		(사채할인발행차금) (사채할인발행차금 상각액)		사채 사채할증발행차금 사채할증발행차금 상각액

① 사채할인발행차금: 자산(=사채의 감소), 상각액은 음수로
사채할인발행차금은 사채를 감소시키는 역할을 하므로 자산으로 본다. 따라서 **사채할인발행차금의 증감(=기말−기초)은 부호를 반대로 적어야 한다.** 한편, 사채할인발행차금 상각액은 영업자산의 감소로 보아 이자 지급액 계산 시 더했으므로 재무활동현금흐름 계산 시에는 포함되면 안 된다. 그런데 자산 아래에 적은 사채할인발행차금의 증감에는 상각액까지 모두 포함되어 있으므로 이 중 상각액은 음수로 적어서 제거해야 한다.

② 사채할증발행차금: 부채(=사채의 증가), 상각액은 양수로
사채할증발행차금은 사채를 증가시키는 역할을 하므로 부채로 본다. 따라서 **사채할증발행차금의 증감(=기말−기초)은 부호를 그대로 적어야 한다.** 한편, 사채할증발행차금 상각액은 영업부채의 감소로 보아 이자 지급액 계산 시 차감하였으므로 재무활동현금흐름 계산 시에는 포함되면 안 된다. 그런데 부채 아래에 적은 사채할증발행차금의 증감에는 상각액까지 모두 포함되어 있으므로 이 중 **상각액은 양수로 적어서 제거해야 한다.**

 이자지급액과 사채로 인한 순현금흐름 계산 시 사채 관련 계정 처리방법

	이자지급액	사채로 인한 순현금흐름
사채	무시	그대로
사채할인발행차금 증감	무시	반대로
사채할인발행차금 상각액	⊕양수로	⊖음수로
사채할증발행차금 증감	무시	그대로
사채할증발행차금 상각액	⊖음수로	⊕양수로

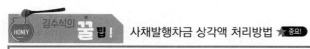 사채발행차금 상각액 처리방법 ☞ 중요!

	이자손익	상각액
구분	영업손익	영업 자산/부채
①영업CF－직접법 (이자지급액)	반영	반영
②영업CF－간접법	무시	반영
③영창현	부인	무시
④재무CF－사채로 인한 순현금흐름	무시	무시＝사채발행차금 전체 증감 ±상각액

기준서에 따르면, 이자의 수취 및 지급에 따른 현금흐름은 매 기간 일관성 있게 영업활동, 투자활동 또는 재무활동으로 분류하면 된다. 대부분 문제에서는 이자의 수취 및 지급을 영업활동으로 구분한다. 이 구분법에 따르면, 각 현금흐름 계산 시 사채할인/할증발행차금 상각액을 위와 같이 처리하면 된다.

① 영업CF－직접법: 이자의 수취 및 지급을 영업활동으로 구분하므로 이자손익은 영업손익에, 사채발행차금 상각액은 영업 자산/부채에 해당한다. 따라서 직접법으로 영업CF 계산 시 이자손익과 상각액을 모두 반영하면 된다.
② 영업CF－간접법: 간접법에서는 NI에서 비영업손익을 부인하는데, 이자손익이 영업손익이므로 부인하지 않고 무시하면 된다. 상각액은 직접법과 똑같이 반영하면 된다.
③ 영창현: 영창현 계산 시에는 이자수취액 및 이자지급액을 따로 직접법으로 표시하므로 이자 관련 현금흐름을 '비영업활동처럼' 본다. 따라서 NI에서 이자손익을 부인하고, 상각액은 무시한다.
④ 재무CF: 이자의 수취 및 지급을 영업활동으로 구분하므로 이자손익과 상각액을 재무CF 계산 시 무시한다. 그런데 사채할인/할증발행차금의 증감을 쓰면 상각액까지 전부 반영된다. 따라서 상각액을 다시 없애기 위해서 사할차 상각액은 빼고, 사할증차 상각액은 더해야 한다.

사례

다음은 ㈜대한의 재무제표에 표시된 사채와 관련된 계정의 금액이다. 다음 사채 외에 ㈜대한이 보유한 이자발생 부채는 없으며, 이자지급을 영업활동으로 분류할 경우, ㈜대한이 20X1년 현금흐름표에 표시할 (1)이자지급액과 (2)사채로 인한 순현금흐름은 각각 얼마인가? 단, 당기 중 차입원가의 자본화는 고려하지 않는다.

2021. CPA 1차 수정

- 20X1년도 포괄손익계산서 자료
  - 이자비용: ₩48,191
    (사채할인발행차금 상각액 ₩2,349와 사채할증발행차금 상각액 ₩3,358을 포함함)
  - 사채상환손실: ₩1,062

- 20X1년 말 재무상태표 자료

구분	20X1년 1월 1일	20X1년 12월 31일
미지급이자	₩10,000	₩15,000
사채A	100,000	60,000
사채할인발행차금	(5,004)	(1,593)
사채B	100,000	150,000
사채할증발행차금	10,692	9,334

- 추가자료
  - 사채A는 당기 중에 액면금액 ₩40,000에 대해 상환을 하였으며, 추가 차입은 없었다.
  - 사채B는 당기 중에 액면금액 ₩50,000에 해당하는 차입을 하였으며, 상환은 없었다.

답 (1)이자지급액 44,200, (2)사채로 인한 순현금흐름 12,000

(1) 이자지급액

현금흐름	=	NI	−	△자산	+	△부채
(44,200)		(48,191) 이자비용		2,349 사채할인발행차금 상각액		5,000 미지급이자 (3,358) 사채할증발행차금 상각액

(2) 사채로 인한 순현금흐름

현금흐름	=	NI	−	△자산	+	△부채
12,000		(1,062) 사채상환손실		3,411 사채할인발행차금 (2,349) 사채할인발행차금 상각액		10,000 사채 (1,358) 사채할증발행차금 3,358 사채할증발행차금 상각액

| 회계처리 |

				사할차	사할증차
			기초	5,004	10,692
이자비용	48,191	미지급이자	5,000		
사할증차	3,358	사할차	2,349		
		현금	44,200	2,655	7,334
사채A	40,000	사할차	1,062		
상환손실	1,062	현금	40,000	1,593	7,334
현금	52,000	사채B	50,000		
		사할증차	2,000	1,593	9,334

사채 관련 계정과목의 증감을 맞추면 위와 같이 회계처리를 할 수 있다. 회계처리가 편한 수험생은 회계처리로 문제를 풀어도 된다.

① 사할차 상각액: 영업자산 감소이므로 이자지급액 계산 시 양수로 적는다.
　영업자산이므로 사채로 인한 순현금흐름에는 반영되면 안 되나, 사할차 감소 3,411을 전부 적으므로 이 안에는 상각액 2,349까지 반영되어 있다. 따라서 사할차 감소를 1,062로 보아야 한다. 이를 위해서는 사할차 상각액을 음수로 적어야 한다. 이자지급액에 양수로 적었으니 사채로 인한 순현금흐름에는 음수로 적는다고 기억하면 된다.

② 사할증차 상각액: 영업부채 감소이므로 이자지급액 계산 시 음수로 적는다.
　영업부채이므로 사채로 인한 순현금흐름에는 반영되면 안 되나, 사할증차 감소 1,358을 전부 적으므로 이 안에는 상각액 3,358까지 반영되어 있다. 따라서 사할증차 증가를 2,000으로 보아야 한다. 이를 위해서는 사할증차 상각액을 양수로 적어야 한다. 이자지급액에 음수로 적었으니 사채로 인한 순현금흐름에는 양수로 적는다고 기억하면 된다.

4. 유동성장기차입금의 상환액=기초 유동성장기차입금

　유동성장기차입금은 장기차입금의 잔존만기가 1년 이내가 됨에 따라 유동부채로 재분류한 부채를 의미한다. 따라서 기초 유동성장기차입금은 당기 중에 전부 상환되며, 기말 유동성장기차입금은 전부 당기 중에 대체된 항목이다.

5. 배당금 지급액

기초 이익잉여금＋당기순이익－배당금 지급액＝기말 이익잉여금

　배당금 지급액은 위 이익잉여금 공식을 이용하여 계산한다. 이익잉여금은 당기순이익이나 배당금 지급 외에도 기타포괄손익의 이익잉여금 대체, 무상증자, 주식배당 등 다양한 요인의 영향을 받는데, 기본적으로는 위 식을 외우고 추가적인 거래가 제시된다면 해당 거래까지 고려하자.

6. 유상증자로 인한 현금유입액(=유상증자의 발행금액)

유상증자로 인한 현금유입액은 유상증자의 발행금액과 일치한다. (유상증자 후 신주 납입대금을 후불로 받으면 일치하지 않겠지만, 이런 상황이 출제될 확률은 드물다) 문제에서 유상증자의 발행금액을 제시하면 그 금액이 현금유입액이 되지만, 문제에서 제시하지 않는다면 자본 계정과목의 증감을 이용해서 현금유입액을 직접 구해야 한다. 유상증자 시 회계처리는 다음과 같다.

현금	발행금액	자본금	액면금액
		주식발행초과금	XXX

유상증자 외에 자본거래가 없다면 유상증자의 발행금액은 납입자본의 증가와 일치한다. 하지만 이외에 무상증자, 감자 등이 있다면 이러한 자본거래까지 반영하여 유상증자의 발행금액을 구해야 한다.

> 기초 납입자본＋**유상증자의 발행금액**＋무상증자액－감자 시 자본금 감소액＝기말 납입자본
> 단, 납입자본＝자본금＋주식발행초과금(자본잉여금)

6 현금흐름표 말문제 출제사항

다음 내용은 서술형 문제로 출제될 수 있는 사항들을 요약해둔 것이다. 기준서 원문을 그대로 암기하는 것은 어려우므로, 계산문제 내용을 정확히 숙지한 뒤 여유가 있는 수험생만 외우자.

1. 현금 및 현금성자산

(1) 현금: 보유 현금과 요구불예금

(2) 현금성자산: 유동성이 매우 높은 단기 투자자산으로서 확정된 금액의 현금으로 전환이 용이하고 가치변동의 위험이 경미한 자산

2. 직접법 vs 간접법: 직접법이 미래현금흐름 추정에 보다 유용한 정보를 제공 but 계산이 어려움

직접법을 적용하여 표시한 현금흐름은 간접법에 의한 현금흐름에서는 파악할 수 없는 정보를 제공하며, 미래현금흐름을 추정하는 데 보다 유용한 정보를 제공한다. 하지만, 직접법은 영업활동현금흐름을 활동별로 계산하므로 계산하기 어렵다는 단점이 있다.

3. 투자활동, 재무활동 현금흐름의 표시

(1) 원칙: 총액

투자활동과 재무활동에서 발생하는 총현금유입과 총현금유출은 주요 항목별로 구분하여 총액으로 표시한다.

(2) 예외: 다음의 영업활동, 투자활동 또는 재무활동에서 발생하는 현금흐름은 순증감액으로 보고할 수 있다.

> ① 현금흐름이 기업의 활동이 아닌 고객의 활동을 반영하는 경우로서 고객을 대리함에 따라 발생하는 현금유입과 현금유출
> ② 회전율이 높고 금액이 크며 만기가 짧은 항목과 관련된 현금유입과 현금유출

4. 외화현금흐름: 환율변동효과는 영업, 투자 및 재무활동 현금흐름과 구분하여 별도로 표시

외화로 표시된 현금및현금성자산의 환율변동효과는 영업활동, 투자활동 및 재무활동 현금흐름과 구분하여 별도로 표시한다. 외화로 표시된 현금및현금성자산은 환율 변화 시 가치가 변동하므로 현금의 증감이 발생한다. 하지만 이는 현금 스스로 발생한 것이므로, 다른 활동에 포함되지 않는다. 따라서 이를 다음과 같이 다른 활동과 구분하여 표시한다.

이처럼 외화로 표시된 현금및현금성자산에서 발생한 환율변동효과는 별도로 표시할 것이므로, 간접법 계산 시 **환율변동효과를 비영업손익으로 보고 당기순이익에서 부인해야 한다.**

현금흐름표

X1.1.1~X1.12.31	㈜김수석
Ⅰ 영업활동 현금흐름	A
Ⅱ 투자활동 현금흐름	B
Ⅲ 재무활동 현금흐름	C
Ⅳ 현금및현금성자산의 환율변동효과	D
Ⅴ 현금의 증감	A+B+C+D
Ⅵ 기초의 현금	E
Ⅶ 기말의 현금	A+B+C+D+E

5. 비현금거래: 현표에서 제외, 주석 공시

현금및현금성자산의 사용을 수반하지 않는 투자활동과 재무활동 거래는 현금흐름표에서 제외한다. 그러한 거래는 투자활동과 재무활동에 대하여 모든 목적적합한 정보를 제공할 수 있도록 재무제표의 다른 부분에 공시한다.

ex 부채 인수나 리스로 인한 자산 취득, 교환, 출자전환, 현물출자 등

문제 2

㈜세무건설의 경영자는 20×7년도 현금흐름표를 작성하고 있다. 다음은 ㈜세무건설의 20×7년 말 비교재무상태표의 일부 자료이다.

2017. CTA

비교재무상태표

(단위: 원)

자산	20×6년 말	20×7년 말	부채 및 자본	20×6년 말	20×7년 말
현금및현금성자산	500,000	800,000	단기차입금	200,000	250,000
......	......	......	......	......	......
기계장치	2,000,000	1,500,000	미지급금	0	500,000
감가상각누계액*	(400,000)	(500,000)	......	......	......
	......	......	......	......	......
자산 총계	3,800,000	4,000,000	부채 및 자본 총계	3,800,000	4,000,000

* 감가상각누계액은 기계장치에 대한 것이다.

물음 1 ㈜세무건설은 20×7년 중에 ₩1,000,000의 기계장치를 구입하였으며, 장부금액이 ₩1,300,000인 기계장치를 ₩1,500,000에 처분하였다. 이외에 기계장치 구입 및 처분과 관련된 거래는 없다. 20×7년 말 미지급금 잔액 ₩500,000은 20×7년 중 기계장치를 취득하는 과정에서 발생한 것으로 기중에 상환된 금액은 없다. 20×7년 기계장치 감가상각비로 인식한 금액은 ₩300,000이다. 기계장치(기계장치감가상각누계액 포함)와 관련하여 20×7년 현금흐름표에 보고할 내용을 현금흐름의 활동구분과 함께 기술하시오. (단, 영업활동 현금흐름은 간접법으로 작성된다고 가정하고, 현금유출과 당기순이익 차감 조정항목은 금액 앞에 (−)표시를 하시오.) (7점)

2017. CTA

물음 2 다음은 ㈜대한의 20X2년도 현금흐름표 작성을 위한 자료이다.

> **자료 2**
>
> 1. 다음은 ㈜대한의 20X2년과 20X1년 재무제표 일부이다.
>
> (단위: ₩)
>
> | 계정 | 20X2년 말 | 20X1년 말 |
> |---|---|---|
> | 유형자산(취득원가) | 270,000 | 245,000 |
> | 감가상각누계액 | (178,000) | (167,000) |
> | 미지급금 | 30,000 | 11,500 |
> | 사채 | 270,000 | 200,000 |
> | 사채할인발행차금 | (35,000) | (35,000) |
> | 자본금 | 115,000 | 100,000 |
> | 자본잉여금 | 52,000 | 40,000 |
> | 자기주식 | (8,500) | (10,000) |
> | 이익잉여금 | 75,000 | 90,000 |

(단위: ₩)

계정	20X2년도	20X1년도
감가상각비(유형자산)	32,000	31,500
유형자산처분이익	13,000	4,500
사채할인발행차금상각	4,000	4,100
사채상환이익	1,000	800
당기순이익	38,000	16,000

2. 20X2년 취득한 유형자산 구입금액 중 ₩15,000은 미지급금에 포함되어 있으며, ㈜대한은 해당 유형자산을 취득하면서 복구충당부채 ₩3,000에 대한 회계처리를 누락하였다.

3. 유형자산의 처분과 사채의 발행 및 상환은 현금거래로 이루어졌으며, 현금 지급된 사채이자는 없는 것으로 가정한다.

4. 20X1년에 액면발행한 상환주식(㈜대한이 상환권 보유) ₩30,000을 20X2년 중 이사회 결의를 통해 발행 금액으로 상환을 완료하였다. 상환과 관련하여 주주총회를 개최하지 않았으며, 상법규정에 따라 회계처리하였다.

5. 20X2년 중 장부금액 ₩5,000의 자기주식을 처분하였다.

6. 20X2년 3월 개최된 정기주주총회에서 주식배당 ₩15,000과 현금배당이 의결되었으며, 현금배당에 따른 이익준비금은 적립되지 않았다.

〈자료 2〉를 이용하여 ㈜대한의 20X2년도 현금흐름표에 포함될 다음 금액을 계산하시오.   2023. CPA

유형자산 관련 순현금유출액	①
사채 관련 순현금유입액	②
배당으로 지급된 현금	③
자본 관련 현금유출액	④

✎ 해설 투자활동 및 재무활동 현금흐름

(물음 1)

① 영업활동: 100,000

영업활동: 비영업손익에 해당하는 감가비, 처분이익을 부인한다. 둘을 더하면 손실 100,000이므로 간접법 계산 시 영업활동현금흐름은 100,000이 증가한다.

② 투자활동: 1,000,000

	CF	=	관련 손익	−	△관련 자산	+	△관련 부채
기계장치	1,000,000		(300,000) 감가비 200,000 처분이익		500,000 기계장치		100,000 감누 500,000 미지급금

③ 재무활동: 0

재무활동 현금흐름은 불변이다. '기계장치와 관련하여' 현금흐름표에 보고할 내용을 물었으므로 단기차입금의 증감은 고려하지 않는다.

(물음 2)

유형자산 관련 순현금유출액	①18,000
사채 관련 순현금유입액	②67,000
배당으로 지급된 현금	③8,000
자본 관련 현금유출액	④33,500

현금흐름	=	NI	−	△자산	+	△부채
①(18,000) 유형자산		(32,000) 감가상각비 13,000 처분이익		(25,000) 유형자산		11,000 감누 15,000 미지급금
②67,000 사채		1,000 사채상환이익		0 사할차 (4,000) 사할차 상각액		70,000 사채

복구충당부채의 누락은 현금흐름에 영향을 주지 않으므로 수정할 필요는 없다.

③ 배당 지급액: 8,000

기초 이잉+NI−배당 지급액−상환우선주 상환액−주식배당액=기말 이잉

90,000+38,000−배당 지급액−30,000−15,000=75,000

− 상환주식의 상환권을 회사가 보유하고 있으므로, 자본으로 분류한다. 자본으로 분류되는 상환우선주를 상환 완료하였으므로 이익잉여금을 감소시킨다.

④ 자본 관련 현금유출액: 30,000+3,500=33,500

(1) 상환우선주 상환액: 30,000 (문제에 제시)

(2) 자기주식 취득액: 10,000+취득액−5,000=8,500

→ 자기주식 취득액=3,500

− '자본 관련 순현금유출액'을 물은 것이 아니므로 자기주식 처분 등 현금유입액은 고려하지 않는다.

− 배당 지급액은 ③에서 따로 물었으므로, 자본 관련 현금흐름에 반영하지 않고 답을 구하였다.

문제 3

다음은 유통업을 영위하고 있는 ㈜세무의 20X2년도 비교재무상태표와 포괄손익계산서이다. 이들 자료와 추가정보를 이용하여 각 물음에 답하시오.

비교재무상태표

계정과목	20X2.12.31	20X1.12.31	계정과목	20X2.12.31	20X1.12.31
현금및현금성자산	₩74,000	₩36,000	매입채무	₩70,000	₩44,000
매출채권	53,000	38,000	미지급이자	18,000	16,000
손실충당금	(3,000)	(2,000)	미지급법인세	2,000	4,000
재고자산	162,000	110,000	사　채	200,000	0
금융자산(FVPL)	25,000	116,000	사채할인발행차금	(8,000)	0
차량운반구	740,000	430,000	자 본 금	470,000	408,000
감가상각누계액	(60,000)	(100,000)	자본잉여금	100,000	100,000
			이익잉여금	139,000	56,000
자산총계	₩991,000	₩628,000	부채와자본총계	₩991,000	₩628,000

포괄손익계산서

계정과목	금액
매 출 액	₩420,000
매출원가	(180,000)
판매비와관리비	(92,000)
영업이익	148,000
유형자산처분이익	4,000
금융자산(FVPL)평가이익	5,000
금융자산(FVPL)처분손실	(2,000)
이자비용	(8,000)
법인세비용차감전순이익	147,000
법인세비용	(24,000)
당기순이익	₩123,000
기타포괄손익	0
총포괄이익	₩123,000

추가정보

1. 금융자산(FVPL)은 단기매매목적으로 취득 또는 처분한 자산으로 당기손익-공정가치모형을 적용해오고 있다.
2. 20X2년 중에 취득원가가 ₩100,000이고, 80% 감가상각된 차량운반구를 ₩24,000에 매각하였다.
3. 20X2년 중에 액면금액이 ₩100,000인 사채 2좌를 1좌당 ₩95,000에 할인발행하였다.
4. 20X2년도 자본금의 변동은 유상증자(액면발행)에 따른 것이다.
5. 포괄손익계산서의 판매비와관리비 ₩92,000에는 매출채권 손상차손 ₩2,000이 포함되어 있으며, 나머지는 급여와 감가상각비로 구성되어 있다.
6. 포괄손익계산서의 이자비용 ₩8,000에는 사채할인발행차금상각액 ₩2,000이 포함되어 있다.
7. 이자 및 배당금 지급을 영업활동현금흐름으로 분류하고 있다.

물음 1 ㈜세무가 20X2년도 현금흐름표 상 영업활동현금흐름을 간접법으로 작성한다고 가정하고, 다음 ①~⑤에 알맞은 금액을 계산하시오. (단, 현금유출은 (−)로 표시하고 현금유출입이 없는 경우에는 '0'으로 표시하시오.) (10점)

2019. CTA

영업활동현금흐름	
법인세비용차감전순이익	₩ ?
가감:	
감가상각비	①
매출채권의 증가(순액)	②
재고자산의 증가	?
금융자산(FVPL)의 감소	?
매입채무의 증가	?
유형자산처분이익	?
이자비용	③
영업으로부터 창출된 현금	₩ ④
이자지급	?
법인세의 납부	?
배당금의 지급	?
영업활동순현금흐름	₩ ⑤

물음 2 ㈜세무가 20X2년도 현금흐름표 상 영업활동현금흐름을 직접법으로 작성한다고 가정하고, 다음 ①~⑥에 알맞은 금액을 계산하시오. (단, 현금유출은 (−)로 표시하고 현금유출입이 없는 경우에는 '0'으로 표시하시오.) (8점)

2019. CTA

영업활동현금흐름	
고객으로부터의 유입된 현금	₩ ①
금융자산(FVPL)으로부터의 유입된 현금	②
공급자와 종업원에 대한 현금유출	③
영업으로부터 창출된 현금	₩ ?
이자지급	④
법인세의 납부	⑤
배당금지급	⑥
영업활동순현금흐름	₩ ?

물음 3 20X2년도 차량운반구 취득으로 인한 현금유출액을 계산하시오. (4점)

2019. CTA

물음 4 20X2년도 현금흐름표 상 재무활동순현금흐름을 계산하시오. (단, 현금유출의 경우에는 금액 앞에 (−) 표시를 하시오.) (4점)

2019. CTA

해설

(물음 1)

영업활동현금흐름	
법인세비용차감전순이익	₩ 147,000
가감:	
감가상각비	①40,000
매출채권의 증가(순액)	②(−)14,000
재고자산의 증가	(−)52,000
금융자산(FVPL)의 감소	91,000
매입채무의 증가	26,000
유형자산처분이익	(−)4,000
이자비용	③8,000
영업으로부터 창출된 현금	₩ ④242,000
이자지급	(−)4,000
법인세의 납부	(−)26,000
배당금의 지급	(−)40,000
영업활동순현금흐름	₩ ⑤172,000

① 감가상각비
기초 감누＋감가상각비－처분 자산의 감누＝기말 감누
100,000＋감가상각비－100,000×80%＝60,000
→ 감가상각비＝40,000

② 매출채권의 증가(순액): 36,000－50,000＝(−)14,000
기말 매출채권(순액): 53,000－3,000＝50,000
기초 매출채권(순액): 38,000－2,000＝36,000
－매출채권은 자산이므로 증감을 반대로 써야 한다.

③ 이자비용: 8,000
영업으로부터 창출된 현금(＝영업에서 창출된 현금) 계산 시에는 이자비용을 비영업비용으로 보고 전부 부인해야
한다.

④ 영업으로부터 창출된 현금: 242,000

⑤ 영업활동현금흐름: 172,000
－④ 영업으로부터 창출된 현금에 (물음 2)에서 구한 이자지급, 법인세의 납부, 배당금지급을 반영하면 영업활동현
금흐름을 구할 수 있다.

(물음 2)

영업활동현금흐름	
고객으로부터의 유입된 현금	₩ ①404,000
금융자산(FVPL)으로부터의 유입된 현금	②94,000
공급자와 종업원에 대한 현금유출	③(−)256,000
영업으로부터 창출된 현금	₩ 242,000
이자지급	④(−)4,000
법인세의 납부	⑤(−)26,000
배당금지급	⑥(−)40,000
영업활동순현금흐름	₩ 172,000

	현금흐름	=	NI	−	△자산	+	△부채
①	404,000 고객		420,000 매출액 (2,000) 매출채권손상차손		(14,000) 매출채권(순액)		
②	94,000 금융자산		5,000 평가이익 (2,000) 처분손실		91,000 금융자산		
③	(256,000) 공급자, 종업원		(180,000) 매출원가 (50,000) 급여		(52,000) 재고자산		26,000 매입채무
④	(4,000) 이자지급		(8,000) 이자비용		2,000 사할차 상각액		2,000 미지급이자
⑤	(26,000) 법인세납부		(24,000) 법인세비용				(2,000) 미지급법인세

급여: 판관비−매출채권 손상차손−감가상각비＝92,000−2,000−40,000＝50,000

⑥ 배당금 지급

기초 이잉＋당기순이익−배당금 지급＝기말 이잉

56,000＋123,000−배당금 지급＝139,000

→ 배당금 지급＝40,000

(물음 3) 410,000

현금흐름	=	NI	−	△자산	+	△부채
24,000 처분 (410,000) 취득		(40,000) 감가상각비 4,000 처분이익		(310,000) 차량운반구		(40,000) 감누
(386,000)				순현금흐름: (386,000)		

(물음 4) 252,000

재무활동순현금흐름: (1)+(2)=190,000+62,000=252,000

(1) 사채의 발행으로 인한 현금 유입: 190,000(=95,000×2좌)

현금흐름	=	NI	−	△자산	+	△부채
190,000 차입				(8,000) 사채할인발행차금 (2,000) 사채할인발행차금 상각액		200,000 사채

|사채 회계처리|

발행	현금 사채할인발행차금	190,000 10,000	사채	200,000
이자	이자비용	8,000	현금 미지급이자 사채할인발행차금	4,000 2,000 2,000

사채할인발행차금의 증가를 8,000(=기말−기초)으로 적게 되면 상각액으로 인한 감소분이 표시되지 않으므로 상각액 2,000을 다시 음수로 적어주는 것이다.

(2) 유상증자로 인한 현금 유입: 470,000−408,000=62,000

자본금의 변화는 유상증자로 인한 것이며, 유상증자는 액면발행되었으므로 재무상태표에서 확인할 수 있듯이 자본잉여금의 변화는 없다. 따라서 자본금의 증가액이 발행금액이며, 발행금액만큼 현금 유입이 발생한다.

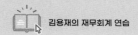

문제 4

(13점)

다음은 유통업을 영위하고 있는 ㈜일산의 20X1년말 및 20X2년말의 재무상태표 및 20X2년의 포괄손익계산서이다.

재무상태표

㈜일산	20X2.12.31	(단위 : 원)
	20X1.12.31	20X2.12.31
자산		
현금및현금성자산	219	458
매출채권	517	767
재고자산	168	98
파생상품	40	25
유형자산	232	236
(감가상각누계액)	(49)	(35)
특허권 등 무형자산	13	21
자산총액	1,140	1,570
부채		
매입채무	171	271
미지급법인세	180	190
미지급이자	0	10
유동성장기차입금	128	0
장기차입금	435	635
사채	0	200
(사채할인발행차금)	0	(30)
자본		
자본금	100	135
이익잉여금	126	159
부채및자본총액	1,140	1,570

포괄손익계산서

㈜일산	20X2.1.1 ~ 20X2.12.31	(단위 : 원)
매출		550
매출원가		(270)
매출총이익		280
판매관리비		(95)
이자비용		(60)
파생상품평가손실		(15)
유형자산처분이익		10
법인세비용차감전순이익		120
법인세비용		(60)
당기순이익		60

당기의 ㈜일산의 추가적인 거래자료는 다음과 같다.

1) 공정가치가 ₩55인 유형자산을 현금 ₩20을 지급하고 나머지는 보통주를 발행하여 취득하였다.

2) 취득원가가 ₩51인 유형자산을 현금 ₩37을 수취하고 처분하였다.

3) 현금 ₩13을 지급하고 특허권을 취득하였다.

4) 판매관리비는 감가상각비 및 무형자산상각비를 포함하고 있으며, 이들을 제외한 비용은 전액 현금 지급되었다.

5) 주거래은행으로부터 ₩200을 장기차입하여 만기도래한 유동성장기차입금을 상환하는데 일부 사용하였다. 장기차입금 중 당기에 유동성장기차입금으로 대체된 금액은 없다.

6) 위험회피목적과는 상관없이 보유중인 파생상품에서 평가손실이 발생하여 당기에 반영하였다. 당기 중 취득 및 처분한 파생상품은 없다.

7) 당기 중 액면 ₩200인 사채를 ₩160에 할인발행하였다.

8) 당기 중 현금배당을 결의하고 지급하였다.

9) ㈜일산은 이자와 배당의 지급 및 수취를 현금흐름표에서 영업활동현금흐름 항목으로 처리하는 정책을 채택하고 있다.

물음 1 다음과 같이 간접법을 이용하여 현금흐름표를 작성할 때 ①~⑥에 알맞은 금액을 구하되, 감소는 (ㅡ)로 표시한다.

2012. CPA

현금흐름표

㈜일산	20X2.1.1 ~ 20X2.12.31	(단위 : 원)
영업활동현금흐름		
당기순이익		60
가감:		
감가상각비		①
무형자산상각비		②
이자비용		?
파생상품평가손실		?
유형자산처분이익		?
법인세비용		?
매출채권 증가		?
재고자산 감소		?
매입채무 증가		?
영업에서 창출된 현금		?
이자지급액		③
배당지급액		④
법인세납부		?
영업활동순현금흐름		?

투자활동현금흐름

유형자산의 취득	?
유형자산의 매각	?
무형자산의 취득	?
투자활동순현금흐름	⑤

재무활동현금흐름

유동성장기차입금의 상환	?
장기차입금의 차입	?
사채의 발행	?
재무활동순현금흐름	⑥

현금및현금성자산 순증가	239
기초 현금및현금성자산	219
기말 현금및현금성자산	458

물음 2 ㈜일산의 영업활동현금흐름을 직접법을 이용하여 작성한다고 가정하고, 아래 ①~③에 알맞은 금액을 구하시오. 감소는 (−)로 표시한다.
2012. CPA

현금흐름표

㈜일산	20X2.1.1 ~ 20X2.12.31	(단위 : 원)
영업활동현금흐름		
고객으로부터 유입된 현금		①
공급자 및 종업원에 대한 현금유출		②
영업에서 창출된 현금		?
이자지급액		?
배당지급액		?
법인세납부		?
영업활동순현금흐름		③

물음 3 위 추가적인 거래자료 중 현금흐름표와 관련하여 주석에 공시하여야 할 사항은 무엇인가? 한 줄로 답하시오.
2012. CPA

✏️ 해설 현금흐름표–간접법

(물음 1) ① 10 ② 5 ③ (−)40 ④ (−)27 ⑤ 4 ⑥ 232

① 감가상각비: 10

현금흐름	=	NI	−	△자산	+	△부채
(20) 취득 시 지출액 37 처분가액		10 처분이익 **(10)** 감가상각비		(4) 유형자산		(14) 감가상각누계액 35 납입자본

② 무형자산상각비: 5

현금흐름	=	NI	−	△자산	+	△부채
(13) 취득원가		**(5)** 상각비		(8) 무형자산		

'판매관리비는 감가상각비 및 무형자산상각비를 포함하고 있다'는 언급이 있지만, 이것이 판관비에 감가상각비와 무형자산상각비'만' 있다는 뜻은 아니다. '이들을 제외한 비용은 전액 현금 지급되었다.'라는 언급이 이어지므로 이 둘 이외에도 추가 비용이 있다는 것을 알 수 있다. 따라서 판매관리비 95에서 감가상각비 10을 차감하는 방식으로 무형자산상각비를 85로 계산하면 안 된다.

③ 이자지급액: (−)40

현금흐름	=	NI	−	△자산	+	△부채
(40) 이자지급액		(60) 이자비용				10 미지급이자 10 사할차

이자비용 중 사채할인발행차금 상각액 10은 사채를 증가시키므로 부채의 증가로 표시한다.

④ 배당지급액: (−)27

기초 이익잉여금＋당기순이익−배당지급액＝기말 이익잉여금

126＋60−배당지급액＝159

→ 배당지급액＝27

⑤ 투자활동순현금흐름: 4

유형자산의 취득	(20)
유형자산의 매각	37
무형자산의 취득	(13)
투자활동순현금흐름	4

현금흐름표 식을 이용해서 구하고 싶다면 ① 감가상각비과 ② 무형자산상각비 아래에 있는 두 개의 식을 합치면 된다. 결과적으로 세 현금흐름을 더한 것과 같다.

⑥ 재무활동순현금흐름: 232

유동성장기차입금의 상환	(128)
장기차입금의 차입	200
사채의 발행	160
재무활동순현금흐름	232

(1) 유동성장기차입금의 상환: 유동성장기차입금은 유동부채로, 1년 안에 상환된다. 따라서 기초 유동성장기차입금이 그대로 상환된다.

(2) 장기차입금의 차입: '주거래은행으로부터 ₩200을 장기차입'하였다는 언급이 있으므로 200이다.

(3) 사채의 발행: '당기 중 액면 ₩200인 사채를 ₩160에 할인발행'하였으므로 160이다.

참고〉

현금흐름	=	NI	−	△자산	+	△부채
232				(30) 사할차 (10) 사할차 상각액		(128) 유동성장기차입금 200 장기차입금 200 사채

✏️ 해설 현금흐름표−직접법

(물음 2)

① 300 ② (−)180

현금흐름	=	NI	−	△자산	+	△부채
① 300 고객		550 매출액		(250) 매출채권		
② (180) 공급자, 종업원		(270) 매출원가 (80) 판매관리비		70 재고자산		100 매입채무

판매관리비: 판매관리비가 손익계산서에 표시되어 있는데 현금흐름표에 판매관리비로 인한 현금유출이 표시되어 있지 않다. 이는 판매관리비 중 감가상각비와 무형자산상각비를 제외한 부분이 종업원과 관련된 비용이라는 것을 알 수 있다. 따라서 판매관리비 95 중 감가상각비 10과 무형자산상각비 5를 제외한 80을 종업원에 대한 현금유출에 관련 비용으로 적는다.

③ 3

현금흐름	=	NI	−	△자산	+	△부채
(50) 법인세납부		(60) 법인세비용				10 미지급법인세

고객으로부터 유입된 현금	①300
공급자 및 종업원에 대한 현금유출	②(180)
영업에서 창출된 현금	120
이자지급액	(40)
배당지급액	(27)
법인세납부	(50)
영업활동순현금흐름	③3

별해〉 현금의 순증감＝영업CF＋투자CF＋재무CF

현금의 순증감＝기말 현금−기초 현금＝458−219＝239

투자CF와 재무CF는 (물음 1)에서 구했으므로 엉업CF를 다음과 같이 구할 수도 있다.

영업CF＝239−4(투자CF)−232(재무CF)＝3

(물음 3) 보통주를 발행하여 취득한 유형자산 (현물출자)

－현금및현금성자산의 사용을 수반하지 않는 투자활동과 재무활동 거래는 현금흐름표에서 제외한다. 그러한 거래는 투자활동과 재무활동에 대하여 모든 목적적합한 정보를 제공할 수 있도록 재무제표의 다른 부분에 공시한다.

문제 5

(14점)

㈜세무는 유통업을 영위하며 20X2년 재무상태표와 포괄손익계산서는 다음과 같다. 이들 자료와 추가정보를 이용하여 각 물음에 답하시오.

2022. CTA

재무상태표		
과목	20X2.12.31	20X1.12.31
현금및현금성자산	₩88,000	₩38,000
단기대여금	30,000	10,000
매출채권(순액)	31,000	40,000
미수이자	3,000	2,000
재고자산	118,000	70,000
토지	420,000	300,000
건물(순액)	580,000	250,000
자산총계	₩1,270,000	₩710,000
매입채무	₩60,000	₩32,000
단기차입금	140,000	150,000
미지급이자	8,000	6,000
미지급법인세	2,000	4,000
미지급판매비와관리비	4,000	8,000
사 채	500,000	0
사채할인발행차금	(30,000)	0
자 본 금	460,000	400,000
자본잉여금	0	60,000
이익잉여금	150,000	50,000
토지재평가잉여금	15,000	0
자기주식	(39,000)	0
부채와자본총계	₩1,270,000	₩710,000

포괄손익계산서 (20X2.1.1 ~ 20X2.12.31)	
과목	금액
매 출 액	₩950,000
매출원가	(510,000)
급여	(105,000)
매출채권 손상차손	(8,000)
감가상각비	(48,000)
기타판매비와관리비	(85,000)
유형자산처분이익	18,000
이자수익	5,000
이자비용	(50,000)
법인세비용차감전순이익	167,000
법인세비용	(42,000)
당기순이익	₩125,000
토지재평가차익	15,000
총포괄이익	₩140,000

추가정보

1. ㈜세무는 이자 및 배당금 수취는 영업활동으로, 이자 및 배당금 지급은 재무활동으로 분류하는 방식을 채택하고 있다.

2. 20X2년 중에 장부금액 ₩100,000인 건물을 처분하고 유형자산처분이익 ₩18,000을 인식하였다.

3. 20X2년 초에 액면금액이 ₩500,000인 사채를 ₩455,000에 할인발행하였다. 포괄손익계산서의 이자비용에는 사채할인발행차금상각액이 포함되어 있다.

4. 20X2년 중에 자본잉여금 ₩60,000을 자본금으로 전입하였으며, 발행주식 일부를 ₩39,000에 현금취득하였다.

5. 20X1년 말 단기차입금과 단기대여금은 20X2년에 모두 상환 또는 회수되었다.

물음 1 ㈜세무가 영업활동현금흐름을 직접법으로 표시하는 20X2년 현금흐름표를 작성할 경우에, 다음 ①~⑩ 에 표시될 금액은 얼마인가? (단, 현금흐름표의 괄호 표시항목은 유출을 의미한다.)

영업활동현금흐름		
고객으로부터 유입된 현금	₩ ①	
공급자에 대한 현금유출	(②)	
종업원 및 판매관리활동 현금유출	(③)	
영업에서 창출된 현금	₩ ?	
이자수취	④	
법인세납부	(⑤)	
영업활동순현금흐름		₩ ?
투자활동현금흐름		
토지의 취득	(⑥)	
건물의 취득	(⑦)	
단기대여금의 회수	?	
건물의 처분	⑧	
단기대여금의 대여	(?)	
투자활동순현금흐름		(?)
재무활동현금흐름		
단기차입금의 상환	(?)	
이자지급	(⑨)	
배당금지급	(⑩)	
사채발행	?	
단기차입금의 차입	?	
자기주식취득	(?)	
재무활동순현금흐름		?
현금및현금성자산 순증가		50,000
기초 현금및현금성자산		38,000
기말 현금및현금성자산		88,000

물음 2 영업에서 창출된 현금을 간접법으로 표시할 때 법인세비용차감전순이익에 가감 조정할 영업활동 관련 자산과 부채의 변동액(순액)은 얼마인가? (단, 영업활동관련 자산과 부채의 변동액(순액)을 법인세비용 차감전순이익에 차감 조정할 경우에는 금액 앞에 (−)로 표시하고, 조정금액이 없을 경우는 '0'으로 표시 하시오.)

✎ 해설

(물음 1)

① 951,000 ② 530,000 ③ 194,000 ④ 4,000 ⑤ 44,000
⑥ 105,000 ⑦ 478,000 ⑧ 118,000 ⑨ 33,000 ⑩ 25,000

	현금흐름	=	영업 손익	−	△영업 자산	+	△영업 부채
고객	①951,000		950,000 매출액 (8,000) 매출채권손상		9,000 매출채권		
공급자	②(530,000)		(510,000) 매출원가		(48,000) 재고		28,000 매입채무
종업원 &판관비	③(194,000)		(105,000) 급여 (85,000) 기타판관비				(4,000) 미지급판관비
이자수취	④4,000		5,000 이자수익		(1,000) 미수이자		
법인세납부	⑤(44,000)		(42,000) 법인세비용				(2,000) 미지급법인세
토지	⑥(105,000)				(120,000) 토지		15,000 재평가잉여금
건물	⑦(478,000)₂ ⑧118,000₁		(48,000) 감가상각비 18,000 유형처분이익		(330,000) 건물		
	(360,000)		(360,000)				
이자지급	⑨(33,000)		(50,000) 이자비용		15,000₃ 사할차 상각액		2,000 미지급이자

₁건물 처분가액: 100,000(장부금액)+18,000(처분이익)=118,000
₂건물 취득으로 인한 현금유출(=건물의 취득원가)
: 순현금흐름−건물 처분가액=−360,000−118,000=−478,000
₃사할차 상각액: 기초 사할차−기말 사할차=(500,000−455,000)−30,000=15,000

⑩ 배당금 지급: 25,000

(물음 2) (−)15,000

영창현	=	EBT	−	비영업 손익	−	△영업 자산	+	△영업 부채
(−)15,000						9,000 매출채권 (48,000) 재고		28,000 매입채무 (4,000) 미지급판관비

미지급법인세, 사할차 상각액, 미수이자/미지급이자는 법인세지급액 및 이자수취/지급에 직접법으로 표시되므로 반영하지 않는다.

| 참고 |
원 문제의 요구사항은 '영업활동현금흐름'을 간접법으로 표시할 때 법인세비용차감전순이익에 가감 조정할 영업활동 관련 자산과 부채의 변동액이었다. 영업활동현금흐름을 기준으로 묻더라도 위 해설과 똑같이 푸는 것이 출제자의 의도이다. 실제 현금흐름표 간접법은 영업에서 창출된 현금을 표시한 뒤 나머지 현금흐름을 직접법으로 표시한다. 따라서 출제자는 '영업활동현금흐름'을 표시할 때라고 물었지만, 문제를 풀 때는 '영업에서 창출된 현금'을 구하는 것처럼 풀어야 한다.

문제 6

(14점)

다음은 유통업을 영위하고 있는 ㈜대한의 20X1년과 20X2년의 비교잔액시산표이다.

계정과목	20X1년	20X2년
현금및현금성자산	₩20,000	₩184,000
매출채권	185,000	271,000
대손충당금	9,200	15,000
재고자산	100,000	70,000
토지	300,000	238,000
건물	540,000	430,000
감가상각누계액	220,000	100,000
매입채무	130,000	55,000
미지급이자	35,000	34,000
미지급법인세	30,000	34,500
유동성장기차입금	60,000	20,000
장기차입금	140,000	120,000
사채	—	40,000
사채할증발행차금	—	4,000
이연법인세부채	8,000	11,000
자본금	100,000	100,000
이익잉여금	412,800	412,800
매출액	—	870,000
매출원가	—	505,000
급여	—	20,000
대손상각비	—	9,800
감가상각비	—	57,000
이자수익	—	3,000
이자비용	—	5,000
유형자산처분이익	—	33,000
법인세비용	—	62,500

㈜대한의 추가적인 자료는 다음과 같다.

추가자료

1. ㈜대한은 현금흐름표에서 이자와 배당금의 수취 및 지급, 법인세의 환급 및 납부는 영업활동현금흐름으로 분류하는 정책을 채택하고 있다.

2. 20X2년 4월 1일 ㈜대한은 장부금액이 ₩62,000인 토지를 ㈜민국이 보유하고 있던 건물(취득원가 ₩120,000, 감가상각누계액 ₩50,000)과 교환하고 추가로 현금 ₩8,000을 지급하였다. 해당 토지의 신뢰성 있는 공정가치는 ₩82,000이다. 본 교환거래는 상업적 실질이 있으며 당기 중 추가적인 토지 관련 거래는 없다. 또한, 본 교환거래 외에 당기 중 추가적인 건물 취득은 없다.

3. 당기 중 액면가액 ₩40,000의 사채가 할증발행되었으며 당기에 상각된 사채할증발행차금은 ₩1,000이다.

물음 1 간접법을 이용하여 ㈜대한의 20X2년도 현금흐름표를 작성할 때, ①~⑧에 알맞은 금액을 계산하시오. 단, 현금유출은 (−)로 표시하고 현금유출입이 없는 경우에는 '0'으로 표시하시오. 　2018. CPA 수정

현금흐름표

영업활동현금흐름	
영업에서 창출된 현금	₩ ?
이자 수취액	①
이자 지급액	②
법인세 납부액	③
영업활동순현금흐름	?
투자활동현금흐름	
토지의 처분	④
건물의 취득	⑤
건물의 처분	⑥
투자활동순현금흐름	?
재무활동현금흐름	
유동성장기차입금의 상환	⑦
사채의 발행	⑧
재무활동순현금흐름	?
현금및현금성자산 순증가	164,000
기초 현금및현금성자산	20,000
기말 현금및현금성자산	₩184,000

물음 2 직접법을 이용하여 ㈜대한의 20X2년도 현금흐름표를 작성할 때, ①~③에 알맞은 금액을 계산하시오. 단, 현금유출은 (−)로 표시하고 현금유출입이 없는 경우에는 '0'으로 표시하시오. 2018. CPA 수정

현금흐름표

영업활동현금흐름	
고객으로부터의 현금유입	①
공급자 및 종업원에 대한 현금유출	②
영업으로부터 창출된 현금	?
이자 수취액	?
이자 지급액	?
법인세 납부액	?
영업활동순현금흐름	③

✏️ **해설** 현금흐름표 직접법, 간접법, 투자, 재무

(물음 1)
① 3,000 ② (−)7,000 ③ (−)55,000 ④ 0
⑤ (−)8,000 ⑥ 36,000 ⑦ (−)60,000 ⑧ 45,000

	현금흐름	=	NI	−	△자산	+	△부채
①	3,000 이자수취		3,000 이자수익				
②	(7,000) 이자지급		(5,000) 이자비용				(1,000) 미지급이자 (1,000) 사할증차 상각액
③	(55,000) 법인세납부		(62,500) 법인세비용				4,500 미지급법인세 3,000 이연법인세부채
④ ⑤ ⑥	0 토지 처분 (8,000) 건물 취득 36,000 건물 처분		33,000 유형자산처분이익 (57,000) 감가상각비		110,000 건물 62,000 토지		(120,000) 감가상각누계액
⑦	(60,000) 유동성장차 상환						(60,000) 유동성장기차입금
⑧	45,000 사채 발행						40,000 사채 4,000 사할증차 1,000 사할증차 상각액

(1) 사할증차 상각액
이자 지급액 계산 시 영업부채의 감소로 처리하고, 사채 발행액 계산 시 가산한다.

(2) 교환
교환을 통해 토지를 지급하고, 건물을 수취하므로 토지와 건물의 증감을 같이 분석해야 한다.
교환 시 현금 수령액은 없으므로, 토지의 처분으로 인한 현금유입은 없다고 본다.
교환 시 현금 지급액은 건물의 취득으로 인한 현금유출로 본다.

(물음 2)

① 780,000

② (−)570,000

③ 151,000

현금흐름	=	NI	−	△자산	+	△부채
① 780,000 고객		870,000 매출액 (9,800) 대손상각비		(86,000) 매출채권		5,800 대손충당금
② (570,000) 공급자, 종업원		(505,000) 매출원가 (20,000) 급여		30,000 재고자산		(75,000) 매입채무

③ 영업활동순현금흐름

고객으로부터의 현금유입	①780,000
공급자 및 종업원에 대한 현금유출	②(570,000)
영업으로부터 창출된 현금	210,000
이자 수취액	3,000
이자 지급액	(7,000)
법인세 납부액	(55,000)
영업활동순현금흐름	③151,000

참고〉 영업활동순현금흐름−간접법

영업CF	=	NI	−	비영업 손익	−	△영업 자산	+	△영업 부채
151,000		246,700		57,000 감가상각비 (33,000) 유형자산처분이익		(86,000) 매출채권 30,000 재고자산		5,800 대손충당금 (75,000) 매입채무 (1,000) 미지급이자 4,500 미지급법인세 (1,000) 사할증차 상각액 3,000 이연법인세부채

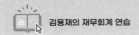

문제 7

(14점)

다음의 〈자료〉를 이용하여 물음에 답하시오.

자료

다음은 제조업을 영위하고 있는 ㈜대한의 재무상태표 계정 중 20X2년 기초대비 기말잔액이 증가(감소)한 계정의 일부이다(자산 및 부채 모두 증가는 (+), 감소는 (−)로 표시하였음).

계정	증감
매출채권	(+) ₩200,000
손실충당금(매출채권)	(+) 30,000
토지	(+) 50,000
건물	(+) 250,000
감가상각누계액(건물)	(−) 7,000
제품보증충당부채	(+) 45,000
사채	?
사채할인발행차금	?

20X2년 12월 31일로 종료되는 회계연도의 현금흐름표를 작성할 때 추가적으로 고려하여야 할 항목들은 다음과 같다.

1. ㈜대한의 매출채권은 전액 미국에 수출하여 발생한 것이다. 매출채권과 관련하여 당기 포괄손익계산서에 계상된 외화환산손실은 ₩40,000이고 외환차손은 ₩20,000이며 손상차손은 ₩5,000이다.

2. 당기 중 토지 ₩50,000을 주주로부터 현물로 출자 받았고, 건물을 ₩300,000에 신규 취득하였다. 토지와 건물의 증감은 토지의 취득, 건물의 취득 및 처분으로 발생한 것이다. 포괄손익계산서에 계상된 당기의 감가상각비는 ₩3,000이고, 건물의 처분으로 인하여 발생한 처분이익은 ₩10,000이다.

3. ㈜대한은 판매한 제품에 대하여 2년간 보증해주고 있으며 재무상태표에 제품보증충당부채를 표시하고 있다. 당기 말에 최선의 추정치로 측정하여 포괄손익계산서에 계상한 품질보증비용은 ₩60,000이고, 이외의 변동은 모두 보증으로 인한 수리활동으로 지출된 금액이다.

4. 사채는 전액 당기 초에 발행되었고, 발행 시 액면금액은 ₩90,000(액면이자율 연 8%), 사채할인발행차금은 ₩6,000이다. 당기 포괄손익계산서에 계상된 사채의 이자비용은 ₩9,000이다. 동 사채 액면 ₩90,000중 ₩30,000은 당기 말에 상환되었으며, 포괄손익계산서에 계상된 사채상환이익은 ₩800이다.

물음 ㈜대한이 20X2년 12월 31일로 종료되는 회계연도의 현금흐름표를 간접법으로 작성하는 경우 상기 4가지 추가항목과 관련하여 현금흐름표 상 영업, 투자 또는 재무활동으로 인한 현금흐름에 가산 또는 차감 표시하여야 할 금액을 아래 양식에 따라 <u>각 항목별로 표시</u>하시오. 단, ㈜대한은 이자수취 및 지급을 영업활동으로 분류하고 있으며, 당기순이익은 영업활동으로 인한 현금흐름에 가산하였다. 2020. CPA **2차**

(예시) 5. 당기 무형자산의 취득액은 ₩12,000이고, 무형자산 상각액은 ₩4,000이다.

항목 번호	활동 구분	현금흐름 가산(＋) 또는 차감(－)	금액
5	영업	＋	4,000
	투자	－	12,000
	재무	없음	

해설

(물음) 영업활동현금흐름-간접법, 투자, 재무CF

항목 번호	활동 구분	현금흐름 가산(＋) 또는 차감(－)	금액
1	영업	－	170,000
	투자		
	재무		
2	영업	－	7,000
	투자	－	250,000
	재무		
3	영업	＋	45,000
	투자		
	재무		
4	영업	＋	1,000
	투자		
	재무	＋	56,200

1. 영업활동현금흐름-간접법

영업CF	＝	NI	－	비영업 손익	－	△영업 자산	＋	△영업 부채
1. (－)170,000						(200,000) 매출채권		30,000 대손충당금
2. (－)7,000				3,000 감가상각비 (10,000) 처분이익				
3. 45,000								45,000 충당부채
4. 1,000				(800) 사채상환이익		1,800 사할차 상각액		

'간접법'으로 작성할 때 현금흐름표에 표시되는 금액을 물었으므로 영업손익은 표시되지 않고, 비영업손익은 부인하면서 표시된다.

사할차 상각액: 이자비용－액면이자＝9,000－7,200＝1,800

2. 투자활동현금흐름

현금흐름	=	NI	−	△자산	+	△부채
2. (250,000)		(3,000) 감가상각비 10,000 유형자산처분이익		(50,000) 토지 (250,000) 건물		(7,000) 감누 50,000 납입자본

3. 재무활동현금흐름

현금흐름	=	NI	−	△자산	+	△부채
4. 56,200		800 사채상환이익		(2,800) 사할차 (1,800) 사할차 상각액		60,000 사채

사채를 당기에 발행하였으므로 기초에는 사채와 사할차가 존재하지 않는다. 따라서 기말 잔액이 곧 증가액이 된다.

기말 사채: 90,000－30,000＝60,000

기말 사채할인발행차금: (발행시 사할차－사할차 상각액)×상환 후 액면금액/총 액면금액
＝(6,000－1,800)×60,000/90,000＝2,800

별해〉 재무활동현금흐름＝사채 차입액－사채 상환액＝56,200
차입액: 90,000－6,000＝84,000
상환액: (84,000＋9,000－7,200)×30,000/90,000－800(상환이익)＝27,800

문제 8

(12점)

㈜한국의 재무자료와 관련된 각 물음에 답하시오. 제시된 물음은 독립적이다.

물음 1 다음은 ㈜한국의 20X1년 12월 31일 약식 재무상태표와 20X2년도 약식 현금흐름표, 그리고 이와 관련된 추가 자료이다.

재무상태표				
㈜한국	20X1년 12월 31일 현재			(단위: ₩)
자산		**부채**		
현금	275,000	매입채무		950,000
매출채권(순액)	800,000	미지급금		250,000
선급금	805,000	**자본**		
재고자산	1,000,000	보통주자본금		2,500,000
건물	2,200,000	(액면가: 1,000)		
감가상각누계액	(100,000)	자본잉여금		450,000
특허권	20,000	이익잉여금		850,000
자산 합계	5,000,000	**부채와 자본 합계**		5,000,000

현금흐름표		
㈜한국 20X2년 1월 1일부터 20X2년 12월 31일까지		(단위: ₩)
영업활동 순현금흐름		
당기순이익	800,000	
감가상각비	60,000	
특허권상각	5,000	
매입채무의 변동	(250,000)	
재고자산의 변동	300,000	915,000
투자활동 순현금흐름		
기타포괄손익－공정가치측정금융자산의 취득	(600,000)	
건물의 취득	(500,000)	(1,100,000)
재무활동 순현금흐름		
장기차입금의 차입	450,000	
보통주의 발행	250,000	
배당금의 지급	(300,000)	400,000
현금의 증가		215,000
기초의 현금		275,000
기말의 현금		490,000

추가자료

- 보통주 100주가 20X2년 상반기에 발행되었다.
- 배당금은 20X2년 2월 중에 결의되고 20X2년 4월에 지급되었다.

위에서 주어진 재무상태표와 현금흐름표 및 추가 자료를 이용하여 20X2년 12월 31일 ㈜한국의 부채비율을 계산하시오. 단, 부채비율은 [(부채/자기자본)×100]을 사용하며, 계산결과는 소수점 셋째자리에서 반올림한다. 표 안의 괄호( )는 마이너스(-) 표시이다.

2017. CPA **2차**

물음 2 다음은 ㈜한국의 20X1년초와 20X1년말 장기차입금의 장부금액과 20X1년초에 발행한 두 개의 사채와 관련된 계정과목의 장부금액이다. 사채의 액면금액은 각각 ₩1,000,000이며, 20X1년도 중에 차입금의 신규차입 및 사채의 추가발행이나 상환은 없다. ㈜한국은 이자지급 및 이자수취를 영업활동으로 분류하고 있다.

자료

구분	20X1년초	20X1년말
장기차입금	₩ 600,000	₩ 450,000
유동성장기차입금	100,000	150,000
A사채	929,220	950,019
B사채	1,078,730	1,054,241
미지급이자비용	150,000	190,000

- ㈜한국은 유효이자율법을 사용하여 사채발행차금을 상각하고 있다.
- ㈜한국이 두 개의 사채와 관련하여 20X1년도 포괄손익계산서에 당기손익으로 인식한 이자비용은 ₩196,310이다.
- ㈜한국이 주거래은행으로부터 차입한 장기차입금 중에서 20X1년말에 유동성장기차입금으로 대체한 금액은 ₩150,000이다.

위에서 주어진 자료로 ㈜한국의 20X1년도 영업활동 현금흐름 유출입액을 계산하시오. [예: + ₩1,000(유입액) 혹은 -₩1,000(유출액)]

2017. CPA

✎ 해설 **현금흐름표**

(물음 1) 30.77%

X2년 말 부채비율: X2년 말 부채/X2년 말 자본＝1,400,000/4,550,000＝**30.77%**

(1) X2년 말 부채

X2년 초 부채	1,200,000
매입채무 감소	(250,000)
장기차입금 차입	450,000
X2년 말 부채	1,400,000

(2) X2년 말 자본

X2년 초 자본	3,800,000
당기순이익	800,000
보통주 발행	250,000
배당금 지급	(300,000)
X2년 말 자본	4,550,000

(물음 2) −160,000(유출액)

현금흐름	=	NI	−	△자산	+	△부채
(160,000) 이자지급		(196,310) 이자비용		20,799 A사채 상각액		40,000 미지급이자 (24,489) B사채 상각액

차입금의 신규차입 및 사채의 추가발행이나 상환은 없었으므로, 당기 중에 유동성장기차입금의 상환만 있었다. 유동성장기차입금의 상환은 재무활동으로 분류되므로 영업활동 현금흐름과 무관하다.

문제 9

현금흐름표와 관련된 각 물음에 답하시오.

물음 1 현금흐름표 상 영업활동현금흐름은 직접법 또는 간접법으로 작성될 수 있다. 직접법과 간접법의 장·단점을 기술하시오. (4점)

2019. CTA

물음 2 현금흐름표 작성시 배당금 지급 및 수취에 따른 현금흐름을 어떤 활동으로 분류할 수 있는지를 모두 제시하고, 그 이유를 간략하게 설명하시오.

2017. CPA

물음 3 투자활동과 재무활동 현금흐름은 총현금유입과 총현금유출을 주요 항목별로 구분하여 총액으로 표시하는 것을 원칙으로 한다. 그러나 'K-IFRS 제1007호 문단 22'에는 영업활동, 투자활동 또는 재무활동에서 발생하는 현금흐름을 순증감액으로 보고할 수 있는 거래 유형이 제시되어 있다. 현금흐름표 작성 시 현금흐름을 순증감액으로 보고할 수 있는 현금흐름 거래 유형 2가지를 기술하시오.

2017. CTA

✏️ 해설 현금흐름표 말문제

(물음 1)
(1) 직접법
① 장점: 미래현금흐름을 추정하는 데 보다 유용한 정보를 제공한다.
② 단점: 작성에 많은 시간과 비용이 발생한다.
(2) 간접법
① 장점: 작성이 용이하다.
② 단점: 미래현금흐름을 추정하기 어렵다.

(물음 2)
1. 배당금 수취
① 투자활동: 투자자산에 대한 수익이므로
② 영업활동: 당기순이익에 영향을 미치므로

2. 배당금 지급
① 재무활동: 배당금의 지급은 재무자원을 획득하는 원가이므로
② 영업활동: 재무제표이용자가 영업활동 현금흐름에서 배당금을 지급할 수 있는 기업의 능력을 판단하는 데 도움을 주기 위하여

(물음 3)
① 현금흐름이 기업의 활동이 아닌 고객의 활동을 반영하는 경우로서 고객을 대리함에 따라 발생하는 현금유입과 현금유출
② 회전율이 높고 금액이 크며 만기가 짧은 항목과 관련된 현금유입과 현금유출

18 현금 및 매출채권

1 대손

1. 회수불능(=대손 확정, 손상차손): 대손충당금 감소

(차) 대손충당금 X X X (대) 매출채권 X X X

회수하지 못할 것으로 예상하여 대손충당금을 설정한 매출채권이 실제로 회수 불가능해진 경우에는 대손충당금과 매출채권을 상계

－상계할 대손충당금 잔액이 부족한 경우에는 부족분을 대손상각비로 인식

2. 대손 채권의 회수: 대손충당금 증가

(차) 현금　　　　　　XXX　　(대) 대손충당금　　　　　　XXX

3. 기초, 기말 대손충당금 잔액

(1) 추정 현금흐름이 제시된 경우	매출채권－추정 현금흐름
(2) 손실률이 제시된 경우	Σ매출채권 금액×손실률

4. 대손충당금 설정

(1) 설정 전 잔액=기초 대손충당금-회수불능액+대손 채권 회수액

(2) 대손상각비=기말 대손충당금-설정 전 잔액

(차) 대손상각비　　　　　XXX　　(대) 대손충당금　　　　　　XXX

2 어음의 할인

1. 어음 할인 시 현금 수령액

(1) 만기 수령액＝어음의 액면가액×(1＋어음 이자율×만기월수/12)

(2) 어음 할인 시 현금 수령액＝만기 수령액－만기 수령액×은행 이자율×잔여월수/12

　　＝만기 수령액×(1－은행 이자율×잔여월수/12)

2. 어음 할인 시 회계처리

(차)	현금		수령액	(대)	받을어음	액면가액
	매출채권처분손실		XXX		이자수익	액면가액 × 이자율 × 월수/12

(1) 이자수익 = 어음 액면가액 × 어음 이자율 × 보유월수/12

(2) 매출채권처분손실 = 어음 액면가액 + 이자수익 – 현금 수령액

문제 1

다음에 제시되는 물음은 각각 독립된 상황이다.

공통자료

㈜한국이 20x0년 12월 31일 재무상태표에 보고한 매출채권은 ₩200,000, 대손충당금은 ₩6,000이다. 20X1년부터 20X3년까지 매출 등 관련 자료는 다음과 같다.

연도	총매출액	매출액 중 외상금액	외상대금 회수액	대손확정 금액
20X1	₩1,000,000	₩600,000	₩300,000	₩10,000
20X2	1,500,000	1,000,000	600,000	20,000
20X3	1,200,000	800,000	600,000	15,000

물음 1 ㈜한국이 매 보고기간 말에 추정한 매출채권의 회수가능액은 다음과 같다.

연도	20X1	20X2	20X3
회수가능액	₩460,000	₩850,000	₩1,100,000

20X1년에 대손으로 확정하였던 외상매출금 ₩3,000을 20X2년 중에 현금으로 회수하였다. 20X2년 포괄손익계산서에 인식할 대손상각비를 계산하시오. 2013. CPA

물음 2 ㈜한국은 20X3년 8월 31일에 보유하고 있던 받을어음(취득일 20X3년 6월 1일, 만기일 20X3년 11월 30일, 액면금액 ₩100,000, 표시이자율 연 6%, 만기일 이자지급 조건)을 ㈜대한은행에서 할인받았다. 이 거래는 금융자산의 제거조건을 충족한다. 할인율이 연 8%일 때, ①㈜한국이 받을어음의 할인으로 수취한 현금액과 ②매출채권처분손익을 계산하시오. 단, 이자는 월할계산하고 손실인 경우 금액 앞에 (–)를 표시하시오. 2013. CPA

✏️ 해설 대손

(물음 1) 7,000

(1) X1년

	대손상각비	매출채권	대손충당금	회수가능액
기초		200,000	6,000	
외상매출		600,000		
외상대금 회수		(300,000)		
대손확정	4,000	(10,000)	(6,000)	
충당금 설정	30,000		30,000	
기말	34,000	490,000	30,000	460,000

(2) X2년

	대손상각비	매출채권	대손충당금	회수가능액
기초		490,000	30,000	
외상매출		1,000,000		
외상대금 회수		(600,000)		
대손확정		(20,000)	(20,000)	
대손채권 회수			3,000	
충당금 설정	7,000		7,000	
기말	**7,000**	870,000	20,000	850,000

| 회계처리 |

x1	현금	400,000	매출	1,000,000
	매출채권	600,000		
	현금	300,000	매출채권	300,000
	대손충당금	6,000	매출채권	10,000
	대손상각비	4,000		
	대손상각비	30,000	대손충당금	30,000
x2	현금	500,000	매출	1,500,000
	매출채권	1,000,000		
	현금	600,000	매출채권	600,000
	대손충당금	20,000	매출채권	20,000
	현금	3,000	대손충당금	3,000
	대손상각비	7,000	대손충당금	7,000

✏️ **해설** 어음의 할인

(물음 2) ① 100,940 ② (−)560

| 현금 | 100,940 | 받을어음 | 100,000 |
| 매출채권처분손실 | 560 | 이자수익 | 1,500 |

(1) 어음 할인 시 현금 수령액
: $100,000 \times (1 + 6\% \times 6/12) \times (1 - 8\% \times 3/12) = 100,940$

(2) 이자수익: $100,000 \times 6\% \times 3/12 = 1,500$

(3) 처분손실: 액면금액 + 이자수익 − 현금 수령액 = $100,000 + 1,500 - 100,940 = 560$

3 팩토링 2차

팩토링이란 외상매출금(어음을 받지 않은 매출채권)을 양도하는 것을 말한다. 어음의 할인은 말 그대로 어음을 양도하는 것이지만, 팩토링은 어음을 받지 않은 매출채권을 양도한다는 차이점이 있다. 팩토링은 매출채권의 양도가 제거조건을 충족하는지 여부에 따라 다음과 같이 회계처리가 달라진다.

1. 제거조건 충족 시

| 현금 | 양도 시 수령액 | 매출채권 | 만기 수령액 |
| 처분손실 | XXX | | |

팩토링이 제거조건을 충족하는 경우 매출채권을 제거하고 현금 수령액과의 차이를 처분손실로 인식한다.

2. 제거조건 미충족 시

| 현금 | 양도 시 수령액 | 단기차입금 | 만기 수령액 |
| 이자비용 | XXX | | |

팩토링이 제거조건을 충족하지 못하는 경우 매출채권을 제거할 수 없다. 따라서 현금 수령액을 차입금으로 계상한다. 이때 차입금은 현금 수령액이 아니라 만기 수령액(=매출채권 총액)으로 계상하고 현금 수령액과의 차이를 이자비용으로 인식한다. 일반적으로 이자비용은 차입 후 시간이 경과함에 따라 발생한다. 하지만 매출채권은 만기가 1년 미만이므로 어차피 이자비용을 인식하는 것도 같은 해이다. 따라서 회계처리의 편의를 위해 차입한 순간 이자비용을 인식한다.

문제 2

(13점)

다음에 제시되는 물음은 각각 독립된 상황이다.

물음 1 ㈜대한은 20X1년 10월 1일에 상품을 판매하고 동 일자에 발행된 어음(액면 ₩300,000, 만기 6개월, 연 이자율 5%)을 수령하였다. ㈜대한은 받을어음을 현재가치로 측정하지 않는다. 아래 각 〈요구사항〉에 답하되, 〈요구사항〉은 독립적이다.

2023. CPA

요구사항 1

㈜대한은 20X1년 12월 1일에 받을어음을 전액 연 6%로 할인(받을어음 관련 위험과 보상을 대부분 보유)하였다. 동 어음의 보유 및 할인이 20X1년도 당기순이익에 미치는 영향을 계산하시오. 단, 당기순이익이 감소하는 경우 금액 앞에 (−)를 표시하시오.

20X1년 당기순이익에 미치는 영향	①

요구사항 2

㈜대한은 20X2년 2월 1일에 받을어음을 전액 연 6%로 할인(받을어음 관련 위험과 보상을 대부분 이전)하였다. 동 어음의 보유 및 할인이 20X2년도 당기순이익에 미치는 영향을 계산하시오. 단, 당기순이익이 감소하는 경우 금액 앞에 (−)를 표시하시오.

20X2년 당기순이익에 미치는 영향	①

물음 2 ㈜한국은 20X2년 2월 1일에 외상매출금 ₩200,000(회수예정일은 4월 30일)을 ㈜대한은행에 양도(팩토링)하였다. 수수료 5%를 공제하고 현금으로 ₩190,000을 수령하였다. 팩토링 조건은 4월 30일까지 외상매출금이 회수되지 않으면 ㈜한국이 ㈜대한은행에 전액 변제하는 것이다. 20X2년 2월 1일자 ㈜한국의 회계처리(분개)를 제시하시오.

2013. CPA **2차**

✏️ **해설**

(물음 1) 어음의 할인
|요구사항 1|

20X1년 당기순이익에 미치는 영향	①2,212

X1년 당기순이익: $3,750 - 1,538 = 2,212$
(1) 이자수익: $300,000 \times 5\% \times 3/12 = 3,750$
(2) 이자비용: $(307,500 - 301,350) \times 1/4 = 1,538$
   – 만기 수령액: $300,000 \times (1 + 5\% \times 6/12) = 307,500$
   – 현금 수령액: $307,500 \times (1 - 6\% \times 4/12) = 301,350$

위험과 보상을 대부분 보유하므로 받을어음의 제거조건을 충족하지 못한다. 따라서 현금 수령액만큼 차입하여 만기 수령액만큼 상환한다고 본다. 차입부터 상환까지 기간이 4개월이므로 X1년에는 1개월치 이자비용만 인식한다.

|회계처리|

X1.12.1	현금	301,350	차입금	301,350
X1.12.31	미수이자	3,750	이자수익	3,750
	이자비용	1,538	차입금	1,538

|요구사항 2|

20X2년 당기순이익에 미치는 영향	①675

X2년 당기순이익: $1,250 - 575 = 675$
(1) 이자수익: $300,000 \times 5\% \times 1/12 = 1,250$
   – X2년에는 1개월만 보유하고 할인하므로 1개월치 이자수익만 인식한다.
(2) 현금 수령액: $307,500 \times (1 - 6\% \times 2/12) = 304,425$
(3) 매출채권처분손실: $300,000 \times (1 + 5\% \times 4/12) - 304,425 = 575$

|회계처리|

X1.12.31	미수이자	3,750	이자수익	3,750
X2.2.1	미수이자	1,250	이자수익	1,250
	현금	304,425	미수이자	5,000
	처분손실	575	받을어음	300,000

(물음 2) 팩토링

현금	190,000	단기차입금	200,000
이자비용	10,000		

이자비용: 200,000 − 190,000 = 10,000

외상매출금이 회수되지 않으면 ㈜한국이 ㈜대한은행에 전액 변제하므로 위험과 보상의 대부분이 이전되지 않았다. 따라서 동 팩토링은 제거조건이 충족되지 않은 것이며, 위와 같이 회계처리해야 한다.

참고〉 제거조건을 충족한 경우 회계처리

현금	190,000	외상매출금	200,000
매출채권처분손실	10,000		

문제의 가정과 달리 팩토링이 제거조건을 충족했다면 회계처리는 위와 같다. 제거조건을 충족했으므로 외상매출금을 제거하고, 처분가액과의 차액은 처분손실로 인식한다.

CHAPTER

19 기타 재무보고

1 농림어업

1. 용어의 정의

(1) 생물자산 및 수확물

① 생물자산: 살아있는 동물이나 식물 ex 양과 젖소
② 수확물: 생물자산에서 수확한 생산물 ex 양모 및 우유

(2) 생산용식물

수확물을 '생산'하기 위한 식물은 생산용식물로 분류하는 반면, 수확물로 '판매'하기 위한 식물은 생산용식물로 분류하지 않는다.

생산용식물 O: 사용	생산용식물 X: 판매
① 수확물을 생산하거나 공급하는 데 사용	① 수확물로 수확하기 위해 재배하는 식물
② 수확물로 판매될 가능성이 희박 (부수적인 폐물로 판매하는 경우는 제외)	② 수확물로도 식물을 수확하고 판매할 가능성이 희박하지 않은 경우
③ 한 회계기간을 초과하여 생산물을 생산할 것으로 예상 (생산용식물⊂유형자산)	③ 한해살이 작물

2. 생물자산 및 수확물의 평가

	평가시점	평가금액	평가손익
생물자산	최초 인식 시, 매 보고기간말	순공정가치 (=공정가치−처분부대원가)	당기손익(PL)
수확물	최초 인식 시 (=수확 시점)		

−수확물은 취득 시 재고자산으로 계상 후, 저가법 평가

(1) 최초 인식시점에 발생하는 손익

① 생물자산 취득 시 발생하는 손실＝추정 매각부대원가

ex 소 1마리(공정가치 ₩100,000, 추정 매각부대원가 ₩10,000)를 공정가치에 취득한 경우

(차)	생물자산(소) 평가손실(PL)	90,000 10,000	(대)	현금	100,000

② 생물자산, 수확물 취득 시 발생하는 이익＝순공정가치

ex 소 1마리가 태어난 경우: 취득원가＝100,000－10,000＝90,000

(차)	생물자산(소)	90,000	(대)	평가이익(PL)	90,000

문제 1

(13점)

※ 다음의 각 물음은 독립적이다.

물음 1 ㈜대한농림은 사과를 생산·판매하는 사과 과수원을 운영하고 있다. 〈자료 1〉을 이용하여 각 〈요구사항〉에 답하시오.

2023. CPA

자료 1

1. 사과나무의 20X1년 초 장부금액은 ₩50,000이며, 잔존내용연수는 5년이다. 잔존가치는 없으며, 정액법으로 감가상각하고 원가모형을 적용한다.

2. 20X1년 9월에 20박스의 사과를 수확하였으며, 수확한 사과의 순공정가치는 박스당 ₩30,000이고 수확비용은 총 ₩20,000이다.

3. 20X1년 10월에 10박스를 ₩400,000에 판매하였고, 판매비용은 총 ₩10,000이다.

4. 20X1년 말 사과 10박스를 보유하고 있고, 10박스의 순공정가치는 ₩450,000이다.

5. 20X1년에 생산되기 시작하여 20X1년 말 수확되지 않고 사과나무에서 자라고 있는 사과의 순공정가치는 ₩200,000으로 추정된다.

요구사항 1

㈜대한농림의 20X1년도 포괄손익계산서 상 당기순이익에 미치는 영향을 계산하시오.

당기순이익에 미치는 영향	①

요구사항 2

20X1년 말 ㈜대한농림의 재무상태표에 보고할 재고자산과 유형자산의 금액을 계산하시오.

재고자산	①
유형자산	②

물음 2 ㈜민국농림은 돼지를 사육하는 돼지농장을 운영하고 있다. 〈자료 2〉를 이용하여 각 〈요구사항〉에 답하시오.

2023. CPA

자료1

1. 20X1년 1월 1일 돼지 1마리를 ₩500,000에 취득하였다. 취득 시 돼지의 공정가치는 ₩480,000이며, 추정매각부대비용은 ₩20,000이다.

2. ㈜민국농림은 우수 돼지사육농가로 선정되어 정부로부터 20X1년 1월 1일에 ₩60,000의 보조금을 수령하였다. 보조금을 수령한 ㈜민국농림은 돼지를 2년간 사육해야 하며, 만약 사육을 중단할 경우 기간경과에 비례하여 반환해야 하는 의무조항을 준수해야 한다. 돼지는 20X1년 말까지 정상적으로 사육되었다.

3. 20X1년 말 돼지의 공정가치와 추정매각부대비용은 각각 ₩600,000과 ₩30,000이다.

요구사항 1

㈜민국농림의 20X1년도 포괄손익계산서 상 당기순이익에 미치는 영향을 계산하시오.

당기순이익에 미치는 영향	①

요구사항 2

생물자산을 인식하기 위해서는 첫번째로 과거사건의 결과로 자산을 통제할 수 있어야 하고, 두번째로 자산과 관련된 미래경제적효익의 유입가능성이 높아야 함과 동시에 세번째 요건을 충족해야 한다. ① 세번째 요건이 무엇인지를 서술하고, ② 생물자산의 최초 인식시점에 한하여 세번째 요건을 충족하지 못할 경우 생물자산의 측정방법을 서술하시오.

세번째 요건	①
세번째 요건 미충족 시 측정방법	②

✎ 해설 **생물자산**

(물음 1)

|요구사항 1|

당기순이익에 미치는 영향	①860,000

당기순이익: −(1)+(2)−(3)+(4)−(5)+(6)=860,000

(1) 사과나무의 감가상각비: (50,000−0)/5=10,000
(2) 사과의 순공정가치: 30,000×20박스=600,000
(3) 사과 수확비용: 20,000
(4) 사과의 매출총이익: 400,000−30,000×10박스=100,000
(5) 사과 판매비용: 10,000
(6) 자라고 있는 사과의 순공정가치: 200,000
−생물자산은 생산용식물에서 자라는 생산물을 포함한다. 따라서 자라고 있는 사과도 생물자산으로 인식해야 한다.

|회계처리|

감가상각비	10,000	감가상각누계액	10,000
재고자산	600,000	평가이익	600,000
비용	20,000	현금	20,000
현금	400,000	매출	400,000
매출원가	300,000	재고자산	300,000
비용	10,000	현금	10,000
생물자산	200,000	평가이익	200,000

|요구사항 2|

재고자산	①300,000
유형자산	②40,000

재고자산: 10박스×@30,000=300,000
−사과는 수확한 순간 재고자산이 된다. 기말 순공정가치가 제시되어 있는데 취득원가인 300,000(=30,000×10박스)보다 크므로 평가손실을 인식하지 않는다. 또한, 저가는 '순실현가능가치'와 취득원가 중 작은 금액이므로 엄밀히 따지면 평가손실을 구할 수 없는 상황이다.

유형자산(사과나무): 50,000−10,000=40,000
−자라고 있는 사과는 생물자산으로 인식한다. 사과나무의 장부금액에 포함하지 않는다.

(물음 2)

|요구사항 1|

당기순이익에 미치는 영향	①100,000

당기순이익: (1)+(2)+(3)=100,000

(1) 돼지 취득 시 평가손익: 460,000−500,000=(−)40,000
(2) 보조금수익: 60,000/2=30,000
(3) 돼지 기말 평가손익: 570,000−460,000=110,000

|회계처리|

생물자산	460,000	현금	500,000
평가손실	40,000		
현금	60,000	정부보조금	60,000
정부보조금	30,000	보조금수익	30,000
생물자산	110,000	평가이익	110,000

|요구사항 2|

세번째 요건	① 신뢰성 있는 측정
세번째 요건 미충족 시 측정방법	② 원가에서 감가상각누계액과 손상차손누계액을 차감한 금액으로 측정한다.

문제 2
(10점)

다음은 20X1년 재고자산과 관련된 회계자료이며 각 사례는 독립적이다. 모든 사례에서 재고자산 회계처리는 계속기록법을 사용한다. 독립된 사례 각각에 대해 20X1년에 해야 할 모든 분개를 적절하게 했을 경우, 재고자산 장부금액에 미치는 영향과 당기순이익에 미치는 영향을 구하시오. 다음 양식의 빈칸(①~⑩)에 해당하는 금액을 제시하되 감소의 경우에는 금액 앞에 (−)를 표시하고, 영향이 없는 경우에는 "0"으로 표시하시오.   2014. CPA

예시 ㈜대한은 ₩1,000에 취득한 재고자산을 ₩1,200에 현금 판매하였다.

	재고자산	당기순이익
예시	(−)₩1,000	₩200
사례 1	①	②
사례 2	③	④
사례 3	⑤	⑥
사례 4	⑦	⑧
사례 5	⑨	⑩

사례 1 ㈜A는 20X1년 3월 1일 재고자산을 ₩90,000에 현금 판매하면서 1년 후에 ₩99,000으로 재구매하기로 약정하였다.

사례 2 ㈜B는 20X1년 10월 1일 상품을 ₩50,000에 취득하면서 계약금으로 ₩10,000을 지급하고 잔금은 20X2년 3월 31일과 20X2년 9월 30일에 각각 ₩20,000씩 총 2회 분할 지급하기로 하였다. 상품 취득일 현재 상품의 현금가격 상당액은 총지급액을 유효이자율로 할인한 현재가치와 동일하며, 이 시점의 유효이자율은 연 6%이다. 단, 현재가치 계산시 아래의 현가계수를 반드시 이용하시오.

기간	단일금액 ₩1의 현가계수		정상연금 ₩1의 현가계수	
	3%	6%	3%	6%
1	0.9709	0.9434	0.9709	0.9434
2	0.9426	0.8900	1.9135	1.8334

사례 3 ㈜C는 20x0년 7월에 취득하여 투자부동산으로 분류되어 있던 토지(공정가치 모형 적용)를 20X1년 10월에 재고자산으로 분류 변경하였다. 변경시점 및 기말시점의 관련 자료는 다음과 같다.

취득원가	₩100,000
재분류일 장부금액	120,000
재분류일 공정가치	110,000
20X1년 말 공정가치	115,000

사례 4 ㈜D는 20X1년 12월 1일 당기에 생물자산(재고자산에 해당)을 최초로 수확하였고, 수확시점의 수확물 순공정가치는 ₩15,000이다.

사례 5 ㈜E의 재고자산과 관련한 기중 회계처리는 모두 이루어졌으며, 기말에 재고자산 평가와 관련된 자료는 다음과 같다.

장부수량	50개
실제수량	45개
단위당 취득원가	₩1,000
단위당 순실현가능가치	900

📝 **해설**

	재고자산	당기순이익
사례 1	①0	②(−)7,500
사례 2	③48,270	④(−)574
사례 3	⑤110,000	⑥(−)10,000
사례 4	⑦15,000	⑧15,000
사례 5	⑨(−)9,500	⑩(−)9,500

| 회계처리 |

사례 1	X1.3.1	현금	90,000	차입금	90,000
	X1.12.31	이자비용	7,500	차입금	7,500
사례 2	X1.10.1	상품	48,270	현금	10,000
				매입채무	38,270
	X1.12.31	이자비용	574	매입채무	574
사례 3	X1.10	재고자산	110,000	투자부동산	120,000
		PL	10,000		
사례 4	X1.12.1	재고자산	15,000	PL	15,000
사례 5	X1.12.31	감모손실	5,000	재고자산	5,000
		평가손실	4,500	평가충당금	4,500

〈사례 1〉
재매입가격이 최초 판매가격보다 높기 때문에 금융약정에 해당한다. 따라서 재고자산은 제거하지 않으며, 재매입 가격과 최초 판매가격의 차이는 이자비용으로 인식한다. 1년 중 10개월이 경과하였으므로 이자비용은 7,500이다.

〈사례 2〉
매입채무(3%, 2기): 20,000×1.9135＝38,270
－6개월 간격으로 현금 지급이 이루어지므로 유효이자율은 3%(＝6%/2)로 본다.
이자비용: 38,270×6%×3/6＝574

〈사례 3〉
공정가치모형을 적용하던 투자부동산을 재고자산으로 재분류하는 경우 재분류일의 공정가치로 평가하며, 평가손익은 PL로 인식한다.
재분류 후 재고자산에 해당하므로 저가법을 적용하는데, 기말 공정가치가 장부금액에 비해 크므로 평가손실을 인식하지 않는다.

〈사례 4〉
수확물은 최초 인식 시 순공정가치로 평가한다.

〈사례 5〉
감모손실: (50개－45개)×@1,000＝5,000
평가손실: (1,000－900)×45개＝4,500
－기초 평가충당금에 대한 언급이 없으므로, 기말 평가충당금이 평가손실이 된다.
－평가충당금은 재고자산의 차감적 평가계정이다. 회계처리는 평가충당금으로 했지만, 그만큼 재고자산이 감소한다.

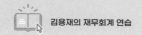

2 매각예정비유동자산 및 중단영업

1. 매각예정 비유동자산의 측정

(1) 매각예정비유동자산=min[순공정가치, 장부금액]

매각예정으로 분류하기 전까지는 감가상각 및 재평가를 수행하다가, 매각예정으로 분류 시 순공정가치
(=공정가치−처분부대원가)가 더 작다면 순공정가치로 측정

(2) 매각예정으로 분류 시 감가상각 X, 장기할부구입으로 인한 이자비용은 계속 인식

(3) 손상차손과 손상차손환입액의 인식

　－ 자산(또는 처분자산집단)의 순공정가치의 하락은 손상차손, 상승은 이익으로 인식
　－ 이익은 과거에 인식하였던 손상차손누계액을 초과할 수 없음

2. 매각계획의 변경

매각예정으로 분류되던 자산(또는 처분자산집단)이 매각예정 분류 요건을 더 이상 충족할 수 없다면 그
자산(또는 처분자산집단)은 매각예정으로 분류할 수 없다.

(1) 매각예정으로 분류할 수 없는 비유동자산의 측정

더 이상 매각예정으로 분류할 수 없는 비유동자산(또는 처분자산집단)은 다음 중 작은 금액으로 측정한
다. 원가모형 손상차손환입 시 한도와 같은 규정이라고 생각하면 된다.

> ① 매각예정으로 분류하지 않았을 경우의 장부금액
> 　당해 자산(또는 처분자산집단)을 매각예정으로 분류하기 전 장부금액에 감가상각, 상각, 또는 재평가 등 매각
> 　예정으로 분류하지 않았더라면 인식하였을 조정사항을 반영한 금액
>
> ② 매각하지 않거나 분배하지 않기로 결정한 날의 회수가능액

3. 처분자산집단에 대한 손상차손 (≒현금창출단위의 손상차손)

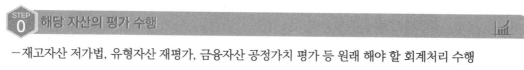

STEP 0 해당 자산의 평가 수행

　－재고자산 저가법, 유형자산 재평가, 금융자산 공정가치 평가 등 원래 해야 할 회계처리 수행

STEP 1 손상차손=매각예정으로 분류하기 직전 장부금액−처분자산집단의 순공정가치

STEP 2 영업권 먼저 제거

STEP 3 잔여 손상차손을 남은 유형자산의 장부금액에 비례하여 배분

—재고자산, 금융자산은 손상차손 배분 X (∵ 저가/공정가치 평가)

4. 중단영업 공시사항

다음의 합계를 포괄손익계산서에 **단일금액으로** 표시한다.

> ① 세후 중단영업손익
> ② 중단영업에 포함된 자산이나 처분자산집단을 순공정가치로 측정하거나 처분함에 따른 세후 손익

(1) 세후 중단영업손익

: 세후금액 한 줄로 표시 (↔계속영업이익＝EBT－법인세비용)

매출액	XXX
매출원가	(XXX)
매출총이익	XXX
판매비와 관리비	(XXX)
영업이익	XXX
영업외손익	XXX
법인세비용차감전순이익(EBT)	XXX
법인세비용	(XXX)
계속영업이익	XXX
중단영업손익	XXX
당기순이익(NI)	XXX

(2) 매각예정비유동자산의 평가손익

	매각예정 분류 O	매각예정 분류 X
중단영업 정의 O	중단영업손익	계속영업손익
중단영업 정의 X		

매각예정비유동자산의 평가손익이 중단영업손익에 포함되기 위해서는 매각예정 분류 조건과 중단영업의 정의를 모두 충족해야 한다. 하나라도 충족되지 않는다면 계속영업손익에 포함한다.

문제 3 (5점)

㈜한국은 20X1년 11월 1일에 자산집단을 매각하여 처분하기로 결정하였는데 매각예정 분류기준을 충족하고 있다. 처분자산집단에 속한 자산은 다음과 같이 측정한다. 단, 유형자산A의 재평가잉여금은 없다.

처분자산집단	매각예정으로 분류하기 전 보고기간말의 장부금액	매각예정으로 분류하기 직전에 재측정한 장부금액
영업권	₩30,000	₩30,000
유형자산A (재평가액으로표시)	92,000	80,000
유형자산B (원가로 표시)	120,000	120,000
재고자산	48,000	44,000
기타포괄손익공정가치 측정금융자산	36,000	30,000
합계	₩326,000	₩304,000

물음 1 매각예정으로 분류하기 직전에 장부금액을 재측정함으로써 발생하는 손실 중 ① 당기손익으로 인식할 금액과 ② 기타포괄손익으로 인식할 금액을 구하시오. 2015. CPA

당기손익	①
기타포괄손익	②

물음 2 20X1년 12월 31일에 처분자산집단의 순공정가치가 ₩266,000으로 평가되었을 경우 인식되는 손상차손을 처분자산집단에 대해 배분하고자 한다. 다음 표의 ①과 ②에 해당하는 금액을 구하시오. 2015. CPA

처분자산집단	매각예정으로 분류하기 직전에 재측정한 장부금액	손상차손 배분
영업권	₩30,000	①
유형자산A (재평가액으로표시)	80,000	②
유형자산B (원가로 표시)	120,000	?
재고자산	44,000	?
기타포괄손익공정가치 측정금융자산	30,000	?
합계	₩304,000	?

물음 3 20X2년 3월 2일에 유형자산B를 매각하지 않기로 결정하고 매각예정으로 분류된 처분자산집단에서 제외하였다. 이때 이 자산의 장부금액은 ₩110,000이고 회수가능액은 ₩87,000이며 매각예정으로 분류하지 않고 정상적으로 감가상각하였을 경우의 장부금액은 ₩100,000이라고 가정한다. 매각예정에서 제외되면서 인식한 유형자산B의 손상차손을 구하시오. 2015. CPA

✍️ 해설 매각예정비유동자산

(물음 1)

당기손익	①16,000
기타포괄손익	②6,000

	재측정 전 장부금액	평가손익	재측정 후 장부금액
영업권	30,000	—	30,000
유형자산A	92,000	(12,000) PL	80,000
유형자산B	120,000	—	120,000
재고자산	48,000	(4,000) PL	44,000
FVOCI금융자산	36,000	(6,000) OCI	30,000
계	326,000	(16,000) PL (6,000) OCI	304,000

유형자산 A: 재평가모형을 적용하는데 기존에 재평가잉여금이 없으므로 재평가손실을 PL로 인식한다.

(물음 2)

처분자산 집단	매각예정으로 분류하기 직전에 재측정 한 장부금액	손상차손 배분
영업권	₩30,000	①30,000
유형자산A (재평가액으로표시)	80,000	②3,200

	재측정 후 장부금액	손상차손	회수가능액
영업권	30,000	②(30,000)	0
유형자산A	80,000	③(3,200)	76,800
유형자산B	120,000	③(4,800)	115,200
재고자산	44,000	—	44,000
FVOCI금융자산	30,000	—	30,000
계	304,000	①(38,000)	266,000

① 총 손상차손: 304,000－266,000＝38,000
② 영업권에 손상차손을 1순위로 배분한다.
③ 초과분은 나머지 자산의 장부금액에 비례하여 배분한다. 이때, 재고자산과 금융자산은 손상차손을 배분받지 않는다.

(물음 3) 23,000
손상차손: 110,000－min[87,000, 100,000]＝23,000
－ 매각예정을 철회하는 경우 회수가능액과 손상차손을 인식하지 않았을 경우의 장부금액 중 작은 금액으로 측정한다. 회수가능액이 87,000으로 한도인 100,000을 초과하지 않으므로 회수가능액까지 손상차손을 인식한다.

문제 4

물음 12월말 결산법인인 ㈜한국은 가전사업부와 제과사업부 2개를 운영 중이다. 20X2년 12월 31일 이사회에서 제과사업부 전체를 20X3년 중에 매각하기로 결정하였다. 제과사업부의 자산은 건물과 기계장치만으로 구성되며, 부채는 없다.

〈20X2년말 제과사업부의 유형자산 내역(이사회 이전 시점)〉

	취득원가	감가상각누계액	장부금액
건물	₩100,000	₩40,000	₩60,000
기계장치	50,000	25,000	25,000

20X2년말 제과사업부의 유형자산 중 건물의 공정가치는 ₩40,000, 매각부대비용은 ₩0, 기계장치의 공정가치는 ₩18,000, 매각부대비용은 ₩3,000이다.

20X2년말 제과사업부가 매각예정부문으로 분류되었다. 20X2년 제과사업부의 세전 영업이익은 ₩100,000이고 법인세율(법인세에 부가되는 세액 포함)은 30%이다. 20X2년 포괄손익계산서에 인식할 중단영업손익을 구하시오. 단, 손실의 경우에는 금액 앞에 (−)로 표시한다. 2012. CPA

✏️ **해설**

(물음) 49,000

(1) 매각예정비유동자산 손상차손: 30,000

	매각예정분류 전 장부금액	순공정가치	손상차손
건물	60,000	40,000	20,000
기계장치	25,000	15,000	10,000
계			30,000

(2) 중단영업손익: (100,000−30,000)×(1−30%)=**49,000**

−중단영업손익은 포괄손익계산서에 법인세효과를 차감한 후의 순액으로 표시한다.

문제 5

(13점)

다음에 제시되는 사례는 서로 독립된 상황이다.

㈜대한은 제조 및 판매를 주영업으로 하는 기업이다. 회계담당자는 20X1년 12월 31일에 아래의 사례에 대한 회계처리 및 재무제표 보고 방법에 대하여 결정해야 한다.

공통자료

• ㈜대한은 다음과 같은 분류체계를 갖고 항목을 보고하고 있다. 특별한 언급이 없으면 기초 잔액은 ₩0으로 가정한다. 재무제표에 보고할 사항이 없으면 '해당사항 없음'으로 표시하시오.

재무상태표		포괄손익계산서
(1) 유동자산	(5) 유동부채	(11) 매출
(2) 유형자산	(6) 비유동부채	(12) 매출원가
(3) 무형자산	(7) 납입자본	(13) 판매비 및 관리비
(4) 기타자산	(8) 이익잉여금	(14) 영업외손익
	(9) 기타자본	(15) 법인세비용
		(16) 중단영업손익
		(17) 당기순이익
		(18) 기타포괄손익

예시

㈜대한은 건물(취득원가 ₩10,000, 감가상각누계액 ₩500)을 보유하고 있다. 20X1년 건물의 감가상각비는 ₩200이다.

(물음) ① 20X1년 12월 31일에 ㈜대한이 수행해야 하는 회계처리를 제시하시오. ② 재무상태표에 위의 건물과 관한 항목을 어떻게 표시할 지 설명하시오.

〈답안작성 예시〉
(회계처리)
감가상각비 200 / 감가상각누계액－건물 200

(재무상태표 표시)
(2)의 유형자산에 '건물' ₩10,000 표시
(2)의 유형자산에 '감가상각누계액－건물' (₩700) 표시

답안지에 다음과 같은 표를 작성하고 답을 제시하시오. 단, 손익에 대한 영향으로 인한 이익잉여금 변동과 이연법인세 효과는 설명하지 않는다. **2차**

	회계처리	표시방법
(물음 1)	①	②
(물음 2)	③	④
(물음 3)	⑤	⑥
(물음 4)		⑦
(물음 5)		⑧

사례1

㈜대한은 20x0년 1월에 ㈜우리를 인수하면서 무형자산 상표권 ₩40,000(비한정내용연수)과 영업권 ₩100,000을 인식하였다. 하지만, 이후 해당 사업분야의 부진으로 인하여 20x0년 12월 31일에 상표권 ₩20,000, 영업권 ₩50,000을 손상처리하였다. 20X1년 해당 사업이 개선되면서 손상회복의 증거가 나타났고, 상표권의 회수가능액은 ₩30,000, 영업권의 회수가능액은 ₩70,000으로 평가되었다.

물음 1 ① 20X1년 12월 31일에 ㈜대한이 수행해야하는 회계처리를 제시하시오. ② 재무상태표에 위의 무형자산을 어떻게 표시할 지 설명하시오.
2016. CPA

사례2

㈜대한은 20X1년 1월 1일에 신주인수권부사채를 ₩100,000에 발행하였다. 신주인수권부사채의 액면가는 ₩100,000, 액면이자율 연 8%, 만기 20X3년 12월 31일, 유효이자율 연 10%, 이자지급일은 매년 12월 31일이다. 만약, 해당 사채의 신주인수권이 없었다면 사채는 ₩95,000에 발행되었을 것이다.

물음 2 ③ 20X1년 12월 31일에 ㈜대한이 수행해야하는 회계처리를 제시하시오. ④ 재무상태표에 위의 신주인수권부사채와 관련된 항목을 어떻게 표시할 지 설명하시오.
2016. CPA

사례3

㈜대한은 비유동자산에 대해서 원가모형을 적용하고 있다. 20X1년 ㈜대한은 택배 사업에 대해서 향후 수익성이 없다고 판단하고 20X2년에 매각하기로 결정하였다. 해당 의사결정은 중단영업의 조건을 만족시킨다. ㈜대한의 택배사업과 관련된 자산은 토지(취득원가 ₩40,000)와 건물(취득원가 ₩30,000, 감가상각누계액 ₩10,000)이다. 20X1년 택배사업과 관련한 영업손실은 ₩30,000이다. 20X1년 12월 31일 현재 택배사업관련 토지의 순공정가치는 ₩50,000이며, 건물의 순공정가치는 ₩25,000이다. 법인세율은 30%라고 가정하라.

물음 3 ⑤ 20X1년 12월 31일에 ㈜대한이 수행해야하는 회계처리를 제시하시오. ⑥ 포괄손익계산서와 재무상태표에 위의 택배사업과 관련된 항목을 어떻게 표시할 지 설명하시오.
2016. CPA

사례4

다음은 ㈜대한의 종업원급여와 관련된 정보이다.

확정급여채무의 기말현재가치	₩120,000
사외적립자산의 기말공정가치	100,000
확정급여채무에 대한 보험수리적손실	(30,000)
사외적립자산의 재측정이익	20,000

물음 4 ⑦ 포괄손익계산서와 재무상태표에 위의 종업원급여와 관련된 정보를 어떻게 표시할지 설명하시오.

2016. CPA

사례5

㈜대한은 위탁판매한 상품의 하자로 인하여 20X1년 ₩100,000의 손해배상청구소송이 진행 중이다. ㈜대한은 위탁판매자로서 책임이 없음을 주장하고 있으며, ㈜대한은 법률고문으로부터 소송에서 패할 가능성이 15% 미만이라고 조언받았다.

물음 5 ⑧ 포괄손익계산서와 재무상태표에 위의 소송에 대해서 어떻게 표시할 지 설명하시오. 2016. CPA

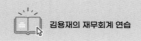

✏️ 해설

	회계처리	표시방법
(물음 1)	① 손상차손누계액－상표권 10,000 　　　/ 손상차손환입 10,000	② (3)의 무형자산에 상표권 40,000 　(3)의 무형자산에 손상차손누계액－상표권 　(10,000)
(물음 2)	③ 이자비용 9,500 / 현금 8,000 　　　/ 신주인수권조정 1,500	④ (6) 비유동부채에 신주인수권부사채 100,000 　(6) 비유동부채에 신주인수권조정－신주인수권부사 　채 (3,500) 　(9) 기타자본에 신주인수권대가 5,000
(물음 3)	⑤ 매각예정비유동자산 40,000 　　　/ 토지 40,000 　매각예정비유동자산 20,000 　감가상각누계액－건물 10,000 　　　/ 건물 30,000 　당기법인세부채 9,000 　/ 중단영업손실 9,000	⑥ (4) 기타자산에 매각예정비유동자산 60,000 　(5) 유동부채에 당기법인세부채 (9,000) 　(16) 중단영업손익에 (21,000)
(물음 4)		⑦ (6) 비유동부채에 　　확정급여채무 120,000 　　사외적립자산 (100,000) 　　순확정급여부채 20,000 　(9) 기타자본에 재측정손익 (10,000) 　(18) 기타포괄손익에 재측정손익 (10,000)
(물음 5)		⑧ 표시하지 않음

(물음 1)
상표권 손상차손환입: 30,000－20,000＝10,000
영업권 손상차손환입: 영업권은 손상차손환입을 인식하지 않는다.

(물음 2)
| 회계처리 |

X1.1.1	현금	100,000	신주인수권부사채	100,000
	신주인수권조정	5,000	신주인수권대가	5,000
X1.12.31	이자비용	9,500	현금	8,000
			신주인수권조정	1,500

신주인수권대가: 100,000－95,000＝5,000
X1년도 이자비용: 95,000×10%＝9,500

(물음 3)

토지와 건물은 매각예정비유동자산으로 대체하면서 장부금액과 순공정가치 중 작은 금액으로 평가한다. 토지와 건물 모두 순공정가치가 더 크므로 평가손실을 인식하지 않는다.

중단영업손실: 30,000 × (1 − 30%) = 21,000
− 중단영업(택배사업)에서 발생한 법인세효과는 법인세비용이 아닌 중단영업손익에 반영한다.
− 손실이 발생하였으므로 당기법인세부채는 9,000(= 30,000 × 30%) 감소한다.

(물음 4)

재무상태표에는 '확정급여채무 − 사외적립자산 = 순확정급여부채'의 형식으로 표시한다. 보험수리적손실과 재측정이익은 상계하여 재측정손익(OCI)로 표시한다. 재측정손익은 포괄손익계산서와 재무상태표에 모두 표시된다.

(물음 5)

보고기간 말에 현재의무가 존재할 가능성이 존재하지 않을 가능성보다 높지 않으므로, 재무제표에 표시하지 않는다. 자원의 유출가능성이 희박하지 않다면 우발부채를 공시하는데, 가능성이 15% 미만이라는 것은 희박하다는 것을 의도하고 출제한 듯 하다.

PART

2

고급회계

01 환율변동효과

1 기능통화로의 환산

1. 화폐성 항목 vs 비화폐성 항목

화폐성 항목	비화폐성 항목
미래의 현금흐름이 확정된 항목	미래의 현금흐름이 확정되지 않은 항목
매출채권, 매입채무, 대여금, 차입금	재고자산, 유·무형자산
미지급금, 미수금	선급금, 선수금
사채, 채권	주식

구분		평가 방법	외환차이
화폐성 항목		마감환율 or 결제일의 환율	PL
비화폐성 항목	역사적원가로 측정	거래일의 환율	없음
	공정가치로 측정	공정가치 측정일의 환율	전부 PL or OCI
	재고자산	min[원화 NRV, 취득원가]	PL

2. 화폐성 항목의 외화환산

(1) 거래일: 거래일의 환율로 환산

(2) 보고기간 말: 마감환율(=기말환율)로 환산, 외환차이는 PL로 인식

(3) 결제일: 결제일의 환율로 환산, 외환차이는 PL로 인식

3. 비화폐성 항목의 외화환산

: 원화 금액만 계산해서 원래 하던 대로 회계처리

(1) 역사적원가로 평가하는 자산 ex 유형자산 원가모형

> 원화 취득원가＝취득원가($)×거래일 환율

역사적원가로 측정하는 비화폐성 외화항목: 거래일의 환율로 환산
→ 취득 시 계상한 금액을 그대로 기말에 계상 (환율변동효과 발생 X)

(2) 공정가치로 평가하는 자산　ex 유형자산 재평가모형, 금융자산

> 원화 공정가치＝기말 FV($)×기말 환율

공정가치 변동 손익과 환율변동효과를 구분하지 않고 전부 OCI 또는 PL로 인식

(3) 둘 이상의 금액을 비교하여 장부금액이 결정되는 항목　ex 재고자산

> 저가＝min[원화 NRV, 취득원가]
> 단, 원화 NRV＝기말 NRV($)×기말 환율

문제 1

㈜한국의 기능통화는 원화이다. 다음에 제시되는 물음은 각각 독립적이다. 단, 영향을 묻는 경우에는 금액 앞에 증가 (＋) 또는 감소(－)를 표기하고, 손익을 묻는 경우에는 금액 앞에 이익(＋) 또는 손실(－)을 표시하시오.

물음 1 ㈜한국은 20X1년 11월 1일에 원가 ₩80,000인 상품을 $100에 수출하고, 수출대금은 20X2년 2월 28일에 전액 수령하였다. 동 거래가 ㈜한국의 20X1년 및 20X2년의 당기순이익에 미치는 영향을 각각 계산하시오. 일자별 환율정보는 다음과 같다. *2017. CPA*

20X1년 11월 1일	20X1년 12월 31일	20X2년 2월 28일
₩1,010/$	₩1,040/$	₩1,020/$

20X1년 당기순이익에 미치는 영향	①
20X2년 당기순이익에 미치는 영향	②

물음 2 ㈜한국은 20X1년 9월 1일에 ㈜미국의 주식(A)을 $200에 취득하고 이를 기타포괄손익－공정가치 측정 금융자산으로 분류하였다. 20X1년 12월 31일 현재 A주식의 공정가치는 $220이며, 일자별 환율정보는 다음과 같다.

20X1년 9월 1일	20X1년 12월 31일
₩1,000/$	₩970/$

A주식의 후속측정(기말평가 및 기능통화환산)이 ㈜한국의 20X1년도 ③당기순이익과 ④기타포괄이익에 미치는 영향을 각각 계산하시오. *2017. CPA*

20X1년 당기순이익에 미치는 영향	③
20X1년 기타포괄이익에 미치는 영향	④

물음 3 ㈜대한의 기능통화와 표시통화는 원화이며, ㈜ABC의 기능통화와 표시통화는 US$이다. ㈜ABC의 수익과 비용은 연중 균등하게 발생하므로 편의상 평균환율을 적용하여 환산하고, 이익잉여금을 제외한 자본항목은 해당 거래일의 환율을 적용하여 환산한다. 원화와 US$ 모두 초인플레이션 경제에서의 통화가 아니며, 중요한 환율변동은 없다고 가정한다. 환율정보는 다음과 같다.

20x0년 1월 1일	₩950/$
20x0년 평균환율	₩975/$
20x0년 12월 31일	₩1,000/$
20X1년 1월 1일	₩1,000/$
20X1년 평균환율	₩1,050/$
20X1년 12월 31일	₩1,100/$

위의 환율정보와 아래 〈추가 자료〉를 이용하여 아래 〈요구사항〉에 답하시오. 2019. CPA

추가자료

1. ㈜대한은 20x0년 1월 1일에 미국에 새로운 지사를 설립할 목적으로 ㈜AY로부터 건물(P)을 $400에 매입하였다.

2. 건물(P)의 추정 내용연수는 10년, 추정 잔존가치는 ₩0, 정액법으로 감가상각한다. ㈜대한은 건물(P)에 대하여 재평가모형을 적용하며, 재평가모형의 회계처리는 감가상각누계액을 우선 상계하는 방법을 사용하고, 건물을 사용하는 기간 동안 재평가잉여금을 이익잉여금으로 대체한다.

3. 20x0년 말과 20X1년 말 건물(P)의 공정가치는 각각 $378와 $345이다.

요구사항

㈜대한의 건물(P)에 대한 회계처리와 관련하여 다음의 금액을 각각 계산하시오.
① 20X1년도에 인식할 감가상각비
② 20X1년도 말 재평가잉여금 잔액

✏️ **해설** 환율변동효과-외환채권, 주식, 유형자산

(물음 1)

20X1년 당기순이익에 미치는 영향	①24,000
20X2년 당기순이익에 미치는 영향	②(-)2,000

1. 20X1년 당기순이익에 미치는 영향: (1)-(2)+(3)=**24,000**

(1) 매출액: $100×1,010=101,000

(2) 매출원가: 80,000

(3) 외환차이: $100×1,040-101,000=3,000 이익

2. 20X2년 당기순이익에 미치는 영향: (−)2,000
(1) 외환차이: $100×1,020−104,000=(−)2,000

| 회계처리 |

X1.11.1	매출채권	101,000	매출	101,000
	매출원가	80,000	상품	80,000
X1.12.31	매출채권	3,000	외환차이	3,000
X2.2.28	현금	102,000	매출채권	104,000
	외환차이	2,000		

(물음 2)

20X1년 당기순이익에 미치는 영향	③0
20X1년 기타포괄이익에 미치는 영향	④13,400

공정가치평가손익: $220×970−$200×1,000=13,400 (OCI)
− 주식은 비화폐성 자산이므로 공정가치 변동효과와 환율변동효과를 구분하지 않고 전부 PL 또는 전부 OCI로 인식한다. 주식을 FVOCI 금융자산으로 분류하였으므로 OCI로 인식한다.

| 회계처리 |

X1.11.1	FVOCI	200,000	현금	200,000
X1.12.31	FVOCI	13,400	OCI	13,400

(물음 3)
〈요구사항〉
① 20X1년도 감가상각비: 42,000
② 20X1년도 말 재평가잉여금 잔액: 75,500

W9	380,000	n=10, s=0, 정액			
	↓ (38,000)				
X0	342,000	− ⊕ 36,000 →	378,000	n=9, s=0	
			↓ (42,000)		
X1		⊖4,000↻	336,000	− ⊕ 43,500 →	379,500

(1) X0년 초 건물 취득원가: $400×950=380,000
(2) X0년 말 재평가잉여금: $378×1,000−380,000×9/10=36,000
(3) X1년 감가상각비: 378,000/9=42,000
(4) X1년 이익잉여금 대체액: 36,000/9=4,000
(5) X1년 말 재평가잉여금: $345×1,100−(378,000−42,000)−4,000+36,000=75,500
− 문제의 가정에 따라 건물을 사용하는 기간 동안 재평가잉여금을 이익잉여금으로 대체하므로, 이익잉여금 대체액을 차감해야 한다.

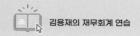

문제 2

(10점)

다음은 ㈜세무의 20X1년 상품(동일품목)의 매입·매출에 관한 자료이며, ㈜세무는 한국채택국제회계기준에 따라 적절하게 회계처리를 하였다고 가정한다. 각 물음에 답하시오.　2022. CTA

자료

1. 20X1년 1월 1일 상품수량은 1,000개이고, 상품평가충당금은 ₩15,000이다.

2. 20X1년 1월 2일 ㈜한국으로부터 상품 2,500개를 취득하면서 ₩500,000은 즉시 지급하고, 나머지 대금 ₩2,000,000은 20X2년 말에 지급하기로 하였으며, ㈜세무공장까지의 운반비 ₩80,000은 ㈜한국이 부담하였다. 취득일 현재 상품의 현금가격상당액은 총지급액을 유효이자율로 할인한 현재가치와 동일하며, 동 거래에 적용되는 유효이자율은 연 9%이다. (단, 9%의 1기간과 2기간 기간 말 단일금액 ₩1의 현가계수는 각각 0.9174와 0.8417이다. 금액계산은 소수점 첫째자리에서 반올림한다.)

3. 20X1년 8월 20일 상품 2,600개를 수입하였는데, 상품대금 중 US$700은 20X1년 6월 30일 선지급하였고, US$1,200은 20X1년 8월 20일 입고시점에 지급하였으며, US$800은 20X2년 1월 15일 지급하였다. 환율정보는 다음과 같다.

20X1년 6월 30일	20X1년 8월 20일	20X1년 12월 31일	20X2년 1월 15일
₩1,150/US$	₩1,350/US$	₩1,400/US$	₩1,480/US$

4. 20X1년 10월 8일 상품 4,100개를 판매하였다.

5. 20X1년 12월 25일 상품 1,500개의 구입대금 ₩1,725,000을 지급하였다. 동 상품은 도착지 인도조건으로 계약하였고 20X1년 말 현재 운송 중이다.

6. 20X1년 12월 28일 도착지 인도조건으로 판매하는 계약을 체결하고 출고한 상품 300개는 20X1년 말 현재 운송중이다.

추가자료

1. 상품의 감모손실 중 75%는 원가성이 있고, 25%는 원가성이 없는 것으로 가정한다. 원가성이 있는 감모손실과 평가손실(환입)은 매출원가에 반영하고, 원가성이 없는 감모손실은 기타비용으로 처리한다.

2. 20X1년 말 현재 ㈜세무는 동일한 상품을 개당 ₩1,250에 구입할 수 있으며, ㈜세무가 판매할 경우 개당 예상 판매가격은 ₩1,300이며, 개당 예상 판매비용은 ₩40이다.

물음 1 20X1년 1월 2일 매입한 상품의 취득원가는 얼마인가?

물음 2 20X1년 8월 20일 매입한 상품의 취득원가는 얼마인가?

물음 3 상품 감모손실이 없다고 가정할 때, 20X1년 말 상품 재고수량은 몇 개인가?

물음 4 20X1년 원가성 있는 감모수량이 150개라면, 20X1년 말 현재 ㈜세무의 창고에 보관중인 실제 상품 재고수량은 몇 개인가?

물음 5 20X1년 매출원가에 반영될 상품평가손실(환입)은 얼마인가? 매출원가를 증가시키면 '증가', 감소시키면 '감소'라고 표시하시오. (단, 원가성 있는 감모수량은 150개이며, 평가충당금을 고려하기 전 상품단가는 ₩1,280으로 가정한다.)

해설 재고자산 회계처리 및 외화환산

(물음 1) 2,183,400
=500,000+2,000,000×0.8417
─운반비는 ㈜한국(판매자)이 부담하였으므로 매입액과 무관하다.

(물음 2) 3,505,000
=$700×1,150+$1,200×1,350+$800×1,350

| 회계처리 |

X1.6.30	선급금	805,000	현금	805,000
X1.8.20	상품	3,505,000	선급금 현금 매입채무	805,000 1,620,000 1,080,000
X1.12.31	외환차이	40,000	매입채무	40,000
X2.1.15	매입채무 외환차이	1,120,000 64,000	현금	1,184,000

─선급금: 비화폐성 항목이므로 거래일(6.30)의 환율로 환산한 뒤, 환율변동을 인식하지 않는다.
─매입채무: 화폐성 항목이므로 거래일(8.20)의 환율로 환산한 뒤, 마감환율(12.31) 및 결제일(1.15)의 환율로 인식한다.

(물음 3) 2,000개

기초	1,000개
1.2	2,500개
8.20	2,600개
10.8	(4,100개)
기말	2,000개

─12.25, 12.28의 계약은 도착지 인도조건이므로 매입/매출이 이루어지지 않았다.

(물음 4) 1,500개

장부상 기말 수량	2,000개
12.28 판매분	(300개)
정상감모수량	(150개)
비정상감모수량	(50개)
창고에 보관중인 실제 수량	1,500개

— 비정상감모수량: 150개×25%/75%=50개

(물음 5) 21,000 증가
상품평가손실: 36,000−15,000(기초 평가충당금)=21,000

BQ×BP	2,000개×@1,280
AQ×BP	1,800개×@1,280
	평가충당금 (36,000)
AQ×저가	1,800개×@1,260

AQ: 2,000개−200개(감모수량)=1,800개
NRV: 1,300−40=1,260

4. 외화사채의 외화환산

 외화($)로 유효이자율 상각표 그리기

ex 액면금액 $1,000의 사채 발행 시 상각표 (표시이자율 8%, 유효이자율 10%, 만기 3년 가정)

	유효이자(10%)	액면이자(8%)	상각액	장부금액
X0	1,000×0.751+80×2.487=			950
X1	95	80	15	965
X2	97	80	17	982
X3	98	80	18	1,000

 평균환율로 이자비용 인식하기

STEP 3 지급일 환율로 액면이자 지급하기

이자 지급일이 기말이면 기말환율, 기말이 아니라면 지급일의 환율로 환산

STEP 4 기말환율로 사채 환산하기

기말 사채 장부금액＝상각표 상 외화 장부금액×기말환율

STEP 5 대차차액은 외환차이로 맞추기

|외화사채 회계처리|

이자비용	유효이자×평균환율	현금	액면이자×지급일 환율
사채(기초)	기초 BV×기초환율	사채(기말)	기말 BV×기말환율
	외환차이(PL) XXX		

5. 외화채권의 외화환산

(1) AC 금융자산의 외화환산: 외화사채와 같은 방식으로 처리

사채를 금융자산으로, 이자비용을 이자수익으로 대차만 뒤집어주기

(2) FVOCI 금융자산의 외화환산

FVOCI 금융자산은 AC 금융자산과 동일하게 회계처리하되, 기말 공정가치 평가만 추가

FVOCI 금융자산(채무상품) 공정가치 평가손익＝(기말 FV－기말 AC)×기말환율

|외화채권 회계처리|

현금	액면이자×수령일 환율	이자수익	유효이자×평균환율
금융자산(기말)	기말 BV×기말환율	금융자산(기초)	기초 BV×기초환율
	외환차이(PL) XXX		
금융자산	**평가손익**	**OCI**	**평가손익**

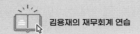

문제 3

공통자료

다음 "1. 환율 정보"와 "2. 기타 정보"는 모든 물음에 공통적으로 적용되는 것이며, 각 물음은 독립적이다.

1. 환율 정보(연중 유의한 환율 변동은 없음)

- 20X1년 1월 1일   : ￥100＝₩1,100
- 20X1년 연중 평균   : ￥100＝₩1,150
- 20X1년 12월 31일   : ￥100＝₩1,200
- 20X2년 4월 1일   : ￥100＝₩1,080
- 20X2년 1월 1일~4월 1일 평균 : ￥100＝₩1,140
- 20X2년 12월 31일   : ￥100＝₩1,050
- 20X2년 연중 평균   : ￥100＝₩1,125

2. 기타 정보

- ㈜갑의 수익과 비용은 매년 평균적으로 발생하고, 법인세효과는 없는 것으로 가정한다.
- 엔화(￥)로 외화사채의 상각표 작성시 소수점 이하 금액은 반올림한다.
- 답안 작성시 손실에 해당하는 항목은 금액 앞에 (－)를 표시하고, 손익에 미치는 영향이 없는 경우에는 "영향 없음"으로 표시한다.

물음 1 원화(₩)가 기능통화인 ㈜갑은 20X1년초에 엔화(￥)로 표시된 외화사채를 발행하였다. 외화사채의 발행조건이 다음과 같을 때 〈공통자료〉를 이용하여 아래 물음에 답하시오.
2012. CPA

- 외화사채의 액면금액   : ￥100,000
- 표시(액면)이자율   : 연 12%
- 만기일   : 20X3년말
- 이자지급시기   : 매년말 1회 지급
- 발행시 동종 사채에 대한 시장이자율 : 연 10%
- 외화사채의 발행금액   : ￥104,973

1) 동 외화사채와 관련하여 20X1년말 현재 ㈜갑의 재무상태표에 보고될 외화사채 장부금액은 얼마인지 계산하시오.

2) ㈜갑은 20X2년 4월 1일에 동 외화사채를 경과이자를 포함하여 ₩1,150,000에 전액 상환하였다. 동 외화사채와 관련하여 ㈜갑이 20X2년도 포괄손익계산서 작성시 인식하는 ① 이자비용과 ② 환율변동으로 인한 손익, ③ 상환손익은 각각 얼마인지 계산하시오. 단, 이자비용과 외화사채 장부금액에 대한 환율변동효과를 먼저 인식한 후 기능통화로 환산된 금액을 기준으로 상환손익을 계산하시오. 이자비용 계산 및 사채할증발행차금 상각은 월할 계산한다.

물음 2 원화(₩)가 기능통화인 ㈜갑은 20X1년초에 활성시장에서 엔화(¥)로 표시된 외화지분상품(취득원가 ¥100,000)을 취득하여 기타포괄손익－공정가치측정금융자산으로 분류하였다. 20X1년말과 20X2년말 현재 동 외화지분상품의 공정가치는 각각 ¥105,000과 ¥110,000이다. 동 외화금융상품이 20X2년도 ㈜갑의 포괄손익계산서 상 ① 당기손익과 ② 기타포괄손익에 미치는 영향은 각각 얼마인지 〈공통자료〉를 이용하여 계산하시오.

2012. CPA

✎ **해설** 외화사채

(물음 1)

(1) 1,241,640

X1년 말 사채 장부금액＝103,470×12＝**1,241,640**

	유효이자(10%)	액면이자(12%)	상각액	장부금액
x0				104,973
x1	10,497	12,000	1,503	103,470

(2) ① 29,489 ② 125,713 ③ (−)4,587

	유효이자(10%)	액면이자(12%)	상각액	장부금액
x0				104,973
x1	10,497	12,000	1,503	103,470
X2.4.1	2,587	3,000	413	103,057
x2	10,347	12,000		

① 이자비용: 10,347×3/12×11.4＝**29,489**

② 외환차이: 125,713

|회계처리|

X2.4.1	이자비용	29,489	미지급이자	32,400
	사채(1.1)	1,241,640	사채(4.1)	1,113,016
	미지급이자	32,400	현금	1,150,000
	사채(4.1)	1,113,016		
	상환손실	4,584	외환차이	125,713

미지급이자: 3,000×10.8＝32,400

4.1 사채 BV: 103,057×10.8＝1,113,016

상환손실: 32,400−1,150,000−11,113,016＝(−)4,584

③ 상환손익: 기초 사채 BV×(1＋유효R×3/12)×10.8−상환금액

＝103,470×(1＋10%×3/12)×10.8−1,150,000＝(−)**4,587 (단수차이)**

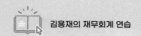

✎ 해설 비화폐성 자산의 외화환산

(물음 2) ① 0 ② (−)105,000
① 당기손익: 0
FVOCI 금융자산의 평가손익은 OCI로 인식하므로 당기손익에 미치는 영향은 없다.

② (−)105,000
OCI에 미치는 영향: 1,155,000−1,260,000=(−)105,000
－X2년초 금융자산: 105,000×12=1,260,000
－X2년말 금융자산: 110,000×10.5=1,155,000

문제 4

다음 〈자료〉를 바탕으로 물음 1) ~ 물음 2)에 답하시오. 각 물음은 독립적이다.

자료

- ㈜한국은 20X1년 1월 1일에 ㈜일본이 발행한 외화사채(B)를 ¥8,969에 취득하였다.

- 외화사채(B)정보는 다음과 같다.
  - 액면금액: ¥10,000
  - 발행일: 20X1년 1월 1일
  - 만기일: 20X3년 12월 31일 (만기 3년)
  - 액면이자율: 4% (매년말 지급조건)
  - 취득시점의 시장(유효)이자율: 8%
  - 20X1년말 현재 공정가치: ¥9,400

- 환율정보는 다음과 같다.
  - 20X1년 1월 1일: ₩10/¥
  - 20X1년 평균: ₩11/¥
  - 20X1년 12월 31일: ₩12/¥

물음 1 ㈜한국이 위 외화사채(B)를 상각후원가 측정 금융자산으로 분류한 경우, 동 사채와 관련하여 20X1년도 포괄손익계산서에 보고할 ①이자수익과 ②환율변동손익을 각각 계산하시오. 단, 외화기준 이자금액을 소수점 첫째자리에서 반올림하여 정수로 산출한 후에 기능통화 환산을 수행하시오.　　　　2017. CPA

이자수익	①
환율변동손익	②

물음 2 ㈜한국이 위 외화사채(B)를 기타포괄손익－공정가치 측정 금융자산으로 분류한 경우, 동 사채와 관련하여 20X1년도 포괄손익계산서에 보고할 ③ 기타포괄손익－공정가치 측정 금융자산평가손익을 계산하시오. 단, 외화기준 이자금액을 소수점 첫째자리에서 반올림하여 정수로 산출한 후에 후속측정을 수행하시오.　　　　2017. CPA

기타포괄손익－공정가치 측정 금융자산평가손익	③

물음 3 ㈜대한은 20X1년 1월 1일에 외화표시 사채(액면금액 $50,000, 매년 말 액면금액의 3% 이자 지급, 만기일 20X5년 12월 31일)를 $45,671에 취득하여 FVOCI금융자산으로 분류하였다. 사채취득일 현재 유효이자율은 연 5%이고, 20X1년 12월 31일 현재 이 사채의 공정가치는 $48,000이다. ㈜대한의 기능통화는 원화(₩)이고, 환율정보는 다음과 같다.

20X1.1.1	20X1 평균	20X1.12.31
₩1,010/$	₩1,080/$	₩1,120/$

이 때 동 FVOCI금융자산과 관련하여 20X1년에 발생한 이자수익과 외화이익(또는 손실) 및 FVOCI금융자산평가이익(또는 손실)을 계산하시오. 금액 계산 시 소수점 첫째 자리에서 반올림한다. 단, 외화손실 및 FVOCI금융자산평가손실이 발생하는 경우 금액 앞에 (一)를 표시하시오. 　　2023. CPA

이자수익	①
외화이익(또는 손실)	②
FVOCI금융자산평가이익(또는 손실)	③

해설 외화채권

(물음 1)

| 이자수익 | ①7,898 |
| 환율변동손익 | ②18,656 |

	유효이자(8%)	액면이자(4%)	상각액	장부금액
X0				8,969
X1	718	400	318	9,287

(1) 금융자산의 취득원가: ￥8,969×10=89,690
(2) 이자수익: ￥718×11=7,898
(3) 이자 수령액: ￥400×12=4,800
(4) 기말 금융자산: ￥9,287×12=111,444
(5) 외환차이(환율변동손익): (3)+(4)-(2)-(1)=18,656

| 회계처리 |

X1.1.1	AC	89,690	현금	89,690
X1.12.31	현금	4,800	이자수익	7,898
	AC	111,444	AC	89,690
			외환차이	18,656

(물음 2)

| 기타포괄손익-공정가치 측정 금융자산평가손익 | ③1,356 |

금융자산평가손익: (￥9,400-￥9,287)×12=1,356

| 회계처리 |

X1.1.1	FVOCI	89,690	현금	89,690
X1.12.31	현금	4,800	이자수익	7,898
	FVOCI	111,444	FVOCI	89,690
			외환차이	18,656
	FVOCI	1,356	OCI	1,356

(물음 3)

이자수익	①2,466,720
외화이익(또는 손실)	②5,115,170
FVOCI금융자산평가이익(또는 손실)	③1,730,400

(1) 유효이자율 상각표

	유효이자(5%)	액면이자(3%)	장부금액
X0			45,671
X1	2,284	1,500	46,455

(2) 이자수익: $2,284 \times 1,080 = 2,466,720$

(3) 외환차이: 5,115,170 이익

X1.12.31	현금	1,680,000	이자수익	2,466,720
	FVOCI(기말)	52,029,600	FVOCI(기초)	46,127,710
			외환차이	5,115,170

(4) 금융자산평가손익: $(\$48,000 - \$46,455) \times 1,120 = 1,730,400$

X1.12.31	FVOCI(기말)	1,730,400	평가이익(OCI)	1,730,400

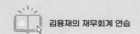

2 재무제표의 표시통화로의 환산

STEP 1 순자산: '(자산−부채)×기말환율'을 재무상태표 차변에 적기

STEP 2 당기순이익=(수익−비용)×평균환율

STEP 3 자본: 자본 증가 시점의 환율

(1) 자본금: 증자일의 환율
(2) 이익잉여금: NI가 집계된 연도의 평균환율

> 이익잉여금=X1년도 NI×X1년도 평균환율+X2년도 NI×X2년도 평균환율+…

STEP 4 기타포괄손익누계액(해외사업장환산차이): 대차차액

B/S

① 자산−부채: 기말환율	② 자본: 자본 증가 시점의 환율 　─자본금: 증자일의 환율 　─이익잉여금: NI가 집계된 연도의 평균환율 　─배당: 배당 지급일의 환율로 환산하여 차감 ③ OCI: 대차차액

─해외사업장환산차이는 재분류 조정 대상

STEP 5 포괄손익계산서상 기타포괄손익 및 총포괄손익

> 기타포괄손익(OCI)=당기말 기타포괄손익누계액−전기말 기타포괄손익누계액
> 총포괄손익(CI)=당기순이익(NI)+기타포괄손익(OCI)

(1) Step 4의 기타포괄손익누계액: 재무상태표에 표시되는 '잔액'
(2) '포괄손익계산서상' 기타포괄손익: 변동분

> **참고** '기능통화는 초인플레이션 경제의 통화가 아니다.'
>
> 기능통화가 초인플레이션 경제의 통화인 경우: 자산, 부채, 자본, 수익, 비용 및 비교표시되는 금액을 포함한 모든 금액을 최근 재무상태표 일자의 마감환율로 환산
> 기능통화가 초인플레이션 경제의 통화가 아닌 경우: Step 1~Step 5의 방법으로 환산

문제 5

달러화($)가 기능통화인 ㈜한국은 보고목적용으로 원화(₩)를 표시통화로 하여 재무제표를 작성하고 있다. 20X2년 ㈜한국의 기능통화로 작성된 시산표는 다음과 같다.

〈 20X2년 요약 시산표 〉

과 목	금 액	과 목	금 액
현 금	$1,200	유동부채	$1,000
재고자산	1,800	장기차입금	1,200
유형자산	2,400	자 본 금	2,000
투자자산	600	이익잉여금	1,000
매출원가	2,000	매 출	3,500
기타비용	700		

〈 달러화($) 대비 원화(₩)의 환율 정보 〉

일 자	환 율
20X2년 1월 1일	$1 = ₩1,100
20X2년 평균	$1 = ₩1,080
20X2년 12월 31일	$1 = ₩1,050

㈜한국의 수익과 비용은 연중 균등하게 발생하므로 편의상 평균환율을 적용하여 환산하고, 이익잉여금을 제외한 자본 항목은 해당 거래일의 환율을 적용하여 환산한다. 달러화와 원화 모두 초인플레이션 경제에서의 통화가 아니며 20X2년 중 중요한 환율변동은 없다고 가정한다.

20X2년 중 자본금의 변동은 없었으며, 20X1년 말 원화(₩)로 표시된 재무상태표상 자본금과 이익잉여금은 각각 ₩2,200,000과 ₩830,000이다. 단, 이하에서 사용되는 '환산차이'는 기업의 경영성과와 재무상태를 기능통화가 아닌 표시통화로 환산함에 따라 생기는 외환차이를 의미한다.

물음 1 ㈜한국이 원화(₩)로 표시되는 재무제표를 작성할 때 발생하는 환산차이는 재무제표상 어떤 항목으로 보고되는지 제시하시오.

2013. CPA

물음 2 20X2년 ㈜한국의 원화(₩)로 표시된 재무상태표에 보고되는 다음 항목의 금액을 계산하시오. 단, 환산차이의 경우 손실에 해당하면 금액 앞에 (−)를 표시하시오.

2013. CPA 수정

순자산	①
자본금	②
이익잉여금	③
환산차이	④

물음 3 위 자료에 추가로, ㈜한국이 20X2년에 $100의 배당을 지급(지급일의 환율은 $1＝₩1,030)하였다고 가정할 때, 20X2년 ㈜한국의 원화(₩)로 표시된 재무상태표에 보고되는 다음 항목의 금액을 계산하시오. 단, 환산차이의 경우 손실에 해당하면 금액 앞에 (－)를 표시하시오.

이익잉여금	①
환산차이	②

물음 4 기능통화가 초인플레이션 경제의 통화가 아닌 경우, 경영성과와 재무상태를 기능통화에서 다른 표시통화로 환산하는 방법을 기업회계기준서 제1021호 「환율변동효과」에서 규정하고 있는 바에 따라 3줄 이내로 기술하시오.

2024. CPA

🖋️ 해설 재무제표의 표시통화로의 환산

(물음 1)
포괄손익계산서 상 기타포괄손익으로 보고된다.

(물음 2)

순자산	①3,990,000
자본금	②2,200,000
이익잉여금	③1,694,000
환산차이	④96,000

시산표($)

순자산	3,800	자본금	2,000
		이익잉여금	1,000
비용	2,700	수익	3,500

시산표(₩)

순자산	3,800×1,050=3,990,000	자본금	2,200,000
		이익잉여금	830,000+(3,500-2,700)×1,080
			=1,694,000
		OCI	96,000

자산, 부채는 마감환율로, 수익, 비용은 평균환율로, 자본은 역사적 환율로 환산한다. 자본금은 X2년 중 변동이 없었으므로 X1년 말 금액이 그대로 계상되며, 이익잉여금은 X1년 말 금액에 평균환율로 환산한 X2년 NI를 누적한다. 대차차액은 환산차이(해외사업장환산차이, OCI)로 인식한다.

(물음 3)

이익잉여금	①1,591,000
환산차이	②94,000

시산표(₩)

순자산	$3,700×1,050=3,885,000	자본금	2,200,000
		이익잉여금	1,694,000-$100×1,030
			=1,591,000
		OCI	94,000

(물음 4)
자산, 부채는 보고기간말의 마감환율로 환산한다. 수익과 비용은 거래일의 환율로 환산한다. 외환차이는 기타포괄손익으로 인식한다.

3 환율변동효과 말문제

1. 통화

(1) 기능통화: 영업활동이 이루어지는 주된 경제 환경의 통화

(2) 표시통화: 재무제표를 표시할 때 사용하는 통화

(3) 외화: '기능통화' (not 표시통화) 이외의 통화

2. 기능통화 및 표시통화의 변경: 기전표소

(1) 기능통화의 변경: 전진법

기능통화가 변경되는 경우에는 새로운 기능통화에 의한 환산절차를 변경한 날부터 전진적용한다.

(2) 표시통화의 변경: 소급법

표시통화의 변경은 회계정책의 변경에 해당한다. 따라서 표시통화를 변경한 경우에는 비교표시되는 재무제표를 변경 후의 표시통화로 재작성해야 한다.

3. 기능통화 결정 시 고려 사항 　중요!

(1) 다음의 통화

① 재화와 용역의 공급가격에 주로 영향을 미치는 통화

② 재화와 용역의 공급가격을 주로 결정하는 경쟁요인과 법규가 있는 국가의 통화

(2) 재화를 공급하거나 용역을 제공하는 데 드는 노무원가, 재료원가와 그 밖의 원가에 주로 영향을 미치는 통화

4. 환율

(1) 환율: 두 통화 사이의 교환비율

(2) 현물환율: 즉시 인도가 이루어지는 거래에서 사용하는 환율

(3) 마감환율: 보고기간말의 현물환율

4 삼각 외화환산 2차

1) 거래가 발생한 통화, 2) 기능통화, 3) 표시통화 모두 같지 않을 수 있다. 예를 들어, 중국 위안화 매입채무가 발생했는데, 기능통화는 달러화($)이고, 표시통화는 원화(₩)일 수 있다. 이러한 상황을 본서에서는 '삼각 외회환산'이라고 부르겠다. 삼각 외화환산 문제는 다음 순서대로 풀면 된다.

 STEP 1 기능통화로 환산

우선, 거래가 발생한 통화를 기능통화로 환산한다. 기능통화로 환산하는 방법은 본 장의 맨 처음에 설명한 내용이다. 화폐성 항목인지, 비화폐성 항목인지에 따라 환산 방법을 결정하자. 기능통화 환산 시 발생하는 손익은 '기능통화'로 계산된다. 기능통화가 표시통화와 다르더라도 자신있게 기능통화로 답하자.

STEP 2 표시통화로 환산

표시통화로 환산할 때는 순자산은 기말 환율로, 수익·비용은 평균 환율로, 자본은 증가 시점의 환율로 환산한 뒤 대차차액은 OCI로 인식하면 된다. 따라서 표시통화 환산 시에는 당기순이익에 미치는 영향이 없으며, 기타포괄손익에 미치는 영향은 표시통화로 답하면 된다.

문제 6

물음 1 ㈜대한은 20X0년말에 상품(취득가액 CNY10,000)을 외상으로 매입하였으나, 동 매입대금을 20X1년 말까지 상환하지 못하고 있다. ㈜대한의 기능통화는 달러화($)이지만 표시통화는 원화(₩)이며, 환율정보는 다음과 같다.

일 자	환율($/CNY)	환율(₩/$)
20X0년말	0.20	1,000
20X1년말	0.18	1,200

20X1년말에 ㈜대한이 재무제표 작성시 동 외화표시 매입채무를 기능통화 및 표시통화로 환산함에 따라 당기순이익 혹은 기타포괄이익에 미치는 영향을 각각 계산하시오. 2015. CPA 1차 수정 **2차**

기능통화 환산 시 당기순이익에 미치는 영향	①
기능통화 환산 시 기타포괄이익에 미치는 영향	②
표시통화 환산 시 당기순이익에 미치는 영향	③
표시통화 환산 시 기타포괄이익에 미치는 영향	④

물음 2 ㈜대한은 20x0년 말에 상품(취득가액 CNY5,000)을 외상으로 매입하였으나, 20X1년 말까지 매입대금을 상환하지 못하였다. ㈜대한의 기능통화는 달러화($)이고 표시통화는 원화(₩)라고 가정한다. 환율자료는 다음과 같다.

일자	환율($/CNY)	환율(₩/$)
20x0.12.31	$0.23/CNY	₩1,200/$
20X1.12.31	$0.20/CNY	₩1,250/$

20X1년 말에 ㈜대한이 재무제표를 작성하면서 외화표시 매입채무를 표시통화로 환산할 경우 당기순이익, 기타포괄이익 그리고 총포괄이익에 미치는 영향을 각각 계산하시오. 2022. CPA **2차**

20X1년도 당기순이익에 미치는 영향	①
20X1년도 기타포괄이익에 미치는 영향	②
20X1년도 총포괄이익에 미치는 영향	③

물음 3 ㈜대한은 20X1년 1월 1일에 설립되었다. ㈜대한의 표시통화는 원화(₩)이나, 기능통화는 미국달러화($)이다. 기능통화로 표시된 ㈜대한의 20X1년 요약재무정보는 다음과 같다.

<table>
<tr><td colspan="3" align="center">㈜대한의 20X1년 요약재무정보(시산표)</td></tr>
<tr><td>계정과목</td><td>차변</td><td>대변</td></tr>
<tr><td>자 산</td><td>$7,000</td><td></td></tr>
<tr><td>부 채</td><td></td><td>$4,500</td></tr>
<tr><td>자 본 금</td><td></td><td>1,500</td></tr>
<tr><td>이 익 잉 여 금</td><td></td><td>—</td></tr>
<tr><td>수 익</td><td></td><td>4,000</td></tr>
<tr><td>비 용</td><td>3,000</td><td></td></tr>
<tr><td>합 계</td><td>$10,000</td><td>$10,000</td></tr>
</table>

- ㈜대한은 20X1년 중에 유럽의 회사에 수출을 하고 대금을 20X2년에 유로화(€)로 받기로 했다. 수출 대금은 €300이었고, ㈜대한은 수출시 이를 미국달러화($)로 환산하여 장부에 기록하고 20X1년 말에 환산하지 않았다. 수출시 환율($/€)은 1.2였기 때문에, 위의 요약정보에는 동 수출관련 매출채권이 자산에 $360로 기록되어 있다.
- 20X1년 환율(₩/$, $/€) 변동정보

구분	20X1.1.1.	연평균	20X1.12.31.
₩/$	1,300	1,340	1,400
$/€	1.3	1.2	1.1

- 기능통화와 표시통화는 모두 초인플레이션 경제의 통화가 아니며, 설립 이후 환율에 유의적인 변동은 없었다.
- 수익과 비용은 해당 회계기간의 연평균환율을 사용하여 환산한다.

㈜대한의 20X1년도 원화(₩) 표시 포괄손익계산서 상 총포괄이익은 얼마인가? 단, 위에 제시된 자료 외에 총포괄이익에 영향을 미치는 항목은 없다.

2024. CPA 1차

20X1년도 총포괄이익에 미치는 영향	①

물음 4 기능통화의 정의를 제시하고, 보고기업의 기능통화 결정시 고려할 사항 중 2가지를 제시하시오.

2013. CPA

물음 5 해외사업장이 아닌 경우, 기업회계기준서 제1021호 「환율변동효과」에서 규정하고 있는 기능통화 결정시 고려해야 할 사항 중 <u>두 가지</u>를 기술하시오.

2023. CPA

✏️ 해설 3각 외화환산

(물음 1)

기능통화 환산 시 당기순이익에 미치는 영향	①$200
기능통화 환산 시 기타포괄이익에 미치는 영향	②0
표시통화 환산 시 당기순이익에 미치는 영향	③0
표시통화 환산 시 기타포괄이익에 미치는 영향	④(−)₩160,000

	기초	기말	손익
기능통화	CNY10,000×$0.20 =$2,000	CNY10,000×$0.18 =$1,800	$200 (PL)
표시통화	$2,000×₩1,000 =₩2,000,000	$1,800×₩1,200 =₩2,160,000	(−)₩160,000 (OCI)

(1) 기능통화로의 환산: 매입채무는 화폐성 항목이므로 외화환산손익은 당기손익으로 인식

(2) 표시통화로의 환산: 기타포괄손익으로 인식

─매입채무를 환산하는 과정에서 기초 부채 대비 기말 부채가 증가하므로, 기타포괄이익은 감소한다.

(물음 2)

20X1년도 당기순이익에 미치는 영향	①0
20X1년도 기타포괄이익에 미치는 영향	②₩130,000
20X1년도 총포괄이익에 미치는 영향	③₩130,000

	기초	기말	손익
기능통화	CNY5,000×$0.23 =$1,150	CNY5,000×$0.20 =$1,000	$150 (PL)
표시통화	$1,150×₩1,200 =₩1,380,000	$1,000×₩1,250 =₩1,250,000	₩130,000 (OCI)

(1) 기능통화로의 환산: 매입채무는 화폐성 항목이므로 외화환산손익은 당기손익으로 인식

(2) 표시통화로의 환산: 기타포괄손익으로 인식

─매입채무를 환산하는 과정에서 기초 부채 대비 기말 부채가 감소하므로, 이익이 발생한다.

─'표시통화'로 환산 시 NI, OCI, CI에 미치는 영향을 물었으므로 '기능통화'로 환산 시 미치는 영향은 무시한다.

(물음 3) 1,508,000

(1) 기능통화로의 환산

기말 매출채권($): €300×$1.1/€＝$330

외환차이: $330－$360＝(－)$30

(2) 표시통화로의 환산

X1년 말 B/S	
① 자산－부채: 기말환율 ＝$(7,000－4,500－30)×1,400=3,458,000	② 자본: 자본 증가 시점의 환율 －자본금: 증자일의 환율 ＝$1,500×1,300=1,950,000 －이익잉여금: NI가 집계된 연도의 평균환율 ＝$(4,000－3,000－30)×1,340=1,299,800 ③ OCI: 대차차액 ＝3,458,000－1,950,000－1,299,800=208,200

－기능통화로의 환산으로 인해 자산과 당기순이익이 각각 $30씩 감소한다.

(3) 총포괄이익: NI＋OCI＝1,299,800＋208,200＝**1,508,000**

(물음 4)

(1) 기능통화: 영업활동이 이루어지는 주된 경제 환경의 통화

(2) 고려사항

① 다음의 통화

　　1) 재화와 용역의 공급가격에 주로 영향을 미치는 통화

　　2) 재화와 용역의 공급가격을 주로 결정하는 경쟁요인과 법규가 있는 국가의 통화

② 재화를 공급하거나 용역을 제공하는 데 드는 노무원가, 재료원가와 그 밖의 원가에 주로 영향을 미치는 통화

(물음 5) (물음 4)의 '(2) 고려사항'과 동일

02 위험회피회계

1 외환채권, 채무에 대한 위험회피

〈환율변동표〉

	계약일	손익	12.31	손익	만기
대상: 외환채권	현물환율	±XXX	현물환율	±XXX	현물환율
수단: 선도매도	(선도환율)	±XXX	(선도환율)	±XXX	(선도환율)

	계약일	손익	12.31	손익	만기
대상: 외환채무	(현물환율)	±XXX	(현물환율)	±XXX	(현물환율)
수단: 선도매입	선도환율	±XXX	선도환율	±XXX	선도환율

STEP 1 대상과 수단 적기

1. 위험회피대상: 외환채권, 외환채무
2. 위험회피수단: 선도계약

STEP 2 날짜 적기

: 계약일, 기말(12.31), 만기일

STEP 3 환율 적기

1. 위험회피대상: 현물환율
   외화 매출채권과 매입채무는 화폐성 항목으로, 매 보고기간 말과 결제일마다 현물환율로 평가

2. 위험회피수단: 선도환율

3. 부호 적기
   (1) 수단(선도계약): 선도매도이면 선도환율을 음수로, 선도매입이면 선도환율을 양수로 적기
   (2) 대상: 대상의 부호는 수단과 무조건 반대

손익 계산하기

환율 사이의 차이 부분을 손익으로 채워 넣기

 재무제표에 미치는 영향

위험회피대상(외환채권, 채무)과 수단(선도계약)의 **평가손익 모두** PL로 인식
→ 외화채권, 채무에 대해서는 위험회피회계를 적용하는 실익 X (회계불일치 X)

 ⓘ 거래 규모를 주의할 것!

환율변동표는 \$1 기준으로 작성된 것이다. 따라서 재무제표에 미치는 영향을 구할 때 거래규모(**ex** \$100)를 곱해야 한다.

문제 1

물음 1 ㈜세무는 급격한 환율상승 위험을 관리하기 위해 20X1년 7월 1일에, 통화선도계약(만기일인 20X2년 3월 31일에 US$100을 수취하고 ₩130,000을 지급하는 계약)을 체결하였으며, 환율정보가 다음과 같을 때, ① 결산일과 ② 만기일에 통화선도계약과 관련하여 인식할 손익은 각각 얼마인가? (단, 이익/손실 여부를 명확하게 표시하고, 화폐의 시간가치는 고려하지 않는다.) (4점)   2022. CTA

일자	현물환율	선도환율(*)
20X1년 7월 1일(계약 체결일)	₩1,250	₩1,300
20X1년 12월 31일(결산일)	₩1,330	₩1,315
20X2년 3월 31일(만기일)	₩1,350	—

(*) 만기가 20X2년 3월 31일인 환율임

결산일(20X1년 말)	①	만기일(20X2년 3월 말)	②

물음 2 ㈜대한은 20X1년 11월 30일 미국으로부터 상품 $200을 수입하고 수입일의 환율을 적용하여 매입채무를 인식하였다. ㈜대한은 동 수입 거래대금을 3개월 후에 미국달러($)로 지급하기로 하였다. 회사의 재무담당자는 환율변동위험에 대비하기 위해 3개월 후에 $200을 ₩1,230/$에 매입하는 통화선도계약을 체결하였다. 위의 거래들이 ㈜대한의 20X1년 및 20X2년의 당기순이익에 미치는 영향을 각각 계산하시오. 단, 통화선도의 현재가치 평가는 생략한다.   2022. CPA

일자	현물환율	선도환율*
20X1.11.30	₩1,200/$	₩1,230/$
20X1.12.31	₩1,250/$	₩1,270/$
20X2.2.28	₩1,300/$	—

*선도환율은 만기가 20X2년 2월 28일이다.

20X1년도 당기순이익에 미치는 영향	①
20X2년도 당기순이익에 미치는 영향	②

✎ 해설 외환채권, 채무에 대한 위험회피

(물음 1) 선도계약

결산일(20X1년 말)	①1,500 이익	만기일(20X2년 3월 말)	②3,500 이익

환율변동표〉

	10.1	손익	12.31	손익	3.31
선도매입	1,300	+15	1,315	+35	1,350

－위험회피대상 없이 선도계약만 체결한 상황이었다.

① 결산일 손익: 15×$100=1,500 이익
② 만기일 손익: 35×$100=3,500 이익

(물음 2) 외환채무

20X1년도 당기순이익에 미치는 영향	①(−)2,000
20X2년도 당기순이익에 미치는 영향	②(−)4,000

	11.30	손익	12.31	손익	2.28
매입채무	(1,200)	−50	(1,250)	−50	(1,300)
선도매입	1,230	+40	1,270	+30	1,300
계		−10		−20	

1. 20X1년도 당기순이익: −10×$200=(−)2,000

2. 20X2년도 당기순이익: −20×$200=(−)4,000

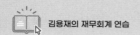

2 공정가치위험회피

1. 보유자산에 대한 공정가치위험회피

〈환율변동표〉

	계약일	손익	12.31	손익	만기
대상: 보유자산	현물가격	±XXX	현물가격	±XXX	현물가격
수단: 선도매도	(선도가격)	∓XXX	(선도가격)	∓XXX	(선도가격)

STEP 1 대상과 수단 적기

(1) 위험회피 대상: 공정가치 변동위험이 있는 보유자산 ex 재고자산
(2) 위험회피 수단: 선도계약 (선도매도)

STEP 2 날짜 적기

: 계약일, 기말(12.31), 만기일

STEP 3 가격 적기

(1) 위험회피 대상(보유자산): 현물가격
(2) 위험회피 수단: 선도가격
(3) 부호 적기
   ① 수단(선도계약): 선도매도이면 선도가격을 음수로 적기
   ② 대상: 대상의 부호는 수단과 무조건 반대

STEP 4 손익 계산하기

가격 사이의 차이 부분을 손익으로 채워 넣기

STEP 5 재무제표에 미치는 영향

(1) 위험회피대상으로 지정하지 않은 경우

재고자산	재고자산	선도매도	PL
BP 〉NRV	평가손실 / 재고자산	선도계약 / 이익	상쇄
BP 〈NRV	─회계처리 없음─	손실 / 선도계약	감소 (회계 불일치)

(2) 위험회피대상으로 지정한 경우

재고자산	재고자산	선도매도	PL
BP 〉 NRV	평가손실 / 재고자산	선도계약 / 이익	상쇄
BP 〈 NRV	재고자산 / 평가이익	손실 / 선도계약	상쇄 (불일치 해소)

공정가치위험회피대상으로 지정 시 위험회피대상의 평가손익을 PL로 인식

2. 확정계약에 대한 공정가치위험회피 ★중요!

〈환율변동표〉

	계약일	손익	12.31	손익	만기
대상: 확정매입	(선도환율)	∓XXX	(선도환율)	∓XXX	(선도환율)
수단: 선도매입	선도환율	±XXX	선도환율	±XXX	선도환율

	계약일	손익	12.31	손익	만기
대상: 확정판매	선도환율	±XXX	선도환율	±XXX	선도환율
수단: 선도매도	(선도환율)	∓XXX	(선도환율)	∓XXX	(선도환율)

STEP 1 대상과 수단 적기

(1) 위험회피 대상: (외화)확정계약
(2) 위험회피 수단: 통화선도계약
　　─확정계약은 주로 외화확정계약으로 출제함
　　─확정매입계약 체결 시 외화선도매입, 확정판매계약 체결 시 외화선도매도 체결

STEP 2 날짜 적기

: 계약일, 기말(12.31), 만기일

STEP 3 환율 적기

(1) 위험회피 대상(확정계약): 선도환율
(2) 위험회피 수단: 선도환율
(3) 부호 적기
　　① 수단(선도계약): 선도매입이면 양수로, 선도매도이면 음수로
　　② 대상: 대상의 부호는 수단과 무조건 반대

STEP 4 손익 계산하기

확정계약에 대한 공정가치 위험회피는 수단과 대상 모두 선도환율 사용
→ 금액이 같고 부호만 다름

STEP 5 손익계산서에 미치는 영향

(1) 위험회피대상으로 지정하지 않은 경우

	확정계약	선도계약	PL
확정계약−손실	손실 / 확정계약	선도계약 / 이익	0
확정계약−이익	−회계처리 없음−	손실 / 선도계약	감소 (회계 불일치)

① 확정계약에서 손실이 발생하는 경우(손실부담계약): 손실충당부채 계상, 선도계약에서는 이익이 발생
→ 대상과 수단 모두 선도환율로 평가(평가손익은 PL)하므로 당기순이익에 미치는 영향 X

② 확정계약에서 이익이 발생하는 경우: 이익은 인식 X, 선도계약에서는 손실 발생
→ 당기순이익 감소 (회계 불일치)

(2) 위험회피대상으로 지정한 경우

	확정계약	선도계약	PL
확정계약−손실	손실 / 확정계약	선도계약 / 이익	0
확정계약−이익	확정계약 / 이익	손실 / 선도계약	0 (불일치 해소)

공정가치위험회피대상으로 지정 시 위험회피대상의 평가손익을 PL로 인식
→ 확정계약에서 이익이 발생하는 경우에도 이익 인식 O, 당기순이익 불변

재무상태표에 미치는 영향 ★중요!

	지정 X		지정 O	
확정계약−이익	−회계처리 없음−	손실 / 선도계약	확정계약 / 이익	손실 / 선도계약
확정계약−손실	손실 / 확정계약	선도계약 / 이익	손실 / 확정계약	선도계약 / 이익

FV회피	지정 X		지정 O
	확정계약 이익	확정계약 손실	
NI	감소	0 (100% 상계됨)	
OCI	N/A		
자산	불변	증가	
부채	증가	증가	
자본	감소	불변	
취득원가 or 매출액	현물가격(현물환율)	선도가격(선도환율)	

1. 취득원가(매입거래) or 매출액(매출거래)
   (1) 위험회피대상으로 지정 X, 확정계약 이익
       확정계약과 관련하여 자산이나 부채 인식 X → 만기의 현물가격으로 인식
   (2) 위험회피대상으로 지정 X, 확정계약 손실 or 위험회피대상으로 지정 O
       확정계약과 관련하여 자산이나 부채 인식 O → 선도가격으로 인식

3. FVOCI 지분상품에 대한 위험회피: 수단의 평가손익을 OCI로 인식 2차

	대상	수단	비고
	FVOCI 지분상품	선도계약	
위험회피 지정 X	OCI	PL	회계불일치
일반적인 FV회피	PL	PL	PL로 인식 불가
FVOCI FV회피	OCI	OCI	회계불일치 해소

공정가치위험회피는 대상의 평가손익을 PL로 인식하지만, FVOCI 지분상품은 절대로 평가손익을 PL로 인식할 수 없다. 이 경우에는 수단의 평가손익을 OCI로 인식함으로써 회계불일치를 해소한다.

문제 2

㈜대한은 20X1년 11월 1일에 보유하고 있는 재고자산의 시가가 하락할 위험을 회피하기 위해 동 재고자산을 다음과 같은 조건으로 판매하는 선도계약을 체결하였다.

- 계약기간: 20X1년 11월 1일부터 20X2년 3월 1일까지
- 계약조건: 20X2년 3월 1일이 만기인 선도가격에 재고자산 100개를 판매

다음은 ㈜대한의 재고자산 100개에 대한 시가와 선도가격이다. 단, 재고자산 100개의 원가는 ₩35,000이다.

일자	시가	선도가격 (만기 20X2.3.1.)
20X1.11. 1.	₩51,000	₩50,000
20X1.12.31.	48,750	48,000
20X2. 3. 1.	47,000	—

㈜대한은 20X2년 3월 1일에 재고자산 100개를 외부로 시가에 판매하였다.

물음 1 상기 위험회피거래와 관련하여 ㈜대한이 20X1년과 20X2년에 인식할 다음의 항목을 계산하시오. 단, 위험회피 적용요건을 모두 충족하며, 파생상품평가손익 계산 시 현재가치 적용은 생략한다. 손실의 경우에는 (−)를 숫자 앞에 표시하시오.

2019. CPA

연도	항목	금액
20X1년	파생상품평가손익	①
	재고자산평가손익	②
20X2년	파생상품평가손익	③
	재고자산평가손익	④
	매출총손익	⑤

물음 2 ㈜대한은 20X0년 11월 1일 ㈜민국의 지분 5%를 ₩500,000에 취득하고 이를 기타포괄손익−공정가치 측정 금융자산으로 분류하였다. ㈜대한은 동 자산의 시가하락 위험을 회피하기 위하여 다음 조건의 지분상품 선도계약을 체결하고 위험회피관계(위험회피요건을 모두 충족한다고 가정)를 지정하였다.

- 계약기간: 20X0.11.1.(계약체결일)~20X1.4.30.(6개월)
- 계약조건: 지분상품을 선도가격 ₩480,000에 매도
- ㈜민국 주식의 공정가치와 선도가격은 다음과 같다.

일자	공정가치	선도가격*
20x0.11. 1.	₩500,000	₩480,000
20x0.12.31.	470,000	465,000
20X1. 4.30.	430,000	—

*선도가격은 만기가 20X1년 4월 30일이다.

상기의 거래가 ㈜대한의 20X1년도 포괄손익계산서 상 기타포괄이익에 미치는 영향을 제시하시오. 기타포괄이익이 감소하는 경우 금액 앞에 (−)를 표시하시오. 단, 지분상품 선도계약은 만기 차액결제를 가정하며 현재가치 평가는 고려하지 않는다.

2024. CPA **2차**

기타포괄이익에 미치는 영향	①

✏️ 해설 공정가치위험회피

(물음 1)

연도	항목	금액
20X1년	파생상품평가손익	①2,000
	재고자산평가손익	②(−)2,250
20X2년	파생상품평가손익	③1,000
	재고자산평가손익	④(−)1,750
	매출총손익	⑤16,000

문제에 제시된 시가와 선도가격이 재고자산 100개에 대한 금액이므로 답을 구할 때 100을 곱하지 않도록 주의하자.

1. 가격변동표

	계약일	손익	기말	손익	만기
재고	51,000	−2,250	48,750	−1,750	47,000
선도매도	(50,000)	+2,000	(48,000)	+1,000	(47,000)

2. 매출총손익: 매출액−매출원가=16,000
(1) 매출액: 47,000 (3.1의 시가)
(2) 매출원가: 35,000(원가)−2,250−1,750(X1년, X2년 재고자산평가손실)=31,000

| 회계처리 |

11.1	─회계처리 없음─			
12.31	평가손실	2,250	재고	2,250
	선도계약	2,000	평가이익	2,000
3.1	평가손실	1,750	재고	1,750
	선도계약	1,000	평가이익	1,000
	현금	3,000	선도계약	3,000
	현금	47,000	매출	47,000
	매출원가	31,000	재고	31,000

(물음 2) FVOCI 지분상품에 대한 위험회피

기타포괄이익에 미치는 영향	①(−)5,000

	계약일	손익	기말	손익	만기
금융자산	500,000	−30,000	470,000	−40,000	430,000
선도매도	(480,000)	+15,000	(465,000)	+35,000	(430,000)

FVOCI금융자산에 대해 공정가치위험회피를 적용하는 경우에는 선도의 평가손익을 OCI로 인식한다.

X1년 OCI: −40,000+35,000=(−)5,000

|X2년 회계처리|

OCI	40,000	FVOCI	40,000
선도계약	35,000	OCI	35,000

− 기타포괄손익에 영향을 미치는 회계처리만 표시하였다.

3 현금흐름위험회피

〈환율변동표〉

	계약일	손익	12.31	손익	만기	누적액
대상: 예상매출	현물환율	+40	현물환율	+160	현물환율	+200
수단: 선도매도	(선도환율)	−100	(선도환율)	−30	(선도환율)	−130
효과적(OCI)		①−40		③−90		②−130
비효과적(PL)		❶−60		❸+60		❷0

STEP 1 대상과 수단 적기

(1) 위험회피 대상: 예상거래

예상거래: 이행해야 하는 구속력은 없으나 앞으로 거래가 발생할 것이 '거의 확실한' 거래

(2) 위험회피 수단: 선도계약

STEP 2 날짜 적기

: 계약일, 12.31, 만기

STEP 3 환율 적기

(1) 위험회피 대상(예상거래): 현물환율(or 현물가격)

(2) 위험회피 수단: 선도환율

(3) 부호 적기

    ① 수단(선도계약): 선도매입이면 양수로, 선도매도이면 음수로

    ② 대상: 대상의 부호는 수단과 무조건 반대

STEP 4 손익 계산하기

(1) 손익의 금액, 부호: 연도별 가격 변동분을 손익으로 채워 넣기

(2) 효과적(OCI) vs 비효과적(PL)

    선도계약의 평가손익 중 효과적인 부분은 OCI로, 비효과적인 부분은 PL로 인식

    ① X1년도의 대상과 수단의 손익을 기준으로 효과적/비효과적 구분

    ② 누적된 대상과 수단의 손익을 기준으로 효과적/비효과적 구분

    ③ X2년도 손익＝손익 누적액−X1년도 손익

주의 답을 ① 당기순이익, ② 기타포괄이익 순으로 물어볼 수도 있으니 주의할 것!

STEP 5 손익계산서에 미치는 영향

(1) 위험회피대상으로 지정하지 않은 경우

예상거래	선도계약	PL	OCI
—	선도계약 / PL	선도계약 평가손익	—

예상거래: 실제로 거래가 발생한 시점에 회계처리
→ 거래가 발생하기 전까지는 예상거래는 회계처리 X, 선도 평가만 회계처리

(2) 위험회피대상으로 지정한 경우

예상거래	선도계약		PL	OCI
—	선도계약	OCI(효과적) PL(비효과적)	비효과적	효과적

선도계약의 평가손익 중 효과적인 부분은 OCI로, 비효과적인 부분은 PL로 인식

STEP 6 재무상태표에 미치는 영향 ★중요!

CF회피	지정X	지정O
PL	선도 평가손익	비효과적
OCI	N/A	효과적
자산		
부채	선도계약 변동분	
자본		
취득원가 or 매출액	현물가격(or 환율)	취득원가＝현물가격(or 환율)－효과적 매출액＝현물가격(or 환율)＋효과적

1. 자산, 부채, 자본에 미치는 영향

현금흐름위험회피를 적용하든, 안 하든 PL과 OCI의 계정 분류만 바뀔 뿐, 순자산에 미치는 영향은 동일,
선도계약의 변동분만큼 자본 변동

2. 자산의 취득원가(매입거래) or 매출액(매출거래)

(1) 지정하지 않은 경우: 선도계약과 무관하게 만기일에 현물가격(or 환율)로 거래를 한 것

(2) 지정한 경우: 기존에 계상했던 OCI가 제거되면서 자산의 취득원가나 매출액에 반영

　　→ 취득원가 및 매출액＝현물가격(or 환율)에 OCI(효과적인 부분)을 반영한 금액

　　① 취득원가＝현물가격(or 환율)－OCI

　　② 매출액＝현물가격(or 환율)＋OCI

 효과적인 부분(OCI)을 취득원가에는 빼고, 매출액에는 더하는 이유

OCI는 자본이므로 대변에 온다. 예를 들어, 선도계약의 평가손익 중 효과적인 부분이 100이라고 하자.
이 경우 OCI가 제거될 때는 차변에 오는데 자산을 취득하면 자산이 대변에 오면서 취득원가가 감소할 것
이고, 판매를 하면 매출이 대변에 오면서 매출액은 증가할 것이다.

 선도계약의 매입/매도: 대상과 일치!

	통화	대상	선도계약
확정계약	$	확정판매	통화매도
	$	확정매입	통화매입
예상거래	$	예상판매	통화매도
	₩	예상판매	자산매도
	$	예상매입	통화매입
	₩	예상매입	자산매입

대상이 판매계약 시에는 선도매도, 매입계약 시에는 선도매입이다. 외화로 판매 시에는 통화선도매도를
하고, 외화로 구입 시에는 통화선도매입을 한다. 원화확정계약은 시험에 출제되지 않으므로 생략한다.

문제 3
(10점)

공통자료

㈜한국은 20X1년 10월 1일에 재고자산을 6개월 후 $1,000에 구입하는 계약을 체결하였다. 동 일자에 ㈜한국은 동 재고자산 구입계약의 환율변동으로 인한 위험을 회피하기 위해서 계약만기시 $1,000을 수취하고 ₩1,100,000을 지급하는 조건의 통화선도계약을 체결하고 위험회피수단으로 지정하였다. 통화선도계약의 계약기간은 6개월(20X1년 10월 1일부터 20X2년 3월 31일까지)이며, 현물환율과 통화선도환율은 다음과 같다.

일자	현물환율 (₩/$)	통화선도환율 (₩/$)
20X1. 10. 1	₩1,080	₩1,100(만기 6개월)
20X1. 12. 31	1,120	1,150(만기 3개월)
20X2. 3. 31	1,200	—

단, 〈공통자료〉에 제시된 재고자산 구입계약과 통화선도계약은 위험회피회계 적용을 위한 조건을 충족하는 것으로 가정하고, 현재가치평가는 고려하지 않는다. 각 〈물음〉은 독립적이다.

물음 1 〈공통자료〉에 제시된 재고자산 구입계약은 법적 강제력을 가지는 계약으로서 확정계약에 해당된다. ㈜한국이 공정가치위험회피회계를 적용하는 경우 위험회피대상항목과 위험회피수단에 대한 회계처리가 20X1년 말 재무상태표상 자본에 영향을 미치는 금액을 구하시오. 단, 감소의 경우에는 금액 앞에 (−)를 표시하시오.
2014. CPA

물음 2 〈공통자료〉에 제시된 재고자산 구입계약은 법적 강제력은 없지만 발생가능성이 매우 높은 예상거래에 해당되며, 20X2년 3월 31일에 동 예상거래와 통화선도거래는 해당 계약대로 발생하였다. 20X1년 12월 31일 및 20X2년 3월 31일에 ㈜한국의 위험회피수단에 대한 회계처리가 포괄손익계산서의 각 항목에 영향을 미치는 금액을 구하시오. 단, 감소의 경우에는 금액 앞에 (−)를 표시하시오.
2014. CPA

항목	20X1년 12월 31일	20X2년 3월 31일
기타포괄손익	①	③
당기순이익	②	④

물음 3 〈공통자료〉에 제시된 재고자산 구입계약은 법적 강제력은 없지만 발생가능성이 매우 높은 예상거래에 해당한다. 20X2년 3월 31일에 재고자산 구입 예상거래와 통화선도거래는 계약대로 발생하였으며, ㈜한국은 동 재고자산을 20X2년 중에 모두 ₩1,500,000에 외부로 판매하였다. 매출거래시 회계처리(계속기록법 적용)를 제시하시오.
2014. CPA

✏️ 해설 공정가치위험회피 및 현금흐름위험회피

(물음 1) 0

확정계약에 대하여 공정가치위험회피를 적용하는 경우 자본에 미치는 영향은 없다.

| 참고 |

	10.1	손익	12.31	손익	3.31
확정매입	(1,100)	−50	(1,150)		
선도매입	1,100	+50	1,150		
계		0			

| 회계처리 |

X1.12.31	선도계약	50,000	평가이익(PL)	50,000
	평가손실(PL)	50,000	확정계약	50,000

(물음 2)

항목	20X1년 12월 31일	20X2년 3월 31일
기타포괄손익	①40,000	③60,000
당기순이익	②10,000	④(−)10,000

1. 환율변동표

	10.1	손익	12.31	손익	3.31	누적액
대상: 예상매입	(1,080)	−40	(1,120)	−80	(1,200)	−120
수단: 선도매입	1,100	+50	1,150	+50	1,200	+100
효과적(OCI)		①40		③60		②100
비효과적(PL)		❶10		❸−10		❷0

2. 계산내역

항목	20X1년 12월 31일	20X2년 3월 31일
기타포괄손익	40×1,000=①40,000	60×1,000=③60,000
당기순이익	10×1,000=②10,000	−10×1,000=④(−)10,000

| 회계처리 |

X1.12.31	선도계약	50,000	OCI	40,000
			PL	10,000
X2.12.31	선도계약	50,000	OCI	60,000
	PL	10,000		
	현금	100,000	선도계약	100,000
	재고자산	1,100,000	현금	1,200,000
	OCI	100,000		

위험회피적립금을 취득자산의 장부금액에 반영하는 것은 재분류조정에 해당하지 않는다. 따라서 장부금액에서 조정하더라도 포괄손익계산서에 표시되지 않으며, 여전히 ③은 60,000이 답이다. 한편, 위험회피적립금을 매출액에 반영하는 것은 재분류조정이 맞다 .따라서 이 경우에는 OCI 감소분이 포괄손익계산서에 표시된다.

(물음 3)

현금	1,500,000	매출	1,500,000
매출원가	1,100,000	재고자산	1,100,000

재고자산의 취득원가: 현물환율 − 효과적 = 1,200 × 1,000 − 100 × 1,000 = 1,100,000

문제 4

다음에 제시되는 물음은 각각 독립적이다.

물음 1 ㈜한국은 20X2년 3월초에 $300의 재고자산(원재료)을 구입할 계획이며, 예상생산량을 고려할 때 매입 거래가 이루어질 것이 거의 확실하다. ㈜한국은 재고자산의 매입가격이 환율변동으로 인하여 상승할 위험을 대비하고자 20X1년 10월 1일에 다음과 같은 통화선도계약(C)을 체결하였다.

> • 통화선도계약(C)정보
>   – 계약체결일: 20X1년 10월 1일
>   – 계약기간: 5개월(20X1.10.1. ~ 20X2.2.28.)
>   – 계약조건: $300을 ₩1,010/$(통화선도환율)에 매입함
>
> • 환율정보
>
> | 일 자 | 현물환율
(₩/$) | 통화선도환율
(₩/$) |
> |---|---|---|
> | 20X1. 10. 1. | 1,000 | 1,010 (만기 5개월) |
> | 20X1. 12. 31. | 1,025 | 1,040 (만기 2개월) |
> | 20X2. 2. 28. | 1,050 | — |

위 통화선도거래(C)가 위험회피요건을 충족한다고 할 때, ㈜한국이 통화선도계약 만기결제일(20X2년 2월 28일)에 당기손익으로 인식할 ①파생상품평가손익(또는 파생상품거래손익)을 계산하시오. 단, 통화선도의 공정가치를 측정하는 경우 현재가치 할인효과는 반영하지 않는다. 　2017. CPA

파생상품평가손익(또는 파생상품거래손익)	①

물음 2 ㈜대한은 20X3년 3월 31일에 $300의 상품을 해외로 수출할 계획이며, 거래대금은 미국달러($)로 수령하려고 한다. ㈜대한은 위의 수출과 관련된 환율변동위험에 대비하기 위해 20X2년 9월 30일에 6개월 후 $300을 ₩1,380/$에 매도하는 통화선도계약을 체결하였다. 다음의 〈요구사항〉에 답하시오. 　2022. CPA

요구사항 1

㈜대한이 이 통화선도계약을 위험회피수단으로 지정(요건충족 가정)한 경우 이 통화선도 계약이 ㈜대한의 20X2년과 20X3년의 기타포괄이익과 당기순이익에 미치는 영향을 각각 계산하시오. 단, 상품의 수출로 인한 매출인식과 위험회피적립금의 재분류조정에 따른 영향은 고려하지 않는다. 통화선도의 현재가치 평가는 생략한다.

일자	현물환율	선도환율*
20X2.9.30	₩1,400/$	₩1,380/$
20X2.12.31	₩1,380/$	₩1,350/$
20X3.3.31	₩1,340/$	—

*선도환율은 만기가 20X3년 3월 31일이다.

20X2년도 당기순이익에 미치는 영향	①
20X2년도 기타포괄이익에 미치는 영향	②
20X3년도 당기순이익에 미치는 영향	③
20X3년도 기타포괄이익에 미치는 영향	④

요구사항 2

㈜대한은 20X3년 3월 31일에 $300의 상품이 예정대로 수출되어 매출을 인식하였다. 이에 따라 위험회피적립금을 재분류조정하려 한다. 이 재분류조정이 20X3년도 당기순이익에 미치는 영향을 계산하시오. 단, 매출인식의 영향은 고려하지 않는다.

20X3년도 당기순이익에 미치는 영향	①

해설 현금흐름위험회피

(물음 1)

파생상품평가손익(또는 파생상품거래손익)	①1,500 손실

	계약일	손익	12.31	손익	만기	누적액
대상: 예상매입	(1,000)	−25	(1,025)	−25	(1,050)	−50
수단: 선도매입	1,010	+30	1,040	+10	1,050	+40
효과적(OCI)		①25		③15		②40
비효과적(PL)		❶5		❸−5		❷0

X2년도 당기손익으로 인식할 파생상품평가손익: (−)5×$300=(−)1,500

| 회계처리 |

10.1	−회계처리 없음− (선도는 계약 시 현금 유출입이 없으므로.)			
12.31	선도계약	9,000	OCI	7,500
			PL	1,500
2.28	선도계약	3,000	OCI	4,500
	PL	1,500		
2.28	현금	12,000	선도계약	12,000
	OCI	12,000	현금	315,000
	원재료	303,000		

(물음 2)

|요구사항 1|

20X2년도 당기순이익에 미치는 영향	①3,000
20X2년도 기타포괄이익에 미치는 영향	②6,000
20X3년도 당기순이익에 미치는 영향	③(−)3,000
20X3년도 기타포괄이익에 미치는 영향	④6,000

	9.30	손익	12.31	손익	3,31	누적액
예상매출	1,400	−20	1,380	−40	1,340	−60
선도매도	(1,380)	+30	(1,350)	+10	(1,340)	+40
효과적(OCI)		①+20		③+20		②+40
비효과적(PL)		❶+10		❸−10		❷0

확정계약을 체결한 것이 아니라, 수출할 '계획'이므로 예상거래에 해당하며 현금흐름위험회피를 적용해야 한다.

① 20X2년도 당기순이익: 10×$300=3,000
② 20X2년도 기타포괄손익: 20×$300=6,000
③ 20X3년도 당기순이익: (−)10×$300=(−)3,000
④ 20X3년도 기타포괄손익: 20×$300=6,000

|요구사항 2|

20X3년도 당기순이익에 미치는 영향	①12,000

만기까지 누적된 OCI가 12,000(=6,000+6,000)이므로, 재분류조정을 통해 NI가 12,000 증가한다.

|회계처리|

9.30	−회계처리 없음−			
12.31	선도계약	9,000	OCI	6,000
			PL	3,000
3.31	선도계약	3,000	OCI	6,000
	PL	3,000		
3.31	현금	12,000	선도계약	12,000
	현금	402,000	매출	402,000
	OCI	12,000	매출	12,000

매출액: 1,380(선도환율)×$300=414,000

문제 5

(11점)

아래의 〈자료〉를 이용하여 각 물음에 답하시오.

2023. CPA

자료

1. 20X1년 12월 1일 ㈜대한은 제품의 원재료인 구리 100톤을 20X2년 2월 28일에 매입하기로 하였고, 제품의 예상 판매량 및 생산량 등을 고려할 때 실제 매입거래가 발생할 가능성이 거의 확실하다.

2. 20X1년 12월 1일에 ㈜대한은 구리의 시장가격변동 위험에 대비하기 위해, 구리 100톤의 선도계약가격(₩195,000/톤)과 만기 시장가격의 차액을 현금으로 수수하는 조건의 선도계약을 체결하였다. 동 선도계약의 만기는 20X2년 2월 28일이며, 해당 선도계약은 위험회피에 효과적이다.

3. 구리의 현물가격 및 선도가격은 다음과 같고, 현재가치 평가는 고려하지 않는다. 20X1년 12월 31일과 20X2년 초의 선도가격은 동일하다.

일자	현물가격 (₩/톤)	선도가격 (₩/톤)
20X1년 12월 1일	190,000	195,000
20X1년 12월 31일	197,000	210,000
20X2년 2월 28일	205,000	—

물음 1 위 거래가 20X1년에 ㈜대한의 당기순이익 및 기타포괄이익에 미치는 영향을 계산하시오. 단, 영향이 없는 경우에는 '0'으로 표시하며, 당기순이익 및 기타포괄이익이 감소하는 경우 금액 앞에 (−)를 표시하시오.

당기순이익에 미치는 영향	①
기타포괄이익에 미치는 영향	②

물음 2 20X2년 초 ㈜대한의 경영진은 위험회피에 비효과적인 부분을 줄이기 위해, 구리 20톤에 대한 선도계약을 위험회피수단의 지정에서 제외하였다. 이러한 조정은 이미 존재하는 위험회피관계의 위험회피대상항목이나 위험회피수단의 지정된 수량을 위험회피효과에 관한 요구사항에 부합하도록 위험회피비율을 유지하기 위한 조정에 해당한다. 다른 위험관리목적이 동일하게 유지되고 있다면, ① 20X2년 초 위험회피수단 지정에서 제외된 선도계약을 적절한 금융자산으로 분류한 후 그 금액을 계산하고, ② 위험회피수단 지정에서 제외되지 않은 선도계약에 대해 20X2년 2월 28일 인식해야 할 기타포괄손익을 계산하시오. 단, 기타포괄손실의 경우 금액 앞에 (−)를 표시하시오. **2차**

금융자산 분류와 그 금액	①
기타포괄손익	②

물음 3 기업회계기준서 제1109호 「금융상품」에서 규정하고 있는 위험회피회계의 적용 조건에는 '위험회피관계는 위험회피효과에 관한 요구사항을 모두 충족한다'는 조건이 있다. 동 기준서에서 규정하고 있는 위험회피회계를 적용하기 위한 위험회피효과에 관한 요구사항 세 가지는 무엇인지 기술하시오.

✏️ 해설 현금흐름위험회피

(물음 1)

당기순이익에 미치는 영향	①800,000
기타포괄이익에 미치는 영향	②700,000

당기순이익에 미치는 영향: 8,000×100톤=800,000
기타포괄이익에 미치는 영향: 7,000×100톤=700,000

	12.1	손익	12.31	손익	2.28	누적액
대상: 예상매입	(190,000)	−7,000	(197,000)	−8,000	(205,000)	−15,000
수단: 선도매입	195,000	+15,000	210,000	−5,000	205,000	+10,000
효과적(OCI)		①7,000		③3,000		②10,000
비효과적(PL)		❶8,000		❸−8,000		❷0

확정계약을 체결한 것이 아니라, 매입거래가 발생할 가능성이 거의 확실하므로 예상거래에 해당한다. 따라서 현금흐름위험회피를 적용한다.

(물음 2)

금융자산 분류와 그 금액	①FVPL금융자산 300,000
기타포괄손익	②240,000

(1) 분류: 선도계약은 원칙적으로 FVPL 금융자산으로 분류한다.
　　금액: 15,000×20톤=300,000

(2) 기타포괄손익: 3,000×80톤=240,000

| 회계처리 |

X1.12.31	선도계약	1,500,000	OCI	700,000
			PL	800,000
X2.1.1	FVPL금융자산	300,000	선도계약	300,000
	OCI	140,000	PL	140,000
X2.2.28	PL	640,000	선도계약	400,000
			OCI	240,000
	PL	100,000	FVPL금융자산	100,000
	현금	1,000,000	선도계약	800,000
			FVPL금융자산	200,000
	OCI	800,000	현금	20,500,000
	원재료(구리)	19,700,000		

80톤에 대한 선도계약만 위험회피수단이므로 80톤에 대한 OCI인 800,000만 원재료의 취득원가에 반영한다.

(물음 3)

① 위험회피대상항목과 위험회피수단 사이에 경제적 관계가 있다.
② 신용위험의 효과가 경제적 관계의 효과보다 지배적이지 않다.
③ 위험회피대상항목의 수량과 위험회피수단의 수량의 비율이 같다.

4 외화확정계약

외화확정계약: 원화가 아닌 다른 통화($, ¥ 등)로 체결한 확정계약

〈환율변동표〉

	계약일	손익	12.31	손익	만기
대상: 확정매출	선도환율	±XXX	선도환율	±XXX	선도환율
수단: 선도매도	(선도환율)	∓XXX	(선도환율)	∓XXX	(선도환율)

	계약일	손익	12.31	손익	만기
대상: 확정매입	(선도환율)	∓XXX	(선도환율)	∓XXX	(선도환율)
수단: 선도매입	선도환율	±XXX	선도환율	±XXX	선도환율

STEP 1 대상과 수단 적기

1. 위험회피 대상: 외화확정계약
2. 위험회피 수단: 선도계약

STEP 2 날짜 적기

: 계약일, 12.31, 만기

STEP 3 환율 적기

1. 위험회피 대상(외화확정계약): 선도환율
2. 위험회피 수단: 선도환율
3. 부호 적기
   (1) 수단(선도계약): 선도매입이면 양수로, 선도매도이면 음수로
   (2) 대상: 대상의 부호는 수단과 무조건 반대

STEP 4 손익 계산하기

연도별 선도환율 변동분을 손익으로 채워 넣기

STEP 5 손익계산서에 미치는 영향 ★중요!

외화확정계약은 공정가치위험회피와 현금흐름위험회피 모두 적용할 수 있다.

1. 공정가치위험회피를 적용하는 경우

	확정계약	선도계약	PL
확정계약−손실 발생	PL / 확정계약	선도계약 / PL	0
확정계약−이익 발생	확정계약 / PL	PL / 선도계약	0

공정가치위험회피에서 대상과 수단 모두 선도환율로 평가하고, 대상과 수단의 평가손익을 모두 PL로 인식하므로 손익이 상계되어, 손익에 미치는 영향이 없다.

2. 현금흐름위험회피를 적용하는 경우

	확정계약	선도계약	PL	OCI
확정계약−손실 발생	−회계처리 없음−	선도계약 / OCI	0	선도계약 평가손익
확정계약−이익 발생	−회계처리 없음−	OCI / 선도계약		

현금흐름위험회피 적용 시 효과적인 부분은 OCI로, 비효과적인 부분은 PL로 인식한다. 외화확정계약은 대상과 수단의 평가손익이 금액이 같고, 부호만 다르므로 100% 효과적이다. 따라서 선도계약 평가손익을 PL로 인식하는 부분 없이 전액 OCI로 인식한다.

STEP 6 재무상태표에 미치는 영향

외화확정계약	FV회피	CF회피
NI	0	
OCI	N/A	선도 평가손익
자산	증가	선도계약 변동분
부채	증가	
자본	불변	
취득원가 or 매출액	선도환율	

1. 공정가치위험회피를 적용하는 경우

대상과 수단의 평가손익이 서로 상계되면서 PL에 미치는 영향은 없다. 대상과 수단은 같은 금액으로 부호만 반대로 움직이기 때문에 자산, 부채는 무조건 증가하며, 자본은 불변이다.

2. 현금흐름위험회피를 적용하는 경우

선도 평가손익을 전부 OCI로 인식하면서 평가손익만큼 자본이 변동한다.

3. 자산의 취득원가(매입거래) or 매출액(매출거래)

외화확정계약에 대해 공정가치위험회피를 적용하든, 현금흐름위험회피를 적용하든 취득원가 및 매출액은 선도환율로 계산한 금액으로 같다.

문제 6

(7점)

㈜대한은 금가공 업체이며 금 매입 시세의 변동성 위험에 노출되어 있다. ㈜대한과 주채권은행은 신용관리를 위해 매 회계연도 말 기준으로 부채비율(총부채÷총자본)이 1.50을 초과하지 않을 것을 요구하는 부채약정을 맺고 있다. 20X1년 9월 1일에 ㈜대한은 생산에 투입할 원재료인 금 100온스(oz)를 온스당 $1,200에 매입하는 확정계약을 체결했으며 실제 금 인수일은 20X2년 3월 1일이다. 계약일로부터 인수일까지 6개월 동안 ㈜대한은 향후 $당 원화 환율의 상승(원화 평가절하)을 예상했다. 이에 금 매입 확정계약의 외화위험을 회피하기 위해 20X1년 9월 1일에 $120,000를 $당 ₩1,100에 매수하는 통화선도계약을 체결했다. 계약체결일 현재의 현물환율(₩/$)은 ₩1,060이고 통화선도환율(₩/$)은 ₩1,100이다. 선도거래 관련 결산 회계처리 효과를 반영하기 직전 ㈜대한의 총 부채는 ₩16,000,000이고, 총 자본은 ₩14,000,000이다.

물음 1 위 제시된 자료와 관계없이 한국채택국제회계기준(K-IFRS)상 확정계약(위험회피대상)의 외화위험에 적용할 수 있는 위험회피회계에는 무엇이 있는지 모두 제시하시오.
2018. CPA

물음 2 20X1년 9월 1일에 ㈜대한이 선택할 가능성이 더 큰 위험회피회계는 무엇인지 이유와 함께 간략하게 설명하시오.
2018. CPA

물음 3 20X1년 12월 31일 만기 2개월을 앞둔 상황에서 예상대로 현물환율(₩/$)은 ₩1,110으로, 통화선도환율(₩/$)은 ₩1,150으로 상승했다.
20X1년 12월 31일 결산·마감 후 물음 2)에 따라 선택한 위험회피회계와 선택하지 않은 위험회피회계별로 ㈜대한의 부채비율을 계산하시오. 단, 부채비율은 소수점 아래 셋째자리에서 반올림하여 둘째자리까지 표시하시오. (예: 5.608은 5.61로 표시)
2018. CPA

구분	부채비율(총부채÷총자본)
선택한 위험회피회계	①
선택하지 않은 위험회피회계	②

✏️ 해설 외화확정계약

(물음 1)

공정가치위험회피, 현금흐름위험회피

(물음 2)

현금흐름위험회피, 공정가치위험회피 적용 시 부채는 증가하나 자본은 불변이므로 부채비율이 증가한다. 반면, 현금흐름위험회피 적용 시 환율 상승이 예상되어 부채는 불변이나 자본이 증가하므로 부채비율이 감소하기 때문이다.

| 참고 | 위험회피별 부채비율 변동

	회계처리	부채	자본	부채비율
FV위험회피	선도계약/확정계약	증가	불변	증가
CF위험회피	선도계약/OCI & PL	불변	증가	감소

(물음 3)

구분	부채비율(총부채÷총자본)
선택한 위험회피회계	①0.8
선택하지 않은 위험회피회계	②1.57

1. 환율변동표

	9.1	손익	12.31	손익	3.1
확정매입	(1,100)	−50	(1,150)		
선도매입	1,100	+50	1,150		

2. 재무상태표에 미치는 영향

	현금흐름위험회피	공정가치위험회피
자산	50×$120,000=6,000,000	50×$120,000=6,000,000
부채		50×$120,000=6,000,000
자본	6,000,000	−
부채비율	16,000,000/20,000,000=**0.8**	22,000,000/14,000,000=**1.57**

| 회계처리 |

(1) 현금흐름위험회피

X1.12.31	선도계약	6,000,000	위험회피적립금	6,000,000

(2) 공정가치위험회피

X1.12.31	선도계약	6,000,000	평가이익(PL)	6,000,000
	평가손실(PL)	6,000,000	확정계약	6,000,000

5 위험회피회계의 중단

위험회피관계(또는 위험회피관계의 일부)가 적용조건을 충족하지 않는 경우 전진적으로 위험회피회계를 중단한다. 위험회피수단이 소멸·매각·종료·행사된 경우도 이에 해당한다.

1. 현금흐름위험회피회계의 중단

현금흐름위험회피를 중단하면 다음과 같이 회계처리한다. 공정가치위험회피의 중단은 기준서에 언급이 없다.

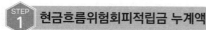

STEP 1 현금흐름위험회피적립금 누계액

현금흐름위험회피를 중단하면 현금흐름위험회피적립금 누계액은 다음과 같이 회계처리한다.

① 위험회피대상의 미래 현금흐름이 여전히 발생할 것으로 예상되는 경우
 : 현금흐름위험회피적립금 누계액은 미래 현금흐름이 생길 때까지 남겨둔다.

② 위험회피대상의 미래현금흐름이 더 이상 발생할 것으로 예상되지 않는 경우
 : 현금흐름위험회피적립금 누계액은 재분류조정한다.
 (현금흐름위험회피적립금은 재분류조정 대상이다. '잉지재부 채해위' 중 위에 해당한다.)

STEP 2 선도계약 평가손익은 PL로 인식

현금흐름위험회피를 중단하였으므로 현금흐름위험회피적립금(OCI)을 더 이상 장부에 계상할 수 없다. 따라서 위험회피 중단 이후에 발생하는 선도계약의 평가손익은 모두 PL로 인식한다.

| 회계처리 |

중단 시	①	— 회계처리 없음 —			
	②	OCI	기존 잔액	PL	기존 잔액
중단 이후		선도계약	평가손익	PL	평가손익

문제 7

다음의 〈자료〉를 이용하여 각 물음에 답하시오.

자료

1. ㈜민국은 확정계약의 외화위험회피를 위한 위험회피회계 요건을 충족하여 현금흐름위험회피회계를 적용하였다.

2. 확정계약 정보
   - 기계장치를 $2,000에 취득하는 계약이다.
   - 계약체결일: 20X1년 12월 1일
   - 인도일(대금지급일): 20X2년 3월 31일

3. 통화선도 및 환율정보(지정된 위험회피수단)
   - 계약체결일: 20X1년 12월 1일
   - 계약내용: $2,000를 달러당 ₩1,080에 매수하는 계약이며 만기 청산 시 차액결제된다.
   - 만기일: 20X2년 3월 31일
   - 동 거래와 관련된 환율정보는 다음과 같다.

일 자	현물환율 (₩/$)	통화선도환율 (₩/$)
20X1. 12. 1.	1,070	1,080 (만기 4개월)
20X1. 12. 31.	1,130	1,110 (만기 3개월)
20X2. 3. 31.	1,100	—

물음 1 확정계약과 통화선도 관련 거래가 ㈜민국의 20X1년 기타포괄이익과 20X2년 자산에 미치는 영향을 계산하시오. 단, 감소하는 경우 (−)를 숫자 앞에 표시하시오.

2020. CPA

20X1년 기타포괄이익에 미치는 영향	①
20X2년 자산에 미치는 영향	②

물음 2 ㈜민국이 20X2년 1월 1일 확정계약의 해지로 인하여 위험회피회계의 적용조건을 충족하지 못하게 되었으며 위험회피회계 전체를 중단한 경우, 확정계약과 통화선도 관련거래가 ㈜민국의 20X1년과 20X2년 당기순이익에 미치는 영향을 계산하되, 감소하는 경우 (−)를 숫자 앞에 표시하시오. 단, 기타 포괄손익으로 인식한 현금흐름위험회피적립금누계액을 당기손익으로 재분류하는 경우에 해당한다.

2020. CPA **2차**

20X1년 당기순이익에 미치는 영향	①
20X2년 당기순이익에 미치는 영향	②

✏️ 해설

(물음 1) 외화확정계약－현금흐름위험회피

20X1년 기타포괄이익에 미치는 영향	①60,000
20X2년 자산에 미치는 영향	②(－)60,000

	계약일	손익	기말	손익	만기
확정계약	(1,080)	－30	(1,110)	＋10	(1,100)
선도매입	1,080	＋30	1,110	－10	1,100

1. X1년 기타포괄이익에 미치는 영향: 30×$2,000＝60,000

2. X2년 자산에 미치는 영향: ①＋②＋③＝(－)60,000
자산 증감액은 각 계정별로 다음과 같이 분석이 가능하지만, 회계처리를 참고하는 것이 더 편하다. 자산 증감액은 결국 자본(OCI)의 증감과 같다. 기초에 OCI가 60,000이 있었으므로 자본은 60,000 감소한다.
① 현금 증감액: 40,000－2,200,000＝(－)2,160,000
　－선도계약으로 40,000 (＝(1,100－1,080)×$2,000)을 수령하고, 기계장치 취득으로 2,200,000 (＝1,100×$2,000)을 지출한다.
② 선도계약 증감액: (－)60,000
　－X2년은 만기이므로 선도계약이 전부 제거된다. 따라서 기초 선도계약만큼 감소한다.
③ 기계장치 취득원가: 1,080(선도환율)×$2,000＝2,160,000

| 회계처리 |

12.1	－회계처리 없음－			
12.31	선도계약	60,000	OCI	60,000
3.31	OCI	20,000	선도계약	20,000
3.31	현금	40,000	선도계약	40,000
	OCI	40,000	현금	2,200,000
	기계장치	2,160,000		

(물음 2) 현금흐름위험회피의 중단

20X1년 당기순이익에 미치는 영향	①0
20X2년 당기순이익에 미치는 영향	②40,000

1. X1년 당기순이익에 미치는 영향: 0
현금흐름위험회피에서 대상(확정계약)은 회계처리가 없으며, 수단(선도계약)의 평가손익 중 효과적인 부분을 OCI로 인식한다. X1년에는 위험회피회계를 적용 중이므로 당기순이익에 미치는 영향은 없다. 외화확정계약에 대해 현금흐름위험회피를 적용할 때 비효과적인 부분은 없기 때문이다.

2. X1년 당기순이익에 미치는 영향: (1)+(2)=40,000
(1) OCI의 재분류조정: 60,000
확정계약을 해지하였으므로 위험회피대상의 미래현금흐름이 더 이상 발생할 것으로 예상되지 않는다. 따라서
위험회피적립금(OCI)을 당기손익으로 재분류한다.

(2) 선도계약 평가손익: −10×$2,000=(−)20,000
위험회피 중단 이후에 발생하는 선도계약의 평가손익은 PL로 인식한다.

| 회계처리 |

12.1				
12.31	선도계약	60,000	OCI	60,000
1.1	OCI	60,000	PL	60,000
3.31	PL	20,000	선도계약	20,000
	현금	40,000	선도계약	40,000
	기계장치	2,200,000	현금	2,200,000

(12.1 행: −회계처리 없음−)

6 선도계약의 현재가치 평가를 고려한 위험회피회계 심화

위험회피회계에서 선도계약은 현재가치로 평가하는 것이 원칙이다. 현재가치 평가를 고려하면 위험회피회계가 어떻게 달라지는지는 다음 사례를 통해 설명한다. 하지만 지금까지 문제를 풀어봐서 알겠지만, 대부분의 문제는 현재가치 적용을 생략한다. 따라서 위험회피회계에서 현재가치 평가는 넘어가도 괜찮다.

사례

㈜여의도상사는 20X1년 10월 1일 상품을 수출하고 대금 $1,000을 6개월 후에 받기로 하였다. 동사는 달러표시 수출대금의 원화환율 변동위험을 회피하기 위해 다음과 같은 통화선도거래계약을 체결하였다.

- 통화선도거래계약 체결일: 20X1년 10월 1일
- 계약기간: 6개월(20X1.10.1~20X2.3.31)
- 계약조건: $1,000을 @₩1,100/$1(선도환율)에 매도함
  환율자료는 다음과 같다.

일 자	현물환율(₩/$)	통화선도환율(₩/$)
20X1. 10. 01	1,050	1,100(만기 6개월)
20X1. 12. 31	1,020	1,060(만기 3개월)
20X2. 03. 31	1,120	—

20X1년 12월 31일 현재 적절한 할인율은 6%이며, 현재가치 계산시 불연속 연복리를 가정한다. 회사의 결산일은 12월 31일이다. 단, 일 때, 20X1년 10월 1일부터 20X2년 3월 31일까지 매출채권과 통화선도계약에 대한 회계처리를 하시오.

2005. CPA 1차

STEP 1 환율변동표

	10.1	손익	12.31	손익	3.31	누적
매출채권	1,050	−30	1,020	+100	1,120	+70
선도매도	(1,100)	+40	(1,060)	−60	(1,120)	−20
선도		①39,427		③(−)59,427		②(−)20,000

앞에서 배운대로 위험회피대상과 수단의 환율변동표를 적자. 이때, 현금흐름위험회피가 아니어도 현금흐름위험회피처럼 누적분도 표시하자. 현재가치 평가를 할 때는 변동분을 바로 구할 수 없고, 잔액을 이용해서 구해야 한다.

STEP 2 선도계약

	10.1	손익	12.31	손익	3.31	누적
매출채권	1,050	−30	1,020	+100	1,120	+70
선도매도	(1,100)	+40	(1,060)	−60	(1,120)	−20
선도		①39,427		③(−)59,427		②(−)20,000

(1) X1말 선도계약: 변동분×거래규모/현가계수=40×$1,000/1.01454=39,427

　　선도계약의 정산은 만기에 이루어지므로, X1년 말에는 이득 금액의 현재가치만을 선도계약으로 인식해야 한다. 만기가 3개월 남았으므로 문제에서 제시한 3개월 현가계수로 할인하면 된다.

(2) 만기일 선도계약: 누적분×거래규모=(40−60)×$1,000=(−)20,000

　　만기에는 선도의 정산이 이루어지므로, 현재가치 평가를 할 필요 없이, 누적분으로 계산하면 된다. X1년에 40의 이익, X2년에 60의 손실이 발생했으므로 누적으로 20의 부채를 선도계약으로 계상해야 한다. 거래규모까지 고려하면 20,000의 선도계약부채가 계상된다.

STEP 3 만기일 선도계약 평가손익: 만기일 선도계약−X1말 선도계약

선도계약 평가손익은 선도계약의 증감으로 계산하면 된다. 사례에서는 X1년에 ①39,427, 누적분으로 ②(−)20,000를 채웠으므로 만기일에 ③(−)59,427을 끼워넣으면 된다.

STEP 4 위험회피대상의 현재가치 여부

	현재가치 평가
매출채권, 매입채무	X
확정계약, 예상거래	O

매출채권, 매입채무는 화폐성 항목으로 마감환율로 환산한다. 이들은 원래 현재가치 평가를 하지 않는 자산, 부채이므로 선도계약의 현재가치 평가를 하는 문제에서도 현재가치 평가를 하지 않는다.

반면, 확정계약과 예상거래는 선도계약의 현재가치 평가를 하는 문제에서는 현재가치 평가를 한다. 공정가치위험회피에서도 언급했지만, 확정계약은 '미래에 특정자산을 사거나, 팔기로 확정한 계약'으로, 선도계약과 본질이 같다. 따라서 확정계약도 선도계약과 같이 현재가치 평가를 해야 한다. 예상거래도 미래에 발생할 것으로 예상하는 거래이므로 선도계약이 현재가치 평가를 하면 같이 현재가치 평가를 한다.

|회계처리|

10.1	매출채권	1,050,000	매출	1,050,000
12.31	외환차이	30,000	매출채권	30,000
	선도계약	39,427	평가이익	39,427
3.1	매출채권	100,000	외환차이	100,000
	평가손실	59,427	선도계약	59,427
	현금	1,120,000	매출채권	1,120,000
	선도계약	20,000	현금	20,000

문제 8

물음 1 ㈜한국은 20X1년 10월 1일에 $300의 재고자산을 구입하였으며 구입대금은 20X2년 2월 28일에 지급할 예정이다. ㈜한국은 재고자산의 매입가격이 환율변동으로 인하여 상승할 위험을 대비하고자 20X1년 10월 1일에 다음과 같은 통화선도계약(C)을 체결하였다.

• 통화선도계약(C)정보
 — 계약체결일: 20X1년 10월 1일
 — 계약기간: 5개월(20X1.10.1.~20X2.2.28.)
 — 계약조건: $300을 ₩1,010/$(통화선도환율)에 매입함

• 환율정보

일 자	현물환율 (₩/$)	통화선도환율 (₩/$)
20X1. 10. 1.	1,000	1,010 (만기 5개월)
20X1. 12. 31.	1,025	1,040 (만기 2개월)
20X2. 2. 28.	1,050	—

매입채무와 통화선도계약이 ㈜한국의 20X1년과 20X2년의 당기순이익에 미치는 영향을 각각 계산하시오. 단, 20X1년 12월 31일 현재 적절한 할인율은 연 6%이며, $(1+0.1)^{59/365} = 1.016$이다. 2017. CPA 수정

20X1년도 당기순이익에 미치는 영향	①
20X2년도 당기순이익에 미치는 영향	②

물음 2 ㈜대한은 20X3년 3월 31일에 $300의 상품(원가 ₩300,000)을 해외로 수출할 계획이며, 거래대금은 미국달러($)로 수령하려고 한다. ㈜대한은 위의 수출과 관련된 환율변동위험에 대비하기 위해 20X2년 9월 30일에 6개월 후 $300을 ₩1,380/$에 매도하는 통화선도계약을 체결하였다. 상품 수출은 계획대로 이루어졌다. ㈜대한이 이 통화선도계약을 위험회피수단으로 지정(요건충족 가정)한 경우 이 통화선도 계약과 수출이 ㈜대한의 20X2년과 20X3년의 기타포괄이익과 당기순이익에 미치는 영향(재분류조정 포함)을 각각 계산하시오. 단, 20X2년 12월 31일 현재 적절한 할인율은 연 6%이며, $(1+0.06)^{90/365}$ = 1.015이다.

2022. CPA 수정

일자	현물환율	선도환율*
20X2.9.30	₩1,400/$	₩1,380/$
20X2.12.31	₩1,380/$	₩1,350/$
20X3.3.31	₩1,340/$	—

* 선도환율은 만기가 20X3년 3월 31일이다.

20X2년도 당기순이익에 미치는 영향	①
20X2년도 기타포괄이익에 미치는 영향	②
20X3년도 당기순이익에 미치는 영향	③
20X3년도 기타포괄이익에 미치는 영향	④

해설 선도계약의 현재가치 평가

(물음 1)

20X1년도 당기순이익에 미치는 영향	①1,358
20X2년도 당기순이익에 미치는 영향	②(−)4,358

	10.1	손익	12.31	손익	2.28	누적
매입채무	(1,000)	−25	(1,025)	−25	(1,050)	−50
선도매입	1,010	+30	1,040	+10	1,050	+40
선도		①8,858		③3,142		②12,000

X1말 선도계약: 30×$300/1.016=8,858

	X1	X2
매입채무 외환차이	−25×$300=(7,500)	−25×$300=(7,500)
선도계약 평가손익	8,858	3,142
NI	1,358	(4,358)

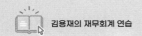

|회계처리|

10.1	재고자산	300,000	매입채무	300,000
12.31	PL	7,500	매입채무	7,500
	선도계약	8,858	PL	8,858
2.28	PL	7,500	매입채무	7,500
	선도계약	3,142	PL	3,142
	매입채무	315,000	현금	315,000
	현금	12,000	선도계약	12,000

(물음 2)

20X2년도 당기순이익에 미치는 영향	①2,956
20X2년도 기타포괄이익에 미치는 영향	②5,911
20X3년도 당기순이익에 미치는 영향	③111,044
20X3년도 기타포괄이익에 미치는 영향	④(−)5,911

	9.30	손익	12.31	손익	3,31	누적액
예상매출	1,400	−20	1,380	−40	1,340	−60
선도매도	(1,380)	+30	(1,350)	+10	(1,340)	+40
선도		①8,867		③3,133		②12,000
효과적(OCI)		①5,911		③6,089		②12,000
비효과적(PL)		❶2,956		❸(−)2,956		❷0

		X2	X3
NI	선도 평가손익(비효과적)	2,956	(2,956)
	매출		414,000
	매출원가		(300,000)
	계	2,956	111,044
OCI	선도 평가손익(효과적)	5,911	6,089
	OCI 재분류조정		(12,000)
	계	5,911	(5,911)

(1) X2말 선도계약: 30×$300/1.015=8,867

　　−효과적인 부분: 20×$300/1.015=5,911

　　−비효과적인 부분: 2,956

(2) 만기일 선도계약 증감: 40×$300−8,867=3,133

　　−효과적인 부분: 12,000−5,911=6,089

　　−비효과적인 부분: (−)2,956

(3) 매출: (1,340＋40)×$300＝1,380(선도환율)×$300＝414,000

|회계처리|

9.30	─회계처리 없음─			
12.31	선도계약	8,867	OCI	5,911
			PL	2,956
3.31	선도계약	3,133	OCI	6,089
	PL	2,956		
3.31	현금	12,000	선도계약	12,000
	현금	402,000	매출	414,000
	OCI	12,000		
	매출원가	300,000	상품	300,000

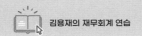

7 스왑 위험회피

1. 스왑 분석방법

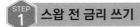 **스왑 전 금리 쓰기**

스왑 이전 기존 차입금 혹은 대여금의 금리 적기
ㅡ 차입 상황이면 화살표를 밖으로, 대여 상황이면 화살표를 안으로 그리기

STEP 2 스왑으로 주고 받는 금리 쓰기

스왑을 통해 주는 금리는 밖으로, 받는 금리는 안으로 그리기

STEP 3 스왑 후 금리 쓰기

스왑 전 금리에, 스왑으로 주고 받는 금리를 반영하여 스왑 후 금리 적기

(1) 차입 상황

> **ex** A는 고정이자율 연 5%로 차입 후, 동 일자에 LIBOR를 지급하고 고정이자율 연 4%를 수취하는 이자율스왑계약 체결

$$\leftarrow 5\% \qquad \boxed{\quad A \quad} \quad \begin{array}{c}\leftarrow 4\% - \\ - L\% \rightarrow\end{array} \quad \boxed{\quad B \quad}$$

스왑 후 금리: L+1%

A는 스왑 전 5%를 지급하지만 스왑을 통해 L%를 지급하고, 4%를 받는다. 고정금리는 4%를 받아서 5%를 지급하므로 최종적으로 부담하는 금리는 (L+1)%이다.

(2) 대여 상황

> **ex** C는 고정이자율 연 5%로 대여 후, 동 일자에 LIBOR를 수취하고 고정이자율 연 4%를 지급하는 이자율스왑계약 체결

$$5\% \rightarrow \quad \boxed{\quad C \quad} \quad \begin{array}{c}- 4\% \rightarrow \\ \leftarrow L\% -\end{array} \quad \boxed{\quad D \quad}$$

스왑 후 금리: L+1%

C는 스왑 전 5%를 수취하지만 스왑을 통해 L%를 받고, 4%를 지급한다. 고정금리는 5%를 받아서 4%를 지급하므로 최종적으로 수취하는 금리는 (L+1)%이다.

2. 스왑 위험회피의 종류

	고정금리	변동금리
노출된 위험	공정가치 변동위험	현금흐름 변동위험
필요한 위험회피	공정가치위험회피 (고정금리→변동금리)	현금흐름위험회피 (변동금리→고정금리)

(1) 공정가치위험회피 (고정금리→변동금리)

: 고정금리 차입금은 현금흐름이 고정인데 할인율이 변동하면 현재가치가 변하므로 차입금의 공정가치 변동위험에 노출되어 있음

(2) 현금흐름위험회피 (변동금리→고정금리)

: 변동금리 차입금은 이자율 변동에 따라 미래 현금흐름이 변동하므로 현금흐름 변동위험에 노출되어 있음

3. 공정가치위험회피 (고정금리→변동금리)

	X0		X1		X2		X3
고정차입금	(액면가)	∓XXX	(액면가＋FV)	∓XXX	(액면가＋FV)	∓XXX	(액면가)
스왑	0	±XXX	FV	±XXX	FV	±XXX	0
변동차입금	(액면가)		(액면가)		(액면가)		(액면가)

	X0		X1		X2		X3
고정대여금	액면가	∓XXX	액면가－FV	∓XXX	액면가－FV	∓XXX	액면가
스왑	0	±XXX	FV	±XXX	FV	±XXX	0
변동대여금	액면가		액면가		액면가		액면가

STEP 1 대상과 수단 적기

(1) 위험회피 대상: 고정금리 차입금 or 고정금리 대여금
(2) 위험회피 수단: 고정금리를 변동금리로 바꾸는 스왑

STEP 2 날짜 적기

만기 3년인 경우 X0, X1, X2, X3 적기 (표에 적은 날짜는 전부 기말을 의미)

STEP 3 | 금액 적기

(1) 위험회피 수단(스왑): 공정가치

> **주의 | 스왑의 부호**
>
> 문제에 제시된 스왑과 위험회피수단으로 사용하는 스왑이 반대 방향이라면 부호를 반대로 적어야 할 수도 있다. 회사가 스왑에서 이익을 보고 있는지, 손실을 보고 있는지에 따라 부호를 결정하자. '스왑으로 수취하는 금리〉지급하는 금리'라면(이득) 스왑의 공정가치를 양수로 적고, 그 반대라면(손실) 스왑의 공정가치를 음수로 적으면 된다.

(2) 위험회피 대상(고정차입금 or 고정대여금): 액면가±스왑의 공정가치
  ① 부호: 차입금이면 음수로, 대여금이면 양수로 다음 금액을 적기
  ② 금액

> (고정차입금) + 스왑의 FV = (변동차입금) = (액면가)
> (고정차입금) = (액면가 + 스왑의 FV)
>
> 고정대여금 + 스왑의 FV = 변동대여금 = 액면가
> 고정대여금 = 액면가 − 스왑의 FV

STEP 4 | 손익 계산하기=스왑 후 이자손익

공정가치위험회피는 대상과 수단(스왑)의 평가손익을 모두 PL로 인식하므로 평가손익이 상계되어, 당기손익에 미치는 영향이 없음→스왑 후 이자손익만 인식

> **주의 | 이자손익 계산 시 주의사항**
>
> (1) 스프레드를 빼먹지 말 것!
>   **ex** 스왑 후 이자율이 'L+2%'이고 L이 3%인 경우 이자율은 5%임 (not 3%)
>
> (2) 변동금리는 기초의 LIBOR를 적용한다!
>   **ex** X2년말에 지급하는 이자는 X2년초 LIBOR로 계산

STEP 5 | 차입금(대여금) 장부금액: 기존 차입금(대여금) 장부금액

기존 차입금이 고정차입금이므로, 가치변동표에 적은 고정차입금의 가치가 장부금액임

4. 현금흐름위험회피 (변동금리→고정금리)

	X0		X1		X2		X3
변동차입금	(액면가)	0	(액면가)	0	(액면가)	0	(액면가)
스왑	FV	±XXX	FV	±XXX	FV	±XXX	0

	X0		X1		X2		X3
변동대여금	액면가	0	액면가	0	액면가	0	액면가
스왑	FV	±XXX	FV	±XXX	FV	±XXX	0

STEP 1 대상과 수단 적기

(1) 위험회피 대상: 변동금리 차입금 or 변동금리 대여금
(2) 위험회피 수단: 변동금리를 고정금리로 바꾸는 스왑

STEP 2 날짜 적기

만기 3년인 경우 X0, X1, X2, X3 적기 (표에 적은 날짜는 전부 기말을 의미)

STEP 3 금액 적기

(1) 위험회피 수단(스왑): 공정가치 (부호 주의!)
(2) 위험회피 대상(변동차입금 or 변동대여금): 액면가
    액면가를 차입금이면 음수로, 대여금이면 양수로 적기

STEP 4 손익 계산하기=스왑 후 이자손익

변동금리 차입금의 가치는 액면가로 불변, 현금흐름위험회피를 적용하므로 스왑의 평가손익은 전액 OCI로 인식 (100% 효과적으로 봄)→스왑 후 이자손익만 인식

STEP 5 차입금(대여금) 장부금액: 기존 차입금(대여금) 장부금액=액면가

기존 차입금이 변동차입금이므로, 장부금액은 액면가임

김수석의 핵심콕! 스왑 위험회피 요약 _중요!_

스왑	위험회피	NI =스왑 후 이자손익	OCI	차입금 BV : 기존 차입금	스왑 평가손익
고→변	FV회피	변동이자	X	액면가＋스왑	100% 상계됨
변→고	CF회피	고정이자	스왑 평가손익	액면가	100% 효과적

주의 ⓘ 이자 스프레드를 빼먹지 말 것!

문제 9

(10점)

20X1년 6월 30일에 ㈜분당은 만기 3년의 차입금 ₩10,000,000을 연 7% 고정금리로 차입하였다. 고정이자율은 차입일 당시의 LIBOR에 ㈜분당의 신용위험을 고려 1%를 가산하여 결정되었다. 같은날 경쟁업체인 ㈜화성은 만기 3년의 차입금 ₩10,000,000을 변동금리로 차입하였다. 변동이자율은 차입일 당시의 LIBOR에 ㈜화성의 신용위험을 고려 1%를 가산하여 결정되었으며, 이후 반년마다 LIBOR에 가산금리를 적용하여 조정된다. 동시에 ㈜분당과 ㈜화성은 다음과 같은 만기 3년의 이자율 스왑거래를 체결하였다. ㈜분당은 차입금 원금 ₩10,000,000에 대해 ㈜화성으로부터 고정이자율 연 6%를 수취하고 6개월 LIBOR에 상당하는 변동이자율을 ㈜화성에게 지급한다. 이자율 스왑 정산과 관련한 이자는 매해 12월 31일 및 6월 30일에 지급하며, 이를 결정하는 LIBOR는 매기간 초 확정된다. 즉, 12월 31일 스왑결제에 적용될 변동이자율은 6월 30일의 6개월 LIBOR에 의해 결정된다. 차입금과 관련한 이자율스왑의 위험회피효과는 100%이며, 차입후 1년간 6개월 LIBOR와 이에 근거한 ㈜분당의 이자율스왑의 공정가치는 다음과 같다.

일 자	6개월만기 LIBOR (연 이자율)	㈜분당의 이자율스왑 공정가치
20X1.6.30	6%	₩0
20X1.12.31	7%	(222,591)
20X2.6.30	5%	185,855

물음 1 한국채택국제회계기준은 위에 제시된 이자율스왑과 같은 파생상품을 이용해 회피할 수 있는 위험을 (a) 공정가치위험 그리고 (b)현금흐름위험으로 크게 구분하고 있다. 위의 스왑거래를 통하여 ㈜분당과 ㈜화성이 각각 회피하고자 하는 위험은 이 두 위험 중 무엇인지 다음의 양식에 따라 제시하시오. 2012. CPA

	스왑거래를 통해 회피하고자 하는 위험
㈜분당	①
㈜화성	②

물음 2 20X1년 7월 1일부터 20X2년 6월 30일까지 차입금 및 스왑과 관련하여 ㈜분당과 ㈜화성이 지급하여야 할 순이자비용은 각각 얼마인지 계산하시오.

2012. CPA

	차입금 및 스왑 관련 순이자비용
㈜분당	①
㈜화성	②

물음 3 ㈜분당이 위험회피회계를 적용하였을 경우, 위 차입금 및 스왑거래가 20X2년 1월 1일부터 20X2년 6월 30일까지 회계기간의 ㈜분당의 재무제표에 미친 영향을 계산하되, 손실이나 감소는 (−)로 표시한다.

2012. CPA

당기손익에 미친 영향	①
기타포괄손익에 미친 영향	②

물음 4 ㈜화성이 위험회피회계를 적용하였을 경우, 위 차입금 및 스왑거래가 20X2년 1월 1일부터 20X2년 6월 30일까지 회계기간의 ㈜화성의 재무제표에 미친 영향을 계산하되, 손실이나 감소는 (−)로 표시한다.

2012. CPA

당기손익에 미친 영향	①
기타포괄손익에 미친 영향	②

물음 5 ㈜분당과 ㈜화성이 각각 위험회피회계를 적용하였을 경우, 20X2년 6월 30일 현재 보유중인 차입금의 장부금액을 계산하시오.

2012. CPA

㈜분당의 차입금 장부금액	①
㈜화성의 차입금 장부금액	②

해설 스왑 위험회피

(물음 1)

	스왑거래를 통해 회피하고자 하는 위험
㈜분당	① 공정가치위험
㈜화성	② 현금흐름위험

㈜분당은 고정금리로 차입하였으므로 차입금의 공정가치 변동위험에 노출되어 있으며, ㈜화성은 변동금리로 차입하였으므로 이자 지급액의 현금흐름 변동위험에 노출되어 있다.

(물음 2)

	차입금 및 스왑 관련 순이자비용
㈜분당	①750,000
㈜화성	②700,000

1. 스왑 요약

←7%	분당	←6%─ ─L%→	화성	L+1%→

스왑 후 금리:　　　　L+1%　　　　　　　　　　　　7%

2. 스왑 후 이자비용
① ㈜분당: $10,000,000 \times (7\% + 8\%) \times 6/12 = 750,000$
　　─ LIBOR 금리(연 이자율)가 6개월 단위로 적용되므로 6/12을 곱해야 한다.
② ㈜화성: $10,000,000 \times 7\% = 700,000$

(물음 3)

당기손익에 미친 영향	①(−)400,000
기타포괄손익에 미친 영향	②0

(물음 4)

당기손익에 미친 영향	①(−)350,000
기타포괄손익에 미친 영향	②(−)408,446

(물음 5)

㈜분당의 차입금 장부금액	①10,185,855
㈜화성의 차입금 장부금액	②10,000,000

1. ㈜분당의 가치변동표 (공정가치 위험회피)

	X1.6.30		X1.12.31		X2.6.30
고정차입금	(10,000,000)	+222,591	(9,777,409)	−408,446	(10,185,855)
스왑	0	−222,591	(222,591)	+408,446	185,855
변동차입금	(10,000,000)		(10,000,000)		(10,000,000)

― 문제에서 ㈜분당의 이자율스왑 공정가치를 제시하였으므로 부호를 고민할 필요없이 그대로 적으면 된다.

2. ㈜화성의 가치변동표 (현금흐름 위험회피)

	X1.6.30		X1.12.31		X2.6.30
변동차입금	(10,000,000)		(10,000,000)		(10,000,000)
스왑	0	+222,591	222,591	−408,446	(185,855)

3. ㈜분당의 포괄손익계산서

① 당기손익에 미친 영향: 이자비용＝10,000,000×8%×6/12＝(−)400,000

② 기타포괄손익에 미친 영향: 0

　― 공정가치 위험회피 적용 시 차입금과 스왑의 평가손익을 모두 PL로 인식하므로 기타포괄손익에 미치는 영향
　　은 없다.

4. ㈜화성의 포괄손익계산서

① 당기손익에 미친 영향: 이자비용＝10,000,000×7%×6/12＝(−)350,000

② 기타포괄손익에 미친 영향: 스왑 평가손익＝(−)408,446

　― 현금흐름 위험회피 적용 시 차입금은 평가손익이 없으며, 스왑의 평가손익은 모두 OCI로 인식한다.

5. 차입금 장부금액＝스왑 전 차입금

① ㈜분당(고정 차입금): 10,185,855

② ㈜화성(변동 차입금): 10,000,000

| 회계처리 |

(1) ㈜분당

X1.6.30	현금	10,000,000	차입금	10,000,000
X1.12.31	이자비용	350,000	현금	350,000
	차입금	222,591	PL	222,591
	PL	222,591	스왑	222,591
X2.6.30	이자비용	400,000	현금	400,000
	PL	408,446	차입금	408,446
	스왑	408,446	PL	408,446

(2) ㈜화성

X1.6.30	현금	10,000,000	차입금	10,000,000
X1.12.31	이자비용	350,000	현금	350,000
	스왑	222,591	OCI	222,591
X2.6.30	이자비용	350,000	현금	350,000
	OCI	408,446	스왑	408,446

문제 10

(12점)

※ 다음의 각 물음은 독립적이다.

다음의 〈자료〉를 이용하여 각 물음에 답하시오.   2020. CPA

자료

1. ㈜대한은 차입금의 시장이자율 변동에 따른 위험을 회피하기 위한 위험회피회계 요건을 충족하여 위험회피회계를 적용하였다.

2. 차입금 정보
   - 차입일: 20X1년 1월 1일(만기 3년)
   - 차입금액: ₩10,000
   - 차입금리: 차입일의 LIBOR(연 5%)에 연 1%의 신용위험을 가산하여 결정된 연 6% 고정금리조건이며 매년 말에 이자지급 조건이다.

3. 이자율스왑 정보(지정된 위험회피수단)
   - 계약체결일: 20X1년 1월 1일(만기 3년)
   - 계약금액: ₩10,000
   - 계약내용: 연 5% 고정이자를 수취하고 변동이자율 LIBOR를 지급하며, 매년 말에 이자를 정산하고 이를 결정하는 LIBOR는 매년 초 확정된다.
   - 장기차입금과 이자율스왑의 공정가치는 무이표채할인법에 의하여 산정하며 이자율스왑의 공정가치는 다음과 같다.

일 자	LIBOR	이자율스왑 공정가치(₩)
20X1. 1. 1.	5%	—
20X1. 12. 31.	6*%	(181)
20X2. 12. 31.	3%	192

*20X1. 12. 31.과 20X2. 1. 1.의 LIBOR는 동일함

물음 1 차입금과 이자율스왑 관련 거래가 ㈜대한의 20X1년 부채와 20X2년 자산에 미치는 영향을 계산하시오. 단, 감소하는 경우 (−)를 숫자 앞에 표시하시오.

20X1년 부채에 미치는 영향	①
20X2년 자산에 미치는 영향	②

물음 2 ㈜대한은 20X2년 1월 1일 차입금액 ₩10,000을 지급하는 조건으로 조기상환하게 되어 위험회피회계의 적용조건을 충족하지 못하게 되었으며 위험회피회계 전체를 중단한 경우, 차입금과 이자율스왑 관련 거래가 ㈜대한의 20X1년과 20X2년 당기순이익에 미치는 영향을 계산하시오. 단, 감소하는 경우 (−)를 숫자 앞에 표시하시오. **2차**

20X1년 당기순이익에 미치는 영향	①
20X2년 당기순이익에 미치는 영향	②

✏️ 해설 | 스왑

(물음 1) 스왑 - 공정가치위험회피

20X1년 부채에 미치는 영향	①10,000
20X2년 자산에 미치는 영향	②(-)508

←6%   [갑]   ←5%—
                —L%→   [   ]

스왑 후 금리: L+1%

고정금리로 차입한 뒤 고정이자를 수취하고 변동이자를 지급하므로 고정차입금을 변동차입금으로 스왑한 것이다. 따라서 공정가치위험회피를 적용해야 한다.

	X0		X1		X2		X3
고정차입금	(10,000)	+181	(9,819)	-373	(10,192)	+192	(10,000)
스왑	0	-181	(181)	+373	192	-192	-
변동차입금	(10,000)		(10,000)		(10,000)		(10,000)

(1) X1년 부채에 미치는 영향: ①+②=10,000

① 차입금: 10,000-181=9,819 증가

 - X1년에 차입을 하였으므로 10,000 차입분까지 포함시켜야 한다.

② 스왑계약부채: 181 증가

(2) X2년 자산에 미치는 영향: ①+②=(-)508

① 현금: 10,000×(6%+1%)=700 감소

② 스왑계약자산: 192 증가

 - X1년에 계상되어 있던 스왑이 음수이므로 부채에 해당한다. X2년에 평가이익을 인식하면서 스왑이 양수가 되므로 양수 부분만 자산에 해당한다.

| 회계처리 |

X1초	현금	10,000	차입금	10,000
X1말	이자비용	600	현금	600
	차입금	181	PL	181
	PL	181	스왑계약부채	181
X2말	이자비용	700	현금	700
	PL	373	차입금	373
	스왑계약부채	181	PL	373
	스왑계약자산	192		

(물음 2) 스왑-위험회피의 중단

20X1년 당기순이익에 미치는 영향	①(-)600
20X2년 당기순이익에 미치는 영향	②92

(1) X1년 당기순이익에 미치는 영향: 스왑 후 이자비용=10,000×6%=600 감소

(2) X2년 당기순이익에 미치는 영향: ①+②+③=92
① 사채상환손실: 9,819-10,000=(-)181
② 이자손익: (5%-6%)×10,000=(-)100 (이자비용)
  ─ 차입금은 상환하였지만 스왑까지 청산하였다는 언급이 없으므로 스왑은 지속된다고 가정한다. X2년 말에는 5% 이자를 수취하고 X2년 초 LIBOR 금리인 6%를 지급하므로 결과적으로 1%를 지급하게 된다.
③ 스왑평가손익: 192-(-181)=373
  ─ 스왑은 지속되므로 매년 말 공정가치 평가를 해야 한다. 공정가치위험회피는 중단되었지만 파생상품의 평가손익은 원래도 PL로 인식하므로 평가손익을 PL로 인식하면 된다.

| 회계처리 |

X1초	현금	10,000	차입금	10,000
X1말	이자비용	600	현금	600
	차입금	181	PL	181
	PL	181	스왑계약부채	181
X2초	차입금	9,819	현금	10,000
	상환손실	181		
X2말	이자비용	100	현금	100
	스왑계약부채	181	PL	373
	스왑계약자산	192		

5. 스왑의 공정가치 평가 2차

스왑 위험회피 문제에서는 원래 스왑의 공정가치를 문제에서 제시하고 이를 바탕으로 고정차입금의 공정가치를 우리가 구하게 된다. 하지만 문제에서 스왑의 공정가치를 제시하지 않은 경우에는 다음과 같이 스왑의 공정가치를 구할 수 있다.

$$\text{스왑의 공정가치} = \sum \frac{\text{스왑의 이자 차액}}{(1 + L + \text{스프레드})^n}$$

(1) 스왑의 이자차액=(받는 이자율−주는 이자율)×차입금

스왑을 통해 주고 받는 이자차액을 분자에 대입하자. 받는 이자율에서 주는 이자율을 차감한 뒤, 차입금 원금을 곱하면 된다.

(2) '1+L+스프레드'로 할인

현금흐름을 구했으니, 이제 할인율을 결정할 차례이다. 이때 할인율은 L(리보)도 아니고, 고정금리도 아니다. L에 스프레드(가산금리)를 더한 이자율이 할인율이 된다. 문제에서 스왑이 등장하기 전 최초 차입금에 대한 설명을 할 때 스프레드를 언급해 줄 것이다. 이 스프레드에 공정가치 측정일의 L을 가산한 이자율로 현금흐름을 할인하면 된다. 차입금의 잔존만기가 1년이면 1번만 나누면 되고, 잔존만기가 2년이라면 2년짜리 연금현금흐름을 할인하면 된다.

앞에서 푼 2020년 회계사 기출문제에서 제시한 스왑 공정가치는 다음과 같이 계산된 금액이다.

① X1말 스왑의 공정가치: $-100/1.07 - 100/1.07^2 = (-)181$
X1말의 리보가 6%이므로 스왑을 통해 5% 이자를 수취하고, 6% 이자를 지급하게 된다. 즉, 매년 1%인 100(=10,000×1%)씩 손해를 보는 상황이다. 할인율은 'L+스프레드'이므로, 7%(=6%+1%)이다. 만기가 2년 남았으므로 2년짜리 100원의 연금현금흐름을 할인하면 된다.

② X2말 스왑의 공정가치: $200/1.04 = 192$
X2말의 리보가 3%이므로 스왑을 통해 5% 이자를 수취하고, 3% 이자를 지급하게 된다. 즉, 매년 2%인 200(=10,000×2%)씩 이득을 보는 상황이다. 할인율은 4%(=3%+1%)이다. 만기가 1년 남았으므로 200원만 할인하면 된다.

문제 11

㈜대한은 20X1년 1월 1일 ₩500,000(3년 만기, 고정이자율 연 5%)을 차입하였다. 고정이자율 연 5%는 20X1년 1월 1일 한국은행 기준금리(연 3%)에 ㈜대한의 신용스프레드(연 2%)가 가산되어 결정된 것이다. 한편, ㈜대한은 금리변동으로 인한 차입금의 공정가치 변동위험을 회피하고자 다음과 같은 이자율스왑계약을 체결하고 위험회피관계를 지정하였다(이러한 차입금과 이자율스왑계약 간의 위험회피관계는 위험회피회계의 적용 요건을 충족한다).

• 이자율스왑계약 체결일 : 20X1년 1월 1일
• 이자율스왑계약 만기일 : 20X3년 12월 31일
• 이자율스왑계약 금액 : ₩500,000
• 이자율스왑계약 내용 : 매년 말 연 3%의 고정이자를 수취하고, 매년 초(또는 전년도 말)에 결정되는 한국은행 기준금리에 따라 변동이자를 지급

차입금에 대한 이자지급과 이자율스왑계약의 결제는 매년 말에 이루어지며, 이자율스왑계약의 공정가치는 무이표채권할인법으로 산정된다. 전년도 말과 당년도 초의 한국은행 기준금리는 동일하며, 연도별로 다음과 같이 변동하였다.

2022. CPA 1차 수정

20X1.1.1.	20X1.12.31.	20X2.12.31.
연 3%	연 2%	연 1%

물음 1 상기 차입금과 이자율스왑계약에 대한 회계처리가 ㈜대한의 20X1년과 20X2년 포괄손익계산서에 미치는 영향을 각각 계산하시오.

항목	20X1년	20X2년
당기순이익	①	④
기타포괄손익	②	⑤
이자율스왑계약평가손익	③	⑥

물음 2 ㈜대한이 20X1년 12월 31일과 20X2년 12월 31일 현재 보유중인 차입금의 장부금액을 각각 계산하시오.

항목	20X1년 12월 31일	20X2년 12월 31일
차입금 장부금액	①	②

✏ 해설 스왑의 공정가치 평가

(물음 1)

항목	20X1년	20X2년
당기순이익	①(−)25,000	④(−)20,000
기타포괄손익	②0	⑤0
이자율스왑계약평가손익	③9,430	⑥279

(물음 2)

항목	20X1년 12월 31일	20X2년 12월 31일
차입금 장부금액	①509,430	②509,709

←5%　　　대한　　　←3%—
　　　　　　　　　　　　—L%→

스왑 후 금리:　　　L+2%

공정가치위험회피를 적용하므로 기타포괄손익은 영향이 없으며, 스왑 후 이자비용만큼 당기순이익만 영향을 받는다.

(1) 연도별 이자비용
① X1년: 500,000×(3%+2%)=**25,000**
② X2년: 500,000×(2%+2%)=**20,000**

(2) 스왑의 공정가치
① X1말: $5,000/1.04+5,000/1.04^2=9,430$
　　－스왑의 이자차액: (3%−2%)×500,000=5,000
　　－할인율: 2%(기준금리)+2%(스프레드)=4%

② X2말: 10,000/1.03=9,709
　　－스왑의 이자차액: (3%−1%)×500,000=10,000
　　－할인율: 1%(기준금리)+2%(스프레드)=3%

가치변동표〉

	X0		X1		X2		X3
고정차입금	(500,000)	−9,430	**(509,430)**	−279	**(509,709)**	+9,709	(500,000)
스왑	0	**+9,430**	9,430	**+279**	9,709	−9,709	0
변동차입금	(500,000)		(500,000)		(500,000)		(500,000)

|회계처리|

X1초	현금	500,000	차입금	500,000
X1말	이자비용	25,000	현금	25,000
	PL	9,430	차입금	9,430
	스왑	9,430	PL	9,430
X2말	이자비용	20,000	현금	20,000
	PL	279	차입금	279
	스왑	279	PL	279
X3말	이자비용	15,000	현금	15,000
	차입금	9,709	PL	9,709
	PL	9,709	스왑	9,709
	차입금	500,000	현금	500,000

03 사업결합

1 영업권과 염가매수차익

> 영업권＝이전대가－피취득자의 순자산 공정가치×지분율
> (영업권이 음수인 경우 염가매수차익(PL) 인식)

1. 이전대가: FV 평가

이전대가로 주식을 지급하는 경우 주식을 공정가치(not 액면금액)로 평가

2. 피취득자의 순자산: FV 평가

3. (흡수)합병: 지분율=100%

합병은 두 회사가 하나의 회사가 되는 것이므로 지분율은 100%임

2 취득자산과 인수부채의 측정

1. 리스 ★중요!

(1) 피취득자가 리스 이용자인 경우

    ① 리스부채＝취득일의 리스료의 PV

    취득한 리스가 취득일에 새로운 리스인 것처럼 나머지 리스료의 현재가치로 리스부채를 측정

      – 내재이자율: 취득일에 재측정 (not 최초의 내재이자율 사용)

    ② 사용권자산＝리스부채(취득일의 리스료의 PV)＋유리한 조건의 가치－불리한 조건의 가치

(2) 피취득자가 (운용)리스 제공자인 경우: 유, 불리한 조건 반영 X!

2. 무형자산

(1) 피취득자가 인식 못 해도 취득자는 무형자산으로 인식 가능

> **ex** 피취득자가 비용으로 처리한 브랜드명, 특허권, 고객 관계 등

(2) 무형자산으로 인식 불가능한 항목 ★중요!

> ① 잠재적 계약
> ② 집합적 노동력 (시너지 효과)
> ③ 피취득자의 영업권

3. 매각예정비유동자산: 순공정가치로 측정

4. 우발부채

: 유출가능성 낮아도 FV를 신뢰성 있게 측정할 수 있으면 인수부채로 인식 ★중요!

5. 보상자산: 우발부채를 인식할 때만 FV로 인식

6. 재취득한 권리: 계약갱신을 고려하지 말고, '잔여계약기간에 기초하여' 측정

– 공정가치를 측정할 때에는 취득자가 취득자산을 활발히 이용하지 않으려고 하더라도 시장참여자의 최고 최선의 사용을 가정하여 측정한다.

7. 자산과 부채의 정의를 충족하지 못하는 항목

식별할 수 있는 취득 자산과 인수 부채는 취득일에 개념체계의 자산과 부채의 정의를 충족하여야 한다. 계획의 실행에 따라 미래에 생길 것으로 예상하지만 의무가 아닌 원가는 취득일의 부채가 아니다.

ex 피취득자의 영업활동 종료, 피취득자의 고용관계 종료, 구조조정비용, 피취득자의 종업원 재배치

8. 법인세

(1) '피취득자'로부터 승계한 결손금: 영업권에 반영 O
(2) '취득자'의 결손금의 미래 실현가능성 변동: 영업권에 반영 X

9. 주식기준보상, 종업원급여: 기준서에 따라 측정

(1) 주식기준보상

취득자는 피취득자의 주식기준보상거래와 관련한 또는 피취득자의 주식기준보상을 취득자 자신의 주식기준보상으로 대체하는 경우와 관련한 부채나 지분상품을 취득일에 기업회계기준서 제1102호 '주식기준보상'의 방법(not 공정가치)에 따라 측정한 금액으로 인식한다. 주식기준보상 측정 시 고려할 사항은 다음과 같다. 측정된 금액은 주식선택권으로 인식하여 이전대가에 포함하면 된다.

|주식기준보상 측정 시 고려사항|

측정 주체	피취득자 (not 취득자)
근무용역의 범위	사업결합 전 근무용역만 포함 (사업결합 후 근무용역 X)
가득률	고려 O

(2) 종업원급여

취득자는 피취득자의 종업원급여 약정과 관련된 부채 또는 자산을 기업회계기준서 제 1019호 '종업원급여'에 따라 인식하고 측정한다.

10. 취득관련원가: 영업권에 미치는 영향 X

구분	처리방법
중개수수료, 컨설팅 수수료, 일반관리원가	당기비용
지분상품의 발행원가	주식의 발행금액에서 차감
유형자산 관련 지출 (ex 등기비용)	유형자산의 취득원가에 가산

 계정과목 계산 시 주의사항

당기순이익	염가매수차익, 조건부대가(부채)의 공정가치 변동손익, 취득관련원가
피취득자의 손익	사업결합 이후의 손익만 가산
유형자산	등기비용 포함
부채	이연법인세부채 포함
자산, 부채	취득자의 자산, 부채 포함
자본잉여금	이전대가로 지급한 주식의 주발초 – 발행원가
기타자본	자본의 분류에 따라 달라짐. OCI는 주로 포함, 자본잉여금/이익잉여금은 문제마다 다름. 단계적 취득 시 기존 보유 주식(FVOCI)의 평가손익

문제 1
(10점)

㈜대한은 20X1년 7월 1일 ㈜민국의 지분 100%를 취득하는 합병계약을 체결하였다. 취득일 현재 ㈜민국의 순자산 공정가치는 잠정적으로 ₩50,000(자산 ₩67,000, 부채 ₩17,000)인 것으로 파악되었다. 단, ㈜대한과 ㈜민국은 동일지배하의 기업이 아니다.

물음 1 사업결합과 관련하여 ㈜대한은 ㈜민국의 자산과 부채를 실사하는 과정에서 다음과 같은 항목들이 순자산의 공정가치에 반영되지 않았음을 발견하였다. 이러한 추가항목들을 한국채택국제회계기준 제1103호 '사업결합'에 따라 반영할 경우, ㈜민국의 자산과 부채의 공정가치에 미치는 영향을 평가하시오. 단, 아래 영향평가에서 과목(항목)은 유형자산, 무형자산, 기타자산, 부채 및 영향 없음으로 구분하며, 해당 금액이 감소하는 경우 (−)를 숫자 앞에 표시하시오.

2019. CPA

추가 항목	영향평가
(예시) ㈜민국은 진행중인 연구개발 프로젝트가 있다. 취득일 현재 이 프로젝트의 공정가치는 ₩1,000이다.	무형자산 ₩1,000
㈜민국에는 신기술을 개발하는 우수한 연구 인력들이 많이 있다. 이들은 합병으로 인해 더 큰 미래경제적효익을 창출할 것으로 기대된다. 이 연구 인력의 합병 전 공정가치는 ₩1,500이며, 합병 후 공정가치는 ₩3,000으로 측정된다.	①
㈜민국은 생산공정과 관련된 비밀기술을 보유하고 있다. 동 비밀기술은 특허는 받지 않았지만 미래경제적효익을 기대할 수 있으며, 그 공정가치는 ₩500이다.	②
㈜민국은 취득일 현재 새로운 고객과 5년 동안 제품을 공급하는 계약을 협상 중이다. 동 계약의 체결가능성은 매우 높으며, 그 공정가치는 ₩800이다.	③
㈜민국은 취득일 현재 계류중인 손해배상소송과 관련하여 패소할 가능성이 높지 않아 관련 충당부채를 인식하지 않았다. 관련 충당부채의 공정가치는 ₩300이다.	④
㈜민국은 위의 손해배상소송과 관련하여 향후 손해배상액이 ₩300을 초과하는 경우 그 초과액을 ㈜대한에 보상해주기로 하였다. 손해배상충당부채와 동일한 근거로 측정한 보상의 공정가치는 ₩500이다.	⑤
㈜민국은 종업원에게 현금결제형 주식기준보상을 부여하였다. ㈜대한은 합병 후 이를 자신의 주식기준보상(현금결제형)으로 대체하려고 한다. 취득일 현재 한국채택국제회계기준 제1102호 '주식기준보상'의 방법에 따라 ㈜대한이 측정한 금액은 ₩1,500이며, ㈜민국이 측정한 금액은 ₩1,700이다. 한편, 동 주식기준보상의 공정가치는 ₩2,100이다. 동 주식기준보상은 부채의 공정가치 측정에 ₩2,000으로 반영되어 있다.	⑥

물음 2 취득자는 사업결합 이전에 자신이 인식했거나 인식하지 않은 무형자산을 사용하도록 피취득자에게 부여했던 권리를 사업결합의 결과로 다시 취득할 수 있다. 이처럼 다시 취득한 권리는 사업결합 과정에서 어떻게 인식 및 측정하여야 하며, 그 이유는 무엇인지 서술하시오.

2019. CPA

해설 사업결합

(물음 1)
① 영향없음
② 무형자산 500
③ 영향없음
④ 부채 300
⑤ 기타자산 50
⑥ 부채 (−)300

① 집합적 노동력은 별도 자산으로 인식하지 않는다.
② 미래경제적 효익을 기대할 수 있으므로 무형자산으로 인식한다.
③ 잠재적 계약은 별도 자산으로 인식하지 않는다.
④ 우발부채는 자원의 유출가능성이 낮더라도 부채로 인식한다.
⑤ 보상자산은 공정가치로 인식한다. 문제에서 나열한 자산의 분류 중 유형자산, 무형자산에 해당하지 않으므로 기타자산으로 분류한다.
⑥ 대체보상의 경우 '피취득자'가 취득일에 '주식기준보상'의 방법에 따라 측정한 금액을 부채로 인식한다. 따라서 주식기준보상을 1,700으로 평가하는데, 이미 부채의 공정가치에 2,000이 포함되어 있으므로 부채에서 300을 차감한다.

(물음 2)
계약의 잠재적 갱신과 무관하게, 취득자는 다시 취득한 권리의 가치를 남은 계약기간에 기초하여 측정하고 무형자산으로 인식한다. 피취득자가 남은 계약기간동안 미래 경제적 효익을 통제할 수 있으므로 무형자산의 정의를 충족하기 때문이다.

3 이전대가 중 비화폐성 자산

	평가	평가손익
원칙	FV	PL
예외	BV	없음

(1) 원칙: FV로 측정, 평가손익은 PL

(2) 예외: BV로 측정, 평가손익 X

사업결합 후 결합기업에 여전히 남아 있고, 취득자가 계속 통제하는 경우 장부금액만큼 제거하고 다시 장부금액만큼 인식→영업권에 영향 X

― '이전대가'를 물어보면 이론 상으로는 이전대가가 맞으므로 포함시켜야 함.

> **사례**
>
> ㈜김수석은 20X1년 1월 1일 ㈜이차석을 흡수합병하였다. 취득일 현재 ㈜이차석의 자산의 공정가치는 ₩12,000, 부채의 공정가치는 ₩2,000이다. ㈜김수석은 현금 ₩5,000과 함께 장부금액 ₩15,000, 공정가치 ₩17,000인 토지를 이전대가로 지급하였다. 다음 각 물음은 독립적이다.
>
> 물음 1) 20X1년 1월 1일 ㈜김수석의 회계처리를 하시오.
> 물음 2) 토지가 사업결합 이후에도 ㈜김수석에 여전히 남아 있고, 따라서 ㈜김수석이 토지를 계속 통제할 때, 20X1년 1월 1일 ㈜김수석의 회계처리를 하시오.

물음 1)

토지	2,000	PL	2,000
자산	12,000	부채	2,000
영업권	12,000	현금	5,000
		토지	17,000

이전대가: 5,000＋17,000(FV)＝22,000
영업권: 22,000－10,000＝12,000

물음 2)

자산	12,000	부채	2,000	
		현금	5,000	
		염가매수차익	5,000	
토지	15,000	토지	15,000	← 생략 가능

이전대가: 5,000 (토지 제외)
영업권: 5,000－10,000＝(－)5,000 (염가매수차익)

4 잠정금액

1. 수정 시점에 따른 잠정금액 수정 가능 여부

취득일로부터 1년 내에 수정	잠정금액 수정 O
취득일로부터 1년 후에 수정	잠정금액 수정 X
예외: 오류수정에 해당하는 경우	잠정금액 수정 O

(1) 측정기간 및 오류수정

측정기간은 취득한 날부터 1년을 초과할 수 없다. 취득일로부터 1년 내에는 잠정금액을 수정할 수 있지만, 1년 후에는 잠정금액을 수정할 수 없다. 단, 오류수정의 경우 예외적으로 1년 후에도 잠정금액을 수정할 수 있다.

(2) 잠정금액 수정 시 영업권 수정

1년 내에 수정하거나, 오류수정에 해당하여 잠정금액을 수정하는 경우 피취득자의 순자산이 변하므로 영업권도 같이 수정한다.

문제 2
(13점)

20X1년 7월 1일에 ㈜대한은 ㈜민국의 주식 100%를 취득하여 사업결합하고, 다음과 같은 대가를 지급하였다.

자료

- ㈜대한은 ㈜민국의 기존 주주들에게 보통주 100주(주당 액면가액 ₩1,000, 주당 공정가치 ₩2,000)를 발행·교부하였으며, 주식발행비용으로 ₩4,000을 지출하였다.

- ㈜대한은 ㈜민국의 기존 주주들에게 장부금액 ₩50,000(공정가치 ₩60,000)인 토지를 이전하였다.

- ㈜대한은 ㈜민국의 주식기준보상(주식결제형)을 자신의 주식기준보상(주식결제형)으로 대체하기로 하였다. ㈜민국이 종업원에게 주식기준보상을 부여한 시점에서의 공정가치는 ₩25,000이며, 취득일에 기업회계기준서(주식기준보상)에 의하여 측정한 금액은 ₩30,000이다.

- ㈜대한은 20X2년 초에 시장점유율이 특정비율을 초과하게 되면 ㈜민국의 기존 주주들에게 보통주 10주를 추가 발행·교부하기로 하였으며, 취득일 현재 이러한 대가의 공정가치는 ₩18,000으로 추정된다.

취득일 현재, ㈜민국 자산의 공정가치는 ₩300,000, 부채의 공정가치는 ₩100,000이다. 취득한 자산과 인수한 부채의 공정가치와 관련된 추가 자료는 다음과 같다.

추가자료

1. ㈜민국은 취득일 현재 새로운 고객과 제품공급계약을 협상하고 있는데, 동 계약의 체결가능성은 매우 높다. 동 계약의 공정가치는 ₩5,000으로 추정된다.

2. ㈜민국의 무형자산 중에는 인터넷 도메인 등 홈페이지와 관련된 무형자산이 ₩50,000 계상되어 있다. 그러나 ㈜대한은 자체적인 홈페이지를 운영하고 있으므로, ㈜민국의 홈페이지를 폐쇄하기로 결정하고 사업결합시 ㈜민국의 순자산 공정가치에 포함시키지 않았다. 이러한 인터넷 도메인 등의 홈페이지와 관련된 공정가치는 ₩25,000이다. 또한 ㈜민국은 고객목록 정보를 데이터베이스 형태로 관리하고 있다. ㈜민국은 이러한 데이터베이스를 구축하는데 ₩40,000을 지출하였으며, 이를 경상개발비로 처리하였다. 동 고객목록 정보의 공정가치는 ₩20,000이다.

3. 사업결합 후 ㈜민국의 일부 사업 중단계획에 따라 취득일에 매각예정비유동자산으로 분류한 처분자산집단의 장부금액은 ₩2,000이지만, 동 자산집단의 공정가치는 ₩3,000이고, 처분부대원가는 ₩500이다. 매각예정비유동자산은 취득일의 ㈜민국의 순자산에 포함되지 않았다.

4. ㈜민국은 취득일 현재 소송의 피고로 계류중인 사건과 관련하여 패소할 가능성이 높지 않아 충당부채를 인식하지 않았으나, 이의 공정가치는 ₩13,000으로 측정되었다. ㈜민국은 이 소송에 패소하여 손해배상액이 ₩13,000을 초과할 경우 차액을 ㈜대한에게 보상해주기로 하였는데, 보상대상 부채와 동일한 근거로 측정한 보상금액의 공정가치는 ₩2,000으로 측정되었다.

5. ㈜대한은 취득일에 인수한 ㈜민국의 금융부채 공정가치가 확실하지 않아, 잠정적으로 ₩15,000으로 측정하였으나, 20X2년 중에 동 금융부채의 공정가치가 ₩12,000인 것으로 확인되었다.

물음 1 ㈜대한이 ㈜민국에게 지급한 이전대가 중 ㈜민국에게 이전한 토지를 ㈜대한이 사업결합 후에도 ①계속 통제하고 있는 경우와 ②통제하지 못하는 경우로 나누어 ㈜대한이 취득일에 사업결합과 관련하여 지급한 이전대가를 계산하시오.

2017. CPA

물음 2 ㈜대한이 취득일에 사업결합과 관련한 회계처리를 할 때, 추가자료 1~4 항목들이 ㈜대한이 취득한 순자산 공정가치에 미치는 영향을 계산하시오. 단, 영향이 없는 경우에는 '0'으로 표시하고, 순자산 공정가치가 감소하는 경우에는 금액 앞에 '(−)'를 표시하시오.

2017. CPA

항목	순자산 공정가치에 미치는 영향
추가자료1	①
추가자료2	②
추가자료3	③
추가자료4	④

물음 3 추가자료5와 같이 잠정금액의 수정이 이루어지는 경우 수정이 이루어지는 시기에 따라 회계처리가 어떻게 달라지는지 간략히 설명하시오.

2017. CPA

✎ 해설

(물음 1) 이전대가 중 비화폐성 자산

① 계속 통제하고 있는 경우: 298,000

교부 주식	100주×@2,000=200,000
토지	50,000 (BV)
주식기준보상	30,000 (주식기준보상에 의한 금액)
조건부대가	18,000 (FV)
이전대가 계	298,000

주식기준보상은 취득일의 공정가치가 아니라 기준서 '주식기준보상'의 방법에 따라 측정한다. 문제 초반부에 '다음과 같은 대가'를 지급하였다고 언급하고 있으므로 주식기준보상 평가금액을 이전대가에 포함시켰다.

② 통제하지 못하는 경우: 308,000

교부 주식	100주×@2,000=200,000
토지	60,000 (FV)
주식기준보상	30,000 (주식기준보상에 의한 금액)
조건부대가	18,000 (FV)
이전대가 계	308,000

비화폐성 자산을 이전대가로 지급하는 경우 취득자가 계속 통제하는 경우 장부금액으로, 통제하지 못하는 경우 공정가치로 평가한다.

(물음 2) 사업결합

항목	순자산 공정가치에 미치는 영향
추가자료1	①0
추가자료2	②45,000
추가자료3	③2,500
추가자료4	④(−)11,000

1. 추가자료1: 0
잠재적 계약의 가치는 식별가능한 자산이 아니다.

2. 추가자료2: 25,000+20,000=45,000
(1) 도메인 등 무형자산
　취득자가 사용할 의도가 없거나 그 밖의 시장참여자가 사용하는 방법과 다른 방법으로 사용할 의도가 있는 자산도 시장참여자가 최고 최선으로 사용함을 가정하여 측정한다. 따라서 무형자산을 공정가치인 25,000으로 인식한다.
(2) 고객목록 정보: 공정가치인 20,000으로 인식한다.

3. 추가자료3: 3,000−500=2,500
매각예정비유동자산은 순공정가치로 측정한다.

4. 추가자료4: 2,000−13,000=(−)11,000
자원의 유출가능성이 높지 않은 우발부채도 충당부채로 인식한다. 보상자산은 관련 부채를 인식하는 경우에 공정가치로 측정한다. 충당부채를 인식하므로 보상자산도 인식해야 한다.

(물음 3) 잠정금액
측정기간 이내에 잠정금액을 수정하는 경우에는 취득일로 소급수정하여 영업권에 반영하며, 측정기간 이후에 수정하는 경우에는 오류가 아닌 이상 수정하지 않는다.

5 조건부대가

1. 조건부대가의 측정: FV

2. 조건부대가의 계정 분류

주식 지급	확정 수량	자본
	변동 수량	부채
현금 지급		
취득자가 이전대가를 반환받을 권리		자산

　-특정 조건이 충족될 경우 취득자가 이전대가를 반환받을 권리는 취득 자산에 포함→영업권 감소

3. 조건부대가의 공정가치 변동

(1) 취득일에 존재했던 사실로 인한 가치 변동: 소급법 (영업권 수정 O)

　-측정기간의 조정(잠정금액)에 해당함
　-측정기간 내의 수정은 소급법을 적용하여 잠정금액을 수정하므로 조건부대가와 영업권 수정

영업권	XXX	조건부 대가 (자본 or 부채)	XXX

(2) 취득일 이후에 발생한 사실로 인한 가치 변동: 전진법 (영업권 수정 X)

조건부대가의 계정 분류		조건부대가의 변동손익	회계처리
확정 수량 주식 지급	자본	자본	없음 (자본/자본)
변동 수량 주식 or 현금 지급	부채	당기손익(PL)	PL / 부채

4. 조건부대가 지급 시 회계처리

(1) 확정 수량 주식 지급 시

조건부대가(자본)	BV	자본금	액면가
		주발초	XXX

자본은 가치 변동을 인식하지 않으므로 조건부대가 장부금액(=최초의 공정가치)을 제거하면서 자본금, 주발초를 증가시킴

(2) 변동 수량 주식 or 현금 지급 시: 지급 시에도 평가 후 지급

① 변동 수량 주식 지급 시

FV 평가	PL	FV−BV	조건부대가(부채)	FV−BV	⌐ FV
지급	조건부대가(부채)	FV	자본금 주발초	액면가 XXX	

② 현금 지급 시

FV 평가	PL	지급액−BV	조건부대가(부채)	지급액−BV	⌐ 지급액
지급	조건부대가(부채)	지급액	현금	지급액	

문제 3

(13점)

공통자료

㈜대한은 20X1년 1월 1일 ㈜민국의 지분 100%를 취득하여 ㈜민국을 흡수합병하였다. 합병 전 ㈜대한의 ㈜민국에 대한 예비실사 결과, ㈜민국의 취득자산과 인수부채의 공정가치는 각각 ₩35,000 및 ₩5,000으로 파악되었다. 합병대가로 ㈜대한은 ㈜민국의 주주에게 현금 ₩40,000을 지급하기로 하였다. ㈜대한과 ㈜민국은 동일지배하의 기업이 아니다.

물음 1 아래의 〈예시〉를 참고하여, 〈공통 자료〉에 아래의 독립된 상황별로 추가 제시내용을 반영할 경우, 각 상황별로 영업권(또는 염가매수차익) 금액을 계산하시오. 단, 염가매수차익인 경우 괄호 안에 금액(예시: (1,000))을 표시하며, 별도의 언급이 있는 경우를 제외하고는 법인세 효과는 무시한다. 다음의 (상황 1) ~ (상황 5)는 상호 독립적이다.

2021. CPA

예시

취득일 현재 ㈜민국은 무형자산의 정의를 충족하는 특허기술을 보유(공정가치 ₩5,000)하고 있고 새로운 고객인 ㈜서울과 협상 중에 있는 계약(공정가치 ₩3,000)이 있으나 예비실사에 반영되지 않았다. 《공통 자료》와 〈예시〉자료를 적용하면 영업권은 ₩5,000임)

〈답안〉

구분	영업권(염가매수차익)
〈공통 자료〉 + 〈예시〉	₩5,000

(상황 1) ㈜민국은 차량 리스계약의 리스이용자로, 잔여기간 동안 리스료의 현재가치 측정금액이 취득자산(사용권자산)과 인수부채(리스부채)의 공정가치에 포함되어 있다. 다만, 취득일 현재 해당 리스조건은 시장조건에 비하여 불리하다. 예비실사 시 불리한 시장조건의 공정가치는 ₩1,000으로 측정되었으며 이는 취득자산에 반영되지 않았다. 한편, ㈜민국이 인식하지 않은 고객목록의 공정가치 ₩3,000이 예비실사 시 반영되지 않았다.

구분	영업권(염가매수차익)
〈공통 자료〉 + (상황 1)	①

(상황 2) 취득일 현재 ㈜민국이 산정한 집합적 노동력의 공정가치 ₩3,000과 ㈜민국이 이전의 사업결합에서 인식한 영업권 ₩1,000이 반영되지 않았다. 또한 ㈜대한은 회계, 법률 자문수수료로 ₩2,000을 추가로 지출하였다.

구분	영업권(염가매수차익)
〈공통 자료〉 + (상황 2)	②

(상황 3) ㈜대한은 합병 후 ㈜민국의 일부 사업부를 폐쇄할 예정이며 구조조정비용은 ₩1,000으로 예상되나, ㈜민국은 이를 인식하지 않았다. ㈜대한은 ㈜민국의 매출액이 합병 이후 일정 수준에 미달하는 경우 기존 이전대가의 일부를 반환받을 수 있으며, 해당 권리의 공정가치는 ₩4,000으로 추정되나 해당 거래가 반영되지 않았다. ㈜대한의 합병전담부서 유지비용으로 ₩500이 추가로 지출되었다.

구분	영업권(염가매수차익)
〈공통 자료〉 + (상황 3)	③

(상황 4) ㈜대한은 사업결합 전 ㈜민국에 부여한 프랜차이즈 권리(잔여 계약기간 2년)를 재취득하였는데, 취득자산에 반영되지 않았다. 해당 권리의 공정가치는 ₩2,000이며, 잠재적인 갱신 가능성을 고려할 경우의 공정가치는 ₩3,000이다. 추가로 ㈜대한은 기존 이전대가에 추가하여 ㈜민국의 주주에게 토지(공정가치 ₩3,000, 장부금액 ₩2,000)를 이전하기로 하였다. ㈜대한은 이전하는 토지를 사업결합 후 통제하지 않는다.

구분	영업권(염가매수차익)
〈공통 자료〉 + (상황 4)	④

(상황 5) ㈜대한은 사업결합일 현재 ₩20,000의 세무상 이월결손금을 보유하고 있는데, 과거에는 실현가능성이 높지 않다고 판단하여 이연법인세자산을 인식하지 않았다. 그러나 ㈜대한은 ㈜민국과의 사업결합으로 해당 이월결손금의 실현가능성이 높다고 판단하고 있다. 한편, ㈜대한과 ㈜민국의 적용 법인세율은 각각 20% 및 30%이며, ㈜민국의 자산과 부채의 장부금액과 공정가치의 차이는 없다.

구분	영업권(염가매수차익)
〈공통 자료〉 + (상황 5)	⑤

물음 2 기업회계기준서 제1103호 '사업결합'에 따른 ① 조건부 대가의 정의, ② 사업결합일의 조건부 대가의 최초 측정방법 및 ③ 지급의무가 있는 조건부 대가에 대한 회계처리 상 분류방법을 간략히 기술하시오.

2021. CPA

조건부 대가의 정의	①
조건부 대가의 최초 측정방법	②
조건부 대가 지급의무의 회계처리 분류	③

해설 사업결합 영업권 계산

(물음 1)

구 분	영업권(염가매수차익)
〈공통 자료〉 + (상황 1)	①8,000
〈공통 자료〉 + (상황 2)	②10,000
〈공통 자료〉 + (상황 3)	③6,000
〈공통 자료〉 + (상황 4)	④11,000
〈공통 자료〉 + (상황 5)	⑤10,000

〈공통 자료〉의 종속기업 순자산 공정가치: 35,000 − 5,000 = 30,000

(상황 1)

1. 종속기업 순자산 공정가치: 32,000

공통 자료	30,000
불리한 시장조건의 공정가치	(1,000)
고객목록	3,000
종속기업 순자산 공정가치	32,000

피취득자가 무형자산으로 인식하지 못했더라도 식별가능하고, 신뢰성 있게 측정가능하다면 취득자는 무형자산으로 인식한다. 예를 들면 취득자는 피취득자가 내부에서 개발하고 관련 원가를 비용으로 처리하였기 때문에 피취득자 자신의 재무제표에 자산으로 인식하지 않았던 브랜드명, 특허권, 고객 관계와 같은 식별할 수 있는 무형자산의 취득을 인식한다.

2. 영업권: 40,000 − 32,000 = 8,000

(상황 2)

1. 종속기업 순자산 공정가치: 30,000

공통 자료	30,000
집합적 노동력	—
이전 사업결합에서 인식한 영업권	—
자문수수료	—
종속기업 순자산 공정가치	30,000

2. 영업권: 40,000 − 30,000 = **10,000**

(상황 3)
1. 종속기업 순자산 공정가치: 34,000

공통 자료	30,000
구조조정비용	−
조건부대가	4,000
유지비용	−
종속기업 순자산 공정가치	34,000

(1) 구조조정비용: 반영 X
　　피취득자의 영업활동 종료, 피취득자의 고용관계 종료, 피취득자의 종업원 재배치와 같은 계획의 실행에 따라 미래에 생길 것으로 예상하지만 의무가 아닌 원가는 취득일의 부채가 아니다.
(2) 조건부대가: 반영 O
　　일반적으로 조건부대가는 취득자가 피취득자에게 지급하므로 이전대가에 포함시키지만, 이 문제에서는 조건을 충족하는 경우 취득자가 현금을 반환받으므로 조건부대가를 종속기업의 순자산에 포함시켰다.
(3) 유지비용: 반영 X

2. 영업권: 40,000 − 34,000 = **6,000**

(상황 4)
1. 종속기업 순자산 공정가치: 32,000

공통 자료	30,000
재취득한 권리	2,000
종속기업 순자산 공정가치	32,000

(1) 재취득한 권리: 갱신 가능성을 고려하지 않고 공정가치를 평가한다.

2. 이전대가: 40,000 + 3,000 = 43,000
취득자가 피취득자에게 지급하는 이전대가 중 비화폐성 자산이 포함되어 있는데, 취득자가 자산을 통제할 수 없으므로 공정가치로 평가한다.

3. 영업권: 43,000 − 32,000 = **11,000**

(상황 5)
1. 종속기업 순자산 공정가치: 30,000

공통 자료	30,000
취득자의 이연법인세자산	−
종속기업 순자산 공정가치	30,000

사업결합으로 인해 취사업결합으로 인해 취득자의 결손금의 미래 실현가능성이 높아지더라도 영업권에 반영하지 않는다.

2. 영업권: 40,000−30,000＝10,000

(물음 2)

조건부 대가의 정의	① 특정 조건이 충족되는 경우 피취득자의 이전 소유주에게 추가적으로 대가를 지급해야 하는 취득자의 의무
조건부 대가의 최초 측정방법	②취득일의 공정가치
조건부 대가 지급의 무의 회계처리 분류	③ 현금이나 변동 수량의 주식을 이전하는 의무는 부채로 분류하고, 확정 수량의 주식을 이전하는 의무는 자본으로 분류한다.

문제 4

(14점)

㈜대한은 20X1년 1월 1일에 ㈜민국의 주식 100%를 취득함으로써 ㈜민국을 흡수합병하였다. ㈜대한은 합병대가로 ㈜민국의 주주에게 자사 보통주 300주(1주당 액면금액 ₩1,000, 1주당 공정가치 ₩1,500)를 발행·교부하고, 현금 ₩100,000을 지급하였다. 단, ㈜대한과 ㈜민국은 동일지배 하에 있는 기업이 아니다. 합병 직전 ㈜대한과 ㈜민국의 재무상태표는 다음과 같다.

〈합병 직전 양사의 재무상태표〉

항목	㈜대한	㈜민국
유동자산	₩300,000	₩200,000
유형자산	500,000	150,000
무형자산	100,000	150,000
자산 계	900,000	500,000
부채	300,000	100,000
납입자본	400,000	250,000
기타자본	200,000	150,000
부채 및 자본 계	900,000	500,000

주 : 납입자본을 제외한 나머지 자본요소는 모두 '기타자본'으로 보고한다.

합병 직전에 ㈜민국의 자산과 부채에 대해 '예비실사를 통해 ㈜대한이 산정한 공정가치(이하 예비실사가액)' 자료는 다음과 같다. 단, 아래 '2. 취득 자산·부채의 공정가치 관련 추가자료'에 제시되는 사항을 제외하고는 ㈜대한이 공정 가치를 적정하게 산정한 것으로 가정한다.

항목	예비실사가액
유동자산	₩220,000
유형자산	200,000
무형자산	160,000
부채	100,000

합병과 관련한 추가자료

1. 조건부 대가 계약
(1) 합병 후 1년 간 시장점유율이 25%를 초과하면 20주를 발행하여 추가 교부한다. 합병일 현재 동 '주식교부 조건부 대가'는 자본으로 분류되고, 공정가치는 ₩25,000이다.
(2) 20X1년의 이익실적에 따라 일정 금액의 현금을 추가 지급한다. 합병일 현재 동 '현금지급 조건부 대가'는 부채로 분류되고, 공정가치는 ₩7,000이다.

2. 취득 자산·부채의 공정가치 관련 추가자료
(1) ㈜민국의 유동자산에는 수취채권(장부금액 ₩10,000)이 포함되어 있다. ㈜대한은 예비실사시 동 수취채권 중 ₩3,000만큼은 회수가 어려울 것으로 판단하여, 동 수취채권을 ₩7,000으로 산정하였다. 취득일에 동 수취채권의 공정가치는 ₩8,000이다.
(2) ㈜민국의 유형자산에는 운용리스자산이 포함되어 있다. ㈜대한은 동 운용리스계약이 시장조건에 비해 ₩5,000만큼 유리한 것으로 판단하여 예비실사가액에 해당 계약에 대한 무형자산 ₩5,000을 포함하였다.
(3) ㈜민국의 무형자산에는 ㈜한국으로부터 취득한 라이선스계약(장부금액 ₩5,000 및 취득일의 공정가치 ₩6,000)이 포함되어 있는데, ㈜대한도 이미 동일한 라이선스계약을 보유하고 있다. ㈜대한은 동 라이선스계약을 중복 보유하게 됨에 따라 사용가치가 없는 것으로 판단하여 예비실사가액 산정시 반영하지 않았다.

물음 1 제시된 〈합병과 관련한 추가자료〉를 반영하여 합병일에 ㈜대한이 작성하는 재무상태표상 아래 항목에 해당하는 금액을 구하시오. 해당 금액이 없는 경우에는 "0"으로 표시하시오.   2014. CPA

영업권	①
무형자산 (영업권 제외)	②
부채	③
납입자본	④
기타자본	⑤

물음 2 20X1년 12월 31일 현재 〈합병과 관련한 추가자료〉에 따른 2개의 조건부 대가 계약에 대한 조건이 모두 충족되었다. 이와 관련하여 ㈜대한은 ㈜민국의 주주에게 ㈜대한의 주식 20주와 현금 ₩5,000을 지급하였다. 20X1년 12월 31일 현재 ㈜대한 주식의 공정가치는 1주당 ₩2,000이다. 조건부 대가에 대한 지급이 ① 납입자본에 영향을 미치는 금액과 ② 당기손익에 영향을 미치는 금액을 각각 구하시오. 단, 감소의 경우에는 금액 앞에 (−)를 표시하시오.   2014. CPA

✎ **해설** 사업결합-조건부대가

(물음 1)

영업권	①100,000
무형자산 (영업권 제외)	②261,000
부채	③407,000
납입자본	④850,000
기타자본	⑤225,000

1. 영업권: 이전대가－순자산 공정가치＝582,000－482,000＝100,000
(1) 이전대가: 주식＋현금＋조건부대가＝450,000＋100,000＋32,000＝582,000
　　－ 주식: 300주×@1,500＝450,000
　　－ 조건부대가: 25,000＋7,000＝32,000

(2) 순자산 공정가치: 482,000

예비실사가액 유동자산(수취채권) 무형자산(리스) 무형자산(라이선스)	480,000 1,000 (5,000) 6,000
순자산 공정가치	482,000

　　－ 피취득자가 운용리스제공자일 경우 시장조건에 비해 유불리한 조건은 순자산에 포함시키지 않는다.
　　－ 재취득한 권리는 취득일의 공정가치로 평가한다.

2. 계정별 잔액
종속기업의 자산, 부채는 연결재무상태표에 표시되기 때문에 종속기업의 무형자산, 부채는 공정가치를 더해야 한다. 반면, 종속기업의 자본은 연결재무상태표에 표시되지 않기 때문에 반영하면 안 된다.

	합병 직전 ㈜대한	＋합병 회계처리	＝합병 직후 ㈜대한
무형자산	100,000	161,000	261,000
부채	300,000	107,000	407,000
납입자본	400,000	450,000	850,000
기타자본	200,000	25,000	225,000

(1) 무형자산: 160,000(예비실사가액)－5,000(리스)＋6,000(라이선스)＝161,000 증가
(2) 부채: 100,000(예비실사가액)＋7,000(현금지급 조건부대가)＝107,000 증가
(3) 납입자본: 450,000 증가 (이전대가로 지급한 주식의 발행금액)
(4) 기타자본: 25,000 증가 (주식교부 조건부대가)

| 회계처리 |

X1.1.1	유동자산	221,000	부채	100,000
	유형자산	200,000	자본금	300,000
	무형자산	161,000	주식발행초과금	150,000
	영업권	100,000	현금	100,000
			조건부대가(자본)	25,000
			조건부대가(부채)	7,000

(물음 2) ① 25,000 ② 2,000

1. 납입자본: 25,000 증가
조건부대가가 자본으로 분류되는 경우 공정가치 평가손익을 인식하지 않으며, 취득일 현재 조건부대가의 공정가치가 발행되는 주식의 발행금액이 된다.

2. 당기손익에 미치는 영향: 7,000 − 5,000 = 2,000 증가
조건부대가가 부채로 분류되는 경우 공정가치 평가손익을 당기손익으로 인식한다.

| 회계처리 |

X1.12.31	조건부대가(자본)	25,000	자본금	20,000
			주식발행초과금	5,000
	조건부대가(부채)	2,000	PL	2,000
	조건부대가(부채)	5,000	현금	5,000

자본금 증가액: 1,000(액면금액) × 20주 = 20,000

6 단계적 취득

1. 기존 보유 주식의 평가: 취득일의 FV로 평가 (일괄법)

2. 주식의 평가손익

(1) FVPL or 관계기업투자주식	PL
(2) FVOCI 선택	OCI

문제 5
(15점)

㈜대한은 20X1년 7월 1일에 ㈜민국의 발행주식 중 10%(100주, 주당 액면금액 ₩1,000)를 ₩120,000에 취득하였다. ㈜대한은 매입한 주식을 기타포괄손익－공정가치 측정 금융자산으로 지정하였다. ㈜대한은 20X2년 2월 1일에 ㈜민국의 자산과 부채를 모두 인수하는 사업결합을 하기로 결정하였다. 사업결합을 진행하기 위해 ㈜대한은 ㈜민국의 자산과 부채에 대해 2차례의 실사(예비실사와 추가실사, 총 ₩600,000 지출)를 수행하였다. 다음의 사업결합 관련 자료를 이용하여 물음에 답하시오. 단, ㈜대한과 ㈜민국은 동일지배하의 기업이 아니며 별도의 언급이 없는 사항에 대한 세금효과는 고려하지 않는다.

다음은 20X2년 2월 1일 현재 양사의 재무상태표와 ㈜민국의 예비실사 결과를 반영한 공정가치 자료이다.

㈜대한 재무상태표
(20X2년 2월 1일 현재)

계정	장부금액
유동자산	₩400,000
유형자산	500,000
무형자산	50,000
기타자산	150,000
자산 총계	₩1,100,000
부채	450,000
자본금	400,000
기타자본	250,000
부채와 자본 총계	₩1,100,000

㈜민국의 자산, 부채 예비실사 결과

(20X2년 2월 1일 현재)

계정	장부금액	공정가치
유동자산	₩750,000	₩750,000
유형자산	350,000	500,000
무형자산	100,000	100,000
기타자산	100,000	100,000
자산 총계	₩1,300,000	
부채	700,000	700,000
자본금	400,000	
기타자본	200,000	
부채와 자본 총계	₩1,300,000	

관련자료

세법상 자산의 임의적인 평가증은 인정되지 않는다. ㈜대한과 ㈜민국의 평균예상세율은 각각 25%와 20%이다. ㈜민국의 주당 공정가치는 다음과 같다.

일자	20X1.7.1	20X1.12.31	20X2.2.1
금액	₩1,200	₩1,400	₩1,500

예비실사를 토대로 ㈜대한과 ㈜민국은 다음과 같이 사업결합대가를 결정하였다.
- ㈜대한은 자사 주식 200주(주당 액면금액 ₩1,000, 교부일의 주당 시가 ₩1,600)와 현금 ₩300,000을 지급하기로 한다.
- 합병 후 1년이 되는 시점인 20X3년 1월 31일에 ㈜대한의 시장점유율이 10%를 초과하면 초과 달성하는 1%당 10주를 추가로 교부하기로 한다. 20X2년 2월 1일(사업결합일)에 예상되는 20X3년 1월 31일의 시장점유율은 15%이다. 따라서 추가 발행될 것으로 예상되는 주식수는 총 50주(주당 액면금액 ₩1,000, 총 공정가치 ₩90,000)이다.

물음 1 ㈜대한이 20X1년 7월 1일에 취득한 ㈜민국의 주식은 사업결합 회계처리에 어떻게 반영되는지 간략하게 설명하시오. 2018. CPA

물음 2 20X2년 2월 1일에 ㈜대한과 ㈜민국의 사업결합 직후 다음의 각 항목별 금액을 계산하시오. 2018. CPA

계정	금액
영업권	①
부채	②
기타자본	③

물음 3 다음은 취득일 이후 새롭게 입수한 정보에 기초하여 확인된, 예비실사 시에 반영되지 못한 ㈜민국에 대한 추가실사 내용이다.

> • 유동자산 중 재고자산 진부화로 인한 손상차손을 반영해야 하는 금액은 ₩80,000이며, 회수가 어려울 것으로 판단되는 거래처의 매출채권 금액은 ₩20,000이다. 그러나 동 자산들에 대한 손상차손은 세법상 인정되지 않는다.
> • ㈜민국은 서울 시내 주요 쇼핑지역 내에 대규모 영업점을 운영 중이며 운용리스계약을 체결하여 시장 조건에 비해 유리한 조건으로 리스료를 부담하고 있다. ㈜대한은 유리한 조건의 가치를 ₩50,000으로 평가하였다.
> • ㈜민국은 사업결합 이전 회계기간을 대상으로 세무조사를 받을 것으로 예상된다. 세무조사가 실시될 경우 예상되는 추징세액은 ₩70,000으로 파악되었으나, 추징세액이 확정될 경우 ㈜민국의 기존 주주는 최대 ₩50,000까지만 보상하기로 하였다.

위의 추가실사 결과가 예비실사 후 계산된 영업권에 미치는 영향을 계산하시오. 단, 영향이 없는 경우에는 '0'으로 표시하고, 감소하는 경우에는 (−)를 숫자 앞에 표시하시오.　2018. CPA 수정

추가실사 내용	영업권조정금액
재고자산 및 매출채권	①
영업점	②
세무조사	③

✏️ **해설** 단계적 취득, 조건부대가, 법인세효과, 잠정대가

(물음 1)
취득일의 공정가치는 이전대가에 포함하고, 장부금액과의 차액은 기타포괄손익으로 인식한다.

(물음 2)

계정	금액
영업권	①147,500
부채	②1,277,500
기타자본	③(−)220,000

1. 영업권: (1)−(2)=860,000−712,500=147,500
(1) 이전대가

기존 보유주식	100주×@1,500=	150,000
교부 주식	200주×@1,600=	320,000
현금		300,000
조건부대가		90,000
계		860,000

(2) 순자산 공정가치: 600,000+150,000×(1−0.25)=712,500

취득자의 법인세율과 피취득자의 법인세율이 다른 경우, 합병에서는 두 회사가 하나의 회사가 되므로 피취득자는 사라진다. 따라서 취득자의 법인세율을 적용하여 이연법인세부채를 계산한다.

참고로, 연결에서는 피취득자가 사라지지 않으므로 피취득자(종속기업)의 법인세율을 적용해야 한다. 본 문제는 피취득자의 자산과 부채를 모두 인수하는 사업결합(합병)을 진행하므로 취득자의 법인세율을 적용해야 한다.

2. 부채

대한의 부채	450,000
민국의 부채	700,000
이연법인세부채	37,500
조건부대가	90,000
계	1,277,500

(1) 이연법인세부채: 150,000×25%=37,500
(2) 조건부대가: 변동 수량의 주식을 지급하므로 조건부대가는 부채로 분류된다.

3. 기타자본

대한의 기타자본		250,000
실사비용		(600,000)
FVOCI 금융자산 평가이익	100주×(@1,500−@1,400)=	10,000
주식발행초과금	200주×(@1,600−@1,000)=	120,000
계		(220,000)

| 회계처리 |

	FVOCI 금융자산	10,000	평가이익(OCI)	10,000
	비용	600,000	현금	600,000
X2.2.1	인수자산	1,450,000	FVOCI 금융자산	150,000
	영업권	147,500	자본금	200,000
			주식발행초과금	120,000
			현금	300,000
			인수부채	700,000
			이연법인세부채	37,500
			조건부대가(부채)	90,000

(물음 3)

추가실사 내용	영업권조정금액
재고자산 및 매출채권	①75,000
영업점	②(−)50,000
세무조사	③20,000

1. 재고자산 및 매출채권: 100,000×0.75=75,000

2. 영업점: (−)50,000
리스의 유리한 조건을 사용권자산에 반영한다. 사용권자산이 증가하므로 영업권은 감소한다.
− 운용리스의 유리한 조건에 대해서는 세법상 인정되지 않는다는 언급이 없으므로 법인세를 고려하지 않는다.

3. 세무조사: 70,000−50,000=20,000
예상 추징세액을 충당부채로 인식하며, 보상자산을 인식한다.

| 회계처리 |

X2.2.1	영업권	75,000	재고자산	80,000
	이연법인세부채	25,000	대손충당금	20,000
	사용권자산	50,000	영업권	50,000
	보상자산	50,000	충당부채	70,000
	영업권	20,000		

문제 6   (9점)

아래의 〈공통자료〉를 이용하여 각 물음에 답하시오.

2023. CPA

공통자료

1. 20X1년 1월 1일에 ㈜대한은 ㈜민국의 발행 주식 중 15%(1,500주)를 ₩2,250,000에 취득하고, 이를 FVOCI 금융자산으로 분류하였다. 20X1년 12월 31일 현재 ㈜민국의 발행 주식의 공정가치는 주당 ₩1,700이다.

2. ㈜대한은 20X2년 3월 1일에 ㈜민국의 나머지 주식(총 발행주식 중 85%, 8,500주)을 취득하여 ㈜민국을 흡수합병하였다. 20X2년 3월 1일 현재 ㈜민국의 발행 주식의 공정가치는 주당 ₩1,800이다.

3. ㈜대한은 인수대가로 ㈜대한을 제외한 나머지 ㈜민국의 주주들에게 현금 ₩3,000,000과 보유하고 있던 ㈜서울의 주식 3,000주(FVPL금융자산으로 분류, 장부가액 ₩2,000,000, 공정가치 ₩2,500,000)를 지급하고, ㈜대한의 주식 800주(액면총액 ₩4,000,000, 공정가치 ₩5,000,000)를 발행·교부하였다.

물음 1 사업결합에서 영업권이 발생한다고 가정할 때, 〈공통자료〉 및 〈추가자료〉를 이용하여 각 〈요구사항〉에 답하시오. 단, 〈요구사항〉은 독립적이다.

> **추가자료1**
>
> ㈜대한이 인수한 ㈜민국의 토지는 사업결합 시 매각예정으로 분류되었다. 20X2년 1월 1일 및 3월 1일 현재 이 토지의 장부금액 및 순공정가치는 다음과 같다. 이 금액은 ㈜민국의 자산 및 부채 금액에 포함되어 있지 않다.
>
> (단위: ₩)
>
> | 일자 | 장부금액 | 순공정가치 |
> |---|---|---|
> | 20X2년 1월 1일 | 2,000,000 | 3,000,000 |
> | 20X2년 3월 1일 | 2,000,000 | 2,500,000 |

요구사항 1

상기 〈추가자료 1〉의 사항이 20X2년 사업결합 시 ㈜대한의 당기순이익에 미치는 영향을 계산하고, 그 이유를 기술하시오. 단, 영향이 없는 경우에는 '0'으로 표시하고 감소하는 경우 금액 앞에 (−)를 표시하시오.

당기순이익에 미치는 영향	①
이유	②

> **추가자료2**
>
> ㈜민국은 20X1년 1월 1일에 개발부서 담당 임원A를 외부에서 영입하였다. 해당 임원A 영입 당시 사업결합에 대한 협상은 시작되지 않았으며, 고용계약에 따르면 총 계약기간은 3년이고 계약기간 중 회사가 매각되는 경우 ₩200,000을 임원A가 지급받기로 되어 있다. 이 금액은 ㈜민국의 자산 및 부채 금액에 포함되어 있지 않다.

요구사항 2

상기 〈추가자료 2〉의 사항이 20X2년 사업결합 시 ㈜대한의 당기순이익에 미치는 영향을 계산하고, 그 이유를 기술하시오. 단, 영향이 없는 경우에는 '0'으로 표시하고 감소하는 경우 금액 앞에 (−)를 표시하시오.

당기순이익에 미치는 영향	①
이유	②

추가자료3

㈜대한이 인수대가로 지급한 현금 중 ₩1,875,000은 사업결합 과정에서 ㈜민국의 자산과 부채를 실사한 회계법인에게 지급할 수수료를 ㈜민국에서 대신 지급한 것을 ㈜대한이 변제한 것이다.

요구사항 3

상기 〈추가자료 3〉의 사항이 20X2년 사업결합 시 ㈜대한의 당기순이익에 미치는 영향을 계산하고, 그 이유를 기술하시오. 단, 영향이 없는 경우에는 '0'으로 표시하고 감소하는 경우 금액 앞에 (−)를 표시하시오.

당기순이익에 미치는 영향	①
이유	②

물음 2 20X2년 1월 1일 및 3월 1일 현재 ㈜민국의 식별할 수 있는 자산과 부채의 장부금액 및 공정가치는 다음과 같다. 단, 상기 〈추가자료 1, 2, 3〉에서 제시된 자료는 포함되어 있지 않다.

〈20X2년 1월 1일〉 (단위: ₩)

항목	장부금액	공정가치
유동자산	2,000,000	2,000,000
비유동자산	3,000,000	4,500,000
유동부채	1,500,000	1,500,000
비유동부채	2,000,000	2,000,000

〈20X2년 3월 1일〉 (단위: ₩)

항목	장부금액	공정가치
유동자산	3,000,000	3,000,000
비유동자산	2,500,000	4,000,000
유동부채	1,200,000	1,200,000
비유동부채	2,500,000	2,500,000

상기 〈공통자료〉 및 〈추가자료 1, 2, 3〉의 영향을 고려할 때, 사업결합으로 ㈜대한이 인식할 영업권 또는 염가매수차익을 계산하시오. 단, 영업권이 발생하는 경우에는 '영업권'을, 염가매수차익이 발생하는 경우에는 '염가매수차익'을 금액 앞에 표시하시오.

영업권(또는 염가매수차익)	①

✏️ **해설** 취득관련원가, 단계적 취득

(물음 1)

|요구사항 1|

당기순이익에 미치는 영향	①0
이유	②피취득자의 순자산에 해당하므로 영업권에 반영한다.

|요구사항 2|

당기순이익에 미치는 영향	①0
이유	②피취득자의 순자산에 해당하므로 영업권에 반영한다.

|요구사항 3|

당기순이익에 미치는 영향	①(−)1,875,000
이유	②수수료이므로 영업권에 반영하지 않으며, 당기비용으로 인식한다.

(물음 2)

영업권(또는 염가매수차익)	①5,725,000

영업권: (1)−(2)=11,325,000−5,600,000=5,725,000

(1) 이전대가

기존 보유 주식	1,500주×@1,800=2,700,000
현금	3,000,000−1,875,000=1,125,000
㈜서울의 주식 (FVPL금융자산)	2,500,000
㈜대한의 주식 (신주)	5,000,000
계	11,325,000

3,000,000 중 1,875,000은 비용이지, 이전대가가 아니므로 차감해야 한다.

(2) 순자산 공정가치

유동자산	3,000,000
비유동자산	4,000,000
유동부채	(1,200,000)
비유동부채	(2,500,000)
매각예정비유동자산	2,500,000
미지급비용	(200,000)
계	5,600,000

7 | 기존 관계

1. 기존 관계의 측정 및 정산손익

사업결합을 고려하기 전에 취득자와 피취득자 사이에 어떤 관계가 존재하였을 수 있다. 이를 '기존 관계'라 한다. 취득자와 피취득자 사이의 기존 관계는 계약적 또는 비계약적일 수 있다. 사업결합으로 기존 관계를 사실상 정산하는 경우에 취득자는 계약적이냐, 비계약적이냐에 따라 다음과 같이 측정한 차손익을 인식한다.

기존 관계	계약적	비계약적
사례	판매자와 고객, 라이선스 제공자와 이용자	원고와 피고
기존 관계 측정	min[①, ②] ① 현행 시장거래조건과 비교하여 취득자의 관점에서 유불리한 금액 ② 계약상의 정산 금액(=위약금)	공정가치
정산손익	불리한 관계: 사업결합 이전에 인식한 부채-기존 관계 측정금액	
	유리한 관계: 기존 관계 측정금액-사업결합 이전에 인식한 자산	

2. 기존 관계 존재 시 회계처리

기존 부채	BV	현금	재측정 금액
정산손익(PL)	재측정 금액-BV		
종속기업 순자산	FV	이전대가	현금 OR 주식-재측정 금액
영업권	이전대가-FV		

사업결합을 통해 기존 관계는 제거되므로 사업결합 전 '취득자'의 장부상에 계상되어 있던 부채의 장부금액을 제거한다. (기존 부채는 취득자의 부채이므로 종속기업 순자산에 포함되어 있지 않다. 따라서 별도로 제거해주어야 한다.) 기존 관계 측정금액과 기존 부채의 장부금액의 차이는 정산손익으로 계상한다.

한편, 재측정 금액은 이전대가가 아니므로 이전대가 계산 시 차감해야된다. 이렇게 차감된 이전대가와 종속기업 순자산의 차이를 영업권으로 인식한다.

문제 7

자료

- ㈜대한은 20X1년 중에 ㈜민국의 의결권 있는 보통주 150주(지분율 15%)를 ₩150,000에 취득하고, 이를 기타포괄손익－공정가치 측정 금융자산(FVOCI 금융자산)으로 분류하였다.
- ㈜대한은 20X2년 초에 추가로 ㈜민국의 나머지 의결권 있는 보통주 850주(지분율 85%)를 취득하여 합병하였다. 이 주식의 취득을 위해 ㈜대한은 ₩200,000의 현금과 함께 보통주 500주(액면총액 ₩500,000, 공정가치 ₩800,000)를 발행하여 ㈜민국의 주주들에게 지급하였다. 합병일 현재 ㈜민국의 의결권 있는 보통주 공정가치는 주당 ₩1,200, 액면가는 주당 ₩1,000이다. ㈜대한은 신주 발행과 관련하여 ₩10,000의 신주발행비용을 지출하였다.
- 취득일 현재 ㈜민국의 요약재무상태표는 다음과 같다.

요약재무상태표
20X2년 1월 1일 현재

	장부금액	공정가치
유동자산	₩150,000	₩200,000
유형자산(순액)	1,050,000	1,280,000
자산	₩1,200,000	
부채	₩600,000	₩600,000
자본금	200,000	
이익잉여금	400,000	
부채와 자본	₩1,200,000	

- ㈜대한은 합병과 관련하여 만세회계법인에게 ㈜민국의 재무상태 실사 용역을 의뢰하였고, ₩30,000의 용역수수료를 지급하였다. 그리고 ㈜대한은 합병업무 전담팀을 구성하였는데, 이 팀 유지 원가로 ₩20,000을 지출하였다.
- 합병일 현재 ㈜민국의 종업원들은 회사 경영권의 변동에도 불구하고 대부분 이직하지 않았다. 이 때문에 ㈜대한은 합병일 이후 즉시 ㈜민국이 영위하던 사업을 계속 진행할 수 있었으며, ㈜대한의 경영진은 이러한 ㈜민국의 종업원들의 가치를 ₩80,000으로 추정하였다.
- 합병일 현재 ㈜민국의 상표명 'K－World'는 상표권 등록이 되어 있지 않아 법적으로 보호받을 수 없는 것으로 밝혀졌다. 그러나 ㈜민국이 해당 상표를 오랫동안 사용해왔다는 것을 업계 및 고객들이 인지하고 있어, 합병 이후 ㈜대한이 이 상표를 제3자에게 매각하거나 라이선스 계약을 체결할 수 있을 것으로 확인되었다. ㈜대한은 이 상표권의 가치를 ₩30,000으로 추정하였다.

물음 1 ㈜대한이 합병일(20X2년 1월 1일)에 수행한 사업결합 관련 회계처리를 통해 인식한 영업권은 얼마인가?

2023. CPA 1차

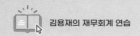

물음 2 다음은 ㈜대한과 ㈜민국에 대한 〈추가자료〉이다.

> **추가자료1**
>
> • 합병일 현재 ㈜대한은 ㈜민국이 제기한 손해배상청구소송에 피소된 상태이다. 합병일 현재 ㈜대한 과 ㈜민국 간에 계류 중인 소송사건의 배상금의 공정가치는 ₩20,000으로 추정되고, 합병에 의해 이 소송관계는 정산되었다. ㈜대한은 이와 관련하여 충당부채를 설정하지 않았다.

위 〈자료〉와 〈추가자료〉가 ㈜대한의 20X2년도 당기순이익에 미치는 영향은 얼마인가?   2023. CPA 1차

✏️ 해설 단계적 취득 및 기존 관계

(물음 1) 270,000

(1) 이전대가: 150주×1,200+200,000+800,000=1,180,000

(2) ㈜민국의 순자산 공정가치

유동자산	200,000
유형자산	1,280,000
부채	(600,000)
상표권	30,000
계	910,000

합병 직접 비용은 당기비용 처리하며, 집합적 노동력은 식별가능한 취득 자산으로 보지 않는다.

| 회계처리 |

FVOCI	30,000	OCI	30,000
유동자산	200,000	FVOCI	180,000
유형자산	1,280,000	현금	200,000
무형자산(상표권)	30,000	자본금	500,000
		주식발행초과금	300,000
영업권	**270,000**	부채	600,000
주식발행초과금	10,000	현금	10,000
비용	30,000	현금	30,000
비용	20,000	현금	20,000

(물음 2) (−)70,000

용역수수료	(30,000)
유지원가	(20,000)
정산손실	(20,000)
계	(70,000)

기존 관계가 비계약적(원고와 피고)이므로 취득자는 기존 관계를 공정가치로 인식한다. 취득자는 사업결합 이전에 부채를 인식하지 않았으므로 부채를 인식하면서 정산손실을 당기비용으로 인식한다.

| 회계처리 |

FVOCI	30,000	OCI	30,000
정산손실	20,000	현금	20,000
유동자산	200,000	FVOCI	180,000
유형자산	1,280,000	현금	180,000
무형자산(상표권)	30,000	자본금	500,000
영업권	250,000	주식발행초과금	300,000
		부채	600,000
주식발행초과금	10,000	현금	10,000
비용	30,000	현금	30,000
비용	20,000	현금	20,000

취득자는 사업결합 이전에 부채를 인식하지 않았으므로 부채를 인식하면서 정산손실을 당기비용으로 인식한다.

문제 8

(12점)

〈공통자료〉를 이용하여 다음의 독립된 세 가지 (물음)에 대해 답하시오.

공통자료

㈜대한은 20X1년 1월 1일에 ㈜민국의 주식 100%를 취득함으로써 ㈜민국을 흡수합병하였다. ㈜대한은 합병대가로 ㈜민국의 주주에게 자사 보통주 500주(1주당 액면금액 ₩100, 1주당 공정가치 ₩1,000)를 발행·교부하였다. ㈜대한과 ㈜민국은 동일지배 하에 있는 기업이 아니다. 취득일 현재 ㈜민국의 순자산 장부금액과 공정가치는 각각 ₩350,000과 ₩420,000이다. 따라서 합병일에 각 (물음)의 상황을 반영하지 않을 경우 ㈜대한의 재무상태표에 보고될 영업권의 장부금액은 ₩80,000이다.

물음 1 ㈜민국의 순자산 공정가치 산정에서 리스계약과 관련된 아래 사항들이 누락되었다. 단, 할인율은 연 10%이며, 동 이자율에 대한 현가계수는 다음과 같다.

기 간	1	2	3
단일금액 ₩1의 현가계수	0.9091	0.8264	0.7513
정상연금 ₩1의 현가계수	0.9091	1.7355	2.4868

1) ㈜민국은 ㈜독립에게 매년말 ₩20,000을 지급하는 리스계약(20X1년 1월 1일부터 3년 만기)을 이용하고 있다. 동일한 리스에 대해 다른 시장이용자들은 ₩30,000을 지급하며, 사용권자산과 리스부채는 〈공통자료〉에 주어진 ㈜민국의 순자산 공정가치 ₩420,000에 각각 ₩60,000과 ₩49,736으로 포함되어 있다.

2) ㈜민국은 ㈜만세로부터 매년말 ₩3,000을 수취하는 운용리스계약(20X1년 1월 1일부터 3년 만기)을 보유하고 있다. 동일한 운용리스에 대해 다른 시장이용자들로부터는 ₩5,000을 수취한다. 해당 운용리스자산의 공정가치는 ₩9,000이며, 〈공통자료〉에 주어진 ㈜민국의 순자산 공정가치 ₩420,000에 포함되어 있다.

합병일에 ㈜대한의 재무상태표에 보고될 ① 영업권의 장부금액과 ② 사용권자산의 장부금액을 각각 제시하시오. 단, 영업권 금액이 없는 경우에는 '0'으로 표시하시오.   2015. CPA

영업권의 장부금액	①
사용권자산의 장부금액	②

물음 2 ㈜대한은 5년 공급계약에 따라 ㈜민국으로부터 고정요율로 전자부품을 매입하고 있다. 현재 이 고정요율은 ㈜대한이 다른 공급자로부터 이와 유사한 전자부품을 매입할 수 있는 요율보다 높다. ㈜대한은 최초 5년 계약기간의 만료 전에 ₩60,000의 위약금을 지급하면 이 계약을 종료시킬 수 있다.

위 공급계약의 공정가치는 ₩80,000이며, 이는 〈공통자료〉에 주어진 ㈜민국의 순자산 공정가치 ₩420,000에 포함되어 있지 않다. 이 ₩80,000 중 ₩30,000은 이와 동일하거나 유사한 항목(판매노력, 고객관계 등)의 현행시장거래가격에 상당하는 가격이기 때문에 '시가'를 나타내며, 나머지 ₩50,000은 이와 유사한 항목의 현행 시장거래가격을 초과하기 때문에 ㈜대한에게 불리하다. ㈜민국에게 이 공급계약과 관련된 그 밖의 식별가능한 자산과 부채는 없으며, ㈜대한이 사업결합 전에 공급계약 위약금과 관련된 부채 ₩60,000을 인식하였다고 가정한다.

합병일에 ㈜대한의 ① 재무상태표에 보고될 영업권의 장부금액과 ② 당기순이익에 영향을 미치는 금액을 각각 제시하시오. 단, 영업권 금액이 없는 경우에는 '0'으로 표시하고, 당기순이익 감소의 경우에는 금액 앞에 '(−)'를 표시하시오.

2015. CPA

영업권의 장부금액	①
당기순이익에 영향을 미치는 금액	②

물음 3 앞의 물음 1)과 물음 2)에서와는 달리, 합병일을 20X1년 7월 1일로 가정하자. 다른 정보는 〈공통자료〉에 주어진 바와 같다.

합병일인 20X1년 7월 1일에 ㈜대한은 합병에서 취득한 유형자산의 항목에 대해 독립적인 가치평가를 하고자 하였으나, ㈜대한이 20X1년 12월 31일에 종료하는 회계연도의 재무제표 발행을 승인할 때까지 그 가치평가를 완료하지 못했다. ㈜대한은 20X1년 재무제표에서 자산의 잠정적인 공정가치 ₩30,000을 인식하였다. 취득일에 동 유형자산 항목의 잔여 내용연수는 5년이며, 잔존가치는 없고, 정액법으로 감가상각한다. 또한 기중취득 유형자산의 감가상각비는 월할계산하는 방식을 취하고 있다. 20X2년 3월 31일에 ㈜대한은 동 유형자산 항목의 취득일의 공정가치를 ₩40,000으로 추정한 독립된 가치평가결과를 받았다.

㈜대한이 20X2년 12월 31일에 종료하는 회계연도의 비교재무상태표에서 20X1년 12월 31일 현재 보고할 ① 영업권의 장부금액과 ② 유형자산의 장부금액을 각각 제시하시오. 단, 금액이 없는 경우에는 '0'으로 표시하시오.

2015. CPA

영업권의 장부금액	①
유형자산의 장부금액	②

(물음 1) 사업결합 − 리스

영업권의 장부금액	①65,396
사용권자산의 장부금액	②74,604

1. 영업권: (1)−(2)=500,000−434,604=65,396
(1) 이전대가: 500주×@1,000=500,000
(2) 종속기업 순자산 공정가치

공통자료 상 순자산 공정가치	420,000
리스부채	−
사용권자산 증가분	74,604−60,000=14,604
종속기업 순자산 공정가치	434,604

① 리스부채: 20,000×2.4868=49,736
  - 공통자료 상 리스부채 금액과 같으므로 조정할 필요가 없다.
② 사용권자산: 리스부채+유리한 조건=49,736+10,000×2.4868=74,604
  - 피취득자가 리스이용자인 경우 시장조건에 비해 유불리한 리스조건을 사용권자산에 반영하지만, 피취득자가 리스제공자인 경우 시장조건에 비해 유불리한 리스조건을 운용리스자산에 반영하지 않는다.

2. 사용권자산: 74,604

(물음 2) 기존 관계를 사실상 정산하는 거래

영업권의 장부금액	①30,000
당기순이익에 영향을 미치는 금액	②10,000

지배기업이 종속기업으로부터 전자부품을 매입하고 있으므로 기존 관계는 계약적이다.

(1) 기존 관계=min[①, ②]=50,000
① 현행 시장거래조건과 비교하여 취득자의 관점에서 불리한 금액=50,000
② 계약상의 정산 금액(=위약금)=60,000

(2) 정산손익: 사업결합 이전에 인식한 부채-기존 관계=60,000-50,000=10,000 이익
  - 사업결합 전에 공급계약과 관련하여 부채 60,000을 인식하였으나, 사업결합으로 기존 관계를 50,000으로 평가하였으므로 10,000의 이익이 발생한다.

(3) 영업권: 500주×@1,000-420,000-60,000+10,000=30,000

| 회계처리 |

부채	60,000	현금	50,000
		정산이익(PL)	10,000
순자산	420,000	납입자본	500,000
현금	50,000		
영업권	30,000		

(물음 3) 잠정금액

영업권의 장부금액	①70,000
유형자산의 장부금액	②36,000

1. 영업권: 500,000-(420,000+10,000)=70,000
측정기간(~X2.7.1) 이내에 잠정금액을 확정하였으므로 소급법을 적용한다. 종속기업의 순자산 공정가치가 10,000(=40,000-30,000) 증가하였으므로 영업권은 10,000 감소한다.

2. X1년 말 유형자산의 장부금액: 40,000×4.5/5=36,000
X1.7.1 유형자산의 취득원가가 40,000이므로, X1년 말에는 6개월을 상각하면 된다.

문제 9
(8점)

㈜대한은 20X1년 7월 1일을 취득일로 하여 ㈜민국을 흡수합병하였다. ㈜대한과 ㈜민국은 동일 지배하에 있는 기업이 아니다. 아래의 〈자료〉를 이용하여 각 물음에 답하시오.

자료

1. 합병 직전 작성된 ㈜민국의 20X1년 7월 1일 현재 요약재무상태표는 다음과 같다.

요약재무상태표

	장부금액	공정가치
현금	₩92,000	₩92,000
재고자산	150,000	160,000
사용권자산(순액)	8,000	?
건물(순액)	360,000	?
무형자산(순액)	90,000	100,000
자산	₩700,000	
유동부채	₩198,000	₩198,000
리스부채	12,000	?
기타비유동부채	120,000	120,000
자본금	150,000	
주식발행초과금	100,000	
이익잉여금	120,000	
부채와 자본	₩700,000	

2. ㈜대한은 합병대가로 ㈜민국의 기존주주에게 ㈜민국의 보통주 3주당 ㈜대한의 보통주 1주를 교부하였으며, 추가로 현금 ₩300,000을 지급하였다. 주식교부 시 ㈜대한은 신주발행비로 ₩5,000을 지출하였다. 취득일 현재 ㈜민국과 ㈜대한의 1주당 액면금액과 공정가치는 다음과 같다.

구분	㈜민국	㈜대한
액면금액	₩500	₩1,000
공정가치	700	1,200

3. ㈜대한은 취득일 현재 공급계약에 따라 ㈜민국으로부터 고정요율로 원재료를 매입하고 있으며, 남아있는 공급계약은 3년이다. ㈜대한이 공급계약을 중도에 해지하려면 ₩50,000의 위약금을 지급해야 한다. ㈜대한과 ㈜민국 간에 맺은 원재료 공급계약의 공정가치는 ₩20,000이며, 공정가치 중 ₩40,000은 이와 같거나 비슷한 항목(판매노력, 고객관계 등)의 현행 시장거래 가격에 상당하는 가격으로서 시가를 나타낸다. 나머지 (−)₩20,000은 이와 비슷한 항목의 현행시장거래 가격에 미달하므로 ㈜대한에게 유리하다. 이러한 원재료 공급계약의 공정가치는 ㈜대한이 현금으로 지급한 이전대가에 반영되었다.

4. ㈜대한은 20X1년 말 시장점유율이 10를 초과하게 되면 초과하는 시장점유율 1마다 ㈜민국의 주주에게 보통주 5주를 추가로 발행하기로 약정하였다. ㈜대한은 취득일 현재 20X1년 말 추가 발행할 주식 수를 30주로 예상하였으며, 1주당 공정가치는 ₩1,200으로 추정하였다.

5. 취득일 현재 ㈜민국은 기계장치를 기초자산으로 하는 리스계약의 리스이용자이며, ㈜대한은 ㈜민국의 잔여리스료에 대해 현재가치를 ₩15,000 으로 측정하였다. 리스조건은 시장조건에 비하여 불리하며, 불리한 금액의 현재가치는 취득일 현재 ₩5,000으로 추정된다. 동 리스는 취득일 현재 단기리스나 소액 기초자산 리스에 해당하지 않는다.

6. ㈜대한은 ㈜민국의 건물에 대해 독립적인 가치평가를 진행하려 하였으나, 20X1년 재무제표 발행이 승인되기 전까지 불가피한 사유로 인해 완료하지 못하였다. 이에 ㈜대한은 ㈜민국의 건물을 잠정적 공정가치인 ₩400,000으로 인식하였다.

7. ㈜민국은 취득일 현재 소송의 피고로 계류 중인 사건이 존재하며, 소송의 원고는 ₩20,000의 피해보상을 주장하였다. 만약 ㈜민국이 패소할 경우 ㈜민국의 이전 주주는 ㈜대한에게 ₩10,000을 한도로 보상을 해주는 약정을 하였다. ㈜대한은 소송에 따른 우발부채의 공정가치를 ₩8,000으로 결정하였으며, 보상받을 금액의 공정가치도 ₩8,000으로 판단하였다. 보상받을 금액의 공정가치는 ㈜민국의 주주가 현금으로 지불할 수 있는 능력을 고려하여 판단하였다.

물음 1 취득일 현재 ㈜대한이 사업결합으로 인식할 이전대가와 영업권을 각각 계산하시오.

이전대가	①
영업권	②

물음 2 취득일 현재 사업결합과 관련한 회계처리가 ㈜대한의 부채와 자본에 미치는 영향을 각각 계산하시오. 단, 부채와 자본이 감소하는 경우 금액 앞에 (−)를 표시하시오.

부채	①
자본	②

✏️ 해설 기존관계

(물음 1)

이전대가	①476,000
영업권	②47,000

1. 이전대가

주식	150,000/500/3×@1,200	=120,000
현금	300,000+20,000(기존관계)	=320,000
조건부대가	30주×@1,200	=36,000
계		**476,000**

기존관계: 민국과의 기존관계가 대한에게 20,000 유리하다. 따라서 민국은 기존관계를 정산하기 위해 현금을 20,000 지급할 것이고, 이것이 현금으로 지급한 이전대가에 반영되었다는 단서가 있으므로, 현금으로 지급한 이전대가는 320,000으로 보아야 한다. **(물음 2)**의 회계처리를 참고하자.

2. 피취득자의 순자산 공정가치

현금		92,000
재고자산		160,000
사용권자산	15,000-5,000	=10,000
건물		400,000 (잠정금액)
무형자산		100,000
보상자산		8,000
유동부채		(198,000)
리스부채		(15,000)
기타비유동부채		(120,000)
충당부채		(8,000)
계		429,000

우발부채의 공정가치를 신뢰성 있게 측정할 수 있으므로, 보상자산도 공정가치로 인식한다.

3. 영업권: 476,000-429,000=47,000

(물음 2)

부채	①377,000
자본	②135,000

1. 부채

유동부채		198,000
리스부채		15,000
기타비유동부채		120,000
조건부대가	30주×@1,200	=36,000
충당부채		8,000
계		377,000

2. 자본

신주 발행가액	120,000−5,000	=115,000
기존관계 정산이익		20,000
계		135,000

기존관계: 20,000 유리 (현행 시장거래조건에 비해 취득자의 관점에서 유불리한 금액)

정산손익: 20,000 이익
 ─기존관계에 대해 자산, 부채를 인식하지 않았으므로 기존관계가 그대로 정산손익이 된다. 현행 시장거래조건에
  비해 취득자의 관점에서 유리하므로 사업결합 시 대변에 이익이 계상되며, 영업권을 증가시킨다.

|회계처리|

현금	20,000	정산이익	20,000
현금	92,000	유동부채	198,000
재고자산	160,000	리스부채	15,000
사용권자산	10,000	기타비유동부채	120,000
건물	400,000	충당부채	8,000
무형자산	100,000	조건부대가(부채)	36,000
보상자산	8,000	자본금	100,000
영업권	47,000	주식발행초과금	15,000
		현금	5,000
		현금	320,000[1]

[1]300,000(현금 지급액)+20,000(기존관계)

8 현금창출단위

	토지	건물	영업권	계
손상 전 BV	15,000	5,000	3,000	23,000
손상	②(3,000)	②(1,000)	①(3,000)	(7,000)
X1말 BV	12,000	4,000	0	16,000
감가상각	–	(800)		(800)
X2 환입 전	12,000	3,200		15,200
환입	3,000	800	0	3,800
X2말 BV	15,000	4,000		19,000
한도	15,000	4,000		

STEP 1 현금창출단위의 손상

1. 영업권 먼저 제거

2. 잔여 손상차손을 남은 자산 BV에 비례하여 배분 (한도: 개별자산의 회수가능액)
    (1) 현금창출단위에 속하는 다른 자산에 각각의 장부금액에 비례하여 잔여 손상차손을 배분
    (2) 개별자산의 회수가능액을 추정할 수 있는 경우
        개별자산의 회수가능액(=MAX[순공정가치, 사용가치])까지만 손상차손을 배분하고, 회수가능액을 추정할 수 없는 다른 개별자산에 손상차손을 추가로 배분

STEP 2 감가상각

손상차손을 인식한 다음 해에 감가상각 수행 (토지는 상각 X)

STEP 3 손상차손환입

회수가능액이 회복된 경우 손상차손환입 인식

1. 영업권 손상차손환입 X ★중요!

2. 나머지 자산의 BV에 비례하여 손상차손환입 배분

3. 손상차손환입 한도 ★중요!
    현금창출단위의 손상차손환입에는 한도가 있다. 한도는 원가모형과 같이, '손상차손을 인식하지 않았을 경우의 장부금액'이다. 한도에 걸리는 자산은 한도까지만 환입한 후, 나머지 자산에 환입액을 더 배분한다.
    본서에 수록된 기출문제에는 유형자산을 원가모형으로 평가할지, 재평가모형을 적용할지 언급이 없는데, 평가모형과 관계없이 무조건 손상차손환입의 한도가 있다고 보고 문제를 풀자.

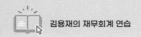

문제 10 **(18점)**

㈜갑은 20X1년 12월 31일에 ㈜을의 주식 90%를 추가로 취득함으로써 ㈜을을 흡수합병하였다. 취득일까지 합병 관련 거래를 제외한 모든 거래를 반영하여 작성된 ㈜갑과 ㈜을의 시산표는 다음과 같다. 단, 양사의 결산일은 모두 12월 31일이고, ㈜갑과 ㈜을은 동일지배 하에 있는 기업이 아니다.

〈합병 직전 양사의 시산표〉

(단위 : 원)

차변 항목	㈜갑	㈜을	
	장부금액	장부금액	공정가치
현 금	200,000	55,000	55,000
기타포괄손익-공정가치측정금융자산	35,000	45,000	45,000
건물(순액)	400,000	200,000	250,000
토 지	250,000	100,000	150,000
매출원가	300,000	200,000	
기타비용	80,000	130,000	
계	1,265,000	730,000	

대변 항목	㈜갑	㈜을	
	장부금액	장부금액	공정가치
자 본 금	250,000	200,000	—
자본잉여금	310,000	80,000	—
이익잉여금	200,000	50,000	—
기타포괄손익누계액	5,000	—	—
매 출	500,000	400,000	
계	1,265,000	730,000	

주) ㈜을이 보유한 기타포괄손익-공정가치측정금융자산은 전액 ㈜갑의 주식을 취득하여 보유하고 있는 것이다.

합병과 관련한 추가자료는 다음과 같다.

> **추가자료**
>
> 1. 이전대가에 대한 자료
>   (1) ㈜갑은 추가 취득의 대가로 자사 보통주 250주(1주당 액면금액 ₩1,000, 1주당 공정가치 ₩1,500)를 신규로 발행하였으며, 현금 ₩150,000을 함께 교부하였다.
>   (2) 합병을 위한 추가 취득 이전에 ㈜갑은 ㈜을의 주식 10주(총 발행주식 중 10%, 취득시 1주당 공정가치 ₩3,000)를 보유하고 있었으며, 이를 기타포괄손익－공정가치측정금융자산으로 분류하고 있다. ㈜갑의 기타포괄손익누계액은 전액 ㈜을의 주식을 공정가치로 평가한데 따른 것이며, 합병일 현재 ㈜을 주식의 공정가치는 합병 직전일과 동일하다.
>
> 2. 합병과 관련한 ㈜갑의 지출 내역
>   (1) 법률자문 수수료 : ₩4,500
>   (2) 주식발행비용 : ₩5,000
>   (3) 건물 소유권 등기비용 : ₩7,000
>
> 3. 취득 자산 및 부채에 대한 추가자료
>   (1) ㈜을은 생산부문, 영업부문, 관리부문으로 사업이 구성되어 있다.
>   (2) ㈜갑은 합병 직후 ㈜갑의 종업원과 업무가 중복되는 ㈜을의 관리부문 종업원에 대한 구조조정을 단행할 계획이며, 합병일 현재 ㈜을과 해당 종업원에게 이러한 사실을 통지하였다. 구조조정 대상 종업원에게는 통상적인 퇴직금 이외에 추가적인 보상을 해 주는 내용을 합병계약에 포함하였으며, 이는 구속력이 있는 계약이다. ㈜갑은 추가 보상액이 총 ₩30,000 발생할 것으로 추정하고 있다.
>   (3) ㈜갑은 ㈜을의 사업을 지속적으로 영위하기 위해서는 ㈜을의 영업부서 종업원이 반드시 필요한 것으로 판단하였다. 합병일 현재 ㈜갑은 이러한 '집합적 노동력'의 가치가 ₩15,000 정도일 것으로 추정하고 있다.
>   (4) ㈜갑은 ㈜을이 경쟁업체와 차별화된 제품을 생산할 수 있는 이유가 ㈜을의 생산부문이 갖는 독특한 '공정 비밀'에 기인한 것으로 판단하고 있다. ㈜갑은 합병 후에도 제품 경쟁력을 유지할 수 있도록 이러한 '공정 비밀'에 대한 보안을 강화할 계획이다. 동 '공정 비밀'을 경쟁기업에 판매할 수도 있으며, 이의 경제적 가치는 ₩20,000으로 추정된다.

물음 1 합병일에 ㈜갑이 위 합병 거래를 반영하여 작성하는 재무제표 상 다음 항목의 금액을 계산하시오. 단, 자본금, 자본잉여금, 이익잉여금을 제외한 자본 요소는 '기타자본'으로 한다. 항목별로 해당하는 금액이 없는 경우에는 "0"으로 표시하고, 자본 항목 중 자본을 감소시키는 경우에는 금액 앞에 (－)를 표시한다.

2012. CPA **2차**

① 매출	② 현금	③ 기타포괄손익－공정가치 측정금융자산
④ 건물(순액)	⑤ 무형자산(영업권 제외)	
⑥ 충당부채	⑦ 자본금	⑧ 자본잉여금
⑨ 이익잉여금	⑩ 기타자본	⑪ 영업권

물음 2 사업결합 이후 ㈜갑은 ㈜을을 독립된 영업부문(을사업부)으로 운영하고 있다. ㈜갑은 ㈜을과의 합병 시 인식한 영업권을 현금창출단위에 배분하여 매년 해당 현금창출단위에 대한 손상검사를 하고 있다. 20X2년 1월 1일 현재 을사업부는 국내영업부문과 해외영업부문이라는 두 개의 현금창출단위로 구성되어 있으며, 이 중 국내영업부문과 관련하여 식별가능한 자산과 배분된 영업권은 다음과 같다.

(단위 : 원)

항 목	장부금액	비고
건 물	150,000	잔존 내용연수 5년, 정액법 상각, 잔존가치는 없음
토 지	60,000	
영업권	30,000	

20X2년말에 내수침체로 인해 국내영업부문의 회수가능액이 ₩150,000으로 추정됨에 따라 손상에 대한 회계처리를 적정하게 수행하였다. 20X3년말에 국내영업부문의 회수가능액이 ₩180,000으로 회복되었다. 이 경우 ① 20X2년말에 인식할 손상차손 중 건물에 배분될 금액과 ② 20X3년말에 인식할 건물의 손상차손환입액, ③ 20X3년말 손상차손환입을 인식한 후 영업권의 장부금액을 제시하시오. 단, 감가상각비와 손상차손 및 손상차손환입은 개별 자산별로 구분하여 회계처리한다. 항목별로 해당 금액이 없는 경우에는 "0"으로 표시한다.

2012. CPA

✏️ **해설**

(물음 1) 사업결합

①	500,000	②	88,500	③	0	
④	657,000	⑤	20,000			
⑥	30,000	⑦	500,000	⑧	430,000	
⑨	315,500	⑩	(−)40,000	⑪	70,000	

① 매출 500,000
피취득자의 손익은 합병일 이후 발생분만 표시된다. X1년 말에 합병이 이루어졌으므로 X1년 ㈜을의 매출은 표시되지 않는다.

② 현금 88,500

합병 전 ㈜갑의 현금	200,000
합병 전 ㈜을의 현금	55,000
이전대가	(150,000)
합병과 관련한 ㈜갑의 지출 내역	(16,500)
계	88,500

③ FVOCI 금융자산 0
합병 전 ㈜갑이 보유하던 FVOCI 금융자산: 합병 시 이전대가로 보아 제거하고, 순자산 공정가치와의 차액을 영업권으로 계상한다.
합병 전 ㈜을이 보유하던 FVOCI 금융자산: ㈜갑의 주식이므로 합병일에 자기주식으로 분류하며, 합병 후 재무제표에 표시되지 않는다.

④ 건물(순액) 657,000

합병 전 ㈜갑의 건물	400,000
합병 전 ㈜을의 건물 공정가치	250,000
건물 소유권 등기비용	7,000
계	657,000

⑤ 무형자산 20,000

집합적 노동력: 식별가능한 자산으로 인식하지 않는다.

공정 비밀: 판매할 수 있으므로 무형자산으로 인식하며, 경제적 가치인 20,000으로 평가한다.

⑥ 충당부채 30,000

구조조정충당부채: 종업원에게 통지하였으며, 구속력이 있는 계약이므로 30,000을 부채로 인식한다.

⑦ 자본금 500,000

합병 전 ㈜갑의 자본금	250,000
이전대가로 교부하는 신주의 자본금	250주 × @1,000 = 250,000
계	500,000

⑧ 자본잉여금 430,000

합병 전 ㈜갑의 자본잉여금	310,000
이전대가로 교부하는 신주의 주발초	250주 × @500 − 5,000 = 120,000
계	430,000

⑨ 이익잉여금 315,500

합병 전 ㈜갑의 이익잉여금	200,000
법률자문 수수료	(4,500)
㈜갑의 시산표 상 당기순이익	120,000
계	315,500

문제에 제시된 자료는 시산표이다. 시산표는 수익과 비용이 마감되기 전 상태이므로, 시산표 상의 이익잉여금은 기초 이익잉여금이다. 따라서 당기순이익을 계산하여 이익잉여금에 누적해주어야 한다.

⑩ 기타자본 (−)40,000

합병 전 ㈜갑의 기타자본	5,000
자기주식	(45,000)
계	(40,000)

합병 전 ㈜을이 보유하던 FVOCI 금융자산은 합병일에 자기주식으로 분류된다.

⑪ 영업권 70,000
영업권: (1)−(2)＝70,000

(1) 이전대가

현금	150,000
㈜갑의 주식	375,000
기존에 보유하던 ㈜을 주식	35,000
계	**560,000**

(2) 순자산 공정가치

현금	55,000
FVOCI 금융자산	45,000
건물	250,000
토지	150,000
무형자산	20,000
구조조정충당부채	(30,000)
계	**490,000**

|합병일의 회계처리|

현금	55,000	구조조정충당부채	30,000
자기주식	45,000	현금	150,000
건물	250,000	자본금	250,000
토지	150,000	주식발행초과금	125,000
무형자산	20,000	FVOCI 금융자산	35,000
영업권	**70,000**		
비용	4,500	현금	16,500
주식발행초과금	5,000		
건물	7,000		

(물음 2) 현금창출단위의 손상차손(환입)
① 20,000 ② 15,000 ③ 0

	건물	토지	영업권	계
X2초	150,000	60,000	30,000	
감가상각	(30,000)			
상각후	120,000	60,000	30,000	210,000
영업권 손상			(30,000)	(30,000)
손상 후	120,000	60,000	—	180,000
추가 손상	①(20,000)	(10,000)		(30,000)
X2말	100,000	50,000		150,000
감가상각	(25,000)			(25,000)
상각후	75,000	50,000		125,000
손상차손환입	②15,000	10,000		25,000
X3말	90,000	60,000		150,000
한도	90,000	60,000		

① X2년 건물 손상차손: $(210,000-150,000-30,000) \times 120,000/180,000 = 20,000$
현금창출단위의 회수가능액 하락 시 영업권의 장부금액을 먼저 감소시킨다. 초과분은 나머지 자산의 장부금액에 비례하여 배분한다.

② X3년 건물 손상차손환입 $= min[ⓐ, ⓑ] = 15,000$
ⓐ $(180,000-125,000) \times 75,000/125,000 = 33,000$
　　ㅡ 손상차손환입도 손상차손과 마찬가지로 자산의 장부금액에 비례하여 배분한다.
ⓑ $120,000 \times 3/4 - 75,000 = 15,000$
　　ㅡ 손상차손환입의 한도는 손상차손을 인식하지 않았을 경우의 장부금액이다. 손상차손을 인식하지 않았다면
　　x2말 120,000에서 30,000의 감가상각비를 인식하여 x3말 장부금액은 90,000이었을 것이다. 따라서 손상
　　차손환입은 90,000까지만 가능하다. 손상차손환입이 한도에 걸리므로 한도인 90,000까지 환입해야 하며,
　　환입액은 15,000이다.

③ X3년말 영업권 장부금액: 0
영업권은 손상차손환입을 인식하지 않으므로, 회수가능액이 회복되더라도 영업권의 장부금액은 여전히 0이다.

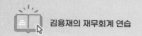

9 단계적 취득 시 기존 보유 주식에 주식을 교부하는 경우 심화

취득자는 이전대가로 피취득자의 주주들에게 주식을 지급할 수 있다. 만약 단계적 취득 상황이어서 취득자가 사업결합 전에 피취득자의 주식을 일부 보유하는 경우 취득자도 피취득자의 주주이므로 취득자의 주식을 취득자 스스로에게 교부할 수 있다.

예를 들어, ㈜대한이 ㈜민국의 주식 10%를 이미 보유하는 상황에서 주식 90%를 추가로 취득한다고 하자. ㈜대한이 이전대가로 ㈜대한의 주식을 교부한다면 주식 중 10%는 ㈜대한이 스스로 받을 수 있다.

단계적 취득 상황에서는 스스로 주식을 교부하는 것인지, 아닌지 확인해야 한다. 문제에 언급이 없다면 취득자 스스로에게는 주식을 교부하지 않는 것으로 보자. 바로 뒤에 있는 2020년 기출문제 물음 3)과 같이 '취득일 이전에 보유하고 있던 ㈜민국의 보통주 10주에 대하여 취득일에 ㈜대한의 보통주를 발행·교부한다.'는 언급이 있을 때에만 취득자 스스로에게도 주식을 교부한다고 보자. 이 경우 영업권은 다음과 같이 계산한다.

---

1. 기존 보유 주식의 공정가치
= 기존 보유 주식에게 교부하는 취득자 주식 수 × 취득일 취득자 주식의 공정가치

2. 영업권
= 총 지급 주식 수(기존 보유 주식에게 교부하는 주식 포함) × 취득일 취득자 주식의 공정가치
　+ 현금, 조건부 대가 등 추가 이전대가 − 종속기업 순자산 공정가치 × 지분율

---

1. 기존 보유 주식의 공정가치

단계적 취득 시에는 기존 보유 주식을 공정가치로 평가하여 이전대가에 포함한다. 취득자 스스로 주식을 교부하지 않는 경우에는 문제에서 제시한 기존 보유 주식의 공정가치를 이용하였다. 하지만 기존 보유 주식에게도 취득자의 주식을 교부하는 경우 취득자 주식의 공정가치를 이용하여 기존 보유 주식의 공정가치를 추정한다.

2. 영업권

단계적 취득 시 이전대가에는 기존 보유 주식의 공정가치가 포함된다. 그런데 기존 보유 주식의 공정가치를 취득자 주식의 공정가치로 평가하였으므로 취득자가 지급하는 총 주식(기존 보유 주식에게 지급하는 주식 포함)이 이전대가가 된다. 여기에 현금이나 조건부 대가 등 추가 이전대가를 더한 뒤 종속기업 순자산 공정가치 중 지분율에 해당하는 금액을 차감하면 영업권을 계산할 수 있다.

3. 회계처리

자기주식	XXX	자본금	XXX
		주식발행초과금	XXX

기존 보유 주식에 대해서 신주를 발행하는 경우 발행금액만큼 납입자본(자본금＋주발초)이 증가한다. 그런데 취득자가 그 신주를 스스로 보유하므로 자기주식이 된다. 이때 신주의 발행금액은 '1. 기존 보유 주식의 공정가치'에서 구한 금액이다. 기존 보유주식에 교부하는 취득자 주식 수에 취득일 취득자 주식의 공정가치를 곱하면 된다.

사례

사례. ㈜갑은 20X1년 말에 ㈜을의 보통주 10주(지분율 10%)를 ₩3,000에 취득하고, 이를 기타포괄손익―공정가치 측정 금융자산으로 선택하였다. ㈜갑은 20X2년초에 ㈜을의 나머지 지분 90%를 취득하여 합병하였다. 그 대가로 ㈜갑은 보유하고 있던 보통주 자기주식 18주(주당 장부금액 ₩1,800)를 ㈜을의 다른 주주에게 교부하였다. 합병일 현재 ㈜갑의 보통주 공정가치는 주당 ₩2,000, 액면금액은 주당 ₩1,000이며, ㈜갑이 보유하고 있던 ㈜을의 보통주 공정가치는 주당 ₩350이다. 합병일 현재 ㈜을의 순자산 장부금액과 공정가치는 ₩30,000으로 동일하다.

(1) ㈜갑의 취득일 회계처리는 다음과 같다.

FVOCI 금융자산	500	OCI	500
순자산	30,000	FVOCI 금융자산	3,500
영업권	9,500	자기주식	32,400
		자기주식처분이익	3,600

이전대가: 10주×@350＋18주×@2,000＝39,500
영업권: 39,500－30,000(순자산 공정가치)＝9,500

(2) 한편, ㈜갑이 20X2년초에 ㈜갑이 보유한 ㈜을의 보통주 10주에 대해서도 ㈜갑의 보통주 자기주식 2주를 추가로 지급하였다고 가정한다면 회계처리는 다음과 같다.

FVOCI 금융자산	1,000	OCI	1,000
순자산	30,000	FVOCI 금융자산	4,000
영업권	10,000	자기주식	32,400
		자기주식처분이익	3,600

기존 보유주식 평가손익: 2주×@2,000－3,000＝1,000
이전대가: 20주×@2,000＝40,000
영업권: 40,000－30,000(순자산 공정가치)＝10,000

문제 11
(17점)

㈜대한은 20X1년 1월 1일에 ㈜민국의 보통주 90%를 취득함으로써 ㈜민국을 흡수합병하였다. ㈜대한과 ㈜민국은 동일지배 하에 있는 기업이 아니다. 합병과 관련된 다음 자료를 이용하여 물음에 답하시오.

자료

1. 취득 자산과 인수 부채에 관한 자료
   - 아래의 요소를 제외한 취득일 현재 ㈜민국의 순자산 공정가치는 ₩540,000이다.
   - 취득일 현재 ㈜민국이 진행하고 있는 연구개발프로젝트가 ㈜민국의 장부에 인식되어 있지 않다. ㈜대한은 동 프로젝트가 식별가능한 자산에 해당한다고 판단한다. 취득일 현재 ㈜대한은 동 프로젝트에 대한 공정가치를 ₩50,000으로 측정하였다.
   - ㈜대한은 ㈜민국의 사업을 지속적으로 영위하기 위해 ㈜민국의 핵심 종업원이 반드시 필요한 것으로 판단하였다. 취득일 현재 ㈜대한은 이러한 집합적 노동력에 대한 가치를 ₩200,000으로 추정하고 있다.
   - ㈜민국은 리스이용자로 취득일 현재 잔여리스기간이 3년인 리스계약에 따라 매년 말 ₩83,271을 지급하고 있다. 이러한 리스계약은 시장조건에 비해 매년 말 ₩3,331을 더 지급하는 것이다. 리스계약 체결일에 적용된 내재이자율은 연 10%이며, 취득일에 재측정한 내재이자율은 연 12%이다. 동 리스는 취득일 현재 소액 기초자산 리스에 해당하지 않는다.

2. 이전대가에 관한 자료
   - ㈜대한은 추가 취득의 대가로 취득일에 자사 보통주 200주(1주당 액면금액 ₩1,000, 1주당 공정가치 ₩3,000)를 신규로 발행·교부하고, 추가로 ㈜대한의 보유 토지(장부금액 ₩200,000, 공정가치 ₩250,000)를 이전하였다. 단, 이전한 토지는 사업결합 후 ㈜대한에 계속 남아 있으며, ㈜대한은 동 토지에 대한 통제를 계속 보유한다.
   - ㈜대한은 합병을 위한 추가 취득 이전에 취득한 ㈜민국의 보통주 10주(발행주식 중 10%, 취득 시 1주당 공정가치 ₩1,000)를 보유하고 있으며, 이를 기타포괄손익-공정가치 측정 금융자산으로 분류하고 있다. 취득일 현재 ㈜민국의 보통주 1주당 공정가치는 ₩2,500이다. ㈜대한은 보유 중인 ㈜민국의 보통주에 대해 신주를 교부하지 않았으며, 합병(취득)일에 소각하였다.
   - ㈜대한은 20X1년 시장점유율이 특정 비율을 초과하게 되면, ㈜대한의 보통주 30주를 추가로 발행하기로 약정하였으며, 이러한 조건부대가의 취득일 현재 공정가치는 ₩10,000이다.

3. 합병과 관련한 ㈜대한의 추가 지출 내역
   - 법률자문 수수료: ₩50,000
   - 주식발행비용: ₩10,000
   - 건물 소유권 이전비용: ₩15,000

물음 1 ㈜대한이 20X1년 1월 1일 지출한 취득관련원가(법률자문 수수료, 주식발행비용, 건물 소유권 이전비용)가 각각 사업결합 회계처리에 어떻게 반영(예: 부채인식 등)되는지 간략히 서술하시오. 2020. CPA

항목	회계처리방법
법률자문 수수료	①
주식발행비용	②
건물 소유권 이전비용	③

물음 2 사업결합을 통하여 취득일에 ㈜대한이 인식할 영업권을 계산하시오. 단, 3기간, 연 이자율 10%와 연 이자율 12%에 대한 정상연금 ₩1의 현가계수는 각각 2.4869와 2.4018이며, 답안 작성 시 원 이하는 반올림한다. 2020. CPA

영업권	①

물음 3 다른 모든 상황은 상기와 같으나 만약 ㈜대한이 취득일 이전에 보유하고 있던 ㈜민국의 보통주 10주에 대하여 취득일에 ㈜대한의 보통주 10주를 발행·교부하였다고 할 경우, 사업결합을 통하여 취득일에 ㈜대한이 인식할 영업권을 계산하시오. 단, 답안작성 시 원 이하는 반올림한다. 2020. CPA 심화

영업권	①

물음 4 다음의 〈추가 자료〉를 이용하여 〈요구사항〉에 답하시오. 2020. CPA

> **추가자료1**
>
> 1. ㈜대한은 합병 후 ㈜민국을 독립된 사업부(민국사업부)로 운영하고 있다.
>
> 2. ㈜대한은 ㈜민국과의 합병 시 인식한 영업권을 현금창출단위에 배분하여 매년 해당 현금창출단위에 대한 손상검사를 하고 있다.
>
> 3. 20X1년 말 현재 민국사업부는 A사업부문과 B사업부문이라는 두 개의 현금창출단위로 구성되어 있으며, B사업부문의 20X1년 말 감가상각을 완료한 후 손상차손 인식 전 식별가능한 자산과 배분된 영업권의 장부금액 등에 대한 정보는 다음과 같다.

계정	장부금액	순공정가치	비고
건물(순액)	₩50,000	₩30,000	잔존내용연수: 5년 잔존가치: ₩0 정액법 상각
토지	100,000	105,000	
기계장치(순액)	30,000	알수없음	잔존내용연수: 5년 잔존가치: ₩0 정액법 상각
개발비(순액)	20,000	알수없음	잔존내용연수: 5년 잔존가치: ₩0 정액법 상각
영업권	20,000	알수없음	

4. 20X1년 말 현재 B사업부문 내의 개별 자산에 대해 손상을 시사하는 징후는 없었으나, 경기 침체로 인해 B사업부문의 사용가치에 근거한 회수가능액이 ₩140,000으로 추정됨에 따라 동 현금창출단위의 손상에 대한 회계처리를 적정하게 수행하였다.

5. 20X2년 경기가 빠르게 회복되어 B사업부문의 상황이 크게 호전되었으며, 그 결과 20X2년 말 현재 B사업부문의 회수가능액이 ₩160,000으로 회복된 것으로 나타났다.

요구사항

B사업부문의 손상회계처리와 관련하여 다음 양식에 제시된 항목의 금액을 각각 계산하시오. 단, 20X2년 중 〈추가 자료〉의 표에 제시된 자산 외에 B사업부문에서 추가 취득한 자산은 없으며, 감가상각비와 손상차손 및 손상차손환입은 개별 자산별로 구분하여 회계처리한다. ㈜대한은 모든 유·무형자산에 대해 원가모형을 적용한다.

20X1년 기계장치에 배분된 손상차손	①
20X2년 기계장치의 손상차손환입	②
20X2년 말 개발비의 장부금액(순액)	③

해설

(물음 1) 취득관련원가

항목	회계처리방법
법률자문 수수료	①당기비용으로 인식
주식발행비용	②주식의 발행금액에서 차감
건물 소유권 이전비용	③건물의 취득원가에 가산

(물음 2) 단계적 취득

영업권	①53,000

1. 영업권: 이전대가 — 종속기업 순자산 공정가치 × 지분율
   = 635,000 − 582,000 × 100% = 53,000

— 기존에 주식 10% 취득 후 90%를 추가 취득하고 있는 상황이므로 취득일의 지분율은 100%이다.

2. 종속기업 순자산 공정가치

순자산 공정가치 (문제 제시)	540,000
무형자산 (프로젝트)	50,000
리스부채	(200,000)
사용권자산	192,000
계	582,000

'아래의 요소를 제외한' 취득일 현재 ㈜민국의 순자산 공정가치가 제시되어 있는데, 순자산 공정가치에 사용권자산과 리스부채가 아예 포함되지 않았다고 가정하고 풀이를 진행한다.

(1) 리스부채: 83,271×2.4018＝200,000
－리스부채의 공정가치는 취득일의 이자율인 12%로 할인해야 한다.

(2) 사용권자산: 리스부채－시장조건에 비해 불리한 가치＝200,000－3,331×2.4018＝192,000
－종속기업이 이용하고 있는 리스가 시장조건에 비해 불리한 조건이므로 사용권자산은 감소한다.

3. 이전대가

교부 주식	200주×@3,000	＝600,000
기존 보유주식	10주×@2,500	＝25,000
조건부대가		10,000
계		635,000

(1) 기존 보유주식: 단계적 취득 시 기존 보유주식은 공정가치로 평가한다.

4. 이전대가 중 비화폐성 자산
: 토지는 취득자가 통제를 계속 보유하므로, 장부금액으로 평가하고 취득자가 여전히 보유한다. 따라서 말만 이전대가이지, 사실상 이전대가가 아니다.

|취득일 회계처리|

X1.1.1	순자산	582,000	자본금	200,000
			주발초	400,000
			FVOCI	25,000
	영업권	53,000	조건부대가(자본)	10,000
	토지	200,000	토지	200,000
	비용	50,000	현금	75,000
	주발초	10,000		
	건물	15,000		

(물음 3) 단계적 취득 시 기존 보유 주식에 주식을 교부하는 경우

영업권	①58,000

1. 영업권: 이전대가－종속기업 순자산 공정가치×지분율＝640,000－582,000×100%＝58,000

2. 종속기업 순자산 공정가치: 582,000 (물음 2 참고)

3. 이전대가: 640,000

교부 주식	200주×@3,000	=600,000
기존 보유주식	10주×@3,000	=30,000
조건부대가		10,000
계		640,000

기존 보유주식에 대해서도 취득자의 주식을 지급하므로, 기존 보유주식은 취득자의 주식의 공정가치로 평가한다. 따라서 교부 주식은 총 210주이며, 총 630,000이다.

| 취득일 회계처리 |

X1.1.1	FVOCI	5,000	OCI	5,000
	순자산	582,000	자본금	200,000
			주발초	400,000
			FVOCI	30,000
	영업권	58,000	조건부대가(자본)	10,000
	토지	200,000	토지	200,000
	자기주식	30,000	자본금	10,000
			주발초	20,000

－현금 75,000 지급에 대한 회계처리는 분량 상 생략하였다.

(물음 4) 현금창출단위의 손상

20X1년 기계장치에 배분된 손상차손	①24,000
20X2년 기계장치의 손상차손환입	②7,200
20X2년 말 개발비의 장부금액(순액)	③8,000

1. X1년도 손상차손 배분

X1년 기계장치에 배분된 손상차손: 9,000＋9,000＋6,000＝24,000

	건물	토지	기계장치	개발비	영업권	계
손상 전	50,000	100,000	30,000	20,000	20,000	220,000
손상차손	③(20,000)	②—	③(24,000)	③(16,000)	①(20,000)	(80,000)
손상 후	30,000	100,000	6,000	4,000		140,000

① 현금창출단위의 손상차손은 영업권에 먼저 배분한다.

② 토지의 회수가능액＝MAX[순공정가치, 사용가치]인데 순공정가치가 105,000이므로 회수가능액은 최소한 105,000 이상이다. 회수가능액이 장부금액보다 큰 상황이므로 토지에는 손상차손을 배부하면 안 된다.

③ 나머지 손상차손 60,000을 토지를 제외한 다른 자산의 장부금액에 비례하여 배분한다.

2. X2년도 손상차손 배분
20X2년 기계장치의 손상차손환입: 4,200＋3,000＝7,200
20X2년 말 개발비의 장부금액(순액): 8,000

	건물	토지	기계장치	개발비	영업권	계
X2년초	30,000	100,000	6,000	4,000		140,000
①상각	(6,000)		(1,200)	(800)		(8,000)
상각 후	24,000	100,000	4,800	3,200		132,000
②환입	21,000	—	4,200	2,800		28,000
환입 후	45,000	100,000	9,000	6,000		160,000
④환입 한도	(5,000)		3,000	2,000		—
③X2년말	40,000	100,000	12,000	8,000		160,000

① 토지를 제외한 나머지 자산은 감가상각을 한다.

② 회수가능액이 상승하였으므로 손상차손환입을 인식한다. 토지는 X1년에 손상차손을 인식하지 않았으므로 손상차손환입도 없다.

③ 손상차손환입 한도: 손상차손을 인식하지 않았을 경우의 장부금액

건물: 50,000×4/5＝40,000
토지: 100,000
기계장치: 30,000×4/5＝24,000
개발비: 20,000×4/5＝16,000

④ 한도를 초과하는 손상차손환입 재배분
건물의 손상차손환입 한도는 40,000인데 환입 후에 45,000이 되므로 초과분 5,000을 다른 자산의 장부금액에 비례하여 추가로 배분한다.

04 연결회계

연결이 1차 시험에서는 주로 4장에서 다루는 일반형으로 출제되지만, 2차 시험에서는 주로 5장에서 다루는 특수형으로 출제되는 편이다. 따라서 연결은 1차 문제와 2차 문제의 난이도 차이가 큰 편이다. 1차 수험생 가운데 연결이 어려운 수험생은 연습서에 있는 연결을 생략하고 객관식 문제만 풀어도 괜찮다. 굳이 실력도 안 되는데 어려운 주관식 문제를 풀다가 멘탈이 나가는 것보다 낫다.

2차 수험생은 연결이 2차 시험에 매년 출제되므로 연결을 반드시 극복해야 한다. 연결의 기본적인 내용을 완벽히 마스터한 후, 특수주제까지 소화해야 한다. 연결은 분명히 쉽지 않은 주제이다. 본 장에 출제된 기출문제들도 정말 어렵다. 안 풀린다고 포기하지 말고, 멘탈이 털리지도 말자. 잘 안 풀리는 것이 당연하다. 반복하다 보면 분명히 극복할 수 있을 것이다.

1 연결NI, 지배NI, 비지배NI

STEP 1 FV−BV 차이

	FV−BV	X1	X2
재고자산	A	(A×판매율)	(A×판매율)
유형자산	B	(B×상각률)	처분 시: (남은 금액)
계	A+B	XXX	XXX

> 주의 ⓘ 유형자산 상각 시 잔존가치는 무시

> 주의 ⓘ 기중 취득 시 첫해는 월할 상각을 주의할 것

STEP 2 영업권

영업권＝이전대가−종속기업의 순자산 FV×R
＝이전대가−(종속기업 BV+FV−BV)×R
(영업권이 음수인 경우 당기손익인 **염가매수차익**으로 처리)

STEP 3 내부거래 제거

	X1	X2
하향 (재고)	(매출총이익) 매출총이익×판매율	매출총이익×판매율
상향 (유형)	(처분손익) 처분손익×상각률	처분손익×상각률

STEP 4 당기순이익 조정

X1	지배	종속	합	
1. 조정 전	NI	NI		
2. 내부거래	하향	상향		
3. FV 차이		FV		
4. 손상차손 or 차익	−손상차손 +염가매수차익			
5. 배당	−배당 총액×R			
6. 조정 후	A	B	A+B	연결 NI
7. 지배	A	B×R	A+B×R	지배 NI → 연결 이잉에 가산
8. 비지배		B×(1−R)	B×(1−R)	비지배 NI → 비지배지분에 가산

STEP 5 비지배지분

1. 비지배지분을 종속기업의 순자산 공정가치에 비례하여 결정하는 경우

(1) 비지배지분의 영업권 존재 X

(2) 영업권

　(지배기업지분의) 영업권＝이전대가−종속기업의 순자산 FV×R

(3) 비지배지분＝취득일 종속기업 순자산 FV×(1−R)+∑비지배NI

2. 비지배지분을 취득일의 공정가치로 측정하는 경우

  (1) 비지배지분의 영업권

> 비지배지분의 영업권＝취득일 비지배지분의 FV－종속기업의 순자산 FV×(1－R)
> (취득일 비지배지분의 FV＝비지배 주식수×@취득일 종속기업 주식의 주당 FV)

  (2) 영업권

> 영업권 총액＝지배기업지분의 영업권＋비지배지분의 영업권
> ＝이전대가＋취득일 비지배지분의 FV－종속기업의 순자산 FV

  (3) 비지배지분

> 비지배지분＝취득일 종속기업 순자산 FV×(1－R)＋Σ비지배NI＋**비지배지분의 영업권**
> ＝취득일 비지배지분의 FV＋Σ비지배NI

3. 종속기업이 배당을 지급한 경우 비지배지분

> 배당 지급 시 비지배지분＝일반적인 비지배지분－**종속기업이 지급한 배당×(1－R)**

  (1) 종속기업이 지배기업에 지급한 배당: 배당금수익만큼 지배기업의 조정 전 NI에서 차감
  (2) 종속기업이 비지배지분에 지급한 배당: 비지배지분의 장부금액에서 차감

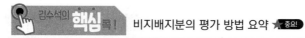 비지배지분의 평가 방법 요약 ★중요!

	일반적인 경우	예외
비지배지분 계산 방법	비지배지분은 **종속기업의 식별가능한 순자산 공정가치**에 비례하여 결정	비지배지분은 **취득일의 공정가치로 측정**
비지배지분의 영업권	0	취득일 비지배지분의 FV －종속기업의 순자산 FV×(1－R)
(총) 영업권	이전대가－종속기업의 순자산 FV×R	이전대가－종속기업의 순자산 FV×R **＋비지배지분의 영업권**
비지배지분	취득일 종속기업 순자산 FV×(1－R) ＋Σ비지배NI	취득일 종속기업 순자산 FV×(1－R) ＋Σ비지배NI **＋비지배지분의 영업권**
		＝취득일 비지배지분의 FV ＋Σ비지배NI
관점 이론	지배기업 이론	실체이론

문제 1

(12점)

㈜세무는 20X1년 1월 1일에 ㈜대한의 의결권 있는 보통주식 80 %를 ₩100,000에 취득하여 실질지배력을 획득하였다. 취득일 현재 ㈜대한의 순자산 장부금액은 ₩80,000(자본금 ₩50,000, 이익잉여금 ₩30,000)이다. 다음 자료를 이용하여 각 물음에 답하시오.

2023. CTA

자료

1. ㈜세무와 ㈜대한은 별도(개별)재무제표에서 보고한 20X1년도와 20X2년도의 당기순이익은 다음과 같다.

구분	20X1년도	20X2년도
㈜세무	₩50,000	₩60,000
㈜대한	20,000	30,000

2. 취득일 현재 ㈜대한의 식별가능한 자산과 부채 중 장부금액과 공정가치가 다른 내역은 다음과 같다.

구분	장부금액	공정가치	비고
토지	₩20,000	₩25,000	20X1년 중에 모두 ₩30,000에 처분
건물	60,000	75,000	취득일 현재 잔존내용연수는 5년, 잔존가치 ₩0, 정액법 상각

3. 20X1년 중에 ㈜세무는 재고자산을 ㈜대한에게 ₩20,000에 판매(매출총이익률 20%)하였다. ㈜대한은 동 재고자산의 60%를 20X1년에, 나머지 40%를 20X2년에 외부로 판매하였다.

4. 20X1년 중에 ㈜대한은 장부금액 ₩20,000의 재고자산을 ㈜세무에게 ₩30,000에 판매하였다. ㈜세무는 동 재고자산의 80 %를 20X1년에, 나머지 20 %를 20X2년에 외부로 판매하였다.

5. 20X2년 3월 20일 ㈜대한은 현금배당을 결의하였으며, 현금배당으로 총 ₩5,000을 지급하였다.

6. ㈜세무는 별도재무제표에서 ㈜대한에 대한 투자주식을 원가법으로 회계처리하며, 연결재무제표 작성 시 유형자산에 대해 원가모형을 적용한다.

7. 비지배지분은 종속기업의 식별가능한 순자산 공정가치에 비례하여 결정하며, 영업권과 관련된 손상차손은 발생하지 않았다.

물음 1 ㈜세무가 20X1년 말에 연결재무제표에 인식할 ① 비지배지분귀속당기순이익 ② 지배기업귀속당기순이익을 계산하시오.

비지배지분귀속당기순이익	①
지배기업귀속당기순이익	②

물음 2 ㈜세무가 20X2년 말에 연결재무제표에 인식할 ① 지배기업귀속당기순이익 ② 비지배지분을 계산하시오.

지배기업귀속당기순이익	①
비지배지분	②

✏️ 해설 연결NI, 지배NI, 비지배NI

(물음 1)

비지배지분귀속당기순이익	①2,000
지배기업귀속당기순이익	②56,400

(물음 2)

지배기업귀속당기순이익	①80,800
비지배지분	②26,800

1. FV−BV 차이

	FV−BV	X1	X2
토지	5,000	(5,000)	
건물	15,000	(3,000)	(3,000)

2. 영업권: 100,000−(80,000+20,000)×80%=20,000

3. 내부거래

	X1	X2
하향 (재고)	(4,000) 2,400	1,600
상향 (재고)	(10,000) 8,000	2,000

4. 당기순이익 조정

X1	지배	종속	계
조정 전	50,000	20,000	
내부거래	(1,600)	(2,000)	
FV 차이		(8,000)	
−손상, 차익			
−배당			
조정 후	48,400	10,000	58,400
지배(80%)	48,400	8,000	②56,400
비지배(20%)		2,000	①2,000

X2	지배	종속	계
조정 전	60,000	30,000	
내부거래	1,600	2,000	
FV 차이		(3,000)	
ㅡ손상, 차익			
ㅡ배당	(4,000)		
조정 후	57,600	29,000	86,600
지배(80%)	57,600	23,200	①80,800
비지배(20%)		5,800	5,800

5. X2년말 비지배지분

: (80,000＋20,000)×20%＋2,000＋5,800－5,000×20%＝26,800

  ㅡ 비지배지분은 종속기업의 순자산 공정가치에 비례하여 결정한다.

  ㅡ 비지배지분이 수령한 배당은 비지배지분에서 차감한다.

문제 2

〈자료 1〉을 이용하여 각 물음에 답하시오.

2023. CPA

자료

1. ㈜대한은 20X1년 1월 1일에 ㈜민국의 의결권 있는 보통주식 60%를 ₩120,000에 취득하여 실질지배력을 획득하였다. 지배력 취득일 현재 ㈜대한과 ㈜민국의 자본은 다음과 같다.

(단위: ₩)

항 목	㈜대한	㈜민국
자본금	150,000	80,000
자본잉여금	100,000	60,000
이익잉여금	80,000	50,000
자본총계	330,000	190,000

2. 다음은 ㈜대한과 ㈜민국의 20X1년과 20X2년의 별도(개별)포괄손익계산서이다.

(단위: ₩)

계정과목	20X1년도		20X2년도	
	㈜대한	㈜민국	㈜대한	㈜민국
매출	150,000	100,000	200,000	120,000
기타수익	18,000	8,000	35,000	20,000
매출원가	(90,000)	(60,000)	(160,000)	(84,000)
감가상각비	(20,000)	(10,000)	(20,000)	(10,000)
기타비용	(30,000)	(18,000)	(16,000)	(12,000)
당기순이익	28,000	20,000	39,000	34,000

3. 지배력 취득일 현재 ㈜민국의 순자산 장부금액과 공정가치가 일치하지 않는 자산은 다음과 같다.

(단위: ₩)

계정과목	장부금액	공정가치	비고
재고자산	50,000	56,000	20X1년에 80%를 판매하고 나머지는 20X2년에 판매
토지	34,000	38,000	20X2년 중에 제3자에게 ₩42,000에 처분
건물	60,000	55,000	잔존내용연수는 5년, 잔존가치는 없으며, 정액법으로 감가상각
기계장치	60,000	70,000	

4. 다음은 ㈜대한과 ㈜민국 간의 20X1년과 20X2년의 내부거래 내용이다.
   - 20X1년과 20X2년 ㈜대한과 ㈜민국 간의 재고자산 내부거래는 다음과 같으며, 기말재고자산은 다음 연도에 모두 연결실체 외부로 판매된다.

(단위: ₩)

연도	판매회사	매입회사	매출액	기말 보유비율
20X1	㈜대한	㈜민국	30,000	50%
	㈜민국	㈜대한	15,000	40%
20X2	㈜대한	㈜민국	50,000	40%
	㈜민국	㈜대한	12,000	50%

   - 20X1년 1월 1일 ㈜대한은 지배력 취득 직후 보유하던 기계장치(취득원가 ₩20,000, 감가상각누계액 ₩8,000, 잔존내용연수 3년, 잔존가치 없이 정액법 상각)를 ㈜민국에게 ₩18,000에 매각하였으며, ㈜민국은 기계장치를 계속 사용하다가 20X3년 4월 1일 연결실체 외부에 ₩15,000에 매각하였다.
   - 20X2년 3월 20일 ㈜민국은 주주총회에서 20X1년 성과에 대해 주식배당 ₩5,000과 현금배당 ₩5,000을 결의하였으며, 주주총회 당일 주주들에게 지급하였다.

5. ㈜대한은 종속기업투자주식을 원가법으로 평가하고 있으며, 연결재무제표 작성 시 비지배지분은 종속기업의 순자산 공정가치에 비례하여 배분한다.

6. ㈜대한과 ㈜민국은 유형자산(토지, 건물, 기계장치)에 대해 원가모형을 적용하고 있다.

물음 1 ㈜대한의 20X1년도 연결재무제표에 표시될 다음의 항목을 계산하시오.

비지배지분	①
지배기업소유주 귀속 당기순이익	②

물음 2 ㈜대한의 20X2년도 연결재무제표에 표시될 다음의 항목을 계산하시오.

비지배지분	①
지배기업소유주 귀속 당기순이익	②

물음 3 20X3년도 ㈜대한과 ㈜민국의 당기순이익이 각각 ₩36,000과 ₩25,000일 경우 지배기업소유주 귀속 당기순이익을 계산하시오.

지배기업소유주 귀속 당기순이익	①

해설 지배NI, 비지배지분

(물음 1) X1년도

비지배지분	①86,720
지배기업소유주 귀속 당기순이익	②28,080

(물음 2) X2년도

비지배지분	①96,080
지배기업소유주 귀속 당기순이익	②57,040

(물음 3) X3년도

지배기업소유주 귀속 당기순이익	①57,480

1. FV－BV

	FV－BV	X1	X2	X3
재고자산	6,000	(4,800)	(1,200)	
토지	4,000		(4,000)	
건물	(5,000)	1,000	1,000	1,000
기계장치	10,000	(2,000)	(2,000)	(2,000)
계	15,000	(5,800)	(6,200)	(1,000)

2. 영업권: 120,000－(190,000＋15,000)×60%＝(－)3,000 (염가매수차익)

3. 내부거래

	X1	X2	X3
하향(재고)	(12,000) 6,000	6,000	
상향(재고)	(6,000) 3,600	2,400	
하향(재고)		(10,000) 6,000	4,000
상향(재고)		(3,600) 1,800	1,800
하향(기계)	(6,000) 2,000	2,000	2,000

(1) 연도별 매출총이익률

	X1	X2
하향－㈜대한	60/150＝40%	40/200＝20%
상향－㈜대한	40/100＝40%	36/120＝30%

문제에서 내부거래의 매출총이익률이 전체 재고 거래의 매출총이익률과 같다는 가정이 없지만, 이렇게 가정하지 않으면 미실현이익을 계산할 수 없으므로 가정하고 풀겠다.

4. 당기순이익 조정

X1	지배	종속	계
조정 전	28,000	20,000	
내부거래	(10,000)	(2,400)	
FV 차이		(5,800)	
차익	3,000		
−배당			
조정 후	21,000	11,800	32,800
지배(60%)	21,000	7,080	28,080
비지배(40%)		4,720	4,720

X2	지배	종속	계
조정 전	39,000	34,000	
내부거래	4,000	600	
FV 차이		(6,200)	
차익	−		
−배당	(3,000)		
조정 후	40,000	28,400	68,400
지배(60%)	40,000	17,040	57,040
비지배(40%)		11,360	11,360

X3	지배	종속	계
조정 전	36,000	25,000	
내부거래	6,000	1,800	
FV 차이		(1,000)	
차익	−		
−배당			
조정 후	42,000	25,800	
지배(60%)	42,000	15,480	57,480
비지배(40%)		10,320	

5. 비지배지분

(1) X1년 말: (190,000+15,000)×40%+4,720=86,720
(2) X2년 말: 86,720+11,360−5,000×20%(배당)=96,080

2 | 연결 재무제표상 계정별 금액

사례

1. FV−BV 차이

(1) 종속기업의 재고자산은 장부금액이 공정가치에 비해 20,000 과소평가되어 있으며, 동 재고자산 중 50%는 20X1년 중에 외부로 판매되었다.

(2) 종속기업의 기계장치는 장부금액이 공정가치에 비해 30,000 과소평가되어 있다. X1년 초 현재 기계장치의 잔존 내용연수는 5년, 잔존가치는 ₩0이고 정액법으로 상각한다.

	FV−BV	X1
재고자산	20,000	(10,000)
기계장치	30,000	(6,000)

2. 내부거래

(1) X1년 초 지배기업이 장부금액 20,000인 재고자산을 종속기업에 30,000에 판매한 뒤, 종속기업은 X1년도 현재 50% 보유 중이다.

(2) X1년 초 종속기업이 취득원가 80,000, 감가상각누계액 30,000인 기계장치를 지배기업에 100,000에 판매하였다. X1년 초 현재 기계장치의 잔존내용연수 5년이다.

	X1
하향 (재고자산)	(10,000)
	5,000
상향 (기계장치)	(50,000)
	10,000

1. 매출액, 매출원가 및 재고자산

	단순 합	조정	연결
매출액	XXX	①(내부거래 매출액)	
매출원가	(XXX)	③끼워넣기	
매출총이익	XXX	②(FV 차액, 내부거래 손익)	

|연결 사례|

	단순 합(가정)	+조정	=연결
매출액	200,000	①(30,000)	170,000
매출원가	(50,000)	③15,000	(35,000)
매출총이익	150,000	②(15,000)	135,000

(1) 매출액: 내부거래 매출액 감소

내부거래 매출액은 없는 것으로 보므로 내부거래 매출액(30,000)만큼 감소시킨다.

(2) 매출총이익: FV 차액, 내부거래의 '손익'효과를 제거

① FV 차액: 매출총이익은 손익계산서 항목으로, 변동분이다. 따라서 FV-BV 조정표에서 첫 번째 줄인 'FV-BV' 줄에 있는 사항은 제외하고, X1 아래에 있는 사항만 반영한다. 10,000 감소
② 내부거래: 내부거래의 손익을 전부 반영한다. 5,000 감소
③ 매출총이익 조정: (10,000)+(5,000)=(15,000)

(3) 매출원가: 매출액과 매출총이익을 이용해서 끼워넣기

매출액과 매출총이익을 조정했기 때문에, 가운데 매출원가를 끼워 넣으면 된다. 매출액 30,000 감소, 매출총이익 15,000 감소이므로 매출원가 조정을 통해 이익이 15,000 증가하면 된다. 지금 표는 이익을 기준으로 작성하였으므로 비용인 매출원가는 15,000 감소해야 한다. 매출원가가 50,000에서 35,000으로 변한 것을 보면 이해가 될 것이다. 이익 변화 방향과 비용 변화 방향이 반대임에 주의하자.

(4) 재고자산: FV 차액, 내부거래의 '잔액'

매출원가, 매출총이익은 변동분이기 때문에 'FV-BV 차이 표'에서 첫 번째 칸인 'FV-BV' 줄에 있는 사항은 제외하고 계산했다. 하지만 재고자산은 재무상태표 항목으로, 누적액이기 때문에 첫 번째 칸까지 포함해서 계산한다.

재고자산 증감: 20,000-10,000(FV-BV)-10,000+5,000(내부거래)=5,000 증가
별도재무제표 상 재고자산의 단순 합에 5,000을 가산하면 연결 재고자산을 계산할 수 있다.

2. 감가상각비, 유형자산처분손익 및 유형자산

|연결 사례|

	단순 합(가정)	+조정	=연결
감가상각비	(100,000)	(6,000)+10,000 =4,000	(96,000)
유형자산처분이익	70,000	(50,000)	20,000

(1) 감가상각비: FV 차액과 내부거래 미실현손익 중 감가상각비 조정액

기계장치의 FV가 BV에 비해 30,000이 크므로 잔존내용연수 5년간 감가상각비를 매년 6,000씩 추가로 인식한다. 반면, 내부거래로 인해 기계장치의 장부금액을 50,000 감소시켰으므로 감가상각비를 매년 10,000씩 감소시킨다. 결과적으로 연결 감가상각비는 4,000이 감소한다.

(2) 유형자산처분손익: 내부거래 미실현손익 차감, 외부 판매거래 시 미실현손익의 잔액 가산

연결 관점에서는 내부거래에서 발생한 미실현손익은 제거한다. 따라서 유형자산처분손익 50,000을 감소시킨다. 하지만 공정가치 차액이 나는 자산이나 내부거래 자산을 이후에 처분하면 차액을 환입하면서 유형자산처분손익에 반영한다. 본 사례에서 후속 처분은 없었으므로 내부거래에서 발생한 유형자산처분이익만 제거하여 50,000이 감소한다. 만약 공정가치 차이가 있는 기계장치를 처분하였다면 24,000이 추가로 감소하여 총 74,000 감소한다.

(3) 유형자산: FV 차액, 내부거래의 '잔액'

	단순 합	+조정	=연결
기계장치	XXX	①FV−BV −내부거래 취득원가 증감	
감가상각누계액	(XXX)	③끼워넣기	
장부금액	XXX	②FV 차액 잔액 −내부거래의 잔액	

	단순 합(가정)	+조정	=연결
기계장치	100,000	①10,000	110,000
감가상각누계액	(70,000)	③(26,000)	(96,000)
장부금액	30,000	②(16,000)	14,000

① 취득원가: 'FV−BV' 가산, 내부거래 취득원가 증감액 제거! (30,000−20,000=10,000 증가)
종속기업의 유형자산은 취득일의 공정가치 평가로 인해 증가하므로, 'FV−BV'만큼 증가시킨다. 이때, 감가상각누계액은 고려하지 않는다. 30,000 증가.
내부거래로 인한 취득원가의 증감을 제거한다. 내부거래로 인해 기계장치의 취득원가가 80,000에서 100,000으로 20,000 증가했을 것이다. 20,000 감소.

② 장부금액: FV 차액, 내부거래의 '잔액' (24,000−40,000=16,000 감소)
유형자산의 순액은 상품과 동일하게 처리하면 된다. 누적액이기 때문에 'FV−BV' 표의 첫 번째 칸까지 포함해서 계산한다.
FV−BV: 30,000−6,000=24,000
내부거래: (50,000)+10,000=(40,000)

③ 감가상각누계액: 취득원가와 감누를 이용해서 끼워넣기
취득원가 10,000 증가, 순액 16,000 감소이므로 감누 변화로 순액은 26,000 감소해야 한다. 따라서 감누는 26,000 증가한다. 순액 변화 방향과 감누 변화 방향이 반대임에 주의하자.

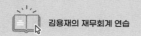

문제 3

(16점)

㈜지배는 20X1년 1월 1일에 ㈜종속의 보통주 80%(80주, 주당 액면금액 ₩5,000)를 ₩680,000에 취득하고 지배력을 획득하였다. 주식취득일 현재 ㈜종속의 자본계정은 자본금 ₩500,000과 이익잉여금 ₩200,000으로 구성되어 있으며, 보통주 1주당 공정가치는 ₩8,200이다.

추가자료

1. 20X1년 1월 1일 현재 ㈜종속의 자산과 부채 중에서 장부금액과 공정가치가 일치하지 않는 항목은 다음과 같다.

	장부금액	공정가치
상품	₩70,000	₩84,000
토지	300,000	350,000
건물(순액)	180,000	216,000

위 상품 중 80%는 20X1년 중에 외부로 판매되었으며, 나머지 20%는 20X2년 중에 외부로 판매되었다. 토지와 건물은 ㈜종속이 20x0년 초에 현금 ₩500,000을 지급하고 일괄취득한 자산이며, 건물은 정액법(내용연수 10년, 잔존가치 ₩0)에 따라 감가상각하고 있다.

2. 20X1년 중에 ㈜지배는 ㈜종속에 원가 ₩12,000인 상품을 ₩15,000에 현금 판매하였으며, ㈜종속은 동 상품 전액을 20X2년 중에 외부로 판매하였다.

3. 20X2년 1월 1일에 ㈜종속은 사용하던 비품(장부금액 ₩30,000)을 ₩36,000에 ㈜지배에 현금 매각하였다. 비품 매각일 현재 잔존내용연수는 3년, 잔존가치는 ₩0, 감가상각방법은 정액법이다. ㈜지배는 동 자산을 20X2년 말 현재 사용하고 있다.

4. 20X2년 1월 1일 ㈜종속은 신규시설투자와 관련하여 ㈜지배로부터 현금 ₩200,000을 차입하였다. 동 차입금은 약정이자(연 이자율 5%)와 함께 20X3년 12월 31일에 상환할 예정이다.

5. 20X1년과 20X2년에 대한 ㈜지배와 ㈜종속의 별도(개별)재무제표상 당기순이익은 아래와 같으며, 동 기간 중에 양 사는 배당을 선언한 바가 없다.

	20X1년	20X2년
㈜지배	₩55,000	₩75,000
㈜종속	20,000	25,000

6. ㈜지배는 ㈜종속의 주식을 원가법으로 회계처리하고 있으며, 연결재무제표 작성시 비지배지분은 공정가치로 평가한다.

7. ㈜지배와 ㈜종속이 작성한 별도(개별)재무제표는 한국채택국제회계기준에 따라 적정하게 작성되었다.

물음 1 ㈜지배와 ㈜종속의 20X1년도 별도(개별)재무제표상 일부항목이 다음과 같다고 할 때, 연결재무제표의 빈칸(①~⑤)에 계상될 금액을 구하시오. 단, 20X1년 말 현재 영업권에 대한 손상은 발생하지 않은 것으로 가정하며, 해당 금액이 없는 경우에는 "0"으로 표시하시오. 　　　　　2014. CPA

계정과목	㈜지배	㈜종속	연결 재무제표
포괄손익계산서 항목			
매출원가	₩650,000	₩280,000	①
당기순이익	55,000	20,000	②
재무상태표 항목			
상품	₩240,000	₩90,000	③
건물(순액)	380,000	160,000	④
영업권	0	0	⑤

물음 2 20X2년도에 ㈜지배가 작성하는 연결재무제표에 계상될 ① 비지배지분순이익과 ② 비지배지분 금액을 각각 구하시오. 　　　　　2014. CPA

해설 연결재무제표 금액 추정

(물음 1)

계정과목	㈜지배	㈜종속	연결 재무제표
포괄손익계산서 항목			
매출원가	₩650,000	₩280,000	①929,200
당기순이익	55,000	20,000	②56,800
재무상태표 항목			
상품	₩240,000	₩90,000	③329,800
건물(순액)	380,000	160,000	④572,000
영업권	0	0	⑤44,000

(물음 2) ① 2,840 ② 167,800

－ FV－BV 차이

	FV－BV	X1	X2
상품	14,000	(11,200)	(2,800)
토지	50,000		
건물	36,000	(4,000)	(4,000)
계	100,000	(15,200)	(6,800)

건물은 X0년초에 취득하여 내용연수가 10년이었으므로, 취득일 현재(X1년초) 잔존내용연수는 9년이다.

2. 영업권: 40,000＋4,000＝**44,000**

(1) 지배기업: 680,000－(700,000＋100,000)×80%＝40,000

(2) 비지배지분: 8,200×20주－(700,000＋100,000)×20%＝4,000

— 비지배지분을 공정가치로 측정하므로 비지배지분도 영업권이 생긴다.

3. 내부거래

	X1	X2
하향 (상품)	(3,000)	3,000
상향 (비품)		(6,000) 2,000

지배기업과 종속기업 사이에 발생한 금전 대여 거래는 미실현손익이 발생하지 않으므로 무시한다.

4. 계정과목 잔액

(1) 매출원가 & 상품

	단순 합	조정	연결
매출액		①(15,000)	
매출원가	(930,000)	③800	(929,200)
매출총이익		②(14,200)	

① 매출액: 내부거래 매출액 감소

하향 매출 15,000 감소

② 매출총이익: FV 차액, 내부거래의 '손익'효과를 제거

FV 차액 (11,200) ＋내부거래 (3,000)＝(14,200)

③ 매출원가: 매출액과 매출총이익을 이용해서 끼워넣기

매출액 15,000 감소, 매출총이익 14,200 감소이므로 매출원가 변화로 이익이 800 증가해야 한다. 따라서 매출원가는 800 감소한다. 연결 매출원가＝**929,200**

④ 상품: FV 차액, 내부거래의 '잔액'

조정사항: 14,000－11,200(FV－BV)－3,000(내부거래)＝－200

— 재고자산은 누적액이기 때문에 'FV－BV' 표의 첫 번째 칸까지 포함한다는 것을 유의하자.

연결 재고자산: 240,000＋90,000－200＝**329,800**

(2) 건물

	단순 합	조정	연결
건물	540,000	②32,000	572,000

조정사항: FV 차액, 내부거래의 '잔액'＝36,000－4,000＝32,000 (내부거래는 없음)

—누적액이기 때문에 'FV－BV' 표의 첫 번째 칸까지 포함해서 계산한다.

|참고| 연결 감가상각비 및 연결 유형자산처분손익

	단순 합	조정	연결
X1년 감가상각비	(A)	(4,000)	(A+4,000)
X2년 감가상각비	(B)	(2,000)	(B+2,000)
X2년 유형자산처분손익	C	(6,000)	C−6,000

① X1년 감가상각비: 건물로 인해 4,000 증가
② X2년 감가상각비: 건물로 인해 4,000 증가, 비품으로 인해 2,000 감소
③ X2년 유형자산처분손익: 비품으로 인해 6,000 감소

5. 당기순이익 조정

X1	지배	종속	합
조정 전	55,000	20,000	
내부거래	(3,000)		
FV 차이		(15,200)	
−손상, +차익	−		
−배당	−		
조정 후	52,000	4,800	**56,800 (연결 NI)**
지배(80%)	52,000	3,840	55,840 (지배 NI)
비지배(20%)		960	960 (비지배 NI)

X1년도 연결NI: 56,800

X2	지배	종속	합
조정 전	75,000	25,000	
내부거래	3,000	(4,000)	
FV 차이		(6,800)	
−손상, +차익	−		
−배당	−		
조정 후	78,000	14,200	92,200 (연결 NI)
지배(80%)	78,000	11,360	89,360 (지배 NI)
비지배(20%)		2,840	**2,840** (비지배 NI)

(1) X2년 비지배NI: 2,840

(2) X2년 말 비지배지분
① 일반적인 비지배지분 잔액 + 비지배지분의 영업권
= (700,000 + 100,000) × 20% + 960 + 2,840 + 4,000(영업권) = **167,800**
② 취득일의 비지배지분 FV + Σ비지배NI = 8,200 × 20주 + 960 + 2,840 = **167,800**

3 기타 내부거래

1. 대여 거래

> **사례**
>
> 20X1년 초 ㈜지배는 ㈜종속에게 연 10% 이자율로 ₩10,000을 대여하고 20X1년말 이자로 ₩1,000을 수령하였다.

(1) 대여금과 차입금 상계

차입금	10,000	대여금	10,000

지배기업과 종속기업 사이에 대여 거래가 발생하여 대여금과 차입금이 있다면 연결조정분개를 통해 제거해야 한다. 개별 기업 관점에서는 각 기업이 빌려준 돈과 갚을 돈이 있지만 연결 실체 관점에서는 하나의 기업이므로 대여 거래는 없는 거래이기 때문이다. 위 사례에서는 차입금과 대여금을 각각 10,000원씩 상계해야 한다.

(2) 이자수익과 이자비용 상계

이자수익	1,000	이자비용	1,000

대여 거래 발생 시에는 **대여 기업의 이자수익과 차입 기업의 이자비용을 상계한다.** 사채와 달리 대여금 및 차입금은 액면발행하므로 이자손익이 액면이자와 일치한다. 돈 받은 만큼 이자수익, 돈 준 만큼 이자비용인데 주고받은 현금은 하나이므로 이자수익과 이자비용은 일치한다. 위 사례에서는 차입 기업이 1,000원을 주면 대여 기업은 1,000원을 받는다. 따라서 같은 금액만큼 이자수익과 이자비용을 상계한다.

(3) 내부거래 제거표: 표시할 것 없음!

	X1
대여 거래	0

지배기업과 종속기업 간에 대여 거래가 있더라도 내부거래 조정 시 무시하면 된다. 같은 금액만큼 이자수익과 이자비용을 상계하므로 연결당기순이익에 미치는 영향이 없기 때문이다.

2. 사채 내부거래

(1) 한 기업이 사채를 발행하고 다른 기업이 사채를 취득한 경우

: 내부거래 제거 X (=대여 거래)

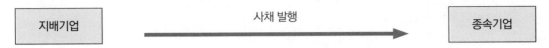

> **사례**
>
> 20X1년 초 ㈜지배는 액면금액 ₩100,000의 사채를 ₩95,026에 발행하였으며, ㈜종속은 이를 발행가액에 취득하여 AC금융자산으로 분류하였다. 동 사채의 유효이자율은 연 10%이며, 액면이자율은 연 8%이다.
>
> |유효이자율 상각표|
>
> | | 유효이자(10%) | 액면이자(8%) | 장부금액 |
> |---|---|---|---|
> | X0 | | | 95,026 |
> | X1 | 9,503 | 8,000 | 96,529 |
>
> |연결조정분개|
>
> | 사채 | 100,000 | 사채할인발행차금 | 3,471 |
> |---|---|---|---|
> | | | AC금융자산 | 96,529 |
> | 이자수익 | 9,503 | 이자비용 | 9,503 |
>
> 연결실체 내의 한 기업이 사채를 발행하고 다른 기업이 사채를 취득한 경우는 '1. 대여 거래'와 같다. 사채와 금융자산을 상계하고, 이자수익과 이자비용을 상계하면 된다. X1년 말에는 유효이자율 상각을 통해 사채와 금융자산의 장부금액이 96,529(=95,026×1.1−8,000)이 된다는 것만 다르다. 이자수익과 이자비용이 같으므로 미실현손익은 발생하지 않으며, 내부거래 제거표에 표시할 것은 없다.

(2) 한 기업이 연결실체 외부에 발행한 사채를 후속적으로 다른 기업이 취득한 경우

: 사채상환손익 인식 후 환입 (≠대여 거래)

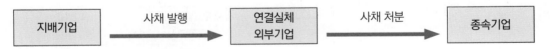

> **사례**
>
> 20X1년 초 ㈜지배는 액면금액 ₩100,000의 사채를 ₩95,026에 발행(만기 20X3년 말)하였으며, ㈜대한은 이를 취득하였다. 20X2년 초 ㈜대한은 동 사채를 ㈜종속에 ₩94,862에 처분하였고, ㈜종속은 동 사채를 AC금융자산으로 분류하였다. 동 사채의 시장이자율은 20X1년 초에 연 10%, 20X2년 초에 연 11%이며, 액면이자율은 연 8%이다.

① 유효이자율 상각표

연결실체 내의 한 기업이 연결실체 외부에 발행한 사채를 후속적으로 다른 기업이 취득한 경우에는 사채 발행 기업과 취득 기업의 유효이자율이 다르다. 사채를 발행한 시점과 취득한 시점이 다르기 때문이다. 본 사례에서는 X1년초에 발행한 뒤, X2년초에 취득하므로 각각 다른 유효이자율을 적용해야 한다. 이에 맞게 유효이자율 상각표를 작성하면 다음과 같다. 종속기업이 X2년초에 사채를 취득하였으므로 종속기업의 상각표는 X2년초 (X1)부터 작성하였다.

|유효이자율 상각표 — 지배기업|

	유효이자(10%)	액면이자(8%)	장부금액
X0			95,026
X1	9,503	8,000	96,529
X2	9,653	8,000	98,182
X3	9,818	8,000	100,000

|유효이자율 상각표 — 종속기업|

	유효이자(11%)	액면이자(8%)	장부금액
X1			94,862
X2	10,435	8,000	97,297
X3	10,703	8,000	100,000

② 사채상환손익

$$사채상환손익 = 발행기업의 장부금액 - 사채의 취득원가$$

연결실체 내의 한 기업이 연결실체 외부에 발행한 사채를 후속적으로 다른 기업이 취득한 경우에는 연결 관점에서는 사채를 상환한 것으로 본다. 최초에 사채를 발행할 때에는 연결실체 외부에 발행하므로 연결 관점에서도 이는 사채의 발행으로 본다. 하지만 이 사채를 연결실체 내의 다른 기업이 취득하면 연결 관점에서는 발행한 사채가 없어지는 것이기 때문이다. 이는 사채의 상환이다. 사채상환손익은 위와 같이 구한다. 본 사례에서는 '96,529 − 94,862 = 1,667 이익'으로 계산할 수 있다.

|X2년도 연결조정분개|

사채	100,000	사채할인발행차금	1,818
		AC금융자산	97,297
이자수익	10,435	이자비용	9,653
		사채상환이익	1,667

연결 실체 안에 채권과 채무가 있으므로 이를 상계한다. X2년말 지배기업과 종속기업은 각자의 재무상태표에 유효이자율 상각표 상의 X2년말 장부금액으로 사채와 금융자산을 표시하였을 것이므로 X2년말 장부금액을 제거해야 한다. 제거해야 될 사채의 장부금액은 98,182, 금융자산의 장부금액은 97,297이다. 추가로, 이자수익과 이자비용을 상계해야 하는데 유효이자율이 다르므로 상계할 이자수익과 이자비용도 다르다. 유효이자율 상각표에서 구한 금액을 각각 제거하자. 대차차액은 사채상환손익으로 맞추면 된다. 앞에서 배운 사채상환손익 계산식을 이용하여 검산도 가능하다.

③ 내부거래 제거표

	X2
하향 (사채)	사채상환손익 (이자손익 상계액)

사채를 후속적으로 연결실체 내의 다른 기업이 취득한 시점에 사채를 상환한 것으로 보므로 사채상환손익을 인식해야 한다. 일반적인 내부거래에서 미실현손익을 제거하는 것과 반대로, 사채 내부거래의 경우 별도 관점에서 인식하지 않은 손익을 연결 관점에서 인식해주어야 한다. 이 사채상환손익은 이후에 이자손익 상계액으로 환입된다. 각 회사별 이자수익과 이자비용을 계산하여 상계하고 남은 금액만큼 사채상환손익을 환입하면 된다. 본 사례에서는 이자수익 10,435 감소, 이자비용 9,653 감소이므로 연결당기순이익은 782 감소한다. 따라서 내부거래 제거표를 다음과 같이 그릴 수 있다.

	X2	X3
하향 (사채)	1,667 (782)	(885)

참고로, 연결조정분개를 통해 X3년도 이자수익은 9,818 감소, 이자비용은 10,703 감소시키므로 연결당기순이익은 885가 감소한다. 사채의 만기가 3년이므로 X3년말에 사채상환이익 1,667이 전부 환입된다.

④ 상향거래 or 하향거래

사채 발행자	내부거래
지배기업	하향거래
종속기업	상향거래

사채 내부거래가 상향거래인지, 하향거래인지는 사채의 발행자가 누구인지에 따라 결정된다. **사채 발행자가 지배기업이면 하향거래, 사채 발행자가 종속기업이면 상향거래에 해당한다.** 사채상환손익은 사채의 발행자가 인식한다. 따라서 본 사례처럼 지배기업이 사채를 발행한 경우 사채상환손익을 지배기업이 인식해야 하므로 하향거래로 보는 것이다. 반면, 종속기업이 사채를 발행했다면 상향거래로 보아 사채상환손익 및 이자손익 상계액을 전부 종속기업의 조정 전 NI에 반영한다.

 자산 내부거래 및 사채 내부거래의 방향: 돈을 받은 기업에 따라 결정

지금까지는 자산 내부거래만 배웠는데, 사채 내부거래를 추가로 배우면서 내부거래 방향(상향 or 하향)이 헷갈릴 것이다. 이때, **돈을 누가 받았는지 생각하자.** 재고자산이나 유형자산 처분 시에는 처분하면서 돈을 받은 기업에 따라 내부거래 방향이 결정되었다. 지배기업이 처분하면 하향거래, 종속기업이 처분하면 상향거래이다. 지배기업이 사채를 발행하면서 돈을 받으면 하향거래, 종속기업이 사채를 발행하면서 돈을 받으면 상향거래이다. 이는 논리적인 설명보다는, 암기법에 해당하므로 와닿지 않는다면 자산과 사채를 따로 외우자.

3. 매출채권 내부거래 2차

사례

20X1년 1월 1일에 ㈜지배는 ㈜종속에게 원가 ₩40,000의 상품을 ₩100,000에 외상매출하였으며, 이 중 ₩60,000을 현금회수하였다. 20X1년말 현재 동 매출채권 잔액 중 ₩10,000은 은행에서 할인한 상태이다.

(1) 매출채권 제거조건을 충족하는 경우
위 사례의 할인거래가 매출채권의 제거조건을 만족한다면 회계처리는 다음과 같다.

지배기업 F/S	매출채권	100,000	매출	100,000
	매출원가	40,000	상품	40,000
	현금	60,000	매출채권	60,000
	현금	10,000	매출채권	10,000

+

종속기업 F/S	상품	100,000	매입채무	100,000
	매입채무	60,000	현금	60,000

=

합산 F/S	상품	60,000	매출	100,000
	매출원가	40,000		
	매출채권	30,000	매입채무	40,000
	현금	10,000		

+

연결조정분개	매출	100,000	상품	60,000
			매출원가	40,000
	매입채무	40,000	매출채권	30,000
			차입금	10,000

⇓

연결 F/S	현금	10,000	차입금	10,000

지배기업과 종속기업 사이에 재고 내부거래가 발생한다면 매출─매출원가와 매출채권─매입채무를 상계해야 한다. 본 장에서는 매출─매출원가 상계보다는 매출채권─매입채무 상계에 집중하겠다. 매출채권과 매입채무가 있다면 연결조정분개를 통해 제거해야 한다.

종속기업은 매입채무 100,000 중 60,000을 상환하였으므로 종속기업의 매입채무 잔액은 40,000이다. 반면, 지배기업은 매출채권 100,000 중 60,000을 현금으로 회수한 뒤, 10,000을 할인하여 제거조건을 충족시켰으므로 지배기업의 매출채권 잔액은 30,000이다. 따라서 매입채무는 40,000, 매출채권은 30,000을 제거하게 되는데 대변에 부족한 10,000은 차입금으로 계상한다. 할인한 매출채권 10,000은 은행이 들고 있으므로 상품을 매입한 기업은 10,000을 은행에 갚아야 한다. 따라서 이 부분을 차입금으로 대체하는 것이다.

(2) 매출채권 제거조건을 충족하지 못하는 경우
위 사례의 할인거래가 매출채권의 제거조건을 만족하지 못한다면 회계처리는 다음과 같다.

지배기업 F/S	매출채권	100,000	매출	100,000
	매출원가	40,000	상품	40,000
	현금	60,000	매출채권	60,000
	현금	10,000	차입금	10,000

\+

| 종속기업 F/S | 상품 | 100,000 | 매입채무 | 100,000 |
| | 매입채무 | 60,000 | 현금 | 60,000 |

||

합산 F/S	상품	60,000	매출	100,000
	매출원가	40,000		
	매출채권	40,000	매입채무	40,000
	현금	10,000	차입금	10,000

\+

연결조정분개	매출	100,000	상품	60,000
			매출원가	40,000
	매입채무	40,000	매출채권	40,000

⇓

| 연결 F/S | 현금 | 10,000 | 차입금 | 10,000 |

매출채권 할인이 제거조건을 만족하지 못하였으므로 지배기업은 은행으로부터 수령한 10,000을 차입금으로 계상한다. 이 경우에는 종속기업의 매입채무 잔액과 지배기업의 매출채권 잔액 모두 40,000으로 일치하므로 연결조정분개를 통해 서로 제거하면 된다. 연결조정분개에 차입금이 표시되지 않는다.

핵심 매출채권 내부거래

내부거래에서 발생한 매출채권을 할인하면 연결 재무상태표에 차입금은 무조건 있어야 한다. 따라서 제거조건 충족 여부에 따라 다음과 같이 연결조정분개를 하면 된다.

제거조건을 충족한 경우	없으므로 차입금을 만들어야 함
제거조건을 충족하지 못한 경우	있으므로 차입금을 그대로 두면 됨

매입채무	매출－회수액	매출채권	매출－회수액－충족 O
		차입금	충족 O

(3) 대손상각비

사례

20X1년 1월 1일에 ㈜지배는 ㈜종속에게 원가 ₩40,000의 상품을 ₩100,000에 외상매출하였으며, 이 중 ₩60,000은 20X1년에, 나머지 ₩40,000은 20X2년에 회수하였다. ㈜지배의 대손설정률은 기말 매출채권 잔액의 5%이다.

① X1년도 회계처리

지배기업 F/S	매출채권	100,000	매출	100,000
	매출원가	40,000	상품	40,000
	현금	60,000	매출채권	60,000
	대손상각비	2,000	대손충당금	2,000

+

종속기업 F/S	상품	100,000	매입채무	100,000
	매입채무	60,000	현금	60,000

||

합산 F/S	상품	60,000	매출	100,000
	매출원가	40,000		
	매출채권	40,000	매입채무	40,000
	대손상각비	2,000	대손충당금	2,000

+

연결조정분개	매출	100,000	상품	60,000
			매출원가	40,000
	매입채무	**40,000**	**매출채권**	**40,000**
	대손충당금	**2,000**	**대손상각비**	**2,000**

⇓

연결 F/S	ㅡ회계처리 없음ㅡ

지배기업은 매출채권 잔액 40,000중 5%에 해당하는 2,000을 대손충당금으로 계상하지만, 연결 관점에서 매출채권이 표시되지 않으므로 대손충당금도 표시되면 안 된다. 따라서 대손상각비와 대손충당금을 2,000씩 제거한다.

② 내부거래 제거표

	X1	X2
하향 (매출채권)	2,000	(2,000)

X1년도에는 합산 재무제표에 대손상각비가 표시되므로 연결조정분개를 통해 2,000을 부인하였다. X2년도에는 매출채권 잔액을 전부 회수하므로 매출채권이 감소함에 따라 합산 재무제표상에서 대손상각비도 감소된다. 따라서 연결조정분개를 통해 대손상각비를 다시 증가시켜주어야 한다.

③ X2년도 회계처리

연결조정분개	대손상각비	2,000	이익잉여금	2,000

4. 내부거래의 손실이 자산손상의 징후인 경우

사례

20X1년 12월초 ㈜지배는 ㈜종속에게 원가 ₩50,000인 상품을 ₩30,000에 판매하였고, ㈜종속은 20X1년말 현재 동 상품 모두를 재고자산으로 보유하고 있다. 판매가격 ₩30,000은 해당 상품의 순실현가능가치에 해당한다.

원칙적으로 내부거래가 발생하면 미실현손익을 제거한다. 사례에 등장한 내부거래가 발생한다면 우리는 다음과 같이 표를 그린다. 상품 처분으로 인해 매출총손실 20,000이 발생하였으므로 이를 부인한다.

	X1
하향 (상품)	20,000

하지만 연결실체 내의 거래에서 발생한 손실은 연결재무제표에 인식해야 하는 자산손상의 징후일 수 있다. 위 사례에서는 내부거래가 발생하지 않고 지배기업이 상품을 보유했더라도 어차피 순실현가능가치가 20,000이므로 기말에 저가법 평가를 하면 평가손실 20,000을 인식했을 것이다. 이런 경우에는 미실현손실을 제거하는 것이 오히려 연결 관점과의 괴리를 야기할 수 있다. 따라서 내부거래의 손실이 자산손상의 징후인 경우 내부거래의 미실현손익을 제거한 것을 다시 인식한다. 결과적으로 아무것도 안 한 것이나 마찬가지이다. 표는 다음과 같이 그릴 수 있다. 매출총손실 20,000을 부인한 뒤 평가손실 20,000을 인식하는 것인데 그냥 표에 아무것도 안 써도 된다.

	X1			X1
하향 (상품)	20,000 (20,000)	or		0

|연결조정분개|

매출	30,000	매출원가	50,000
재고자산	20,000		
재고자산평가손실	20,000	재고자산평가충당금	20,000

연결조정분개는 중요하지 않으므로, 참고로만 보자. 내부거래를 제거하므로 매출 30,000과 매출원가 50,000을 제거한다. 이로 인해 재고는 20,000 증가한다. 이후에 합산 재무제표에는 반영되지 않은 저가법 평가 회계처리를 추가한다.

5. 재고자산을 비품으로 사용

사례

20X1년 1월 1일 ㈜종속은 원가 ₩10,000의 재고자산을 ₩15,000의 가격으로 ㈜지배에 판매하였다. ㈜지배는 동 자산을 구입 후 비품으로 사용하고 있으며 정액법(내용연수 5년, 잔존가치는 ₩0)에 따라 감가상각한다.

① 내부거래 제거표

	X1
상향 (재고)	(5,000)
상향 (비품)	1,000

② X1년도 회계처리

지배기업 F/S	비품	15,000	현금	15,000
	감가상각비	3,000	감가상각누계액	3,000

\+

종속기업 F/S	현금	15,000	매출	15,000
	매출원가	10,000	재고자산	10,000

||

합산 F/S	비품	15,000	매출	15,000
	감가상각비	3,000	감가상각누계액	3,000
	매출원가	10,000	재고자산	10,000

\+

연결조정분개	매출	15,000	매출원가	10,000
			비품	5,000
	감가상각누계액	1,000	감가상각비	1,000

⇩

연결 F/S	비품	10,000	재고자산	10,000
	감가상각비	2,000	감가상각누계액	2,000

합산 재무제표에서는 매출과 매출원가를 인식하고, 비품이 매가로 계상되지만, 연결 재무제표에서는 매출과 매출원가를 인식하지 않고, 재고자산이 비품으로 계정 대체되어 원가로 계상된다. 또한 비품이 매가가 아닌 원가로 계상되므로 감가상각비도 감소시켜야 한다.

③ 계정별 증감

	연결조정분개 증감	사례
재고	불변	불변
비품	'매가−원가'만큼 감소	5,000 감소
감가상각누계액	감가상각비 환입액만큼 감소	1,000 감소
매출	재고자산 매가만큼 감소	15,000 감소
매출원가	재고자산 원가만큼 감소	10,000 감소
감가상각비	감가상각비 환입액만큼 감소	1,000 감소

합산 재무제표에서도, 연결 재무제표에서도 재고는 인식하지 않으므로 재고는 연결조정분개를 통한 증감이 없다.

6. 용역 내부거래

사례

㈜종속은 상품매매 외에 수선용역 사업도 행하고 있으며 수선용역 매출은 용역제공원가의 50%를 이익으로 가산하여 이루어진다. 20X1년 중 ㈜종속이 ㈜지배에 제공한 수선용역 매출액은 ₩30,000이며 용역제공은 20X1년 12월에 이루어졌다.

① 내부거래 제거표

	X1
상향	—

용역 거래도 대여 거래와 마찬가지로 연결 관점과 별도 관점 사이에 차이가 발생하는 자산, 부채가 없다. 즉, 미실현손익이 없다. 같은 금액만큼 매출과 판관비를 상계하면 되기 때문이다. 따라서 내부거래 제거표를 작성할 때 무시하면 된다.

② X1년도 회계처리

지배기업 F/S	판관비	30,000	현금	30,000

+

종속기업 F/S	현금	30,000	매출	30,000
	매출원가	20,000	현금	20,000

‖

합산 F/S	판관비	30,000	매출	30,000
	매출원가	20,000	현금	20,000

+

연결조정분개	매출	30,000	매출원가	20,000
			판관비	10,000

⇓

연결 F/S	판관비	20,000	현금	20,000

③ 계정별 증감

	연결조정분개 증감	사례
매출	재고자산 매가만큼 감소	30,000 감소
매출원가	재고자산 원가만큼 감소	20,000 감소
판관비	'매가−원가'만큼 감소	10,000 감소

문제 4
(12점)

㈜지배는 20X1년 1월 1일에 ㈜종속의 보통주 60%를 취득하여 지배력을 획득하였다. 다음의 독립된 세 가지 (물음)에 대해 답하시오.

물음 1

20X1년 1월 1일에 ㈜지배는 ㈜종속에게 원가 ₩100,000의 상품을 ₩120,000에 판매하였다. 동 상품의 80%는 20X1년 중에 외부로 판매되었으며, 나머지 20%는 20X1년 12월 31일 현재 ㈜종속의 기말재고자산으로 남아있다. 기말에 ㈜종속은 저가법에 따라 동 기말재고자산을 ₩18,000으로 평가하고 재고자산평가손실(기타비용) ₩6,000을 인식하였다.

위 거래의 영향을 반영한 후 ㈜지배와 ㈜종속의 20X1년도 별도(개별)재무제표상 일부항목이 다음과 같다고 할 때, 연결재무제표의 빈칸(①~②)에 계상될 금액을 제시하시오.
2015. CPA

계정과목	㈜지배	㈜종속	연결재무제표
재무상태표 항목			
재고자산(순액)	₩45,000	₩25,000	①
포괄손익계산서 항목			
매출원가	₩700,000	₩200,000	②

물음 2

20X1년 1월 1일에 ㈜종속은 ㈜지배에게 장부금액이 ₩50,000(취득원가 ₩80,000, 감가상각누계액 ₩30,000)인 기계장치를 ₩60,000에 판매하였다. 판매시점에 이 기계장치의 잔여내용연수는 5년이고, 추정잔존가치는 없으며, 두 회사 모두 기계장치를 정액법으로 상각한다. 20X2년 12월 31일에 ㈜지배는 이 기계장치를 ₩32,000에 외부로 판매하였다.

위 거래의 영향을 반영한 후 ㈜지배와 ㈜종속의 20X2년도 별도(개별)재무제표상 일부항목이 다음과 같다고 할 때, 연결재무제표의 빈칸(①~②)에 계상될 금액을 제시하시오. 단, 유형자산처분손실이 계상될 경우 금액 앞에 '(−)'를 표시하시오.
2015. CPA

계정과목	㈜지배	㈜종속	연결재무제표
포괄손익계산서 항목			
감가상각비	₩80,000	₩50,000	①
유형자산 처분이익(손실)	(7,000)	15,000	②

해설 내부거래 시 연결재무제표 상 계정 잔액

(물음 1) 재고자산 관련 계정

계정과목	㈜지배	㈜종속	연결재무제표
재무상태표 항목			
재고자산(순액)	₩45,000	₩25,000	①70,000
포괄손익계산서 항목			
매출원가	₩700,000	₩200,000	②784,000

1. 재고자산(순액): 45,000＋25,000＝**70,000**

	X1
하향 (상품)	(20,000) 16,000 4,000

내부거래와 관련된 미실현이익이 없으므로 단순 합과 일치한다.

(1) 미실현이익: 120,000－100,000＝20,000
(2) 미실현이익 환입액: 20,000×80%＝16,000
(3) 재고자산평가손실 부인액: 6,000－2,000＝4,000

	종속 F/S	연결 F/S
장부금액	120,000×20%＝24,000	100,000×20%＝20,000
평가손실	(6,000)	(2,000)
저가	18,000	18,000

종속기업에서는 평가손실을 6,000으로 인식했지만 연결에서는 2,000으로 인식하므로, 4,000의 평가손실을 부인해야 한다. 저가가 연결재무상태표 상 장부금액보다 작으므로, 결과적으로 미실현이익 잔액을 전부 환입하면 된다.

2. 매출원가: **784,000**

	합산 F/S	＋연결조정분개	＝연결 F/S
매출액	A	②－120,000	A－120,000
매출원가	(900,000)	④＋116,000	⑤**(784,000)**
평가손실	(6,000)	③＋4,000	(2,000)
이익	A－906,000	①－	A－906,000

① 내부거래와 관련된 미실현이익이 없으므로 연결조정분개를 통해 조정해야 하는 재고자산 관련 이익이 없다.
② 내부거래 매출액 120,000을 제거한다.
③ 평가손실 4,000을 부인하면 연결 평가손실은 2,000이 된다.
④ 연결조정분개에서 재고자산 관련 이익을 조정하지 않으므로, 매출원가로 인해 이익은 116,000 증가해야 한다.
⑤ 연결 매출원가는 (900,000)＋116,000＝(784,000)이다.

본 문제에서는 재고자산평가손실을 기타비용으로 분류하여 따로 분석했는데, 만약 재고자산평가손실을 매출원가에 포함시켰다면 연결 매출원가는 780,000(＝900,000－120,000)이다.

물음 3 20X1년 1월 1일에 ㈜지배는 ㈜종속에게 원가 ₩65,000의 상품을 ₩90,000에 외상매출하였으며, 이 중 ₩60,000을 현금회수하였다. 20X1년말 현재 동 매출채권 잔액 중 ₩18,000은 은행에서 할인한 상태이며, 동 할인거래 중 ₩10,000은 매출채권의 제거조건을 만족하였으나, 나머지 ₩8,000은 매출채권의 제거조건을 만족하지 못하였다. ㈜지배와 ㈜종속의 대손설정률은 각각 기말 매출채권 잔액의 5%, 3%이다. ㈜종속은 ㈜지배로부터 매입한 상품을 20X1년 중에 전액 외부로 판매하였다.

위 거래의 영향을 반영한 후 ㈜지배와 ㈜종속의 20X1년도 별도(개별)재무제표상 일부항목이 다음과 같다고 할 때, 연결재무제표의 빈칸(①~②)에 계상될 금액을 제시하시오. 2015. CPA **2차**

계정과목	㈜지배	㈜종속	연결재무제표
재무상태표 항목			
매입채무	₩150,000	₩135,000	①
포괄손익계산서 항목			
대손상각비	₩18,000	₩12,000	②

해설

(물음 3) 매출채권 관련 계정

계정과목	㈜지배	㈜종속	연결재무제표
재무상태표 항목			
매입채무	₩150,000	₩135,000	①255,000
포괄손익계산서 항목			
대손상각비	₩18,000	₩12,000	②29,000

	합산 F/S	+연결조정분개	=연결 F/S
매입채무	285,000	(30,000)	255,000
대손상각비	30,000	(1,000)	29,000

| 회계처리 |

지배기업 회계처리	매출채권 현금	30,000 60,000	매출	90,000
	매출원가	65,000	상품	65,000
	현금	18,000	매출채권 차입금	10,000 8,000
	대손상각비	1,000	대손충당금	1,000
연결조정분개	매출	90,000	매출원가 상품	65,000 25,000
	매입채무	30,000	매출채권 차입금	20,000 10,000
	대손충당금	1,000	대손상각비	1,000

(1) 매입채무－매출채권 상계

종속기업의 매입채무 잔액은 30,000이지만, 지배기업의 매출채권 잔액은 20,000(＝30,000－10,000)이므로 이를 상계한다. 지배기업이 할인하여 제거조건을 충족한 매출채권 10,000은 연결 관점에서 차입금으로 계상해야 한다.

(2) 대손충당금 제거

지배기업은 매출채권 잔액 20,000중 5%에 해당하는 1,000을 대손충당금으로 계상하지만, 연결 관점에서 매출채권이 표시되지 않으므로 대손충당금도 표시되면 안 된다. 따라서 대손상각비와 대손충당금을 제거한다.

4 연결이익잉여금

> (1) 연결이익잉여금＝취득일의 지배기업 이익잉여금＋Σ지배NI
>
> (2) 연결이익잉여금＝X2년말 지배기업 이익잉여금＋하향 거래 미실현손익 누적분－영업권 손상차손누계액＋염가매수차익＋(X2년말 종속기업 이익잉여금－취득일 종속기업 이익잉여금＋상향 거래 미실현손익 누적분－종속기업 공정가치 차액 상각 누적분)×R

(1) 연결NI 중 지배NI는 연결이익잉여금에, 비지배NI는 비지배지분에 가산된다고 배웠다. 종속기업의 이익잉여금은 투자－자본 상계 제거를 통해 제거되므로 취득일의 지배기업 이익잉여금에 지배NI의 누적액을 더하면 연결이익잉여금을 계산할 수 있다. 하지만 문제에서 지배기업의 이익잉여금을 제시하지 않는 경우가 많다. 그렇다면 취득일의 지배기업 이익잉여금을 모르기 때문에 (1)번 식으로는 계산할 수 없으며, (2)번 식을 이용해야 한다.

(2) 연결 이익잉여금은 지배기업 이익잉여금에 지배기업의 당기순이익에 조정한 금액을 반영한 금액에, 취득일 이후 증가한 종속기업 이익잉여금 중 지분율에 해당하는 금액을 더한 금액이다.

지배기업의 당기순이익에 조정한 금액에는 하향거래 미실현손익, 영업권 손상차손, 염가매수차익이 있다. 취득일 이후 증가한 종속기업 이익잉여금은 기말 종속기업 이익잉여금에서 취득일의 종속기업 이익잉여금을 차감한 뒤 상향거래 미실현손익, 공정가치 차액 상각 누적분을 더하면 된다. 이렇게 구한 종속기업 이익잉여금 증가분에 지분율을 곱하면 된다. 식은 너무 장황하기 때문에 연결이익잉여금은 다음과 같이 표를 그려서 계산하는 것이 훨씬 간편하다.

	지배	종속	합
조정 전 이잉	기말 이잉	기말 이잉 －취득일 이잉	
내부거래	하향거래 미실현손익 누적분	상향거래 미실현손익 누적분	
FV 차이		상각 누적분	
－손상, ＋차익	－손상차손누계액 ＋염가매수차익		
조정 후	A	B	
지배(R)	A	B×R	A＋B×R (연결 이잉)

 STEP 1 조정 전 기말 이익잉여금

연결 전의 지배기업과 종속기업의 기말 이익잉여금을 적는다. 이때 종속기업의 기말 이익잉여금에서 취득일 종속기업의 이익잉여금을 차감한다. 그래야 취득일 이후 종속기업 이익잉여금의 증가분을 구할 수 있다.

STEP 2 내부거래 미실현손익 누적분

X1	X2
(10,000)	
2,000	2,000

지배기업의 이익잉여금에는 하향거래의 미실현손익 누적분을, 종속기업의 이익잉여금에는 상향거래의 미실현손익 누적분을 더한다. '미실현손익 누적분'은 내부거래 제거표에 표시된 모든 금액을 누적으로 더한 금액을 의미한다. 위 표에서 X1년 누적분은 (8,000)이고, X2년 누적분은 (6,000)이다. X1년에는 8,000을 빼고, X2년에는 6,000을 빼면 된다.

STEP 3 공정가치 차액 상각 누적분

FV−BV	X1	X2
10,000	(2,000)	(2,000)

종속기업의 이익잉여금에 공정가치 차액 상각 누적분을 차감한다. 취득일 현재 공정가치 차액은 연결당기순이익에 영향을 주지 않으므로 상각액만 반영한다. 위 표에서는 X1년에는 2,000을 빼고, X2년에는 4,000을 빼면 된다. 10,000은 반영하지 않는다.

STEP 4 영업권 손상차손누계액, 염가매수차익

지배기업의 이익잉여금에 영업권 손상차손누계액을 차감하고, 염가매수차익은 더한다. 영업권 손상차손과 염가매수차익은 조정 전 이익잉여금에는 반영되어 있지 않지만, 연결당기순이익에는 포함되어야 하기 때문이다. 이익잉여금은 잔액이므로 영업권 손상차손의 누적액, 즉 손상차손누계액을 차감해야 함을 주의하자.

한편, 배당은 고려하지 않는다. 종속기업이 지배기업에 지급한 배당은 별도재무제표에서 배당금수익으로 인식하여 지배기업의 이익잉여금을 증가시킨 상황이다. 반면, 배당금을 지급하면서 종속기업의 이익잉여금은 감소하므로 별다른 조정 없이도 지배기업의 이익잉여금 증가와 이미 상쇄되어 있다. 따라서 추가로 조정해줄 것이 없다. 늘 그렇듯이 이유는 중요하지 않다. 손상과 차익은 고려하지만 배당은 고려하지 않는다는 것만 기억하면 된다.

STEP 5 연결 이익잉여금=지배기업의 조정 후 이익잉여금+종속기업의 조정 후 이익잉여금×R

Step 4까지 반영하여 계산한 지배기업의 조정 후 이익잉여금에 종속기업의 조정 후 이익잉여금 중 지분율에 해당하는 금액을 더하면 연결 이익잉여금이 계산된다.

문제 5

자료

- ㈜대한은 20X1년 1월 1일에 ㈜민국의 의결권 있는 주식 60%를 ₩300,000에 취득하여 지배력을 획득하였다. 지배력 획득시점의 ㈜민국의 자본총계는 ₩400,000(자본금 ₩250,000, 이익잉여금 ₩150,000)이며, 장부금액과 공정가치가 차이를 보이는 계정과목은 다음과 같다.

계정과목	장부금액	공정가치	비고
토지	₩17,000	₩22,000	20X2년 중 매각완료
유형자산 (순액)	8,000	11,000	잔존내용연수 3년, 잔존가치 ₩0, 정액법으로 감가상각

- 다음은 20X1년부터 20X2년까지 ㈜대한과 ㈜민국의 요약재무정보이다.

요약포괄손익계산서

계정과목	20X1년		20X2년	
	㈜대한	㈜민국	㈜대한	㈜민국
매출	₩850,000	₩500,000	₩800,000	₩550,000
(매출원가)	(700,000)	(380,000)	(670,000)	(420,000)
기타수익	210,000	170,000	190,000	150,000
(기타비용)	(270,000)	(230,000)	(200,000)	(210,000)
당기순이익	₩90,000	₩60,000	₩120,000	₩70,000

요약재무상태표

계정과목	20X1년		20X2년	
	㈜대한	㈜민국	㈜대한	㈜민국
현금등	₩450,000	₩270,000	₩620,000	₩300,000
재고자산	280,000	150,000	250,000	200,000
종속기업투자	300,000	—	300,000	—
유형자산	670,000	530,000	630,000	400,000
자산	₩1,700,000	₩950,000	₩1,800,000	₩900,000
부채	₩710,000	₩490,000	₩690,000	₩370,000
자본금	700,000	250,000	700,000	250,000
이익잉여금	290,000	210,000	410,000	280,000
부채와자본	₩1,700,000	₩950,000	₩1,800,000	₩900,000

- ㈜대한과 ㈜민국 간의 20X1년과 20X2년 내부거래는 다음과 같다.

연도	내부거래 내용
20X1년	㈜대한은 보유 중인 재고자산을 ₩100,000(매출원가 ₩80,000)에 ㈜민국에게 판매하였다. ㈜민국은 ㈜대한으로부터 매입한 재고자산 중 20X1년 말 현재 40%를 보유하고 있으며, 20X2년 동안 연결실체 외부로 모두 판매하였다.
20X2년	㈜민국은 보유 중인 토지 ₩95,000을 ㈜대한에게 ₩110,000에 매각하였으며, ㈜대한은 20X2년 말 현재 동 토지를 보유 중이다.

- ㈜대한의 별도재무제표에 ㈜민국의 주식은 원가법으로 표시되어 있다.
- 자산의 손상 징후는 없으며, 연결재무제표 작성 시 비지배지분은 종속기업의 식별 가능한 순자산 공정가치에 비례하여 결정한다.

물음 1 ㈜대한의 20X1년 말과 20X2년 말 연결재무상태표에 표시될 이익잉여금의 금액을 각각 계산하시오.
2021. CPA 1차 수정

| 20X1년 말 연결이익잉여금 | ① |
| 20X2년 말 연결이익잉여금 | ② |

✎ **해설** 연결이익잉여금

| 20X1년 말 연결이익잉여금 | ①317,400 |
| 20X2년 말 연결이익잉여금 | ②474,800 |

1. FV−BV 차이

	FV−BV	X1	X2	누적분
토지	5,000		(5,000)	(5,000)
차량운반구	3,000	(1,000)	(1,000)	(2,000)

2. 영업권: 300,000−(400,000+8,000)×60%=55,200

3. 내부거래

	X1	X2	누적분
하향 (재고)	(20,000)		—
	12,000	8,000	
상향 (토지)		(15,000)	(15,000)

4. 당기순이익 조정

X1	지배	종속	계
조정 전	90,000	60,000	
내부거래	(8,000)		
FV 차이		(1,000)	
−손상			
−배당			
조정 후	82,000	59,000	141,000
지배(60%)	82,000	35,400	117,400
비지배(40%)		23,600	23,600

X2	지배	종속	계
조정 전	120,000	70,000	
내부거래	8,000	(15,000)	
FV 차이		(6,000)	
－손상			
－배당			
조정 후	128,000	49,000	177,000
지배(60%)	128,000	29,400	157,400
비지배(40%)		19,600	19,600

5. 연결이익잉여금

(1) 취득일의 지배기업 이익잉여금＋Σ지배NI

　① X1년: 200,000＋117,400＝**317,400**

　　－ 취득일의 지배기업 이익잉여금: X1년 말 지배기업 이익잉여금－X1년 지배기업 당기순이익

　　＝290,000－90,000＝200,000

　② X2년: 200,000＋117,400＋157,400＝**474,800**

(2) 연결이익잉여금 계산표

　① X1년: 317,400

	지배	종속	합
조정 전	290,000	210,000 －150,000	
내부거래	(8,000)	－	
FV 차이		(1,000)	
－손상, ＋차익			
조정 후	282,000	59,000	
지배(60%)	282,000	35,400	**317,400**

　② X2년: 474,800

	지배	종속	합
조정 전	410,000	280,000 －150,000	
내부거래	－	(15,000)	
FV 차이		(7,000)	
－손상, ＋차익			
조정 후	410,000	108,000	
지배(60%)	410,000	64,800	**474,800**

문제 6

(16점)

㈜대한은 20X1년 1월 1일에 ㈜민국의 의결권 있는 보통주식 80%를 취득하여 실질지배력을 획득하였다. ㈜대한이 지배력 획득일에 주식의 취득대가로 ㈜민국의 순자산 장부금액을 초과하여 지급한 금액은 전액 건물에 배분되며, 동 건물은 4년의 잔존 내용연수 기간 동안 잔존가치 없이 정액법으로 감가상각된다. 아래 〈자료〉를 이용하여 물음에 답하시오. **2차**

자료

1. ㈜민국은 ㈜대한의 유일한 종속기업이며, 20X2년 말 ㈜대한과 ㈜민국의 별도(개별)재무제표와 연결실체 재무제표를 표시하면 다음과 같다.

재무상태표

20X2년 12월 31일　　　　(단위: ₩)

	㈜대한	㈜민국	연결실체
현금	278,000	63,000	341,000
매출채권	40,000	30,000	?
재고자산	80,000	40,000	100,000
종속기업투자주식	?		
토지	200,000	110,000	300,000
건물	100,000	40,000	160,000
감가상각누계액(건물)	(50,000)	(30,000)	?
기계장치	20,000	8,000	29,000
감가상각누계액(기계장치)	(8,000)	(1,000)	?
자산총계	?	260,000	?
매입채무	38,000	20,000	53,000
단기차입금	?	50,000	?
자본금	200,000	100,000	200,000
이익잉여금	450,000	90,000	?
비지배지분			?
부채 및 자본총계	?	260,000	?

포괄손익계산서

20X2년 1월 1일~20X2년 12월 31일 (단위: ₩)

	㈜대한	㈜민국	연결실체
매출	200,000	130,000	300,000
매출원가	120,000	70,000	165,000
감가상각비	15,000	10,000	29,500
이자비용	2,000	1,000	3,500
기타수익	20,000	11,000	19,000
기타비용	2,000	1,000	2,500
당기순이익	81,000	59,000	118,500
당기순이익의 귀속:			
지배기업의 소유주			113,700
비지배지분			4,800
			118,500

2. ㈜대한은 별도재무제표 상 ㈜민국에 대한 종속기업투자주식을 원가법으로 평가하고 있으며, 연결재무제표 작성 시 비지배지분은 종속기업 순자산의 공정가치에 대한 비례적 지분에 기초하여 결정한다.

3. 20X1년과 20X2년에 ㈜대한과 ㈜민국 모두 배당을 선언한 바가 없다.

4. 20X1년과 20X2년에 발생한 ㈜대한과 ㈜민국 간의 내부거래 내역은 다음과 같다.
   - ㈜대한과 ㈜민국은 매년 재고자산 내부거래를 하고 있다. 20X2년 1월 1일 현재 재고자산 내부거래에 따른 미실현이익의 잔액은 모두 전기에 ㈜대한이 ㈜민국에 판매하여 발생한 것이며, 이는 20X2년 중에 모두 실현되었다.
   - ㈜대한은 20X2년에 ㈜민국에 대한 매출채권 중 ₩2,000을 은행에서 할인하였으며, 동 할인거래는 매출채권의 제거조건을 만족하는 거래이다. 이와 관련하여 ㈜대한은 매출채권 처분손실(기타비용) ₩500을 인식하였다.
   - ㈜대한은 20X2년 1월 1일 취득원가 ₩5,000, 장부금액 ₩2,000의 기계장치를 ㈜민국에게 ₩4,000에 현금 매각하였다. 매각일 현재 동 기계장치의 잔존내용연수는 4년이며, 잔존가치 없이 정액법으로 감가상각한다. ㈜민국은 동 기계장치를 20X2년 말 현재 사용하고 있다.
   - ㈜민국은 20X2년 1월 1일에 보유 토지 중 1필지(장부금액: ₩50,000)를 ㈜대한에게 ₩60,000에 현금 매각하였으며, ㈜대한은 20X2년 말 현재 동 토지를 계속 보유하고 있다.

5. ㈜대한과 ㈜민국은 모든 유형자산(토지, 건물, 기계장치)에 대해 원가모형을 적용하고 있다. 또한 ㈜대한과 ㈜민국이 20X1년 1월 1일 이후 상기 내부거래 외에 추가적으로 취득하거나 처분한 유형자산은 없다.

6. ㈜대한과 ㈜민국의 별도(개별)재무상태표 상 자본항목은 자본금과 이익잉여금으로 구성되어 있다.

물음 1 지배력 획득일인 20X1년 1월 1일에 ㈜민국의 이익잉여금은 ₩40,000이었으며, 20X1년 1월 1일 이후 ㈜민국의 자본금 변동은 없다. 20X2년 말 ㈜대한의 별도재무상태표에 표시될 종속기업투자주식의 금액을 계산하시오. *2022. CPA*

종속기업투자주식	①

물음 2 ㈜대한의 20X2년 말 연결재무상태표에 표시될 다음의 금액을 계산하시오. *2022. CPA*

매출채권	①
감가상각누계액(건물)	②
감가상각누계액(기계장치)	③

물음 3 20X2년 말 ㈜대한과 ㈜민국 간의 ① 재고자산 내부거래에 따른 미실현이익의 잔액을 계산하시오. 또한 ② 20X2년에 ㈜대한과 ㈜민국 간에 이루어진 재고자산 내부거래의 유형(상향판매 또는 하향판매: 아래 표 참조)을 구분하고, ③ 그렇게 판단한 근거를 간략히 서술하시오. 단, 20X2년에는 단 1건의 재고자산 내부거래만이 발생하였으며, 동 내부거래 재고자산은 20X2년 12월 31일 현재 연결실체 외부로 판매되지 않고 매입회사의 장부에 모두 남아 있다.

2022. CPA

재고자산 내부거래 유형	판매회사	매입회사
상향판매	㈜민국	㈜대한
하향판매	㈜대한	㈜민국

20X2년 12월 31일 현재 재고자산 내부거래에 따른 미실현이익의 잔액	①
재고자산 내부거래 유형 구분 (상향판매 또는 하향판매)	②
'②'에 표시한 답에 대한 판단근거	③

물음 4 20X2년 1월 1일에 존재한 ㈜대한과 ㈜민국 간의 재고자산 내부거래에 따른 전기이월 미실현이익의 잔액을 계산하시오.

2022. CPA

20X2년 1월 1일 현재 재고자산 내부거래에 따른 미실현이익의 잔액	①

물음 5 ㈜대한의 20X2년 말 연결재무상태표에 표시될 이익잉여금과 비지배지분의 금액을 각각 계산하시오.

2022. CPA

연결이익잉여금	①
비지배지분	②

✏️ 해설 연결 이잉, 계정과목

(물음 1)

종속기업투자주식	①128,000

1. 기계장치 내부거래

	X1	X2
하향 (기계)		(2,000)
		500

2. 건물의 공정가치 초과분

: 연결재무상태표 상 건물의 취득원가－건물의 취득원가 단순합

＝160,000－(100,000＋40,000)＝20,000

	FV－BV	X1	X2
건물	20,000	(5,000)	(5,000)

3. 이전대가

(1) 이전대가: (X1년 초 종속기업 순자산 장부금액＋건물의 공정가치 초과분)×80%

＝(140,000＋20,000)×80%＝**128,000**

— 취득일 이후 종속기업 지분의 추가 거래가 없었으므로 X2년 말 종속기업투자주식 금액은 이전대가와 일치한다.

— 지배력 획득일에 주식의 취득대가로 ㈜민국의 순자산 장부금액을 초과하여 지급한 금액은 전액 건물에 배분된다고 제시하였으므로 이전대가는 취득일 현재 종속기업의 순자산 공정가치에 지분율을 곱한 금액과 일치하며, 영업권은 없다.

(2) X1년 초 종속기업 순자산 장부금액

: 자본금＋취득일 현재 이익잉여금＝100,000(재무상태표 참고)＋40,000(물음 1에서 제시)

＝140,000

(물음 2)

매출채권	①67,000
감가상각누계액(건물)	②90,000
감가상각누계액(기계장치)	③11,500

	단순 합	조정	연결
매출채권	70,000	1. (3,000)	67,000
감누(건물)	80,000	2. 10,000	90,000
감누(기계장치)	9,000		3. 11,500

1. 매출채권 조정액: (1)+(2)=3,000

(1) 매입채무 조정액: 53,000−(38,000+20,000)=(−)5,000

   −연결조정분개를 통해 상계하는 매입채무만큼 매출채권도 상계해야 한다.

(2) 제거조건을 충족하는 매출채권 할인액: 2,000

   −제거조건을 충족하는 할인이 이루어지면 은행에 지급해야 할 의무가 있으므로 별도재무상태표에 매입채무는 표시되지만, 매출채권은 표시되지 않는다. 따라서 매입채무 조정액만큼 매출채권을 상계하면 매출채권이 할인액만큼 과소계상된다. 따라서 할인액만큼 다시 증가시켜야 한다.

| 매출채권 관련 연결조정분개 |

매입채무	5,000	매출채권	3,000
		차입금	2,000
이자비용	500	매출채권처분손실	500

연결 관점에서는 매출채권의 할인이 처분이 아닌 차입이므로 매출채권처분손실을 이자비용으로 대체해야 한다.

2. 감가상각누계액(건물) 조정액: 5,000×2=10,000

공정가치 차액으로 인해 2년간 감가상각비를 5,000씩 더 인식하며, X2년 말 감가상각누계액은 10,000 증가한다.

3. 연결 감가상각누계액(기계장치): 11,500

	X1	X2
하향 (기계)		(2,000) 500
계		①(1,500)

	단순 합	조정	연결
기계장치	28,000		29,000
감가상각누계액	(9,000)		③(11,500)
장부금액	19,000	①(1,500)	②17,500

① 내부거래를 제거하면 기계장치의 장부금액은 1,500 감소한다.

② 연결 기계장치(장부금액)는 17,500이다.

③ 연결 기계장치(취득원가)가 29,000이므로, 연결 감가상각누계액은 11,500이다.

(물음 3)

20X2년 12월 31일 현재 재고자산 내부거래에 따른 미실현이익의 잔액	①20,000
재고자산 내부거래 유형 구분 (상향판매 또는 하향판매)	②상향판매
'②'에 표시한 답에 대한 판단근거	③비지배지분 귀속 당기순이익이 4,800이기 때문이다.

1. 매출총이익 제거분 누적액(=재고자산 감소분): (1)−(2)=20,000
미실현손익으로 제거하는 매출총이익의 누적액은 연결조정분개로 제거하는 재고자산 금액과 일치한다.
(1) X2년말 재고자산 단순 합: 120,000
(2) X2년말 연결 재고자산: 100,000

2. 내부거래 유형: 상향판매

	X1	X2
③상향 (재고)		(20,000)
상향 (토지)		(10,000)

X2	지배	종속	합	
1. 조정 전		59,000		
2. 내부거래		②(30,000)		
3. FV 차이		(5,000)		
4. 손상, 차익 인식				
5. 배당은 없애기				
6. 조정 후		①24,000	118,500	연결 NI
7. 지배(80%)			113,700	지배 NI
8. 비지배(20%)		4,800	4,800	비지배 NI

① 비지배 NI가 4,800이므로 조정 후 종속 NI는 4,800/20%=24,000이다.
② 공정가치 차액으로 인해 건물의 감가상각비를 5,000 추가로 인식하므로, 내부거래로 제거하는 종속기업 이익은 30,000이다.
③ 문제에 제시된 내부거래 중 상향거래는 토지 판매밖에 없다. 토지에서 발생한 미실현손익은 10,000이므로, 재고자산 판매는 상향거래이어야 한다.

(물음 4)

20X2년 1월 1일 현재 재고자산 내부거래에 따른 미실현이익의 잔액	①15,000		
	X1	X2	누적액
하향 (재고)	(15,000)	15,000	
상향 (재고)		(20,000)	(20,000)
계	(2) (15,000)	(1) (5,000)	(20,000)

(1) X2년도 매출총이익 제거분: ①−②=(5,000)
① 연결 매출총이익: 135,000
② 매출총이익 단순 합: 140,000

(2) X1년도 매출총이익 제거분: (2)−(1)=(15,000)

별해〉 당기순이익 조정표

X2	지배	종속	합	
1. 조정 전	81,000	59,000		
2. 내부거래	③13,500	(30,000)		
3. FV 차이		(5,000)		
4. 손상, 차익 인식				
5. 배당은 없애기				
6. 조정 후	94,500	24,000	118,500	연결 NI
7. 지배(80%)	②94,500	①19,200	113,700	지배 NI
8. 비지배(20%)		4,800	4,800	비지배 NI

① 비지배 NI가 4,800이므로 지배NI 중 종속기업 몫은 19,200이다.

② 113,700−19,200=94,500

③ 영업권 손상차손, 염가매수차익, 배당 모두 없으므로 지배기업의 조정 전 NI에 반영하는 하향거래 미실현손익은 13,500이다.

이 중 X2년도에 기계장치 관련 미실현이익이 1,500이므로 (물음 2 참고), 재고자산으로 X2년에 실현되는 이익은 15,000이다.

(물음 5)

연결이익잉여금	①456,500
비지배지분	②34,000

1. 연결이익잉여금: 448,500+10,000×80%=456,500

	X1	X2	누적액
하향 (재고)	(15,000)	15,000	하향 (1,500)
하향 (기계)		(2,000) 500	
상향 (재고)		(20,000)	상향 (30,000)
상향 (토지)		(10,000)	

X2	지배	종속	합
조정 전	450,000	90,000 −40,000	
내부거래	(1,500)	(30,000)	
FV 차이		(10,000)	
−손상, +차익	—		
−배당	—		
조정 후	448,500	10,000	
지배(80%)	448,500	8,000	456,500

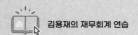
2. 비지배지분: 취득일의 종속기업 순자산 공정가치×20%＋X1년 비지배 NI＋X2년 비지배 NI
    ＝160,000×20%－2,800＋4,800＝**34,000**

(1) X1년 비지배 NI: (－)2,800

X1	지배	종속	합	
1. 조정 전		①(9,000)		
2. 내부거래		－		
3. FV 차이		(5,000)		
4. 손상, 차익 인식				
5. 배당은 없애기				
6. 조정 후		(14,000)		연결 NI
7. 지배(80%)				지배 NI
8. 비지배(20%)		(2,800)	(2,800)	비지배 NI

① X1년 종속기업 NI: X2말 종속의 이익잉여금－취득일 종속의 이익잉여금－X2년 종속기업 NI
    ＝90,000－40,000－59,000＝(－)9,000

05 연결회계–기타사항

1 법인세가 있는 경우 연결

1. 결손금

(1) '피취득자'로부터 승계한 결손금: 영업권에 반영 O

(2) '취득자'의 결손금의 미래 실현가능성 변동: 영업권에 반영 X

2. FV–BV 차이

	FV−BV	X1	X2
자산	차액×(1−t)	(상각액)×(1−t)	(상각액)×(1−t)

(1) 영업권에 미치는 영향

t가 법인세율이라고 가정할 때, 영업권은 다음과 같이 구한다.

> 법인세가 없는 경우: 영업권=이전대가−{종속기업의 순자산 BV+(FV−BV)}×지분율
> 법인세가 있는 경우: 영업권=이전대가−{종속기업의 순자산 BV+(FV−BV)×(1−t)}×지분율

(2) 공정가치 평가차액 상각

취득일 현재 공정가치 평가차액에 $(1-t)$를 곱했으므로, 상각액에도 $(1-t)$를 곱해서 상각

3. 영업권의 이연법인세부채: 인식 X ★중요!

4. 내부거래 제거

	X1	X2
하향 (재고)	(매출총이익)×(1−t) 매출총이익×판매율×(1−t)	매출총이익×판매율×(1−t)
상향 (유형)	(처분손익)×(1−t) 처분손익×상각률×(1−t)	처분손익×상각률×(1−t)

내부거래 제거표를 원래 그리던 대로 그린 뒤, 모든 금액에 $(1-t)$를 곱하면 된다.

5. 연결재무제표 작성 시 적용할 세율 2차

: 일시적 차이가 발생한 자산과 부채가 있는 기업의 세율

FV−BV	내부거래
원칙: 종속기업의 세율	하향거래: 종속기업의 세율
예외: 합병 시 취득자의 세율	상향거래: 지배기업의 세율

(1) FV−BV

순자산 공정가치 차이는 공정가치 차이가 나는 자산, 부채를 종속기업이 보유하므로 종속기업의 세율을 적용한다. 예외적으로, 합병 시에는 피취득자가 없어지고 취득자만 남으므로 취득자의 세율을 적용한다.

(2) 내부거래

하향거래 시에는 내부거래 자산을 종속기업이 보유하므로 종속기업의 세율을, 상향거래 시에는 내부거래 자산을 지배기업이 보유하므로 지배기업의 세율을 적용한다.

문제 1

(16점)

㈜대한은 20X1년 1월 1일 ㈜민국의 의결권 있는 보통주 80%를 ₩380,000에 취득하여 지배력을 획득하였다. 주식 취득일 현재 ㈜민국의 자본계정은 자본금 ₩300,000과 이익잉여금 ₩100,000으로 구성되어 있으며, ㈜민국의 자산·부채 중에서 장부금액과 공정가치가 일치하지 않는 항목은 다음과 같다.

	장부금액	공정가치
재고자산	₩200,000	₩230,000
건　물	180,000	200,000

위 자산 중 재고자산은 20X1년 중에 모두 외부로 판매되었으며, 20X1년 1월 1일 현재 건물의 잔존 내용연수는 10년, 잔존가치는 ₩0이고 정액법으로 상각한다.

㈜대한과 ㈜민국의 20X1년 별도(개별)재무제표상 당기순이익은 각각 ₩150,000과 ₩50,000이다. ㈜대한은 ㈜민국의 주식을 원가법으로 회계처리하고 있으며, 연결재무제표 작성시 비지배지분은 종속기업의 식별가능한 순자산공정가치에 비례하여 결정한다.

물음 1　20X1년 연결포괄손익계산서에 보고되는 ①당기순이익과 20X1년 말 연결재무상태표(자본)에 보고되는 ②비지배지분을 계산하시오. 단, 법인세 효과는 고려하지 않는다.　　　2013. CPA

연결당기순이익	①
비지배지분	②

물음 2 20X1년 말 현재 ㈜대한과 ㈜민국의 법인세율은 25%이고, 이는 향후에도 유지될 예정이다. 이러한 법인세 효과를 고려할 때, 주식취득일에 ㈜대한의 연결재무상태표에 계상될 ①영업권과 20X1년 말 연결재무상태표에 계상될 ②이연법인세자산(또는 부채)을 계산하시오. 단, '이연법인세자산' 또는 '이연법인세부채' 여부를 명확히 표시하시오.

2013. CPA

영업권	①
이연법인세자산(또는 부채)	②

다음에 제시되는 물음은 각각 독립된 상황이다.

물음 3 ㈜강남은 보유중이던 기계장치(취득원가 ₩15,000, 감가상각누계액 ₩10,000)를 20X1년 1월 1일에 ㈜강북에 매각하였다. 매각일 현재 기계장치의 잔존내용연수는 5년, 잔존가치는 ₩0이고 정액법에 따라 상각한다. 20X2년 말 ㈜강남과 ㈜강북은 연결재무제표를 작성하면서 위 기계장치 매각과 관련하여 다음과 같은 연결조정분개를 수행하였다.

2013. CPA

(차)	기계장치	5,000	(대)	감가상각누계액	8,000
	이익잉여금	2,600		감가상각비	1,000
	비지배지분	1,400			

1) 위 기계장치의 매각금액을 구하시오.

2) ㈜강남과 ㈜강북 중 ①어느 회사가 지배기업인지 밝히고, 지배기업의 종속기업에 대한 ②지분율을 구하시오.

지배기업	①
지분율	②

3) ㈜강북이 위 기계장치를 20X3년 말에 외부에 ₩3,200에 매각한다면, 20X3년 연결포괄손익계산서에 계상될 기계장치처분손익을 계산하시오. 단, 손실인 경우 금액 앞에 (−)를 표시하시오.

해설 연결-법인세가 있는 경우

(물음 1)

연결당기순이익	①168,000
비지배지분	②93,600

1. FV−BV 차이

	FV−BV	X1
재고자산	30,000	(30,000)
건물	20,000	(2,000)

2. 영업권: 380,000−(400,000+50,000)×80%=20,000

3. 내부거래: 없음

4. 당기순이익 조정

X1	지배	종속	계
조정 전	150,000	50,000	
내부거래			
FV 차이		(32,000)	
염가매수차익			
−손상			
−배당			
조정 후	150,000	18,000	168,000
지배(80%)	150,000	14,400	164,400
비지배(20%)		3,600	3,600

연결NI: **168,000**
비지배지분: 450,000×20%+3,600=**93,600**

(물음 2)

영업권	①30,000
이연법인세부채	②4,500

1. FV−BV 차이

	FV−BV	X1
재고자산	30,000×0.75=22,500	(22,500)
건물	20,000×0.75=15,000	(1,500)

2. 영업권: 380,000−(400,000+50,000×0.75)×80%=**30,000**

3. 이연법인세부채: (20,000−2,000)×0.25=**4,500**

　－연결재무제표에서는 종속기업의 자산, 부채를 공정가치로 평가하지만, 세법에서는 공정가치 평가를 인정하지 않으므로, 공정가치 차액만큼 '손入 △유보' 세무조정이 발생한다. 공정가치 차액의 잔액이 세전으로 18,000이므로, 세율 25%를 곱하면 이연법인세 금액을 구할 수 있다. 마지막으로, 유보는 자산이므로, △유보는 부채이다.

(물음 3)
(1) 10,000
연결조정분개를 통해 기계장치의 취득원가를 5,000 증가시키므로, 내부거래의 매각금액은 별도재무제표 상의 취득원가 15,000보다 5,000이 작은 것이다. 따라서 매각금액은 10,000이다.

(2)

지배기업	①㈜강북
지분율	②65%

① 지배기업
연결조정분개에 비지배지분이 있으므로, 동 내부거래는 상향거래에 해당한다. 따라서 ㈜강북은 지배기업, ㈜강남은 종속기업이다.

② 지분율

	X1
기계장치 (상향)	(5,000) 1,000

기계장치 처분 시 미실현이익: 10,000−(15,000−10,000)=5,000
X1년 미실현이익: 5,000−1,000=4,000
지분율: 1−X1년 비지배 NI 감소액/X1년 미실현이익=1−1,400/4,000=65%
　－상향거래의 미실현이익 중 '1−지분율'만큼 비지배지분에 배부되므로 지분율은 65%이다.

(3) 1,200
연결 기계장치처분손익: 처분가액−연결 기계장치 장부금액=3,200−2,000=**1,200 이익**
　－연결 기계장치 장부금액: (15,000−10,000)×2/5=2,000
　－연결 관점에서는 X1초 기계장치의 장부금액을 5,000으로 보므로 3년을 상각하면 처분 시 장부금액은 2,000이 된다.

문제 2

(20점)

㈜대한은 ㈜민국에 대해 종속기업투자주식을 보유하고 있다. 20X3년 말 두 기업의 별도재무상태표의 일부는 다음과 같다. 단, ㈜대한과 ㈜민국 모두 발행주식 1주당 액면금액은 ₩1,000이며, ㈜민국은 설립 이후 자본금의 변동이 없다.

	㈜대한	㈜민국
유동자산		
현금	₩15,000	₩12,000
매출채권	90,000	66,000
재고자산	120,000	75,000
비유동자산		
유형자산(순액)	524,000	370,000
⋮	⋮	⋮
장기차입금	44,000	90,000
이연법인세부채	45,000	28,000
⋮	⋮	⋮
자본		
자본금	140,000	100,000
이익잉여금	573,000	210,000
기타자본요소	150,000	10,000
자본총계	₩863,000	₩320,000

연결재무제표 작성에 관한 다음의 〈자료〉를 이용하여 물음에 답하시오.

자료

1. 20X1년 초, ㈜대한은 ㈜민국의 주식 80주를 취득하면서 ㈜민국의 주식 2주당 ㈜대한의 주식 1주를 교부하였다. 20X1년 초 ㈜대한의 주식 1주당 공정가치는 ₩7,000이었다.

2. ㈜대한은 ㈜민국의 인수와 직접적으로 관련하여 자산과 부채의 실사비용 ₩3,000이 발생하였다. ㈜대한은 이 실사비용을 별도재무제표상 ㈜민국의 투자주식 장부금액에 포함시켰다. ㈜대한은 종속기업투자주식을 별도재무제표상 원가법으로 평가하고 있다.

3. 주식인수계약에는 기존의 80주를 소유하였던 ㈜민국의 주주들에게 20X4년 1월 말에 추가적인 대가(현금)를 지급하는 조항이 포함되어 있다. 추가 지급대가는 20X1년 초부터 20X3년 말까지 ㈜민국의 재무성과에 따라 결정된다. 20X1년 초, 추가 지급대가의 공정가치는 ₩20,000으로 추정되었으며, 20X2년 말까지는 추가 지급대가의 공정가치에 변동이 없었다. 그러나 20X3년 말에 추가 지급대가의 공정가치가 ₩24,000으로 변동되었다.

4. 20X1년 초, ㈜민국의 별도재무제표상 이익잉여금은 ₩150,000이며, 기타자본요소는 ₩5,000이다.

5. 취득 당시 ㈜민국의 순자산 장부금액과 공정가치가 일치하지 않는 항목은 다음과 같다.
   - 토지, 건물 및 기계장치는 공정가치가 장부금액보다 각각 ₩10,000, ₩30,000, ₩20,000 더 크다. 20X1년 초 건물과 기계장치의 추정 잔존내용연수는 각각 30년, 4년이고, 정액법으로 감가상각한다. 20X3년 말까지 ㈜민국이 처분한 유형자산은 없다.
   - 20X1년 초 ㈜민국의 별도재무제표 주석에는 우발부채에 관한 내용이 공시되어 있다. 20X1년 초 우발부채의 공정가치는 ₩6,000으로 신뢰성 있게 추정된다. 이 우발상황은 20X1년 말에 해소되었으며, 동 우발부채와 관련하여 ㈜민국이 ㈜대한에게 지급하기로 한 금액은 없었다.

6. ㈜대한은 ㈜민국의 비지배지분을 종속기업의 식별가능한 순자산 공정가치에 비례하여 결정하기로 하였다.

7. ㈜민국의 취득 당시 인식한 영업권과 관련하여 20X1년 말과 20X2년 말에는 손상검사 결과 손상징후가 발견되지 않았다. 그러나 20X3년 말에 ㈜대한의 손상검사 결과 ㈜민국의 순자산에 대한 회수가능액은 ₩400,000으로 추정되었다. ㈜민국은 영업권 손상검사 목적상 단일의 현금창출단위로 간주된다.

8. 순자산 장부금액과 공정가치의 차이는 모두 일시적 차이에 해당하며, 적용될 법인세율은 20%이다. 단, 이 이외의 일시적 차이는 존재하지 않는다.

물음 1 ㈜대한의 20X1년 초 연결재무상태표에 표시될 다음 항목을 계산하시오.　　　　　2019. CPA

영업권	①
비지배지분	②

물음 2 ㈜대한의 20X3년 말 연결재무상태표에 표시될 다음 항목을 계산하시오. **심화**　　　　　2019. CPA

유형자산(순액)	①
영업권	②
㈜민국에게 추가로 지급할 대가 관련 부채	③
이연법인세부채	④
이익잉여금	⑤
기타자본요소	⑥
비지배지분	⑦

✏️ **해설** 법인세가 존재하는 경우 연결

(물음 1)

영업권	①61,440
비지배지분	②59,640

1. 영업권: 이전대가−종속기업 순자산 공정가치×지분율＝300,000−298,200×80%＝**61,440**
(1) 이전대가: ①+②＝300,000
    ① 주식: 80주/2×@7,000＝280,000
    ② 조건부대가: 20,000

(2) 종속기업 순자산 공정가치＝종속기업 순자산 장부금액＋(공정가치−장부금액)×(1−법인세율)
    ＝255,000＋54,000×0.8＝298,200
    ① 종속기업 순자산 장부금액: 100,000(자본금)＋150,000(이잉)＋5,000(기타자본요소)＝255,000
    ② 종속기업 순자산 공정가치−장부금액: 54,000

	FV−BV	X1	X2	X3
토지	10,000			
건물	30,000	(1,000)	(1,000)	(1,000)
기계장치	20,000	(5,000)	(5,000)	(5,000)
우발부채	(6,000)	6,000		
계	54,000	−	(6,000)	(6,000)

우발부채는 신뢰성 있는 측정이 가능하다면 자원의 유출가능성이 낮더라도 부채로 인식한다.

(3) 지분율: 80%
    종속기업의 자본금이 100,000, 액면금액이 1,000이므로 발행주식수는 100주이다. 이 중 지배기업이 80주를 취득하였으므로 지분율은 80%이다.

2. X1초 비지배지분: 298,200×20%＝**59,640**

(물음 2)

유형자산(순액)	①936,000
영업권	②37,120
㈜민국에게 추가로 지급할 대가 관련 부채	③24,000
이연법인세부채	④81,400
이익잉여금	⑤586,600
기타자본요소	⑥154,000
비지배지분	⑦70,720

1. 유형자산

㈜대한의 유형자산	524,000
㈜민국의 유형자산	370,000
FV−BV 누적액	$60,000-6,000\times3=42,000$
계	**936,000**

2. 영업권

문제에서 영업권의 회수가능액이 아닌, '현금창출단위'의 회수가능액을 제시하였으므로, 이 중 영업권의 회수가능액을 별도로 추정해야 한다. (선을 많이 넘은 문제이다. 실전에서는 풀지 말았어야 한다.)

(1) ㈜민국의 X3말 순자산 공정가치('연결'재무상태표 상 장부금액)

X3말 순자산 장부금액	320,000
FV−BV 잔액	$54,000-12,000=42,000$
이연법인세부채	$42,000\times20\%=(8,400)$
계	353,600

(2) 영업권의 회수가능액: 현금창출단위의 회수가능액 − ㈜민국의 순자산 공정가치
  $=400,000-353,600=46,400$
  − 현금창출단위의 회수가능액이 ㈜민국의 순자산 공정가치를 초과하는 부분은 영업권에 해당한다. 일반적으로 현금창출단위의 손상차손은 영업권을 먼저 제거하는데, 영업권을 전부 제거할 정도로 손상차손이 크지는 않은 상황이다.

(3) 연결재무상태표 상 영업권: $46,400\times80\%=$ **37,120**
  − 46,400은 ㈜민국의 순자산 전체에 대해 인식하는 영업권이므로, 비지배지분의 영업권도 포함된 금액이다. 하지만 문제에 비지배지분은 영업권을 인식하지 않는다는 단서가 있으므로, 지배기업지분의 영업권만 표시해야 한다.

3. 추가로 지급할 대가 관련 부채: 24,000(X3말의 공정가치)

4. 이연법인세부채

㈜대한의 이연법인세부채	45,000
㈜민국의 이연법인세부채	28,000
FV−BV 누적액분	$42,000\times20\%=8,400$
계	**81,400**

  −FV−BV 누적액이 42,000이므로, 이 중 20%가 이연법인세부채로 추가로 남는다.

5. 연결이익잉여금

X2	지배	종속	합
조정 전	573,000	210,000−150,000=60,000	
내부거래			
FV 차이		(12,000)×0.8=(9,600)	
−손상, +차익	(24,320)[1]		
−실사비용[2]	(3,000)×0.8=(2,400)		
조정 후	546,280	50,400	
지배(80%)	546,280	40,320	586,600
비지배(20%)		10,080	

[1]영업권 손상차손: 61,440(물음 1 참고)−37,120(기말 영업권)=24,320
[2]실사비용: 회사는 실사비용을 종속기업투자주식 장부금액에 포함시켰으므로, 이익잉여금이 과대계상되어 있는 상태이다. 법인세 효과를 고려하여 ㈜대한의 이익잉여금을 2,400 감소시켜야 한다.

6. 기타자본요소

㈜대한의 기타자본요소	150,000
㈜민국의 기타자본요소	(10,000−5,000)×80%=4,000
계	154,000

본 문제에서 자본을 자본금, 이익잉여금, 기타자본요소로 구분하고 있다. 기타자본요소에는 자본잉여금, 자본조정, OCI가 포함될텐데, ㈜민국의 자본거래에 대한 언급이 없으므로, 출제자는 ㈜민국의 기타자본요소 증가분을 OCI로 의도하고 출제한 것으로 보아야 한다.
기타자본요소는 취득일에 5,000에서 X3말 10,000으로 5,000이 증가하였는데, 이를 OCI로 보고 지분율 80%에 해당하는 만큼을 지배 OCI로 보아 연결 AOCI 계산 시 가산해야 한다. 본 문제에서는 연결 AOCI가 기타자본요소에 포함되므로 이에 가산하였다. (강사의 눈으로는 출제자의 의도가 보이지만, 문제를 푸는 수험생 입장에서는 보이지 않는 것이 당연하다. 너무 분해하지 말자.)

7. 비지배지분

x1초 비지배지분 (물음 1 참고)	59,640
Σ비지배NI	50,400×20%=10,080
Σ비지배OCI	5,000×20%=1,000
계	70,720

(1) Σ비지배NI

연결 이익잉여금 조정표에서 종속기업의 조정 후 이익잉여금의 증감 중 지분율에 해당하는 금액은 지배NI를 거쳐 연결 이익잉여금에 누적되지만, (1−지분율)에 해당하는 금액은 비지배NI를 거쳐 비지배지분에 누적된다. 본 문제에서는 연도별 당기순이익을 제시하지 않았으므로, 3년간의 종속기업의 당기순이익 누적액으로 비지배NI의 누적액을 유추할 수 있다.

(2) Σ비지배OCI

'6. 기타자본요소'에서 설명했듯, 본 문제의 출제자는 기타자본요소의 증가를 OCI로 보고 있다. 따라서 비지배OCI는 비지배지분에 가산해야 한다.

2 영업권의 손상

1. 영업권 손상차손=영업권-회수가능액

문제에서 영업권의 회수가능액이 제시된 경우 취득일에 계산한 영업권 금액에서 회수가능액을 차감한 손상차손을 인식하여 지배기업의 당기순이익에서 차감해야 한다.

2. 영업권 손상차손환입 인식 X

문제에서는 손상차손을 인식한 다음 해의 회수가능액을 같이 제시할텐데, 영업권은 손상차손환입을 하지 않는다. 내부적으로 창출한 영업권은 자산으로 인식하지 않기 때문이다. 영업권의 손상차손환입을 인식하지 않도록 주의하자.

3 기타포괄손익이 있는 경우 연결

1. FV-BV 및 내부거래 제거표

유형	FV−BV	X1
	차액	(차액×상각률) (평가액) (OCI)

상향 (유형)	X1
	(처분손익) 처분손익×상각률 평가액 (OCI)

(1) 공정가치 평가차액 및 내부거래 미실현손익 제거

OCI가 발생하기 전까지는 내부거래 미실현손익과 공정가치 평가차액을 기존에 했던 방식대로 제거한다.

(2) 평가액 추인

공정가치 평가차액이 있는 자산이나 내부거래 자산이 유형자산의 재평가모형 적용 등으로 인해 공정가치 평가손익을 OCI로 인식하는 경우 평가액을 추인해주어야 한다. 이때 추인하는 평가액은 다음과 같이 구한다.

> 평가액 추인액＝별도의 OCI−연결의 OCI＝차액 잔액

별도재무제표 관점의 OCI와 연결재무제표 관점의 OCI를 각각 구한 뒤, 차이만을 추인해주면 된다. 그런데 결과적으로 **평가액 추인액은 기존에 인식한 차액의 잔액과 일치한다.** 기존에는 별도재무제표와 연결재무제표 사이에 차이가 있었지만, 별도와 연결 모두 공정가치 평가를 통해 자산 금액이 같아지기 때문이다.

FV−BV 및 내부거래 제거표에 추인액을 적은 뒤 괄호 열고 (OCI)라고 적자. 이 금액은 OCI이므로 당기순이익 조정 시에 반영하면 안 된다. 뒤이어 서술할 '2. 연결 기타포괄손익' 표에 적어야 한다.

2. 연결 기타포괄손익

	지배	종속	합	
조정 전	OCI	OCI		
내부거래	하향	상향		
FV 차이		FV		
조정 후	A	B	A+B	연결 OCI
지배	A	B×R	A+B×R	지배 OCI
비지배		B×(1−R)	B×(1−R)	비지배 OCI

→ 연결 AOCI에 가산

→ 비지배지분에 가산

지금까지는 당기순이익을 조정하는 방법만 배웠다. 기타포괄손익도 당기순이익과 같은 논리로 조정할 수 있다. 조정 전 지배기업과 종속기업의 OCI에 내부거래에서 발생한 OCI, 공정가치 차액에서 발생한 OCI를 조정하자. 영업권 손상차손, 염가매수차익, 배당금수익은 전부 PL이므로 OCI와 무관하다.

(1) 연결 기타포괄손익 (연결 OCI)

조정 전 OCI에 내부거래에서 발생한 OCI, 공정가치 차액에서 발생한 OCI를 조정한 금액을 각각 A와 B라고 할 때, A+B를 연결기타포괄손익이라고 부른다. 본서에서는 편의상 연결 OCI라고 하겠다.

> **참고** 연결 총포괄손익 (연결 CI)＝연결 NI＋연결 OCI
>
> '연결 총포괄손익'이란 연결 당기순이익과 연결 기타포괄손익의 합을 의미한다. 당기순이익 조정표와 기타포괄손익 조정표를 각각 그려서 연결 NI와 연결 OCI를 계산한 후 더하면 된다. 지배 NI와 지배 OCI의 합이 아니니 주의하자.

(2) 지배기업소유주귀속 기타포괄손익 (지배 OCI)=A+B×R

지배기업소유주귀속 기타포괄손익이란, 연결 OCI 중 지배기업소유주 몫을 의미한다. 연결 NI와 계산 방식이 같다. A는 전부 포함하고, B는 지분율에 해당하는 금액만 포함한다.

기타포괄손익(OCI)은 기타포괄손익누계액(AOCI)에 누적된다. 연결 포괄손익계산서 상에는 연결 기타포괄손익(연결 OCI)이 표시되는데, 이 중 비지배 OCI는 비지배지분에 가산되므로, **연결 기타포괄손익누계액은 지배 OCI만큼 증가한다.**

(3) 비지배지분귀속 기타포괄손익 (비지배 OCI)=B×(1−R)

비지배지분귀속 기타포괄손익이란, 연결 OCI 중 비지배지분 몫을 의미한다. 비지배 NI와 계산 방식이 같다. B에 (1−R)을 곱한 금액이 비지배 OCII가 된다. 비지배 OCI는 비지배지분에 가산한다.

(4) 연결 기타포괄손익누계액(연결 AOCI) 및 비지배지분

연결 이익잉여금=취득일의 지배기업 이익잉여금+Σ지배NI
→ 연결 기타포괄손익누계액=취득일의 지배기업 기타포괄손익누계액+Σ지배OCI
비지배지분 잔액=취득일 종속기업 순자산 FV×(1−R)+Σ비지배NI+Σ비지배OCI

연결 기타포괄손익누계액은 연결 재무상태표에 표시되는 기타포괄손익누계액을 의미한다. 본서에서는 연결 AOCI(Accumulated Other Comprehensive Income)로 표시하겠다. 기타포괄손익누계액은 이익잉여금에 대응되는 개념이다. 따라서 연결 이익잉여금과 계산 방식이 같다. 취득일의 지배기업 기타포괄손익누계액에 지배 OCI의 누적액을 더하면 된다.

연결 OCI 중 지배 OCI는 연결 AOCI에 누적되는 반면, 비지배 OCI는 비지배지분에 누적된다. 따라서 OCI가 없을 때의 비지배지분에 비해 비지배 OCI의 누적액만큼 증가한다.

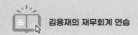

문제 3   **(18점)**

㈜대한은 20X1년 초에 ㈜민국의 의결권 있는 보통주식 600주(60%)를 ₩720,000에 취득하여 실질지배력을 획득하였다. 다음은 ㈜대한과 ㈜민국의 20X1년 및 20X2년 별도(개별)자본변동표이다.

자본변동표

㈜대한   (단위:₩)

구분	자본금	자본잉여금	기타자본	이익잉여금	합계
20X1.1.1	700,000	400,000	50,000	200,000	1,350,000
토지재평가			20,000		20,000
당기순이익				250,000	250,000
20X1.12.31	700,000	400,000	70,000	450,000	1,620,000
20X2.1.1	700,000	400,000	70,000	450,000	1,620,000
토지재평가			20,000		20,000
당기순이익				300,000	300,000
20X2.12.31	700,000	400,000	90,000	750,000	1,940,000

자본변동표

㈜민국   (단위:₩)

구분	자본금	자본잉여금	기타자본	이익잉여금	합계
20X1.1.1	500,000	300,000	140,000	100,000	1,040,000
당기순이익				100,000	100,000
20X1.12.31	500,000	300,000	140,000	200,000	1,140,000
20X2.1.1	500,000	300,000	140,000	200,000	1,140,000
현금배당				(─)50,000	(─)50,000
토지재평가			10,000		10,000
당기순이익				150,000	150,000
20X2.12.31	500,000	300,000	150,000	300,000	1,250,000

㈜대한과 ㈜민국이 발행하고 있는 주식은 모두 의결권이 있는 보통주이며 1주당 액면금액은 ₩500으로 동일하다.

지배력 취득일 현재 기계장치 이외에 순자산의 장부금액은 공정가치와 일치한다. 지배력 취득일 현재 ㈜민국의 기계장치 장부금액은 ₩200,000이며, 공정가치는 ₩300,000이다. 기계장치의 잔존내용연수는 10년이며 잔존가치 없이 정액법으로 감가상각한다.

종속기업투자에 따른 영업권 이외에 다른 영업권은 없다. 영업권에 대한 손상 검토를 수행한 결과, 영업권의 20X1년 말 및 20X2년 말 현재 회수가능금액은 각각 ₩31,000과 ₩16,000이다.

다음은 20X1년과 20X2년 ㈜대한과 ㈜민국 간의 내부거래 내역이다.

자료

- 20X1년과 20X2년 ㈜대한과 ㈜민국 간의 재고자산 내부거래는 다음과 같다. 매입회사는 재고자산을 매입 후 6개월간 매월 균등하게 연결실체 외부로 판매한다.

일자	판매회사 → 매입회사	판매회사 매출액	판매회사 매출원가
20X1.10.1	㈜대한 → ㈜민국	₩90,000	₩72,000
20X1.11.1	㈜민국 → ㈜대한	₩40,000	₩28,000
20X2.10.1	㈜대한 → ㈜민국	₩80,000	₩64,000
20X2.10.1	㈜민국 → ㈜대한	₩100,000	₩80,000

- ㈜대한은 20X1년 4월 1일에 보유 토지 가운데 ₩90,000을 ㈜민국에게 ₩110,000에 현금 매각하였다. ㈜대한과 ㈜민국은 20X1년 말부터 보유중인 토지에 대해 원가모형에서 재평가모형으로 회계정책을 최초로 변경·채택하기로 하였으며, 재평가에 따른 차액은 기타자본에 반영되어 있다. 동 내부거래 이전에 ㈜민국은 토지를 보유하지 않았으며, 20X1년과 20X2년 중 동 내부거래 이외에 추가 토지 취득이나 처분은 없다.

- ㈜민국의 20X2년도 현금배당은 20X1년 성과에 대한 주주총회 결의에 따라 확정된 것이다.

- ㈜대한은 ㈜민국의 종속기업투자주식을 별도재무제표 상 원가법으로 평가하고 있다. 연결재무제표 상 비지배지분은 종속기업의 순자산의 변동과 관련된 경우 식별가능한 순자산의 공정가치에 비례하여 배분한다.

물음 1   ㈜대한의 20X1년도 연결재무제표에 표시되는 다음의 금액을 계산하시오. 단, 영업권은 손상 인식 전 금액을 계산하되 염가매수차익인 경우에는 괄호 안에 금액(예시: (1,000))을 표시하시오.   2021. CPA

손상 인식 전 영업권(또는 염가매수차익)	①
총연결당기순이익	②

물음 2   ㈜대한의 20X2년도 연결재무제표에 표시되는 다음의 금액을 계산하시오.   2021. CPA

연결이익잉여금	①
연결자본잉여금	②
연결기타자본	③
비지배지분	④

물음 3   한국채택국제회계기준에 따르면, 사업 결합을 통해 취득한 영업권은 매 보고기간마다 회수가능액을 평가하여 손상차손이 발생한 경우에는 이를 당기비용으로 회계처리한다. 다만, 다른 자산과 달리 영업권에 대해 인식한 손상차손은 후속기간에 환입할 수 없다. 영업권에 대해 손상차손환입을 허용하지 않는 이유를 3줄 이내로 약술하시오.   2013. CPA

해설

(물음 1) 영업권 손상차손

손상 인식 전 영업권(또는 염가매수차익)	①36,000
총연결당기순이익	②298,000

1. FV−BV 차이

	FV−BV	X1	X2
기계장치	100,000	(10,000)	(10,000)

2. 영업권: 720,000−(1,040,000+100,000)×60%＝36,000
−㈜민국의 X1년초 순자산 장부금액: 1,040,000 (자본변동표에 표시)

3. 내부거래

	X1	X2
재고 (하향)	(18,000) 9,000	9,000
재고 (상향)	(12,000) 4,000	8,000
재고 (하향)		(16,000) 8,000
재고 (상향)		(20,000) 10,000 20,000 (OCI)
토지 (하향)	(20,000)	

판매회사의 매출총이익(매출액−매출원가)만큼 제거하면 된다. 매입회사는 6개월간 균등하게 판매하였으므로 월할하여 환입하면 된다.

㈜민국은 '재평가에 따른 차액은 기타자본에 반영되어 있다.'고 언급하고 있으므로, X2년에 재평가를 한 것이다. 따라서 X2년에 미실현이익을 전부 환입한다.

4. 당기순이익 조정

X1	지배	종속	계
조정 전	250,000	100,000	
내부거래	(29,000)	(8,000)	
FV 차이		(10,000)	
염가매수차익			
－손상	(5,000)		
－배당			
조정 후	216,000	82,000	298,000
지배(60%)	216,000	49,200	265,200
비지배(40%)		32,800	32,800

영업권 손상차손: 36,000－31,000＝5,000

(물음 2) OCI, 배당

연결이익잉여금	①804,000
연결자본잉여금	②400,000
연결기타자본	③116,000
비지배지분	④528,000

1. 당기순이익 조정

X2	지배	종속	계
조정 전	300,000	150,000	
내부거래	1,000	(2,000)	
FV 차이		(10,000)	
염가매수차익			
－손상	(15,000)		
－배당	(30,000)		
조정 후	256,000	138,000	394,000
지배(60%)	256,000	82,800	338,800
비지배(40%)		55,200	55,200

영업권 손상차손: 31,000－16,000＝15,000
배당금수익: 50,000×60%＝30,000

2. 연결이익잉여금: 취득일의 지배 이익잉여금＋Σ지배NI
＝200,000＋265,200＋338,800＝**804,000**

3. 연결자본잉여금: 400,000

－투자－자본 상계 제거로 종속기업의 자본은 제거되므로, 지배기업의 자본잉여금만 표시된다. 취득일 이후 자본 잉여금의 변동은 없으므로, 취득일의 자본잉여금이 X2년말까지 그대로 유지된다.

4. 연결기타자본
(1) 기타포괄손익 조정

X1	지배	종속	계	
조정 전 내부거래	20,000			
조정 후	20,000		20,000	연결 OCI
지배(60%) 비지배(40%)	20,000		20,000	지배 OCI 비지배 OCI

X2	지배	종속	계	
조정 전 내부거래	20,000 20,000	10,000		
조정 후	40,000	10,000	50,000	연결 OCI
지배(60%) 비지배(40%)	40,000	6,000 4,000	46,000 4,000	지배 OCI 비지배 OCI

－(주)민국은 X2년 말에 토지를 평가하였으므로 X2년의 연결 OCI에 반영한다. 동 내부거래는 하향거래이므로 지배기업의 기타포괄손익에 가산한다.

(2) 연결기타자본: 취득일의 지배기업 기타자본＋Σ지배OCI＝50,000＋20,000＋46,000＝116,000
기타자본에는 기타포괄손익누계액이 포함된다. 지배 OCI는 연결기타포괄손익누계액에 누적된다. 따라서 66,000 을 가산한다.

5. 비지배지분: 취득일의 종속기업 순자산 공정가치×(1－60%)＋Σ비지배NI＋Σ비지배OCI－비지배지분이 수령한 배당금＝1,140,000×40%＋32,800＋55,200＋4,000－50,000×40%＝528,000

비지배 OCI는 비지배지분에 누적된다.

(물음 3) 영업권의 손상차손환입은 내부적으로 창출된 영업권에 해당한다. 내부적으로 창출된 영업권은 무형자산 으로 인식하지 않으므로, 영업권에 대해 손상차손환입을 허용하지 않는다.

문제 4
(16점)

㈜서울은 20X1년 1월 1일 ㈜송파의 발행주식 60%를 ₩700,000에 취득하여 지배력을 획득하였다. 주식 취득일 현재 ㈜서울과 ㈜송파의 자본계정은 다음과 같다.

2010. CPA

	㈜서울	㈜송파
납입자본	₩1,000,000	₩650,000
이익잉여금	400,000	350,000

추가자료

1. 20X1년 1월 1일 현재 ㈜송파의 자산과 부채 중에서 장부금액과 공정가치가 일치하지 않는 항목은 다음과 같다.

	장부금액	공정가치
재고자산	₩150,000	₩180,000
건 물	100,000	150,000

위의 재고자산은 20X1년 중에 모두 외부로 판매되었다. 20X1년 1월 1일 현재 위의 건물 잔존 내용연수는 10년 이며 잔존가치는 ₩0이고 정액법에 따라 감가상각한다.

2. 20X1년 중에 ㈜송파는 ㈜서울에 원가 ₩10,000인 재고자산을 ₩12,000의 가격으로 판매하였으며, 이 중 50%는 20X1년 중에 외부로 판매되었고 나머지 50%는 20X2년 말 현재 ㈜서울이 보유 중이다. 한편 ㈜서울은 20X2년 중에 원가 ₩30,000의 재고자산을 ㈜송파에게 ₩25,000의 가격으로 판매하였다. 동 재고자산은 경쟁 사의 신제품 출시로 인하여 가격이 급격히 하락하였으며, ㈜송파에 판매한 가격은 순실현가능가치와 동일한 금 액이다.

3. 20X2년 말 ㈜서울의 ㈜송파에 대한 매출채권 ₩25,000 중 ₩12,000은 은행에서 할인한 상태이며, 동 할인거 래는 매출채권의 제거조건을 만족하지 못한다.

4. 20X1년 말 ㈜송파는 자사가 보유 중인 건물에 대하여 재평가를 실시하였으며 재평가된 금액은 ₩180,000이었 다. ㈜송파는 재평가잉여금을 이익잉여금에 대체하지 않는 회계정책을 채택하고 있다.

5. 20X2년 초에 ㈜송파는 사용하던 비품(처분시 장부금액은 ₩30,000, 처분시점에서의 잔존 내용연수는 5년, 잔 존가치는 ₩0)을 ㈜서울에 ₩36,000에 매각하였다. ㈜서울은 동 비품을 20X2년에 사용하였으며 정액법(잔존 내용연수 5년, 잔존가치는 ₩0)으로 상각하였다. 20X2년 말 ㈜서울은 동 비품을 ₩40,000의 가격으로 외부에 처분하였다.

6. 20X1년과 20X2년에 대한 ㈜서울과 ㈜송파의 별도재무제표상 당기순이익은 다음과 같으며 동 기간 중에 양사 는 배당을 선언한 바 없다.

	20X1년	20X2년
㈜서울	₩200,000	₩220,000
㈜송파	150,000	180,000

7. ㈜서울은 ㈜송파의 주식 취득에서 발생한 영업권의 회수가능액을 20X1년 말과 20X2년 말에 각각 ₩48,000과 ₩51,000으로 추정하였다.

8. ㈜서울은 ㈜송파의 주식을 원가법으로 회계처리하고 있으며 연결재무제표 작성시 비지배지분은 종속기업의 순자산 공정가치에 대한 비례적 지분으로 평가한다.

9. ㈜서울과 ㈜송파가 작성한 별도재무제표는 한국채택국제회계기준(K―IFRS)에 따라 적정하게 작성되었다.

물음 1 ㈜서울이 20X2 회계연도에 대하여 연결재무제표를 작성한다고 할 때 다음에 제시되는 부분 연결재무제표의 빈칸 ①~⑪에 들어갈 금액을 계산하시오.

계정과목	별도재무제표		연결 재무제표
	㈜서울	㈜송파	
재무상태표 항목			
매출채권(순액)	₩110,000	₩90,000	①
재고자산	45,000	33,000	②
건물(순액)	190,000	160,000	③
영업권	0	0	④
단기차입금	90,000	50,000	⑤
재평가잉여금	0	90,000	⑥
이익잉여금	820,000	680,000	⑦
포괄손익계산서 항목			
매출원가	₩600,000	₩400,000	⑧
감가상각비	55,000	25,000	⑨
유형자산처분이익	11,200	6,000	⑩
비지배지분 귀속 당기순이익	―	―	⑪

물음 2 20X1년 1월 1일 ㈜송파의 발행주식수는 100주이고 1주당 공정가치는 ₩11,000이라고 가정한다. ㈜송파의 비지배지분을 공정가치에 따라 평가한다고 할 때 20X1년 1월 1일 취득시점에서의 영업권을 계산하시오.

물음 3 비지배지분은 종속기업의 순자산 공정가치에 대한 비례적 지분으로 측정할 수도 있고 공정가치로 측정할 수도 있다. 두 방법 중에서 어느 방법을 선택하는가에 따라 연결재무제표에 보고되는 영업권 금액에 있어 차이가 발생하는 것이 일반적이다. 이와 같이 차이가 발생하는 이유는 무엇이며, 두 방법 중에서 어느 방법이 연결실체이론에 보다 부합하는지를 설명하시오.

해설 OCI가 존재하는 연결, 연결재무제표 상 계정금액

(물음 1)

계정과목	연결재무제표
재무상태표 항목	
매출채권(순액)	①175,000
재고자산	②77,000
건물(순액)	③350,000
영업권	④48,000
단기차입금	⑤140,000
재평가잉여금	⑥27,000
이익잉여금	⑦992,400
포괄손익계산서 항목	
매출원가	⑧970,000
감가상각비	⑨78,800
유형자산처분이익	⑩16,000
비지배지분 귀속 당기순이익	⑪72,000

1. FV−BV

	FV−BV	X1
재고자산	30,000	(30,000)
건물	50,000	(5,000)
		(45,000) (OCI)
계	80,000	(35,000)
		(45,000) (OCI)

2. 영업권: 700,000−(1,000,000+80,000)×60%=52,000

　−x2말 영업권: ④**48,000** (영업권은 손상차손환입을 인식하지 않으므로 x1말 회수가능액으로 표시됨)

3. 내부거래

	X1	X2
상향 (재고)	(2,000) 1,000	
하향 (재고)		5,000 (5,000)
상향 (비품)		(6,000) 1,200 4,800

4. 당기순이익 조정표

X1	서울	송파	계
조정 전	200,000	150,000	
내부거래		(1,000)	
FV 차이		(35,000)	
−손상차손	(4,000)		
조정 후	196,000	114,000	310,000
지배(60%)	196,000	68,400	264,400
비지배(40%)		45,600	45,600

−X1년 영업권 손상차손: 52,000−48,000=4,000

X2	서울	송파	계
조정 전	220,000	180,000	
내부거래	—	—	
FV 차이		—	
조정 후	220,000	180,000	40,000
지배(60%)	220,000	108,000	328,000
비지배(40%)		72,000	⑪72,000

−X2년 비품 상향거래의 미실현손익은 전부 실현되어 조정사항이 없다.

−재고자산과 건물도 X1년에 전부 제거되어 X2년에는 공정가치 차액 조정사항이 없다.

−영업권의 회수가능액이 X2년 말에 상승하였지만, 손상차손환입을 인식하지 않는다.

5. 연결 이익잉여금: 400,000+264,400+328,000=⑦992,400

6. 기타포괄손익 조정표

X1	서울	송파	계
조정 전		90,000[1]	
내부거래			
FV 차이		(45,000)	
조정 후		45,000	45,000
지배(60%)		27,000	27,000
비지배(40%)		18,000	18,000

[1]송파의 OCI: 180,000−90,000=90,000

−X1말 건물의 장부금액: 100,000×9/10=90,000

연결 재평가잉여금=⑥27,000

−연결OCI는 '취득일 지배기업의 OCI+Σ지배OCI'인데, 취득일 현재 ㈜서울의 OCI가 존재하지 않으므로 지배 OCI가 그대로 연결OCI가 된다.

7. 연결재무제표 상 계정금액

계정과목	합산	연결조정	연결재무제표
재무상태표 항목			
매출채권(순액)	200,000	(25,000)	①175,000
재고자산	78,000	(1,000)	②77,000
건물(순액)	350,000	－	③350,000
단기차입금	140,000	－	⑤140,000
포괄손익계산서 항목			
매출원가	(1,000,000)	30,000	⑧(970,000)
감가상각비	(80,000)	1,200	⑨(78,800)
유형자산처분이익	17,200	(1,200)	⑩16,000

〈연결조정사항〉

① 매출채권: －25,000

내부거래에서 발생한 매출채권이 제거조건을 만족하지 못하므로 합산 금액에 25,000이 전부 포함되어 있을 것이다. 따라서 25,000을 차감한다. (12,000의 내부거래는 X1년 거래이므로 X2년 말 안에 전부 회수된 것으로 본다.)

② 재고자산: －2,000＋1,000＝(－)1,000

공정가치 차액은 전부 환입되었고, 미실현이익 1,000만 제거하면 된다.

③ 건물: －

재평가를 하여 합산재무제표와 연결재무제표 상의 건물 금액에 차이가 없으므로 조정사항이 없다.

⑤ 단기차입금: －

내부거래에서 발생한 매출채권이 제거조건을 만족하지 못하므로 합산 금액에 단기차입금도 포함이 되어 있을 것이다. 따라서 조정사항이 없다.

|매출채권 관련 회계처리|

지배기업 F/S	매출채권	25,000	매출	25,000
	현금	12,000	단기차입금	12,000

＋

종속기업 F/S	－회계처리 없음－			

‖

합산 F/S	매출채권	25,000	매출	25,000
	현금	12,000	단기차입금	12,000

＋

연결조정분개	매출	25,000	매출채권	25,000

⇓

연결 F/S	현금	12,000	단기차입금	12,000

⑧ 매출원가

계정과목	합산	연결조정	연결재무제표
매출액		(25,000)	
매출원가	(1,000,000)	30,000	⑧(970,000)
평가손실		(5,000)	
매출총이익		—	

내부거래 매출액 25,000 감소

매출총이익: 조정사항 없음

－내부거래의 미실현손익은 기말 저가법 평가로 인해 환입된다.

재고자산평가손실을 5,000 더 인식하므로 매출원가는 30,000 감소한다.

|재고자산 관련 연결조정분개|

연결조정분개	매출	25,000	매출원가	30,000
	재고자산	5,000		
	평가손실	5,000	평가충당금	5,000

⑨ 감가상각비: 1,200

비품 미실현손익 환입액 1,200(=6,000/5), 건물은 X1년에 공정가치 차이가 전부 제거되므로 X2년도 감가상각비에서 조정할 금액은 없다.

⑩ 유형자산처분이익: －6,000＋4,800＝(－)1,200

비품 미실현손익 6,000과 환입액 4,800이 전부 처분으로 인한 것이므로 유형자산처분손익에 반영된다.

(물음 2) 60,000

＝700,000＋40주×@11,000－(1,000,000＋80,000)×100%

(물음 3)

비지배지분은 종속기업의 순자산 공정가치에 대한 비례적 지분으로 측정하는 경우 비지배지분에서는 영업권이 발생하지 않는다고 보는 반면, 비지배지분을 공정가치로 측정하는 경우 비지배지분에서도 영업권이 발생한다고 보기 때문이다. 이 중 비지배지분을 공정가치로 측정하는 것이 실체이론에 보다 부합한다.

4 모자손 ★중요!

1. 모자손 손익변동표

ex 모 $-(70\%)→$ 자 $-(80\%)→$ 손

NI	모	자	손	계
조정전	NI	NI	NI	
내부거래		판 쪽에서 조정		
FV				
조정후 NI	A	B	C	연결 NI
지배	A×100%	B×70%	C×70%×80%	지배 NI→연결 이잉에 가산
비지배		B×30%	C×44%	비지배 NI→비지배지분에 가산

(1) 조정 전 NI: 문제에서 제시한 각 기업의 당기순이익

　　－NI에 지분법손익이 포함되어 있다면 제거한 금액을 적을 것

　　↔종속기업이 투자한 회사가 손회사가 아닌 관계회사인 경우 지분법손익을 종속기업의 손익에서 제거하지 말고 일반적인 연결과 똑같이 계산

(2) 내부거래: 상각표는 똑같이 그리고, 누구한테 팔았는지는 신경쓰지 말고 '판 쪽에서' 조정

(3) FV 차이: 상각표는 똑같이 그리고, 차이가 나는 기업의 당기순이익 아래에 표시

(4) 연결 NI=A+B+C

(5) 지배 NI: 손회사 NI 중 모회사의 몫을 직접 구하기

> **ex1** 지배 NI＝A＋0.7B＋0.56C
> 　　A － (70%) → B － (80%) → C
>
> **ex2** 지배 NI＝A＋0.7B＋0.54C
> 　　A － (70%) → B － (20%) → C
> 　　A 　　　 － (40%) → 　　　 C

(6) 비지배 NI=연결 NI－지배 NI

2. 영업권과 비지배지분

> (1) 영업권　　＝자회사 이전대가－자회사 순자산 FV×70%
> 　　　　　　　＋손회사 이전대가－손회사 순자산 FV×80%
> (2) 비지배지분＝취득일의 (자회사 순자산 FV×30%＋손회사 순자산 FV×20%)＋∑비지배 NI

손회사에 대한 금액 계산 시 모회사의 자회사에 대한 지분율(80%)을 곱하지 않음 (↔지배 NI)

문제 5

(8점)

㈜대한이 20X1년 1월 1일 ㈜민국의 보통주 80%를 ₩10,000에 취득하여 지배권을 획득한 직후, 동 일자에 ㈜민국이 ㈜만세의 보통주 70%를 ₩7,000에 매수하여 지배권을 획득하였다. ㈜대한과 ㈜민국은 종속기업투자주식을 원가법으로 회계처리하며, 종속기업에 대한 비지배지분을 종속기업의 식별가능한 순자산 공정가치에 비례하여 결정한다. 취득 당시 ㈜민국과 ㈜만세의 순자산의 장부금액과 공정가치는 일치하였으며, 20X1년 각 회사의 별도재무제표상 순자산변동내역은 다음과 같다.

〈20X1년 별도재무제표상 순자산변동내역〉

구분	㈜대한	㈜민국	㈜만세
기초자본금	₩20,000	₩10,000	₩8,000
기초이익잉여금	6,000	2,500	2,000
당기순이익	4,000	1,500	1,000
기말순자산 장부금액	30,000	14,000	11,000

자료

1. 20X1년 초 ㈜민국은 ㈜대한에 기계장치를 ₩500에 처분하였다. 기계장치의 취득원가는 ₩800이고, 20X1년 초 감가상각누계액은 ₩400이다. 20X1년 초 기계장치의 잔존내용연수는 5년이며, 잔존가치 없이 정액법으로 감가상각한다.

2. 20X1년 1월 1일 ㈜대한은 ㈜만세의 사채 액면 ₩1,000 중 50%를 ₩513에 취득하였다. 취득당시 유효이자율은 연 9%였으며, ㈜대한은 동 투자사채를 상각후원가 측정 금융자산으로 분류하여 20X1년 말 현재까지 계속 보유하고 있다. ㈜만세의 사채는 상각후원가 측정 금융부채로 20X1년 1월 1일 현재 장부금액은 ₩952이고, 표시이자율은 연 10%(매년 말 이자지급)이며, 잔여기간은 3년이다. ㈜만세의 사채발행 시점의 유효이자율은 연 12%이다. 단, 연결실체간의 사채 구입에서 발생하는 사채추정상환손익은 모두 사채발행회사가 부담한다고 가정한다.

3. 20X1년 중 ㈜만세는 ㈜대한에 ₩100의 이익을 가산하여 상품을 판매하였으며, 이 중 40%가 20X1년 말 현재 ㈜대한의 재고자산에 포함되어 있다.

상기 자료를 이용하여 다음 물음에 답하시오.

물음 1 ㈜대한의 20X1년도 연결재무제표에 계상될 연결당기순이익을 지배기업귀속당기순이익과 비지배지분귀속당기순이익으로 구분하여 계산하시오. 단, 답안 작성 시 원 이하는 반올림한다. *2020. CPA*

지배기업귀속당기순이익	①
비지배지분귀속당기순이익	②

물음 2 ㈜대한의 20X1년 말 연결재무상태표에 계상될 비지배지분의 금액을 계산하시오. 단, 답안 작성 시 원 이하는 반올림한다. *2020. CPA*

비지배지분의 금액	①

✎ 해설 모자손

(물음 1)

지배기업귀속당기순이익	①5,659
비지배지분귀속당기순이익	②695

(물음 2)

비지배지분의 금액	①6,195

1. 소유구조 요약

대한 ―(80%)➔ 민국 ―(70%)➔ 만세

2. FV―BV 차이: 없음

|참고| 영업권: $10,000-12,500\times80\%+7,000-10,000\times70\%=0$

3. 내부거래

	X1
민국 (기계)	(100)
	20
만세 (사채)	(37)[1]
	11[2]
만세 (상품)	(100)
	60

[1]사채상환손익: $952\times50\%-513=(-)37$

― 연결 관점에서는 대한이 만세의 사채를 취득한 것을 사채의 상환으로 본다. 따라서 사채상환손익을 인식해주어야 한다.

[2]사채상환손익 환입분: (1)―(2)=11

(1) 만세 이자비용 부인액: $952\times12\%\times50\%=57$

(2) 대한 이자수익 부인액: $513\times9\%=46$

― 연결 관점에서는 만세의 사채 중 50%는 없는 사채이다. 따라서 이에 대해 인식한 이자비용과 이자수익을 상계해야 한다. 만세가 인식한 이자비용이 대한이 인식한 이자수익이 더 크므로 초과분 16만큼 가산한다. 결과적으로 사채상환손실 37 중 일부를 환입하는 결과를 가져온다.

4. 손익 조정표

NI	대한	민국	만세	계
조정전	4,000	1,500	1,000	
내부거래		(80)	(26)	
FV			(40)	
조정후 NI	4,000	1,420	934	6,354
지배	4,000	1,136(80%)	523(56%)	5,659
비지배		284(20%)	411(44%)	695

손회사 손익 중 지배 NI에 포함될 비율: 0.8×0.7(간접 보유)=0.56
손회사 손익 중 비지배 NI에 포함될 비율: 1−0.56=0.44

5. X1년 말 비지배지분: 12,500×20%＋10,000×30%＋695=6,195

문제 6 (10점)

20X1년 1월 1일에 ㈜대한은 ㈜민국의 발행주식 70%를 ₩250,000에 취득하였으며, 또한 ㈜서울의 발행주식 40%를 ₩40,000에 취득하였다. 그리고 동 일자에 ㈜민국은 ㈜서울의 발행주식 20%를 ₩20,000에 취득하였다. 20X1년 1월 1일 현재 ㈜대한, ㈜민국, ㈜서울의 자본계정은 다음과 같으며, 순자산장부금액과 공정가치는 일치하였다.

	㈜대한	㈜민국	㈜서울
자본금	₩700,000	₩200,000	₩60,000
이익잉여금	300,000	100,000	30,000

추가자료

1. ㈜대한은 ㈜민국과 ㈜서울에 대한 투자주식을 원가법으로 회계처리하고 있으며, ㈜민국은 ㈜서울의 주식을 지분법으로 회계처리하고 있다.

2. ㈜대한, ㈜민국, ㈜서울이 보고한 20X1년도의 당기순이익은 아래와 같다. 이 중 ㈜민국의 당기순이익에는 ㈜서울 주식에 대한 관계기업투자주식평가손익(지분법손익)이 포함되어 있다.

	㈜대한	㈜민국	㈜서울
당기순이익	₩115,000	₩32,000	₩8,000

3. 연결재무제표 작성시 비지배지분은 종속기업의 식별가능한 순자산 공정가치에 비례하여 결정한다.

물음 1 ㈜서울에 대한 투자주식과 관련하여, ㈜민국의 20X1년 말 재무제표에 계상되는 관계기업투자주식의 장부금액을 구하시오. 단, 20X1년 말 현재 영업권에 대한 손상은 발생하지 않은 것으로 가정한다. 2014. CPA

물음 2 ㈜대한이 작성하는 20X1년도의 연결재무제표에 계상될 다음의 금액을 구하시오. 단, 20X1년 말 현재 영업권에 대한 손상은 발생하지 않은 것으로 가정하며, 해당 금액이 없는 경우에는 "0"으로 표시하시오.

2014. CPA

〈연결재무상태표〉

영업권	①

〈연결포괄손익계산서〉

연결당기순이익	
지배기업소유주순이익	②
비지배지분순이익	③

✎ 해설 모자손: 합동소유 구조

(물음 1) 21,600

1. FV−BV 차이: 없음

2. 영업권 상당액: 20,000−90,000×20%＝2,000 (염가매수차익 X)

3. 내부거래: 없음

4. 지분법이익

	X1
조정 전	8,000
내부거래	—
FV 차이	—
조정 후	8,000
투자(20%)	1,600
＋염가매수차익	—
지분법이익	1,600

5. 관계기업투자주식 장부금액

	X1
취득원가	20,000
Σ지분법이익	1,600
Σ지분법자본변동	—
−Σ배당액×R	—
관투	21,600

(물음 2)

〈연결재무상태표〉

영업권	①46,000

〈연결포괄손익계산서〉

연결당기순이익	
지배기업소유주순이익	②140,600
비지배지분순이익	③12,800

1. 소유구조 요약

대한 —(70%)→ 민국 —(20%)→ 만세
대한   —(40%)→   만세

2. FV−BV 차이: 없음

3. 내부거래: 없음

4. 손익 조정표

자기업 당기순이익에 지분법이익이 포함되어 있으므로, 32,000에서 1,600을 차감한 30,400을 자기업의 조정전 NI로 봐야 한다. 그렇지 않으면 자회사의 당기순이익이 지배NI와 비지배NI로 분배되면서 지분법이익은 두 번 포함되는 문제가 생긴다.

NI	모	자	손	계
조정전	115,000	30,400	8,000	
내부거래				
FV				
조정후 NI	115,000	30,400	8,000	153,400
지배	115,000	30,400×0.7	8,000×0.54	140,600
비지배		30,400×0.3	8,000×0.46	12,800

손회사 손익 중 지배 NI에 포함될 비율: 0.7×0.2(간접 보유)+0.4(직접 보유)=0.54
손회사 손익 중 비지배 NI에 포함될 비율: 1−0.54=0.46

연결 NI: 153,400
지배 NI: 140,600
비지배 NI: 12,800

5. 영업권: 250,000−300,000×70%+60,000−90,000×60%=46,000

문제 7
(16점)

※ 다음은 물음 1)과 물음 2)에 대한 정보이다.

유통업을 영위하는 ㈜대한은 20X1년 1월 1일에 ㈜민국의 발행주식 70%를 ₩250,000에 취득하였으며, 동 일자에 ㈜민국은 ㈜서울의 발행주식 60%를 ₩70,000에 취득하였다. 20X1년 1월 1일 현재 ㈜대한, ㈜민국, ㈜서울의 자본계정은 다음과 같으며, 순자산 장부금액과 공정가치는 일치하였다.

	㈜대한	㈜민국	㈜서울
자본금	₩500,000	₩200,000	₩60,000
이익잉여금	300,000	100,000	30,000

추가자료

• ㈜대한과 ㈜민국은 각각의 종속기업인 ㈜민국과 ㈜서울에 대한 투자주식을 원가법으로 회계처리하고 있으며, 연결재무제표 작성시 비지배지분은 종속기업의 식별가능한 순자산 공정가치에 비례하여 결정한다.

• 20X1년 중에 ㈜대한은 ㈜민국 및 ㈜서울로부터 아래의 상품을 매입하였다. ㈜민국과 ㈜서울의 매출총이익률은 모두 30%이다.

판매회사 → 매입회사	판매액	매입회사 기말재고
㈜민국 → ㈜대한	₩30,000	₩20,000
㈜서울 → ㈜대한	10,000	10,000

• 20X1년 7월 1일에 ㈜대한은 사용하던 차량운반구(장부금액 ₩20,000)를 ₩28,000에 ㈜민국에게 현금 매각하였다. 매각일 현재 차량운반구의 잔존내용연수는 2년, 잔존가치는 ₩0, 감가상각방법은 정액법이다. ㈜민국은 동 차량운반구를 20X1년말 현재 사용하고 있다.

• ㈜대한, ㈜민국, ㈜서울의 20X1년도의 당기순이익은 각각 ₩70,000, ₩30,000, ₩15,000이다.

물음 1 ㈜대한, ㈜민국, ㈜서울의 별도(개별)재무제표를 계정과목별로 단순 합산한 장부금액이 아래와 같을 경우, ㈜대한의 20X1년도 연결재무제표에 계상될 금액을 계산하시오. 단, 20X1년말 현재 영업권에 대한 손상은 발생하지 않은 것으로 가정한다.
2017. CPA **2차**

[연결포괄손익계산서 항목]

계정과목	단순합산 장부금액	연결재무제표
매출액	₩820,000	①
매출원가	640,000	②

[연결재무상태표 항목]

계정과목	단순합산 장부금액	연결재무제표
차량운반구(순액)	₩180,000	③
영업권	0	④

물음 2 ㈜대한의 20X1년도 연결재무제표에 계상될 연결당기순이익을 ⑤지배기업귀속당기순이익과 ⑥비지배지분귀속당기순이익으로 구분하여 계산하시오.

2017. CPA

지배기업귀속당기순이익	⑤
비지배지분귀속당기순이익	⑥

✎ 해설 모자손

(물음 1)

계정과목	단순합산 장부금액	연결재무제표
매출액	₩820,000	①780,000
매출원가	640,000	②609,000
차량운반구(순액)	₩180,000	③174,000
영업권	0	④56,000

(물음 2)

지배기업귀속당기순이익	⑤85,840
비지배지분귀속당기순이익	⑥14,160

1. 소유구조 요약

대한 ─(70%)→ 민국 ─(60%)→ 서울

2. FV─BV 차이: 없음

3. 영업권: 250,000─(200,000+100,000)×70%+70,000─(60,000+30,000)×60%=**56,000**

4. 내부거래

	X1
민국 (상품)	(9,000) 3,000
서울 (상품)	(3,000)
대한 (차량운반구)	(8,000) 2,000

(1) 상품 판매 (민국)

① 매출총이익: 30,000×30%=9,000

② 매출총이익 환입액: 9,000×(30,000─20,000)/30,000=3,000

─30,000을 판매해서 20,000을 매입회사가 보유하고 있으므로 1/3을 판매한 것이다.

(2) 상품 판매 (서울)

① 매출총이익: 10,000×30%=3,000

② 매출총이익 환입액: 0

 － 판매액을 전부 매입회사가 보유하고 있으므로 환입액은 없다.

(3) 차량운반구 매각 (대한)

① 유형자산처분이익: 28,000－20,000=8,000

② 유형자산처분이익 환입액: 8,000/2×6/12=2,000

5. 당기순이익 조정

NI	모(대한)	자(민국)	손(서울)	계
조정 전 NI	70,000	30,000	15,000	
내부거래	(6,000)	(6,000)	(3,000)	
FV				
조정 후 NI	64,000	24,000	12,000	100,000
지배	64,000	24,000×0.7	12,000×0.42	85,840
비지배		24,000×0.3	12,000×0.58	14,160

손회사 손익 중 지배 NI에 포함될 비율: 0.7×0.6(간접 보유)=0.42

손회사 손익 중 비지배 NI에 포함될 비율: 1－0.42=0.58

6. 계정별 잔액

(1) 매출액 및 매출원가

	단순 합	조정	연결
매출액	820,000	①(40,000)	780,000
매출원가	(640,000)	③31,000	(609,000)
매출총이익	180,000	②(9,000)	171,000

① 내부거래 매출액 40,000(=30,000+10,000)을 제거한다.

② 내부거래 미실현손익: (9,000)+3,000+(3,000)=(9,000)

③ 매출액이 40,000 감소하는데 매출총이익이 9,000 감소하므로 매출원가는 31,000 감소한다.

(2) 차량운반구

	단순 합	조정	연결
차량운반구(순액)	180,000	(6,000)	174,000

내부거래 미실현손익 6,000을 제거한다.

3. 비동시적 모자손 심화

지금까지 푼 문제들은 모회사가 자회사의 지배력 취득일과 자회사의 손회사 지배력 취득일이 같았다. 하지만 두 지배력 취득일이 다를 수도 있다. 이를 본서에서는 '비동시적 모자손'이라고 부를 것이다. 비동시적 모자손은 다시 두 가지로 나눌 수 있는데, 1) 모기업이 자기업에 대한 지배력 취득 후 자기업이 손기업에 대한 지배력을 취득(순차적 모자손)할 수도 있고, 2) 자기업이 손기업에 대한 지배력 취득 후 모기업이 자기업에 대한 지배력을 취득(비순차적 모자손)할 수도 있다. 사례를 통해 각 상황별로 영업권과 비지배지분을 계산하는 방법을 설명한다.

사례

㈜갑은 ㈜을의 지배기업이며, ㈜을은 ㈜갑의 지배기업이다. 세 회사의 순자산 장부금액 변동 내역은 다음과 같다. 순자산 장부금액과 공정가치는 일치하였다. 다음의 각 상황에 따라 20X2년 12월 31일 현재 연결재무상태표에 계상되는 영업권과 비지배지분 금액을 계산하시오. 비지배지분은 종속기업의 식별가능한 순자산 공정가치에 비례하여 결정한다.

	㈜갑	㈜을	㈜병
20X1.1.1	1,000,000	500,000	300,000
20X1 당기순이익	100,000	50,000	40,000
20X1.12.31	1,100,000	550,000	340,000
20X2 당기순이익	80,000	40,000	20,000
20X2.12.31	1,180,000	590,000	360,000

상황 1. ㈜갑은 20X1년 1월 1일에 ㈜을의 발행주식 70%를 ₩600,000에 취득하였으며, ㈜을은 20X2년 1월 1일에 ㈜병의 발행주식 80%를 ₩300,000에 취득하였다.

상황 2. ㈜을은 20X1년 1월 1일에 ㈜병의 발행주식 80%를 ₩300,000에 취득하였으며, ㈜갑은 20X2년 1월 1일에 ㈜을의 발행주식 70%를 ₩600,000에 취득하였다.

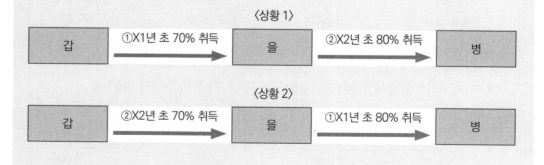

(상황 1) 순차적 모자손: 갑이 을 취득 후 을이 병 취득

> (1) 영업권
> 을 주식의 취득원가—X1년 을 순자산 FV×70%
> ＋병 주식의 취득원가—X2년 병 손회사 순자산 FV×80%
>
> (2) 비지배지분
> ＝X1년 초 을 순자산 FV×30%＋X2년 초 병 순자산 FV×20%＋Σ비지배 NI

모회사가 자회사에 대한 지배력을 먼저 취득하는 경우에는 일반적인 모자손과 계산 방식이 동일하다. 각 회사별로 지배력을 취득할 때 영업권을 구하고, 이를 더하면 총 영업권이 된다. 비지배지분은 각 회사별 취득 시점의 순자산 공정가치 중 (1－지분율)에 해당하는 금액에 비지배NI 누적액을 더하면 된다. 사례의 상황 1에서 상황별 영업권과 비지배지분을 구하면 다음과 같다.

영업권: 600,000－500,000×70%＋300,000－340,000×80%＝278,000
X2말 비지배지분: 500,000×30%＋340,000×20%＋15,000＋20,800＝253,800
－X1 비지배NI: 50,000×30%＝15,000
－X2 비지배NI: 40,000×30%＋20,000×(1－70%×80%)＝20,800

(상황 2) 비순차적 모자손: 을이 병 취득 후 갑이 을 취득 (심화)

	1설(한꺼번에 취득설)
영업권	을 주식 취득원가—(x2초 을 순자산 FV＋X2초 병 주식 평가손익)×70% ＋병 주식 X2초 공정가치—X2초 병 순자산 FV×80%
비지배지분	(X2초 을 순자산 FV＋x2초 병 주식 평가손익)×30% ＋X2초 병 순자산 FV×20% ＋X2년 비지배 NI(을&병)
	2설(하나씩 취득설)
영업권	을 주식 취득원가—(X2초 을 순자산 FV＋X1년 병 수정 후 NI×80%)×70% ＋병 주식 취득원가—x1초 병 순자산 FV×80%
비지배지분	(X2초 을 순자산 FV＋X1년 병 수정 후 NI×80%)×30% ＋X1초 병 순자산 FV×20% ＋X1년 비지배 NI(병)＋X2년 비지배 NI(을&병)

	1설	2설
병 주식 금액 (이전대가)	X2초 공정가치	X1초 취득원가
X2초 을 순자산 가산 항목	병 주식 평가손익	X1년 병 수정 후 NI×R
병 순자산 이용 시점	X2초	X1초
비지배NI 누적 기간	X2년	X1년, X2년
병 주식의 X2년 초 FV 제시	O	X

(1) 1설(한꺼번에 취득설)

한편, 자기업이 손회사에 대한 지배력을 먼저 취득하는 경우에는 학설이 둘로 갈린다. 첫째, 연결재무제표를 작성하는 갑의 입장에서 X2년에 을과 병을 한꺼번에 취득하는 것으로 보는 관점이다.

이 관점에 따르면, 을은 병을 X1년에 취득하지만 갑은 을을 X2년에 취득하므로, 이전대가에 해당하는 을과 병의 주식을 모두 X2년초 금액으로 본다. 을 주식은 애초에 X2년에 취득했으므로 취득원가가 바로 오면 되지만, 병 주식은 X2년 초의 공정가치를 이전대가로 본다. 이 과정에서 병 주식의 공정가치 평가손익이 발생하며, 평가손익은 을의 순자산 공정가치에 가산된다.

또한, 을과 병의 주식을 모두 X2년 초의 금액으로 보았으므로 순자산도 X2년 초의 금액을 이용한다. 마지막으로, 비지배지분이 X2년 초부터 계산이 시작되었으므로 X2년의 비지배NI만 누적한다.

(2) 2설(하나씩 취득설)

두 번째는 X1년에는 병을, X2년에는 을을 1년에 하나씩 취득하는 것으로 보는 관점이다. 연결재무제표를 작성할 때에는 1단계 '을-병'을 연결한 뒤, 2단계 '갑-을'을 연결하므로 연결재무제표 작성 방법에 따른 관점이다.

이 관점에 따르면, 을과 병을 하나씩 취득하는 것으로 보므로 실제 주식을 취득한 시점의 취득원가가 이전대가가 된다. 이때는 X2년 초 을의 순자산을 구할 때 X1년 병의 수정 후 당기순이익 중 지분율에 해당하는 금액을 포함시켜야 한다. X1년에 을이 병의 주식을 보유하므로 병의 당기순이익 중 지분율에 해당하는 만큼은 을의 순자산에 가산하는 것이 논리적이나, 을은 병 주식인 종속기업투자주식을 원가법으로 처리하여 을의 순자산에 반영하지 않았을 것이기 때문이다. 지배NI가 연결 이잉에 가산되는 것과 같은 논리이다. 이때 공정가치 차액과 내부거래 미실현손익을 모두 조정한 수정 후 당기순이익 중 비례적인 부분을 가산해야 한다는 점을 주의하자.

또한, 병 주식을 X1년 초의 취득원가로 평가했으므로 순자산도 X1년 초의 금액을 이용한다. 마지막으로, 비지배지분이 X1년 초부터 계산이 시작되었으므로 X1년과 X2년의 비지배NI를 모두 누적한다.

(3) 학설 선택 방법: 병 주식의 X2년 초 FV 제시 여부

지금까지 기출문제에서 영업권은 1설로, 비지배지분은 2설로 물었다. 문제에서 출제진은 본인의 관점이 맞다고 생각하므로 '본인이 어떤 학설을 따르는지'는 언급하지 않는다. 따라서 수험생의 입장에서는 자료를 보고 판단할 수 밖에 없다. 학설의 판단 기준은 을이 보유하는 병 주식의 X2년 초 공정가치이다. 이를 제시하면 1설로, 제시하지 않으면 2설로 보면 된다. 사례의 상황 2에서 상황별 영업권과 비지배지분을 구하면 다음과 같다. 상황 2(비순차적 모자손)는 병 주식의 X2년 초 공정가치를 제시하지 않았으므로 2설로 계산하였다.

영업권: $600,000 - (550,000 + 40,000 \times 80\%) \times 70\% + 300,000 - 300,000 \times 80\% = 252,600$

X2말 비지배지분: $(550,000 + 40,000 \times 80\%) \times 30\% + 300,000 \times 20\% + 8,000 + 20,800 = 263,400$

$-$ X1 비지배NI: $40,000 \times 20\% = 8,000$

$-$ X2 비지배NI: $40,000 \times 30\% + 20,000 \times (1 - 70\% \times 80\%) = 20,800$

문제 8

물음 1 20X2년 1월 1일에 ㈜대한은 ㈜민국의 발행주식 70%를 ₩250,000에 취득하였다. 취득일 현재 ㈜민국의 자본합계는 ₩300,000(자본금 ₩200,000, 이익잉여금 ₩100,000)이며, 아래의 종속기업투자주식을 제외한 순자산 장부금액과 공정가치는 일치하였다.

〈㈜민국의 재무자료〉

	장부금액	공정가치
종속기업투자주식	₩70,000	₩80,000

한편 ㈜민국은 20X1년 1월 1일에 ㈜서울의 발행주식 60%를 ₩70,000에 취득하여 지배력을 획득한 바 있다. 취득일 당시 ㈜서울의 자본합계는 ₩90,000이며, 순자산 장부금액은 공정가치와 일치하였다.

〈㈜서울의 재무자료〉

	20X1. 1. 1.	20X2. 1. 1.
자본금	₩60,000	₩60,000
이익잉여금	30,000	40,000

㈜서울이 20X1년 당기순이익으로 보고한 금액은 ₩10,000이며, 이익처분은 없다. 또한 20X2년초 현재 순자산 장부금액과 공정가치도 일치한다. ㈜대한과 ㈜민국은 각각의 종속기업인 ㈜민국과 ㈜서울에 대한 투자주식을 원가법으로 회계처리하며, 연결재무제표 작성시 종속기업에 대한 비지배지분은 종속기업의 식별가능한 순자산 공정가치에 비례하여 결정한다.

지배력획득일(20X2년 1월 1일) 현재 ㈜대한의 연결재무상태표에 계상되는 ①영업권 금액을 계산하시오.

2017. CPA

영업권	①

해설 비순차적 모자손

영업권	①53,000

영업권: 50,000−(300,000+10,000)×70%+80,000−(60,000+40,000)×60%=**53,000**

자회사가 손회사를 먼저 지배한 뒤, 모회사가 자회사를 지배하므로 비순차적 모자손에 해당한다. 이때는 문제가 어느 학설에 따라 출제되었는지 판단하는 것이 중요한데, ㈜민국이 보유하는 종속기업투자주식(㈜서울의 주식)의 X2년초 공정가치가 제시되었으므로, 한꺼번에 취득설에 따라 영업권을 계산해야 한다.

㈜민국은 종속기업투자주식만 장부금액과 공정가치가 일치하지 않으므로, 종속기업투자주식의 공정가치 차액을 순자산 장부금액 300,000에 가산하고, ㈜서울의 주식은 공정가치인 80,000으로 본다.

(2) 손회사에 대한 영업권: 20,000
−손회사에 대한 영업권도 '모회사의 지배력 획득일(X2년초)'의 공정가치를 기초로 계산한다. 자회사가 손회사의 지배력을 획득한 것은 X1년초이지만, X1년초에는 모회사와 무관한 사업결합이기 때문이다. 따라서 X2년초를 기준으로 계산해야 한다.

문제 9

(17점)

다음의 〈자료〉를 이용하여 각 물음에 답하시오.

2024. CPA

자료

1. ㈜민국은 20X1년 1월 1일에 ㈜만세의 의결권 있는 보통주식을 ₩400,000에 취득하여 ㈜만세의 지배기업이 되었다. 지배력 취득일 현재 ㈜민국이 인식한 영업권은 ₩25,000이며, ㈜만세의 순자산 장부금액과 공정가치가 일치하지 않는 자산은 다음과 같다.

계정과목	장부금액	공정가치	비고
토지	₩120,000	₩160,000	20X2년 중에 매각 완료
기계장치	80,000	110,000	잔존내용연수 3년, 잔존가치 ₩0, 정액법으로 감가상각

2. ㈜민국의 20X1년 12월 31일 현재 연결재무제표의 비지배주주 귀속 당기순이익은 ₩60,000이고 비지배지분은 ₩185,000이다. ㈜민국과 ㈜만세의 자본변동은 다음과 같다.

구 분	㈜민국	㈜만세
20X1년 1월 1일 자본금	₩200,000	₩?
20X1년 1월 1일 이익잉여금	100,000	?
20X1년도 당기순이익	150,000	?
20X1년 12월 31일 이익잉여금	250,000	?
20X2년도 당기순이익	220,000	320,000
20X2년 12월 31일 이익잉여금	470,000	?

3. ㈜대한은 20X2년 1월 1일 ㈜민국의 주식 60를 ₩800,000에 취득하여 지배력을 획득하였다. 지배력 취득일 현재 ㈜민국의 순자산 장부금액과 공정가치가 일치하지 않는 자산은 다음과 같다.

계정과목	장부금액	공정가치	비고
재고자산	₩200,000	₩220,000	20X2년 중에 모두 외부로 판매
건물	350,000	400,000	잔존내용연수 4년, 잔존가치 ₩0, 정액법으로 감가상각

4. ㈜대한, ㈜민국, ㈜만세 간에 발생한 거래는 다음과 같다.
   - 20X1년과 20X2년에 발생한 재고자산 거래는 아래와 같다. 각 연도 말 매입회사 장부상 남아있는 재고자산은 다음 회계연도에 모두 외부로 판매된다.

| 연도 | 판매회사 → 매입회사 | 판매회사 | | 매입회사 기말재고 |
		매출액	매출원가	
20X1	㈜대한→㈜만세	₩400,000	₩320,000	₩160,000
	㈜민국→㈜만세	300,000	240,000	120,000
	㈜만세→㈜민국	200,000	160,000	50,000
20X2	㈜대한→㈜민국	500,000	400,000	250,000
	㈜민국→㈜만세	200,000	160,000	60,000
	㈜만세→㈜대한	100,000	70,000	20,000

   - 20X2년 1월 1일 ㈜만세는 ㈜민국으로부터 ₩20,000을 차입하였으며, 차입금의 만기는 20X2년 12월 31일 이고 이자율은 연 10%이다.
   - 20X2년 10월 1일 ㈜민국은 보유 중인 토지 ₩90,000을 ㈜대한에게 ₩120,000에 매각하였으며, ㈜대한은 20X2년 말 현재 동 토지를 보유 중이다.

5. ㈜대한과 ㈜민국은 각각 ㈜민국과 ㈜만세에 대한 투자주식을 원가법으로 회계처리하며, 비지배지분은 종속기업 의 식별가능한 순자산 공정가치에 비례하여 결정한다.

물음 1 20X1년 1월 1일 지배력 획득 시 ㈜만세의 순자산 장부금액과 20X1년도 ㈜만세의 당기순이익을 각각 계산하시오.

20X1년 1월 1일 순자산 장부금액	①
20X1년도 당기순이익	②

물음 2   20X2년 말 ㈜대한이 연결재무제표 작성 시 인식해야 할 다음의 〈요구사항〉에 대해 각각 계산하시오. 단, ㈜대한은 1단계로 ㈜민국과 ㈜만세에 대해 연결조정분개를 수행하고 2단계로 ㈜대한과 ㈜민국에 대해 연결조정분개를 수행한다.

요구사항 1

㈜민국과 ㈜만세에 대한 연결조정 분개 시(1단계) 인식할 다음의 항목을 계산하시오. 단, ㈜만세에서 발생한 내부거래는 1단계에서 연결조정분개한다.

비지배지분	①
지배기업소유주(㈜민국) 귀속 당기순이익	②

요구사항 2

㈜대한과 ㈜민국에 대한 연결조정 분개 시(2단계) 인식할 다음의 항목을 계산하시오. 20X2년도 ㈜대한의 당기순이익은 ₩250,000이다.

비지배지분	①
지배기업소유주(㈜대한) 귀속 당기순이익	②

물음 3   연결재무제표 작성 시 지배기업과 종속기업에 적용할 세율이 서로 다를 경우, 다음의 내부거래에 대해 어느 기업(지배기업 또는 종속기업)의 세율을 적용해야 하는지 기재하고 그 이유에 대해 간략하게 설명하시오.

구분		적용세율	이유
일시적 차이	하향거래 미실현이익	①	③
	상향거래 미실현이익	②	

✏️ 해설 비순차적 모자손

(물음 1)

20X1년 1월 1일 순자산 장부금액	①430,000
20X1년도 당기순이익	②260,000

1. FV−BV: 70,000

	FV−BV
토지	40,000
기계장치	30,000

2. ㈜민국의 ㈜만세에 대한 지분율

영업권: 400,000−X1초 순자산 공정가치×지분율＝25,000

비지배지분: X1초 순자산 공정가치×(1−지분율)＋60,000＝185,000

→X1초 순자산 공정가치＝500,000, 지분율＝75%

3. X1초 순자산 장부금액: 500,000−70,000＝**430,000**

4. 민국−만세 간 X1년도 내부거래

	X1
민국(재고)	(60,000)
	36,000
만세(재고)	(40,000)
	30,000

5. 비지배 NI

X1	만세
조정 전	NI
내부거래	(10,000)
FV−BV	(10,000)
조정 후	240,000
×(1−R)	×25%
비지배NI	＝60,000

㈜만세의 X1년도 NI＝**260,000**

(물음 2)

|요구사항 1|

비지배지분	①253,500
지배기업소유주(㈜민국) 귀속 당기순이익	②437,500

1. FV−BV

	FV−BV	X1	X2
토지	40,000		(40,000)
기계장치	30,000	(10,000)	(10,000)
계	70,000	(10,000)	(50,000)

2. 1단계 연결조정분개 시 X2년도 내부거래

	X2
민국(재고)	24,000
만세(재고)	10,000
민국(재고)	(40,000) 28,000
만세(재고)	(30,000) 24,000

1단계 연결조정분개 시에는 민국−만세 간의 내부거래와, 단서에 따라 만세에서 발생한 내부거래를 제거해야 한다. 따라서 대한−민국 간의 내부거래만 제외한 나머지 내부거래가 모두 제거된다.

3. 지배기업소유주 귀속 당기순이익: 437,500

X2	민국	만세	계
조정 전	220,000	320,000	
내부거래	12,000	4,000	
FV 차이		(50,000)	
조정 후	232,000	274,000	506,000
지배(75%)	232,000	205,500	437,500
비지배(25%)		68,500	68,500

4. 비지배지분: 185,000(X1말)+68,500=253,500

|요구사항 2|

비지배지분	①430,000
지배기업소유주(㈜대한) 귀속 당기순이익	②425,000

1. 민국의 FV−BV

	FV−BV	X2
재고자산	20,000	(20,000)
건물	50,000	(12,500)
계	70,000	(32,500)

2. ㈜민국에 대한 영업권: 800,000－700,000×60%＝380,000

(1) X2초 ㈜민국의 순자산 장부금액: 200,000(자본금)＋250,000(이잉)＝450,000

(2) X2초 ㈜민국의 순자산 공정가치: 450,000(순자산 BV)＋70,000(FV－BV)＋240,000×75%(X1년 만세의 조정 후 NI 중 민국 귀속분)＝700,000

3. X2년도 내부거래

	X2
민국(재고)	24,000
만세(재고)	10,000
대한(재고)	(100,000) 50,000
민국(재고)	(40,000) 28,000
만세(재고)	(30,000) 24,000
민국(토지)	(30,000)

최상위 기업인 ㈜대한의 연결조정분개 시에는 연결실체의 모든 내부거래를 분석해야 한다.

4. 지배기업소유주 귀속 당기순이익

X2	대한	민국	만세	계
조정 전	250,000	220,000	320,000	
내부거래	(50,000)	(18,000)	4,000	
FV 차이		(32,500)	(50,000)	
조정 후	200,000	169,500	274,000	643,500
지배	200,000	101,700(60%)	123,300(45%)	425,000
비지배		67,800(40%)	150,700(55%)	218,500

대한의 만세에 대한 지분율: 60%×75%＝45%

5. 비지배지분

(1) X2년 말 연결재무상태표 상 비지배지분 잔액: 500,000×25%(x1초 ㈜만세)＋(520,000＋180,000)× 40%(x2초 ㈜민국)＋60,000(x1 비지배NI)＋218,500(x2 비지배NI)＝683,500

(2) 2단계 연결조정분개 시 비지배지분의 증감: 683,500－253,500＝430,000

－문제에서 '연결조정분개 시 인식할' 금액을 계산하라고 하였다. 회계처리에는 잔액이 아닌 변동분이 표시되므로 1단계에서 계산한 잔액을 차감하였다.

(물음 3)

구분		적용세율	이유
일시적 차이	하향거래 미실현이익	①종속기업세율	③자산의 보유자가 향후 처분 시 법인세를 부담하므로
	상향거래 미실현이익	②지배기업세율	

5 | 역취득

	다음	카카오
법적(=형식적)	취득자	피취득자
회계적(=실질적)	피취득자	취득자

사례

카카오와 다음의 발행 주식 수가 각각 300주와 400주인 상태에서, 20X2년 7월 1일에 다음이 카카오 주식 1주당 다음 주식 2주를 발행하여 카카오를 취득하였다.

1. 영업권 및 납입자본

STEP 1 카카오가 발행한 것으로 보는 주식 수 구하기

카카오가 발행한 것으로 보는 주식 수＝다음의 합병 전 발행 주식 수÷주식 교환비율

카카오가 발행한 것으로 보는 주식 수＝400주÷2＝200주

ER＝ 1:2			카카오	다음	
합병 전 주식 수	×2(형식)		300	400	
합병 후 (형식)			600(60%)	400(40%)	÷2(실질)
합병 후 (실질)			300(60%)	**200(40%)**	

STEP 2 영업권

영업권＝카카오가 발행한 것으로 보는 주식 수(200주)×카카오 주당 FV
－다음 순자산 공정가치×100%

STEP 3 납입자본

1. 납입자본(＝자본금＋주발초)
   ＝합병 전 카카오 납입자본＋카카오가 발행한 것으로 보는 주식 수(200주)×카카오 주당 FV
2. 자본금＝합병 후 '다음' 주식 수(1,000주)×다음 주당 액면가
3. 합병 후 주발초＝납입자본－자본금

2. 역취득 시 주당순이익 2차

(1) 가중평균유통보통주식수(n): 다음 기준으로 계산

① 기초 유통보통주식수: 카카오의 합병 전 주식 수×주식 교환비율=다음이 카카오에게 발행하는 다음 주식 수 역취득 시에는 카카오가 다음에 주식을 발행하는 것으로 보되, 법적으로는 다음이 유지되므로 전부 다음 주식을 기준으로 계산한다. 합병 전에는 카카오가 보유하는 주식을 기초 주식으로 보는데, 카카오 주식을 교환비율을 이용하여 다음 주식 수로 환산하여 계산한다. 위 예시에서는 600주(=300 주×2)가 기초 유통보통주식수가 된다.

② 취득일에 증가하는 유통보통주식수: 다음의 합병 전 주식 수 취득일에는 카카오가 다음에 다음 주식을 발행하는 것으로 보아, 400주가 증가하는 것으로 본다. 이는 다음의 합병 전 주식 수이다.

예시의 n은 다음과 같이 구한다. (7.1 취득)

1.1	7.1	n
600 ×12/12	400 ×6/12	
600	200	800

(2) EPS

> 합병한 해의 EPS=(연결당기순이익−우선주 배당금)/n
> 비교 표시되는 EPS=(당기순이익−우선주 배당금)/합병한 해의 기초 유통보통주식수

① 합병한 해의 EPS: n=800 합병한 해의 n은 위에서 설명한 대로 구하면 된다. 합병한 해에는 연결포괄 손익계산서를 작성하므로 연결당기순이익을 기준으로 EPS를 계산한다. 문제에서 우선주 배당금은 제 시하지 않을 가능성이 높으므로 그냥 연결당기순이익을 n으로 나누면 된다.

② 비교 표시되는 EPS: n=600 역취득 시에는 주식 수가 변하기 때문에 비교 표시되는 주당순이익도 소 급 재작성한다. X1년은 아직 합병하기 전이므로 400주는 반영하지 않은 X2년 초 주식(600주)을 이용 한다.

위 사례에서 카카오의 20X1년 당기순이익이 ₩15,000, 20X2년 연결당기순이익이 ₩40,000이라면 20X1년과 20X2년의 EPS는 다음과 같다. 20X1년은 아직 합병 전이므로 그냥 당기순이익을 제시해주 었다.

① 20X1년의 EPS: 15,000/600주=25/주
② 20X2년의 EPS: 40,000/800주=50/주

3. 역취득 시 비지배지분이 존재하는 경우 2차

카카오의 주주가 역취득에 모두 참여하는 것이 아니라, 일부 카카오의 주식을 보유하는 상태로 남게 되면 비지배지분이 존재하게 된다. 만약 사례에서 카카오의 주식 300주 중 270주만 다음 주식 540주로 교환되었다면 다음과 같이 분석할 수 있다.

ER= 1:2			카카오	다음	
합병 전 주식 수	x2(형식)	⌐	270	400	⌐
합병 후 (형식)		→	540	400	÷2(실질)
합병 후 (실질)			270	200	←

(1) 비지배지분 및 자본

비지배지분	합병 전 카카오 순자산 BV×(1−참여 비율)
납입자본을 제외한 나머지 자본 (ex) 이익잉여금)	합병 전 카카오 순자산 BV×참여 비율(90%)

역취득 시 비지배지분은 역취득에서 카카오의 소유주 중 다음 주식과 교환하지 않는 지분이다. 원래는 비지배지분이 종속기업에서 발생하지만, 역취득에서는 비지배지분이 회계상 취득자(카카오)에서 발생한다. 따라서 카카오 자본 중 역취득에 참여하지 않는 비율만큼은 비지배지분으로 대체한다. 이때, 비지배지분이 지배기업에서 발생하므로 공정가치로 평가하지 않고, 카카오 순자산의 사업결합 전 장부금액에 대한 비례적 지분으로 측정한다.

순자산 중 역취득에 참여하지 않는 비율만큼은 비지배지분으로 대체하였으므로 순자산 중 참여 비율에 해당하는 만큼만 연결재무상태표에 자본으로 남는다. 납입자본은 뒤의 내용을 참고하면 알 수 있듯 이전 대가만큼 증가하므로, 납입자본을 제외한 나머지 자본만 이렇게 구해야 한다.

(2) 납입자본

1. 납입자본=합병 전 카카오 납입자본×참여 비율
   +카카오가 발행한 것으로 보는 주식 수(200주)×카카오 주당 FV
2. 자본금: 합병 후 '다음' 주식 수(940주)×다음 주당 액면가
3. 주발초: 납입자본−자본금

앞에서 설명했듯, 카카오 자본 중 역취득에 참여하지 않는 비율만큼은 비지배지분으로 대체하므로, 납입자본도 참여 비율만큼만 남는다. 다만, 이전대가로 주식을 지급하므로 지급한 주식의 공정가치만큼 납입자본이 증가한다.

이때, 비지배지분이 존재하더라도 카카오가 발행한 것으로 보는 주식 수는 영향을 받지 않는다는 점을 주의하자. 위 사례에서는 200주에서 변함이 없다. 비지배지분은 카카오에 존재하지, 다음과 관련이 없다.

자본금은 법적 형식을 따르므로, 형식에 맞추어 다음 주식 수에 다음의 액면가를 곱하여 구할 수 있다. 주발초는 납입자본에서 자본금을 빼면 된다.

문제 10

(9점)

㈜대한은 20X1년 4월 1일에 ㈜민국의 주식과 교환하여 ㈜대한의 주식을 발행함으로써 ㈜민국을 취득하였다. 하지만 동 사업결합은 ㈜민국(법적 피취득자, 회계상 취득자)이 ㈜대한(법적 취득자, 회계상 피취득자)을 취득한 역취득에 해당한다. 아래 〈자료〉를 이용하여 물음에 답하시오.

자료

1. 사업결합 직전 ㈜대한과 ㈜민국의 재무상태표는 다음과 같다. ㈜대한의 납입자본은 보통주 60주(액면금액: 1주당 ₩100)로 구성되어 있으며, ㈜민국의 납입자본은 보통주 40주(액면금액: 1주당 ₩500)로 구성되어 있다.

재무상태표
20X1년 4월 1일   (단위: ₩)

	㈜대한	㈜민국
유동자산	10,000	30,000
비유동자산	25,000	45,000
자산총계	35,000	75,000
유동부채	7,000	5,000
비유동부채	13,000	10,000
납입자본	6,000	20,000
이익잉여금	9,000	40,000
부채 및 자본총계	35,000	75,000

2. 20X1년 4월 1일에 ㈜대한은 ㈜민국의 보통주 각 1주와 교환하여 보통주 6주를 발행하고, ㈜민국의 주주는 자신들이 보유하고 있는 ㈜민국의 주식을 모두 ㈜대한의 주식으로 교환한다. 이에 따라 ㈜대한은 ㈜민국의 보통주 40주 모두에 대해 보통주 240주를 발행한다.

3. 20X1년 4월 1일 현재 ㈜대한과 ㈜민국의 보통주 1주당 공정가치는 각각 ₩200과 ₩3,000이다.

4. 20X1년 4월 1일 현재 ㈜대한이 보유한 비유동자산의 공정가치는 ₩30,000이며, 이를 제외한 ㈜대한의 식별가능한 자산과 부채의 공정가치는 장부금액과 동일하다.

물음 1 사업결합 직후 연결재무상태표에 표시될 다음의 금액을 계산하시오.   2022. CPA

영업권	①
납입자본	②
이익잉여금	③

물음 2 ㈜민국의 20x0년도 당기순이익과 20X1년도의 연결당기순이익이 각각 ₩7,200과 ₩14,250이라고 할 때, ① 20X1년도 주당이익과 ② 비교목적 공시를 위해 재작성된 20x0년도 주당이익을 각각 계산하시오. 단, 20X1년 기초부터 역취득 직전까지 ㈜민국의 유통보통주식수에 변동은 없으며, 가중평균유통보통주식수는 월할계산한다.   2022. CPA **2차**

20X1년도 주당이익	①
20x0년도에 대해 재작성된 주당이익	②

물음 3 〈자료〉와 달리, ㈜민국의 주식 40주 중 32주만 ㈜대한의 주식 192주와 교환하였다고 가정할 때, 사업결합 직후 연결재무상태표에 표시될 다음의 금액을 구하시오. **2차**

비지배지분	①
납입자본	②
이익잉여금	③

해설 역취득, 역취득 주당이익

(물음 1)

영업권	①10,000
납입자본	②50,000
이익잉여금	③40,000

1. 주식 수 분석

ER= 1:6			민국(카카오)	대한(다음)	
합병 전 주식 수	x6(형식)		40	60	÷6(실질)
합병 후 (형식)			240(80%)	60(20%)	
합병 후 (실질)			40(80%)	10(20%)	

2. 영업권: 민국 주식의 주당 공정가치×10주－대한의 순자산 공정가치
   ＝3,000×10주－20,000＝10,000

참고〉자본금: 300주@100＝30,000
주발초: 50,000－30,000＝20,000

3. 납입자본: 취득 전 민국의 납입자본＋민국 주식의 주당 공정가치×10주
   ＝20,000＋3,000×10주＝50,000

4. 이익잉여금: 취득 전 민국의 이익잉여금＝40,000

(물음 2)

20X1년도 주당이익	①50
20x0년도에 대해 재작성된 주당이익	②30

1. 20X1년도 주당이익
: 연결NI/가중평균유통보통주식수: 14,250/285=**50**

(1) 가중평균유통보통주식수: 285

1.1	4.1	n
240 ×12/12	60 ×9/12	
240	45	285

2. 20X0년도 재작성된 주당이익
: 7,200/240=**30**

(물음 3)

비지배지분	①12,000
납입자본	②46,000
이익잉여금	③32,000

1. 주식 수 분석

ER= 1:6		민국(카카오)	대한(다음)	
합병 전 주식 수	x6(형식)	32	60	
합병 후 (형식)		192	60	÷6(실질)
합병 후 (실질)		32	10	

2. 비지배지분: 60,000×20%=**12,000**

3. 납입자본: 20,000×80%＋10주×@3,000=**46,000**

4. 이익잉여금: 40,000×80%=**32,000**

참고〉 역취득 후 연결재무상태표

유동자산	40,000	유동부채	12,000
비유동자산	75,000	비유동부채	23,000
영업권	10,000	납입자본	46,000
		이익잉여금	32,000
		비지배지분	12,000

문제 11 (16점)

갑회사는 20X1년 4월 1일에 을회사 주식과 교환하여 갑회사 주식을 발행함으로써 을회사를 취득하였다. 이와 같은 사업결합을 통하여 갑회사와 을회사는 각각 법적 지배기업과 법적 종속기업이 되었다. 취득일 현재 갑회사와 을회사의 재무상태표 및 추가 정보는 다음과 같다.

2011. CPA 수정

〈재무상태표〉

과 목	갑회사	을회사
자산총계	₩55,000	₩110,000
부채총계	30,000	60,000
자본총계	25,000	50,000
납입자본(보통주)	10,000	30,000
이익잉여금	15,000	20,000

추가정보

1. 취득 직전일 현재 두 회사의 발행주식은 다음과 같다.

구 분	갑회사	을회사
발행주식수	100주	150주
주당 액면금액	₩100	₩200
주당 공정가치	₩200	₩800

2. 취득일 현재 두 회사의 자산 및 부채의 공정가치는 다음과 같다.

구 분	갑회사	을회사
자산의 공정가치	₩70,000	₩120,000
부채의 공정가치	₩33,000	₩70,000

3. 갑회사는 사업결합 과정에서 을회사 주식 1주와 교환하여 갑회사 주식 2주를 발행하기로 하고 총 300주를 발행하였다.

4. 관련 회계처리에서 법인세 효과는 고려하지 않는다.

물음 1 갑회사의 경영자는 갑회사가 취득자라고 주장하는데 반해, 회계전문가는 이를 역취득으로 보고 을회사가 회계상 취득자라고 판단하고 있다. 역취득이라고 판단하는 이유를 제시하시오.

물음 2 상기 사업결합에서 회계상 취득자가 갑회사인 경우와 회계상 취득자가 을회사인 경우(역취득)로 구분하여 사업결합 직후 다음과 같이 연결재무상태표를 작성하였다. 공란에 들어 갈 금액(①부터 ⑧까지)을 모두 계산하시오.

과 목	회계상 취득자가 갑회사인 경우	회계상 취득자가 을회사인 경우
자산총계 (영업권 포함)	①	⑤
부채총계	②	⑥
자본총계		
납입자본	③	⑦
이익잉여금	④	⑧

물음 3 갑회사가 사업결합 과정에서 을회사의 발행주식 150주 중 135주와 교환하여 갑회사의 주식을 발행하기로 하고 총 270주를 발행하였으며, 이를 제외한 다른 모든 사실은 위와 동일하다고 가정한다. 이러한 사업결합이 역취득에 해당될 때 사업결합 직후 연결재무상태표에 표시될 비지배지분을 계산하시오. **2차**

✎ 해설 역취득

(물음 1) 을회사가 연결실체에 대한 지배력을 획득하였기 때문이다. 을회사는 주식 교환 이후에 갑회사에 대한 지분율이 다음과 같이 75%가 된다.

ER＝ 1:2		을	갑	
합병 전 주식 수	x2(형식) ┐	150	100	┐
합병 후 (형식)		300(75%)	100(25%)	÷2(실질)
합병 후 (실질)	┘	150(75%)	50(25%)	◄┘

(물음 2)

과 목	회계상 취득자가 갑회사인 경우	회계상 취득자가 을회사인 경우
자산총계 (영업권 포함)	①185,000	⑤183,000
부채총계	②100,000	⑥93,000
자본총계		
납입자본	③70,000	⑦70,000
이익잉여금	④15,000	⑧20,000

1. 회계상 취득자가 갑회사인 경우
이전대가: 300주×@200＝60,000
피취득자(을)의 순자산: 120,000-70,000＝50,000
영업권: 60,000-50,000＝10,000

|사업결합 회계처리|

자산	120,000	부채	70,000
영업권	10,000	납입자본	60,000

	사업결합 전(갑)	+사업결합	=사업결합 후
자산총계	55,000	130,000	①185,000
부채총계	30,000	70,000	②100,000
자본총계	25,000	60,000	85,000
납입자본	10,000	60,000	③70,000
이익잉여금	15,000	—	④15,000

2. 회계상 취득자가 을회사인 경우
이전대가: 50주×@800＝40,000
피취득자(갑)의 순자산: 70,000－33,000＝37,000
영업권: 40,000－37,000＝3,000

|사업결합 회계처리|

자산	70,000	부채	33,000
영업권	3,000	납입자본	40,000

	사업결합 전(을)	+사업결합	=사업결합 후
자산총계	110,000	73,000	⑤183,000
부채총계	60,000	33,000	⑥93,000
자본총계	50,000	40,000	90,000
납입자본	30,000	40,000	⑦70,000
이익잉여금	20,000	—	⑧20,000

|참고| 기출문제 원문
기출문제 원문은 갑회사를 상장기업, 을회사를 비상장기업으로 가정하였다. 이 경우 지분만을 교환하는 사업결합이고, 을회사가 회계상 취득자라고 하더라도 피취득자인 갑회사가 상장기업으로 지분의 공정가치가 을회사보다 더 신뢰성 있게 측정될 수 있으므로 갑회사 주식의 공정가치를 사용하여 영업권을 계산해야 한다. 그런데 이는 너무 지엽적인 상황이고, 중요하지 않다고 판단하여 본서에서는 이 가정을 제외하고 문제를 수록하였다. 원문에 따른 풀이는 다음과 같다.

이전대가: 100주×@200＝20,000
－50주(을)×2＝100주(갑)
피취득자(갑)의 순자산: 70,000－33,000＝37,000
영업권: 20,000－37,000＝(－)17,000 (염가매수차익)

|사업결합 회계처리|

자산	70,000	부채	33,000
		납입자본	20,000
		염가매수차익	17,000

	사업결합 전(을)	+사업결합	=사업결합 후
자산총계	110,000	70,000	⑤180,000
부채총계	60,000	33,000	⑥93,000
자본총계	50,000	40,000	
납입자본	30,000	20,000	⑦50,000
이익잉여금	20,000	17,000	⑧37,000

(물음 3) 5,000

비지배지분: $(120,000-70,000)\times10\%=5,000$

－비지배지분율: $1-135주/150주=10\%$

|참고|

(1) 주식 수 분석

ER= 1:2		을	갑	
합병 전 주식 수	×2(형식)	135	100	÷2(실질)
합병 후 (형식)		270	100	
합병 후 (실질)		135	50	

(2) 납입자본: $30,000\times90\%+50주\times@800=67,000$

(3) 이익잉여금: $20,000\times90\%=18,000$

　－본서에 수록된 수정된 문제를 기준으로 보아 염가매수차익이 발생하지 않는다고 가정하였다.

6 종속기업투자주식의 취득, 처분

지배기업의 종속기업에 대한 지분율이 변동하는 거래로는 종속기업투자주식의 취득, 처분 및 종속기업의 자본거래가 있다. 여기에서는 비지배지분과 자본잉여금의 증감을 구할 수 있어야 한다.

1. 지배력 획득 후 추가 취득

지배기업 F/S	종속기업투자	취득가액	현금	취득가액

+

종속기업 F/S	─ 회계처리 없음 ─			

‖

합산 F/S	종속기업투자	취득가액	현금	취득가액

+

연결조정분개	**비지배지분**	**지분율 하락분**	**종속기업투자**	**취득가액**
		자본 ×××		

⇓

연결 F/S	비지배지분	지분율 하락분	현금	취득가액
		자본 ×××		

① 합산재무제표
지배기업은 현금을 지급하고 종속기업 주식을 취득한다. 지배기업의 종속기업 주식 취득은 종속기업과의 거래가 아니므로 종속기업은 회계처리가 없다. 따라서 두 회계처리를 합치면 지배기업의 회계처리와 같다.

② 연결재무제표
: 현금 지급 및 비지배지분 감소, 대차차액은 자본으로 계상
연결 관점에서 이 거래를 보면 지배기업이 비지배지분에 현금을 지급하고 비지배지분을 감소시킨 것이다. 따라서 취득가액만큼 현금이 연결실체 외부로 유출되고, 비지배지분이 감소한다. 이때, **비지배지분은 지분율에 비례하여 감소한다.** 예를 들어, 지배기업이 종속기업의 지분율 70%를 취득한 상태에서 10%의 종속기업 주식을 추가로 취득하였다면, 비지배지분은 30%에서 20%로 감소한다. 따라서 비지배지분은 종속기업 주식 취득 전에 비해 1/3(=10%/30%)만큼 감소한다.

③ 연결조정분개
합산재무제표와 연결재무제표 모두 취득가액만큼 현금을 지급한 것은 같다. 한편, 합산재무제표 상에는 종속기업투자가 표시되어 있는데, 연결재무제표 상에는 종속기업투자가 표시되면 안 되므로 이를 비지배지분과 상계하고 대차차액을 자본으로 계상하면 연결재무제표와 같은 회계처리가 된다.

참고 지배력 획득 후 추가 취득 vs 단계적 취득

	최초 취득 시	추가 취득 시	영업권 계상 시점 (=지배력 획득 시점)
지배력 획득 후 추가 취득	지배력 획득 O	지배력 획득 X	최초 취득 시
단계적 취득	지배력 획득 X	지배력 획득 O	추가 취득 시

─지배력 획득 후 추가 취득 시에는 단계적 취득 시와 달리 영업권에 영향 X

2. 지배력을 잃지 않는 범위 내에서의 처분

지배기업 F/S	현금	처분가액	종속기업투자	취득원가
			처분이익	처분이익

+

종속기업 F/S	─회계처리 없음─			

‖

합산 F/S	현금	처분가액	종속기업투자	취득원가
			처분이익	처분이익

+

연결조정분개	종속기업투자	취득원가	비지배지분	지분율 & 영업권 증가분
	처분이익	처분이익		
			자본 XXX	

⇓

연결 F/S	현금	처분가액	비지배지분	지분율 & 영업권 증가분
			자본 XXX	

① 합산재무제표

지배기업은 현금을 수령하고 종속기업 주식을 처분한다. 주식을 처분하면서 수령한 현금이므로 비지배지분으로부터 수령한 현금을 회계처리 상에 '처분가액'으로 표시하였다. 종속기업투자는 장부상에 취득원가로 계상되어 있으므로 처분가액과 취득원가와의 차액은 처분이익으로 인식한다.

지배기업의 종속기업 주식 처분은 종속기업과의 거래가 아니므로 종속기업은 회계처리가 없다. 따라서 두 회계처리를 합치면 지배기업의 회계처리와 같다.

② 연결재무제표

: 현금 수령 및 비지배지분 증가, 대차차액은 자본으로 계상

연결 관점에서 이 거래를 보면 지배기업이 비지배지분으로부터 현금을 수령하고 비지배지분을 증가시킨 것이다. 따라서 처분가액만큼 현금이 연결실체 내부로 유입되고, 비지배지분이 증가한다. 이때, 비지배지분은 지분율 상승분과 영업권 감소액만큼 증가한다. 예를 들어, 지배기업이 종속기업의 지분율 70%를 취득한 상태에서 10%의 종속기업 주식을 처분하였다면, 비지배지분은 30%에서 40%로 증가한다. 따라서 비지배지분은 종속기업 주식 취득 전에 비해 1/3(=10%/30%)만큼 증가한다. 또한, 지배기업지분의 영업권 중 1/7(=10%/70%)만큼 비지배지분이 더 상승한다.

③ 연결조정분개

합산재무제표와 연결재무제표 모두 처분가액만큼 현금을 수령한 것은 같다. 한편, 합산재무제표에서는 종속기업투자를 제거하였는데, 연결재무제표 상에는 종속기업투자가 원래 없었으므로 종속기업투자 제거를 취소해야 한다. 따라서 처분가액만큼 종속기업투자를 다시 계상해야 한다. 또한, 지배기업은 투자주식처분이익을 인식하는데 이를 제거하며, 비지배지분을 증가시킨 뒤 대차차액을 자본으로 계상하면 연결재무제표와 같은 회계처리가 된다.

문제 12
(15점)

다음에 제시되는 〈공통자료〉는 20X1년 ㈜지배와 ㈜종속의 사업결합에 대한 것이다. 각 물음은 독립적이며 〈공통자료〉를 이용하여 답하시오.

공통자료

20X1년 초에 ㈜지배는 ㈜종속의 의결권 주식 10주(10%)를 ₩10,000에 취득하여 기타포괄손익－공정가치측정 금융자산으로 회계처리하였으며, 20X1년 4월 1일에 60주(60%)를 공정가치 ₩150,000에 취득하여 지배기업이 되었다. 지배력획득일 현재 ㈜종속의 순자산은 모두 장부금액과 공정가치가 일치하고, 자본항목은 자본금, 이익잉여금, 기타자본으로 구성되어 있다. ㈜지배와 ㈜종속의 별도(개별)재무제표에 보고된 관련 항목을 요약하면 다음과 같다.

〈20X1년 초 ㈜지배와 ㈜종속의 자본〉

항 목	㈜지배	㈜종속
자본금	₩300,000	₩100,000
이익잉여금	200,000	50,000
기타자본	100,000	50,000
자본 합계	₩600,000	₩200,000

주) 기타자본은 자본 요소 중 자본금과 이익잉여금을 제외한 나머지 항목을 말하며, ㈜지배와 ㈜종속 모두 20X2년 말까지 자본금과 기타자본의 변동액은 없다.

〈20X1년 ㈜지배와 ㈜종속의 당기순이익〉

항목	㈜지배	㈜종속	
	1월 1일 ~ 12월 31일	1월 1일 ~ 3월 31일	4월 1일 ~ 12월 31일
당기순이익	₩250,000	₩20,000	₩80,000

주) ㈜지배와 ㈜종속 모두 20X1년 중에 결의하거나 지급한 배당은 없다.

지배력획득일 이후 ㈜지배는 ㈜종속에 대한 투자주식을 원가법으로 회계처리하고, 비지배지분을 ㈜종속의 식별가능한 순자산공정가치에 비례하여 결정한다. 영업권의 손상은 없는 것으로 가정한다.

물음 1 20X1년 말 ㈜지배가 작성하는 연결재무제표에 보고되는 다음 금액을 계산하시오.   2013. CPA

영업권	①
비지배지분	②
이익잉여금	③

물음 2 20X2년 초 ㈜지배는 ㈜종속의 주식 10주(10%)를 ₩35,000에 추가 취득하였다. ㈜종속은 20X2년에 ₩100,000의 당기순이익을 보고하였으며, 배당은 없었다. 20X2년 초 추가 취득시 ㈜종속의 자본은 자본금 ₩100,000, 이익잉여금 ₩150,000, 기타자본 ₩50,000으로 구성되어 있으며, ㈜종속의 순자산은 모두 장부금액과 공정가치가 일치한다. 20X2년에 ㈜지배가 작성하는 연결재무제표를 이용하여 다음 항목의 금액을 계산하시오. 단, 변동액 계산시 전년 말에 비해 감소하는 경우 금액 앞에 (−)를 표시하고, 변동이 없으면 '변동없음'으로 표시하시오.   2013. CPA

영업권의 전년 말 대비 변동액	①
연결포괄손익계산서상 비지배지분 순이익	②
연결재무상태표에 보고되는 기타자본	③
연결재무상태표에 보고되는 비지배지분	④

물음 3 물음 2)에서 20X2년 초 ㈜지배가 ㈜종속의 주식 10주(10%)를 추가 취득하기 위해 지불한 대가가 ₩25,000이라고 가정한다. 이 외의 자료는 물음 2)에 제시된 내용과 동일하다. 20X2년 말 연결재무상태표에 보고되는 기타자본의 금액을 계산하시오.   2013. CPA

해설 연결-자본거래

(물음 1) 단계적 취득, 기중 취득

영업권	①21,000
비지배지분	②90,000
이익잉여금	③506,000

1. FV－BV 차이: 없음

2. 영업권: 150,000×70주/60주－(200,000＋20,000)×70%＝21,000
(1) 이전대가: 기존에 10주를 보유한 상태로 60주를 추가로 취득하였기 때문에 60주의 공정가치 150,000을 이용하여 70주의 공정가치를 추정할 수 있다.
(2) 취득일(X1.4.1) 종속기업 순자산 공정가치
   : x1초 ㈜종속의 순자산 공정가치＋X1.1.1~X1.3.31 ㈜종속의 당기순이익＝200,000＋20,000

3. 내부거래: 없음

4. 당기순이익 조정

X1	지배	종속	계
조정 전	250,000	80,000	
내부거래			
FV 차이			
－손상			
－배당			
조정 후	250,000	80,000	330,000
지배(70%)	250,000	56,000	306,000
비지배(30%)		24,000	24,000

5. 비지배지분 및 이익잉여금
(1) 비지배지분: 220,000×30%＋24,000＝90,000
(2) 이익잉여금: 200,000＋306,000＝506,000

(물음 2) 지배력 획득 후 추가 취득

영업권의 전년 말 대비 변동액	①변동없음
연결포괄손익계산서상 비지배지분 순이익	②20,000
연결재무상태표에 보고되는 기타자본	③110,000
연결재무상태표에 보고되는 비지배지분	④80,000

1. 영업권: 변동없음
종속기업 주식을 추가 취득하더라도 영업권은 불변이다. 영업권은 지배력을 획득하는 시점에 계상한다.

2. X2년 비지배 NI: 100,000×20%＝20,000
－지분율이 70%였지만 10%를 추가 취득하여 80%가 되므로 비지배 지분율은 20%가 된다.

3. 연결재무상태표 상 기타자본: (1)＋(2)＋(3)＝100,000＋15,000－5,000＝110,000
(1) 지배기업의 기타자본: 100,000
　　－종속기업의 자본은 투자－자본 상계 제거로 없어지므로 연결재무상태표에는 지배기업의 자본만 표시된다.
(2) FVOCI 금융자산 평가이익(OCI): 150,000×10%/60%－10,000＝15,000
　　－단계적 취득으로 인한 기존 보유 주식을 취득일의 공정가치로 평가함에 따라 발생한 OCI도 기타자본에 포함된다.
(3) 추가 취득 시 자본요소 증감: 비지배지분 감소액－추가 주식의 취득원가
$$＝30,000－35,000＝(－)5,000$$
① 비지배지분 감소액: 90,000×10%/30%＝30,000
　　－비지배 지분율이 30%에서 10% 감소하여 20%가 되므로 비지배지분은 1/3이 감소한다.

4. X2년 말 비지배지분: (2)＋X2년 비지배 NI＝60,000＋20,000＝80,000
(1) X1년 말 비지배지분: 90,000 (물음 1 참고)
(2) 추가 취득 후 X2년 초 비지배지분: 90,000×20%/30%＝60,000

|X2년도 연결조정분개|

비지배지분	30,000	종속기업투자	35,000
자본요소	5,000		
이익잉여금	20,000	비지배지분	20,000

(물음 3) 120,000
기타자본: (1)＋(2)＋(3)＝120,000
(1) 지배기업의 기타자본: 100,000
(2) FVOCI 금융자산 평가이익(OCI): 15,000
(3) 추가 취득 시 자본요소 증감: 비지배지분 감소액－추가 주식의 취득원가
$$＝30,000－25,000＝5,000$$

|X2년도 연결조정분개|

비지배지분	30,000	종속기업투자	25,000
		자본요소	5,000
이익잉여금	20,000	비지배지분	20,000

문제 13
(15점)

20X1년 1월 1일 ㈜지배는 ㈜종속의 의결권 주식 60%를 ₩300,000에 취득하였으며, 20X1년 7월 1일 동사 의결권 주식의 20%를 ₩80,000에 추가 취득하였다. ㈜지배는 ㈜종속 투자주식을 원가법으로 회계처리하고 있다. ㈜지배와 ㈜종속은 모두 12월말 결산법인이며 20X1년 12월 31일 현재 ㈜지배와 ㈜종속의 시산표는 다음과 같다.

〈시산표〉

(단위 : 원)

차변 항목	㈜지배	㈜종속
현 금	91,000	20,000
매출채권	320,000	100,000
대여금	30,000	
미수수익	900	
재고자산	650,000	170,000
기타포괄손익인식금융자산		20,600
투자주식	380,000	
유형자산(순액)	800,000	230,000
매출원가	1,875,000	700,000
판매비와 관리비	360,000	151,000
이자비용		900
계	4,506,900	1,392,500
대변 항목	**㈜지배**	**㈜종속**
매입채무	320,000	40,000
차입금		22,500
자본금	500,000	200,000
자본잉여금	86,000	
이익잉여금 (20X1.1.1)	1,100,000	125,000
매 출	2,500,000	1,000,000
이자수익	900	
금융자산평가이익		5,000
계	4,506,900	1,392,500

추가자료

1. 20X1년 1월 1일 현재 ㈜종속의 자산 중에서 일부 재고자산 품목의 장부금액은 공정가치보다 ₩20,000 낮았으며, 동 재고자산은 20X1년 8월 중에 모두 외부로 매출되었다. 그 외의 자산과 부채의 장부금액과 공정가치는 일치하였다.

2. 20X1년 7월 1일 현재 ㈜종속의 순자산 장부금액과 공정가치는 일치하였다.

3. ㈜종속의 20X1년 6월 30일로 종료되는 6개월 간 순이익은 ₩60,000이다. ㈜지배와 ㈜종속은 모두 20X1년에 배당을 실시하지 않았다.

4. 20X1년 9월 30일 ㈜지배는 ㈜종속에 이자율 연 12%의 조건으로 ₩30,000을 대여하였다. 동 대여금에 대한 이자는 3개월마다 지급되며 첫 이자 지급은 20X1년 12월 31일에 이루어진다. 또한 동 대여금은 20X1년 12월 31일부터 매 3개월마다 4회에 걸쳐 균등액을 상환받게 된다. 20X1년 12월 31일 ㈜종속은 3개월분 이자와 첫 번째 분할상환금의 지급을 완료하였으나 ㈜지배는 이를 아직 수령하지 못한 상태이다. ㈜지배에 다른 대여금은 없으며, ㈜종속에 다른 차입금은 없다.

5. ㈜종속은 상품매매 외에 수선용역 사업도 행하고 있으며 수선용역 매출은 용역제공원가의 50%를 이익으로 가산하여 이루어진다. 20X1년 중 ㈜종속이 ㈜지배에 제공한 수선용역 매출액은 ₩30,000이며 용역제공은 20X1년 12월에 이루어졌다.

6. 20X1년 중에 ㈜지배의 ㈜종속에 대한 매출액은 ₩50,000이고 이 중 40%가 기말 현재 ㈜종속의 재고자산으로 남아 있다. ㈜지배는 내부거래와 외부 매출 모두에 동일한 이익률을 적용한다.

7. 20X1년 10월 1일 ㈜종속은 원가 ₩10,000의 재고자산을 ₩15,000의 가격으로 ㈜지배에 판매하였다. ㈜지배는 동 자산을 구입 후 비품으로 사용하고 있으며 정액법(내용연수 5년, 잔존가치는 ₩0)에 따라 감가상각한다.

8. 20X1년 11월 30일 ㈜종속은 타사 주식을 ₩15,600에 취득하여 기타포괄손익－공정가치 측정 금융자산으로 분류하였다.

9. 비지배지분은 종속기업의 식별가능한 순자산 공정가치에 비례하여 결정한다.

10. ㈜지배와 ㈜종속은 매출원가와 이자비용을 제외한 모든 비용을 판매비와 관리비로 구분하고 있다.

물음 20X1년 12월 31일 ㈜지배가 작성하는 연결재무제표상에 계상될 다음 항목의 금액을 계산하시오. 단, 해당 금액이 없으면 "0"으로 표시한다.

2012. CPA **2차**

① 재고자산 ② 유형자산 ③ 대여금
④ 영업권 ⑤ 매 출 ⑥ 매출원가
⑦ 총포괄이익 ⑧ 기타포괄손익누계액
⑨ 자본금 ⑩ 자본잉여금 ⑪ 이익잉여금

해설 지배력 취득 후 추가 취득, 연결재무제표 상 계정별 잔액, 연결 OCI

① 815,000 ② 1,025,250 ③ 0
④ 93,000 ⑤ 3,405,000 ⑥ 2,520,000
⑦ 389,250 ⑧ 4,000
⑨ 500,000 ⑩ 87,000 ⑪ 1,447,580

1. FV－BV

	FV－BV	X1.7.1~X1.12.31
재고자산	20,000	(20,000)

2. 내부거래

	X1
하향 (재고)	(12,500) 7,500
상향 (재고)	(5,000)
상향 (비품)	250

하향거래 재고 미실현이익: $50,000 \times 25\% = 12,500$
- ㈜지배의 매출총이익률: $(2,500,000 - 1,875,000)/2,500,000 = 25\%$
상향거래 재고 미실현이익: $15,000 - 10,000 = 5,000$
상향거래 재고 미실현이익 중 실현금액: $5,000 \times 1/5 \times 3/12 = 250$

|참고| 대여 거래 및 수선용역매출
(1) 대여 거래: ㈜종속은 이자 지급을 완료하였으나, ㈜지배는 이자를 수령하지 못한 상태이다. 하지만 회계는 현금주의가 아닌 발생주의를 따르므로 각각 이자비용과 이자수익은 인식했을 것이다. 시산표에도 이자비용과 이자수익이 900씩 계상되어 있다. 따라서 대여 거래로 인해 제거할 미실현손익은 없다.
(2) 수선용역매출: 대여 거래와 마찬가지로 연결 관점과 별도 관점 사이에 차이가 발생하는 자산, 부채가 없다. 즉, 미실현손익이 없다. 같은 금액만큼 매출과 판관비를 상계하면 되기 때문이다. 따라서 내부거래 제거표를 작성할 때 무시하면 된다.

3. 당기순이익 조정
X1.1.1~6.30까지의 지분율은 60%이나, X1.7.1~12.31까지의 지분율은 80%이므로 상반기와 하반기의 당기순이익을 각각 조정해야 한다.
X1년 ㈜종속의 NI: 148,100
X1년 하반기 ㈜종속의 NI: $148,100 - 60,000 = 88,100$

X1	지배	종속(상반기)	종속(하반기)	합
조정 전	265,900	60,000	88,100	
내부거래	(5,000)		(4,750)	
FV 차이			(20,000)	
−손상, +차익				
−배당				
조정 후	260,900	60,000	63,350	384,250 (연결 NI)
지배	260,900	36,000(60%)	50,680(80%)	347,580 (지배 NI)
비지배		24,000(40%)	12,670(20%)	36,670 (비지배 NI)

4. 기타포괄이익 조정

X1	지배	종속(상반기)	종속(하반기)	합
조정 전 내부거래 FV 차이 −손상, ＋차익 −배당	−	−	5,000	
조정 후	−	−	5,000	5,000 (연결 OCI)
지배	−	−	4,000(80%)	4,000 (지배 OCI)
비지배		−	1,000(20%)	1,000 (비지배 OCI)

㈜지배에서 인식한 OCI는 없으며, ㈜종속은 FVOCI 금융자산 평가이익을 OCI로 인식하는데, 금융자산을 하반기에 취득하였으므로 평가이익도 하반기에 인식한 것으로 보았다.

5. 계정별 잔액

	단순 합	조정	연결
재고자산	820,000	(5,000)	815,000
유형자산	1,030,000	(4,750)	1,025,250

① 재고자산: FV 차액, 내부거래의 '잔액' 815,000
재고자산 조정사항: (−)5,000(하향거래)
 − FV 차액은 전부 실현되었으며, 상향거래에서 발생한 재고자산의 차이는 비품으로 계정 대체함으로써 비품으로 이월된다.

② 유형자산 1,025,250
조정사항: FV 차액, 내부거래의 '잔액' ＝ −5,000＋250 ＝ −4,750
 −상향거래에서 발생한 재고자산의 차이는 비품으로 계정 대체함으로써 비품으로 이월된다.

③ 대여금 0
㈜지배에 ㈜종속에 대여한 대여금 외에 다른 대여금은 없으므로, 연결 재무상태표에 대여금은 표시되지 않는다.
 − '㈜종속은 지급을 완료하였으나, ㈜지배는 이를 아직 수령하지 못한 상태'는 ㈜지배가 대여금 회수 회계처리를 하지 않았다는 뜻이다. 따라서 대여금은 30,000, 차입금은 22,500으로 계상되어 있지만 ㈜지배가 회수 회계처리를 한 후 상계하면 연결 대여금은 0이 된다.

④ 영업권: 이전대가−(취득일의 순자산 BV＋FV−BV)×지분율
　　　　＝300,000−(200,000＋125,000＋20,000)×60%＝93,000
 −지배력 획득 시점은 X1.1.1이므로, X1.1.1의 종속기업 순자산을 대입해야 한다. X1.1.1의 종속기업 순자산은 자본금 200,000과 이익잉여금 125,000으로 구성되어 있다. 7.1 20% 추가 취득 시에는 영업권을 수정하지 않는다.

	단순 합	조정				연결
		FV차이	수선용역	하향	상향	
매출액	3,500,000		(30,000)	(50,000)	(15,000)	**3,405,000**
매출원가	(2,575,000)	(20,000)	20,000	45,000	10,000	**(2,520,000)**
감가상각비	(A)				250	−A+10,250
수선용역 판관비			10,000			
이익	925,000−A	(20,000)	−	(5,000)	(4,750)	895,250−A

⑤ 매출: 3,405,000
매출 감소분: 30,000(수선용역 매출)+50,000(하향 매출)+15,000(상향 매출)=95,000

⑥ 매출원가: 매출액과 이익을 이용해서 끼워넣기 2,520,000
이익 조정액: −20,000(FV−BV)−5,000(하향)−4,750(상향)=(−)29,750

⑦ 총포괄이익: 연결 NI+연결 OCI=384,250+5,000=389,250

⑧ 기타포괄손익누계액: 지배 OCI=4,000
연결 OCI 5,000 중 1,000은 비지배 OCI로 비지배지분에 가산되므로 연결 재무상태표 상에는 4,000만 표시된다.

⑨ 자본금 500,000
: 취득일 ㈜지배의 자본금=500,000

⑩ 자본잉여금 87,000
: 취득일 ㈜지배의 자본잉여금+추가 취득 시 자본요소=86,000+1,000=87,000
　X1.7.1 추가 취득 전 비지배지분: (325,000+20,000+60,000)×40%=162,000
　X1.7.1 추가 취득 후 비지배지분: 162,000×20%/40%=81,000

|X1.7.1 연결조정분개|

비지배지분	81,000	종속기업투자	80,000
		자본요소	1,000

−재무상태표 상 자본을 자본금, 자본잉여금, 이익잉여금으로 분류하므로 자본요소는 자본잉여금으로 분류한다.

⑪ 이익잉여금 1,447,580
취득일 ㈜지배의 이익잉여금+지배 NI=1,100,000+347,580=1,447,580

(15점)

2007. CPA 수정

20X7년 1월 1일 ㈜갑은 ㈜을의 발행주식 중 60%를 ₩360,000에 취득하였다. 동 주식취득일 현재 ㈜갑과 ㈜을의 재무상태표는 다음과 같다.

재무상태표

20X7.1.1 현재 (단위: 원)

	㈜갑	㈜을	
	장부금액	장부금액	공정가치
현금	300,000	280,000	280,000
재고자산	200,000	100,000	120,000
종속기업투자주식	360,000	—	
건물(순액)	500,000	250,000	300,000
자산총계	1,360,000	630,000	
차입금	300,000	150,000	150,000
자본금 (주당액면 5,000)	500,000	250,000	
자본잉여금	260,000	100,000	
이익잉여금	300,000	130,000	
부채와 자본총계	1,360,000	630,000	

한편, 20X7년 말 ㈜갑과 ㈜을의 재무상태표와 포괄손익계산서는 다음과 같다.

재무상태표

20X7.12.31 현재 (단위: 원)

	㈜갑	㈜을		㈜갑	㈜을
현 금	370,000	240,000	차 입 금	370,000	200,000
재고자산	300,000	240,000	자 본 금	500,000	250,000
종속기업투자 주식	360,000	—	자본잉여금	260,000	100,000
건물(순액)	600,000	300,000	이익잉여금	500,000	230,000
계	1,630,000	780,000	계	1,630,000	780,000

포괄손익계산서

20X7.1.1~20X7.12.31 (단위: 원)

	㈜갑	㈜을
매 출	800,000	500,000
매출원가	(400,000)	(300,000)
매출총이익	400,000	200,000
판매관리비	(200,000)	(100,000)
당기순이익	200,000	100,000

추가정보

1. ㈜갑의 주식취득일에 ㈜을이 보유했던 재고자산은 20X7년 중에 모두 처분되었다.

2. ㈜갑과 ㈜을의 건물은 20X7년 초 현재 잔존내용연수는 10년이며 잔존가치는 없다.

3. 20X7년과 20x8년 중에 ㈜갑과 ㈜을에서 결의되거나 지급된 배당은 없다.

4. 20X7년과 20x8년 중에 ㈜갑과 ㈜을 사이의 내부거래는 없다.

5. ㈜갑은 연결재무제표 상 비지배지분을 종속기업의 식별 가능한 순자산의 공정가치에 비례하여 결정한다.

물음 1 20X7년말 연결재무제표에서 ① 영업권과 ② 비지배지분을 산출하시오.

물음 2 ㈜갑과 ㈜을의 20x8년 당기순이익이 각각 ₩280,000과 ₩120,000인 경우, 20x8년도 연결재무제표에서 ① 연결당기순이익, ② 지배기업소유주귀속당기순이익, ③ 비지배지분귀속당기순이익, ④ 연결이익잉여금을 산출하시오.

물음 3 20X7년 12월 31일에 ㈜갑은 ㈜을의 발행주식 중 5%를 ₩40,000에 처분하였다면, 동 거래가 20X7년도 연결재무제표 상에서 ① 연결이익잉여금과 ② 연결자본잉여금에 미치는 영향을 간략히 2줄 이내로 기술하시오. 단, 구체적인 금액으로 제시하되, 미치는 영향이 없으면 '해당 없음'이라고 기재하시오.

✏ 해설 종속기업투자주식 처분

(물음 1)
① 영업권 30,000
② 비지배지분 250,000

1. FV-BV

	FV-BV	X7	X8
재고자산	20,000	(20,000)	
건물	50,000	(5,000)	(5,000)
계	70,000	(25,000)	(5,000)

2. 영업권: 360,000-(480,000+70,000)×60%=**30,000**

3. 내부거래: 없음

4. 당기순이익 조정

X7	지배	종속	계
조정 전	200,000	100,000	
내부거래			
FV 차이		(25,000)	
조정 후	200,000	75,000	275,000
지배(60%)	200,000	45,000	245,000
비지배(40%)		30,000	30,000

5. 비지배지분: (480,000+70,000)×40%+30,000=**250,000**

(물음 2)
① 연결당기순이익 395,000
② 지배NI 349,000
③ 비지배NI 46,000
④ 연결이익잉여금 894,000

1. 당기순이익 조정

X8	지배	종속	계
조정 전	280,000	120,000	
내부거래			
FV 차이		(5,000)	
조정 후	280,000	115,000	395,000
지배(60%)	280,000	69,000	349,000
비지배(40%)		46,000	46,000

2. 연결이익잉여금: 취득일 지배의 이잉+Σ지배NI=300,000+245,000+349,000=**894,000**

(물음 3)
① 연결이익잉여금 해당 없음
② 연결자본잉여금 6,250

지배기업 F/S	현금	40,000	종투	30,000[1]
			처분이익	10,000

+

종속기업 F/S	―회계처리 없음―			

‖

합산 F/S	현금	40,000	종투	30,000
			처분이익	10,000

+

연결조정분개	종투	30,000	비지배지분	33,750[2]
	처분이익	10,000	자본잉여금	6,250

⇓

연결 F/S	현금	40,000	비지배지분	33,750
			자본잉여금	**6,250**

[1]처분하는 종투의 장부금액: 360,000×5%/60%=30,000
[2]비지배지분 증감: 250,000×5%/40%+30,000×5%/60%=33,750 증가
―비지배지분 250,000과 영업권 30,000은 물음 1에서 도출된 금액이다.

별도재무제표에서는 종속기업투자의 처분이익을 인식하지만, 연결재무제표에서는 처분이익을 인식하지 않으므로, 연결이익잉여금에 미치는 영향은 없다.

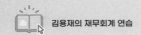

7 종속기업의 자본거래

1. 종속기업 유상증자

지배기업 F/S	종속기업투자	지배기업 증자액	현금	지배기업 증자액

+

종속기업 F/S	현금	전체 증자액	자본금＋주발초	전체 증자액

‖

합산 F/S	종속기업투자 현금	지배기업 증자액 비지배지분 증자액	자본금＋주발초	전체 증자액

+

연결조정분개	자본금＋주발초	전체 증자액	종속기업투자 비지배지분	지배기업 증자액 증가액
		자본 XXX		

⇓

연결 F/S	현금	비지배지분 증자액	비지배지분	증가액
		자본 XXX		

① 합산재무제표

종속기업이 유상증자를 한 경우 종속기업은 증자액만큼 현금이 유입되면서 자본금과 주발초가 증가한다. 지배기업은 종속기업이 추가로 발행한 주식 중 일부만 취득하는 경우 지배기업은 지배기업이 인수한 증자액만 현금을 지급하고 종속기업 주식을 취득한다. 이를 합치면 자본금과 주발초는 전체 증자액만큼 증가하는데, 종속기업투자는 지배기업 증자액만큼 증가하고, 현금은 서로 상계되어 비지배지분이 인수한 증자액만큼 증가한다.

② 연결재무제표

: 현금 유입 및 비지배지분 증가, 대차차액은 자본으로 계상

> 비지배지분 증감액＝자본거래 후 비지배지분－자본거래 전 비지배지분
> 　　　　　　＝(자본거래 전 종속기업 순자산 FV＋전체 증자액)×자본거래 후 비지배지분율
> 　　　　　　－자본거래 전 종속기업 순자산 FV×자본거래 전 비지배지분율

종속기업이 증자를 하면 종속기업의 순자산 공정가치가 증가하므로, 자본거래 후 종속기업의 순자산 공정가치를 이용하여 비지배지분을 계산해야 한다. 자본거래 후 종속기업의 순자산 공정가치는 자본거래(유상증자) 전 종속기업의 순자산 공정가치에 전체 증가액을 더한 금액이며, 여기에 자본거래 후 비지배지분율을 곱하면 자본거래 후 비지배지분이 계산된다.

자본거래 전 비지배지분은 자본거래 전 종속기업의 순자산 공정가치에 비지배지분율을 곱한 금액이다.

자본거래 후 비지배지분에서 자본거래 전 비지배지분을 차감하면 비지배지분 증감액을 계산할 수 있다. 유상증자를 하였으므로 종속기업의 순자산 공정가치가 증가하여, 비지배지분도 증가할 것이다.

한편, 유상증자를 지분율에 비례하게 실시할 수도 있지만, 불균등증자를 할 수도 있다. 이 경우 자본거래 전후 비지배지분율이 달라지므로 주의해야 한다.

③ 연결조정분개

합산재무제표 상에는 자본금과 주발초가 증가하였는데, 연결재무제표 상에는 비지배지분만 증가해야 하므로, 자본금과 주발초를 제거한다. 이 중 지배기업 증자액만큼은 종속기업투자와 상계하고, 비지배지분 증자액만큼은 비지배지분 증가액과 상계한 뒤 대차차액을 자본으로 계상하면 연결재무제표와 같은 회계처리가 된다.

2. 자기주식 취득

종속기업이 '비지배지분이 보유하는' 종속기업 주식을 취득하는 경우 회계처리는 다음과 같다. 참고로, '지배기업이 보유하는' 종속기업 주식을 취득하는 경우에는 내부거래로 제거되므로 본서에서는 다루지 않는다.

지배기업 F/S	―회계처리 없음―			
+				
종속기업 F/S	자기주식	자기주식 취득액	현금	자기주식 취득액
‖				
합산 F/S	자기주식	자기주식 취득액	현금	자기주식 취득액
+				
연결조정분개	비지배지분	감소액	자기주식	자기주식 취득액
	자본 XXX			
⇓				
연결 F/S	비지배지분	감소액	현금	자기주식 취득액
	자본 XXX			

① 합산재무제표

종속기업이 비지배지분으로부터 자기주식을 취득한 경우 자기주식 취득액만큼 현금을 지급하면서 자기주식을 계상한다.

② 연결재무제표

: 현금 유출 및 비지배지분 감소, 대차차액은 자본으로 계상

비지배지분 증감액=자본거래 후 비지배지분－자본거래 전 비지배지분
　　　　　　　＝(자본거래 전 종속기업 순자산 FV－자기주식 취득액)×자본거래 후 비지배지분율
　　　　　　　　－자본거래 전 종속기업 순자산 FV×자본거래 전 비지배지분율

③ 연결조정분개

합산재무제표 상에는 자기주식이 계상되는데, 연결재무제표 상에는 비지배지분이 감소해야 하므로, 자기주식과 비지배지분을 상계한 뒤 대차차액을 자본으로 계상하면 연결재무제표와 같은 회계처리가 된다.

 종속기업투자주식의 취득, 처분 vs 종속기업의 자본거래

구분	종속기업의 순자산 변화	자본거래 후 비지배지분
종속기업투자주식의 취득, 처분	X	거래 전 비지배지분×거래 후 비지배지분율 /거래 전 비지배지분율 +(처분 시) 영업권×지분율 상승분 /거래 전 지배기업 지분율
종속기업의 자본거래	O	(자본거래 전 종속기업 순자산 FV ±현금유출입)×자본거래 후 비지배지분율

문제 15

(13점)

20X1년 1월 1일 ㈜대한은 ㈜민국 발행주식의 60%(60주)를 ₩300,000에 취득하여 지배력을 획득하였다. 동 일자 현재 ㈜대한과 ㈜민국의 자본계정은 다음과 같으며, 자산과 부채의 장부금액과 공정가치는 일치하였다.

	㈜대한	㈜민국
자본금	₩400,000	₩100,000
자본잉여금	300,000	250,000
이익잉여금	250,000	50,000
자본총계	₩950,000	₩400,000

㈜대한은 ㈜민국의 투자주식을 원가법으로 회계처리하고 있으며, 종속기업에 대한 비지배지분을 종속기업의 식별가능한 순자산 공정가치에 비례하여 결정한다.

㈜대한과 ㈜민국의 20X1년 당기순이익은 각각 ₩100,000과 ₩30,000이다. 20X1년 당기순이익에 따른 이익잉여금 증가 이외의 자본변동은 없다.

20X1년 중 ㈜대한은 ㈜민국에 상품을 ₩100,000에 판매하였는데, 동 상품 중 40%가 ㈜민국의 기말재고로 남아있다. 또한, ㈜민국은 ㈜대한에 상품을 ₩50,000에 판매하였는데, 동 상품은 모두 20X1년 중에 외부에 판매되었다. ㈜대한과 ㈜민국의 매출총이익률은 모두 20%이며, 판매된 상품은 매출 다음연도까지는 모두 외부에 판매된다.

물음 1 20X1년말 ㈜대한의 연결재무상태표에 보고되는 ① 영업권, ② 비지배지분, ③ 이익잉여금을 계산하시오.

2016. CPA

물음 2 20X2년 1월 1일 ㈜민국은 비지배주주로부터 자기주식 20주를 ₩80,000에 취득하였다. 20X1년 12월 31일 현재, ㈜민국의 자본계정은 자본금 ₩100,000, 자본잉여금 ₩250,000, 이익잉여금 ₩80,000으로 구성되어 있다. 20X2년 1월 1일 자기주식 취득 후 작성되는 연결재무상태표에 보고되는 비지배지분 장부금액을 계산하시오.

2016. CPA

✏️ 해설 종속기업의 자기주식 취득

(물음 1) ① 영업권: 60,000 ② 비지배지분: 172,000 ③ 이익잉여금: 360,000

1. FV−BV: 없음

2. 영업권: 300,000−400,000×60%=60,000

3. 내부거래

	X1
하향 (상품)	(20,000)
	12,000
상향 (상품)	(10,000)
	10,000

4. 당기순이익 조정

X1	지배	종속	합	
1. 조정 전	100,000	30,000		
2. 내부거래	(8,000)	—		
3. FV 차이		—		
4. 손상, 차익 인식	—			
5. 배당은 없애기	—			
6. 조정 후	92,000	30,000	122,000	연결 NI
7. 지배	92,000	18,000	110,000	지배 NI
8. 비지배		12,000	12,000	비지배 NI

5. 이익잉여금 및 비지배지분
(1) 이익잉여금: 취득일 지배기업의 이익잉여금+지배NI=250,000+110,000=360,000
(2) 비지배지분: 취득일 종속기업의 순자산 공정가치×(1−R)+비지배NI
       =400,000×(1−60%)+12,000=172,000

(물음 2) 비지배지분 장부금액: 87,500
(1) 자기주식 취득 후 지분율: 60/(100−20)=75%
(2) 자기주식 취득 후 비지배지분: (100,000+250,000+80,000−80,000)×(1−75%)=87,500
−본 물음에서 X1년 말 종속기업의 순자산을 제시하였으므로, 자기주식 취득액을 차감하면 자기주식 취득 후 종속 기업의 순자산 공정가치를 구할 수 있다.

|연결조정분개|

X2.1.1	비지배지분	84,500	자기주식	80,000
			자본요소	4,500

비지배지분 감소액: 172,000(물음 1 참고)−87,500=84,500

문제 16

(16점)

㈜대한은 20X1년 초에 ㈜민국의 회사 주식 500주(50%)를 ₩600,000에 취득했다. ㈜대한의 지분율은 50%를 초과하지 않지만 실질지배력이 있는 것으로 판단되었다. ㈜대한은 ㈜민국의 종속기업투자주식을 별도재무제표상 원가법으로 평가하고 있다. 연결재무제표상 비지배지분은 종속기업의 식별 가능한 순자산의 공정가치에 비례하여 결정한다. 순자산의 장부금액은 공정가치와 일치한다. ㈜민국의 자본항목의 구성은 다음과 같다.

일자	구분	금액
지배력취득일 (20X1.1.1)	자본금(1,000주, 액면가 ₩500)	₩500,000
	자본잉여금	400,000
	이익잉여금	100,000
	기타자본	100,000
	순자산장부금액	₩1,100,000

지배력취득일 현재 ㈜대한의 자본금은 ₩700,000 자본잉여금은 ₩400,000 이익잉여금은 ₩200,000이다.

종속기업투자에 따른 영업권 이외에 다른 영업권은 없다. 영업권에 대한 손상 검토를 수행한 결과 영업권이 배부된 현금창출단위의 20X1년 말 회수가능금액은 ₩35,000이다. 다음은 20X1년 중 ㈜대한과 ㈜민국에 관련된 거래이다.

> **자료**
>
> - ㈜대한은 ㈜민국에게 20X1년 중 원가 ₩40,000인 재고자산을 ₩50,000에 판매하였다. ㈜민국은 ㈜대한으로부터 매입한 재고자산 중 70%는 20X1년 중에 외부로 판매했으며 30%는 아직 창고에 남아있다. 한편, ㈜민국은 20X1년 중 ㈜대한에게 원가 ₩60,000인 재고자산을 ₩50,000에 판매하였다. ㈜민국의 ㈜대한에 대한 매출액은 해당 재고자산의 순실현가능가치이다. 기말 현재 ㈜대한의 창고에는 ㈜민국으로부터 매입한 재고자산의 20%가 남아 있다.
>
> - ㈜민국은 20X1년 7월 1일에 ㈜대한에게 기계장치(취득원가 ₩90,000, 장부금액 ₩40,000)를 ₩50,000에 매각하였다. 매각시점에 기계장치의 잔존가액은 없으며 잔존 내용연수는 5년, 정액법으로 상각한다.
>
> - ㈜대한은 ㈜민국과의 재고자산 거래에서 발생한 매출채권 ₩50,000을 타사에 ₩45,000에 매각했다. 외부에 양도한 매출채권은 제거요건을 충족하지 못한다.
>
> - ㈜민국이 20X1년 중 취득하여 보유하고 있는 타사의 기타포괄손익－공정가치 측정 금융자산의 취득원가는 ₩280,000이며, 20X1년 말 공정가치는 ₩320,000이다.

20X1년 ㈜대한과 ㈜민국의 별도(개별)재무제표 상 당기순이익은 각각 ₩250,000과 ₩100,000이다. 지분변동 거래에서 발생한 차액은 자본잉여금에 반영한다.

물음 1   20X1년 연결조정분개 후 다음의 계정 금액을 계산하시오.   2018. CPA

총연결당기순이익	①
비지배지분	②

물음 2   20X2년 초에 ㈜대한은 ㈜민국의 주식 10%(100주)를 ₩130,000에 추가 취득하여 ㈜대한의 지분율이 60%로 상승했다. 다음은 20X2년 중 ㈜대한과 ㈜민국에 관련된 자료이다.

> **추가자료**
>
> • 20X2년 영업권 손상징후는 없다.
> • 20X1년 미판매재고자산은 모두 판매되었으며 20X2년 중 내부거래는 없다.
> • ㈜민국이 보유하고 있던 타사 기타포괄손익－공정가치 측정 금융자산의 공정가치 변동은 없다.
> • 20X2년 ㈜대한과 ㈜민국의 별도(개별)재무제표상 당기순이익은 각각 ₩300,000과 ₩150,000 이다.

20X2년 연결조정분개 후 다음의 계정 금액을 계산하시오.   2018. CPA

총연결당기순이익	①
연결자본잉여금	②
비지배지분	③

물음 3   물음 2)에서 ㈜대한이 추가지분을 취득하는 대신, 20X2년 초에 ㈜대한이 ㈜민국의 유상증자 500주 가운데 400주를 주당 ₩1,300, 총 ₩520,000에 취득하여 ㈜대한의 지분율이 60%로 상승하였다고 가정한다. 20X2년 중 ㈜대한과 ㈜민국에 관련된 자료는 물음 2)와 같다. 20X2년 연결조정분개 후 다음의 계정 금액을 계산하시오.   2018. CPA

연결자본잉여금	①
비지배지분	②

물음 4   물음 2)와 물음 3) 대신, ㈜민국이 자기주식 167주를 주당 ₩1,300, 총 ₩217,100에 취득하여 ㈜대한의 지분율이 60%(≒500주/833주)로 상승하였다고 가정한다. 20X2년 중 ㈜대한과 ㈜민국에 관련된 자료는 물음 2)와 같다. 20X2년 연결조정분개 후 다음의 계정 금액을 계산하시오.   2018. CPA

연결자본잉여금	①
비지배지분	②

물음 5   20X2년 말 연결재무상태표상 물음 2)와 물음 3)에서의 비지배지분에 차이가 있다면 그 원인과, 물음 2)와 물음 4)의 비지배지분에 차이가 있다면 그 원인이 무엇인지 각각 간략하게 설명하시오. 단, 차이가 없으면 '차이 없음'이라고 기재하시오.   2018. CPA

(물음 2)와 (물음 3)의 차이원인	①
(물음 2)와 (물음 4)의 차이원인	②

해설 내부거래에서 발생한 손실, 염가매수차익, 종속기업의 자본거래

(물음 1)

총연결당기순이익	①323,000
비지배지분	②615,500

1. FV−BV 차이: 없음

2. 영업권: 600,000−1,100,000×50%=50,000
 −영업권 손상차손: 50,000−35,000=15,000

3. 내부거래

	X1	X2
하향 (재고)	(10,000) 7,000	3,000
상향 (재고)	—	
상향 (기계)	(10,000) 1,000	2,000

내부거래에서 발생한 손실이 연결재무제표에 인식해야 하는 자산손상의 징후라면 미실현손실을 제거하지 않는다.
상향거래는 매출액이 순실현가능가치이므로 미실현손실이 아니다.

4. 당기순이익 조정

X1	지배	종속	계
조정 전	250,000	100,000	
내부거래	(3,000)	(9,000)	
FV 차이			
염가매수차익			
−손상	(15,000)		
−배당			
조정 후	232,000	91,000	**323,000**
지배(50%)	232,000	45,500	277,500
비지배(50%)		45,500	45,500

5. OCI 조정

X1	지배	종속	계
조정 후		40,000	40,000
지배(50%)		20,000	20,000
비지배(50%)		20,000	20,000

6. 비지배지분: 취득일의 종속기업 순자산 공정가치×(1−50%)+Σ비지배NI+Σ비지배OCI
   =1,100,000×50%+45,500+20,000=615,500

(물음 2)

총연결당기순이익	①455,000
연결자본잉여금	②393,100
비지배지분	③553,200

1. 당기순이익 조정

X1	지배	종속	계
조정 전	300,000	150,000	
내부거래	3,000	2,000	
FV 차이			
염가매수차익			
−손상			
−배당			
조정 후	303,000	152,000	455,000
지배(60%)	303,000	91,200	394,200
비지배(40%)		60,800	60,800

2. 연결자본잉여금

(1) X1년 말 비지배지분: 615,500 (물음 1 참고)

(2) 자본거래 후 X2년 초 비지배지분: 615,500×40%/50%=492,400
→ 비지배지분 감소액: 615,500−492,400=123,100

(3) 연결자본잉여금: 400,000(대한의 자본잉여금)−6,900=393,100

|X2년 연결조정분개|

비지배지분	123,100	종속기업투자	130,000
자본요소	6,900		
이익잉여금	60,800	비지배지분	60,800

3. X2년 말 비지배지분: X2년 초 비지배지분+X2년 비지배NI=492,400+60,800=553,200

(물음 3)

연결자본잉여금	①393,100
비지배지분	②813,200

1. 연결자본잉여금

(1) X1년 말 비지배지분: 615,500 (물음 1 참고)

(2) 자본거래 후 X2년 초 비지배지분: (615,500/50%＋500주×@1,300)×40%＝752,400
→ 비지배지분 증가액: 752,400－615,500＝136,900

(3) 연결자본잉여금: 400,000(대한의 자본잉여금)－6,900＝393,100

|X2년 연결조정분개|

자본금	250,000	종속기업투자	520,000
주식발행초과금	400,000	비지배지분	136,900
자본요소	6,900		
이익잉여금	60,800	비지배지분	60,800

자본금 상계액: 500주×@500(액면금액)＝250,000
주식발행초과금 상계액: 500주×(@1,300－@500)＝400,000

2. X2년 말 비지배지분: X2년 초 비지배지분＋X2년 비지배NI＝752,400＋60,800＝813,200

(물음 4)

연결자본잉여금	①392,840
비지배지분	②466,360

1. 연결자본잉여금

(1) X1년 말 비지배지분: 615,500 (물음 1 참고)

(2) 자본거래 후 X2년 초 비지배지분: (615,500/50%－217,100)×40%＝405,560
→ 비지배지분 감소액: 615,500－405,560＝209,940

(3) 연결자본잉여금: 400,000(대한의 자본잉여금)－7,160＝392,840

|X2년 연결조정분개|

비지배지분	209,940	자기주식	217,100
자본요소	7,160		
이익잉여금	60,800	비지배지분	60,800

2. X2년 말 비지배지분: X2년 초 비지배지분＋X2년 비지배NI＝405,560＋60,800＝466,360

(물음 5)

(물음 2)와 (물음 3)의 차이원인	①추가지분 취득과 달리 유상증자는 종속기업의 자본이 증가함
(물음 2)와 (물음 4)의 차이원인	②종속기업의 주식을 취득하는 기업이 다름

문제 17

다음 〈자료〉를 이용하여 각 물음에 답하시오. 단, 각 물음은 독립적이다.   2023. CPA

자료

1. ㈜한국은 20X1년 1월 1일에 ㈜만세의 주식을 취득하여 지배기업이 되었다. 지배력 취득일 현재 ㈜만세의 순자산 장부금액과 공정가치는 동일하였으며, ㈜만세의 자본은 다음과 같다.

(단위: ₩)

구 분	항 목	장부금액
20X1년 초	자본금 (600주, 액면금액 ₩200)	120,000
	자본잉여금	20,000
	이익잉여금	60,000
	자본총계	200,000
20X1년	당기순이익	20,000
20X1년 말	자본총계	220,000

2. ㈜한국의 20X2년 초 자본금은 ₩200,000이고 자본잉여금은 ₩100,000이며 이익잉여금은 ₩150,000이다.

3. ㈜만세에 대한 ㈜한국의 지분이 변동하는 경우, 지분변동으로부터 발생한 차액은 자본잉여금으로 조정한다.

물음 1   ㈜한국은 20X1년 1월 1일에 ㈜만세의 주식 480주(80%)를 ₩180,000에 취득하여 지배기업이 되었다. ㈜만세가 20X2년 1월 1일 200주를 주당 ₩400에 유상증자 시 ㈜한국이 ㈜만세의 신주를 전혀 인수하지 않았을 경우, 20X2년 말 유상증자에 대한 연결조정분개 시 다음의 항목을 계산하시오. 단, 비지배지분과 연결자본잉여금이 감소하는 경우 금액 앞에 (−)를 표시하시오.

비지배지분 증감액	①
연결자본잉여금 증감액	②

물음 2   ㈜한국은 20X1년 1월 1일에 ㈜만세의 주식 360주(60%)를 ₩140,000에 취득하여 지배기업이 되었다. ㈜만세가 20X2년 1월 1일 자기주식 150주를 취득하여 20X2년 말 현재 계속 보유하고 있다. ㈜만세가 자기주식을 주당 ₩300에 비지배주주로부터 취득하였을 경우, 20X2년 말 자기주식 취득에 대한 연결조정분개 시 다음의 항목을 계산하시오. 단, 비지배지분과 연결자본잉여금이 감소하는 경우 금액 앞에 (−)를 표시하시오.

비지배지분 증감액	①
연결자본잉여금 증감액	②

해설 종속기업의 자본거래

(물음 1)

비지배지분 증감액	①76,000
연결자본잉여금 증감액	②(−)36,000

(1) 비지배지분 증감액: 120,000−44,000＝76,000
X1년 말 비지배지분: 220,000×20%＝44,000
X2년 초 비지배지분: (220,000＋200주×@400)×(120주＋200주)/(600주＋200주)＝120,000

(2) 연결자본잉여금 증감액: −40,000＋4,000＝(−)36,000
주식발행초과금 상계액: (400−200)×200주＝40,000
자본잉여금(대차차액): 400×200주(납입자본)−76,000(비지배지분)＝4,000 증가

|연결조정분개|

자본금	40,000	비지배지분	76,000
자본잉여금(주발초)	40,000	자본잉여금	4,000

(물음 2)

비지배지분 증감액	①(−)53,000
연결자본잉여금 증감액	②8,000

(1) 비지배지분 증감액: 35,000−88,000＝(−)53,000
X1년 말 비지배지분: 220,000×40%＝88,000
X2년 초 비지배지분: (220,000−150주×@300)×(240주−150주)/(600주−150주)＝35,000

(2) 연결자본잉여금 증감액: 8,000
자기주식 상계액: 150주×@300＝45,000
자본잉여금(대차차액): 53,000−45,000＝8,000 증가

|연결조정분개|

비지배지분	53,000	자기주식	45,000
		자본잉여금	8,000

8 연결의 중단

지배기업 F/S	현금	처분가액	종투	원가
	주식	잔여 공정가치	처분이익	XXX

+

종속기업 F/S	-회계처리 없음-			

‖

합산 F/S	현금	처분가액	종투	원가
	주식	잔여 공정가치	처분이익	XXX

+

연결조정분개	종투	원가	종속기업 순자산	공정가치
	처분이익	XXX	영업권	영업권
	비지배지분	비지배지분		

⇓

연결 F/S	현금	처분가액	종속기업 순자산	공정가치
	주식	잔여 공정가치	영업권	영업권
	비지배지분	비지배지분	처분이익	XXX

1. 합산재무제표의 회계처리 (=별도재무제표의 회계처리)

지배기업은 원가로 표시되어 있는 종속기업투자를 처분하고, 처분가액만큼 현금을 수령한다. 남은 주식은 공정가치로 평가하여 문제의 가정에 따라 FVPL 금융자산, FVOCI 선택 금융자산, 혹은 관계기업투자주식으로 계상한다. 대차차액을 종속기업투자처분손익(PL)으로 인식하면 된다. 한편, 종속기업투자는 지배기업이 처분하는 것으로, 종속기업은 회계처리가 없으므로 합산재무제표의 회계처리는 별도재무제표의 회계처리와 일치한다.

2. 연결재무제표의 회계처리

(1) 처분가액만큼 현금 수령, 잔여 주식은 공정가치로 평가

별도재무제표와 같이 처분가액만큼 현금을 수령하고, 남은 주식은 공정가치로 평가한다.

(2) 종속기업 순자산 공정가치 제거

연결재무상태표에 표시되어 있던 종속기업의 자산, 부채를 제거한다. 이때 제거해야 하는 금액은 다음과 같이 구한다. 앞에서 배운 '연결재무제표 상 계정별 금액'을 제거한다고 생각하면 된다.

> 취득일의 순자산 장부금액
> +FV 차액 & 상향 거래의 잔액
> + Σ종속기업 CI − Σ종속기업 배당
> =종속기업 순자산 공정가치

① 종속기업의 취득일 순자산 장부금액

우선 문제에서 종속기업의 취득일 순자산 장부금액을 제시할 것이므로 이 금액에서 출발한다.

② FV 차액 & 상향 거래 미실현손익 잔액

FV−BV와 상향 거래 미실현손익의 잔액을 반영한다. 둘 다 '잔액'을 이용한다는 점을 주의하자. 이때, 내부거래의 미실현손익은 상향 거래만 반영한다. 하향 거래의 미실현손익은 지배기업의 손익에서 조정하기 때문에 종속기업의 순자산에 반영하지 않는다.

③ Σ종속기업 CI − Σ종속기업 배당

취득일부터 지배력 상실일까지의 총포괄손익과 배당은 종속기업의 순자산의 변동을 가져오므로 이들을 가감한다.

(3) 영업권, 비지배지분 제거

연결재무제표에는 별도재무제표와 달리 영업권과 비지배지분이 계상되므로, 이들을 제거한다.

(4) 대차차액은 처분이익(PL)으로 인식

3. 연결조정분개

(1) 현금, 주식은 무시, 종속기업투자 제거 취소

처분가액만큼 현금 수령, 잔여 주식은 공정가치로 평가는 별도와 연결이 같으므로 건드릴 필요가 없다. 별도재무제표에서는 종속기업투자를 처분하였으므로 제거하는 회계처리가 있지만, 연결재무제표에는 종속기업투자가 표시되지 않으므로 종속기업투자 제거를 다시 취소한다.

(2) 종속기업 순자산 공정가치, 영업권, 비지배지분 제거

연결재무제표의 회계처리에서만 제거한 종속기업 순자산 공정가치, 영업권, 비지배지분을 제거한다.

(3) 종속기업투자처분이익 조정 ⭐ 주의

별도재무제표에 인식한 처분이익과 연결재무제표에 인식한 처분이익이 다르므로 연결조정분개에서는 이를 조정해주어야 한다. 그에 따라 연결당기순이익이 영향을 받는데, 처분이익은 지배기업이 인식하는 손익이므로 지배기업의 손익에서 조정해야 한다.

> **참고** 연결의 중단 FAQ
>
> 1) 지배력을 잃었는데 연결재무제표를 작성하나요?
> 연결 대상 기간은 지배력을 획득한 시점부터 지배력을 상실한 시점까지이다. 따라서 지배력을 상실한 날까지는 연결을 해야 하며, 지배력을 상실하기 전까지 종속기업의 손익은 연결재무제표에 포함하여 작성해야 한다. 또한, 한 회사의 주식을 처분하여 지배력을 잃더라도 다른 종속기업이 있다면 여전히 연결재무제표를 작성해야 한다.
>
> 2) 지분법의 중단에서 OCI를 제거한다고 배운 것 같은데 연결의 중단은 제거 안 하나요?
> 지분법의 중단과 마찬가지로 연결의 중단도 종속기업에 관하여 OCI로 인식한 금액은 재분류조정하거나, 이익잉여금으로 직접 대체해야 한다. 중요한 내용이 아니라서 풀이법에 포함시키지 않았을 뿐이다.

사례

㈜대한은 20X1년 초에 ㈜민국의 보통주 80주(80%)를 ₩240,000에 취득하여 지배력을 획득하였다. 취득일 현재 ㈜민국의 순자산은 자본금 ₩150,000과 이익잉여금 ₩100,000이며, 식별가능한 자산과 부채의 장부금액과 공정가치는 일치하였다. 취득일 이후 20X2년까지 ㈜대한과 ㈜민국이 별도(개별)재무제표에 보고한 순자산변동(당기순이익)은 다음과 같으며, 이들 기업 간에 발생한 내부거래는 없다.

구분	20X1년	20X2년
㈜대한	₩80,000	₩120,000
㈜민국	20,000	30,000

20X3년 1월 1일에 ㈜대한은 보유중이던 ㈜민국의 보통주 50주(50%)를 ₩200,000에 처분하여 ㈜민국에 대한 지배력을 상실하였다. 남아있는 ㈜민국의 보통주 30주(30%)의 공정가치는 ₩120,000이며, ㈜대한은 이를 관계기업투자주식으로 분류하였다. 비지배지분은 종속기업의 식별 가능한 순자산 공정가치에 비례하여 결정할 때, 20X3년 1월 1일 회계처리는 다음과 같다. *2022. CPA 1차 수정*

|회계처리|

합산 F/S (＝별도 F/S)	현금	200,000	종투	240,000
	관투	120,000	**처분이익**	**80,000**

＋

연결조정분개	종투	240,000	종속기업 순자산	300,000
	처분이익	**40,000**	영업권	40,000
	비지배지분	60,000		

⇓

연결 F/S	현금	200,000	종속기업 순자산	300,000
	관투	120,000	영업권	40,000
	비지배지분	60,000	**처분이익**	**40,000**

(1) 지배력을 상실한 날의 종속기업 순자산 장부금액
: 250,000(X1년초 순자산 FV)＋20,000(X1년 NI)＋30,000(X2년 NI)＝300,000

(2) 영업권: 240,000－250,000×80%＝40,000

(3) 비지배지분: 250,000×20%＋(20,000＋30,000)×20%＝60,000

(4) 종속기업투자처분이익
　① 별도 I/S: 200,000(현금)＋120,000(잔여 주식의 FV)－240,000(종투 원가)＝80,000
　② 연결 I/S: 200,000＋120,000＋60,000－300,000－40,000＝40,000
　　－처분이익이 연결당기순이익에 미치는 영향을 묻는다면 40,000 증가로 답해야 한다.
　③ 연결조정분개로 인한 처분이익의 증감: ②－①＝40,000 감소

문제 18

〈공통자료〉를 이용하여 독립적인 각 물음에 답하시오.

2017. CPA 1차 수정

공통자료

- 제조업을 영위하는 ㈜대한은 20X1년 1월 1일 ㈜민국의 의결권 있는 보통주식 60%를 ₩120,000에 취득하여 지배력을 획득하였다. 취득일 현재 ㈜민국의 요약재무상태표는 다음과 같다.

요약재무상태표

㈜민국 　　　　　　　　　　　20X1. 1. 1 현재 　　　　　　　　　　(단위: ₩)

계정과목	장부금액	공정가치	계정과목	장부금액	공정가치
현　금	30,000	30,000	부　　채	110,000	110,000
재고자산	40,000	50,000	자 본 금	100,000	
유형자산	120,000	150,000	이익잉여금	40,000	
기타자산	60,000	60,000			
	250,000			250,000	

- ㈜민국의 재고자산은 20X1년 중에 모두 외부판매되었다.
- ㈜민국의 유형자산은 본사건물이며, 취득일 현재 잔존내용연수는 5년이고 잔존가치 없이 정액법으로 감가상각한다.
- 20X1년 중 ㈜대한은 토지(장부금액 ₩30,000)를 ㈜민국에게 ₩35,000에 매각하였다. ㈜민국은 해당 토지를 20X2년말 현재 보유하고 있다.
- ㈜대한과 ㈜민국이 별도(개별)재무제표에서 보고한 20X1년과 20X2년의 당기순이익은 다음과 같다.

구분	20X1년	20X2년
㈜대한	₩50,000	₩60,000
㈜민국	30,000	40,000

- ㈜대한은 ㈜민국의 주식을 원가법으로 회계처리하며, 연결재무제표 작성시 비지배지분은 종속기업의 식별가능한 순자산 공정가치에 비례하여 결정한다.
- 취득일 현재 ㈜민국의 요약재무상태표에 표시된 자산과 부채 외에 추가적으로 식별가능한 자산과 부채는 없으며, 영업권 손상은 고려하지 않는다.

물음 1 20X2년말 ㈜대한의 연결재무제표에 보고되는 다음 금액을 계산하시오.

영업권	①
비지배지분	②

물음 2 ㈜대한이 20X2년말 ㈜민국의 보통주식 5%를 ₩11,000에 처분하였으나 처분 후에도 계속 지배력을 유지하고 있다고 할 때, 20X2년말 ㈜대한의 연결재무제표에 보고되는 다음 금액을 계산하시오.

영업권	①
비지배지분	②

물음 3 (물음 2)와 달리, ㈜대한이 20X2년말 ㈜민국의 보통주식 50%를 ₩150,000에 처분하여 지배력을 상실하였다. ㈜대한은 남아있는 ㈜민국의 보통주식 10%를 당기손익-공정가치 금융자산으로 분류하였으며, 처분일 공정가치는 ₩25,000일 때, 20X2년말 ㈜대한의 연결재무제표에 보고되는 다음 금액을 계산하시오. 단, ㈜대한의 별도재무제표 상 20X2년의 당기순이익에는 종속기업투자주식처분손익이 포함되어 있다고 가정한다.

영업권	①
비지배지분	②
지배기업소유주귀속당기순이익	③
비지배지분귀속당기순이익	④
종속기업투자주식처분손익	⑤

해설

(물음 1)

영업권	①12,000
비지배지분	②91,200

1. FV-BV

	FV-BV	X1	X2
재고자산	10,000	(10,000)	
유형자산	30,000	(6,000)	(6,000)
계	40,000	(16,000)	(6,000)

2. 영업권
: 120,000-(140,000+40,000)×60%=12,000

3. 내부거래

	X1	X2
하향 (토지)	(5,000)	

4. 당기순이익 조정

X1	지배	종속	합
조정 전	50,000	30,000	
내부거래	(5,000)		
FV 차이		(16,000)	
조정 후	45,000	14,000	59,000
지배(60%)	45,000	8,400	53,400
비지배(40%)		5,600	5,600

X2	지배	종속	합
조정 전	60,000	40,000	
내부거래			
FV 차이		(6,000)	
조정 후	60,000	34,000	94,000
지배(60%)	60,000	20,400	80,400
비지배(40%)		13,600	13,600

5. X2말 비지배지분: $180,000 \times 40\% + 5,600 + 13,600 = 91,200$

(물음 2)

영업권	①12,000
비지배지분	②103,600

1. 영업권
지배력을 잃지 않는 범위에서 종속기업투자주식을 처분하는 경우에는 영업권의 변동이 없다.

2. 비지배지분
: $91,200 \times 45\%/40\% + 12,000 \times 5\%/60\% = 103,600$

|종속기업투자 처분 연결조정분개|

종속기업투자주식	10,000[1]	비지배지분	12,400[3]
처분이익	1,000[2]		
자본요소	1,400		

[1] 처분하는 종투의 원가: $120,000 \times 5\%/60\% = 10,000$

[2] 처분가액 − 원가: $11,000 - 10,000$

[3] $103,600 - 91,200$

(물음 3)

영업권	①0
비지배지분	②0
지배기업소유주귀속당기순이익	③51,600
비지배지분귀속당기순이익	④13,600
종속기업투자주식처분손익	⑤26,200

1. 영업권, 비지배지분
지배력을 잃었으므로 영업권과 비지배지분은 전부 제거된다.

2. 연결 종속기업투자주식처분손익: 26,200

합산 F/S (=별도 F/S)	현금 FVPL	150,000 25,000	종투 **처분이익**	120,000 **55,000**

+

연결조정분개	종투 **처분이익** 비지배지분	120,000 **28,800** 91,200	종속기업 순자산 영업권	228,000¹ 12,000

⇓

연결 F/S	현금 FVPL 비지배지분	150,000 25,000 91,200	종속기업 순자산 영업권 **처분이익**	228,000¹ 12,000 **26,200**

¹종속기업 순자산 공정가치

취득일의 순자산 장부금액	140,000
+FV 차액의 잔액	18,000
+Σ종속기업 CI−Σ종속기업 배당	70,000
=종속기업 순자산 공정가치	228,000

−문제에 제시된 내부거래는 하향거래이므로 종속기업 순자산 계산 시 무시한다.

3. 당기순이익 조정

X2	지배	종속	합
조정 전	60,000	40,000	
내부거래			
FV 차이		(6,000)	
처분이익	(28,800)		
조정 후	31,200	34,000	65,200
지배(60%)	31,200	20,400	51,600
비지배(40%)		13,600	13,600

종속기업투자주식처분이익이 별도재무제표 상에는 55,000으로 계상되어 있지만, 연결재무제표 상에는 26,200으로 계상되어야 한다. 따라서 연결조정분개와 같이 처분이익을 28,800 감소시켜야 한다.

문제 19

(15점)

20X6년 1월 1일 ㈜대영은 ㈜소영 발행주식의 20%를 ₩75,000에 취득하여 지분법으로 회계처리하고 있다. 20X7년 1월 1일 ㈜대영은 ㈜소영 발행주식의 40%를 ₩250,000에 추가 취득하여 지배·종속관계가 성립되었다.

또한 ㈜대영은 20X8년 1월 1일 ㈜소영의 발행주식의 10%를 ₩55,000에 추가 취득하여 지분율이 70%로 증가하였고, 20X9년 1월 1일 보유 중이던 주식의 일부를 ₩180,000에 처분하여 ㈜소영에 대한 지분율이 40%로 하락하였다.

㈜대영이 보유한 ㈜소영 주식에 대한 취득원가, 처분가액, 지분율 변동, ㈜소영의 자본관련계정을 일자별로 정리하면 다음과 같으며 동 기간 중에 결의지급된 배당은 없다.

2006. CPA 수정

(단위 : 원)

구분	20X6.1.1	20X7.1.1	20X8.1.1	20X9.1.1
취득원가 (지분율)	75,000 (20%)	250,000 (40%)	55,000 (10%)	—
처분가액 (지분율)	—	—	—	180,000 (30%)
자본금	200,000	200,000	200,000	—
이익잉여금	100,000	150,000	220,000	—

추가자료

1. 20X6년 1월 1일 현재 ㈜소영의 자산과 부채의 장부가액과 공정가치는 일치한다.
2. 20X7년 1월 1일 현재 ㈜대영이 보유하고 있는 ㈜소용의 주식 20%의 공정가치는 ₩80,000이며, 동 일자에 ㈜소영의 자산과 부채 중에서 공정가치와 장부가액이 일치하지 않는 항목은 다음과 같다(단위 : 원).

구분	장부가액	공정가치
재고자산*	60,000	70,000
건물**	125,000	160,000

   * 동 재고자산은 20X7년 중에 모두 외부로 판매되었다.
   ** 20X7년 1월 1일 현재 동 건물의 잔존내용연수는 5년이고 잔존가치는 없으며 정액법으로 상각한다.

3. 20X7년 중 ㈜대영과 ㈜소영 간에 발생한 내부거래는 다음과 같다.
   1) ㈜대영은 ㈜소영에 원가 ₩10,000의 상품을 ₩15,000에 외상매출하였으며 ㈜소영은 20X7년 중에 동 상품의 60%를 외부로 판매하였다. ㈜소영에 대한 매출채권은 20X8년 중에 회수될 예정이다.

   2) ㈜소영은 20X7년 1월 1일에 장부가액 ₩30,000의 비품을 ₩50,000의 가격으로 ㈜대영에 매각하였다. 처분시 비품의 잔존내용연수는 10년이며 잔존가액은 없다. ㈜대영과 ㈜소영은 비품을 정액법으로 상각한다.

   3) 20X7년 1월 1일 ㈜대영은 ㈜소영이 20X5년 1월 1일에 발행한 사채(액면 ₩50,000, 액면이자율 10%, 발행가액 ₩53,000, 5년 만기)를 ₩48,500에 취득하고 이를 상각후원가측정금융자산으로 회계처리하였다. ㈜대영과 ㈜소영은 정액법을 사용하여 사채관련차금을 상각한다.

4. ㈜대영은 연결재무제표 상 비지배지분을 종속기업의 식별 가능한 순자산의 공정가치에 비례하여 결정한다.

5. 20X7년 ㈜대영과 ㈜소영의 부분재무제표는 다음과 같다(단위 : 원).

재무상태표 항목	㈜대영	㈜소영
매출채권(순액)	200,000	120,000
건 물(순액)	140,000	100,000
비 품(순액)	120,000	40,000
사 채(순액)	98,000	51,200

포괄손익계산서 항목	㈜대영	㈜소영
매 출	350,000	210,000
매 출 원 가	250,000	160,000
감가상각비	30,000	15,000
이 자 비 용	10,500	4,400

물음 1 20X7년 연결재무제표에 표시될 다음 각 계정의 금액을 계산하시오.

① 매출채권 ② 건물(순액) ③ 비품(순액) ④ 영업권 ⑤ 매출 ⑥ 매출원가 ⑦ 감가상각비 ⑧ 사채상환이익 ⑨ 비지배지분귀속당기순이익 ⑩ 비지배지분

물음 2 20X8년 1월 1일 ㈜대영의 ㈜소영 주식 추가 취득에 대한 연결조정분개 시 다음의 항목을 계산하시오. 단, ㈜소영에 대한 ㈜대영의 지분이 변동하는 경우 지분변동으로부터 발생한 차액은 자본잉여금으로 조정한다.

비지배지분 증감액	①
연결자본잉여금 증감액	②

물음 3 (물음2)에서 ㈜대영이 ㈜소영의 주식을 취득하는데 소요된 ₩55,000은 동년도 ㈜대영의 별도현금흐름표와 연결현금흐름표상에서 각각 어떠한 활동으로 분류되어 보고되는지 설명하시오.

물음 4 ㈜대영이 20X9년 1월 1일 ㈜소영 주식을 처분할 때 <u>별도재무제표에서</u> 행하여야 할 회계처리(분개)를 다음 각각의 경우에 대하여 답하시오.

1) 주식 매각 후에 ㈜대영이 ㈜소영에 대한 지배권을 유지하는 경우

2) 주식 매각 후에 ㈜대영이 ㈜소영에 대한 지배권은 상실하였으나 유의적인 영향력을 유지하는 경우. 단, 20X9년 1월 1일 남아 있는 지분의 공정가치가 ₩250,000이라고 가정한다.

해설 종속기업투자주식 추가 취득 및 처분

(물음 1)

① 매출채권 305,000 ② 건물(순액) 268,000 ③ 비품(순액) 142,000

④ 영업권 93,000 ⑤ 매출 545,000 ⑥ 매출원가 407,000 ⑦ 감가상각비 50,000

⑧ 사채상환이익 3,300 ⑨ 비지배지분귀속당기순이익 14,880 ⑩ 비지배지분 172,880

1. FV－BV

	FV－BV	X7
재고자산	10,000	(10,000)
건물	35,000	(7,000)
계	45,000	(17,000)

2. 영업권: (80,000＋250,000)－(350,000＋45,000)×60%＝93,000

3. 내부거래

	X7
하향(상품)	(5,000) 3,000
상향(비품)	(20,000) 2,000
상향(사채)	3,300 (1,100)

(1) 사채상환이익: ①－②＝3,300

　　① 사채의 장부금액: 53,000－3,000×2/5＝51,800

　　　－5년 만기인데 발행일은 x5초, 취득일은 x7초로 2년이 지났으므로 사채할증발행차금 3,000 중 2/5가 상각되었다. (문제에서 사채관련차금은 정액법을 상각한다고 가정했기 때문)

　　② 취득원가: 48,500 (문제 제시)

(2) 이자손익 상계액: 3,300/3＝1,100

사채의 잔존만기가 3년이므로 사채상환이익 3,300을 3년간 환입한다. (사채관련차금은 정액법 상각을 가정했기 때문)

4. 비지배NI 및 비지배지분

(1) 비지배NI

X7	종속
조정 전	70,000[1]
내부거래	(15,800)
FV 차이	(17,000)
조정 후	37,200
지분율	×40%
비지배NI	14,880

[1]X7년 ㈜소영의 NI: X8초 이잉－X7초 이잉＝220,000－150,000＝70,000

(2) 비지배지분: (350,000+45,000)×40%+14,880=**172,880**

5. 계정별 잔액

	합산	연결조정	연결
매출채권	320,000	(15,000)	**305,000**
건물	240,000	28,000	**268,000**
비품	160,000	(18,000)	**142,000**

(1) 매출채권: 내부거래 매출 15,000 감소
내부거래로 인한 매출채권이 전혀 회수되지 않았으므로 내부거래 매출액만큼 감소시킨다.

(2) 건물: FV−BV 누적액=35,000−7,000=28,000 증가

(3) 비품: 미실현손익 누적액=−20,000+2,000=18,000 감소

	합산	연결조정	연결
매출	560,000	(15,000)	**545,000**
매출원가	(410,000)	3,000	**(407,000)**
매출총이익	150,000	(12,000)	138,000
감가상각비	(45,000)	(5,000)	**(50,000)**

(4) 매출: 내부거래 매출 15,000 감소

(5) 매출총이익: FV−BV & 미실현손익 변동분=−10,000−5,000+3,000=12,000 감소

(6) 매출원가: 끼워넣기=545,000−138,000=407,000

(7) 감가상각비: 건물 FV−BV & 비품 미실현손익 변동분(처분손익 제외)=−7,000+2,000=−5,000

(물음 2)

비지배지분 증감액	①(−)43,220
연결자본잉여금 증감액	②(−)11,780

(1) 비지배지분의 증감: 172,880×10%/40%=43,220 감소
(2) 연결자본잉여금의 증감: 43,220−55,000(추가 주식의 취득원가)=11,780 감소

|연결조정분개|

비지배지분	43,220	종속기업투자주식	55,000
자본잉여금	11,780		

(물음 3) 별도현금흐름표: 투자활동, 연결현금흐름표: 재무활동

(물음 4)

1) 지배력 유지

현금	180,000	종속기업투자주식	165,000
		투자주식처분이익	15,000

① 종투 장부금액

: 80,000(20%의 취득일 현재 공정가치)+250,000(40%의 취득원가)+55,000(10%의 취득원가)=385,000

② 감소하는 종투 장부금액: 385,000×30%/70%=165,000

2) 지배력 상실

현금	180,000	종속기업투자주식	385,000
관계기업투자주식	250,000	투자주식처분이익	45,000

지배력을 상실하므로 종투 장부금액 385,000을 전부 제거하고, 남은 주식은 유의적인 영향력을 유지하므로 관투로 대체하고, 공정가치로 인식한다.

9 | 연결 말문제

1. 지배력의 3요소

① 피투자자에 대한 힘
② 피투자자에 관여함에 따른 변동이익에 대한 노출 또는 권리
③ 투자자의 이익금액에 영향을 미치기 위하여 피투자자에 대한 자신의 힘을 사용하는 능력

2. 연결현금흐름표 ★중요

지배력의 획득 또는 상실에 따른 현금흐름	투자활동
지배력을 상실하지 않는 지배기업의 소유지분 변동	재무활동 (∵자본거래)

문제 20

각각 독립적인 다음의 물음에 답하시오.

물음 1　기업회계기준서 제1110호 '연결재무제표'에 따르면, 투자자가 피투자자를 지배하는지를 결정하기 위해서는 3가지 조건이 모두 충족되는지를 평가해야 한다. 3가지 조건은 무엇인지 약술하시오.　2021. CPA

물음 2　투자자가 피투자자를 지배하기 위하여 충족해야 할 조건 3가지를 제시하시오.　2013. CPA

물음 3　지배·종속기업 간의 하향 내부거래와 달리 상향 내부거래로 인한 미실현손익은 지배기업과 비지배지분에 안분·제거시키는 이유를 간략히 서술하시오.　2020. CPA

물음 4　지배기업이 종속기업의 주식을 추가 취득하는데 소요된 현금은 ㈜지배가 작성하는 연결현금흐름표상에서 어떠한 활동으로 분류되는지 답하고 그 근거를 간략히 설명하시오.　2012. CPA 수정

물음 5　다음과 같은 연결실체 간의 현금거래가 연결현금흐름표에 표시되는지, 표시된다면 영업활동, 투자활동, 재무활동 중 어떤 현금흐름으로 표시되는지를 주어진 답안 양식에 따라 답하시오.　2016. CPA

(거래 1) 종속기업이 지급한 현금 배당금 중 지배기업이 수취한 배당금

(거래 2) 종속기업에 대한 지배력 상실을 초래한 지배기업의 종속기업 주식 처분

(거래 3) 지배력 획득 이후, 지배기업이 종속기업의 주식을 추가로 취득한 경우

(거래 4) 종속기업이 유상증자를 통해 발행하는 신주를 지배기업이 취득한 경우

(거래 예)	표시여부	현금흐름 유형
	표시되지 않음	—
	표시됨	영업활동
거래 1		
거래 2		
거래 3		
거래 4		

📝 해설 연결 말문제

(물음 1) & (물음 2)

① 피투자자에 대한 힘

② 피투자자에 대한 관여로 인한 변동이익에 대한 노출 또는 권리

③ 투자자의 이익금액에 영향을 미치기 위하여 피투자자에 대하여 자신의 힘을 사용하는 능력

(물음 3)

상향거래에서 발생하는 미실현손익은 종속기업의 당기순이익에 반영된다. 종속기업의 당기순이익은 지배기업과 비지배주주에 귀속되므로, 상향거래는 지배기업과 비지배지분에 안분·제거시킨다.

(물음 4)

재무활동 현금흐름, 지배력 취득 후 추가 지분 취득은 자본거래에 해당하기 때문이다.

(물음 5) 연결현금흐름표

	표시여부	현금흐름 유형
(거래 예)	표시되지 않음	—
	표시됨	영업활동
거래 1	표시되지 않음	—
거래 2	표시됨	투자활동
거래 3	표시됨	재무활동
거래 4	표시되지 않음	—

거래 1: 종속기업의 현금이 감소하면서 지배기업의 현금이 증가하므로 연결실체의 현금흐름은 없다.

거래 2: 지배력의 획득 또는 상실에 따른 현금흐름은 투자활동으로 분류한다.

거래 3: 지배력을 상실하지 않는 지배기업의 소유지분 변동은 재무활동으로 분류한다.

거래 4: 종속기업의 유상증자로 종속기업의 현금은 증가하지만 지배기업의 현금이 감소하므로 연결실체의 현금흐름은 없다. (내부거래로 제거됨)

10 연결현금흐름표 2차

연결현금흐름표는 중급회계에서 배운 현금흐름표(별도현금흐름표)와 거의 동일하게 작성된다. 본서에서는 별도현금흐름표와 차이가 나는 내용만을 다룰 것이다.

1. 현금의 범위: 종속기업의 현금도 포함

다른 자산, 부채와 마찬가지로 연결재무상태표 상 현금은 지배기업과 종속기업의 현금을 모두 포함한다. 즉, 현금 중 비지배지분 몫도 포함한다. 비지배지분에 해당하는 현금을 차감하지 않도록 주의하자.

2. 연결현금흐름표 작성방법: 연결CF=연결 B/S+연결 I/S

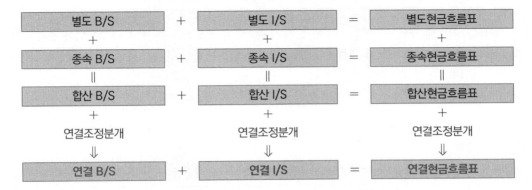

연결현금흐름표도 작성하는 방법은 크게 두 가지가 있다. 첫 번째 방법은 별도현금흐름표와 종속기업의 현금흐름표를 합산한 뒤, 공정가치 차액 및 내부거래 등을 고려하여 작성하는 방법이다. 이는 앞에서 배운 연결재무제표 작성 과정과 같다.

두 번째 방법은 **연결재무상태표와 연결포괄손익계산서를 바탕으로 작성하는 방법**이다. 현금흐름표를 작성할 때에는 'CF=NI−△자산+△부채'의 방식으로 구하는데, '연결'현금흐름표를 작성하려고 하니 '연결'재무상태표와 '연결'포괄손익계산서를 이용하는 것이다. 실무, 그리고 문제 풀이에서는 두 번째 방법을 쓴다. 문제에서는 연결재무상태표, 연결포괄손익계산서를 제시할 것이니 연결조정분개는 신경쓰지 않아도 된다.

3. 영업활동 현금흐름

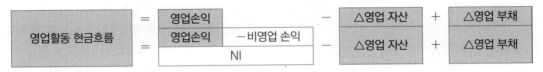

(1) 직접법 vs 간접법

직접법은 말 그대로 영업손익을 I/S에서 '직접' 갖고 오는 반면, 간접법은 NI에서 영업손익이 아닌 손익(비영업손익)을 제거한다. 이외에 영업 자산, 부채의 증감을 처리하는 방법은 직접법이든 간접법이든 같다.

(2) 영업 자산, 부채의 증감: 종속기업으로부터 승계한 자산, 부채 제거 ★중요!

연결현금흐름표를 작성하기 위해 사용하는 재무상태표는 '연결'재무상태표이므로 종속기업의 자산, 부채도 포함되어 있다. 현금흐름을 구할 때는 자산, 부채의 증감을 이용하므로, 종속기업으로부터 승계하여 증가한 자산, 부채도 반영된다. 그런데 이 자산, 부채는 영업활동(ex)고객, 공급자)으로 인해 발생하는 것이 아니므로, 제거해주어야 한다. 예를 들어, 종속기업으로부터 승계한 매출채권은 고객으로부터 발생한 것이 아니므로, 제거해야 한다는 뜻이다.

종속기업으로부터 승계한 자산, 부채를 제거하는 방법은 다음과 같다.

자산: 승계액 가산, 부채: 승계액 차감

현금흐름을 구할 때 자산 증가액은 차감하고, 부채 증가액은 가산한다. 자산, 부채 승계액은 증가액에서 제거하려고 하므로 이를 반대로 적용해야 한다. 따라서 승계한 자산 금액은 현금흐름에 가산하고, 승계한 부채 금액은 현금흐름에 차감하면 된다.

4. 투자, 재무활동 현금흐름

(1) 배당금 지급액

배당금을 어느 회사가 지급하는지에 따라 현금흐름표에 표시되는 배당금 지급액은 다음과 같이 달라진다.

배당금 지급 주체	현금흐름표에 표시되는 배당금 지급액
지배기업	배당금 총액
종속기업	비지배지분에 지급한 배당금

지배기업이 배당을 지급한 경우에는 종속기업이 수령하지 않으므로 내부거래로 제거할 것이 없다. 따라서 연결현금흐름표에 배당금 총액이 표시된다. 반면, 종속기업이 배당을 지급한 경우에는 지분율만큼 지배기업이 수령하므로, 이 만큼은 내부거래로 제거된다. 따라서 연결현금흐름표에 비지배지분에 지급한 배당금만 표시된다. 참고로 지금까지는 지배기업이 지급하는 배당금만 출제되었다.

(2) 종투 취득에 따른 순현금흐름(⊂투자CF): −종투 취득원가+종속기업이 보유하던 현금

원래 현금흐름표는 '현금 증감＝영업CF＋투자CF＋재무CF'의 형태로 작성된다. 그런데 당기 중에 종속기업에 대한 지배력을 획득한 경우 종속기업이 보유하던 현금이 연결재무상태표에 계상되므로 현금 증감이 '영업CF＋투자CF＋재무CF'와 일치하지 않게 된다. 따라서 종속기업이 보유하던 현금을 세 활동 중 하나에 반영해야 하는데, '종속기업투자주식을 취득함'에 따라 발생한 현금흐름으로 보아, 투자활동 현금흐름에 반영한다.

종속기업투자주식 취득에 따른 현금흐름을 구하는 방법은 간단하다. 종속기업투자주식의 취득원가만큼 유출되고, 종속기업이 보유하던 현금만큼 유입된다고 본다.

사례

다음 자료는 ㈜대한의 연결현금흐름표 작성과 관련된 자료이다. 직접법과 간접법에 의한 연결현금흐름표를 각각 작성하라. 단, 이자의 수취 및 지급, 배당금 수취는 영업활동 현금흐름으로, 배당금 지급은 재무활동 현금흐름으로 표시한다.

계정과목	연결재무상태표	
	20X1년 말	20X2년 말
현금	150	240
매출채권	1,200	1,800
재고자산	2,000	1,000
금융자산	2,500	2,500
유형자산	1,900	3,700
감가상각누계액	(1,000)	(1,350)
자산	6,750	7,890
매입채무	1,900	300
미지급이자	100	230
미지급법인세	1,000	400
장기차입금	1,000	2,300
자본금	1,250	1,500
이익잉여금	1,500	3,160
부채와자본	6,750	7,890

연결포괄손익계산서 20X2.1.1~12.31	
매출액	₩30,000
매출원가	(26,000)
매출총이익	₩4,000
판매비와 관리비	(1,360)
이자수익	200
배당금수익	200
이자비용	(400)
외화환산손실	(40)
법인세비용차감전순이익	₩2,600
법인세비용	(300)
당기순이익	₩2,300

1. ㈜대한은 기중에 종속기업의 모든 주식을 ₩600에 취득하였다. 취득 자산과 인수 부채의 공정가치는 다음과 같다.

> 현금(₩50), 매출채권(₩100), 재고자산(₩100), 유형자산(₩650), 매입채무(₩100), 장기차입금(₩200)

2. 판매비와 관리비에는 감가상각비가 포함되어 있다.
3. 외화환산손실은 장기차입금의 환산에서 발생한 것이다.
4. 취득원가 ₩100(장부금액 ₩50)의 유형자산을 ₩50에 처분하였고, ₩1,250의 유형자산을 구입하였다. 이 중 ₩900은 장기차입금 ₩900을 인수하는 방식으로 취득하였다.
5. 유상증자로 ₩250, 장기차입금으로 ₩200을 조달하였다.
6. ㈜대한은 당기에 현금배당을 지급하였으며, 이에 따른 이익준비금은 적립되지 않았다.

1. 직접법 현금흐름표

영업활동 현금흐름		
고객으로부터 현금유입	₩29,500	
공급자에 대한 현금유출	(26,600)	
판매비와 관리비 현금유출	(960)	
영업으로부터 창출된 현금	₩1,940	
이자수취	200	
이자지급	(270)	
배당금수취	200	
법인세납부	(900)	₩1,170
투자활동 현금흐름		
종속기업투자 취득	₩(550)	
유형자산의 취득	(350)	
설비의 처분	50	₩(850)
재무활동 현금흐름		
유상증자	₩250	
장기차입금 차입	200	
장기차입금 상환	(40)	
배당금지급	(640)	₩(230)
현금및현금성자산의 순증가		₩90
기초 현금및현금성자산		150
기말 현금및현금성자산		₩240

(1) 직접법 계산 근거

	현금흐름	=	NI	−	△자산	+	△부채
고객	29,500		30,000 매출		(600) 매출채권 100 승계분		
공급자	(26,600)		(26,000) 매출원가		1,000 재고자산 100 승계분		(1,600) 매입채무 (100) 승계분
판관비	(960)		(960)[1] 판관비				
이자지급	(270)		(400) 이자비용				130 미지급이자
법인세납부	(900)		(300) 법인세비용				(600) 미지급법인세
유형자산	(350) 취득 50 처분		(400)[2] 감가상각비		(1,800) 유형자산 650 승계분		350 감누 900 장기차입금
	(300)		(300)				
장기차입금	200 차입 (40) 상환		(40) 외화환산손실				1,300 장기차입금 (900) 유형자산 취득 (200) 승계
	160		160				

[1]판관비: 1,360−400(감가상각비)=960
[2]기초 감누+감가비−처분=기말 감누
1,000+감가비−50=1,350
→감가비=400

(2) 종속기업투자 취득으로 인한 현금유출: −600+50=(−)550

(3) 배당금 지급액: 640
기초 이잉+NI−배당금 지급액=기말 이잉
1,500+2,300−배당금 지급액=3,160
→배당금 지급액=640

2. 간접법 현금흐름표

영업활동 현금흐름		
법인세비용차감전순이익	₩2,600	
감가상각비	400	
이자수익	(200)	
배당금수익	(200)	
이자비용	400	
외화환산손실	40	
매출채권 증가	(500)	
재고자산 감소	1,100	
매입채무 감소	(1,700)	
영업으로부터 창출된 현금	₩1,940	
이자수취	200	
이자지급	(270)	
배당금수취	200	
법인세납부	(900)	₩1,170
투자활동 현금흐름		
종속기업투자 취득	₩(550)	
유형자산의 취득	(350)	
설비의 처분	50	₩(850)
재무활동 현금흐름		
유상증자	₩250	
장기차입금 차입	200	
장기차입금 상환	(40)	
배당금지급	(640)	₩(230)
현금및현금성자산의 순증가		₩90
기초 현금및현금성자산		150
기말 현금및현금성자산		₩240

간접법에서 자산, 부채의 증감은 직접법과 같다. 간접법은 영창현을 먼저 표시하므로 이자손익과 배당금수익도 같이 부인해야 한다. 판관비에 포함된 감가상각비는 투자비용이므로 부인해야 한다는 것을 주의하자.

문제21

(16점)

다음 자료는 ㈜초록의 연결현금흐름표 작성과 관련된 자료이다. 추가정보를 고려하여 물음에 답하시오.

2010. CPA

20X2년 말 연결재무상태표

		20X2		20X1
자산				
현금및현금성자산		₩ 460		₩ 1,320
수취채권		3,800		2,400
재고자산		5,000		6,400
FVPL금융자산		2,000		1,500
유형자산	7,460		3,820	
감가상각누계액	(2,900)		(2,120)	
유형자산순액		4,560		1,700
자산총계		₩15,820		₩13,320
부채				
매입채무		₩ 500		₩ 3,780
미지급이자		460		200
미지급법인세		980		2,000
장기차입금		2,580		2,080
사채		1,840		―
부채총계		₩ 6,360		₩ 8,060
자본				
납입자본		₩ 4,000		₩ 2,500
이익잉여금		5,460		2,760
자본총계		₩ 9,460		₩ 5,260
부채 및 자본총계		₩15,820		₩13,320

20X2년 연결포괄손익계산서

매출액	₩ 61,300
매출원가	(52,000)
매출총이익	₩ 9,300
감가상각비	(900)
판매비와 관리비	(1,320)
FVPL금융자산평가손실	(500)
이자비용	(800)
이자수익	600
배당금수익	400
외환손실	(80)
법인세비용차감전순이익	₩ 6,700
법인세비용	(600)
당기순이익	₩ 6,100

추가자료

1. ㈜초록은 기중에 종속기업의 모든 주식을 ₩1,180에 취득하였다. 취득 자산과 인수 부채의 공정가치는 다음과 같다.

> 재고자산(₩200), 현금(₩80), 유형자산(₩1,300), 장기차입금(₩400)

2. 당기에 유상증자로 ₩1,000, 장기차입금으로 ₩100을 조달하였다.

3. 이자비용 ₩800에는 사채할인발행차금상각과 관련된 이자비용 ₩40이 포함되어 있다.

4. 당기에 선언된 배당금에는 주식배당 ₩500이 포함되어 있으며, 나머지 배당금은 모두 현금 지급되었다.

5. FVPL금융자산 ₩1,000을 취득하였고, 나머지 차액은 기말 공정가치와 취득원가의 차이로 발생하였다.

6. 유형자산을 개별적으로 총 ₩2,500에 취득하였다. 이 중에서 ₩1,800은 사채(액면가액 ₩2,000)를 발행하여 취득하였고, 나머지 ₩700은 현금으로 지급하였다.

7. 취득원가가 ₩160이고 감가상각누계액이 ₩120인 설비자산을 ₩40에 매각하였다.

8. 20X2년 말의 수취채권에는 미수이자 ₩200이 포함되어 있다.

9. 외환손실 ₩80은 외화예금에서 발생한 것이다.

10. 판매비와 관리비는 당기 발생된 비용으로 모두 현금 지출되었다

물음 1 ㈜초록의 20X2년 연결현금흐름표를 직접법에 의하여 작성할 때, 아래의 빈칸 ①~⑤에 들어갈 숫자를 계산하시오.

영업활동현금흐름		
고객으로부터 유입된 현금	①	
공급자와 종업원등에 대한 현금유출	(②)	
FVPL금융자산 취득	₩ (500)	
영업으로부터 창출된 현금	?	
이자지급	(③)	
이자수취	?	
배당금수취	₩ 400	
법인세납부	₩ (1,620)	
영업활동순현금흐름		?
투자활동현금흐름		
종속기업 취득에 따른 현금유출	(④)	
유형자산취득	₩ (700)	
설비처분	₩ 40	
투자활동순현금흐름		?
재무활동현금흐름		
유상증자	₩ 1,000	
장기차입금	₩ 100	
배당금지급	(⑤)	
재무활동순현금흐름		?

물음 2 비금융회사의 경우, 이자의 수취 및 지급에 따른 현금흐름을 한국채택국제회계기준(K－IFRS)에서는 어떻게 분류하도록 하고 있는지 3줄 이내로 쓰시오.

해설 연결현금흐름표

(물음 1)
① 60,100 ② 55,000 ③ 500 ④ 1,100 ⑤ 2,900

〈직접법에 의한 현금흐름표〉

Ⅰ 영업활동현금흐름		
고객으로부터 유입된 현금	60,100	
공급자와 종업원등에 대한 현금유출	(55,000)	
FVPL금융자산 취득	(1,000)	
영업으로부터 창출된 현금	4,100	
이자지급	(500)	
이자수취	400	
배당금수취	400	
법인세납부	(1,620)	2,780
Ⅱ 투자활동현금흐름		
종속기업 취득에 따른 현금유출	(1,100)	
유형자산취득	(700)	
설비처분	40	(1,760)
Ⅲ 재무활동현금흐름		
유상증자	1,000	
장기차입금	100	
배당금지급	(2,900)	(1,800)
Ⅳ 외화환산으로 인한 현금의 변동		(80)
Ⅴ 현금및현금성자산의 순증감		(860)
Ⅵ 기초 현금및현금성자산		1,320
Ⅶ 기말 현금및현금성자산		460

	현금흐름	=	NI	−	△자산	+	△부채
고객	60,100		61,300 매출액		(1,200)[1] 수취채권		
공급자 종업원	(55,000)		(52,000) 매출원가 (1,320) 판관비		1,400 재고자산 200 승계분		(3,280) 매입채무
이자지급	(500)		(800) 이자비용		40 사할차 상각액		260 미지급이자

[1] −{(3,800−200)−2,400}=(−)1,200
기말 수취채권에 미수이자가 포함되어 있으므로 이를 제외한다.

④ 종속기업 취득에 따른 현금유출: −종투 취득원가+종속기업 보유 현금=−1,180+80=(−)1,100

⑤ 배당금 지급: 2,900

기말 이잉＝기초 이잉＋NI－현금배당－주식배당

5,460＝2,760＋6,100－현금배당－500 → 현금배당＝2,900

－문제에는 언급이 없지만, 배당은 지배기업이 지급한 것으로 보인다. 본 문제에서는 종속기업의 모든 주식을 취득하였으므로 비지배지분이 없는 상황이다. 종속기업이 배당을 지급했더라도 비지배지분이 없으므로 배당을 전부 지배기업이 수령하게 된다. 종속기업이 지급하여 지배기업이 수령하는 배당은 내부거래로 제거되어 이잉에 미치는 영향이 없으므로 표시되지 않는다. 그런데 문제에 제시된 기말 연결 이잉이 '기초 이잉＋NI－주식배당' 대비 적으므로 배당을 지배기업이 지급한 것이라고 유추할 수 있다. 지배기업이 지급한 배당이므로 비지배지분을 고려할 필요가 없다.

|참고| 간접법에 의한 현금흐름표

Ⅰ 영업활동현금흐름		
EBT	6,700	
감가상각비	900	
이자비용	800	
이자수익	(600)	
배당금수익	(400)	
외환손실	80	
수취채권 증가	(1,200)	
재고자산 감소	1,600	
FVPL금융자산 증가	(500)	
매입채무 감소	(3,280)	
영업으로부터 창출된 현금	4,100	
이자지급	(500)	
이자수취	400	
배당금수취	400	
법인세납부	(1,620)	2,780
Ⅱ 투자활동현금흐름		
종속기업 취득에 따른 현금유출	(1,100)	
유형자산취득	(700)	
설비처분	40	(1,760)
Ⅲ 재무활동현금흐름		
유상증자	1,000	
장기차입금	100	
배당금지급	(2,900)	(1,800)
Ⅳ 외화환산으로 인한 현금의 변동		(80)
Ⅴ 현금및현금성자산의 순증감		(860)
Ⅵ 기초 현금및현금성자산		1,320
Ⅶ 기말 현금및현금성자산		460

(물음 2)

이자와 수취 및 지급에 따른 현금흐름은 각각 별도로 공시한다. 각 현금흐름은 매 기간 일관성 있게 영업활동, 투자활동 또는 재무활동으로 분류한다.

11 연결 주당순이익

연결 주당순이익은 연결포괄손익계산서에 표시되는 주당순이익을 말한다. 주당순이익을 계산하는 방법은 중급회계에서 자세히 설명했으므로, 본 장에서는 연결 주당순이익 계산법에 집중한다.

1. 연결 기본주당순이익

지배기업의 NI — 지배기업의 우선주배당금	
+지배기업이 보유하는 종속기업의	보통주식수×종속기업의 기본 EPS
	우선주식수×주당 우선주배당금
÷지배기업의 n	

(1) 지배기업의 보통주 NI

연결 기본주당순이익을 구할 때에는 일반적인 주당순이익과 마찬가지로 보통주 귀속 당기순이익이 분자에 온다. 지배기업의 당기순이익에서 지배기업의 우선주배당금을 차감하면 된다.

(2) 종속기업의 손익: 보통주와 우선주로 구분

+지배기업이 보유하는 종속기업의	① 보통주식수×종속기업의 기본 EPS
	② 우선주식수×주당 우선주배당금

우리가 구하려고 하는 것이 '연결' EPS이므로, 지배기업의 손익뿐만 아니라, 종속기업의 손익을 가져올 차례이다. 연결 EPS는 연결실체이론이 아니라 지배기업이론에 따라 계산한다. 즉, 종속기업의 모든 손익이 아니라, 지배기업이 보유하는 비율만큼만 가져온다. 보통주와 우선주의 보유비율이 다를 수 있으므로, 보통주와 우선주의 이익을 따로 가져온다. 지배기업이 보유하는 종속기업의 보통주식수에 종속기업의 기본 EPS를 곱하고, 지배기업이 보유하는 종속기업의 우선주식수에 주당 우선주배당금을 곱한 금액을 지배기업의 보통주 NI에 가산하면 된다.

(3) 분모: 지배기업의 n

연결 기본주당순이익을 구할 때에는 지배기업의 보통주식수로 나눈다. 연결재무상태표에 종속기업의 자본금은 투자—자본 상계되어, 지배기업의 자본금만 남기 때문이다.

2. 연결 희석주당순이익

	지배기업의 NI − 지배기업의 우선주배당금	
+지배기업이 보유하는 종속기업의	① 보통주식수 ② 우선주의 전환 시 보통주식수 ③ 주식매입권의 행사 시 보통주식수 ×(평균시가−행사가격)/평균시가	×종속기업의 희석 EPS
	÷지배기업의 n	

(1) 지배기업의 보통주 NI

연결 기본 EPS와 마찬가지로 연결 희석 EPS를 계산할 때는 지배기업의 보통주 NI에서 시작한다.

(2) (잠재적) 보통주×종속기업의 희석 EPS

희석 EPS 계산 시 잠재적 보통주 관련된 이익을 분자에 가산하듯, 연결 희석 EPS 계산 시에도 잠재적 보통주 관련된 이익을 분자에 가산해야 한다. 이때에는 이미 지배기업이 보유하는 종속기업의 보통주와, 지배기업이 보유'할 수 있는' 종속기업의 보통주를 고려해야 한다.

보통주는 지배기업의 보유주식수를, 전환우선주는 전환가정법을 이용하여 전환되면 생기는 보통주식수를, 주식매입권은 자기주식법을 이용하여 일반적인 희석 EPS 계산 시와 똑같이 주가비율을 고려한 주식수를 구한다. 이 주식수들에 종속기업의 희석 EPS를 곱한 금액을 지배기업의 보통주 NI에 가산하면 된다.

(3) 분모: 지배기업의 n

연결 희석주당순이익을 구할 때에도 똑같이 지배기업의 보통주식수로 나눈다. 잠재적 보통주는 '종속기업'의 주식이 된다고 가정하는데, 앞서 설명했듯 연결재무상태표에 종속기업의 자본금은 투자−자본 상계되어, 지배기업의 자본금만 남기 때문이다.

문제 22

다음은 ㈜지배와 그 종속기업 ㈜종속에 대한 자료이다.

	㈜지배	㈜종속
당기순이익	₩1,000,000	₩100,000
유통보통주식수	2,000주	1,000주
발행우선주식수	200주	400주
주당 우선주배당금	₩10	₩10

1. 전환우선주 1주당 보통주 2주로 전환이 가능하다.

2. ㈜종속이 발행한 주식매입권은 400개이며, 행사가격은 개당 ₩10이고, ㈜종속의 보통주 1주당 평균시장가격은 ₩20이다.

3. ㈜지배는 ㈜종속의 보통주 800주와 전환우선주 300주 및 주식매입권 30개를 보유하고 있다.

4. ㈜지배의 당기 중 유통보통주식수의 변화는 없으며, ㈜종속의 전환우선주 및 주식매입권 중 당기에 전환되거나 행사된 것은 없다.

물음 1 다음 각 포괄손익계산서에 표시될 금액을 구하시오. 단, 소수점 셋째자리까지 표시하시오.

	기본주당이익	희석주당이익
㈜종속의 개별포괄손익계산서	①	②
연결포괄손익계산서	③	④

✎해설 연결 주당순이익

(물음 1)

	기본주당이익	희석주당이익
㈜종속의 개별포괄손익계산서	①96	②50
연결포괄손익계산서	③538.9	④534.375

1. ㈜종속의 EPS

	분자	분모	EPS
기본	96,000	1,000	①96
주식매입권	0	400개×10/20＝200주	0
계	96,000	1,200	80
전환우선주	4,000	400×2＝800주	5
희석	100,000	2,000	②50

보통주 NI: 100,000－400주×@10＝96,000

2. 연결 EPS

(1) 기본 EPS

지배 NI－우선주배당금	1,000,000－200주×@10
＋종속 보통주×종속 EPS	＋800주×96
＋종속 우선주배당금	＋300주×10
지배기업의 n	2,000

＝③538.9

(2) 희석 EPS

지배 NI－우선주배당금	1,000,000－200주×@10
＋종속 보통주×희석 EPS	＋800주×50
＋종속 우선주×희석 EPS	＋300주×2×50
＋종속 주식매입권×주가비율×희석 EPS	＋30주×(20－10)/20×50
지배기업의 n	2,000

＝④534.375

12 해외사업장 순투자

1. 해외사업장순투자

해외사업장이란 보고기업과 다른 국가에서 또는 다른 통화로 영업활동을 하는 종속기업, 관계기업, 공동약정이나 지점을 말한다. **해외사업장에 대한 순투자란 해외사업장의 순자산에 대한 보고기업의 지분 금액을 말한다.**

기업이 해외사업장으로부터 수취하거나 해외사업장에 지급할 화폐성항목 중에서 예측할 수 있는 미래에 결제할 계획이 없고 결제될 가능성이 낮은 항목은 실질적으로 그 해외사업장에 대한 순투자의 일부로 본다. 이러한 화폐성항목에는 **장기 채권이나 대여금은 포함될 수 있으나 매출채권과 매입채무는 포함되지 아니한다.**

2. 해외사업장순투자의 환산

	지배기업 대여금	환산손익
(1) 별도 F/S	재무상태표에 표시 O	PL
(2) 연결 F/S	**재무상태표에 표시 X**	OCI

(1) **별도재무제표: 대여금 표시 O, 환산손익 PL**

화폐성항목은 마감환율로 환산하고, 외환차이를 당기손익으로 인식한다. 따라서 해외사업장순투자로 볼 수 있는 화폐성항목(ex 대여금)에 대해서는 마감환율로 평가하면서 외환차이를 PL로 인식한다.

(2) **연결재무제표: 대여금 표시 X, 환산손익 OCI**

① 지배기업 대여금: 상계제거

연결재무제표 작성 시 지배기업의 대여금과 종속기업의 차입금은 사실상 한 회사 내의 채권, 채무이므로 서로 상계 제거한다.

② 지배기업 대여금의 환산손익: OCI

별도재무제표에서는 지배기업의 대여금에서 발생한 외환차이를 PL로 인식했지만, **연결재무제표에서는 지배기업의 대여금에서 발생한 외환차이를 OCI로 대체한다.** 형식은 자금 대여이지만 미래에 회수할 가능성이 없으므로 실질적으로 지분 투자나 마찬가지이기 때문이다.

추의 ❗ 해외사업장순투자 기말 외환차이만 OCI로 대체함! (not 이자 외환차이)

해외사업장순투자로 볼 수 있는 화폐성항목은 대여금, 채권 등이므로 이자가 발생할 수도 있다. 이 경우 외환차이가 두 번 발생한다. 첫째, 이자 수령 시에 현금 수령액(기말 환율)과 이자수익(평균 환율) 간에 적용되는 환율 차이로 인해 ①외환차이가 발생한다. 둘째, 화폐성 항목이므로 마감환율로 평가하면서 ②외환차이가 발생한다. 이 중 ②외환차이만 OCI로 대체하는 것이지, ①외환차이는 OCI로 대체하지 않고 PL로 두어야 한다.

현금	액면이자×수령일 환율	이자수익	유효이자 ×평균환율
	①외환차이(PL) XXX		
금융자산(기말)	기말 BV×기말환율	금융자산(기초)	기초 BV×기초환율
	②외환차이(OCI) XXX		

문제23

자료

1. 환율 정보(연중 유의한 환율 변동은 없음)
   • 20X1년 12월 31일 : ¥100＝₩1,200
   • 20X2년 12월 31일 : ¥100＝₩1,050
   • 20X2년 연중 평균   : ¥100＝₩1,125

2. 기타 정보
   • ㈜갑의 수익과 비용은 매년 평균적으로 발생하고, 법인세효과는 없는 것으로 가정한다.
   • 엔화(¥)로 외화사채의 상각표 작성시 소수점 이하 금액은 반올림한다.
   • 답안 작성시 손실에 해당하는 항목은 금액 앞에 (－)를 표시하고, 손익에 미치는 영향이 없는 경우에는 "영향 없음"으로 표시한다.

물음 원화(₩)가 기능통화인 ㈜갑은 20X1년말에 엔화(¥)가 기능통화인 해외종속기업 ㈜ABC(지분율 100%)가 발행한 장기외화채권(액면금액 ¥100,000, 표시이자율 연 10%, 액면발행)을 취득하여 상각 후원가측정금융자산으로 분류하였다. 동 장기외화채권은 '해외사업장에 대한 순투자'의 일부에 해당하는 화폐성항목이다. 이 경우 동 외화금융상품이 20X2년도 ㈜갑의 연결포괄손익계산서 상 ① 당기손익과 ② 기타포괄손익에 미치는 영향은 각각 얼마인지 계산하시오.
2012. CPA

✏️ **해설** 해외사업장 순투자

① (−)7,500 ② (−)150,000

(1) 별도재무제표의 회계처리

X1.12.31	AC금융자산	1,200,000	현금	1,200,000
X2.12.31	현금	105,000	이자수익	112,500
	외환차이	7,500		
	AC금융자산	1,050,000	AC금융자산	1,200,000
	외환차이	150,000		

AC금융자산에서 발생하는 외환차이: (10.5−12)×100,000=(−)150,000
—채권은 화폐성 항목이므로 매기말 마감환율로 환산한다.

(2) 연결조정분개

X2.12.31	이자수익	112,500	이자비용	112,500
	사채	1,050,000	AC금융자산	1,050,000
	해외사업장 환산차이(OCI)	150,000	외환차이	150,000

① 당기손익: (−)7,500
이자수익과 이자비용을 상계하더라도 지배기업이 별도재무제표에서 이자수익을 인식하면서 인식한 외환차이 7,500은 상계되지 않는다. 따라서 연결재무제표에서도 당기손익으로 표시된다.

② 기타포괄손익: (−)150,000
해외사업장에 대한 순투자의 일부인 화폐성항목에서 생기는 외환차이는 별도재무제표에서 당기손익으로 인식하나, 연결재무제표에서는 외환차이를 OCI로 인식한다.

13 해외사업장에 대한 연결 2차

해외종속기업이 있는 경우 종속기업의 기능통화($)와 지배기업의 표시통화(₩)가 다를 것이다. 이 경우 다음과 같은 절차로 연결재무제표를 작성하면 된다.

 STEP 1 기말 종속기업의 재무상태표를 지배기업의 표시통화로 환산

B/S

① 자산－부채(BV): 기말환율	② 자본: 자본 증가 시점의 환율 　－자본금: 증자일의 환율 　－이익잉여금: NI가 집계된 연도의 평균환율 ③ OCI: 대차차액

해외종속기업에 대한 연결재무제표를 작성하기 위해서는 해외종속기업의 기능통화로 작성된 재무제표를 지배기업의 표시통화로 환산해야 한다. 지배기업의 표시통화로 환산하는 과정은 1장 환율변동효과에서 배운 '재무제표의 표시통화로의 환산'과 같다. 이때, 다음을 주의하자.

(1) 기말(not 취득일) 재무상태표 환산

종속기업의 '기말' 재무상태표를 환산한다. 연결할 때에는 기말 재무제표를 합산하지, 취득일의 재무제표를 합산하는 것이 아니기 때문이다. 취득일의 재무상태표를 환산하지 않도록 주의하자. 애초에 문제에서 취득일의 재무상태표를 주지도 않을 것이다.

(2) 장부금액 환산

종속기업의 순자산은 공정가치가 아닌 '장부금액'을 기준으로 작성하면 된다. 공정가치 차이가 있더라도 장부금액을 이용하면 된다. 문제에서 제시한 기말 종속기업의 재무제표를 그냥 갖다 쓰면 된다. 공정가치와의 차이는 아래에서 조정할 것이다.

(3) 해외사업장환산차이(OCI): 재분류 조정 O

해외사업장환산차이는 재분류 조정 대상으로, 해외종속기업에 대한 지배력을 상실할 때 재분류 조정한다.

STEP 2 FV－BV

(1) 공정가치 차이표: $로 작성

종속기업의 장부금액과 공정가치가 다른 자산은 표를 그린다. 이때, 표를 $로 작성한다는 것을 주의하자. 예를 들어, 종속기업의 순자산 공정가치가 장부금액에 비해 큰 자산이 유형자산($20)과 재고자산($10)이라고 하자. 유형자산의 잔존내용연수는 10년, 재고자산은 X1년 중에 모두 외부로 판매되었다면 표는 다음과 같이 그린다.

	FV−BV	X1
유형자산	$20	($2)
재고자산	$10	($10)

(2) 공정가치 차액 조정 시 발생하는 해외사업장환산차이(OCI): 'FV−BV'만 (not FV)

재고자산	(FV−BV−환입액)×기말 환율	재고자산	(FV−BV)×취득일 환율
매출원가	환입액×평균 환율		
유형자산	(FV−BV−상각액)×기말 환율	유형자산	(FV−BV)×취득일 환율
감가상각비	상각액×평균 환율		
토지	(FV−BV)×기말 환율	토지	(FV−BV)×취득일 환율
		OCI XXX	

① '기초 FV−BV×취득일 환율' 제거 후 '기말 FV−BV 잔액×기말 환율' 인식

종속기업의 장부금액과 공정가치가 다른 자산은 시간이 지남에 따라 공정가치 차액이 환입되는데, 자산은 매기말 마감환율로 환산하므로 환산차이가 발생한다. 따라서 **취득일 환율로 환산한 기초 자산의 공정가치 차액을 전부 제거하고, 기말 환율로 환산한 기말 자산의 공정가치 차액 잔액을 전부 인식한다.** Step 1에서 장부금액만큼은 기말 환율로 환산했으므로 공정가치 차액의 환율변동효과만 반영하면 된다.

② 공정가치 차액 환입액(손익)은 평균환율로 환산

공정가치 차액의 환입액은 감가상각비, 매출원가, 유형자산처분손익 등의 손익으로 인식하므로 **평균환율**로 환산한다.

③ 대차차액은 OCI로 인식

기초 환율 ₩1,000/$, 평균 환율 ₩1,100/$, 기말 환율 ₩1,200/$이라고 가정한다면 위 예시에 대한 회계처리는 다음과 같다.

유형자산	$18×1,200	유형자산	$20×1,000
감가상각비	$2×1,100		
재고자산	$0×1,200	재고자산	$10×1,000
매출원가	$10×1,100		
		OCI	4,800

STEP 3 영업권

(1) $ 기준 영업권＝이전대가－(X1초 순자산 BV＋FV－BV)×지분율

영업권은 종속기업의 기능통화($)를 기준으로 계산한다. 이전대가와 장부금액, 공정가치 차액 모두 $로 제시될 것이므로 $ 기준으로 영업권을 계산한다.

(2) 기말 영업권: $ 기준 영업권×기말 환율

모든 자산, 부채는 마감환율로 환산하므로 연결 재무상태표에는 영업권을 기말 환율을 곱한 금액으로 계상한다.

(3) 영업권 환산 시 발생하는 OCI＝$ 기준 영업권×(기말 환율－취득일 환율)

영업권을 기말 환율로 환산하면서 해외사업장환산차이가 발생하므로, 이는 OCI로 인식한다.

STEP 4 NI 조정표: 종속기업 NI 조정액은 전부 평균 환율로 환산

X1	지배	종속	계
조정 전 FV 차이 해외사업장순투자	지배기업 NI (XXX)	$ NI×평균 환율 (환입액)×평균 환율	
조정 후	A	B	A＋B
지배(R) 비지배(1－R)	A	B×R B×(1－R)	A＋B×R B×(1－R)

(1) 조정 전 NI: 종속기업 NI는 평균 환율 곱해서 적기

지배기업과 종속기업의 조정 전 당기순이익을 적는다. 이때, 지배기업은 당기순이익을 표시통화(₩)로 제시하므로 그냥 적으면 되지만, **종속기업은 당기순이익을 기능통화($)로 제시하므로 평균 환율을 곱한 금액을 적어야 한다.**

(2) 공정가치 차액: 평균 환율 곱해서 적기

공정가치 차액 환입액을 적는다. 이때, 환입액(손익)은 평균환율로 환산하여 적는다. 예시에서는 $2×1,100＋$10×1,100＝(13,200)을 적으면 된다. 비용이 증가하므로 음수로 적어야 한다.

참고로, 해외종속기업 연결 문제에서 내부거래, 영업권 손상차손, 염가매수차익은 출제될 가능성이 현저히 낮다고 판단하여 본서에서는 생략한다.

(3) 해외사업장순투자 외환차이

해외사업장순투자의 일부인 화폐성항목에서 생기는 외환차이는 별도재무제표에서 당기손익으로 인식한다. 따라서 지배기업의 당기순이익에는 이 외환차이가 포함되어 있을 것이다. 하지만 연결재무제표에서는 이를 OCI로 인식하므로, 연결NI 계산 시에는 지배기업의 당기순이익에서 외환차이를 차감해야 한다.

(4) 연결NI, 지배NI, 비지배NI

기존에 작성하던 당기순이익 조정표와 같은 방식으로 계산하면 된다.

STEP 5 해외사업장환산차이(OCI) 조정표

	지배	종속	계
재무제표 환산		1. 환산차이	
FV 차이	—	3. (2) FV차이 OCI	
영업권	2. (3) 영업권 OCI	—	
해외사업장순투자	XXX	—	
조정 후	A	B	A+B
지배(R)	A	B×R	A+B×R
비지배(1−R)		B×(1−R)	B×(1−R)

(1) 지배기업의 표시통화로 종속기업의 재무상태표 환산 시 발생한 해외사업장환산차이

　　Step 1에서 종속기업의 재무상태표를 표시통화로 환산하면서 발생한 해외사업장환산차이를 조정 전 종속기업의 OCI 위치에 대입한다. 종속기업의 재무상태표를 환산하면서 발생한 것이므로 종속기업의 OCI로 본다.

(2) 공정가치 차액 조정 시 발생하는 해외사업장환산차이(OCI)

　　공정가치 차액 환입액을 종속기업 NI에서 조정하듯이, 공정가치 차액 조정 시 발생하는 OCI를 종속기업 OCI에서 조정한다.

(3) 영업권, 해외사업장순투자 환산 시 발생하는 OCI

　　영업권과 해외사업장순투자는 지배기업의 자산이다. 따라서 영업권을 기말 환율로 환산하면서 발생한 OCI와 해외사업장순투자에 해당하는 화폐성항목을 마감환율로 평가하면서 발생한 외환차이를 OCI로 대체한 금액을 지배기업 쪽에서 조정한다.

(4) 연결OCI, 지배OCI, 비지배OCI

　　조정 후 지배기업과 종속기업의 OCI를 계산한 뒤, 당기순이익 조정표와 같은 방식으로 계산하면 된다.

(5) 연결재무상태표 상 해외사업장환산차이(잔액)＝A＋B×R

　　지배NI가 연결 이익잉여금에 누적되듯이, 지배OCI가 연결 기타포괄손익누계액에 누적된다. 따라서 연결 '재무상태표' 상의 해외사업장환산차이를 묻는다면 지배OCI의 누적액으로 답하면 된다.

STEP 6 기말 비지배지분: X1초 순자산 FV($)×(1−지분율)×취득일 환율+비지배NI+비지배OCI

(1) X1초 순자산 FV($)×(1−지분율)×취득일 환율

　　비지배지분을 종속기업의 식별가능한 순자산 공정가치에 비례하여 결정한다고 가정할 때, 비지배지분은 위와 같이 계산한다. 우선 $로 계산한 취득일의 순자산 공정가치에 '1−지분율'을 곱한다. 그리고 이 금액에 취득일의 환율을 곱한다. 비지배지분은 자본이므로 역사적 환율로 환산한 뒤, 환율 변동을 인식하지 않기 때문이다.

(2) 비지배NI＋비지배OCI 가산

　　비지배NI와 비지배OCI는 비지배지분에 누적되므로, 취득일의 비지배지분에 직접 계산한 비지배NI와 비지배OCI를 가산하면 된다.

문제 24

(15점)

㈜대한은 20X1년 1월 1일 미국 현지 법인인 ㈜ABC의 보통주 80%를 $500에 취득하여 지배력을 획득하였다. 다음의 〈자료〉를 이용하여 물음에 답하시오. **2차**

자료

1. 취득 당시 ㈜ABC의 식별가능한 순자산 장부금액은 $600(자본금 $500, 이익잉여금 $100)이며, 유형자산은 기계장치로만 구성되어 있다. 유형자산을 제외하고는 공정가치와 장부금액이 일치하였다. 유형자산의 장부금액은 공정가치보다 $10 과소평가되어 있으며, 원가모형을 적용하여 회계처리하고 있다. 지배력획득일 현재 유형자산의 추정 잔존내용연수는 5년, 정액법으로 감가상각한다.

2. ㈜대한은 ㈜ABC에 대한 투자주식을 원가법으로 회계처리하고 있으며, 비지배지분은 ㈜ABC의 식별가능한 순자산 공정가치에 비례하여 결정한다.

3. 20X1년도 ㈜ABC의 재무제표는 다음과 같다.

재무상태표

(20X1.12.31.)

현금	$ 30	부채	$ 50
매출채권	170	자본금	500
재고자산	200	이익잉여금	150
유형자산(순액)	300		
총계	$ 700	총계	$ 700

포괄손익계산서

(20X1.1.1. ~ 20X1.12.31.)

매 출 액	$ 1,500
매 출 원 가	1,200
매출총이익	300
기 타 비 용	250
당기순이익	$ 50

4. ㈜대한의 기능통화와 표시통화는 원화이며, ㈜ABC의 기능통화와 표시통화는 US$이다. ㈜ABC의 수익과 비용은 연중 균등하게 발생하므로 편의상 평균환율을 적용하여 환산하고, 이익잉여금을 제외한 자본 항목은 해당 거래일의 환율을 적용하여 환산한다. 원화와 US$ 모두 초인플레이션 경제에서의 통화가 아니며, 중요한 환율변동은 없다고 가정한다. 환율정보는 다음과 같다.

20x0년 1월 1일	₩950/$
20x0년 평균환율	₩975/$
20x0년 12월 31일	₩1,000/$
20X1년 1월 1일	₩1,000/$
20X1년 평균환율	₩1,050/$
20X1년 12월 31일	₩1,100/$

물음 1 20X1년 12월 31일 ㈜대한의 연결재무제표상 아래 항목의 금액을 계산하시오. 2019. CPA

연결재무제표	항 목	금 액
연결재무상태표	영업권	①
	해외사업환산차이*	②
	비지배지분	③
연결포괄손익계산서	비지배지분순이익	④

*해외사업환산차이는 ㈜ABC의 재무제표를 ㈜대한의 표시통화로 환산하면서 발생하는 외환차이(기타포괄손익)이다.

물음 2 해외사업환산차이누계액은 다음과 같은 상황에서 각각 어떻게 회계처리 되는지 간략히 서술하시오. 2019. CPA

① ㈜대한이 ㈜ABC의 지분 65%를 처분하여 지배력을 상실하는 경우

② ㈜대한이 ㈜ABC의 지분 20%를 처분하였으나 계속 지배력을 보유하는 경우

✏️ **해설** 해외사업장에 대한 연결

(물음 1)

연결재무제표	항 목	금 액
연결재무상태표	영업권	①13,200
	해외사업환산차이*	②51,920
	비지배지분	③144,760
연결포괄손익계산서	비지배지분순이익	④10,080

1. 기말 종속기업의 재무상태표를 지배기업의 표시통화로 환산

X1말 B/S	
① 자산－부채 ＝$650×1,100＝715,000	② 자본: 자본금＋이익잉여금＋NI ＝$500×1,000＋$100×1,000＋$50×1,050 ＝652,500 ③ OCI＝715,000－652,500＝62,500

2. FV－BV
(1) 공정가치 차이표

	FV－BV	X1
기계장치	$10	($2)×1,050＝(2,100)

(2) 공정가치 차액 조정 시 발생하는 해외사업장환산차이(OCI): 900

기계장치	$8×1,100	기계장치	$10×1,000
감가상각비	2,100	OCI	900

3. 영업권

(1) $ 기준 영업권＝500－(600＋10)×80%＝$12

(2) 기말 영업권: $12×1,100＝**13,200**

(3) 영업권 환산 시 발생하는 OCI＝$12×(1,100－1,000)＝1,200

4. 당기순이익 조정

X1	지배	종속	계
조정 전		52,500	
FV 차이		(2,100)	
조정 후		50,400	
지배(80%)		40,320	
비지배(20%)		10,080	**10,080**

비지배NI: 10,080

5. 해외사업장환산차이(OCI) 조정표

	지배	종속	계
재무제표 환산		62,500	
FV 차이		900	
영업권	1,200		
해외사업장순투자	－		
조정 후	1,200	63,400	64,600
지배(80%)	1,200	50,720	**51,920**
비지배(20%)		12,680	12,680

해외사업장환산차이(OCI) 64,600 중 12,680은 비지배지분에 가산되므로 연결재무상태표에는 51,920만 표시된다.

7. X1말 비지배지분: $610×20%×1,000＋10,080＋12,680＝**144,760**

(물음 2)

① 전액 당기손익으로 재분류한다.

② 처분한 부분은 비지배지분에 가산한다.

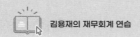

문제 25
(9점)

대한민국 소재 기업인 ㈜대한(기능통화와 표시통화는 원화(₩))은 20X1년 초 일본에 소재하는 ㈜동경(기능통화는 엔화(¥))의 주식 80%를 ¥48,000에 취득하여 지배기업이 되었다. 다음의 〈자료〉를 이용하여 물음에 답하시오. **2차**

자료

1. 다음은 ㈜대한과 ㈜동경의 20X1년 요약 별도(개별)재무제표이다.

계정과목	20X1년	
	㈜대한	㈜동경
매출	₩1,000,000	¥60,000
(매출원가)	(700,000)	(30,000)
기타수익	200,000	10,000
(기타비용)	(300,000)	(20,000)
당기순이익	₩200,000	¥20,000
제자산	500,000	60,000
종속기업투자	480,000	—
토지	300,000	20,000
총자산	₩1,280,000	¥80,000
부채	780,000	10,000
자본금	300,000	40,000
이익잉여금	200,000	30,000
총부채와자본	₩1,280,000	¥80,000

2. 지배력 취득일 현재 토지를 제외한 ㈜동경의 순자산 장부금액은 공정가치와 일치한다. 지배력 취득일 현재 ㈜동경의 토지 공정가치는 ¥22,000이다.

3. ㈜대한은 종속기업투자에 따른 영업권 이외에 다른 영업권은 없다. 영업권에 대한 손상 검토를 수행한 결과 손상징후는 없다.

4. ㈜대한의 제자산 중에는 20X1년 초 지분인수와 함께 ㈜동경에 무이자로 장기 대여한 ¥10,000이 포함되어 있다. 동 대여금은 예측할 수 있는 미래에 결제계획이나 결제될 가능성이 낮아서 사실상 ㈜동경에 대한 순투자의 일부를 구성한다.

5. ㈜대한의 ㈜동경에 대한 대여금에서 신용손실이 발생하거나 유의한 신용위험 변동에 따른 채무불이행 위험은 없는 것으로 판단하였다. 대여금 이외에 20X1년 중 ㈜대한과 ㈜민국 간의 내부거래는 없다.

6. 20X1년 일자별 환율(₩/¥)은 다음과 같다.

(환율: ₩/¥)

20X1. 1. 1.	20X1. 12. 31.	20X1년 평균
10.0	10.3	10.2

7. 기능통화와 표시통화는 초인플레이션 경제의 통화가 아니며, 위 기간에 환율의 유의한 변동은 없었다. 연결재무제표 작성 시 비지배지분은 종속기업의 식별가능한 순자산의 변동과 관련된 경우 순자산의 공정가치에 비례하여 배분한다.

물음 1 ㈜동경의 재무제표를 ㈜대한의 표시통화로 환산하면서 발생하는 외환차이(기타포괄손익)금액을 계산하시오. 외환차이가 차변금액인 경우 해당 금액 앞에 (−)를 표시하시오.

2021. CPA

외환차이(기타포괄손익)	①

물음 2 ㈜대한의 ㈜동경에 대한 대여금에서 발생하는 외화환산차이에 대해 기업회계기준서 제1021호 '환율변동효과'에 따른 ㈜대한의 ① 별도(개별)포괄손익계산서와 ② 연결포괄손익계산서 상 표시방법에 대해 약술하시오.

2021. CPA

별도(개별)포괄손익계산서	①
연결포괄손익계산서	②

물음 3 ㈜대한의 20X1년도 연결재무제표에 표시되는 다음의 금액을 계산하시오. 염가매수차익이 발생하는 경우 괄호 안에 금액(예시: (1,000))을 기재하고, 외환차이가 차변금액인 경우에는 해당 금액 앞에 (−)를 표시하시오.

2021. CPA 수정 **2차**

영업권(염가매수차익)	①
외환차이(기타포괄손익누계액)	②

✎ 해설 해외사업장에 대한 연결

(물음 1) 재무제표 환산

외환차이(기타포괄손익)	①17,000

X1말 B/S	
① 자산−부채 = ¥(80,000−10,000)×10.3(X1말)=721,000	② 자본 　−자본금: ¥40,000×10(X1초)=400,000 　−이익잉여금: ¥10,000×10(X1초) 　　+¥20,000×10.2(X1평균)=304,000 ③ OCI 　=721,000−400,000−304,000=17,000

(물음 2) 해외사업장 순투자

별도(개별)포괄손익계산서	①당기손익으로 인식한다.
연결포괄손익계산서	②기타포괄손익으로 인식한다.

(물음 3) 해외사업장 연결

영업권(염가매수차익)	①65,920
외환차이(기타포괄손익)	②19,000

1. 영업권

(1) 취득일 현재 종속기업 순자산: 기말 순자산－당기순이익＝￥70,000－￥20,000＝￥50,000

(2) 영업권(￥): ￥48,000－(￥50,000＋￥2,000)×80%＝￥6,400

(3) 영업권(₩): ￥6,400×₩10.3=**65,920**

(4) 영업권 환산 시 발생하는 OCI＝6,400×(10.3－10)=1,920

2. FV－BV

(1) 공정가치 차이표

	FV－BV	X1
토지	￥2,000	－

(2) 공정가치 차액 조정 시 발생하는 해외사업장환산차이(OCI): 600

토지	￥2,000×10.3	토지	￥2,000×10
		OCI	600

3. 해외사업장환산차이(OCI) 조정표

	지배	종속	계
재무제표 환산		17,000	
FV 차이	－	600	
영업권	1,920	－	
해외사업장순투자	3,000	－	
조정 후	4,920	17,600	22,520
지배(80%)	4,920	14,080	**19,000**
비지배(20%)		3,520	3,520

－ 해외사업장순투자 외환차이: ￥10,000×(10.3－10)=3,000

|참고| NI 조정표 및 기말 비지배지분

(1) NI 조정표

X1	지배	종속	계
조정 전	200,000	￥20,000×10.2	
FV 차이		－	
해외사업장순투자	(3,000)		
조정 후	197,000	204,000	401,000
지배(80%)	197,000	163,200	360,200
비지배(20%)		40,800	40,800

(2) 기말 비지배지분

: ￥52,000×20%×10＋40,800＋3,520＝148,320

14 해외사업장 순투자에 대한 위험회피

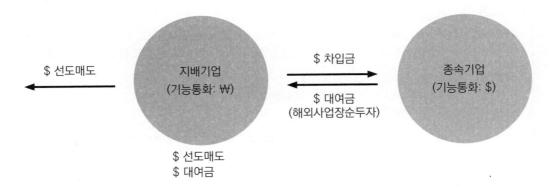

해외사업장순투자의 환율변동위험을 회피하기 위해 외화($) 선도매도를 했다고 가정하자. 이때 지배기업의 외화선도매도를 위험회피수단으로 지정할 수 있으며, 이를 해외사업장순투자 위험회피라고 부른다.

| 재무제표에 미치는 영향 |

	선도매도 (수단)	지배기업 대여금 (대상)	
	평가손익	재무상태표에 표시	환산손익
(1) 별도 F/S	PL	O	PL
(2) 연결 F/S	PL	X	OCI
(3) 위험회피	효과적 OCI 비효과적 PL	X	OCI

(1) 회계불일치

별도재무제표의 손익계산서에서는 선도계약과 대여금의 평가손익이 모두 PL이므로 서로 상계되어 당기순이익에 미치는 영향이 없었는데, 연결재무제표에서는 지배기업의 대여금에서 발생한 외환차이를 OCI로 대체함에 따라 PL과 OCI가 상계되지 않고 각각 계상된다. 선도계약과 대여금이 서로 헤지 역할을 하는데, 연결조정분개로 인해 회계불일치가 발생한다.

(2) 위험회피

회계불일치가 발생하는 상태에서 외화선도매도를 해외사업장순투자 위험회피수단으로 지정하면 선도계약에서 발생하는 외환차이 중 효과적인 부분을 OCI로 인식하게 된다. 그 결과 지배기업의 연결재무제표상 당기손익에 미치는 영향이 상쇄된다.

(3) 현금흐름위험회피와 동일 ★중요!

해외사업장순투자의 위험회피를 적용하게 되면 수단의 평가손익을 PL에서 OCI로 바꾸어 인식한다. 이점이 현금흐름 위험회피와 동일하다. 해외사업장순투자의 위험회피가 '현금흐름' 위험회피와 동일하다는 점은 말문제로도 많이 출제되므로 반드시 기억하자.

문제 26

공통자료

㈜한국은 20X1년 10월 1일에 미국에 있는 종속기업 ㈜NY에 US$1,000을 대여하였다. 동 일자에 ㈜한국은 동 대여금과 관련된 환율변동위험을 회피하기 위하여 다음과 같은 통화선도계약을 체결하는 방안을 고려하고 있다.

- 계약기간: 6개월 (20X1. 10. 1~20X2. 3. 31)
- 계약조건: US$1,000을 ₩1,150/US$(통화선도환율)에 매도
- 환율에 대한 정보는 아래와 같다.

일자	현물환율 (₩/US$)	통화선도환율 (₩/US$)
20X1. 10. 1	₩1,120	₩1,150 (만기 6개월)
20X1. 12. 31	₩1,080	₩1,100 (만기 3개월)

㈜한국의 기능통화 및 표시통화는 원화(₩)이며, ㈜NY의 기능통화는 미국 달러화(US$)이다.

물음 아래의 세 가지 독립적인 각 상황에 대하여, 20X1년 ㈜한국의 연결재무제표에 계상될 (1) 당기순이익과 (2) 기타포괄이익의 금액을 아래 답안 양식에 따라 각각 원화(₩)로 제시하시오. 모든 상황에 대하여, ㈜한국과 ㈜NY 모두 20X1년중 위 대여 및 통화선도 거래와 관련된 것을 제외한 다른 당기손익 및 기타포괄손익 항목은 없었다고 가정한다. 이자와 현재가치 평가는 고려하지 않는다. 손실의 경우에는 금액 앞에 '(−)'를 표시하고, 해당 금액이 없는 경우에는 '0'으로 표시하시오. 2016. CPA

〈㈜한국의 연결재무제표〉

	(1) 당기순이익	(2) 기타포괄이익
(상황 1)	①	②
(상황 2)	③	④
(상황 3)	⑤	⑥
(상황 4)	⑦	⑧

(상황 1) ㈜한국은 위 대여금을 20X2년 3월 31일에 회수할 예정이다. 즉, 동 대여금을 ㈜NY에 대한 순투자로 보지 않는다. 또한, ㈜한국은 〈공통 자료〉에 제시된 통화선도계약을 체결하지 않았다.

(상황 2) ㈜한국은 위 대여금을 20X2년 3월 31일에 회수할 예정이다. 즉, 동 대여금을 ㈜NY에 대한 순투자로 보지 않는다. 한편 ㈜한국은 대여금과 관련된 환율변동위험을 회피하기 위하여 〈공통 자료〉에 제시된 통화선도계약을 20X1년 10월 1일에 체결하였다.

(상황 3) ㈜한국은 위 대여금을 예측할 수 있는 미래에 회수할 계획이 없고 회수될 가능성도 낮다. 즉, 동 대여금을 ㈜NY에 대한 순투자로 본다. 또한, ㈜한국은 〈공통 자료〉에 제시된 통화선도계약을 체결하지 않았다.

(상황 4) ㈜한국은 위 대여금을 예측할 수 있는 미래에 회수할 계획이 없고 회수될 가능성도 낮다. 즉, 동 대여금을 ㈜NY에 대한 순투자로 본다. 한편 ㈜한국은 대여금과 관련된 환율변동위험을 회피하기 위하여 〈공통 자료〉에 제시된 통화선도계약을 20X1년 10월 1일에 체결하였다. ㈜한국은 통화선도계약을 해외사업장순투자의 위험회피수단으로 지정하였으며, 해외사업장순투자와 관련한 위험회피효과의 조건을 충족한다고 가정한다.

해설 | 해외사업장순투자

	(1) 당기순이익	(2) 기타포괄이익
(상황 1)	①(−)40,000	②0
(상황 2)	③10,000	④0
(상황 3)	⑤0	⑥(−)40,000
(상황 4)	⑦10,000	⑧0

|환율변동표|

	10.1	손익	12.31
외화대여금	1,120	−40	1,080
선도매도	(1,150)	+50	(1,100)

	외화대여금			선도계약		
	순투자	대여금 잔액	평가손익	체결	선도 잔액	평가손익
(상황 1)	X	0	PL (−)40,000	X	−	−
(상황 2)	O	0	OCI (−)40,000	X	−	−
(상황 3)	X	0	PL (−)40,000	O	50,000	PL 50,000
(상황 4)	O	0	OCI (−)40,000	O	50,000	OCI 40,000 PL 10,000

(상황 1) 해외사업장순투자 X, 선도계약 X

X1.10.1	대여금	1,120,000	현금	1,120,000
X1.12.31	PL	40,000	대여금	40,000
연결조정	차입금	1,080,000	대여금	1,080,000

대여금이 해외사업장순투자에 해당하지 않으므로, 연결재무제표에서도 외환차이를 원칙적으로 PL로 인식한다.

(상황 2) 해외사업장순투자 X, 선도계약 O

X1.10.1	대여금	1,120,000	현금	1,120,000
X1.12.31	PL	40,000	대여금	40,000
	선도계약	50,000	PL	50,000
연결조정	차입금	1,080,000	대여금	1,080,000

대여금이 해외사업장순투자에 해당하지 않으므로, 연결재무제표에서도 외환차이를 원칙적으로 PL로 인식하며, 추가적으로 체결한 선도계약평가손익도 PL로 인식한다.

(상황 3) 해외사업장순투자 O, 선도계약 X

X1.10.1	대여금	1,120,000	현금	1,120,000
X1.12.31	PL	40,000	대여금	40,000
연결조정	차입금	1,080,000	대여금	1,080,000
	OCI	40,000	PL	40,000

대여금이 해외사업장순투자에 해당하므로, 연결재무제표에서는 외환차이를 OCI로 인식한다.

(상황 4) 해외사업장순투자 O, 선도계약 O (해외사업장순투자에 대한 위험회피)
|환율변동표|

	10.1	손익	12.31
외화대여금	1,120	−40	1,080
선도매도	(1,150)	+50	(1,100)
효과적		+40	
비효과적		+10	

X1.10.1	대여금	1,120,000	현금	1,120,000
X1.12.31	PL	40,000	대여금	40,000
	선도계약	50,000	PL	50,000
연결조정	차입금	1,080,000	대여금	1,080,000
	OCI	40,000	PL	40,000
위험회피	PL	40,000	OCI	40,000

선도계약 평가이익 50,000 중 효과적인 부분 40,000은 OCI로 인식하고, 나머지 10,000은 PL로 인식한다.

문제 27

※ 다음의 각 물음은 독립적이다.

2024. CPA

㈜대한은 다음 〈추가자료〉의 독립된 각 상황 별 위험회피의 필요성에 따라, 20X1년 11월 1일 〈공통자료〉에 나타난 통화선도계약을 체결하였다. ㈜대한의 기능통화 및 표시통화는 원화(₩)이며, 이하 통화선도의 현재가치 평가는 생략한다.

공통자료

- 계약기간: 20X1.11.1.~20X2.2.28.(4개월)
- 계약조건: $2,000을 만기에 ₩1,350/$(선도환율)에 매도하기로 하며, 만기에 차액결제한다.
- 환율정보는 다음과 같다.

일자	현물환율	선도환율
20X1.11. 1.	₩1,380/$	₩1,350/$(만기 4개월)
20X1.12.31.	₩1,365/$	₩1,330/$(만기 2개월)
20X2. 2.28.	₩1,340/$	—

- 동 계약은 위험회피대상에 대한 효과적인 위험회피수단이며, 다음의 각 상황 별로 위험회피요건은 모두 충족한 것으로 가정한다.

추가자료

1. (상황 1) ㈜대한은 20X1년 중 해외 종속기업 ㈜미국(기능통화는 $)에 20X1년 11월 1일 $2,000을 무이자로 대여하였으며, 이에 대한 환율변동위험을 회피하고자 한다. 동 대여금은 예측할 수 있는 미래에 회수할 계획이며 회수될 가능성도 높다.

2. (상황 2) ㈜대한은 20X1년 11월 1일 ㈜유럽에 $2,000의 상품을 판매하는 법적 구속력이 있는 확정계약을 체결하고, 20X2년 2월 28일에 상품 수출 후, 판매대금은 1개월 후에 수령하기로 하였다. ㈜대한은 동 확정계약의 환율변동위험을 회피하고자 하며, 〈공통자료〉의 통화선도계약을 공정가치 위험회피수단으로 지정하기로 선택한다.

3. (상황 3) ㈜대한은 20X2년 2월 28일 ㈜영국에 $2,000의 제품을 수출할 계획을 수립하고 있고, 수출 가능성이 매우 높다고 판단하고 있으며 관련 환율변동위험을 회피하고자 한다.

4. (상황 4) ㈜대한은 20X1년 11월 1일 미국의 ㈜ABC에 $2,000의 제품을 수출하고, 대금은 20X2년 2월 28일에 달러화($)로 수령하기로 하였다. ㈜대한은 해당 매출채권의 환율변동위험을 회피하고자 한다.

물음 1 〈추가자료〉의 (상황 1)에서, ㈜대한이 〈공통자료〉의 통화선도계약을 체결하지 않은 경우와 체결한 경우로 구분하여 ㈜대한의 20X1년도 연결포괄손익계산서 상 당기순이익을 원화(₩)로 제시하시오. 단, ㈜대한과 ㈜민국은 (상황 1)의 대여 및 통화선도 외에 다른 총포괄손익 항목은 없다고 가정한다. 당기순손실의 경우 금액 앞에 (−)를 표시하시오.

통화선도계약을 체결하지 않은 경우	①
통화선도계약을 체결한 경우	②

물음 2 〈추가자료〉의 독립된 (상황 2)~(상황 4)의 거래가 모두 성사된다고 가정할 경우, 〈공통자료〉에서 체결한 통화선도계약의 효과를 반영하여 해당 거래가 ㈜대한의 20X2년도 당기순이익에 미치는 영향을 각각 계산하시오. 단, 상품과 제품 수출의 매출 인식 및 위험회피적립금의 재분류조정에 따른 영향은 고려하지 않으며, 당기순이익이 감소하는 경우 금액 앞에 (−)를 표시하시오.

(상황 2)	①
(상황 3)	②
(상황 4)	③

✏️ **해설** 해외사업장 순투자에 대한 위험회피

(물음 1)

통화선도계약을 체결하지 않은 경우	①(−)30,000
통화선도계약을 체결한 경우	②10,000

	계약일	손익	기말	손익	만기
대여금	1,380	−15	1,365		
선도매도	(1,350)	+20	(1,330)		

(1) 통화선도계약을 체결하지 않은 경우 당기순이익: −15×$2,000=(−)₩30,000
(2) 통화선도계약을 체결한 경우 당기순이익: (20−15)×$2,000=₩10,000

|회계처리|
(1) 통화선도계약을 체결하지 않은 경우

외화환산손실	30,000	대여금	30,000

(2) 통화선도계약을 체결한 경우

외화환산손실	30,000	대여금	30,000
선도계약	20,000	평가이익	20,000

(물음 2)

(상황 2)	①0
(상황 3)	②(−)10,000
(상황 4)	③(−)70,000

(상황 2) 외화확정계약에 대한 공정가치위험회피: (10−10)×$2,000=0

	계약일	손익	기말	손익	만기
확정계약	1,350	−20	1,330	+10	1,340
선도매도	(1,350)	+20	(1,330)	−10	(1,340)

|X2년 회계처리|

확정계약	20,000	평가이익	20,000
평가손실	20,000	선도계약	20,000

－문제의 단서에 따라 매출 인식은 고려하지 않았다.

(상황 3) 예상거래에 대한 현금흐름위험회피: －5×$2,000=(－)10,000

	계약일	손익	12.31	손익	만기	누적액
예상거래	1,380	－15	1,365	－25	1,340	－40
파생상품	(1,350)	＋20	(1,330)	－10	(1,340)	＋10
효과적(OCI)		①15		③－5		②10
비효과적(PL)		❶5		❸－5		❷0

|X2년 회계처리|

위험회피적립금	10,000	선도계약	20,000
평가손실	10,000		

－문제의 단서에 따라 매출 인식 및 재분류조정은 고려하지 않았다.

(상황 4) 외환채권에 대한 위험회피: (－25－10)×$2,000=(－)70,000

	계약일	손익	기말	손익	만기
매출채권	1,380	－15	1,365	－25	1,340
선도매도	(1,350)	＋20	(1,330)	－10	(1,340)

|x2년 회계처리|

외화환산손실	50,000	매출채권	50,000
평가손실	20,000	선도계약	20,000

－당기순이익에 영향을 미치는 회계처리만 표시하였다.

문제 28

(16점)

〈공통자료〉를 토대로 물음에 답하시오.

12월말 결산법인인 P사(표시통화 및 기능통화: ₩)는 20X1년 1월 1일 $310,000를 차입하여 S사(기능통화: $) 지분의 80%를 취득하였다. 비지배지분은 S사의 식별가능한 순자산공정가치에 비례하여 결정한다. 취득당시 S사 순자산 장부금액은 $300,000(자본금 $200,000, 이익잉여금 $100,000)이었다.

공통자료

1. 취득당시 공정가치와 장부금액의 차이가 발생한 항목은 다음과 같다.

항 목	장부금액	공정가치	비 고
재고자산	$80,000	$85,000	20X2년 기중 전액 외부 판매

2. S사의 연도별 당기순이익과 배당금 지급 내역은 다음과 같다.

구 분	20X1년	20X2년
당기순이익	$40,000	$75,000
배당금지급액	30,000	40,000

3. 환율정보

일 자	환 율(₩/$)
20X1년 1월 1일	1,000
20X1년 평균	1,100
20X1년 배당금지급시점	1,070
20X1년 12월 31일	1,050
20X2년 1월 1일	1,050
20X2년 평균	1,150
20X2년 배당금지급시점	1,000
20X2년 12월 31일	1,200

4. 내부거래 정보: 전액 현금거래이다.

거래일	20X2년 1월 1일
자산	재고자산
판매회사	S사
외부매입원가(장부금액)	$15,000
내부판매액	$20,000
내부거래이익	$5,000
매입회사	P사
외부판매여부	20X2년에 전액내부보유

5. P사와 S사의 20X2년 12월 31일 시산표는 다음과 같다.

차변 항목	P사(단위: ₩)	S사(단위: $)
현금	80,000,000	75,000
외상매출금	277,500,000	80,000
재고자산	216,000,000	90,000
토지	96,000,000	40,000
기계장치	624,000,000	260,000
종속기업투자지분	310,000,000	—
매출원가	368,000,000	160,000
감가상각비	46,000,000	20,000
외화환산손실	46,500,000	—
잡비	103,500,000	45,000
합 계	2,167,500,000	770,000
대변 항목	P사(단위: ₩)	S사(단위: $)
외상매입금	240,000,000	100,000
차입금	(주*)372,000,000	100,000
자본금	480,000,000	200,000
미처분이익잉여금	385,500,000	70,000
매출	658,000,000	300,000
배당금수익	32,000,000	—
합 계	2,167,500,000	770,000

(주*) 이 차입금은 전액 S사 취득을 위한 외화차입금이며, 외화환산손실은 전액 외화차입금의 환산과정에서 발생하였다.

6. S사의 외화재무제표를 원화로 환산할 때 적용환율은 다음과 같다.

상 황	적용환율
내부거래제거시	내부거래 발생시 환율
배당금관련	배당금 지급시 환율
공정가치차이조정의 후속 회계처리시	해당 자산(부채)의 최초 취득시의 환율
기타 당기손익항목	평균환율

물음 1 20X1년 1월 1일 외화차입금 $310,000를 해외사업장순투자의 위험회피수단으로 지정하지 않았다고 가정하는 경우 20X2년 12월 31일 P사의 연결재무제표상 아래 항목의 금액을 구하시오. 단, 연결포괄손익계산서상 손실인 경우 금액 앞에 '(−)'를 표시하시오. 2015. CPA

재무제표	계정과목	금액
연결재무상태표	재고자산	①
	영업권	②
	해외사업환산차이	③
	비지배지분	④
연결포괄손익계산서	외화환산이익	⑤
	당기순이익	⑥
	비지배지분순이익	⑦
	매출	⑧
	매출원가	⑨

물음 2 20X1년 1월 1일 외화차입금 $310,000를 해외사업장순투자의 위험회피수단으로 지정하였으며, 해외사업장순투자와 관련한 위험회피효과의 조건을 충족한다고 가정한다. 20X2년 12월 31일 P사의 연결재무제표상 아래 항목의 금액을 구하시오.(단, 연결포괄손익계산서상 손실 혹은 기타포괄손익누계액의 잔액이 차변인 경우 '(−)'를 숫자 앞에 표시하시오). 2015. CPA

재무제표	계정과목	금액
연결재무상태표	기타포괄손익누계액	①
연결포괄손익계산서	외화환산이익	②
	당기순이익	③

해설

(물음 1) 해외사업장의 연결

재무제표	계정과목	금액
연결재무상태표	재고자산	① 318,750,000
	영업권	② 79,200,000
	해외사업환산차이	③ 57,880,000
	비지배지분	④ 81,750,000
연결포괄손익계산서	외화환산이익	⑤ (−)46,500,000
	당기순이익	⑥ 170,000,000
	비지배지분순이익	⑦ 15,200,000
	매출	⑧ 982,000,000
	매출원가	⑨ 541,250,000

1. 기말 종속기업의 재무상태표를 지배기업의 표시통화로 환산

X1말 B/S	
① 순자산 =$345,000×1,200=414,000,000	② 자본 자본금: $200,000×1,000=200,000,000 이익잉여금: 158,150,000[1] ③ OCI: 55,850,000

[1]$100,000×1,000+$40,000×1,100+$75,000×1,150−$30,000×1,070−$40,000×1,000

2. FV−BV

(1) 공정가치 차이표

	FV−BV	X2
재고자산	$5,000	($5,000)

(2) 공정가치 차액 조정 시 발생하는 해외사업장환산차이(OCI): 0

매출원가	$5,000×1,000	재고자산	$5,000×1,000

　　−공정가치 차이 조정의 후속 회계처리 시 최초 취득 시의 환율을 사용하라는 단서가 있으므로 환산차이가 발생하지 않는다.

3. 영업권

(1) $ 기준 영업권=$310,000−($300,000+$5,000)×80%=$66,000

(2) x2말 영업권: $66,000×1,200=②**79,200,000**

(3) 영업권 환산 시 발생하는 OCI=$66,000×(1,200−1,000)=13,200,000

4. 내부거래
(1) 내부거래 제거표

	X2
상향(재고)	($5,000)

(2) 내부거래 제거 시 발생하는 해외사업장환산차이(OCI): 0

매출	$20,000×1,050	매출원가	$15,000×1,050
		재고자산	$5,000×1,050

ㅡ내부거래 제거 시 내부거래 발생 시 환율을 사용하라는 단서가 있으므로 환산차이가 발생하지 않는다.

5. 당기순이익 조정
(1) 조정 전 종속기업 NI
    ㅡX1년: $40,000×1,100=44,000,000
    ㅡX2년: $75,000×1,150=86,250,000

(2) X1년도

X1	지배	종속	계
조정 전 내부거래 FV 차이	?	44,000,000	
조정 후	?	44,000,000	
지배(80%) 비지배(20%)		8,800,000	

ㅡX1년은 지배기업의 당기순이익을 제시하지 않았으므로 비워두었다. X2년 말 비지배지분을 구할 때 X2년도 비지배NI가 필요하므로 이것만 구하면 된다.

(3) X2년도

X2	지배	종속	계
조정 전 내부거래 FV 차이 배당금수익	126,000,000 (32,000,000)	86,250,000 (5,250,000) (5,000,000)	
조정 후	94,000,000	76,000,000	⑥170,000,000
지배(80%) 비지배(20%)	94,000,000	60,800,000 ⑦15,200,000	154,800,000

6. 해외사업장환산차이(OCI) 조정표

	지배	종속	계
재무제표 환산		55,850,000	
내부거래		―	
FV 차이		―	
영업권	13,200,000		
해외사업장순투자	―		
조정 후	13,200,000	55,850,000	
지배(80%)	13,200,000	44,680,000	③57,880,000
비지배(20%)		11,170,000	

외화차입금을 해외사업장순투자의 위험회피수단으로 지정하지 않았으므로 외화차입금의 외화환산손익은 PL로 인식된다.

7. X1말 비지배지분

: $305,000 \times 20\% \times 1,000 + 8,800,000 + 15,200,000 + 11,170,000 - (\$6,000 \times 1,070 + \$8,000 \times 1,000)$
= ④81,750,000

   ―비지배OCI 11,170,000은 X2년말 재무제표 환산 시 계산된 55,850,000을 기준으로 계산하였으므로 2년치 누적분이다.

8. 연결재무제표 상 계정별 금액

	단순 합산	조정	연결
재고자산	324,000,000	(5,250,000)	①318,750,000
외화환산이익	(−)46,500,000	―	⑤(−)46,500,000
매출	1,003,000,000	(21,000,000)	⑧982,000,000
매출원가	552,000,000	(10,750,000)	⑨541,250,000

(1) 재고자산: $5,000 \times 1,050 = 5,250,000$ 감소

   ―취득 당시 재고자산은 X2년 기중 전액 외부 판매되었으므로 공정가치 차이는 없으며, 내부거래 제거효과만 반영하면 된다.

(2) 외화차입금을 해외사업장순투자의 위험회피수단으로 지정하지 않았으므로 외화차입금의 외화환산손익은 PL로 인식된다.

(3) 매출: $20,000 \times 1,050 = 21,000,000$ 감소

   ―내부거래 매출액을 제거한다. 내부거래 제거 시 내부거래 발생 시 환율을 사용하라는 단서가 있으므로 X2년 1월 1일 환율을 이용한다.

(4) 매출원가: $5,000 \times 1,000 - \$15,000 \times 1,050 = 10,750,000$ 감소

   ―공정가치 차이 환입액만큼 매출원가를 증가시키고, 내부거래 매출원가를 제거한다.

(물음 2) 해외사업장순투자 위험회피

재무제표	계정과목	금액
연결재무상태표	기타포괄손익누계액	① 13,200,000
연결포괄손익계산서	외화환산이익	② (−)1,820,000
	당기순이익	③ 214,680,000

해외사업장순투자 위험회피회계를 적용하는 경우 위험회피수단의 평가손익 중 효과적인 부분을 OCI로 인식한다.

1. 효과적인 부분: min[①, ②]=44,680,000
① 위험회피수단의 평가손익=46,500,000 (외화차입금의 외화환산손실−문제 제시)
② 해외사업장순투자로 인한 해외사업장환산이익: 55,850,000(물음 1 참고)×80%=44,680,000

2. 해외사업장순투자 위험회피회계처리

위험회피적립금(OCI)	44,680,000	외화환산손실(PL)	44,680,000

3. 연결재무제표 상 계정별 금액
(1) 연결 기타포괄손익누계액: 57,880,000(물음 1 참고)−44,680,000=13,200,000
　－종속기업의 재무상태표를 지배기업의 표시통화로 환산하는 과정에서 발생한 환산차이만큼 전부 제거하였으므로 결과적으로 영업권에서 발생한 환산차이만 남는다.
(2) 외화환산이익: −46,500,000+44,680,000=(−)1,820,000
(3) 연결 NI: 170,000,000(물음 1 참고)+44,680,000=214,680,000

06 지분법

1 지분법 회계처리

> **사례**
>
> ㈜대한은 20X1년초에 ㈜소한의 의결권 있는 주식 25%를 ₩1,000,000에 취득하였다. 취득 당시 ㈜소한의 자산과 부채의 공정가치는 각각 ₩15,000,000, ₩12,000,000이다. ㈜소한은 20X1년 3월 1일에 ₩200,000의 현금배당을 지급하였으며, 20X1년 당기순이익으로 ₩600,000을, 기타포괄이익으로 ₩100,000을 보고하였다.

1. 취득 시: 영업권 인식 X

(차) 관계기업투자	1,000,000	(대) 현금	1,000,000

관계기업투자는 취득원가로 기록한다. 영업권 상당액은 관계기업투자와 별도의 계정으로 인식하는 것이 아니라, 관계기업투자 장부금액에 포함된다.

2. 배당: 지분율 곱해야 함!

(차) 현금	50,000	(대) 관계기업투자	50,000

(1) 배당은 관계기업투자주식 장부금액에서 차감
(2) 관계기업투자주식 차감액＝배당 총액×R

3. 지분법이익 및 지분법자본변동: 관투 장부금액에 가산

(차) 관계기업투자	150,000	(대) 지분법이익	150,000
(차) 관계기업투자	25,000	(대) 지분법자본변동	25,000

(1) 지분법이익＝당기순이익×지분율
(2) 지분법자본변동＝기타포괄손익×지분율

2 지분법손익, 관계기업투자주식 장부금액

STEP 1 FV-BV 차이: 연결과 동일

	FV-BV	X1	X2
재고자산	A	(A×판매율)	(A×판매율)
유형자산	B	(B×상각률)	처분 시: (남은 금액)
계	A+B	XXX	XXX

STEP 2 영업권 상당액=취득원가-관계기업 순자산 공정가치×R

: 양수이면 무시, 음수(염가매수차익)이면 지분법이익에 포함

(1) 400,000에 취득 시 (영업권 상당액＝400,000－1,000,000×30%＝100,000)

(차) 관계기업투자주식	400,000	(대) 현금	400,000

(2) 200,000에 취득 시 (영업권 상당액＝200,000－1,000,000×30%＝⊖100,000, 염가매수차익)

(차) 관계기업투자주식	300,000	(대) 현금 지분법이익	200,000 100,000

STEP 3 내부거래 제거: 연결과 동일

	X1	X2
하향 (재고)	(매출총이익) 매출총이익×판매율	매출총이익×판매율
상향 (유형)	(처분손익) 처분손익×상각률	처분손익×상각률

STEP 4 지분법이익

	X1
조정 전	NI
내부거래	상향 & 하향
FV 차이	(FV)
조정 후	A
투자(R)	A×R
＋염가매수차익	염가매수차익
지분법이익	A×R＋차익

1. 조정 전 NI: 문제에 제시한 관계기업의 당기순이익

2. 내부거래
   (1) 'Step 3. 내부거래 제거' 표에 있는 모든 금액
   (2) 상향과 하향 손익을 전부 반영

3. FV 차이
   'Step 1. FV－BV 차이' 표에서 X1 아래에 있는 금액

4. 조정 후 NI＝조정 전 NI＋내부거래＋FV 차이

5. 지분법이익＝조정 후 NI×지분율＋염가매수차익
   － 염가매수차익은 지분법이익에 포함

STEP 5 관계기업투자주식 장부금액

X1
취득원가
Σ지분법이익
Σ지분법자본변동
－Σ배당액×R
관투

1. 취득원가: 투자기업이 관계기업투자주식을 취득하기 위해 지급한 금액
2. Σ지분법이익, Σ지분법자본변동: 관계기업투자주식의 장부금액에 가산
3. 배당금: '배당 총액×지분율'만큼 관투 장부금액에서 차감

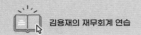

문제 1

㈜세무는 20X1년 1월 1일 ㈜대한의 의결권 주식 20%를 ₩1,200,000에 취득하여 유의적인 영향력을 갖게 되었으며, 취득 이후 ㈜세무의 지분율(20%)은 변동이 없다. (6점)

2022. CTA

> ### 자료
>
> 1. 20X1년 1월 1일 ㈜대한의 자산총액은 ₩10,000,000이고 부채총액은 ₩4,000,000이며, 자산과 부채의 장부금액과 공정가치의 차이는 없다.
>
> 2. ㈜대한의 20X1년 말 재고자산 중 ₩120,000은 20X1년 중 ㈜세무로부터 매입한 것이며, ㈜세무는 원가에 20%의 이익을 가산하여 판매하고 있다.
>
> 3. ㈜대한의 20×0년 말과 20X1년 말 이익잉여금은 각각 ₩75,000과 ₩100,000이다. ㈜대한은 20X1년 11월 20일 중간배당으로 현금배당 ₩60,000을 결의 후 지급하였으며, 배당금과 당기순이익 이외에 이익잉여금 변동은 없다.

물음 1 ㈜세무가 20X1년에 인식할 지분법손익은 얼마인가? (단, 이익/손실 여부를 표시하시오.)

물음 2 ㈜세무가 20X1년에 인식할 지분법이익이 ₩10,000이라고 가정할 때, ㈜세무의 20X1년 말 재무상태표에 계상될 ㈜대한 주식의 장부금액은 얼마인가?

물음 3 ㈜대한은 20X2년 9월 1일 ㈜세무로부터 기계장치를 공정가치인 ₩500,000에 매입하였으며, 구입 당시 ㈜세무의 기계장치 장부금액은 ₩400,000이었다. ㈜세무와 ㈜대한이 기계장치를 정률법(상각률 30%)으로 월할 상각할 때, 기계장치와 관련된 미실현손익이 ㈜세무의 20X2년 지분법손익에 미치는 영향은 얼마인가? (단, 지분법이익을 증가시키면 '이익'으로, 감소시키면 '손실'로 표시하시오.)

> ### ✎ 해설 지분법이익 및 관계기업투자주식
>
> **(물음 1)** 13,000 이익
>
> 1. FV−BV: 없음
>
> 2. 영업권 상당액: 1,200,000−6,000,000×20%=0 (염가매수차익 없음)
>
> 3. 내부거래
>
> | | X1 |
> |---|---|
> | 재고자산 | (20,000) |
>
> 미실현이익: 120,000/1.2×20%=20,000

4. 지분법이익

X1	관계
조정 전 내부거래 FV 차이	85,000 (20,000) —
조정 후	65,000
투자(20%) ＋염가매수차익	13,000 —
지분법이익	**13,000**

기초 이잉－배당＋NI＝기말 이잉

: 75,000－60,000＋NI＝100,000

→X1년도 ㈜대한의 당기순이익＝85,000

(물음 2) 1,198,000

X1	관계
취득원가 Σ지분법이익 Σ지분법자본변동 －Σ배당액×R	1,200,000 10,000 (문제 가정) — (60,000×20%)
관투	**1,198,000**

(물음 3) 18,000 감소

	X1
기계장치	(100,000) 10,000

미실현이익 환입액: 100,000×30%×4/12＝10,000

X1	관계
조정 전 내부거래 FV 차이	 (90,000) —
조정 후	(90,000)
투자(20%) ＋염가매수차익	(18,000) —
지분법이익	**(18,000)**

3 관계기업투자주식의 처분, 취득

1. 처분으로 유의적인 영향력을 상실하는 경우

관계기업투자주식을 보유하여 지분법을 적용하던 기업이, 일부 주식을 처분하여 유의적인 영향력을 상실하고 지분법이 중단된 경우 회계처리는 다음과 같다.

현금	①수령액	관계기업투자주식	②처분 전 장부금액
FVPL or FVOCI	③팔고 남은 거의 FV		
지분법자본변동	④OCI 중 **재분류 조정되는 것만**		
	⑤관계기업투자처분손익 XXX (PL)		

 STEP 1 현금 수령액: 주식을 처분하여 수령한 금액

 STEP 2 관계기업투자주식 장부금액 전부 제거

 STEP 3 금융자산 공정가치 평가: 팔고 남은 주식을 공정가치로 계상

 STEP 4 지분법자본변동 제거

– 지분법 사용을 중단한 경우 관계기업과 관련하여 인식한 지분법자본변동 제거
– 재분류조정 대상은 재분류조정, 재분류조정 대상이 아니면 이익잉여금으로 직접 대체 가능

재분류 조정 X	유형자산 재평가잉여금, FVOCI 지분상품 평가손익, 재측정요소 등
재분류 조정 O	FVOCI 채무상품 평가손익, 해외사업장환산차이 등

STEP 5 관계기업투자주식처분손익: 무조건 PL ⭐중요!

– Step 1~4까지 완료 후 대차차액을 당기손익으로 계상
– 남은 금융자산을 어느 계정으로 분류하든 상관없이 무조건 대차차액을 PL로 계상

2. 처분 후에도 유의적인 영향력을 유지하는 경우

현금	①수령액	관계기업투자주식	②장부금액×지분율
지분법자본변동	③OCI 중 **재분류 조정되는 것만**		
④관계기업투자처분손익 XXX (PL)			

관계기업투자주식을 처분하더라도 유의적인 영향력을 유지한다면 관계기업투자주식을 일부 처분한 것으로 본다. 따라서 관계기업투자주식 장부금액 중 처분한 부분만큼 제거하면서 처분손익을 인식한다.

관계기업투자주식을 처분하더라도 유의적인 영향력을 계속 유지하므로 금융자산(FVPL or FVOCI)으로 분류되는 금액이 없다. 금융자산이 발생하지 않는다는 것을 제외하고는 '1. 처분으로 유의적인 영향력을 상실하는 경우'와 회계처리가 같다.

문제 2

(12점)

㈜대한은 20X1년 1월 1일 ㈜민국의 보통주 400주(발행주식의 40%)를 주당 ₩2,000에 취득하였다. 이로 인해 ㈜대한은 ㈜민국에 대해 유의적인 영향력을 가지게 되었다. 다음 〈자료〉를 이용하여 각 물음에 답하시오.

자료

- 20X1년 1월 1일 ㈜민국의 순자산 장부금액은 ₩1,000,000이다. 공정가치와 장부금액의 차이가 발생하는 항목은 다음과 같다. 단, 기계장치와 건물의 잔존가치는 없으며, 감가상각방법으로 정액법을 이용한다.

계정과목	장부금액	공정가치	비고
재고자산	₩100,000	₩150,000	20X1년에 모두 판매
기계장치	₩300,000	₩450,000	잔존내용연수 5년
건물	₩500,000	₩1,000,000	잔존내용연수 10년

- 20X1년도와 20X2년도에 ㈜민국이 보고한 당기순이익 등의 자료는 다음과 같다. 기타포괄손익은 재분류조정이 되는 항목이다.

구분	20X1년	20X2년
당기순이익	₩300,000	₩400,000
기타포괄손익	₩70,000	₩(−)35,000
현금배당	₩50,000	₩80,000

- ㈜대한도 ㈜민국의 20X1년 현금배당을 받을 권리가 있다고 가정한다.

- ㈜민국은 자기주식을 보유하고 있지 않고, ㈜대한과 ㈜민국 사이에는 내부거래가 없으며, ㈜대한이 보유한 ㈜민국의 보통주에 대한 손상징후는 존재하지 않는다.

물음 1 ㈜대한이 취득한 ㈜민국의 보통주와 관련하여 다음의 금액을 계산하시오.   2022. CPA

20X1년 보통주 취득시 영업권의 가치	①
20X1년 말 관계기업투자주식 장부금액	②
20X2년 말 관계기업투자주식 장부금액	③

물음 2 ㈜대한은 20X3년 1월 1일 ㈜민국의 보통주 300주를 시장가격인 주당 ₩3,000에 처분하였다. 이에 따라 ㈜민국에 대한 유의적인 영향력을 잃게 되었다. 그리고 남은 ㈜민국의 보통주 100주를 기타포괄손익−공정가치 측정 금융자산으로 분류를 변경하였다. 이러한 주식처분과 분류 변경이 ㈜대한의 20X3년도 당기순이익과 기타포괄이익에 미치는 영향을 각각 계산하시오. 단, 물음 1)에 대한 해답과 관계없이 ㈜대한이 취득한 ㈜민국의 보통주에 대한 20X2년 기말 장부금액이 ₩900,000이라고 가정한다. 답안을 작성할 때 당기순이익이나 기타포괄이익 등이 감소하는 경우 금액 앞에 (−)를 표시하시오.   2022. CPA

20X3년도 당기순이익에 미치는 영향	①
20X3년도 기타포괄이익에 미치는 영향	②

해설 관계기업투자주식의 처분

(물음 1) 관투 장부금액

20X1년 보통주 취득시 영업권의 가치	①120,000
20X1년 말 관계기업투자주식 장부금액	②876,000
20X2년 말 관계기업투자주식 장부금액	③958,000

1. FV−BV 차이

	FV−BV	X1	X2
재고자산	50,000	(50,000)	
기계장치	150,000	(30,000)	(30,000)
건물	500,000	(50,000)	(50,000)
계	700,000	(130,000)	(80,000)

2. 영업권 상당액: $2,000 \times 400주 - (1,000,000 + 700,000) \times 40\% = 120,000$

3. 내부거래: 없음

4. 지분법이익

	X1	X2
조정 전	300,000	400,000
내부거래	−	−
FV 차이	(130,000)	(80,000)
조정 후	170,000	320,000
투자(40%)	68,000	128,000
+염가매수차익	−	
지분법이익	68,000	128,000

5. 관계기업투자주식 장부금액

	X1	X2
취득원가	800,000	800,000
Σ지분법이익	68,000	196,000
Σ지분법자본변동	28,000	14,000
−Σ배당액×R	(20,000)	(52,000)
관투	876,000	958,000

(1) 연도별 지분법자본변동
X1년: $70,000 \times 40\% = 28,000$
X2년: $(-)35,000 \times 40\% = (-)14,000$
X2년 지분법자본변동 누적액: 14,000

(2) 연도별 투자기업의 배당금 수령액

X1년: 50,000×40%=20,000

X2년: 80,000×40%=32,000

X2년 투자기업의 배당금 수령액 누적액: 52,000

(물음 2) 지분법의 중단

20X3년도 당기순이익에 미치는 영향	①314,000
20X3년도 기타포괄이익에 미치는 영향	②(-)14,000

현금	①900,000	관계기업투자주식	②900,000
FVOCI	③300,000		
지분법자본변동	④**14,000**	관계기업투자처분이익(PL)	⑤**314,000**

→ 당기순이익 314,000 증가, 기타포괄이익 14,000 감소

1. 현금 수령액: 300주×@3,000=900,000

2. 관계기업투자주식 장부금액: 900,000 (문제에서 제시)

3. 금융자산 공정가치: 100주×@3,000=300,000

4. 지분법 자본변동: 14,000 (물음 1 해설 참고)
관계기업의 기타포괄손익이 재분류조정 대상이라고 문제에서 제시하였으므로 지분법 자본변동을 제거한다.

문제 3

(11점)

㈜한국은 20X1년 1월 1일에 다음과 같이 ㈜영동, ㈜영서, ㈜영남의 의결권 있는 보통주를 취득하였다. 이로써 ㈜한국은 ㈜영동, ㈜영서, ㈜영남에 대해 유의적인 영향력을 행사할 수 있게 되었다.

	취득주식수(지분율)	취득원가
㈜영동	30주 (30%)	₩180,000
㈜영서	25주 (25%)	65,000
㈜영남	40주 (40%)	50,000

추가자료

1. 취득일 현재 ㈜영동의 순자산장부금액은 ₩390,000이며, 자산·부채 중 장부금액과 공정가치가 일치하지 않는 내역은 다음과 같다.

계정과목	장부금액	공정가치
재고자산	₩50,000	₩56,000
토 지	110,000	140,000
기계장치	40,000	49,000

위 자산 중 재고자산은 20X1년 중에 전액 외부에 판매되었으며, 기계장치는 20X1년 초 현재 잔존내용연수 3년에 잔존가치 없이 정액법으로 상각한다.

2. 취득일 현재 ㈜영서와 ㈜영남의 순자산장부금액은 각각 ₩280,000과 ₩100,000이며, 자산·부채의 장부금액은 공정가치와 일치하였다.

3. 20X1년 중에 ㈜한국은 ㈜영서에 원가 ₩20,000의 상품을 ₩28,000에 판매하였으며, ㈜영서는 동 상품 전액을 20X2년 중에 외부에 판매하였다.

4. 20X1년에 ㈜영동, ㈜영서, ㈜영남이 보고한 당기순이익과 기타포괄손익은 다음과 같다. ㈜영동과 ㈜영남이 보고한 기타포괄손익은 기타포괄손익－공정가치 측정 금융자산(채무상품)에서 발생한 평가이익이다.

	당기순이익	기타포괄손익
㈜영동	₩52,000	₩10,000
㈜영서	15,000	—
㈜영남	10,000	5,000

다음은 ㈜한국이 보유한 각각의 관계기업투자주식에 관한 물음이다.

물음 1 ㈜영동의 보통주 취득과 관련하여, ㈜한국의 관계기업투자주식 취득원가에 포함된 영업권 금액을 구하시오.
2013. CPA

물음 2 ㈜영동의 투자주식과 관련하여, ㈜한국의 20X1년 재무제표에 계상될 지분법손익을 구하시오. 단, 손실의 경우에는 금액 앞에 (−)를 표시하시오.
2013. CPA

물음 3 20X2년 4월 20일에 ㈜영동은 보통주 1주당 ₩150의 현금배당을 실시하였다. 동 배당금 수령시에 ㈜한국이 수행해야 할 회계처리(분개)를 제시하시오.
2013. CPA

물음 4 ㈜영서의 투자주식과 관련하여, ㈜한국의 20X1년 말 재무제표에 계상되는 관계기업투자주식의 장부금액을 구하시오.
2013. CPA

물음 5 ㈜한국은 20X2년 초에 ㈜영남의 보통주 10주를 ₩12,000에 매각하였으며, 매각으로 인해 유의적인 영향력을 상실하지는 않았다. 이 매각거래에 따른 투자주식처분손익을 구하시오. 단, 손실의 경우에는 금액 앞에 (−)를 표시하시오.
2013. CPA

해설 지분법

(물음 1) 49,500

(물음 2) 12,900
1. FV−BV 차이

	FV−BV	X1
재고자산	6,000	(6,000)
토지	30,000	
기계장치	9,000	(3,000)
계	45,000	(9,000)

2. 영업권 상당액: 180,000−(390,000+45,000)×30%=**49,500**

3. 내부거래: 없음

4. 지분법이익

X1	관계
조정 전	52,000
내부거래	—
FV 차이	(9,000)
조정 후	43,000
투자(30%)	12,900
＋염가매수차익	—
지분법이익	**12,900**

(물음 3)

현금	4,500	관계기업투자주식	4,500

배당금 수령액: 30주×@150＝4,500

(물음 4) 71,750

1. FV－BV 차이: 없음

2. 영업권 상당액: 65,000－280,000×25%＝(－)5,000 (염가매수차익)

3. 내부거래

	X1
상품 (하향)	(8,000)

4. 지분법이익

X1	관계
조정 전	15,000
내부거래	(8,000)
FV 차이	—
조정 후	7,000
투자(25%)	1,750
＋염가매수차익	5,000
지분법이익	6,750

5. X1년말 관계기업투자주식 장부금액

X1	관계
취득원가	65,000
Σ지분법이익	6,750
Σ지분법자본변동	—
－Σ배당액×R	—
관투	71,750

✏️ **해설** 관계기업투자주식의 처분

(물음 5) (-)1,500

1. 영업권 상당액: 50,000-100,000×40%=10,000 (염가매수차익 X)

2. X1년말 관계기업투자주식 장부금액

X1	관계
취득원가	50,000
Σ지분법이익	10,000×40%=4,000
Σ지분법자본변동	5,000×40%=2,000
- Σ배당액×R	-
관투	56,000

3. 투자주식처분손익: 처분가액-관투 장부금액+재분류조정 대상 지분법자본변동
=12,000-56,000×10주/40주+2,000×10주/40주=(-)1,500

| 처분 시 회계처리 |

X2.1.1	현금	12,000	관계기업투자주식	14,000
	OCI	500		
	처분손실(PL)	**1,500**		

3. 관계기업투자주식의 추가 취득 2차

유의적인 영향력을 보유하는 상태에서 관계기업투자주식을 추가로 취득하였지만 지배력을 획득하지는 못하고, 여전히 유의적인 영향력만을 보유하는 경우 지분법이익과 관계기업투자주식은 다음과 같이 계산한다. X1년 초에 관계기업투자주식을 20%를 최초로 취득한 뒤, X2년 초에 10%를 추가로 취득했다고 가정하고 설명한다.

	FV−BV	X1	X2
X1년 차이 자산	X1년 초 차이	(A)	(B)
X2년 차이 자산	X2년 초 차이		(C)

종속기업투자주식의 추가 취득과 달리, 관계기업투자주식의 추가 취득 시에는 추가 취득일 관계기업의 순자산 공정가치 차액을 분석하고, 영업권도 따로 계산한다. 따라서 X2년 초 관계기업의 순자산 공정가치 차액이 있다면 표를 그린다.

> 추가 취득 주식의 영업권 상당액
> =추가 취득 주식의 원가−(X2년초 관계기업 순자산 BV+X2년초 FV−BV)×추가 취득 지분율

종속기업투자주식의 추가 취득 시에는 추가 취득분에 대한 영업권을 계산하지 않지만, 관계기업투자주식의 추가 취득 시에는 영업권을 계산한다. 추가 취득분에서 염가매수차익이 발생하면 지분법이익에 가산한다.

STEP 3 내부거래 제거

	X1	X2
X1년 내부거래	(X)	Y
X2년 내부거래		(Z)

내부거래 제거표는 일반적인 경우와 똑같이 작성하면 된다.

STEP 4 X2년도 지분법이익

	기존 보유분	추가 취득분
NI	X2년 관계기업 NI	X2년 관계기업 NI
내부거래	Y−Z	(Z)
FV−BV	(B)	(C)
조정 후	XXX	XXX
×R	×20%	×10%
+염가매수차익		+염가매수차익
지분법이익	α	β

(1) NI

관계기업의 X2년도 NI를 대입한다. 이때 지분율을 고려하지 말고, NI를 총액으로 적는다. 지분율은 밑에서 곱할 것이다.

(2) 내부거래

기존 보유분 밑에는 내부거래 표에서 X2년도 아래에 있는 모든 숫자를 적지만, 추가 취득분 밑에는 X2년에 발생한 내부거래의 미실현손익만 제거한다. 추가 취득분의 관점에서 봤을 때 X1년에 발생한 내부거래는 주식 취득 전에 발생한 거래로서, 제거해야 할 내부거래가 아니기 때문이다.

(3) FV−BV

최초 취득 시와 추가 취득 시의 관계기업 순자산 공정가치를 따로 분석하였으므로, 각기 다른 금액을 표시해야 한다.

(4) 지분법이익: α+β

조정 후 관계기업의 NI에서 각 지분별 지분율을 곱한다. 추가 취득분에서 염가매수차익이 발생하면 지분법이익에 가산한다. 이렇게 계산된 α에 β를 더하면 지분법이익이 계산된다.

STEP 5 관계기업투자주식 장부금액

X2
기초 장부금액
+추가 취득원가
+지분법이익
+지분법자본변동
−배당액×R
=기말 장부금액

추가 취득한 해의 기말 관계기업투자주식 장부금액은 기본적으로 일반적인 관계기업투자주식 장부금액과 같은 방식으로 구하면 된다. 이때, 추가 취득 주식의 원가를 가산하는 것을 빼먹지 말자.

문제 4
(13점)

㈜대한은 ㈜민국의 의결권 있는 보통주에 대한 단계적 취득을 통하여 20X1년 1월 1일에 유의적인 영향력을 행사하게 되었다. 다음 〈자료〉를 이용하여 각 물음에 답하시오.

2024. CPA

자료

1. ㈜대한의 ㈜민국에 대한 지분 투자 현황은 다음과 같다. 20X0년 1월 1일 ㈜대한은 ㈜민국의 지분을 최초로 취득하였고, 회계정책에 따라 유의적인 영향력을 행사할 수 없는 동 지분상품을 당기손익－공정가치 측정 금융자산(FVPL금융자산)으로 분류하였다. ㈜민국 보통주의 20X0년 12월 31일 및 20X1년 1월 1일 1주당 공정가치는 각각 ₩2,900과 ₩3,000이다.

취득일	주식수(지분율)	취득금액	비고
20x0.1.1.	50주(5)	₩140,000	FVPL금융자산 분류
20X1.1.1.	150주(15)	450,000	유의적인 영향력 획득
20X2.1.1.	200주(20)	700,000	지배력은 없음

2. 20X1년 중 ㈜민국의 순자산 장부금액 변동 원인은 모두 당기순이익이며, 다음과 같이 지분 취득일의 장부금액과 공정가치의 차이가 발생하는 ㈜민국의 순자산은 건물 A가 유일하다.

취득일	순자산 장부금액	순자산 공정가치	비고
20x0.1.1.	₩2,100,000	₩2,100,000	—
20X1.1.1.	2,600,000	2,900,000	20X1년 초 기준 잔존내용연수
20X2.1.1.	2,900,000	3,300,000	5년, 잔존가치 없이 정액법 상각

3. 20X1년과 20X2년 중 두 회사 간의 상호거래는 다음과 같으며, 재고자산은 상호거래 다음 연도에 모두 판매된다.
   - 재고자산 상호거래

연도	판매 회사	판매회사 매출	판매회사 매출원가	매입회사 기말재고
20X1	㈜민국	₩250,000	₩200,000	₩150,000
20X2	㈜대한	300,000	270,000	100,000

   - 20X2년 7월 1일 ㈜대한은 ㈜민국에 장부금액 ₩120,000인 기계장치를 ₩200,000에 매각하였다. ㈜민국은 해당 기계장치를 20X2년 말 현재 사용 중이며, 잔존가치 없이 잔존내용연수 4년 동안 정액법으로 감가상각한다.

4. ㈜대한의 관계기업투자주식은 ㈜민국 이외에는 없으며, 20X2년도 ㈜민국의 당기순이익은 ₩200,000이다.

물음 1 ㈜대한의 20X1년 회계처리가 20X1년도 포괄손익계산서 상 ① 당기순이익에 미치는 영향과, ㈜대한의 20X1년 12월 31일 재무상태표에 표시되는 ② 관계기업투자주식의 장부금액을 각각 계산하시오. 단, 당기순이익이 감소하는 경우 금액 앞에 (−)를 표시하시오.

당기순이익에 미치는 영향	①
관계기업투자주식	②

물음 2 ㈜대한의 20X2년 12월 31일 재무상태표에 표시되는 ① 관계기업투자주식 장부금액과 20X2년도 포괄손익계산서 상 ② 지분법이익을 각각 계산하시오. 단, 지분법손실인 경우 금액 앞에 (−)를 표시하시오.

관계기업투자주식	①
지분법이익	②

물음 3 상기 물음의 결과와 관계없이, 20X2년 12월 31일 현재 ㈜대한의 ㈜민국 투자 지분(40%)에 대한 지분법 적용이 모두 반영된 부분재무상태표의 결과가 다음과 같다고 가정한다.

〈자 산〉		〈자 본〉	
(중 략)	...	(중 략)	...
관계기업 투자주식	₩1,320,000	관계기업 기타포괄이익	₩80,000

20X3년 1월 1일 ㈜대한은 ㈜민국의 보통주 250주(25%)를 1주당 공정가치인 ₩3,600에 매각하였다. 한편, 20X2년 말 관계기업 기타포괄이익으로 계상된 금액은 ㈜민국의 채무상품에 대한 기타포괄손익－공정가치 측정 금융자산 평가이익과 관련된다. 다음의 각 상황 별로 20X3년 1월 1일의 지분 처분 회계처리가 ㈜대한의 20X3년도 포괄손익계산서 상 당기순이익에 미치는 영향을 각각 계산하시오. 단, 당기순이익이 감소하는 경우 금액 앞에 (−)를 표시하시오.

여전히 유의적인 영향력을 행사 가능한 경우	①
유의적인 영향력을 상실한 경우	②

물음 4 지분법 적용 시 관계기업이나 공동기업의 결손 누적으로 관계기업투자주식의 장부금액이 ₩0 이하가 될 경우, 관계기업이나 공동기업의 실질적인 장기투자지분에 대하여 추가로 지분법손실을 인식한다. 기업회계기준서 제1028호「관계기업과 공동기업에 대한 투자」에 따라, 장기투자지분이 무엇을 의미하는지 3줄 이내로 기술하시오.

해설

(물음 1)

당기순이익에 미치는 영향	①47,000
관계기업투자주식	②642,000

1. FV−BV

	FV−BV	X1
건물	300,000	(60,000)

2. 영업권 상당액

450,000+3,000×50주−2,900,000×20%=20,000 (염가매수차익 없음)

3. 상호거래

	X1
상향 (재고)	(50,000)
	20,000
계	(30,000)

4. 지분법손익

X1	민국
조정 전	300,000
상호거래	(30,000)
FV−BV	(60,000)
조정 후	210,000
×R	×20%
지분법손익	42,000

5. 당기순이익에 미치는 영향: 지분법이익+평가이익=42,000+5,000=**47,000**
　－기존 주식의 평가손익: (3,000−2,900)×50주=5,000 이익

6. X1말 관계기업투자주식: 450,000+3,000×50주+42,000=**642,000**

(물음 2)

관계기업투자주식	①1,364,000
지분법이익	②22,000

1. FV−BV

	FV−BV	X1	X2
건물(X1)	300,000	(60,000)	(60,000)
건물(X2)	400,000		(100,000)

2. 상호거래

	X2
상향 (재고)	30,000
하향 (재고)	(30,000) 20,000
하향 (기계)	(80,000) 10,000

3. 지분법이익: 18,000＋4,000＝22,000

	기존 보유분	추가 취득분
조정 전	200,000	200,000
상호거래	(50,000)	(80,000)
FV−BV	(60,000)	(100,000)
조정 후	90,000	20,000
×R	×20%	×20%
지분법손익	18,000	4,000

X2초 추가 취득으로 지배력을 획득하지는 못했으므로 기존 보유분 20%와 추가 취득분 20%에 대해서 지분법이익을 따로 계산한다.

4. X2말 관계기업투자주식

X1말 장부금액	642,000
추가 취득금액	700,000
지분법이익	22,000
X2말 장부금액	1,364,000

(물음 3)

여전히 유의적인 영향력을 행사 가능한 경우	①125,000
유의적인 영향력을 상실한 경우	②200,000

(1) 여전히 유의적인 영향력을 행사 가능한 경우

현금	900,000	관계기업투자주식	825,000[1]
지분법자본변동	50,000[2]	관계주식처분이익	**125,000**

[1]1,320,000×250주/400주
[2]80,000×250주/400주

(2) 유의적인 영향력을 상실한 경우

현금	900,000	관계기업투자주식	1,320,000[1]
지분법자본변동	80,000[1]	관계주식처분이익	**200,000**
FVPL금융자산	540,000[2]		

[1]유의적인 영향력을 상실하였으므로 장부상에 존재하는 관투와 지분법자본변동을 전부 제거한다.
[2]〈자료〉의 1.에서 유의적인 영향력을 행사할 수 없는 동 지분상품을 FVPL금융자산으로 분류하였다는 단서에 따라 FVPL금융자산으로 표시하였다. (FVOCI금융자산으로 분류해도 처분이익은 같다.)

(물음 4)
예측 가능한 미래에 상환받을 계획도 없고, 상환가능성도 높지 않은 항목. 우선주와 장기수취채권이나 장기대여금이 포함될 수 있다.

4 관계기업투자주식의 매각예정 분류

1. 매각예정 분류

관계기업투자가 매각예정 분류기준을 충족하는 경우 관계기업투자를 매각예정비유동자산으로 재분류하면서, 장부금액과 순공정가치 중 작은 금액으로 측정하고, 차액은 PL로 인식한다.

2. 매각예정 분류되지 않은 잔여분 ★중요!

관계기업투자 중 일부만 매각예정인 경우 매각예정으로 분류되지 않은 잔여분은 **매각예정으로 분류된 부분이 매각될 때까지 지분법을 적용한다.** 이는 서술형 문제로도 출제될 가능성이 있는 문장이므로 기억하자.

3. 매각예정 분류의 철회: 소급법

이전에 매각예정으로 분류된 관계기업이나 공동기업에 대한 투자 또는 그 투자의 일부가 더 이상 그 분류기준을 충족하지 않는다면 당초 매각예정으로 분류되었던 시점부터 소급하여 지분법으로 회계처리한다. 매각예정으로 분류된 시점 이후 기간의 재무제표는 이에 따라 수정되어야 한다.

5 관계기업투자주식의 손상

1. 손상차손=손상 전 관계기업투자주식 장부금액-회수가능액

관계기업투자에 대해 손상징후가 있는 경우 손상차손을 인식해야 한다. 다만, 지분법은 연결과 달리 영업권을 별도 자산으로 계상하지 않고, 관계기업투자의 금액에 포함시킨다. 따라서 **영업권에 대해 별도의 손상검사를 하지 않는다.** 그 대신에 관계기업투자를 하나의 자산으로서 회수가능액(=MAX[사용가치, 순공정가치])과 비교하여 손상검사를 한다.

2. 손상차손환입=회수가능액-환입 전 관계기업투자주식 기말 장부금액

회수가능액이 증가하는 경우 손상차손환입을 인식한다. 기준서에서 손상차손환입 한도에 대해 언급하지는 않는다. 문제를 풀 때는 환입 한도를 신경 쓰지 말고 그냥 회수가능액까지 환입하자. (기준서에 언급은 없지만, 유형자산 원가모형과 마찬가지로 손상차손을 인식하지 않았을 경우의 장부금액을 한도로 보는 것이 타당할 것이다. 하지만 기준서에서 한도를 언급하지 않고 있으므로 애초에 문제에서 회수가능액을 급격히 크게 제시하지는 않을 것이다.)

문제 5

㈜대한은 20X1년 1월 1일에 ㈜민국의 의결권 있는 보통주식 300주(30%)를 ₩500,000에 취득하여 유의적인 영향력을 가지게 되었다. ㈜대한의 지분법적용투자주식은 ㈜민국 이외에는 없다. 다음은 20X2년까지의 회계처리와 관련된 〈자료〉이다.

자료

1. ㈜대한의 지분 취득시점에 ㈜민국의 순자산 장부금액은 ₩1,300,000이다. 공정가치와 장부금액의 차이가 발생하는 항목은 다음과 같다.

계정과목	장부금액	공정가치	비고
재고자산	₩150,000	₩210,000	20X1년과 20X2년에 각각 50%씩 판매되었다.
기계장치	200,000	350,000	잔존내용연수는 5년이며 잔존가치없이 정액법으로 감가상각한다.

2. 20X1년 4월 1일 ㈜민국은 ㈜대한에 장부금액 ₩150,000인 비품을 ₩180,000에 매각하였다. ㈜대한은 20X2년 12월 31일 현재 동 비품을 보유 중이며, 잔존가치 없이 잔존내용연수 5년 동안 정액법으로 감가상각한다.

3. ㈜민국의 20X1년도 포괄손익계산서 상 당기순이익은 ₩235,500이다.

4. ㈜대한은 20X2년 12월 31일에 지분법적용투자주식 중 150주를 향후에 매각하기로 결정하고 매각예정비유동자산으로 분류하였다.

5. 20X2년 12월 31일 현재 매각예정인 지분법적용투자주식의 순공정가치는 ₩270,000이며, ㈜민국의 20X2년도 포괄손익계산서 상 당기순이익은 ₩154,000이다.

물음 1 20X1년 12월 31일 ㈜대한의 재무상태표에 표시되는 ㈜민국에 대한 ① 지분법적용투자주식 장부금액과 20X1년도 포괄손익계산서 상 ② 지분법이익을 계산하시오. 단, 지분법손실인 경우에는 금액 앞에 (－)를 표시하시오.

2021. CPA

지분법적용투자주식	①
지분법이익	②

물음 2 20X2년 12월 31일 회계처리가 ㈜대한의 20X2년도 포괄손익계산서 상 당기순이익에 미치는 영향을 계산하시오. 단, 보유주식에 대한 지분법 평가 후 매각예정비유동자산으로의 대체를 가정하며, 당기순이익이 감소하는 경우 금액 앞에 (－)를 표시하시오.

2021. CPA

당기순이익에 미치는 영향	①

물음 3 ㈜대한이 20X2년에 매각하기로 했던 투자주식의 상황은 향후 ① 여전히 매각협상이 진행 중인 상황과 ② 예정대로 매각되어 유의적인 영향력을 상실한 경우로 구분된다. 20X3년 ㈜민국에 대한 투자주식과 관련하여 기업회계기준서 제1028호 '관계기업과 공동기업에 대한 투자'에서 기술하고 있는 회계처리 방법을 약술하시오. 2021. CPA

상황	기준서 내용
매각협상이 진행 중인 경우	①
매각되어 유의적인 영향력을 상실한 경우	②

해설

(물음 1) 지분법이익, 관투 장부금액

지분법적용투자주식	①545,000
지분법이익	②45,000

1. FV−BV 차이

	FV−BV	X1	X2
재고자산	60,000	(30,000)	(30,000)
기계장치	150,000	(30,000)	(30,000)
계	210,000	(60,000)	(60,000)

2. 영업권 상당액: $500,000-(1,300,000+210,000)\times30\%=47,000$

3. 내부거래

	X1	X2
상향 (비품)	(30,000)	
	4,500	6,000

4. 지분법이익

	X1	X2
조정 전	235,500	154,000
내부거래	(25,500)	6,000
FV 차이	(60,000)	(60,000)
조정 후	150,000	100,000
투자(30%)	45,000	30,000
+염가매수차익	−	
지분법이익	45,000	30,000

5. 관계기업투자주식 장부금액

	X1	X2
취득원가	500,000	500,000
Σ지분법이익	45,000	75,000
Σ지분법자본변동	—	—
− Σ배당액×R	—	—
관투	545,000	575,000

(물음 2) 관계기업투자주식의 손상

당기순이익에 미치는 영향	①12,500

1. 당기순이익에 미치는 영향: (1)−(2)=12,500
(1) X2년 지분법이익: 30,000
(2) 손상차손: 관계기업투자주식 장부금액−순공정가치=575,000×150주/300주−270,000=17,500

(물음 3) 관계기업투자주식의 매각예정 분류

상황	기준서 내용
매각협상이 진행 중인 경우	① 매각예정으로 분류한 부분은 지분법을 중지하고 계속 보유할 부분은 계속 지분법을 적용한다.
매각되어 유의적인 영향력을 상실한 경우	② 계속 보유하고 있는 부분은 매각일의 공정가치로 측정하고 장부금액과의 차액은 당기손익으로 인식한다.

6 지분법초과손실

1. 지분법손실 인식 중지

> 지분법손실＝min[조정 후 당기순손실×지분율, 관계기업투자]

지분법손실이 관계기업투자주식의 장부금액보다 크다면 지분법손실 인식을 중단한다. **관계기업투자주식은 자산이므로 음수가 될 수 없기 때문이다.** 따라서 지분법손실의 한도는 관계기업투자주식의 장부금액이 된다.

2. 추가 손실을 인식하는 항목

> 지분법손실＝min[조정 후 당기순손실×지분율, 관계기업투자＋추가 손실 인식 항목]

관계기업투자주식이 0일 때 관계기업투자주식에 대해서는 손실을 인식하지 않더라도 투자기업이 관계기업에 대해 보유하는 채권 등에 대해서는 손실을 인식하며, 지분법손실은 '당기순손실×지분율'과 '관계기업투자＋추가 손실 인식 항목' 중 작은 금액이 된다. 추가 손실을 인식하는 항목과 인식하지 않는 항목은 다음과 같다.

추가 손실을 인식하는 항목	추가 손실을 인식하지 않는 항목
우선주, 장기수취채권, 장기대여금	매출채권, 매입채무, 담보부대여금

3. 추후에 이익을 보고할 경우

> 지분법이익＝조정 후 당기순이익×지분율－인식하지 못한 지분법손실

관계기업이나 공동기업이 추후에 이익을 보고할 경우 투자자는 자신의 지분에 해당하는 이익의 인식을 재개하되, 인식하지 못한 손실을 초과한 금액만을 이익으로 인식한다.

7 단계적 취득

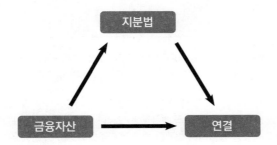

사업결합에서는 금융자산에서 단계적 취득으로 '지배력'을 획득하는 경우에 대해 배웠다. 금융자산에서 단계적 취득으로 유의적인 영향력을 획득(금융자산 → 지분법)할 수도 있고, 유의적인 영향력에서 단계적 취득으로 지배력을 획득(지분법 → 연결)할 수 있다.

위 세 가지 상황 모두 같다고 생각하면 된다. 기존에 보유하던 주식을 유의적인 영향력 또는 지배력을 획득한 날의 공정가치로 평가하고, 그 평가손익은 계정과목에 따라 PL 또는 OCI로 인식한다.

1. 기존 보유 주식의 평가: 취득일의 FV로 평가 (일괄법)

2. 주식의 평가손익

(1) FVPL or 관계기업투자주식	PL
(2) FVOCI 선택	OCI

문제 6

(15점)

㈜세무의 투자주식과 관련된 사항은 다음과 같다.

2020. CTA

자료

1) ㈜세무는 20X1년 1월 1일 ㈜국세의 주식 100주(의결권의 5%)를 1주당 ₩10,000에 취득하고 당기손익−공정가치 측정항목으로 분류하였다. 20X1년 말 ㈜국세의 1주당 공정가치는 ₩11,000이었다.

2) 20X2년 1월 1일에 ㈜세무는 ㈜국세의 주식 500주(의결권의 25%)를 1주당 ₩12,000에 추가 취득하여 유의한 영향력을 행사할 수 있게 되었다. 이에 따라 ㈜세무는 보유한 ㈜국세의 주식을 관계기업투자주식으로 분류하고, 이 시점에서 유의한 영향력을 일괄하여 획득한 것으로 간주하여 지분법을 적용하였다. 20X2년 1월 1일 현재 ㈜국세의 순자산 장부금액은 공정가치와 일치하였으며, 관계기업투자주식 취득원가와 ㈜국세의 순자산 공정가치 중 ㈜세무의 몫에 해당하는 금액은 동일하였다. ㈜국세의 20X2년도 당기순이익으로 ₩50,000을 보고하였으며, 20X2년 말 ㈜국세의 1주당 공정가치는 ₩12,300이었다.

3) ㈜국세는 20X3년 2월 20일에 1주당 ₩20의 현금배당을 선언하고 지급하였으며, 20X3년도 당기순이익으로 ₩80,000을 보고하였다. 20X3년 말 ㈜국세의 1주당 공정가치는 ₩12,500이었다.

4) 20X4년 1월 2일에 ㈜세무는 보유 중인 ㈜국세 주식 400주(의결권의 20%)를 1주당 ₩13,000에 처분하였으며 더 이상 유의한 영향력을 행사할 수 없게 되었다. 이에 따라 ㈜세무는 계속 보유하고 있는 ㈜국세 주식을 당기손익−공정가치 측정항목으로 분류하였다.

물음 1 ㈜세무가 20X2년 1월 1일과 12월 31일에 수행할 분개를 제시하시오.

20X2년 1월 1일	(차변)	(대변)

20X2년 12월 31일	(차변)	(대변)

물음 2 ㈜세무의 20X3년 말 현재 관계기업투자주식의 장부금액을 계산하시오.

20X3년 말 관계기업투자주식의 장부금액	

물음 3 ㈜세무가 20X4년 1월 2일 관계기업투자주식의 처분으로 인하여 발생한 손익을 계산하고, 이 때 수행할 분개를 제시하시오. (단, 처분손실이 발생한 경우에는 금액 앞에 '(−)'를 표시하며, 계산된 금액이 없는 경우에는 '없음'으로 표시하시오.)

처분손익	

(차변)	(대변)

해설 관계기업투자주식의 처분

(물음 1)

20X2년 1월 1일	관계기업투자주식	7,200,000	현금	6,000,000
			FVPL금융자산	1,100,000
			금융자산처분이익	100,000
20X2년 12월 31일	관계기업투자주식	15,000	지분법이익	15,000

1. 20X2년 1월 1일: 단계적 취득
(1) 추가 취득 주식의 취득원가: 500주×@12,000=6,000,000
(2) FVPL금융자산의 장부금액: 100주×@11,000=1,100,000
(3) 금융자산처분이익: 100주×(@12,000−@11,000)=100,000
　　기존 보유 주식이 FVPL이므로 취득일의 공정가치로 평가하면서 평가손익을 PL로 인식한다.
　　기존 보유 주식의 20X2년 1월 1일 공정가치가 제시되지 않았는데, 추가 취득한 주식의 취득원가를 이용하여
　　계산하였다.
(4) 관계기업투자주식의 취득원가: 500주×@12,000+100주×@12,000=7,200,000

2. 20X2년 12월 31일: 지분법이익
(1) FV−BV: 없음

(2) 영업권 상당액: 0 (관계기업투자주식 취득원가와 ㈜국세의 순자산 공정가치 중 ㈜세무의 몫에 해당하는 금액은
　　동일)

(3) 내부거래: 없음

(4) 지분법이익

X1	관계
조정 전	50,000
내부거래	−
FV 차이	−
조정 후	50,000
투자(30%)	15,000
+염가매수차익	−
지분법이익	**15,000**

(물음 2)

20X3년 말 관계기업투자주식의 장부금액	7,227,000

X3	관계
취득원가	7,200,000
Σ지분법이익	39,000
Σ지분법자본변동	—
− Σ배당액×R	(12,000)
관투	**7,227,000**

－X3년 지분법이익: 80,000×30%＝24,000
－배당금 수령액: 600주×@20＝12,000

(물음 3)

처분손익	573,000

현금	5,200,000	관계기업투자주식	7,227,000
FVPL금융자산	2,600,000	투자주식처분이익	573,000

현금 수령액: 400주×@13,000＝5,200,000
FVPL금융자산: 200주×@13,000＝2,600,000
－처분일 잔여 주식의 공정가치가 제시되어있지 않아 처분가액을 공정가치로 보아 계산했다.
처분손익: 5,200,000＋2,600,000－7,227,000＝**573,000**

문제 7 **(13점)**

※ 다음의 각 물음은 독립적이다.

㈜대한은 20X2년 1월 1일에 상장기업 A사, B사, C사의 의결권 있는 보통주를 추가 취득 또는 일괄 취득하면서 이들 기업에 대해 유의적인 영향력을 행사할 수 있게 되었다. ㈜대한이 20X2년 1월 1일에 취득한 주식의 세부내역은 다음과 같다.

〈20X2년 1월 1일 취득주식 세부내역〉

피투자기업	취득주식수 (지분율)	취득원가	비고
A사	150주(15%)	₩390,000	추가 취득
B사	300주(30%)	450,000	일괄 취득
C사	400주(40%)	900,000	일괄 취득

물음 1 다음의 〈자료 1〉을 이용하여 〈요구사항〉에 답하시오.　　　　　2020. CPA

자료 1

1. ㈜대한은 20X1년 10월 1일에 A사 보통주 100주(지분율: 10%)를 ₩250,000에 취득하고, 동 주식을 기타포괄손익－공정가치 측정 금융자산으로 분류하였다. A사 주식 100주의 20X1년 12월 31일과 20X2년 1월 1일 공정가치는 각각 ₩275,000과 ₩245,000이었다.

2. ㈜대한은 A사에 대해 기업회계기준서 제1103호 '사업결합'의 단계적 취득을 준용하여 지분법을 적용한다.

3. 20X2년 1월 1일 현재 A사의 순자산장부금액은 ₩2,520,000이며, 자산·부채의 장부금액은 공정가치와 일치하였다.

4. A사는 20X2년 6월 30일에 1주당 ₩200의 현금배당을 실시하였으며, 20X2년도 당기순이익과 기타포괄이익을 각각 ₩150,000과 ₩50,000으로 보고하였다.

요구사항

A사 지분투자와 관련하여, ㈜대한의 관계기업투자주식 취득원가에 포함된 영업권 금액과 ㈜대한의 20X2년 말 재무상태표에 표시해야 할 관계기업투자주식의 장부금액을 계산하시오.

영업권	①
관계기업투자주식 장부금액	②

물음 2 다음의 〈자료 2〉를 이용하여 〈요구사항〉에 답하시오.

2020. CPA

자료2

1. 20X2년 1월 1일 현재 B사의 순자산은 납입자본 ₩1,000,000과 이익잉여금 ₩400,000으로 구성되어 있으며, 자산·부채의 장부금액은 공정가치와 일치하였다.

2. 20X2년 이후 B사가 보고한 순자산 변동내역은 다음과 같으며, 순자산의 변동은 전부 당기손익에 의해서만 발생하였다.

구분	20X2. 12. 31.	20X3. 12. 31.
납입자본	₩1,000,000	₩1,000,000
이익잉여금	100,000	300,000

3. B사는 20X2년 중에 유의적인 재무적 어려움에 처하게 됨으로써 20X2년 말 현재 ㈜대한이 보유한 B사 투자주식의 회수가능액이 ₩250,000으로 결정되었다. 그러나 20X3년도에는 B사의 유의적인 재무적 어려움이 일부 해소되어 20X3년 말 현재 ㈜대한이 보유한 B사 투자주식의 회수가능액은 ₩350,000으로 회복되었다.

요구사항

B사 지분투자와 관련하여, ㈜대한이 20X2년도에 인식할 손상차손과 20X3년도에 인식할 손상차손환입을 계산하시오.

20X2년 손상차손	①
20X3년 손상차손환입	②

물음 3 다음의 〈자료 3〉을 이용하여 〈요구사항〉에 답하시오.

2020. CPA

자료3

1. 20X2년 1월 1일 현재 C사의 순자산장부금액은 ₩2,100,000이며, 자산·부채 중 장부금액과 공정가치가 일치하지 않는 항목은 다음과 같다.

계정	장부금액	공정가치	비고
재고자산	₩40,000	₩55,000	20X2년 중 전액 외부판매되었음
건 물	1,000,000	1,250,000	잔존내용연수: 5년 잔존가치: ₩0 정액법 상각

2. 20X2년 중에 C사는 ㈜대한으로부터 원가 ₩120,000인 재고자산을 ₩100,000에 매입하여 20X2년 말 현재 전부 보유하고 있다. 동 하향거래는 재고자산의 순실현가능가치 감소에 대한 증거를 제공한다.

3. 20X2년 중에 C사는 ㈜대한에 재고자산을 판매(매출액은 ₩350,000이며, 매출총이익률은 30%)하였는데, 20X2년 말 현재 ㈜대한은 매입한 재고자산의 80%를 외부에 판매하였다.

4. C사는 20X2년도 당기순손실을 ₩60,000으로 보고하였다.

요구사항 1

C사 지분투자와 관련하여, ㈜대한이 염가매수차익에 해당하는 금액을 인식하기 위한 회계처리에 대해 기업회계기준서 제1028호 '관계기업과 공동기업에 대한 투자'에 근거하여 간략히 서술하시오.

요구사항 2

C사 지분투자와 관련하여, ㈜대한의 20X2년도 포괄손익계산서에 표시되는 지분법손익을 계산하시오. 단, 지분법손실은 (−)를 숫자 앞에 표시하시오.

지분법손익	①

🖉 해설

(물음 1) 단계적 취득

영업권	①5,000
관계기업투자주식 장부금액	②635,000

1. FV−BV 차이: 없음

2. 영업권 상당액: 245,000+390,000−2,520,000×25%＝5,000
   −단계적 취득 시 기존 보유 주식은 추가 취득일의 공정가치로 평가한다.

3. 내부거래: 없음

4. 지분법이익

X2	관계
조정 전	150,000
내부거래	−
FV 차이	−
조정 후	150,000
투자(25%)	37,500
+염가매수차익	−
지분법이익	37,500

5. X2년말 관계기업투자주식 장부금액

X2	관계
취득원가	635,000
Σ지분법이익	37,500
Σ지분법자본변동	50,000×25%＝12,500
－Σ배당액×R	250주×@200＝(50,000)
관투	**635,000**

(물음 2) 지분법 손상차손

20X2년 손상차손	①110,000
20X3년 손상차손환입	②40,000

1. FV－BV 차이: 없음

2. 영업권 상당액: 450,000－1,400,000×30%＝30,000 (염가매수차익 없음)

3. 내부거래: 없음

4. 지분법이익

	X2	X3
조정 전 내부거래 FV 차이	(300,000)	200,000
조정 후	(300,000)	200,000
투자(30%) ＋염가매수차익	(90,000) —	60,000 —
지분법이익	(90,000)	60,000

조정 전 관계기업의 NI＝기말 이익잉여금－기초 이익잉여금
① X2년: 100,000－400,000＝(－)300,000
② X3년: 300,000－100,000＝200,000

5. 관계기업투자주식 장부금액

	X2	X3
기초 장부금액	450,000	250,000
＋지분법이익	(90,000)	60,000
＋지분법자본변동	—	—
－배당액×R	—	—
－손상차손(환입)	**(110,000)**	**40,000**
관투	250,000	350,000

연도별 손상차손(환입): 손상 전 장부금액 − 회수가능액

① X2년: 360,000 − 250,000 = **110,000** (손상차손)

② X3년: 310,000 − 350,000 = (−)**40,000** (손상차손환입)

(물음 3) 지분법 − 염가매수차익, 내부거래가 손상차손의 증거

| 요구사항 1 |

염가매수차익은 지분법이익에 반영한다.

| 요구사항 2 |

지분법손익	①(−)12,400

1. FV − BV 차이

	FV − BV	X2
재고자산	15,000	(15,000)
건물	250,000	(50,000)

2. 영업권 상당액: 900,000 − (2,100,000 + 265,000) × 40% = (−)46,000 (염가매수차익)

3. 내부거래

	X2
하향 (재고)	20,000 (20,000)
상향 (재고)	(105,000) 84,000

(1) 재고자산 내부거래 − 내부거래가 NRV 감소에 대한 증거 제공

내부거래에서 발생한 매출총손실 20,000을 부인하므로 20,000을 양수로 표시한다. 하지만 동 내부거래가 NRV 감소에 대한 증거를 제공하므로, 재고자산 평가손실을 인식해야 한다. 따라서 미실현손실을 다시 환입한다.

4. 지분법손익: **지분법손실 12,400**

X2	관계
조정 전	(60,000)
내부거래	(21,000)
FV 차이	(65,000)
조정 후	(146,000)
투자(40%)	(58,400)
+염가매수차익	46,000
지분법손익	**(12,400)**

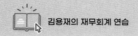

문제 8

(12점)

다음은 ㈜대한의 ㈜민국에 대한 주식취득과 관련된 거래내역이다. 물음에 답하시오.

(1) 20X1년 1월 1일에 ㈜대한은 ㈜민국 주식 30%(30주)를 주당 ₩2,500에 취득하여, 유의적인 영향력을 행사할 수 있게 되었다. 동 일자 ㈜민국의 식별가능한 순자산 장부금액은 ₩230,000이며, 장부금액과 공정가치가 일치하지 않는 유일한 항목은 건물 A이다. 건물 A의 장부금액은 ₩100,000, 공정가치는 ₩120,000이고, 정액법으로 감가상각하며 잔존가치는 ₩0, 잔존내용연수는 5년이다.

(2) 20X2년 12월 31일에 ㈜민국은 보유하고 있던 건물 A를 ㈜만세에 처분하였다.

(3) 20X3년 1월 1일에 ㈜대한은 ㈜민국의 주식 30%(30주)를 주당 ₩4,000에 추가로 취득하여 지배력을 획득하였다. ㈜대한이 보유하고 있던 ㈜민국 주식 30주의 공정가치도 주당 ₩4,000으로 동일하다. 지배력 획득일 현재 ㈜민국의 식별가능한 순자산 장부금액은 ₩300,000이며, 자본 구성내역은 자본금 ₩150,000, 자본잉여금 ₩50,000, 이익잉여금 ₩100,000이다.

(4) 20X3년 1월 1일 현재, ㈜민국의 자산 중 장부금액과 공정가치가 상이한 것은 다음과 같다.

	장부금액	공정가치	차액
재고자산	₩200,000	₩220,000	₩20,000
토지	600,000	650,000	50,000

동 재고자산은 20X3년에 모두 외부로 판매되었고, 토지는 20X3년말까지 ㈜민국이 보유 중이다.

(5) ㈜민국의 비지배지분은 종속기업의 식별가능한 순자산에 대한 비례적 지분으로 측정한다. ㈜대한의 별도재무제표에서는 종속기업투자주식에 대하여 원가법으로 회계처리한다.

(6) ㈜민국의 20X1년, 20X2년, 20X3년의 당기순이익은 각각 ₩10,000, ₩20,000, ₩30,000이고, ㈜민국은 20X1년과 20X3년에 주당 ₩20씩 현금 배당금을 지급하였다.

물음 1 20X1년과 20X2년 개별재무제표 작성시 ㈜대한의 재무상태표에 보고될 관계기업투자주식의 장부금액과 지분법 회계처리로 ㈜대한의 당기순이익에 미치는 영향을 각각 계산하시오. 단, 당기순이익이 감소하는 경우에는 금액 앞에 '(−)'를 표시하시오.

2016. CPA

20X1년말 관계기업투자주식 장부금액	①
20X1년 당기순이익에 미치는 영향	②
20X2년말 관계기업투자주식 장부금액	③
20x2년 당기순이익에 미치는 영향	④

물음 2　지분법으로 회계처리한 결과, 20X2년 12월 31일 ㈜대한이 보유하고 있는 ㈜민국에 대한 관계기업투자주식의 장부금액은 ₩80,000이라고 가정하자. ① 20X3년말 연결재무상태표에 보고될 영업권의 장부금액, ② 비지배지분의 장부금액, ③ 20X3년말 ㈜대한의 별도재무상태표에 보고될 종속기업투자주식의 장부금액, ④ 20X3년 ㈜대한의 별도포괄손익계산서 상 당기순이익에 미치는 영향을 각각 계산하시오. 단, 당기순이익이 감소하는 경우에는 금액 앞에 '(−)'를 표시하시오.

2016. CPA

연결재무상태표에 보고될 영업권 장부금액	①
비지배지분의 장부금액	②
별도재무상태표에 보고될 종속기업투자주식의 장부금액	③
별도포괄손익계산서 상 당기순이익에 미치는 영향	④

✎-해설 지분법에서 단계적 취득 후 연결

(물음 1)

20X1년말 관계기업투자주식 장부금액	①76,200
20X1년 당기순이익에 미치는 영향	②1,800
20X2년말 관계기업투자주식 장부금액	③77,400
20X2년 당기순이익에 미치는 영향	④1,200

1. FV−BV 차이

	FV−BV	X1	X2
건물	20,000	(4,000)	(16,000)

건물 A를 X2년에 처분하였으므로 남은 공정가치 차이를 전부 환입한다.

2. 영업권 상당액: 2,500×30주−(230,000+20,000)×30%＝0

3. 내부거래: 없음

4. 지분법이익

	X1	X2
조정 전	10,000	20,000
내부거래	—	—
FV 차이	(4,000)	(16,000)
조정 후	6,000	4,000
투자(30%)	1,800	1,200
＋염가매수차익	—	—
지분법이익	1,800	1,200

5. 관계기업투자주식 장부금액

	X1	X2
취득원가	75,000	75,000
Σ지분법이익	1,800	3,000
Σ지분법자본변동	—	—
− Σ배당액×R	30주×@20=(600)	(600)
관투	**76,200**	**77,400**

(물음 2)

연결재무상태표에 보고될 영업권 장부금액	①18,000
비지배지분의 장부금액	②151,200
별도재무상태표에 보고될 종속기업투자주식의 장부금액	③240,000
별도포괄손익계산서 상 당기순이익에 미치는 영향	④41,200

1. FV−BV 차이

	FV−BV	X3
재고	20,000	(20,000)
토지	50,000	
계	70,000	(20,000)

2. 영업권: $4,000×60주−(300,000+70,000)×60\%=\textbf{18,000}$

(1) 종속기업투자주식: $4,000×60주=\textbf{240,000}$

　− 단계적 취득 시 기존 보유 주식은 지배력 획득일(추가 취득일)의 공정가치로 평가한다.

|X3.1.1의 회계처리|

별도 F/S	**종속기업투자주식**	**240,000**	현금	120,000
			관계기업투자주식	80,000
			처분이익(PL)	**40,000**
연결 조정분개	자본금	150,000	종속기업투자주식	240,000
	자본잉여금	50,000	비지배지분	148,000
	이익잉여금	100,000		
	재고자산	20,000		
	토지	50,000		
	영업권	**18,000**		

3. 내부거래: 없음

4. 비지배 NI: 4,000

X3	지배	종속	합	
1. 조정 전	?	30,000		
2. 내부거래				
3. FV 차이		(20,000)		
4. 손상, 차익 인식				
5. 배당은 없애기	(1,200)			
6. 조정 후	?	10,000	?	연결 NI
7. 지배	?	6,000	?	지배 NI
8. 비지배		4,000	4,000	비지배 NI

5. 비지배지분: (300,000＋70,000)×40%－40주×@20＋4,000＝**151,200**

6. 별도 I/S상 당기순이익: 관계기업투자주식처분이익＋배당금수익
＝40,000＋1,200＝**41,200**
－ 별도재무제표에서는 주식을 종속기업투자주식으로 분류한 뒤로 주식과 관련된 손익은 발생하지 않으며, 종속기업으로부터 수령한 배당금만 당기손익으로 인식한다.

문제 9
(7점)

㈜한국은 20X1년초에 ㈜서울의 주식 30%(30주)를 ₩350,000에 취득하여 유의적인 영향력을 행사할 수 있게 되었다. 관련 자료는 다음과 같다.

관련자료

- 20X1년초 현재 ㈜서울의 순자산 장부금액은 ₩800,000이고, 공정가치와 장부금액이 상이한 자산은 건물이며 관련정보는 다음과 같다.
  - 장부금액: ₩200,000
  - 공정가치: ₩300,000
  - 잔존 내용연수: 10년
  - 잔존가치: ₩0
  - 상각방법: 정액법

- 20X1년 중에 ㈜서울은 ₩5,000의 재고자산을 ㈜한국에게 ₩4,000에 판매하였고, ㈜한국은 동 재고자산 전체를 20X2년 중에 외부에 판매하였다. ㈜서울의 판매가격 ₩4,000은 해당 재고자산의 순실현가능가치의 감소에 대한 증거를 제공한다.

- ㈜서울은 20X1년의 당기순이익으로 ₩100,000, 기타포괄이익(재평가잉여금)으로 ₩50,000을 보고하였다.

- ㈜서울은 20X2년초에 100주를 주당 ₩10,000에 추가 발행하였다.

물음 1 ㈜서울의 투자주식과 관련하여 ㈜한국의 20X1년 재무제표에 계상될 당기손익을 구하시오. *2017. CPA*

물음 2 ㈜서울의 유상증자 시점(20X2년초)에 ㈜한국이 80주를 추가 매입하여 지배력을 획득한 경우, ㈜한국이 수행해야 할 회계처리를 간략히 설명하시오. *2017. CPA 수정*

물음 3 물음 2)와 독립적으로, ㈜한국은 20X1년말에 보유하고 있던 ㈜서울의 주식 중 20주를 매각예정자산으로 분류변경하기로 하였다. 이러한 경우 ①매각예정자산으로 분류한 20주와 ②매각예정자산으로 분류되지 않은 10주에 대하여 각각 어떻게 회계처리해야 하는지 간략히 설명하시오. *2017. CPA*

✏ 해설 지분법-자본거래, 매각예정분류

(물음 1) 27,000

1. FV−BV 차이

	FV−BV	X1
건물	100,000	(10,000)

2. 영업권 상당액: 350,000−(800,000+100,000)×30%=80,000 (염가매수차익 없음)

3. 내부거래

	X1
재고 (상향)	(1,000)
	1,000

내부거래가 순실현가능가치의 감소에 대한 증거를 제공하므로 미실현손익은 없다.

4. 지분법이익

X1	종속
조정 전	100,000
내부거래	−
FV 차이	(10,000)
조정 후	90,000
투자(30%)	27,000
+염가매수차익	−
지분법이익	27,000

(물음 2) 기존에 취득한 주식의 공정가치와 신주의 취득원가의 합계를 종속기업투자주식의 취득원가로 하여 연결재무제표를 작성한다.

해설: 관계기업의 유상증자로 지배력을 획득하였으므로(유상증자 후 지분율: 55%) 관계기업은 종속기업이 되며 연결재무제표를 작성해야 한다.
 −유상증자 후 지분율: (30+80)/(100+100)=55%

(물음 3)
① 매각예정자산으로 분류한 20주: 장부금액을 매각예정비유동자산으로 재분류한 후 장부금액과 순공정가치 중 적은 금액으로 측정하고 지분법 적용을 중단한다.
② 매각예정자산으로 분류되지 않은 10주: 20주를 매각할 때까지 계속 지분법을 적용한다.

8 현물출자를 통한 유의적인 영향력 획득

관계기업의 주식을 취득하기 위해 비화폐성자산(ex 토지)을 출자할 수도 있다. 현물출자로 관계기업투자주식을 취득하는 것도 일종의 교환 거래로 보아 상업적 실질이 있는지 여부에 따라 다음과 같이 회계처리한다.

	상업적 실질 O	상업적 실질 X
이전대가	비화폐성자산의 FV−현금 수령액	비화폐성자산의 BV−현금 수령액
영업권 상당액	이전대가−순자산 공정가치×지분율	
유형자산처분이익	비화폐성자산의 FV −비화폐성자산의 BV	0
미실현이익	처분이익×(FV−현금 수령액)/FV	
지분법이익	(조정 전 NI−미실현이익)×지분율	조정 전 NI×지분율

1. 이전대가: 비화폐성자산의 FV or BV−현금 수령액

일반적으로 이전대가는 관계기업투자주식을 취득하기 위해 지급한 현금이다. 하지만 현물출자 시에는 물건을 주므로 관계기업투자주식의 취득원가가 애매하다.

상업적 실질이 있다면 비화폐성자산의 공정가치를, 상업적 실질이 결여되었다면 비화폐성자산의 장부금액을 이전대가로 본다. 이는 교환 시 구 자산을 평가하는 방법과 같다.

그런데 현물출자 시 관계기업의 주식뿐 아니라 현금을 받는 경우도 있다. 이 경우 현금을 수령한 부분은 유형자산 처분으로 보아 이전대가에서 차감한다. 따라서 비화폐성자산의 공정가치 또는 장부금액에서 현금 수령액을 차감한 금액이 이전대가이며, 영업권 상당액 계산 시 이용하면 된다. 다음은 현물출자를 통한 관계기업투자주식 취득 시 회계처리이다. 현금이 차변에 계상되므로 관계기업투자주식의 취득원가에서 현금 수령액이 차감될 수 밖에 없다는 것을 알 수 있다.

상업적 실질 O	관계기업투자주식	FV−현금 수령액	토지	BV
	현금	현금 수령액	유형자산처분이익	FV−BV
상업적 실질 X	관계기업투자주식	BV−현금 수령액	토지	BV
	현금	현금 수령액		

2. 영업권 상당액

관계기업투자주식의 취득원가 중 영업권 상당액을 계산하자. 염가매수차익이 발생하지는 않았는지 확인해야 한다.

3. 유형자산처분이익

교환과 같다. 상업적 실질이 있는 경우 구 자산(비화폐성자산)의 공정가치에서 장부금액을 차감하면 되고, 상업적 실질이 없는 경우 0이다.

4. 미실현이익: 유형자산처분이익×(공정가치−현금 수령액)/공정가치

투자기업과 관계기업 사이의 현물출자 거래는 일종의 내부거래에 해당한다. 따라서 내부거래에서 발생한 미실현이익은 지분법이익 계산 시 제거한다.

이때, 비화폐성자산 이전 과정에서 관계기업으로부터 현금을 수령한다면 그 부분은 주식 취득이 아닌, 유형자산 처분으로 보아 내부거래로 보지 않는다. 따라서 유형자산처분이익 중 비화폐성자산의 공정가치 대비 '공정가치−현금 수령액'의 비율에 해당하는 금액만 내부거래의 미실현이익으로 본다. 현금 수령액이 없다면 유형자산처분이익을 전부 미실현이익으로 보고 지분법이익 계산 시 제거한다.

한편, 상업적 실질이 결여되었다면 유형자산처분이익이 없으므로 미실현이익도 없다.

5. 지분법이익: (조정 전 NI−미실현이익)×지분율

지분법이익은 기존에 사용하던 표를 이용해서 계산하면 된다. 다만 현물출자 시 미실현이익이 발생할 수 있으므로 미실현이익을 차감하는 것을 주의하자.

6. 당기순이익에 미치는 영향: 처분이익+지분법이익 ★중요!

현물출자를 통해 관계기업투자주식을 취득한 해에는 두 건의 거래가 발생한 것으로 본다. 유형자산의 처분과 관계기업투자주식의 취득. 따라서 유형자산처분이익에 지분법이익을 더한 금액이 당기순이익에 미치는 영향이 된다.

7. 관계기업투자주식의 장부금액=이전대가+Σ지분법이익

관계기업투자주식 장부금액은 이전대가에 지분법이익을 누적하면 된다.

> **사례**
>
> ㈜대한은 20X1년 초에 보유하던 토지(장부금액 ₩20,000, 공정가치 ₩30,000)를 ㈜민국에 출자하고, 현금 ₩10,000과 ㈜민국의 보통주 30%를 수취하여 유의적인 영향력을 행사하게 되었다. 출자 당시 ㈜민국의 순자산 장부금액은 ₩50,000이며 이는 공정가치와 일치하였다. 20X1년 말 현재 해당 토지는 ㈜민국이 소유하고 있으며, ㈜민국은 20X1년도 당기순이익으로 ₩10,000을 보고하였다. ㈜민국에 대한 현물출자와 지분법 회계처리가 ㈜대한의 20X1년도 당기순이익에 미치는 영향은 얼마인가? 단, 현물출자는 상업적 실질이 결여되어 있지 않다.
> 2023. CPA 1차
>
> ① ₩6,000 증가   ② ₩8,000 증가   ③ ₩9,000 증가
> ④ ₩11,000 증가   ⑤ ₩13,000 증가

답 ④

(1) FV−BV: 없음

(2) 이전대가: 토지의 공정가치−현금 수령액=20,000
  −상업적 실질이 결여되어 있지 않으므로, 즉 있으므로 토지를 공정가치로 평가하며, 현금 수령액을 차감한다.

(3) 영업권 상당액: 20,000−50,000×30%=5,000 (염가매수차익 없음)

(4) 내부거래
  ① 유형자산처분이익: 공정가치−장부금액=30,000−20,000=10,000
  ② 내부거래(하향 거래) 미실현이익: 처분이익×(공정가치−현금 수령액)/공정가치
    =10,000×20,000/30,000=6,667

(5) 지분법이익

조정 전 NI	10,000
내부거래	(6,667)
조정 후 NI	3,333
×R	×30%
지분법이익	1,000

(6) X1년도 당기순이익: 유형자산처분이익＋지분법이익＝10,000＋1,000＝**11,000 증가**

|참고| 상업적 실질이 결여된 경우
(1) 이전대가: 20,000−10,000=10,000
(2) 영업권 상당액: 10,000−50,000×30%=(−)5,000
(3) 유형자산처분이익: 0
(4) 지분법이익: 10,000×30%＋5,000(염가매수차익)=8,000

|회계처리|
(1) 상업적 실질이 있는 경우

X1.1.1	관계기업투자주식	20,000	토지	20,000
	현금	10,000	유형자산처분이익	10,000
X1.12.31	관계기업투자주식	1,000	지분법이익	1,000

X1년 말 관계기업투자주식 장부금액: 21,000

(2) 상업적 실질이 결여된 경우

X1.1.1	관계기업투자주식	10,000	토지	20,000
	현금	10,000		
X1.12.31	관계기업투자주식	8,000	지분법이익	8,000

X1년 말 관계기업투자주식 장부금액: 18,000

문제 10
(12점)

㈜대한은 20X1년 1월 1일에 당사 보유의 토지(장부금액 ₩400,000, 공정가치 ₩480,000)를 ㈜민국에 현물출자하면서 지분 30%를 수령했다. 이로 인해 ㈜대한은 ㈜민국에 대해 유의적인 영향력을 가지게 되었다. ㈜민국의 주식은 비상장주식이며 공정가치를 신뢰성 있게 측정할 수 없다. 다음은 20X1년과 20X2년 ㈜대한의 지분법 회계처리를 위한 자료이다.

> **자료**
>
> 현물출자 시점에 ㈜민국의 순자산 장부금액은 ₩1,400,000이다. 공정가치와 장부금액의 차이가 발생하는 항목은 다음과 같다.
>
> | 계정과목 | 장부금액 | 공정가치 | 비고 |
> |---|---|---|---|
> | 재고자산 | ₩100,000 | ₩150,000 | 20X1년에 50% 판매 20X2년에는 판매없음 |
> | 기계장치 | 300,000 | 450,000 | 잔존내용연수 5년
정액법 상각
잔존가치 없음 |
>
> - 20X1년 9월 30일에 ㈜대한은 ㈜민국에게 연 이자율 10%로 ₩40,000을 대여하였다. ㈜대한과 ㈜민국은 동 거래와 관련된 기간이자를 적절하게 계상하고 있다.
> - 20X1년 ㈜민국의 당기순손실은 ₩200,000이다.
> - 20X2년 ㈜민국의 당기순손실은 ₩1,400,000이다.

물음 1 현물출자 거래를 상업적 실질이 결여된 경우와 상업적 실질이 있는 경우로 나눈다. 각 경우에서 20X1년 지분법 관련 손익을 반영한 후 ㈜대한의 20X1년 말 현재 재무상태표 상 관계기업투자주식은 얼마인지 계산하시오.

2018. CPA

구분	상업적 실질이 결여된 경우	상업적 실질이 있는 경우
관계기업투자주식 금액	①	②

물음 2 물음 1)에서 상업적 실질이 결여된 경우와 상업적 실질이 있는 경우 ㈜대한의 20X1년 말 현재 재무상태표 상 관계기업투자주식 금액이 각각 ₩410,000과 ₩380,000이라고 가정한다.

20X1년 9월 30일의 대여금 거래를 ㈜민국에 대한 순투자의 일부로 간주하며, 20X2년까지 토지는 외부에 판매되지 않았다.

㈜대한이 ㈜민국에게 출자한 유형자산의 이전거래를 상업적 실질이 결여된 경우와 상업적 실질이 있는 경우로 나눈다. 각 경우에서 20X2년 말 현재 대여금의 순장부금액과 20X2년 말 현재 관계기업투자주식 금액을 다음의 양식에 따라 주어진 조건별로 해당란에 기재하시오. 단, 금액이 없으면 '0'으로 표시하시오.

2018. CPA

구분	상업적 실질이 결여된 경우	상업적 실질이 있는 경우
대여금 순장부금액	①	②
관계기업투자주식 금액	③	④

📝 해설 현물출자를 통한 유의적인 영향력 획득

(물음 1)

구분	상업적 실질이 결여된 경우	상업적 실질이 있는 경우
관계기업투자주식 금액	①403,500	②379,500

1. 상업적 실질이 결여된 경우

(1) FV−BV

	FV−BV	X1	X2
재고자산	50,000	(25,000)	
기계장치	150,000	(30,000)	(30,000)

(2) 이전대가: 토지의 장부금액−현금 수령액=400,000

  −토지 현물출자 시 현금 수령액은 없다.

(3) 영업권 상당액: 400,000−(1,400,000+200,000)×30%=(−)80,000 (염가매수차익)

(4) 내부거래

: 금전대차 거래는 미실현손익이 발생하지 않으므로 제거할 것이 없다.

  −상업적실질이 결여되었으므로 유형자산처분이익은 발생하지 않는다.

(5) 지분법이익

	X1
조정 전	(200,000)
내부거래	
FV 차이	(55,000)
조정 후	(255,000)
투자(30%)	(76,500)
+염가매수차익	80,000
지분법이익	3,500

(6) 관계기업투자주식 장부금액

	X1
취득원가	400,000
Σ지분법이익	3,500
Σ지분법자본변동	
− Σ배당액×R	
관투	403,500

2. 상업적 실질이 있는 경우

(1) FV-BV: 상업적 실질이 결여된 경우와 동일

(2) 이전대가: 토지의 공정가치-현금 수령액=480,000

(3) 영업권 상당액: 480,000-(1,400,000+200,000)×30%=0

(4) 내부거래
    ① 유형자산처분이익: 480,000-400,000=80,000
    ② 내부거래(하향 거래) 미실현이익: 처분이익×(공정가치-현금 수령액)/공정가치=80,000

	X1
토지	(80,000)

현금 수령액이 없으므로 미실현이익은 유형자산처분이익과 일치한다.

(5) 지분법이익

	X1
조정 전	(200,000)
내부거래	(80,000)
FV 차이	(55,000)
조정 후	(335,000)
투자(30%) +염가매수차익	(100,500)
지분법이익	(100,500)

(6) 관계기업투자주식 장부금액

	X1
취득원가	480,000
Σ지분법이익	(100,500)
Σ지분법자본변동 − Σ배당액×R	
관투	379,500

| 회계처리 |
대여 거래의 회계처리는 생략하였다.

(1) 상업적 실질이 결여된 경우

X1.1.1	관계기업투자주식	400,000	토지	400,000
	관계기업투자주식	80,000	지분법이익	80,000
X1.12.31	지분법이익	76,500	관계기업투자주식	76,500

지분법이익: 80,000−76,500=3,500

－취득 시 염가매수차익이 발생하므로 1.1에 지분법이익 80,000을 인식하는 회계처리를 하였다. 두 회계처리를 상계하고 '관투 3,500 / 지분법이익 3,500'으로 표시해도 된다.

(2) 상업적 실질이 있는 경우

X1.1.1	관계기업투자주식	480,000	토지	400,000
			유형자산처분이익	80,000
X1.12.31	지분법손실	100,500	관계기업투자주식	100,500

(물음 2) 지분법초과손실

구분	상업적 실질이 결여된 경우	상업적 실질이 있는 경우
대여금 순장부금액	①21,000	②0
관계기업투자주식 금액	③0	④0

1. 상업적 실질이 결여된 경우
(1) 지분법손실: 429,000

	X2
조정 전	(1,400,000)
내부거래	
FV 차이	(30,000)
조정 후	(1,430,000)
투자(30%)	(429,000)
＋염가매수차익	
지분법이익	(429,000)

(2) 기말 관계기업투자주식 금액: MAX[410,000−429,000, 0]=0
지분법손실을 인식하면 관계기업투자주식은 감소한다. 자본으로 분류되는 비지배지분과 달리 관계기업투자주식은 자산으로 분류되므로, 부(−)의 잔액이 될 수 없다.

(3) 대여금 순장부금액: MAX[40,000−(429,000−410,000), 0]=21,000
지분법손실을 인식하면서 관계기업투자주식을 410,000만큼 감소시킨 후 초과분 19,000만큼 장기대여금에서 감소시킨다.

| 회계처리 |

| X2.12.31 | 지분법손실 | 429,000 | 관계기업투자주식 | 410,000 |
| | | | 장기대여금 | 19,000 |

－대여 거래의 회계처리는 생략하였다.

2. 상업적 실질이 있는 경우
(1) 지분법손실: 429,000 (1. 참고)
(2) 기말 관계기업투자주식 금액: MAX[380,000−429,000, 0]=0
(3) 대여금 순장부금액: MAX[40,000−(429,000−380,000), 0]=0
지분법손실을 인식하면서 관계기업투자주식을 380,000만큼 감소시킨 후 초과분 49,000만큼 장기대여금에서 감소시켜야 하나, 장기대여금이 0보다 작을 수는 없으므로 0까지만 감소시킨다.

| 회계처리 |

X2.12.31	지분법손실	420,000	관계기업투자주식	380,000
			장기대여금	40,000

| 참고 | 지분법손익
1. 상업적 실질이 결여된 경우: 지분법손실 429,000
2. 상업적 실질이 있는 경우: 지분법손실 420,000
 −관계기업투자주식과 대여금의 합이 420,000이므로 지분법손실을 420,000밖에 인식하지 못한다.

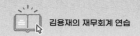

문제 11

(8점)

㈜대한은 20X1년 1월 1일에 토지A(장부금액 ₩260,000, 공정가치 ₩300,000)를 ㈜민국에 출자하고 주식 30%(보통주)와 현금 ₩30,000을 수취하여 유의적인 영향력을 행사할 수 있게 되었다. 아래 〈자료〉를 이용하여 각 물음에 답하시오.

2023. CPA

자료

1. ㈜민국의 20X1년 1월 1일 다음의 자산을 제외한 모든 자산과 부채의 장부금액과 공정가치는 일치하였다.

(단위: ₩)

계정과목	장부금액	공정가치	비고
재고자산	80,000	120,000	20X1년에 50%를 판매하고 나머지는 20X2년에 판매
기계장치	120,000	150,000	잔존내용연수는 6년, 잔존가치는 없으며, 정액법으로 감가상각
토 지B	200,000	220,000	20X2년 중에 매각

2. ㈜민국의 순자산 변동은 다음과 같다.

(단위: ₩)

항목	20X1년도	20X2년도
순자산장부금액(기초)	800,000	870,000
현금배당	–	(20,000)
당기순이익	70,000	90,000
기타포괄이익	–	40,000
순자산장부금액(기말)	870,000	980,000

3. 20X1년 중에 ㈜대한과 ㈜민국 간에 다음과 같은 상호거래가 발생하였다.
   • ㈜대한과 ㈜민국 간의 재고자산 거래는 다음과 같으며, 기말재고자산은 20X2년에 모두 판매된다.

(단위: ₩)

판매회사	매입회사	매출액	매출 총이익률	기말 보유비율
㈜대한	㈜민국	30,000	30%	40%
㈜민국	㈜대한	15,000	20%	20%

   • 20X1년 5월 1일 ㈜대한은 ㈜민국에게 비품(취득원가 ₩40,000, 감가상각누계액 ₩20,000, 잔존내용연수 3년, 잔존가치 없이 정액법 상각)을 ₩16,400에 매각하였으며, ㈜민국은 20X2년 말 현재 계속 사용 중이다.

4. ㈜대한과 ㈜민국은 유형자산(기계장치, 토지, 비품)에 대해 원가모형을 적용하고 있다.

물음 1 20X1년 12월 31일 ㈜대한의 재무상태표에 표시되는 ㈜민국에 대한 관계기업투자주식과 20X1년도 포괄손익계산서에 인식되는 지분법이익을 계산하시오.

관계기업투자주식	①
지분법이익	②

물음 2 20X2년 12월 31일 ㈜대한의 재무상태표에 표시되는 ㈜민국에 대한 관계기업투자주식을 계산하시오.

관계기업투자주식	①

✏️ **해설** 지분법이익 및 관계기업투자주식

(물음 1)

관계기업투자주식	①272,280
지분법이익	②2,280

(물음 2)

관계기업투자주식	①292,680

1. FV−BV

	FV−BV	X1	X2
재고자산	40,000	(20,000)	(20,000)
기계장치	30,000	(5,000)	(5,000)
토지	20,000		(20,000)
계	90,000	(25,000)	(45,000)

2. 영업권 상당액: 270,000−(800,000+90,000)×30%=3,000 (염가매수차익 없음)
−이전대가: 300,000−30,000=270,000

3. 내부거래

	X1	X2
하향 (재고)	(9,000) 5,400	3,600
상향 (재고)	(3,000) 2,400	600
하향 (비품)	3,600 (800)	(1,200)
토지 A	(36,000)	

토지 A의 미실현손익: 40,000×(300,000−30,000)/300,000=36,000
−토지 A의 처분이익: 300,000−260,000=40,000

4. 지분법이익

	X1	X2
조정 전	70,000	90,000
내부거래	(37,400)	3,000
FV 차이	(25,000)	(45,000)
조정 후	7,600	48,000
투자(30%)	2,280	14,400
＋염가매수차익	—	—
지분법이익	2,280	14,400

5. 관계기업투자주식 장부금액

	X1	X2
취득원가	270,000	270,000
Σ지분법이익	2,280	16,680
Σ지분법자본변동	—	12,000
−Σ배당액×R	—	(6,000)
관투	272,280	292,680

9 공동약정

1. 공동약정의 종류

공동약정이란, 둘 이상의 당사자들이 공동지배력을 보유하는 약정을 의미한다. 공동지배력은 약정의 지배력에 대한 합의된 공유로서, 관련활동에 대한 결정에 지배력을 공유하는 당사자들 전체의 동의가 요구될 때에만 존재한다.

별도기구로 구조화		공동약정 구분	재무제표
X		공동영업	각자 자산, 부채, 손익 인식
O	당사자에게 자산, 부채 부여 O		
	당사자에게 자산, 부채 부여 X	공동기업	지분법

공동약정은 공동영업과 공동기업으로 나뉜다. 공동영업은 약정의 자산에 대한 권리와 부채에 대한 의무를 보유하는 공동약정을 의미한다. 반면, 공동기업은 약정의 순자산에 대한 권리를 보유하는 공동약정을 의미한다.

(1) 별도기구로 구조화되지 않은 공동약정: 공동영업

(2) 별도기구로 구조화된 공동약정: 공동영업 or 공동기업

별도기구로 구조화된 공동약정은 별도기구의 법적 형식이 당사자에게 자산에 대한 권리와 부채에 대한 의무를 부여하면 공동영업으로 분류하고, 부여하지 않는다면 추가적인 조건을 충족하는 경우에 한해 공동기업으로 분류한다.

2. 공동영업 및 공동기업의 재무제표

(1) 공동영업: 각자 자산, 부채, 손익 인식

공동영업은 자산에 대한 권리와 부채에 대한 의무를 보유하므로 공동영업자는 공동영업의 자산, 부채, 수익 및 비용 중 자신의 지분에 해당되는 금액을 인식한다.

(2) 공동기업: 지분법

공동기업 참여자는 공동기업에 대한 자신의 지분을 지분법으로 회계처리한다.

(3) 관계기업 ↔ 공동기업: 계속하여 지분법 적용. 재측정 X ★중요!

관계기업 투자가 공동기업 투자로 되거나 공동기업 투자가 관계기업 투자로 되는 경우, 기업은 지분법을 계속 적용하며 잔여 보유 지분을 재측정하지 않는다.

문제 12

(13점) **2차**

다음의 각 물음은 독립적이다.

공통자료

㈜갑과 ㈜을은 쇼핑센터를 취득하여 영업할 목적으로 20X1년 1월 1일에 각각 ₩20,000과 ₩30,000을 현금으로 출자하여 별도기구인 ㈜병을 설립하였다. 계약상 약정의 조건은 다음과 같다.

〈계약상 약정의 조건〉

• 계약상 약정은 ㈜갑과 ㈜을에 공동지배력을 부여하고 있다.

• 아울러 계약상 약정은 ㈜병이 보유하는 약정의 자산에 대한 권리와 부채에 대한 의무를 당사자들인 ㈜갑과 ㈜을이 보유하는 것을 명시하고 있다.

약정의 자산, 부채, 수익, 비용에 대한 ㈜갑의 배분비율은 40%이고, ㈜을의 배분비율은 60%이다. ㈜병을 설립하기 직전인 20x0년 12월 31일 현재 ㈜갑의 재무상태표는 다음과 같다.

재무상태표

㈜갑		20X0. 12. 31 현재	
계정과목	장부금액	계정과목	장부금액
현 금	₩100,000	부 채	₩0
토 지	50,000	자 본 금	120,000
공동기업투자주식	0	이익잉여금	30,000
자산총계	₩150,000	부채 · 자본총계	₩150,000

㈜갑의 경우 20X1년중 위 현금출자 및 아래 각 물음에 제시된 상황과 관련된 것을 제외한 다른 당기손익 항목은 없었다고 가정한다.

물음 1 〈공통 자료〉에 추가하여, ㈜병을 설립하면서 ㈜갑은 ㈜병에 장부금액이 ₩30,000인 토지를 공정가치인 ₩40,000에 판매하였다고 가정하라. 20X1년 12월 31일 현재 ㈜갑의 재무상태표에 계상될 다음의 금액을 구하시오. 단, ㈜병을 설립한 이후에도 ㈜갑은 위 재무상태표에 보고된 계정과목만을 이용한다고 가정하라. 또한 해당 금액이 없는 경우에는 '0'으로 표시하시오.
2016. CPA

〈㈜갑의 재무상태표〉

현 금	①
토 지	②
공동기업투자주식	③

물음 2 〈공통 자료〉에 추가하여, ㈜병을 설립하면서 ㈜갑이 ㈜병에 장부금액이 ₩30,000인 토지를 공정가치인 ₩25,000에 판매하였고, 동 공정가치는 손상차손의 증거를 제공한다고 가정하라. 이 밖의 다른 상황은 〈공통 자료〉에 주어진 바와 같다. 20X1년 12월 31일 현재 ㈜갑의 재무상태표에 계상될 현금과 토지의 금액을 구하시오. 단, ㈜병을 설립한 이후에도 ㈜갑은 〈공통 자료〉에 제시된 20x0년 12월 31일 현재 재무상태표에 보고된 계정과목만을 이용한다고 가정하라. 또한 해당 금액이 없는 경우에는 '0'으로 표시하시오.

2016. CPA

〈㈜갑의 재무상태표〉

현금	①
토지	②

물음 3 〈공통 자료〉에 추가하여, ㈜병을 설립하면서 ㈜갑은 ㈜병에 장부금액이 ₩30,000인 토지를 공정가치인 ₩40,000에 출자하였다고 가정하라.

또한, 계약상 약정의 조건을 다음과 같이 수정한다.

〈계약상 약정의 조건〉

• 계약상 약정은 ㈜갑과 ㈜을에 공동지배력을 부여하고 있다.

• 아울러 계약상 약정은 당사자들인 ㈜갑과 ㈜을에게 약정의 자산에 대한 권리와 부채에 대한 의무를 명시하지 않고 있으며, 대신 ㈜갑과 ㈜을이 ㈜병의 순자산에 대한 권리를 보유하도록 정하고 있다.

이 밖의 다른 상황은 〈공통 자료〉에 주어진 바와 같다. 20X1년 12월 31일 현재 ㈜갑의 재무상태표에 계상될 다음의 금액을 구하시오. 단, ㈜병을 설립한 이후에도 ㈜갑은 〈공통 자료〉에 제시된 20x0년 12월 31일 현재 재무상태표에 보고된 계정과목만을 이용한다고 가정하라. 또한 해당 금액이 없는 경우에는 '0'으로 표시하시오.

2016. CPA

〈㈜갑의 재무상태표〉

현금	①
토지	②
공동기업투자주식	③

✏️ 해설 공동영업

(물음 1)

현금	①124,000
토지	②32,000
공동기업투자주식	③0

㈜병은 ㈜갑과 ㈜을이 공동지배력을 보유하는 별도기구이나, ㈜병의 자산에 대한 권리와 부채에 대한 의무를 각각 보유하므로, 공동영업에 해당한다. 따라서 ㈜갑과 ㈜을은 각자 자산, 부채, 수익 및 비용 중 지분율에 해당하는 금액을 인식한다.

(1) 현금: 120,000+10,000×40%=124,000

	㈜갑	㈜병
X1년 초	100,000−20,000=80,000	50,000
토지 판매	40,000	(40,000)
X1년 말	120,000	10,000

(2) 토지: 20,000+30,000×40%=32,000

	㈜갑	㈜병
X1년 초	50,000	—
토지 판매	(30,000)	30,000
X1년 말	20,000	30,000

별도기구와의 거래는 내부거래로 보아 미실현이익을 인식하지 않는다. 따라서 ㈜병은 ㈜갑의 장부금액이었던 30,000으로 토지를 인식한다. 이 중 60%는 ㈜을이 보유하므로, 40%만 인식한다.

(3) 공동기업투자주식: 지분법을 적용하지 않으므로 공동기업투자주식은 계상되지 않는다.

(물음 2)

현금	①115,000
토지	②30,000

(1) 현금: 105,000+25,000×40%=115,000

	㈜갑	㈜병
X1년 초	100,000−20,000=80,000	50,000
토지 판매	25,000	(25,000)
X1년 말	105,000	25,000

(2) 토지: 20,000+25,000×40%=30,000

	㈜갑	㈜병
X1년 초	50,000	—
토지 판매	(30,000)	25,000
X1년 말	20,000	25,000

내부거래가 손상차손의 증거를 제공하므로, 미실현손실을 인식한다. 따라서 ㈜병은 내부거래 가격인 25,000으로 토지를 인식한다. 이 중 60%는 ㈜을이 보유하므로, 40%만 인식한다.

(물음 3)

현 금	①80,000
토 지	②20,000
공동기업투자주식	③56,000 or 53,333

㈜병은 ㈜갑과 ㈜을이 공동지배력을 보유하는 별도기구이고, ㈜병의 순자산에 대한 권리를 보유하므로, 공동기업에 해당한다. 따라서 ㈜갑과 ㈜을은 지분법을 적용한다. 지분법에서는 공동기업의 자산을 투자기업이 인식하지 않는다.

(1) 현금: 80,000

	㈜갑
X1년 초	100,000−20,000=80,000
X1년 말	80,000

(2) 토지: 20,000

	㈜갑
X1년 초	50,000
토지 현물출자	(30,000)
X1년 말	20,000

(3) 공동기업투자주식: 56,000

X1년 초	20,000+40,000=60,000
지분법손실	(10,000)×0.4=(4,000)
X1년 말	56,000

－ 지분법손실: 공동기업의 당기순이익은 제시되지 않았으므로 0이다. 현물출자로 인식하는 유형자산처분이익은 미실현이익에 해당하므로 내부거래를 제거하면 지분법손실은 (−)10,000×40%=(−)4,000이다.
　한편, 현물출자를 통해 지분율이 40%에서 66.7%(=60,000/90,000)이 되었다고 가정하면, 지분법손실은 6,667이 되어 공동기업투자주식은 53,333이 된다.

회계처리				
X1.1.1	공동기업투자주식	60,000	현금	20,000
			토지	30,000
			유형자산처분이익	10,000
X1.12.31	지분법손실	4,000	공동기업투자주식	4,000

Memo

Memo